볼테르(1694~1778) 41세 무렵의 볼테르

◀파리에 있는 볼
테르의 집 고국
프랑스를 떠난 지
28년 만에 84세의
나이로 파리로 금
의환향했으나 그해
세상을 떠났다.

▼스위스 로잔에
있는 볼테르의 집

상수시 궁정의 저녁식사   아돌프 멘첼, 1850. 볼테르는 프리드리히 궁정에 2년 반 동안 머물렀다. 자리에 앉아 있는 사람 가운데 왼쪽에서 세 번째가 볼테르, 그 다음다음이 프리드리히 2세이다.

팡테옹에 있는 볼테르의 동상과 석관 셀리에르 수도원 묘지에서 1791년 팡테옹으로 이장했다.

Voltaire
CANDIDE, OU L'OPTIMISME
MICROMÉGAS
ZADIG, OU LA DESTINÉE
캉디드/미크로메가스/자디그
볼테르/이혜윤 옮김

동서문화사

Je jouis du présent,

j'achève en paix ma vie

Dans le sein de la liberté.

Je l'adorai toujours,

et lui fus infidèle ;

J'ai bien réparé mon erreur ;

Je ne connais vrai bonheur

Que du jour que je vis pour elle.

VOLTAIRE

나는 현재를 즐긴다.

나는 자유의 품 안에서 평화롭게

내 삶을 마치리라.

나는 언제나 자유를 숭배했고

삶에 충실하지 못했다.

나는 나의 실수를 바로잡았다.

나는 단지 내 삶을 위해 사는 날에만

진정한 행복을 알 뿐이다.

볼테르

차례

볼테르의 철학 콩트들

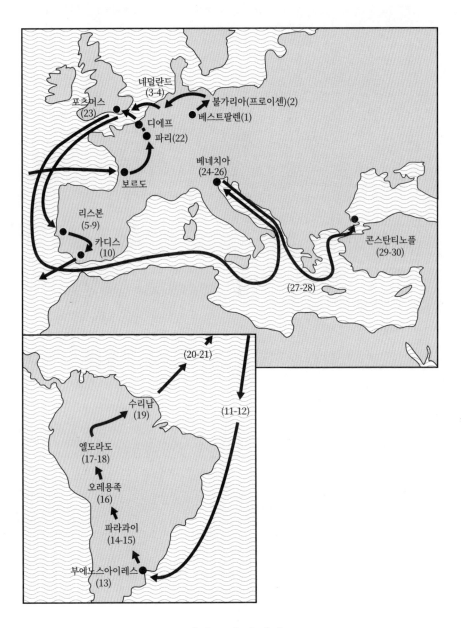

네덜란드
(3-4)

불가리아(프로이센)(2)

포츠머스
(23)

디에프

베스트팔렌(1)

파리(22)

베네치아
(24-26)

보르도

리스본
(5-9)

카디스
(10)

콘스탄티노플
(29-30)

(27-28)

(20-21)

(11-12)

수리남
(19)

엘도라도
(17-18)

오레용족
(16)

파라과이
(14-15)

부에노스아이레스
(13)

캉디드의 여행길
( ) 안의 숫자는 해당 장을 가리킨다

Candide, ou l'Optimisme

캉디드 또는 낙천주의[1)]

랄프 박사가 쓴 독일어 문장의 번역

그리스도 기원 1759년, 민덴에서 박사가 세상을 떠났을 때,
그의 호주머니에서 발견된 수정 원고를 포함한다.[2)]

제1장
캉디드는 아름다운 성에서 어떻게 성장했으며, 그곳에서[3)] 왜 쫓겨났는가?

옛날 베스트팔렌 지방[4)]의 툰더 텐 트롱크 남작[5)]의 성에 태어날 때부터 품행이 바르고 온순한 젊은이가 있었다. 가슴에 품은 생각이나 감정이 얼굴에 고스란히 드러나는 성격이었다. 게다가 유달리 곧은 판단력과 순박한 기질을 지

---

1) 부제인 낙천주의(optimisme)는 오늘날처럼 세상과 인생을 희망적으로 바라보는 생각이나 태도를 의미하는 것이 아니라, 독일의 라이프니츠나 영국의 포프 등이 주장한 "모든 것은 선하다"는 철학적 관점인 '최선설(最善說)'을 말한다. 그 견해에 따르면 설령 세부적으로는 이 세상의 합목적성이 인간의 이해를 초월해 있다 해도 모든 사물은 인간의 선을 위해 조직되어 있으며, 따라서 최대한의 최선인 것이 된다.

2) 랄프(Ralph) 박사의 이름은 영국 느낌이 드는데, 독일어를 좋아하지 않았던 볼테르가 영국 체류의 기억에서 딴 이름으로 추측된다. "그리스도 기원 1759년" 이하의 부제는 1761년판에 추가되었다. 민덴은 베스트팔렌 지방의 도시로, 르네 포모에 따르면 1759년 8월 1일에 그 부근에서 7년전쟁의 혈투가 벌어졌다고 한다.

3) 원문 d'icelui는 예스런 표현. 제1장 첫머리도 "옛날 ……이 있었다"는 식의 옛날이야기풍 문체가 쓰이고 있다.

4) 1740년에 이어 10년 뒤에도 베스트팔렌 지방을 지나갔던 볼테르는 대단한 가난에서 강한 인상을 받고, "모든 집들이 하나같이 커다란 헛간일 뿐"이라고 편지에 쓰고 있다.

5) Thunder는 영어의 '번개'이고, ten은 독일어의 관사를 떠올리게 한다. tronckh는 기이한 말인데 프랑스어로 '번개'는 tonnerre이고, 남작의 이름은 욕지거리의 간투사 Tonnerre de Dieu!(이런 제기랄!)를 연상케 하기도 한다. 또 남작 작위는 18세기 당시 오로지 독일에서만 권위를 잃었다.

녔으므로 캉디드[6]라는 이름으로 불린 것도 분명 그 때문인 것 같다. 예로부터 이 성에서 일하던 하인들의 추측에 따르면 이 젊은이는 남작의 딸과 두말할 나위 없이 품행이 바른 귀족 사이에서 태어났다. 그 귀족은 가계의 고귀한 정도[7]를 겨우 71까지밖에 증명하지 못했고 그 이전의 기록은 세월의 풍파에 모두 사라져 버려, 남작의 딸은 도저히 결혼이 내키지 않았다고 한다.

남작은 베스트팔렌 지방에서 가장 권위 있는 귀족 가운데 한 명이었다. 남작의 성에는 성문이 하나이고, 창이 여럿 있었기 때문이다.[8] 커다란 응접실은 태피스트리로 장식되어 있었으며, 가축우리에서 기르는 모든 개들은 필요할 때는 모조리 사냥개 무리로 변하곤 했다. 마부들은 사냥개 담당이 되고, 마을의 보좌신부는 성에 속한 주교이기도 했다. 모두들 남작을 각하라 불렀으며, 남작이 엉뚱한 소리를 해도 히죽 웃어 보였다.

남작부인은 몸무게가 175킬로그램이나 되어 그것 때문에 주위의 깊은 존경을 받는데, 게다가 손님 접대에 한 치의 어긋남이 없어 더욱더 존경받았다. 열일곱 꽃다운 나이 퀴네공드 양은 혈색이 좋고 발랄한 데다 풍만하여 육감적이었다. 남작의 아들은 모든 점에서 아버지를 닮았다. 가정교사 팡글로스[9]는 성의 신탁을 전하는 예언자였으므로 어린 캉디드는 나이와 성격에 걸맞게 전폭적인 믿음을 갖고 스승의 가르침에 귀를 기울였다.

팡글로스는 형이상학적·신학적·우주론적 암우학[10]을 가르쳤다. 원인 없는 결과는 없으며, 또한 모름지기 세상의 최선인 이 세계에서 남작 각하의 성(城)

---

6) 프랑스어의 형용사 candide는 '순진한, 천진난만한'을 의미한다. 볼테르는 편지 등에서도 이 형용사를 그런 뜻으로 썼다.

7) 가계(家系)의 고귀한 정도를 나타내는 프랑스어 quartier는 이른바 '대(代)'와는 다르다. 예를 들면 부모와 4명의 조부모가 모두 귀족인 경우, 그 사람의 고귀한 정도는 6이다.

8) 제1장은 《실낙원》을 패러디한 것이다. 낙원은 하나의 문과 여러 개의 창이 있는 성, 아버지인 신은 어이없는 궁핍 상태에 만족하는 남작, 하와는 남작의 딸이지만 이미 타락한 퀴네공드, 유혹은 철학자 팡글로스의 낙천주의, 그리고 원죄는 병풍 뒤에서 하는 키스이다.

9) 그리스어로 '모든 것을 혀끝으로' '모든 언어에 통달한'이라는 뜻이다.

10) 반 덴 회벨에 따르면 예수회 카스텔 신부는 교단 잡지에서 라이프니츠 학설을 '자연학적·지리학적·신학적'이라고 했다. 또한 라이프니츠의 후계자 볼프(1679~1754)는 '우주론'이란 용어를 만들어 유행시켰다. '어리석은 자의 학문'을 의미하는 '암우학(暗愚學, 니골로지)'은 프랑스어의 형용사 nigaud(어리석은)로 볼테르가 만든 것이다.

은 세상의 성 중에서 가장 아름다우며, 부인은 그 모든 남작부인 가운데서 가장 훌륭한 분이다,[11] 그는 그런 것을 그럴듯하게 증명해 보였던 것이다.

"사태가 현재와 같을 수밖에 다른 도리가 없음은 아주 오래전에 증명되었다"고 그는 말했다. "왜냐하면 모든 것은 하나의 목적을 위해 만들어진 이상 필연적으로 최선의 목적을 위해 존재하기 때문이다. 예컨대 코는 안경을 걸치기 위해 만들어졌다. 그러므로 우리에겐 안경이 있다. 다리는 분명 뭔가를 꿸 목적으로 만들어졌다. 그래서 우리에겐 긴 양말이 있다. 돌은 잘라내서 성을 짓기 위해 이루어졌다. 그래서 각하는 무척 아름다운 성을 가지신 것이다. 이 지방에서 가장 위대한 남작님이 누구보다도 훌륭한 성에서 사시는 것은 너무나 당연하지 않은가! 또한 돼지는 먹히기 위해 만들어졌기 때문에 우리는 1년 내내 돼지고기를 먹는다. 따라서 모든 것은 선이라고 주장한 자들은 어리석은 말을 한 것이다. 모든 것은 최선의 상태에 있다고 말했어야 한다."

캉디드는 흐트러짐 없이 집중하여 들었고, 순진하게 믿었다. 왜냐하면 말로 할 용기는 없었지만 그는 퀴네공드 양을 몹시 보기 드문 미인이라고 믿었기 때문이다. 그는 툰더 텐 트롱크 남작에게서 태어나는 복에 버금가는 두 번째 행운은 퀴네공드 양이고, 세 번째는 그런 그녀를 날마다 보는 것이고, 네 번째는 이 지역에서 가장 위대한, 따라서 세상에서 가장 훌륭한 팡글로스 선생님의 가르침을 듣는 것이라는 결론을 내렸다.

어느 날 퀴네공드가 성(城)에서 아주 가까이 있는 대정원이라 불리는 자그마한 숲을 걷고 있으려니, 팡글로스 박사가 자기 어머니의 몸종으로 몹시 사랑스럽고 온순한 갈색머리 처녀에게 덤불 속에서 실험물리학을 가르치고 있는 것을 직접 보게 되었다. 퀴네공드 양은 매우 학문에 밝았으므로, 자신의 눈앞에서 되풀이되고 있는 실험을 숨죽이며 관찰했다. 그녀는 박사의 충족이유,[12] 그리고 원인과 결과를 분명히 파악하고는 그렇다면 자신이 젊은 캉디드의 충족이유가 되고, 캉디드 역시 자신의 충족이유가 되어도 무방하지 않을까 생각했

---

11) 라이프니츠 철학의 상투어 "무릇 세상의 모든 것 가운데서 최선의 세계"를 빗댄 것이다.

12) 라이프니츠의 제자 볼프의 형이상학 원리로 각 사물에 있어서 그 존재를 설명하고 정당화하는 것을 가리킨다. 여기서는 팡글로스의 존재에 의미를 부여하는 것이 성욕이며, 철학상의 진리에 대한 그의 정열이 하찮은 것임을 암시하고 있다.

다. 그러자 몹시 기분이 좋아져 망상에 빠져서는 여학자가 되고 싶다는 욕구에 빠져들어 성으로 돌아왔다.

성으로 돌아오는 도중에 그녀는 캉디드와 마주치자 얼굴을 붉혔다. 캉디드 또한 얼굴이 빨개졌다. 그녀가 띄엄띄엄 인사하자 캉디드도 그녀에게 뭐라고 말을 했지만, 무슨 말을 하는지 스스로도 종잡을 수 없었다. 이튿날 점심식사가 끝나 다들 식탁을 떠날 때, 퀴네공드와 캉디드는 병풍 뒤에서 덜컥 마주쳤다. 퀴네공드가 손수건을 떨어뜨리자 캉디드가 주웠다. 그녀는 순진하게 그의 손을 잡고, 젊은이는 어린 아가씨의 손에 순수하게 입을 맞추었다. 그 입맞춤은 격렬하면서도 부드럽고, 각별한 호의가 담겨 있었다. 둘의 입술이 마주 닿고, 눈이 이글이글 타오르고, 무릎이 떨리고 손은 착란을 일으킨 것처럼 헤맸다. 툰더 텐 트롱크 남작은 병풍 옆을 지나다가 그 원인과 결과를 보고 캉디드의 엉덩이를 눈에 불이 번쩍 날 정도로 세차게 걷어찬 뒤 성에서 내쫓았다. 퀴네공드는 기절했다. 정신을 차린 그녀는 깨자마자 남작부인에게서 따귀를 얻어맞았다. 그러자 세상의 모든 성 중에서도 가장 아름답고 즐겁던 성은 벌집을 쑤신 것처럼 시끌벅적했다.

제2장
불가리아인 나라에서 캉디드에게 일어난 일

지상낙원에서 쫓겨난 캉디드는 절망한 나머지 하늘을 올려다보며 훌쩍이면서, 남작의 딸 가운데 가장 예쁜 아가씨가 갇혀 있는, 세상에서 가장 아름다운 성을 수없이 돌아보며 정처 없이 걸었다. 그는 저녁도 못 먹고 밭 한가운데의 이랑 사이에 누웠다. 솜을 흩뿌린 것 같은 눈이 펄펄 내리고 있었다.[13] 캉디드는 이튿날 꽁꽁 언 몸으로 발트베르크호프 트라르브크 디크도르프라는 이웃 마을을 향해 기다시피 걸었다. 땡전 한 푼 없는 데다 굶주림과 피로로 죽을 것 같았다. 그는 처참한 꼴로 어느 술집 앞에 섰다. 파란 옷을 입은 두

---

13) 정원에서의 팡글로스와 몸종의 '정사 장면'은 평온한 계절을 연상시키지만 여기서는 그것이 갑자기 바뀌어 눈 내리는 겨울이 된다. 도저히 불가능한 이런 대비는 위기를 강조하는 의미를 갖는다.

남자[14]가 그를 쳐다보았다. 그중 하나가 말했다.

"저것 봐, 저 젊은이는 허우대가 멀쩡하고 키도 기준에 딱 맞는군."

둘은 캉디드에게 다가오더니 아주 정중하게 그를 점심식사에 초대했다.

"아! 대단히 영광입니다만 제 밥값을 치를 만한 돈이 없습니다."

캉디드는 붙임성 있게, 그러면서도 조심스런 태도로 말했다.

"젊은이! 당신 같은 풍채와 인덕을 지닌 사람은 결코 돈 따윌 지불하지 않는 법입니다. 당신의 키는 175센티미터가 넘지 않습니까?"

"예, 예. 맞습니다. 제 키는 말씀하신 대롭니다."

그는 공손하게 고개를 숙이면서 말했다.

"그럼 젊은이! 식탁으로 오시지요. 우리는 당신의 밥값을 치를 것이며, 뿐만 아니라 당신 같은 분에게 돈이 없는 것을 알고도 그냥 넘어갈 수 없습니다. 무릇 인간은 서로 돕도록 되어 있지요."

그러자 캉디드가 말했다.

"맞는 말씀입니다. 그것은 바로 팡글로스 선생님이 늘 말씀하시던 거였어요. 모든 것은 최선의 상태로 있다는 것을 잘 알고 있습니다."

그들은 은화 몇 닢을 억지로 캉디드의 손에 쥐여주었다. 그는 그것을 받아들고 차용증을 써주려고 했지만 그들은 그런 것에 눈길도 주지 않고 식탁에 앉았다.

"진심으로 사랑하고 계시겠지요……."

그는 대답했다.

"예, 그럼요. 사랑하고말고요. 퀴네공드 양을 진심으로 사랑합니다."

그러자 그들 중 하나가 말했다.

"아니에요. 그게 아니라 혹시 불가리아의 임금님[15]을 진심으로 사랑하시느

---

14) 르네 포모에 따르면 프로이센군의 징병관 제복이 파랑이었다.

15) 18세기에는 불가리아 왕이 실제로 존재하지 않았다. 볼테르는 《풍속시론》에서 8세기부터 9세기에 걸쳐 비잔틴제국을 황폐하게 했던 두 민족, 곧 아바르인과 불가리아인에 대해 쓰고 있는데, 그 민족 이름을 여기서 가공의 민족 이름으로 이용한 것으로 보인다. 그러나 7년전쟁이 한창이던 시기에 쓰인 이 책에선 징병관의 제복 색깔이나 징집된 신병 키에 관한 언급으로 볼 때, 불가리아인은 프로이센인이고, 아바르인은 프랑스인임을 암시하고 있다. 불가리아 왕은 확실히 계몽전제군주 프리드리히 2세를 연상케 한다.

냐고 묻는 겁니다."

"당치도 않아요. 한 번도 뵌 적이 없는걸요."

그가 말했다.

"뭐라고요! 왕 중에서도 특별히 훌륭한 분이십니다. 그러므로 임금님의 건강을 빌면서 건배해야 해요."

"아, 그럼 여러분! 기꺼이 건배합시다."

그렇게 말하고 그는 단숨에 잔을 비웠다.

"그럼 됐소. 이것으로 당신은 불가리아인의 주춧돌, 버팀목, 수호신, 영웅이 되었소. 출세와 영광이 보장된 것이오."

캉디드의 발에 곧바로 족쇄가 채워졌고 그는 연대로 끌려갔다. 우향우, 좌향좌, 받들어총, 세워총, 조준, 사격, 빨리 걷는다 실시! 같은 훈련을 받은 끝에 몽둥이로 30대 얻어맞았다. 이튿날에는 훈련에 웬만큼 익숙해졌으므로 몽둥이질은 20대로 줄었고, 그다음 날에는 10대만 맞았다. 그리하여 그는 무리 중에서 뛰어난 인물로 여겨졌다.

캉디드는 어리둥절하여 어째서 자기가 영웅인지 아직도 이해가 가질 않았다. 어느 봄날, 다리를 자기 마음껏 움직이는 것은 동물뿐만 아니라 인간의 특권이기도 하다고 생각하고 그는 앞길을 똑바로 걸어서 멀리 나아가기로 마음먹었다. 그러나 채 8킬로미터도 가지 못했을 때 키가 190센티미터나 되는 다른 영웅 4명이 뒤쫓아오더니 그를 옭아매 감옥으로 끌고 갔다. 그들은 법률에 따라 연대의 전체 병사에게서 채찍으로 36대를 맞을 것인지, 뇌에 납총알 12발을 동시에 맞을 것인지, 둘 중 고르라고 했다.

그가 인간의 의지는 자유다, 둘 다 싫다고 했지만 소용없었다. 둘 중 어느 하나를 골라야만 했다. 그래서 그는 자유라는 이름의 신에게서 받은 것에 따라 채찍으로 36대를 맞기로 결정했지만, 실제로는 대열 왕복 채찍형을 받았다. 연대는 2000명으로 편성되어 있었으므로 4000대의 채찍을 맞았고, 그 결과 그의 목덜미에서부터 엉덩이까지의 근육과 신경이 온통 드러났다. 세 번째로 대열의 채찍을 맞기 시작했을 때, 캉디드는 죽을 것만 같아 제발 부탁이니 차라리 머리를 부숴달라고 매달렸다. 그의 애원은 받아들여졌다. 그는 눈을 가린 채 무릎이 꿇렸다. 바로 그때, 불가리아 왕이 지나가다가 형을 받고 있는 사람의 죄상을 물었다. 이 왕은 비범한 인물이었으므로 캉디드에 대해 모든 것을 들은 뒤, 그가 세상 물정에 어두운 젊은 형이상학자임을 알았다. 그래서 왕은 너그럽게도 젊은이에게 특별사면을 내렸다. 왕의 이 너그러운 처분은 그 뒤에 온갖 신문에서, 또 모든 세기에 걸쳐 칭찬받을 것이 틀림없다. 캉디드의 상처는 어느 실력 있는 외과의사가 디오스코리데스[16]에게서 전수받은 완화제를 쓴 덕분에 3주 만에 나았다. 새살이 조금씩 나기 시작하여 캉디드가 걸을 수 있게 되었을 때, 불가리아 왕이 아바르의 왕과 전쟁을 시작했다.

제3장
캉디드는 불가리아군에서 어떻게 도망쳤는가? 또 그의 신상 변화

이 두 군대만큼 아름답고 우아하며, 화려함 넘치고 질서 정연한 것은 없었다. 나팔, 피리, 오보에, 큰북, 대포가 지옥에서도 결코 들을 수 없는 경쾌한 멜로디를 연주하고 있었다. 먼저 대포는 양쪽 진영에서 무려 6000명을 쓰러뜨렸다. 이어 일제사격이 최선의 세계로부터 그 지표를 더럽히는 무뢰한들을 9000에서 1만 명쯤 없앴다. 총검 역시 수천 명 죽음의 충족이유가 되었다.[17] 모두 합쳐 3만 명을 웃돌지도 모른다. 철학자처럼 행동하던 캉디드는 이 영웅적인 살육이 저질러지는 동안 최대한 몸을 숨기고 있었다.

마침내 그는 두 왕이 저마다의 진영에서 감사의 노래[18]를 부르게 하는 동안, 어디론가 다른 지역으로 가서 결과와 원인[19]에 대해 곰곰 생각하기로 했다. 그

---

16) 1세기의 의사. 라블레의 《가르강튀아》에 자주 나온다.

17) 르네 포모에 따르면 음악을 연주하면서 접근하여 화포 전투, 보병대 사격, 총검 돌격에 의한 백병전으로 펼쳐지는 것은 당시 전투의 전형적인 형태였다. 병사들은 대개의 경우, 당연히 빈민층에서 징병되었다. 이 뒤에 이어지는 무뢰한들이란 호칭은 두 나라 왕의 민중 멸시 시각을 빗대어 대변한 것으로 추정된다.

18) "우리는 신을 기리나니 Te Deum (laudamus)"로 시작되는 가톨릭 감사의 노래. 특히 전승을 축하하여 불렀다. 승리자가 아직 정해지지 않은 전투에서 양쪽 군대가 프로파간다를 위해 감사 노래를 부르는 우스꽝스런 장면의 묘사는 볼테르의 반종교적인 상투 수단이다.

19) 제30장의 터키 수도승 일화에서 팡글로스는 원인과 결과, 최선의 세계, 악의 기원, 예정조화에 대한 논의를 바랐다고 나와 있다. 거기에 열거된 것은 충족이유 등과 함께 라이프니츠의 최선설 용어이다.

는 죽은 자와 다 죽어가는 자들의 산을 넘어서 우선 이웃 마을에 다다랐다. 마을은 잿더미가 되어 있었다. 그곳은 아바르인의 마을이었는데 불가리아인이 법률 규정[20]에 따라 불태워 버렸던 것이다. 총알에 맞은 노인들이, 피투성이 유방에 젖먹이를 안은 채로 목이 잘려나가 죽어가는 아낙네들을 바라보는가 하면, 저기서는 몇몇 영웅의 자연적 욕구를 채워준 뒤 배가 들쑤셔진 처녀들이 숨을 거두려 하고 있었다. 그런가 하면 몸이 반쯤 불에 타서 아예 죽여 달라고 소리치는 처녀들도 있었다. 땅에는 잘려나간 팔과 다리 옆에 뇌수가 흩어져 있었다.

캉디드는 되도록 빨리 다른 마을로 도망쳤다. 그곳은 불가리아인의 마을이었는데, 아바르의 영웅들에게서 똑같은 꼴을 당한 상태였다. 캉디드는 실룩실룩 움직이는 팔다리를 밟고 넘어가거나 폐허를 빠져나가면서 쉬지 않고 걸어서 마침내 전쟁터 외곽에 도착했다. 겨우 허기를 달랠 만큼의 식량을 담은 자루를 옆구리에 끼고 가면서도 퀴네공드 양에 대한 생각을 잠시도 잊지 않았다. 네덜란드에 닿았을 때, 식량이 바닥을 드러냈다. 그러나 이 나라 사람들은 다들 부자인 데다 그리스도교도라는 소문을 들었으므로, 그는 자신이 퀴네공드 양의 아름다운 눈 때문에 쫓겨날 때까지 남작의 성에서 받았던 정도의 대우를 여기서도 받을 수 있으리라 믿어 의심치 않았다.

그는 몇몇 근엄해 보이는 사람들에게 동냥을 했다. 그랬더니 그들은 하나같이, 그런 짓을 계속하면 감화원에 잡혀 들어가서 세상의 이치를 배우게 되리라고 하는 것이었다.

이어 그는 대규모 집회에서 오직 홀로 일어나 장장 1시간 동안이나 이웃 사랑에 대해 열변을 토한 인물[21]에게 가서 말을 붙였다. 그 웅변가는 잔뜩 의심하는 눈초리로 그를 쳐다보며 말했다.

"무엇하러 여길 왔지? 그럴 만한 이유가 있어서 여기에 있느냐고?"

---

20) 법률이라기보다 인간 집단의 권리와 관계를 규정하는 국제법을 의미한다. 18세기에는 전쟁은 권리였으므로 정당한 전쟁의 사례가 그로티우스의 《전쟁과 평화의 법》(1625)에 근거하여 논의되었다고 한다.

21) 개신교 목사. 네덜란드는 낭트칙령의 폐지 이후, 유럽 개신교 신자들의 피난과 포교의 중심지 가운데 하나였다.

그래서 캉디드는 아주 조심하는 태도로 대답했다.

"원인 없는 결과는 없습니다. 모든 것은 필연적으로 서로 이어져 있고, 최선을 위해 배열되어 있습니다. 저는 퀴네공드 양의 집에서 쫓겨나 채찍의 우박 속을 지나도록 정해져 있었습니다. 그리고 끼니를 이을 양식을 얻기까지 비럭질을 하는 것도 필연입니다. 이런 것들은 모두 그렇게 되는 것 외에 다른 수가 없었어요."

웅변가는 말했다.

"그럼 넌 교황이 그리스도의 적이라고 생각하느냐?"

"그런 얘긴 아직 들어본 적이 없습니다. 하지만 교황이 적(敵)그리스도든 아니든 저는 빵이 필요해요."

캉디드가 그렇게 대답했다.

"너에게 빵 먹을 자격 따위가 있느냐? 썩 꺼져라. 변변치 못한 놈. 꺼져버려, 천한 놈. 죽을 때까지 내 눈에 띄지 마라!"

웅변가의 아내가 창밖으로 목을 내밀고, 교황이 그리스도의 적이란 사실에 의심을 품는 사내임을 알고 캉디드의 머리에 와락 욕지거리를 퍼부었다. 아, 부인네들이 신앙에 미치면 어쩌나 극단적으로 행동하는지!

세례를 받지 않은, 자크라는 이름의 선량한 재세례파[22] 사내가 그 자리에 함께 있었다. 그는 자기 형제 중에 하나, 즉 날개는 없지만 영혼이 있는 두 발을 가진 존재가 그런 식으로 잔학무도한 취급을 받는 것을 보고 사내를 집으로 데려가더니 몸을 깨끗이 씻도록 한 다음 빵과 맥주를 주고, 네덜란드 돈으로 2플로린을 주었다. 게다가 네덜란드제 페르시아 옷감을 만드는 그의 공장에서 기술을 가르쳐 주겠다고 했다. 캉디드는 그의 앞에 무릎 꿇고 외쳤다.

"팡글로스 선생님이 아주 훌륭하게 말씀하셨습니다. 이 세상은 모든 것이 최선의 상태에 있다고요. 왜냐하면 저는 검정 망토를 입은 사내와 그 부인의

---

22) 재세례파(再洗禮派)는 특히 네덜란드나 독일에 퍼져 있던 개신교 종파로서 철이 들기 이전의 세례를 거부했다. 16, 17세기에 유혈 폭동을 일으켰지만 그 뒤 신자들은 잠잠해져 수공업이나 상업에 종사하고, 그 자손은 온화하고 분별을 갖추었다고 여겨진다. 작품 속 자크는 특히 자비심 깊고 온후한 인물이다. 그렇기 때문에 그는 비정한 지구의 표면에서 일찌감치 사라질 운명에 있다.

캉디드 장 미셸 모로 2세(Jean Michel Moreau le Jeune) 그림. 쿠아니(Jacques−Joseph Coiny) 도판.

비정함보다 당신의 세상없는 너그러움에 훨씬 감동받았기 때문입니다.”

이튿날 그는 산책을 하다가 한 거지와 마주쳤다. 그 거지는 온몸이 악성 부스럼투성이에 눈은 생기를 잃고, 코끝은 썩었으며 입은 비뚤어지고 이는 새카만 데다 잔뜩 목이 쉬고, 심한 기침으로 괴로워하고, 힘을 쓸 때마다 빠진 이를 하나씩 토해내고 있었다.

제4장
캉디드와 옛 철학 스승 팡글로스 박사와의 만남 그리고 그 뒤의 일

캉디드는 성실한 재세례파 자크한테서 받았던 2플로린을, 두려움에서라기보다는 동정심에서 그 오싹하리만큼 소름 끼치는 거지에게 주었다. 꼭 망령 같은 그 남자는 그를 빤히 쳐다보다가 갑자기 눈물을 펑펑 쏟으며 그를 꽉 껴안았다. 캉디드는 겁이 나서 자기도 모르게 뒷걸음질 쳤다.

“세상에, 이럴 수가!” 그 불쌍한 사내는 다른 한 애처로운 사내에게 말했다. “그토록 가까이 지내던 팡글로스를 벌써 잊었단 말인가?”

“뭐라고요? 당신이 나의 스승님이라고요? 선생님이 이런 몰골을 하고 계시다니요! 대체 어떤 불행을 당하신 겁니까? 어떤 사정으로 세상에서 가장 아름다운 그 성에서 나오신 겁니까? 이 세상 처녀 중의 진주요, 자연이 빚은 걸작인 퀴네공드 아가씨는 어떻게 되었는지요?”

“나는 기력이 다해서 서 있을 수조차 없다네.”

팡글로스는 말했다. 캉디드는 스승을 곧바로 재세례파의 가축우리로 데려가 빵을 조금 먹였다. 그러자 팡글로스는 기운을 찾았다.

“그래서요, 퀴네공드 아가씨는요?”

그는 스승에게 거듭 물었다.

“죽었어.”

스승은 말을 이었다. 그 말을 들은 캉디드는 기절했다. 팡글로스는 마침 가축우리에 있던 질 나쁜 식초를 조금 사용하여 제자의 의식을 되찾게 했다. 캉디드는 다시 눈을 떴다.

“퀴네공드 아가씨가 죽었다고요? 세상에! 최선의 세계여, 그대는 어디에 있는가! 그녀는 대체 어떤 병으로 죽었습니까? 설마 제가 엉덩이를 발로 차이고 그녀 아버지의 아름다운 성으로부터 쫓겨나는 모습을 보고 그런 것은 아니겠지요?"

"아냐, 그건 아니야. 불가리아 병사들이 아가씨에게 말할 수 없는 폭행을 저지른 끝에 배를 찔렀어. 병사들은 아가씨를 보호하려던 남작님의 머리를 쳐서 부수었지. 남작부인은 갈가리 찢겼고, 나의 학생도 퀴네공드 양과 똑같은 일을 당했어. 성은 헛간 한 채, 양 한 마리, 오리 한 마리, 나무 한 그루조차 남아 있질 않아. 하지만 나의 원한은 말끔히 풀어버렸다네. 아바르 병사가 이웃한 불가리아 영주 소유의 남작령에서 그와 똑같이 복수를 해주었거든."

이야기를 듣고 캉디드는 다시 정신을 잃었다. 그러나 다시 깨어나 할 말을 마친 뒤, 팡글로스를 그토록 처참한 상태에 빠뜨린 원인과 결과, 그리고 충족 이유에 대해 물었다.

"그건 사랑 때문이야. 사랑, 인류의 정신적 위로, 우주의 관리자, 모든 감수성 예민한 영혼, 아련한 사랑인 것이지."

스승은 말했다.

"그렇군요. 사랑이라면 저도 압니다. 인간의 마음을 지배하는 절대군주, 영혼의 영혼이라고 할 만한 것이지요. 다만 제가 거기서 얻은 것은 단 한 번의 키스와 엉덩이에 받은 20대의 발길질뿐이었습니다. 하지만 그토록 아름다운 원인이 어떻게 그런 끔찍한 결과를 불러온 걸까요?"

캉디드는 그렇게 말했다. 그러자 팡글로스는 다음과 같이 대답했다.

"캉디드, 위엄으로 가득했던 남작부인의 사랑스런 시녀 파케트[23]를 알 테지? 나는 그녀의 팔에 안겨 천국의 기쁨을 맛보았지만, 그 기쁨이 지옥의 고통을 낳아 이렇게 보다시피 내 몸이 망가졌다네. 그 아이도 이것에 감염되어 있었으니까 아마 지금쯤은 죽었을 거야. 파케트는 이 선물을 프란체스코회 수도사에게서 받았는데 그 수도사는 아주 학식이 높은 인물로서 모든 것을 근원에까지 거슬러 올라가 밝혀냈지. 왜냐하면 그는 이 선물, 곧 이 병을 늙은 백작부인에게서 받았고, 백작부인은 기병대 중대장에게서 받았으며, 중대장은 어

---

23) "시녀와의 정사 향기가 나는 화사한 이름"(르네 포모) 파케트는 라퐁텐《우화시》1편〈사제와 죽은 자〉이후 젊은 시녀를 나타내는 관용어가 되었다.

떤 후작부인 덕분에 얻었고, 후작부인은 하인에게서 받았고, 하인은 예수회 신부에게서, 또 신부는 수련 시절에 크리스토퍼 콜럼버스 무리의 한 사람에게서 곧장 받았음을 알았거든.[24] 하지만 나는 아무한테도 옮기지 않았어. 생명의 불꽃이 꺼져가고 있으니까."

"어쩌면 좋아요, 팡글로스 선생님! 그건 너무나도 기묘한 계보로군요! 근본은 악마였던 게 아닐까요?"

캉디드는 소리쳤다.

스승은 재빨리 반박했다.

"그건 아니야. 이 선물은 최선의 세계에는 없어선 안 되는 것, 필요한 요소였던 거야. 만일 콜럼버스가 아메리카 대륙의 어느 섬에서 생식의 근원을 오염시키고, 이따금 생식을 방해하기도 하고, 확실히 자연의 위대한 목적에 어긋나는 이 질병에 걸리지 않았더라면 코코아도, 염료의 원료가 되는 곤충도 우리는 얻지 못했을 테니까. 나아가서는 오늘날까지 이 병이 우리 대륙에선 종교 논쟁과 마찬가지로 우리 특유의 것이란 점에도 유의해야 하지. 터키인, 인도인, 페르시아인, 중국인, 시암 사람(타이인), 일본인은 아직 이 병을 모르지만 앞으로 몇 세기 뒤면 알게 될 충족이유가 뚜렷하게 존재하거든. 어쨌든 이 병은 놀랍게도 우리 사회에 널리 퍼져 있다네. 특히 나라의 명운을 결정하고, 몹시 거칠고, 게다가 태생이 훌륭한 용병으로 이루어진 군대에는 더욱더 심하지. 3만 명이 진을 구성하는 전투대형을 만들어 같은 수의 적과 싸울 경우, 양쪽 진영에 대략 2만 명의 매독 환자가 있다고 보면 돼."

"정말 놀랍군요. 하지만 선생님의 병환을 고쳐야지요."

캉디드는 말했다.

"그건 불가능해. 무엇보다 나는 무일푼이야. 이 넓은 지구에선 돈을 내거나, 그도 아니면 나를 대신해서 돈을 내줄 누군가가 있어야 나쁜 피를 뽑아낼 수도, 관장을 할 수도 있으니까."

마지막 말을 듣고 캉디드는 굳게 마음먹었다. 그는 자애심 깊은 재세례파 자크의 발밑에 엎드려 간청했다. 그가 친구의 비참한 처지를 어찌나 가슴이

---

24) 예수회에는 동성애자가 많다는 평판이 나 있었다. 그 평판은 이따금 예수회 학교에서 벌어지는 추문을 뒷받침한다고 추정되었다. 당시 매독은 카리브인이 옮겼다는 설이 있었다.

뭉클해질 정도로 그려냈던지 선량한 자크는 망설이지 않고 팡글로스 박사를 받아주었다. 그는 자기 돈으로 박사의 병을 고쳐주었다. 그때의 치료 덕분에 한쪽 눈과 귀를 잃었을 뿐, 팡글로스는 말끔히 나았다. 그는 글씨도 잘 쓰고, 게다가 셈에 아주 능했다. 재세례파 자크는 그에게 회계를 맡겼다. 두 달 뒤 자크는 상업상의 볼일이 있어 리스본에 가야 했으므로 두 철학자와 함께 배에 올랐다. 팡글로스는 그에게 어찌하여 세상 모든 것은 최선인지를 설명했다. 자크는 그 의견에 찬성하지 않았다.

"인간은 줄곧 자연을 타락시킨 게 틀림없소. 인간은 결코 늑대로 태어나지 않았건만 늑대가 되고 말았기 때문이죠.[25] 신은 인간에게 무게 24리브르의 탄환을 발사하는 대포도, 총칼도 주시지 않았는데도 인간은 총칼과 대포를 만들어 서로 죽이고 있어요. 파산과 파산자의 재산을 압류하여 채권자를 쓰러뜨리는 재판[26]에 대해서도 똑같이 생각해도 무방하지 않겠소?"

그러자 애꾸눈 박사는 재빨리 되받았다.

"그런 것들은 모두가 필수 불가결했어요. 저마다의 불행은 전체의 행복을 만들어 냅니다.[27] 그렇기 때문에 개인의 불행이 많으면 많을수록 전체적으로는 더 좋은 일입니다."

그가 열변을 토하는 동안 하늘이 어두워지고 사방에서 바람이 거칠게 휘몰아쳤다. 배는 리스본 항구를 눈앞에 두고 무시무시한 폭풍에 휩싸였다.

---

25) 영국 철학자 홉스의 유명한 말 "Homo homini lupus(인간은 인간에게 늑대이다)"를 암시하고 있다.
26) 반 덴 회벨에 따르면 볼테르는 유명한 은행가 사무엘 베르나르에게 재산의 일부를 맡겼는데 1754년 은행가의 아들이 파산하는 바람에 약 8000리브르의 이자수입을 잃었다. 그는 1758년에도 일부를 변제하게 하려고 노력했다. 보통 채권자들은 파산자의 재산을 나누어 손해를 메울 수가 있다. 하지만 그 무렵 법정은 파산자의 전 재산을 일시적으로 몰수하여 우선 재판비용부터 받아냈다. 이 부분은 작자의 체험을 언급하는 것 같다.
27) 낙천주의의 상투적 표현. 회벨은 뉴턴적 세계관에 바탕하고 라이프니츠가 발전시킨 이 형이상학에 오랫동안 찬성했다. 《뉴턴 철학의 원리》에서는 낙천주의를 변호하고, 《자디그》에선 천사의 입을 통해 그 이야기를 하고 있다. 그러나 《멤논》의 주인공에게 그것은 잃어버린 그의 한쪽 눈이 좋아지지 않는 한 믿지 못할 철학이며, 《리스본의 재앙에 관한 시》(1756)에선 정면으로 공격받는 철학이다.

제5장
폭풍, 난파, 지진 그리고 팡글로스 박사와 캉디드, 재세례파 자크에게 일어난 일

승객의 반은 온몸의 기운이 빠져 몸을 가누지도 못했다. 배가 뒤흔들릴 때마다 신경이 곤두서고 위장이 뒤집히는 것만 같았다. 숨이 끊어질 듯한 고통 때문에, 눈앞에 닥친 위험을 두려워할 기력조차 없었다. 나머지 반은 울부짖거나 기도를 했다. 돛은 찢겨나가고 돛대는 부러졌으며, 배의 몸체는 완전히 두 동강 났다. 움직이는 사람도 있기는 했지만 서로 힘을 합칠 엄두도 못 냈고 그나마 지휘하는 사람도 없었다. 재세례파 사내는 배의 조종을 돕느라 갑판에 있었다. 미쳐 날뛰는 선원 하나가 난폭하게도 그를 갑판에 때려눕혔다. 그러나 너무 힘껏 주먹을 휘두른 나머지 그만 몸의 균형을 잃고 기우뚱하더니 배 밖으로 떨어졌다. 선원은 부러진 돛대의 일부를 겨우 붙잡고 허공에 매달려 있었다. 선량한 자크는 얼른 달려가 선원을 배 위로 끌어올렸다. 하지만 힘이 다했는지 선원이 보는 앞에서 바닷속으로 거꾸로 떨어졌다. 선원은 그런 그를 본체만체했다.

캉디드가 뱃전에 다가가서 내려다보니, 그의 은인은 잠깐 수면 위에 모습을 드러냈다가 끝내 바다에 삼켜지고 말았다. 그는 불현듯 은인을 구하려고 바닷속으로 뛰어들려 했지만 철학자 팡글로스가 그를 붙들어 말리면서, 리스본의 정박지는 그 재세례파 사내가 빠져 죽도록 특별히 만들어졌다는 것을 증명해 보였다. 그가 그것을 선험적으로 증명하는 사이 배는 완전히 둘로 쪼개져 팡글로스와 캉디드, 그리고 덕망 높은 재세례파 사내를 빠져 죽게 만들었던 그 들짐승 같은 선원을 뺀 나머지 승객이 몽땅 바다에 빠져 죽고 말았다. 팡글로스와 캉디드가 판자에 매달린 채 파도에 떠밀려 간신히 바닷가에 닿고 보니, 그 악당은 유유히 헤엄쳐서 먼저 도착해 있었다.

팡글로스와 캉디드는 잠시 진정한 뒤 리스본을 향해 걸었다. 그들은 돈이 조금 남아 있었으므로, 폭풍우를 헤쳐나오느라 주린 배를 그 돈으로 얼마간 채울 수 있을 것 같았다.

은혜를 입은 사람의 죽음을 애석해하면서 그들은 도시에 들어섰다. 그런데 어느새 발밑에서 땅이 흔들리는 것을 느꼈다. 항구의 바닷물이 거품을 일으키

11월 1일 리스본 대지진의 참상 이 지진은 포르투갈, 스페인 및 아프리카 북서부 일대를 강타했다. 자크 필리프 르 바(Jacques–Philippe Le Bas) 판화.

며 높이 솟아올라 정박 중인 배를 부수는 것이었다. 화염과 재의 소용돌이가 거리와 광장을 뒤덮었다. 집들은 무너졌으며 지붕은 건물의 주춧돌이 있는 곳까지 무너져 내렸고, 주춧돌은 이리저리 흩어지고 3만 명의 남녀노소 주민이 폐허 아래 깔렸다.[28] 선원은 휘파람을 불며 왠지 불량스럽게 말했다.

"여기서 한몫 단단히 잡을 수 있을 것 같은데!"

"이 현상의 충족이유는 뭘까?"

팡글로스는 말했다.

"이것이야말로 이 세상 마지막 날입니다."

캉디드는 외쳤다. 선원은 죽음의 위험 따윈 아랑곳하지 않고 곧장 시신들 사이를 누비며 뛰어다녔다. 잔뜩 술을 들이켜며 시신을 뒤져 동전 한 닢까지 몽땅 쓸어 모았다. 얼마 뒤 술이 깨자, 죽어가는 사람과 시체가 넘쳐나는 폐허 속에서 우연히 만난, 성격 좋은 아가씨를 돈으로 사고 있었다. 그사이 팡글로스는 선원의 팔을 여러 번 잡아끌었다.

"이보게, 지금은 그런 행동을 해선 안 되네. 보편이성에 어긋나거니와 기회를 악용하고 있어."

그는 선원에게 말했다.

"무슨 개소리야! 나는 뱃놈이고 바타비아[29]에서 태어났다. 우습게 들리겠지만 이래 봬도 난 네 번이나 일본에 여행 가서 네 번이나 십자가를 밟고 지나갔던 몸이야.[30] 그런 놈에게 보편성이라고!"

캉디드는 돌 조각 몇 개에 맞아 다쳤다. 그 때문에 길에서 쓰러져 폐허 더미

---

28) 리스본 대지진은 1755년 11월 1일 쓰나미를 동반해 발생, 도시 대부분을 파괴했고, 3만 명의 희생자를 냈다. 르네 포모와 반 덴 회벨에 따르면 볼테르는 그가 구독하던 잡지 《주르날 에트랑제》(같은 해 12월), 네덜란드 헤이그에서 이듬해 간행된 양주 구달의 《지진의 역사》, 그리고 리스본에서 장사하는 제네바 사람 보몽의 목격담을 바탕으로 이 지진을 묘사했다. 당초 그는 희생자가 10만 명인 줄 알았지만 1755년 12월 17일자 편지에서 2만 5000명으로 고치고, 마침내 역사적으로도 정확하다고 여겨지는 3만 명으로 결론을 내린다.

29) 바타비아는 현재 인도네시아의 수도 자카르타의 옛 이름. 당시에는 네덜란드의 식민지 자바의 중심 도시였다.

30) 반 덴 회벨에 따르면, 그 시대 일본의 쇄국정책과 나가사키 데지마(出島)에서 이루어진 네덜란드 무역, 그리고 십자가를 밟는 행위에 관하여 볼테르는 《풍속시론》을 집필하는 과정에서 독일 의사 캠퍼(1651~1716), 프랑스인 선교사 샤를부아(1682~1761) 및 폰토네(1643~1710)의 저작을 통해 지식을 얻었다고 한다.

에 파묻혀 있었다. 그는 팡글로스에게 말했다.

"제발 부탁이니 포도주하고 기름을 좀 갖다주세요. 당장에라도 죽을 것 같아요."

그러자 팡글로스는 대답했다.

"이 지진은 특별히 새로운 건 아냐. 작년에 아메리카 대륙에서 리마라는 도시가 똑같은 진동을 경험했거든. 원인과 결과도 똑같아. 리마에서 리스본까지 땅속으로 유황 줄기가 지나가는 것이 분명해."

"그보다 더 확실해 보이는 건 없겠군요. 하지만 제발 기름과 포도주를 좀 갖다주세요."

철학자는 즉각 반박했다.

"뭐? 확실해 보이는 거라고? 나는 이미 논증이 끝났다고 말하고 있어."

캉디드는 기절했다. 그러자 팡글로스는 근처의 우물에서 물을 조금 가져다주었다.

이튿날 그들은 잔해 사이를 돌아다니면서 식량을 얼마간 찾아낸 덕분에 조금이나마 기력을 회복했다. 이어 다른 사람들과 마찬가지로 죽음을 모면한 사람들을 힘껏 도왔다. 그들의 구조를 받은 몇몇 주민은 그런 재해를 당했으면서도 최대한 맛을 낸 점심식사를 대접해 주었다. 하지만 확실히 즐거운 식사는 아니었으므로 식사에 초대된 사람들은 눈물로 빵을 적시면서 먹었다. 그러나 팡글로스는 이번 사태는 그것 이외에 다른 경우가 있을 수 없다고 잘라 말해 모두를 위로했다.

"왜냐하면 이런 일은 모두 최선의 상태이기 때문이오. 리스본에 화산이 있다면 그 화산은 다른 곳엔 존재할 수 없기 때문이오. 또 사물이 현재 있는 곳에 존재하지 않는다는 말은 있을 수가 없지 않소? 그것은 모든 것이 잘 이루어져 있기 때문이오."

팡글로스의 곁에 있던, 몸집이 작고 검정 옷을 입은 종교재판소의 판사가 정중하게 말했다.

"당신은 원죄를 믿지 않으시는 것 같군요. 왜냐하면 만일 모든 것이 최선의 상태에 있다면 타락도 벌도 없었을 것이기 때문입니다."

팡글로스는 정중한 태도로 대답했다.

"죄송하지만 인간의 타락과 저주도 무릇 이 세상에서 최선의 세계에 필연적으로 포함되어 있기 때문입니다."

"그럼 당신은 자유를 믿지 않으시는 겁니까?"

판사는 말했다.

"송구합니다만 자유는 절대적 필연과 함께 존속할 수 있습니다. 왜냐하면 우리가 자유로운 것은 필연적인 일이었기 때문입니다. 그것은 요컨대 확고한 의지는……."

팡글로스가 한창 이야기를 하고 있을 때 판사는 포르투 술, 즉 오포르투 술[31]을 잔에 따르던 무장한 하인에게 고개를 끄덕여 보였다.

제6장
지진을 막기 위해 이단자의 화려한 화형식이 어떻게 이루어졌는가, 또 캉디드는 왜 볼기를 맞았는가?

리스본의 4분의 3을 파괴한 지진이 있은 뒤 이 나라의 현자들은, 완전한 파멸을 막기 위해서는 민중에게 이단자의 화려한 화형식[32]을 보여주는 것이 가장 효과적이라고 의견을 모았다. 몇 명의 인간이 뭉근한 불로 엄숙하게 태워지는 정경은 대지의 진동을 막기 위해 반드시 효과가 있는 비책이라고 코임브라 대학[33]은 정하고 있었다.

---

31) 포르투갈 북부의 도시 포르투는 오포르투라고 불리기도 한다. '즉 오포르투 술'은 원고에 없으며, 인쇄 전에 추가되었다. 실뱅 므낭은 학자인 체하는 이 말에 의해 부제에 나와 있는 랄프 박사의 존재가 지나치게 강조되었다고 지적한다.

32) 오토다페(auto-da-fé)의 원뜻은 '신앙에 바탕한 행위'이다. 신앙의 기원의식으로 이단자는 엄숙하게 재판받고, 세속 관리에 의해 공개처형되었다. 실뱅 므낭에 따르면 볼테르의 글은 1688년에서 1711년에 걸쳐 판을 거듭한 데롱이란 인물의 소책자 《고어의 종교재판사》에 근거한 것이다. 한편, 르네 포모에 따르면 실제로는 1755년 이후 '이단자의 화형식'은 1756년, 1757년, 1758년에 세 번 있었을 뿐이고, 더구나 지진과는 무관하며 수형자도 단지 힐책만 당했다.

33) 코임브라는 포르투갈의 주요 도시로 14세기 초에 대학이 설립되었다. 종교재판소는 대학과는 독립된 조직이었는데 볼테르는 계몽사상을 적대하는 파리신학대학 소르본을 암시하기 위해 굳이 코임브라대학의 결정을 강조한 것 같다. 또한 비스카야는 지금의 스페인 바스크 지방 북서부의 주(州)이다.

화형을 선고받지만 자백으로 화형을 면한 사람   C. 베르묄랭(C. Vermeulin) 판화.

그 결과, 대모와 결혼했다고 유죄 인정을 받은 비스카야에서 온 한 남자와, 닭고기를 먹을 때 비곗살을 떼어내 버린 두 포르투갈인이 이미 체포되어 있었다.[34] 점심식사 뒤에 팡글로스 박사와 그의 제자 캉디드가 오라에 묶였다. 팡글로스는 종교에 배치되는 말을 했고, 캉디드는 찬성하는 자세로 그 말을 들었다는 이유에서였다. 둘 다 햇빛이라고는 전혀 들지 않는 독방에 각각 줄곧 갇혀 있었다. 일주일이 지나자 그들에게 '지옥옷(San-Benito)'을 입혔고, 머리에는 종이로 만든 끝이 뾰족한 모자를 씌웠다. 캉디드의 모자와 지옥옷에는 거꾸로 선 불꽃과 꼬리도 손톱도 없는 악마가 그려져 있었고, 팡글로스의 악마에는 손톱과 꼬리가 있고, 불꽃은 바르게 서 있었다.[35] 둘은 그런 몰골로 줄 서서 걷고 매우 감동적인 설교를 들었다. 설교 뒤에는 삼성부(三聲部)의 성가가 내는 아름다운 음악이 이어졌다.[36] 성가가 계속되는 동안 캉디드는 노래의 리듬에 맞춰 볼기를 맞았다. 비스카야 출신 사내와 결단코 닭고기 비곗살을 먹으려 하지 않았던 두 남자는 화형에 처해졌고, 팡글로스는 관례에 어긋나게 교수형에 처해졌다. 바로 그날, 대지는 엄청난 굉음을 내며 또다시 진동했다.[37]

캉디드는 공포에 휩싸였고 죽을 만큼 놀라 이성을 잃고, 피투성이가 되어 벌벌 떨면서 혼잣말을 했다.

"이것이 최선의 세계라면 다른 세계는 대체 어떤 곳일까? 내가 볼기를 좀 얻어맞고 끝난 것은 그나마 얼마나 다행인지. 불가리아 군대에서도 채찍으로 맞았었지. 하지만 아, 사랑하는 팡글로스 선생님! 이 세상에서 가장 위대한 철학

---

34) 비곗살을 먹는 것을 금지한 모세율법을 준수한 사실은 두 유대계 포르투갈인의 유대교에 대한 충실성을 증명한다. 여기서 처형 이유는 가톨릭으로의 위장 개종이다. 볼테르는 이 사례에 관한 풍자에 일가견이 있어 《스카르멘타도의 여행 이야기》라든지 대화체 작품 《불랭빌리에 백작의 만찬》(1767)에도 비슷한 표현이 있다.

35) 실뱅 므냥에 의하면 이 부분의 기술은 앞에서 나왔던 데론의 소책자에 들어 있는 삽화에 따른 것이다. 거꾸로 선 불꽃은 회개한 수형자를 나타내고, 바르게 선 불꽃은 이단을 고집하는 수형자를 나타낸다. 지옥옷은 18세기 이신론자(理神論者)들이 불관용의 종교단체로 간주되는 혐오할 만한 악습의 상징으로 언급했었다. 데론은 피의자가 입은 무릎길이의 흰 옷을 사마라라고 했는데 볼테르는 세상에 알려진 산베니토라는 명칭을 굳이 쓰고 있다.

36) 볼테르는 교회의 오르간 음악을 소음으로 규정했다. 종교음악에 대한 경멸적인 묘사는 《세상 돌아가는 대로》 제2장에서도 볼 수 있다.

37) 실제로 1755년 12월 21일에도 두 번째 지진이 있었고 수십 명이 죽었다.

자여, 당신이 이유도 모른 채 교수형을 당하다니! 아, 사랑하는 재세례파 신자들이여, 누구보다도 선량한 사람이여, 당신이 바다에 빠져 죽어야만 하다니요! 아, 퀴네공드 양! 세상의 처녀들 가운데 주옥의 걸작이여, 당신의 배가 칼에 찔리다니!"

캉디드는 설교를 듣고, 볼기를 얻어맞고, 축복까지 받고 나서 풀려났다. 간신히 서 있던 그가 전에 왔던 길을 터벅터벅 걷고 있으려니 노파 하나가 다가와 그에게 말했다.

"이봐요, 젊은 양반! 기운을 내시구려. 날 따라오시오."

제7장
노파는 캉디드를 어떻게 돌보았는가, 또 그가 사랑하는 사람을 어떻게 다시 만나게 되는가?

캉디드는 도무지 기운을 차릴 수 없었지만 노파의 뒤를 따라 오두막으로 갔다. 노파는 상처에 바르는 연고 1통을 주고, 먹을 것과 마실 것을 주더니 작지만 깔끔한 잠자리까지 마련해 주었다. 잠자리 옆에는 옷도 한 벌 있었다.

"좀 드시고 쉬어요. 아토차 성모, 파도바의 성 안토니우스 님, 그리고 콤포스텔라의 성 야고보 님[38]의 가호가 있으시기를. 내일 다시 뵙겠소."

캉디드는 지금까지 본 것, 참아온 것, 아니 그보다 노파의 친절에 다시 놀라 몽롱한 채로 자신도 모르게 그 손에 입 맞추려 했다.

"내 손 같은 것에 키스는 무슨. 내일 다시 봅시다. 약을 잘 바르고 먹고, 푹 주무시오."

캉디드는 수많은 불행을 겪었지만 지금만큼은 잘 먹고 푹 잤다. 이튿날 노파는 그에게 아침식사를 갖다 주고, 그의 등을 살펴보더니 다른 연고를 직접 발라주었다. 또다시 점심이 되자 밥을 가져왔고, 날이 저물자 이번에도 저녁식

---

38) 아토차의 성모는 임신한 마리아로 순례하는 임산부의 신앙 대상이기도 했다. 파도바의 성 안토니우스는 리스본에서 태어난 포르투갈 수호성인으로 분실물을 찾을 때 그에게 기도한다. 성 야고보는 순교한 사도이다. 순교한 그가 묻혀 있는 스페인 북서부에 자리한 산티아고 데 콤포스텔라는 그리스도교의 유명한 순례지이다.

사를 가져다주었다. 다시 이튿날 아침에도 노파는 의식처럼 똑같은 행동을 되풀이했다.

그럴 때마다 캉디드는 말했다.

"당신은 누구십니까? 어느 분의 지도로 이토록 친절하게 대해주시는지요? 당신께 어떻게 감사를 드려야 할지 모르겠습니다."

친절한 그녀는 단 한 마디도 대답하지 않았다. 그녀는 저녁나절이 되어 다시 왔지만 저녁밥은 가져오지 않았다.

"나와 함께 가십시다. 하지만 말은 해선 안 돼요."

노파는 그를 안다시피 하여 4분의 1마일쯤 들판을 걸었다. 둘은 정원과 작은 시내로 둘러싸인 아담한 집에 도착했다. 노파는 작은 문을 두드렸다. 문이 열리자 그녀는 비밀 계단을 통해 금빛 찬란한 작은 방으로 캉디드를 데려가 금은실로 짠 기다란 실크 소파에 그를 남겨두고 문을 닫고 나갔다. 캉디드는 꼭 꿈을 꾸는 것 같았다. 자신의 오늘날까지의 삶을 끔찍한 꿈이라 여기고, 지금 이 순간을 기분 좋은 꿈이라 생각했다.

이윽고 노파가 다시 들어왔다. 그녀는 벌벌 떨고 있는 한 여인을 간신히 부축하고 있었다. 여자는 몸매가 아름다웠고 눈이 부실 만큼 보석이 빛났으며, 베일로 얼굴을 가리고 있었다.

"베일을 좀 걷어줘요."

노파가 캉디드에게 말했다. 그는 가까이 다가가서 주뼛주뼛하는 손길로 베일을 들어올렸다. 바로 그 순간! 그는 소스라치게 놀랐다. 마치 퀴네공드 양을 보는 것 같아서였다. 그렇다, 그는 실제로 퀴네공드를 보고 있었던 것이다. 그의 앞에 있는 것은 바로 그녀였다. 그는 온몸에서 힘이 쑥 빠지고 말도 할 수 없어 그녀의 발밑에 몸을 던졌다. 퀴네공드는 기다란 소파 위에 쓰러졌다. 노파가 그들 둘에게 증류주를 듬뿍 마시게 하자 그들은 의식을 되찾고 이야기를 나누었다. 처음에는 띄엄띄엄 서로 엇갈리는 질문과 대답이 오갔고, 한숨과 눈물, 절규였다.[39] 노파는 소리를 좀 낮추라고 그들에게 충고하더니 둘만 남겨두고 살며시 나갔다.

_____

39) 두 연인이 다시 만나는 모습의 묘사는 《자디그》 제16장의 주인공과 연인 아스타르테가 다시 만나는 장면이 꽤 많이 이용되고 있다.

Otez ce voile, dit la vieille à Candide

장 미셸 모로 2세 그림

캉디드는 말했다.

"어떻게 이런 일이! 정말 당신이로군요. 당신이 살아 있었다니요! 당신과 포르투갈에서 이렇게 다시 만나다니 어찌 된 일인가요! 그럼 당신은 강간을 당한 게 아니었군요. 팡글로스 선생님이 하신 말씀과 달리 배를 찔리지 않았던 거로군요."

그러자 아름다운 퀴네공드는 말했다.

"아니에요. 선생님의 말씀은 맞아요. 하지만 그런 두 가지 재난에 부닥쳤다고 꼭 죽으란 법은 없나봐요."

"참, 아버님과 어머님은 돌아가셨나요?"

"안타깝게도 그렇게 되셨어요."

퀴네공드는 눈물지으며 말했다.

"그럼, 오빠께선……."

"오빠도 살해당했어요."

"당신은 어떻게 포르투갈까지 오게 되었나요? 그리고 내가 여기에 있는 걸 어떻게 알았습니까? 참, 또 있습니다. 대체 어떤 기이한 우연으로 나를 이 집으로 안내하게 했던 걸까요?"

"모든 것을 말씀드리겠어요. 하지만 그 전에 당신이 저에게 하셨던 순수한 키스와 그것 때문에 겪으신 발길질 이후로 당신에게 일어난 일을 하나도 빠짐없이 말씀해 주세요."

남작의 딸은 이렇게 대답했다.

캉디드는 깊은 경의를 표하고 그녀의 말에 따랐다. 그 순간 그는 몹시 허둥대고 있었고 목소리도 약하고 자주 떨렸으며, 게다가 등이 아직도 몹시 아팠지만 두 사람이 헤어진 뒤로 겪었던 일의 자초지종을 아주 솔직하게 이야기했다. 퀴네공드는 고개를 높이 든 채로 선량한 재세례파 교도와 팡글로스의 죽음 이야기에 눈물을 글썽였다. 이야기가 끝나자 그녀는 캉디드에게 다음과 같은 이야기를 들려주었다. 캉디드는 한마디도 놓치지 않으려고 열과 성을 다해 귀 기울였다.

제8장
퀴네공드의 이야기[40]

"제가 침대에서 깊이 잠들어 있을 때였는데 신의 부름에 따라 우리 아름다운 툰더 텐 트롱크의 성으로 불가리아 병사들이 쳐들어왔어요. 병사들은 제 아버지와 오빠를 찔러 죽이고, 어머니를 찌르고 후벼냈어요. 키가 190센티미터나 되는 덩치 큰 불가리아 병사는 제가 그런 광경을 보고 기절했음을 알고 저를 겁탈하기 시작했어요. 그러자 저는 정신이 들어 비명을 지르며 저항하고, 물어뜯고 할퀴고 그 덩치 큰 불가리아 병사의 눈을 파내려 했어요. 하지만 아버지의 성에서 일어난 그런 일들이 어디서나 있는 흔한 일인 줄은 까맣게 몰랐어요. 난폭한 그들은 저의 왼쪽 옆구리를 단검으로 찌르더군요. 그때의 흉터가 아직도 남아 있답니다."

"나쁜 놈들! 그때 다친 자국을 꼭 보고 싶군요."

캉디드가 말했다.

"나중에 보여드리지요. 우선 이야기부터 할게요."

"그럼 계속하시지요."

캉디드는 말했다. 그녀가 다시 이야기를 계속했다.

"불가리아군 대장이 방으로 들어와서 피투성이가 되어 있는 제 모습을 보았어요. 그런데도 병사는 도무지 멈추지 않더군요. 대장은 그 막돼먹은 병사가 자기에게 경례하지 않은 것에 화가 나서 덩치 큰 남자를 제 몸 위에 있는 채로 죽였어요. 그러더니 대장은 저를 치료하게 한 뒤 포로로서 자기 진영으로 끌고 갔어요. 저는 그의 몇 벌 안 되는 셔츠를 세탁하거나 그를 위해 요리를 해주거나 했답니다. 솔직히 말씀드리면 그 대장은 저를 대단한 미인이라고 여겼던 거예요. 저도 그가 훌륭한 체격에 피부가 희고 매끄럽다는 생각을 하긴 했

---

40) 스카롱의 《로망 코미크》(1651~57), 프레보의 《마농 레스코》(1731), 마리보의 《마리안의 생애》(1731~41), 디드로의 《운명론자 자크》(1796) 등에서 볼 수 있다시피 이야기 속에 독립된 장을 두어 등장인물의 독립적인 신상 이야기(histoire)를 때로는 시간을 거슬러 올라가 삽입하는 것은 17, 18세기 프랑스 소설에서 흔히 볼 수 있는 특징적인 기법이다. 볼테르는 당시의 소설기법을 이 철학소설에서 8장 외에도 11장과 12장에 넣고 있다.

죠. 하지만 지혜라든지 철학 같은 것은 없었어요. 팡글로스 박사의 가르침을 받지 않은 게 확실했어요. 3개월쯤 지나자 돈도 바닥이 나고, 제게 싫증이 난 그는 저를 돈 이사카르[41]라는 유대인에게 팔아버렸습니다. 그 유대인은 네덜란드와 포르투갈에서 밀거래를 하던 자로서 여자를 무척이나 밝히는 사람이었어요. 그는 제게 엄청나게 집착했지만 저를 정복할 순 없었죠. 저는 불가리아 병사 때보다 훨씬 완강하게 저항했어요. 정숙한 여자는 한 번 능욕을 당하고 나면 오히려 정조 관념이 굳어지는 법이거든요. 그 유대인은 저를 꾀려는 꿍꿍이에서 저를 여기 이 별장으로 데려왔어요. 그때까지 저는 이 세상에 툰더 텐 트롱크성만큼 아름다운 곳은 없는 줄 알았는데 그건 제가 잘못 알고 있었던 거예요.

어느 날 종교재판소장이 미사 중에 저를 발견하고는 계속해서 추파를 던졌는데, 은밀히 할 이야기가 있다는 전갈을 보내왔어요. 그의 저택으로 안내를 받아 들어가서 저의 출신을 밝혔더니 그는 유대인 남자에게 매여 있는 것이 저의 가문에 얼마나 큰 상처를 주는지를 일깨워 주더군요. 저를 자기에게 양보하라고 돈 이사카르에게 대놓고 말했어요. 왕실의 은행가여서 꽤 커다란 영향력을 지닌 돈 이사카르는 그럴 마음이 전혀 없었지요. 재판소장은 이단자에게 하듯 화형에 처하겠다며 그를 위협했어요. 저를 붙잡고 뻗대던 그 유대인도 결국 물러섰고, 거래를 마무리했어요. 그에 따르면 이 집과 저는 두 사람의 공동 소유물이 되고, 유대인은 매주 월요일과 수요일 그리고 유대교 안식일에, 재판소장은 그날 이외의 날이라는 것이었죠. 이 결정이 내려진 지 이제 6개월이 되었어요. 말썽이 없었던 건 아니에요. 왜냐하면 토요일부터 일요일에 걸친 밤이 모세율법의 권한에 속하는지, 아니면 그리스도교 율법의 권한에 속하는지 확실치 않은 것들이 늘 있었거든요.[42] 저는 지금까지 양쪽 율법을 모두 거부해 왔답니다.[43] 제가 변함없는 사랑을 받아온 것은 그것 때문이에요.

---

41) 성서 〈창세기〉의 30장 18절에 이 이름이 나온다.
42) 유대교에서 토요일은 안식일이다. 토요일부터 일요일에 걸친 밤이 유대율법 즉 구약성서의 율법, 따라서 돈 이사카르의 권한에 속하는지, 아니면 그리스도교 율법 즉 신약성서의 율법, 결국 종교재판소장의 권한에 속하는지 그것이 말썽의 원인이다.
43) 제13장의 노파는 유대인도 종교재판소장도 퀴네공드의 '사랑의 징표'를 받았다고 말한다.

결국 지진이라는 재앙 대신에 돈 이사카르를 위협하려면[44] 이단자를 엄숙하게 화형에 처해야 한다는 것이 종교재판소장의 결심이었습니다. 그는 영광스럽게도 저를 형장에 초대해 주셨어요. 전 가장 높은 자리에 앉게 되었지요. 높은 신분의 귀부인들에겐 미사와 처형 사이사이에 마실 것과 과자를 대접했어요. 그 두 유대인과, 대모와 결혼한 행동거지가 올바른 비스카야 출신 사내가 화형당하는 것을 보았을 땐 정말이지 심한 공포에 떨어야 했답니다. 하지만 지옥옷을 입히고 끝이 뾰족한 종이모자를 씌워놓은, 팡글로스 선생님하고 똑같이 생긴 사람을 보았을 때는 얼마나 놀라고 무섭고 불안했는지 몰라요! 눈을 비비고 한참을 뚫어져라 살펴봤더니 선생님이 틀림없었어요. 선생님의 목이 매달리는 걸 보고 저는 기절했습니다.

정신을 채 차리기도 전에 당신의 옷이 벗겨져 알몸이 되는 모습이 눈에 들어오더군요. 그땐 정말이지 심한 공포와 경악, 슬픔과 절망의 바닥이었어요. 솔직히 말해서 당신의 살결이 불가리아 대장 것보다 훨씬 희고, 더 말할 나위 없이 선명한 장밋빛이었죠. 그 광경을 보자 저를 끊임없이 괴롭히고 가책하게 하던 모든 기억들이 되살아났어요. 저는 비명을 질렀지만 사실은 이렇게 말하고 싶었어요. '멈춰, 이 야만인들아!' 하지만 말이 되어 나오질 않는데 비명을 질러봤자 무슨 소용이 있겠어요. 당신에게 가해지던 매질이 끝났을 때 저는 이렇게 중얼거렸답니다.

'사랑하는 캉디드와 총명한 팡글로스 선생님이 왜 리스본에 있는 거지? 나를 끔찍이 사랑하는 종교재판소장의 명령으로 한 사람은 100대의 태형을 받고, 다른 한 사람은 목이 매달리다니. 팡글로스 선생님은 모든 것이 그보다 더 잘되어 갈 수는 없다고 늘 말했는데 그렇다면 그간 꽤나 심한 거짓말을 해 온 거로군!'

흥분하여 이성을 잃은 저는 버럭 화가 치밀다가도 몹시 기진맥진하여 당장 죽을 것 같았고, 이런저런 생각으로 머릿속이 복잡했어요. 아버지와 어머니와 오빠의 끔찍한 죽음, 천박한 불가리아 병사의 무례한 행동, 그자가 저를 단검으로 찌른 일, 노예 같았던 제 처지, 요리사 노릇을 한 것과 불가리아 대장, 무

---

44) 제6장에는 이런 개인적인 동기가 나오지 않는다.

례한 돈 이사카르와 소름 끼치는 재판소장, 팡글로스 박사의 교수형 장면, 찬송가 '주여 불쌍히 여기소서'의 합창 소리가 웅장하게 울려 퍼지는 동안 당신이 채찍으로 엉덩이를 맞던 일에서부터, 특히 마지막에 당신과 만났던 그날 병풍 뒤에서 제가 받았던 키스 등등이 머릿속을 오락가락했어요. 그토록 수많은 시련을 겪게 한 끝에 당신을 저에게 돌려주신 신께 저는 감사했어요. 노파에겐 당신을 보살펴 주고, 몸이 좀 나아지면 곧바로 데려오라고 해놓았지요. 노파는 당신을 정말 잘 보살폈더군요. 당신을 다시 만나서 당신의 이야기를 듣고, 당신과 이야기를 할 수 있어서 말로는 다 못할 만큼 기쁘답니다. 배가 무척 고프실 테죠? 저도 배가 너무너무 고파요. 먼저 저녁부터 먹을까요?"

이리하여 두 사람은 오붓하게 식탁에 앉았다. 저녁식사가 끝나자 그 멋지고 긴 실크 소파로 돌아갔다. 거기서 두 사람이 편안히 쉬고 있을 때, 그 집의 주인 가운데 하나인 돈 이사카르 대장이 왔다. 그날은 안식일이었다. 대장은 자기 권리를 즐기고, 달콤한 사랑을 고백하러 온 것이었다.

제9장
퀴네공드, 캉디드, 종교재판소장 및 유대인에게 일어난 일

이사카르는 바빌론유수 이후로 이스라엘 백성 중에서 가장 화를 잘 내는 히브리인이었다.

"뭣하는 거야, 그리스도교 암캐야, 종교재판소 재판장님만으론 부족하냐? 이 악당 놈이랑 또 나누어 즐기라는 게로구나."

그러면서 그는 늘 허리에 차고 다니는 기다란 칼을 뽑아들더니 설마 상대가 무기를 가졌으리라고는 꿈에도 생각지 않고 캉디드에게 덤볐다. 그러나 우리 착한 베스트팔렌 사람은 노파에게서 위아래 옷 한 벌과 함께 훌륭한 칼 한 자루도 받았던 것이다. 그는 태어날 때부터 매우 순박하고 온순한 젊은이였지만 칼을 뽑아들었다. 그러자 그 유대인은 아름다운 퀴네공드의 발밑에 쓰러져 숨을 거두었다.

"오, 성모님! 우리는 이제 어떻게 될까요? 이 집에서 사람이 죽다니요! 경찰관이라도 들이닥치면 우린 끝장이에요."

종교재판에 따른 이단자들의 화형식 장면   익명의 도판.

그녀는 소리쳤다.

"팡글로스 선생님이 교수형에 처해지지만 않았어도 이런 궁지에 빠졌을 때 틀림없이 이로운 도움말을 해주셨을 텐데. 선생님은 위대한 철학자셨으니까. 하지만 선생님이 안 계시니 노파하고 의논해 봅시다."

캉디드가 말했다.

노파는 매우 용의주도했다. 그녀가 막 자기 의견을 말하려 할 때, 다른 작은 문 하나가 열렸다. 어느새 시각은 자정을 지나 새벽 1시였고 일요일의 시작이었다. 이날은 재판소장에게 권리가 있었다. 그가 방에 들어와 보니 엉덩이를 흠씬 두들겨 맞던 캉디드가 손에 칼을 들고 있고, 사람이 바닥에 쓰러져 죽어 있으며, 퀴네공드가 넋 나간 사람처럼 서 있고, 노파가 뭐라고 조언하고 있었다.

그때 캉디드의 머릿속에 어떤 생각이 스치고 지나갔다.

"이 성직자가 만일 사람을 부르면 나는 분명 화형을 당하겠지. 퀴네공드도 그렇게 될 거야. 그는 인정사정없이 나에게 채찍을 가하게 했고 연적이기도 하다. 나는 어차피 이미 사람을 죽였어. 망설일 것은 없다."

이 추론은 명쾌하고 재빨랐다. 그는 재판소장에게 경악에서 벗어날 틈을 주지 않고 있는 힘껏 칼을 휘둘러 그를 유대인 곁에 쓰러뜨렸다.

퀴네공드는 말했다.

"정말 엄청난 일이 일어났군요. 이제 우린 도저히 용서받을 수 없을 거예요. 우린 파멸이에요. 마침내 우리의 종말이 다가왔군요. 왜 이런 짓을 하셨어요? 태어날 때부터 온화하던 당신이 눈 깜짝할 사이에 유대인과 높은 성직자를 죽이다니요."

캉디드는 대답했다.

"나의 아름다운 아가씨여! 사랑하고 질투하고, 게다가 종교재판소에서 매질까지 당하고 나면 누구나 제정신이 아닌 게 당연해요."

그러자 노파가 입을 열어 이렇게 말했다.

"마구간에 안달루시아산 말이 3마리 있는데 안장도 고삐도 있어요. 캉디드님은 어서 말을 준비하시구려. 아가씨는 리스본 화폐[45] 조금하고 다이아몬드를

---

45) 포르투갈의 옛 금화로 모이도레 금화라고도 한다. 제10장 첫머리에선 프랑스어로 계산화폐 '피스톨'로 바꾸어 나온다.

장 미셸 모로 2세 그림

갖고 있지요? 나는 한쪽 엉덩이로밖엔 앉지 못하지만 빨리 말을 타고 스페인의 카디스로 갑시다. 지금은 날씨가 아주 좋으니까 서늘한 밤바람이 부는 동안 여행을 하는 것도 괜찮을 것 같구려.”

캉디드는 곧장 3마리 말에게 안장을 채웠다. 퀴네공드와 노파와 그는 단숨에 30마일을 달렸다. 그들이 차츰 멀어져 가고 있을 때, 산타 에르만다드 경찰이 와서 재판소장을 으리으리한 교회에 묻어주고, 유대인 이사카르를 쓰레기장에 내다 버렸다. 캉디드와 퀴네공드, 그리고 노파는 그때 이미 시에라모레나산맥으로 둘러싸인 작은 아바세나[46] 마을에 있었다. 그들이 어느 술집에서 화

---

46) 시에라모레나산맥으로 둘러싸인 마을 가운데 아바세나라는 곳은 실재하지 않는다. 볼테르가 생각해 낸 가공의 마을인 것 같다.

제로 삼았던 것은 이런 이야기였다.

제10장
캉디드, 퀴네공드, 노파는 어떤 고초를 겪으며 카디스에 도착했는가?

"도대체 어떤 놈이 내 피스톨 금화하고 다이아몬드를 훔쳐갔지? 이제 우린 어떻게 살라고. 어쩌면 좋아요. 금과 다이아몬드를 줄 재판관이나 유대인을 어디 가서 찾는담!"

퀴네공드가 울면서 말했다.

"맙소사. 어제 바다호스[47] 마을에서 우리와 같은 여관에 묵었던 프란체스코 회 신부가 수상해서 내가 줄곧 눈여겨보긴 했는데. 신이시여, 부디 제가 경솔한 판단을 하지 않도록 지켜주옵소서! 하지만 신부님은 우리 방에 두 번이나 들어왔고 우리보다 훨씬 전에 출발했단 말입니다."

노파가 이렇게 말하자 캉디드가 대답했다.

"현세의 재산은 모든 사람의 공유물로서 저마다 그것에 대해 평등한 권리를 지니고 있다[48]고 팡글로스 선생님이 증명해 주신 바 있습니다. 그 프란체스코회 수도사는 이 원리에 따라 틀림없이 우리가 마지막까지 여행을 계속할 수 있을 만큼의 돈을 남겨놓았을 겁니다. 아니, 뭐라고요? 그럼 퀴네공드 양, 수중에 한 푼도 남아 있지 않다는 겁니까?"

"네. 한 푼도 없어요."

그녀는 말했다.

"낭패로군!"

캉디드가 말했다.

"말을 한 마리 팝시다. 나는 한쪽 엉덩이로밖엔 타지 못하지만 아가씨 뒤에 타면 돼요. 그렇게 하면 셋이서 카디스에 도착할 수 있을 거요."

노파가 그렇게 말했다.

---

47) 포르투갈 국경 근처의 스페인 마을.
48) 르네 포모에 따르면 이 문장은 홉스의 《시민론》(1642), 특히 루소의 《인간 불평등 기원론》(1755)이 섞여 있다.

같은 여관에 베네딕트회 수도원 원장이 있었다. 그는 말을 싸게 사들였다. 캉디드와 퀴네공드, 노파는 루세나, 치야스, 레브리하를 지나 가까스로 카디스[49]에 닿았다. 이 도시에선 한창 군대를 소집하고 함대를 편성하고 있었다. 산타 사크라멘토 도시 부근에서 폭도들을 부추겨 스페인과 포르투갈 왕에게 반기를 들게끔 한 파라과이의 예수회 신부들에게 도리를 깨우쳐 주기 위해서였다.[50] 캉디드는 전에 불가리아 군대에 있었던 경험을 살려 작은 부대 하나를 불가리아식으로 훈련시켰다. 병사들은 그의 지휘에 따라 장군 앞에서 아주 멋지고 재빠르고 교묘하게, 태연히, 그리고 경쾌하게 시범을 보였다. 장군은 아주 만족하여 그에게 보병부대 지휘를 맡겼다. 그는 대장이 된 것이다. 그리하여 퀴네공드 양, 노파, 하인 2명, 그리고 포르투갈의 훌륭한 종교재판소장의 것이었던 안달루시아산 말 2마리와 함께 그는 배에 올랐다.

항해 도중에 그들은 줄곧 팡글로스의 철학을 둘러싸고 토론을 벌였다.

캉디드가 말했다.

"우리는 딴 세상으로 가고 있습니다. 그곳에선 분명 모든 것이 선입니다. 왜냐하면 자연에서나 도덕에서도 우리 세계에서 일어나는 것은 몹시 개탄할 만한 것들뿐이니까요."

"저는 당신을 진심으로 사랑해요. 하지만 제가 지금까지 보아온 것들, 몸으로 직접 겪은 것은 생각만 해도 몸서리가 쳐집니다."

퀴네공드는 말했다. 그러자 캉디드가 재빨리 말했다.

---

49) 스페인 안달루시아 지방의 주요 도시 카디스는 남미와의 교류에서 중요한 역할을 하는 항구였다. 아울러 카디스로 통하는 길에는 루세나, 치야스, 레브리하라는 이름의 도시는 없다. 여행 경로는 작가의 상상인 것 같다.

50) 르네 포모와 실뱅 므낭에 따르면 1609년의 왕령 이후 예수회 선교사는 파라과이 원주민을 조직하여 독립된 교화마을을 설립했었다. 신앙 실천과 원시 공산 생활의 융합을 시도한 이 마을은 선교사에게 예속되어 있기는 했지만 그곳에 있는 한 원주민은 노예사냥으로부터 보호되었다. 볼테르의 《풍속시론》은 거기서 몇 가지 '인류의 승리'를 인정하고 있다. 《두 인도 역사》를 쓴 레나르(1713~96)나 많은 계몽사상가들은 그 공동체에 호의적이었다. 1750년에 스페인은 파라과이의 공동체에 속하는 도시 산타 사크라멘토를 포르투갈에 넘겨주었다. 원주민인 과라니족은 이에 반란을 일으켰다. 선교사는 반란을 부추겼다는 이유로 비난받았다. 1755년에 스페인은 게릴라 제압을 위해 원정군을 파견했지만 게릴라전은 1758년에도 계속되었다. 볼테르는 카디스에서 스페인군을 수송하는 선박 '파스칼호'의 무기 공급에 자신의 재산 일부를 투자하고 있었다.

"틀림없이 모든 것이 잘될 겁니다. 신세계의 바다라고 왜 유럽의 바다만 못하겠어요? 물살도 훨씬 잔잔하고 바람은 무역풍이 강해요. 신세계야말로 이 세상에서 가장 선한 세계가 분명합니다."

"꼭 그러길 빌어요! 하지만 제가 태어난 곳에선 너무나 불행했기 때문에 저로선 거의 희망을 가질 수가 없군요."

퀴네공드가 이렇게 말하는 것이었다.

"두 분 다 불평하고 있군요. 그렇지만 두 분이 나만큼 불행한 일을 겪지는 않았을 거요."

노파가 말했다.

퀴네공드는 웃음이 터져 나올 것 같았다. 그녀는 이 착한 노파가 자기보다 불행하다고 주장하는 것이 우스웠다.

"무슨 말씀을! 이봐요, 할멈. 당신이 불가리아 병사 둘에게 겁탈당하고, 칼로 배를 두 번이나 찔리고, 당신의 성이 두 번이나 부서지고, 당신이 보는 앞에서 어머니와 아버지가 목이 잘려 돌아가시고, 당신이 사랑하던 두 사람이 이단자로 몰려 화형에, 또 채찍으로 매 맞는 것을 보지 않았다면 당신의 불행은 내 것보다 더할 수 없어요. 심지어 나는 가계의 고귀한 정도가 72를 헤아리는 남작 집안[51]의 딸로 태어났는데도 요리사로 전락했다니까요."

노파가 대답했다.

"아가씨, 당신은 내 출신에 대해 모르잖아요. 그리고 내 엉덩이를 보여드리면 아가씨도 그런 말을 못할 테고, 또 그런 판단을 틀림없이 미루게 될 거예요."

그 말은 퀴네공드와 캉디드에게 적지 않은 호기심을 불러일으켰다. 노파는 두 사람에게 다음 이야기를 들려주었다.

제11장
노파의 이야기

"내 눈은 전부터 이렇게 눈꺼풀이 처져서 다시 올라가지 않거나, 눈꺼풀 가

---

51) 이 글의 제1장 무대에서는 가계의 고귀한 정도가 71이면 남작의 딸과 결혼하기에 불충분하다고 했었다.

장자리가 빨갰던 것은 아니라오. 이 코만 해도 예전부터 턱까지 내려와 있지도 않았어요. 게다가 오래전부터 나는 하녀였던 것도 아니라니까. 나는 교황 우르바누스 10세와 팔레스트리나[52] 공주 사이에서 태어났다오. 나는 여러분의 독일 남작의 성 전체를 합쳐도 마구간 노릇밖엔 못할 정도의 어마어마한 궁전에서 14살까지 자랐어요. 내 드레스 한 벌은 베스트팔렌의 호화로운 생활용품들을 다 합친 것보다 값비쌌죠. 나는 즐거움과 존경과 희망에 싸여서 아름답고 기품 있고 재능도 갖춘 아가씨로 성장해 갔어요. 이미 나에게 사랑을 품은 사내들이 있었죠. 가슴도 여자다워졌는데 그건 또 얼마나 예뻤는지! 희고 탄탄하여 메디치 가문의 베누스 가슴처럼 생겼었다니까요. 게다가 그 눈하고 눈꺼풀이란! 또 새까만 속눈썹은 어땠고! 성 밖에 사는 시인들이 나한테 말했었죠. 당신의 두 눈동자가 얼마나 불타는지 별의 반짝임조차도 꺼버릴 것 같다고요. 내게 옷을 입히거나 벗기는 여자들은 앞에서 봤다가 뒤에서 다시 보아가며 홀딱 반했었다니까요. 그리고 사내들은 누구나 할 수만 있다면 그 여자들을 대신하고 싶어 했죠.

그때 마사카라라[53] 대공(大公)과의 혼담이 있었어요. 대공은 얼마나 훌륭한 분이었는지 몰라! 나처럼 아름답고 우아하며 매력이 넘치고, 지혜가 빛나고 나에 대한 사랑으로 애를 태우고 있었더랬죠. 나는 첫사랑을 하는 처녀가 으레 그렇듯 대공을 열렬하게, 무아지경으로 사랑했어요. 결혼식 준비를 마쳤는데 그것은 믿어지지 않을 정도로 성대하고 화려하며 웅장한 결혼식이었습니다. 축하연이 있고, 기마경기가 있고, 오페라가 있었어요. 이탈리아 전역에서 나를 위해 소네트를 지어주었고요. 그중에 어떻게 좀 읽을 수 있는 것이라곤 한 편도 없었지만 말이죠.

내가 행복의 순간에 막 손을 댈 무렵, 지난날 대공의 애인이었던 늙은 후작 부인이 대공을 자기 집으로 초대해서 코코아를 먹였어요. 대공은 무시무시한

---

52) 실뱅 므낭에 따르면 로마 근교의 공국으로 명문 가문으로 알려져 있으며, 교황 우르바누스 8세를 배출한 바르베리니 가문의 영지. 또한 우르바누스 10세는 실재하지 않는다. 볼테르는 초고 단계에서는 노파의 아버지로 동시대의 교황 클레멘스 12세(재위 1730~40)의 이름을 썼었다.
53) 토스카나 지방 남부에 있던 공국. 카라라는 1442~1741년까지 공국의 주요 도시였다.

경련을 일으키다가 2시간도 채 지나지 않아서 숨이 끊어졌죠. 하지만 그 정도는 아직 시작에 불과해요. 낙담한 어머니는, 물론 그래 봐야 나에 비하면 새 발의 피였지만 이런 기분 나쁜 집에선 살기 싫다고 하셨죠. 어머니는 가에타[54] 근처에 아주 근사한 땅을 갖고 있었거든요. 우리는 로마의 산피에트로 대성당 같은 금색의, 그 지방의 갤리선에 탔어요. 그러자 느닷없이 살레[55]의 해적선이 우리한테 다가오는 겁니다. 우리 배의 병사들은 교황의 병사답게 저항했죠. 교황의 병사답다는 건, 그들이 모두 무기를 내던지고 무릎을 꿇고는 '임종 때의 사면(赦免)[56]'을 애걸했기 때문이에요.

그들은 삽시간에 옷이 몽땅 벗겨져 원숭이처럼 알몸뚱이가 되었지요. 나의 어머니도, 우리를 모시던 시녀들도, 그리고 나도 똑같은 일을 당했습니다. 그 놈들이 옷을 벗길 때 어찌나 빠르던지 그건 아주 장관이었다니까요. 하지만 그보다 더 나를 놀라게 했던 것은 우리 여자들이 보통 세정용 관이나 넣어두는 곳에 해적들이 하나같이 손가락을 넣었다는 것이죠. 이 의식은 나로선 몹시 기이하게 여겨졌어요. 자기 나라 것이 아니면 어떤 것에 대해서든 이런 식으로 판단하는 법이기는 해요. 나는 그곳에 다이아몬드를 감춰놓지 않았을까 살피는 것이 목적임을 곧 알았어요. 이건 바다를 둘러싼 문명화된 종족 사이에선 태곳적부터 정착된 풍습이랍니다. 몰타 기사수도회[57]의 신앙심 깊은 기사들도 터키의 남자나 여자를 잡으면 반드시 그렇게 한다오. 이건 어느 누구도 어긴 적이 없는 공법(公法)의 하나랍니다.

앳된 공주의 몸으로 어머니와 함께 노예가 되어 모로코로 끌려가는 것이 얼마나 괴로운지 그것은 이야기하지 않겠어요. 우리가 해적선에서 견뎌야만

---

54) 로마 남쪽의 작은 항구도시.
55) 현재 모로코의 수도 라바트에 잇닿은 항구로 당시 북아프리카의 이슬람교도에 의한 해적행위는 이 항구를 근거지로 이루어졌다고 한다. 《스카르멘타도의 여행 이야기》의 마지막에도 있다시피 해적의 약탈은 17, 18세기의 문학작품에 자주 그려진다.
56) 본디 "임종 때의 사면"은 그리스도교의 신부가 주는 것인데, 여기서는 우습게도 이슬람교도 해적들에게 사면을 구걸하고 있다.
57) 제1차 십자군 시대에 창설되어 1113년에 교황의 승인을 받은 요하네스기사단(요한기사단)은 터키에 의해 로도스섬에서 쫓겨났지만, 신성로마제국 황제 카를 5세에게서 몰타섬을 받아 이후 몰타기사단이 되어 지중해의 순례자를 이슬람교도로부터 지켰다.

장 미셸 모로 2세 그림

했던 모든 일은 상상에 맡기겠습니다. 어머니는 아직 상당한 미인이셨어요. 우리를 모시는 시녀들이나 하인들만 해도 아프리카 전체를 뒤져도 나올까 말까할 정도의 매력을 갖추고 있었다니까요. 나로 말할 것 같으면 매혹적이고 아름다운 데다 우아함 그 자체, 게다가 숫처녀였다오. 하지만 그게 그리 오래갈 리 없었죠. 아름다운 마사카라라 대공을 위해 존재했던 그 꽃은 해적 우두머리에게 꺾이고 말았으니까요. 그놈은 소름 끼칠 만큼 못생긴 흑인이었는데 나한테 대단한 명예를 주었다고 착각했어요. 모로코에 도착할 때까지 겪게 될모든 일을 견뎌내기 위해 어머니인 팔레스트리나 왕비와 나는 정말 마음을 단단히 먹어야만 했답니다. 하지만 그런 얘긴 그만두기로 합시다. 그렇고 그런 흔한 얘기니까 굳이 이야기할 것까지도 없다오.

우리가 도착했을 때 모로코는 천지가 피범벅이었어요. 물레이 이스마일 황제의 아들들 50명[58]에겐 저마다 파벌이 있었는데, 그로 인해 흑인과 흑인, 흑인과 갈색인, 갈색인과 갈색인, 그리고 흑백혼혈과 흑백혼혈 사이에 50차례의 내전이 실제로 일어나고 있더라니까요. 그것은 나라 전체에서 끊일 새 없이 벌어지는 살육이었어요.

우리가 배에서 내리자 해적단의 적군인 흑인 일당이 때를 놓치지 않고 선장에게서 노획물을 빼앗으려고 모습을 드러냈죠. 선장에게 우리는 다이아몬드와 금붙이 다음으로 값진 존재였어요. 나는 당신들 같은 유럽 풍토에선 결코볼 수 없는 싸움을 직접 보았지요. 북방 민족들은 그다지 혈기가 왕성하지 않아요. 유럽인들은 아프리카인들처럼 여자에 대해 광기가 들린 사람들이 아니었지요. 여러분 유럽인의 핏줄에는 젖이 흐른다면, 아틀라스산맥이나 그 근처지방에서 사는 주민[59]의 핏줄에는 진한 황산이나 불이 흐른다니까요. 그들은 앞다퉈 우리를 차지하려고 마치 그 지방의 사자나 호랑이나 뱀처럼 격렬하게 싸웠다오.

---

58) 물레이 이스마일은 모로코의 알라위 왕조에서 가장 이름이 알려진 황제(재위 1672~1727). 50명의 아들들이라는 숫자는 볼테르가 지어낸 것이다. 그러나 그가 민중 봉기를 지어낸 것은 아니다.

59) 아틀라스산맥은 아프리카 서북부에서 해안과 평행한 산맥. 모로코, 알제리, 튀니지에 걸쳐 있다. 따라서 그 산맥 근처의 주민은 아프리카인들을 말한다.

무어인 하나가 우리 어머니의 오른팔을 붙잡고 선장 편의 해적이 왼팔을 붙들고, 또 무어인 병사가 어머니의 한쪽 다리를 잡고, 우리 배의 해적 하나가 어머니의 다른 다리를 붙잡았어요. 우리 시녀들 대부분이 그런 식으로 순식간에 4명의 병사에게 끌려갔지요. 내가 타고 있던 배의 선장은 뒤에서 나를 껴안았답니다. 그는 초승달처럼 생긴 칼을 들고 자기에게 거스르는 자들을 모조리 죽였죠. 우리와 동행하던 이탈리아인 여자들과 우리 어머니가 결국 서로 싸우고 손에 넣으려는 인간 같지도 않은 것들에게 찔려 죽거나, 베여 죽거나, 학살당하는 것을 보았어요. 포로가 된 우리 일행도, 그들을 붙잡은 자들도, 병사나 선원이나 백인과 흑인과 혼혈인도, 그리고 선장에 이르기까지 몽땅 죽어가고 있었어요. 나는 시체 더미 위에서 숨이 끊어질 것 같았다니까요. 알다시피 반경 500킬로미터가 넘는 범위에서 이런 광경이 펼쳐지고 있는데도 마호메트가 명령한 하루 다섯 번의 기도는 아무도 빼먹지 않았습니다.

나는 피를 잔뜩 뒤집어쓴 채, 산더미처럼 쌓인 시신에서 가까스로 벗어났지요. 거의 기다시피 하여 근처의 작은 개울가에 있는 커다란 오렌지나무 밑으로 갔어요. 거기에 닿자 극도의 공포와 피로, 혐오감, 절망, 게다가 허기가 져서 털썩 쓰러지고 말았죠. 나는 온몸의 기운이 완전히 빠져버려 휴식이라기보단 실신에 가까운 깊은 잠에 빠졌습니다. 그런 탈진과 마비 상태에서 생사의 경계를 넘나들고 있는데 몸 위에서 뭔가 움직이는 게 있고, 그것에 강하게 눌리고 있다는 느낌이 듭디다. 그래서 눈을 떠보니 잘생긴 백인이 보이는 거요. 그는 한숨을 푹 쉬더니 우물거리며 말하더군요. '아이고! 그게 없다니 세상에 이렇게 한심할 수가!'라고 말입니다."[60]

제12장
노파의 불행, 그다음 이야기

"나는 고국의 말소리를 듣고 놀람과 기쁨이 교차했지만 그것 못지않게 그

---

[60] 한숨을 쉬면서 말한 것은 거세된 가수(카스트라토)이다. 실뱅 므낭에 따르면 1753년에 카스트라토인 카파렐리는 파리에서 큰 성공을 거두었지만 볼테르 등의 진영은 그 비인간적인 관습을 비난했다. 카스트라토에 대해서는 제25장에서도 언급된다.

남자가 한 말에도 놀랐기 때문에, 당신이 안고 있는 불행보다 큰 불행도 있다고 대답해 주었지요. 내가 그간 얼마나 잔혹한 일을 겪었는지 이야기한 뒤에 나는 또다시 정신을 잃었어요. 그는 나를 근처의 집으로 옮겨 침대에 눕히고 먹을 것을 챙겨주며 위로했어요. 그리고 내 기분이 상하지 않도록 조심스럽게, 여태까지 당신처럼 아름다운 사람을 본 적이 없으며, 게다가 자신이 잃어버린, 절대로 아무도 돌려줄 수 없는 그것을 지금처럼 아쉽게 여긴 적이 없다는 말도 하더군요.

그가 말했어요.

'나는 나폴리 출신입니다. 그곳에선 해마다 2000~3000명의 남자아이가 거세를 당한답니다. 어떤 사람은 그것 때문에 죽고, 또 어떤 사람은 여자보다 아름다운 목소리를 얻는데, 그런가 하면 나중엔 나라를 지배하는 사람도 있지요. 내가 받은 수술은 대성공이었어요. 그래서 나는 팔레스트리나 왕비의 교회 전속가수가 되었답니다.'

'어머니의 가수였다고요!'[61]

나는 소리쳤지요.

'당신의 어머니라고 했나요?'

그는 외치더니 눈물을 뚝뚝 흘렸습니다.

'세상에, 당신이 6살까지 제가 노래를 가르쳤던 그 어린 공주님이라니요! 하긴 그때도 이렇게 아름답게 크실 줄 진작 알고 있었지요.'

'네, 그게 바로 나예요. 어머니는 여기서 400걸음 떨어진 곳에서 팔다리가 찢기는 죽음을 당해 시체 더미에 묻혀 있답니다……'

나는 내 신상에 일어난 일의 자초지종을 그에게 이야기했어요. 그도 자기에게 일어났던 사건들을 빠짐없이 말했고, 자기가 막강한 그리스도교 나라에서 모로코 국왕에게 파견된 경위를 알려주더군요. 파견 목적은 그 왕에게 화약과 대포, 배를 제공하는 조약을 맺고, 왕의 도움으로 다른 그리스도교 국가의 무역에 치명적 타격을 입히는 것이었어요.

---

61) 실뱅 므낭에 따르면 1705년에 태어난 나폴리의 카스트라토, 파리넬리를 암묵적으로 가리키고 있다. 그는 가수로 성공한 뒤에 스페인 국왕 펠리페 5세와 페르난드 6세의 고문회의 구성원이 되어 궁궐에서 일했다.

'저의 사명은 이루어졌습니다.'

그 거세된 남자가 솔직담백하게 말했습니다.

'저는 이제 세우타[62]에서 배를 탈 계획이므로 당신을 이탈리아로 데려다드리겠습니다. 그게 없다니 이보다 더 안타까운 일이 어디 있겠습니까!'

나는 나도 모르게 눈물지으며 그에게 고맙다고 했어요. 그랬는데 그는 나를 이탈리아로 데려가지 않고 알제리의 수도인 알제로 안내하더니 그 지방 성주에게 나를 팔아버립디다. 내가 팔려간 직후의 일이었는데 아프리카, 아시아, 유럽을 한 차례 휩쓴 페스트가 알제에서도 발생하여 맹위를 떨치고 있었지요. 당신들은 지진을 겪었지요? 하지만 아가씨, 당신은 지금까지 페스트에 걸려본 적이 있나요?"

"아뇨, 한 번도 없어요."

퀴네공드가 대답했다.

노파는 이야기를 계속했다.

"만일 아가씨가 그 병에 걸렸다면 지진 따윈 발끝에도 미치지 못한다고 인정할 게 틀림없어요. 페스트는 아프리카에선 아주 흔해서 나도 그 병에 걸렸었다니까요. 겨우 석 달 사이에 가난과 노예의 처지를 맛보고, 거의 날마다 능욕을 당하고 친어머니의 팔다리가 찢기는 것을 내 두 눈으로 보고, 굶주림을 경험하고, 전쟁의 우울함을 겪고, 알제에서 페스트에 걸려 죽을 뻔한 15살짜리 교황의 딸에게 그것이 얼마나 끔찍한 상황이었는지 상상해 봐요. 그래도 나는 그 정도의 일로 죽지는 않았어요. 하지만 그 거세당한 사내와 성주, 그리고 알제의 성안 거의 모든 여자들은 병에 걸려 죽었답니다.

그런 끔찍한 페스트의 엄청난 피해가 지나가자 성주의 노예들은 시장으로 팔려나왔지요. 어떤 상인이 나를 사서 튀니스로 데려가 다른 장사꾼에게 다시 팔고, 그 상인은 트리폴리에서 또 나를 팔았어요. 나는 트리폴리에서 알렉산드리아로, 알렉산드리아에서 스미르나로, 스미르나에서 콘스탄티노플[63]로 이

---

62) 지브롤터 해협에 잇닿은 북아프리카의 스페인령 항구.

63) 오늘날 튀니스는 튀니지의 수도, 트리폴리는 리비아의 수도, 알렉산드리아는 이집트 북부의 항만도시, 스미르나는 현재 터키의 항구도시 이즈미르, 콘스탄티노플은 이스탄불. 앙드레 마냥은 이런 도시들이 18세기에는 모두 노예시장이었던 것 같다고 지적한다.

리저리 팔려다녔습니다. 마지막으로 터키군 사령관의 여자가 되었는데, 얼마안 되어 이 사령관은 러시아 방위군을 상대로 아조프를 방어하라는 특명을받았어요.

사령관[64]은 매우 신사였으므로 하렘의 여자들을 다 데려갔고, 팔루스 메오티데스[65]에 있는 흑인 내시 2명과 병사 20명이 지키는 작은 별채에 우리를 살게 했습니다. 엄청나게 많은 러시아 병사가 죽었는데 러시아 쪽에서도 실컷 복수를 했지요. 아조프 항구는 전쟁과 유혈의 무대가 되었고, 남녀노소를 막론하고 아무도 도망치지 않았답니다. 마지막으로 남은 것은 우리가 있는 작은 별채뿐이었어요. 적은 우리를 굶겨 죽이기로 했지요. 별채를 지키는 병사 20명은결코 항복하지 않겠다고 맹세했다오. 그들은 맹세를 어기는 걸 두려워했기 때문에 심한 굶주림에 시달리자 내시 둘을 잡아먹을 수밖에 없었어요. 며칠 뒤에는 여자들을 잡아먹기로 결정했답니다. 우리와 마찬가지로 아주 신앙심 깊고 동정심 많은 이슬람교의 이맘[66]이 있었는데 그는 훌륭한 설교를 하여 우리모두를 죽이지 말도록 병사들을 설득했어요.

이맘은 말하더군요. '이렇게 잘라내십시오. 단, 이 부인의 한쪽 엉덩이만 잘라내는 겁니다.[67] 그러면 여러분은 맛난 음식을 드시게 됩니다. 며칠 뒤에 똑같은 행동을 되풀이해야만 할 때에도 같은 수만큼의 먹을 것이 아직 있습니다.신은 여러분의 참된 이웃 사랑에서 비롯된 행동을 흡족하게 여기시고 여러분도 구원받을 것이 분명합니다.'

이맘의 웅변은 훌륭했어요. 병사들은 결국 그 말에 따랐지요. 끔찍한 수술이 우리에게 저질러졌어요. 이맘은 갓 할례를 받은 남자아이들에게나 들을 만

---

64) 표트르 대제(재위 1682~1725)는 흑해의 수송로를 확보하기 위해 장기 공방전의 끝무렵인1696년에 아조프 항구를 제압했다. 반 덴 회벨에 따르면 볼테르는 예카테리나 2세의 요구에 응하여 쓴 《표트르 대제 치하의 러시아제국사》(1757~58 집필) 제8장에서 아조프 점령에대해 쓰고 있다.

65) 18세기에는 라틴어에서 유래하는 아조프해의 옛 이름이 쓰였었다고 한다. 또한 하렘(harem)은 이슬람 국가에서 부인들이 거처하는 방.

66) 아랍어 imâm. 이슬람 교단의 신앙생활과 의식에서 모범적인 지도자.

67) 반 덴 회벨에 따르면 볼테르는 이 독특한 삽화를 S. 페르치라는 인물의 《켈트인의 역사》(1741)를 인용한 성 히에로니무스의 증언에서 가져왔다. 그 증언에는 스코틀랜드인은 사냥한노획물이 없으면 소년의 엉덩이와 소녀의 유방을 잘라서 먹었다는 기록이 있었다고 한다.

큼의 진통제를 우리에게 바르더군요. 여자들은 모두 당장 죽을 것 같은 꼴이었지요.

우리가 제공한 식사를 병사가 끝마치자마자 러시아군이 배를 타고 들이닥칩디다. 목숨을 부지한 터키 병사는 하나도 없었어요. 러시아 병사는 우리의 몸 상태 따위엔 눈길조차 주지 않더군요. 프랑스인 외과의사는 어디에나 있기 마련이지만, 그중에도 매우 솜씨가 좋은 한 프랑스인 외과의사가 우리를 치료하여 상처를 낫게 해주었습니다. 평생 잊지 못할 일로서, 상처가 완전히 아물었을 무렵 그 외과의사가 나한테 청혼을 했어요. 게다가 그는 우리한테 너무 개의치 말라면서 그런 일은 거의 모든 전쟁터에서 일어나고 있고, 그것이 전쟁의 법칙이라고 말했지요.

우리는 걸을 수 있게 되자 곧 모스크바로 보내졌어요. 나는 러시아 귀족 영주의 소유가 되었지요. 영주는 나한테 정원 관리를 시키고, 하루에 스무 번도 넘게 채찍질을 해대더군요. 하지만 그 영주는 2년 뒤에 궁정의 불상사가 원인이 되어 30명쯤 되는 다른 귀족들과 함께 형벌을 받게 되었는데 나는 그 사건을 이용하여 도망쳤지요. 러시아 땅을 가로질러 리가에서 로스토크, 비스마르, 라이프치히, 카셀, 위트레흐트, 레이던, 헤이그, 로테르담[68] 같은 도시를 떠돌아다니면서 술집에서 손님을 상대하며 오랫동안 일했다오. 엉덩이는 한쪽밖에 없는 처지로 항상 스스로 교황의 딸임을 상기하며 가난과 모욕에 시달리는 사이 폭삭 늙고 말았지요. 수도 없이 자살할까 했지만 아직도 목숨에 미련이 있었나 봐요.[69] 그런 한심한 의지박약은 아마 우리 인간의 가장 비참한 성향의 하나일 거예요. 왜 그런 거 있잖소. 당장에라도 땅에 패대기치고 싶은 무거운 짐을 계속해서 끌어안고 있으려는 것보다 더 미련한 게 어디 있겠어요? 자기 삶을 몹시 미워하면서도 그것에 집착하는, 말하자면 심장을 파먹을 때까지 우리를 게걸스레 먹어치우는 뱀을 귀여워하는 것보다 멍청한 짓이 또 있겠

---

68) 리가는 발트해 동쪽 기슭에 위치한 라트비아의 수도, 로스토크와 비스마르는 독일의 항구 도시, 라이프치히는 독일의 도시로 3개의 강이 합류하는 교통의 요지, 카셀은 독일 헤센주의 도시, 위트레흐트, 레이던, 헤이그, 로테르담은 모두 네덜란드의 도시.

69) 자살을 둘러싼 논의는 18세기에 활발하게 이루어졌으며, 몽테스키외의 《페르시아인의 편지》 제76편이나 루소의 《신엘로이즈》 제3부 21·22편처럼 문학작품에서도 다루어졌다.

느냐고요.

나는 운명에 휘둘리며 이리저리 방황한 나라들과, 작부로 일했던 수많은 술집에서 엄청나게 많은 사람이 자기 삶을 증오하는 걸 보아왔어요. 그런 사람들 가운데 자기 의지로 불행에 종지부를 찍은 이는 12명뿐이었죠. 흑인이 셋, 영국인이 넷, 제네바 사람이 넷, 그리고 로베크[70]라는 독일인 교수입니다. 그러다 마지막으로 유대인 돈 이사카르의 하녀가 되었어요. 그는 나를 예쁜 아가씨, 곧 당신의 시중을 들게 했지요. 나는 당신의 인생에 애착을 가졌고, 내 신상에 일어난 것보다 당신에게 일어난 일을 더 걱정하게 되었어요. 만일 당신이 조금이라도 나의 감정을 상하게 하는 말을 하지 않았더라면, 또 배에선 심심풀이로 신상 이야기를 하는 것이 관례가 아니었더라면 내 신상의 수많은 불행을 말하는 일은 결코 없었을 테지요. 요컨대 아가씨, 나는 산전수전 다 겪어온 터라 세상일에 훤하답니다. 아가씨도 기분전환 삼아 승객 여러분에게 저마다 신상 이야기를 하라고 권해보세요. 수없이 인생을 저주하며 자기가 세상에서 가장 불행하다고 생각한 적이 없는 사람이 단 한 사람이라도 있다면 나를 곧장 바다에 거꾸로 던져버려도 좋아요!"

제13장
캉디드가 아름다운 퀴네공드와 노파와 헤어져야만 했던 까닭

노파가 이야기를 마치자 아름다운 퀴네공드는 신분도 있고 장점도 갖춘 사람에게 당연히 갖춰야 할 예의를 잃지 않도록 조심했다. 그녀는 노파의 제안을 받아들여, 승객 모두에게 한 사람씩 돌아가며 자기에게 일어났던 일들을 이야기하도록 권했다. 캉디드와 그녀는 노파가 한 말이 옳았다고 솔직하게 인정했다.

캉디드는 말했다.

"이단자의 화형이 있던 날, 현자 팡글로스 선생님이 규정에 어긋나게 교수형

---

70) 반 덴 회벨에 따르면 로베크는 실재 인물로, 1672년에 콜마르에서 태어나 1736년에 스웨덴에서 삶을 사랑하는 아이러니에 관한 논문의 공개심사를 받고서 1739년에 자기 의지로 물에 빠져 죽었다고 한다.

을 당한 것은 참으로 안타깝습니다. 선생님이 계셨더라면 땅과 바다에 넘치는 자연의 악과 도덕상의 악에 대해 틀림없이 명언을 말씀해 주셨을 겁니다. 그럼 저도 용기를 내어 몇 가지 반론을 제기해 볼 정도의 능력을 지니게 되었을 텐데 말입니다."

다들 저마다 자기의 신상 이야기를 하는 동안 배는 목적지를 향해 나아갔다. 이리하여 모두는 부에노스아이레스에 도착했다. 퀴네공드와 대장 캉디드, 그리고 노파는 돈 페르난도 디바라 이 피게오라 이 마스카레네스 이 람푸르도스 이 수사[71] 총독에게 나아갔다. 이 귀족은 수많은 이름을 지닌 인물에 걸맞게 거만한 태도가 몸에 배어 있었다. 그는 사람을 깔보는 태도로 거만스레 코를 높이 치켜들고 목소리를 사정없이 높이며 스스로 위엄을 내보이려 했으므로, 그에게 인사하는 사람은 누구나 그를 한 대 쥐어박고 싶어질 정도였다. 그는 유난히 여색을 밝혔다. 그의 눈에 비친 퀴네공드는 지금까지 만났던 그 누구보다도 예뻤다. 그가 한 첫마디는 그녀가 대장의 아내냐고 물어본 것이었다. 그런 질문을 했을 때의 그의 태도가 캉디드를 불안하게 했다. 그에겐 퀴네공드가 자기 아내라고 말할 용기는 없었다. 실제로 그녀는 아내가 아니었기 때문이다. 그렇다고 누이동생이라고 말할 용기 역시 없었다. 그녀는 동생도 아니었으니까. 그런 선의의 거짓말은 먼 옛날 고대 사람들 사이에서 유행했을 뿐만 아니라 당시 사람들에게도 도움이 되었을지 모르지만 캉디드는 너무나 순진해서 진실을 속일 수가 도저히 없었다.

캉디드는 말했다.

"퀴네공드 양은 저와 결혼해 줄 것이 분명하므로 저희 결혼식에 주례를 서 주실 것을 각하께 청원드리는 바입니다."

돈 페르난도 디바라 이 피게오라 이 마스카레네스 이 람푸르도스 이 수사는 콧수염을 꼬아 올리면서 씁쓸하고 차가운 웃음을 짓더니 캉디드 대장에게 그의 군사들을 점검하라고 명령했다. 캉디드는 그 명령에 따랐다. 총독은 퀴네공드 양과 단둘이 있게 되었다. 그는 사랑을 고백하고, 교회의 신부 앞 아니면 매력적인 그녀의 마음에 들 만한 다른 방법으로 내일 당신과 결혼하겠다고

---

71) 이 기다란 이름은 자기가 통치하는 모든 영지를 열거한 것이다. 스페인 귀족의 풍습을 과장하여 풍자하고 있다.

단호하게 말했다. 퀴네공드는 생각 좀 해보고, 노파와 의논한 다음에 결정하겠다면서 15분의 말미를 달라고 했다.

노파는 퀴네공드에게 이렇게 말했다.

"아가씨, 당신은 고귀한 정도가 72인 가문 출신이지만 돈이라면 빈털터리예요. 당신은 앞으로 아주 멋진 콧수염을 기른, 남아메리카에서 손꼽히는 귀족의 아내가 될 수 있다고요. 그렇건만 어떤 시련에나 견딜 수 있는 정조를 꼭 고집해야 되겠어요? 당신은 불가리아 병사들에게 겁탈당한 적이 있습니다. 유대인과 종교재판소장은 당신의 사랑의 표시를 받지 않았던가요? 불행한 처지에는 그걸 선택할 권리가 있어요. 솔직히 말해서 내가 당신이라면 아무런 망설임 없이 총독님하고 결혼하여 캉디드 대장님을 출세시켜드릴 겁니다."

노파가 연륜과 경험을 바탕으로 아주 신중하게 말하는 사이 작은 배 한 척이 항구에 들어왔다. 배에는 경찰장관과 경찰이 타고 있었는데 다음 일은 이러했다.

노파가 날카롭게 간파했던 대로 퀴네공드가 캉디드와 황급히 도망칠 때, 바다호스 마을에서 퀴네공드의 금과 보석을 훔쳐간 것은 소매가 넓은 옷을 입은 프란체스코회 수도사였다. 이 수노사는 보석 몇 개를 보식상에게 팔려 헀다. 상인은 그것이 종교재판소장의 것임을 한눈에 알아보았다. 프란체스코회 수도사는 목이 매달리기 직전에 자기가 그것을 훔쳤다고 실토했다. 그는 문제의 자들이 누구인지, 또 그들이 어떤 길로 갔는지를 말했다. 퀴네공드와 캉디드의 도망은 이미 알려져 있었던 것이다. 추적자는 그들의 뒤를 쫓아 카디스까지 왔다. 뒤이어 그들을 쫓아 배가 출발했고, 그 배는 이미 부에노스아이레스 항구에 들어와 있었다. 경찰장관이 곧 상륙하여 종교재판소장을 살해한 자들을 추적할 것이라는 소문이 퍼졌다. 사려 깊은 노파는 그 순간 무엇을 어떻게 해야 하는지 단번에 깨달았다.

"도망쳐선 안 됩니다."

노파는 퀴네공드에게 말했다.

"아무 걱정할 것 없습니다. 소장님을 죽인 건 당신이 아니에요. 게다가 총독은 당신을 사랑하니까 당신이 곤경에 빠지는 걸 좋아하지 않을 거예요. 이대로 여기 머물러야 합니다."

이어 노파는 곧장 캉디드에게로 달려갔다.

"어서 도망쳐요! 그러지 않으면 1시간 내에 당신은 이단자의 화형을 당하게됩니다."

노파가 말했다.

한순간도 지체해선 안 되었다. 그러나 퀴네공드와 어떻게 헤어진단 말인가! 그리고 어디로 도망쳐야 한단 말인가!

제14장
캉디드와 카캄보가 파라과이 예수회 신부에게 간 경위

캉디드는 스페인 해안이나 식민지에 흔한 그런 하인 하나를 카디스에서부터 데려왔었다. 그 하인은 투쿠만 지방의 혼혈인 아버지에게서 태어났으므로 스페인 사람 피를 4분의 1은 받은 셈이었다.[72] 그는 소년성가대원, 성당지기, 선원, 수도사, 거간꾼, 병사, 하인 같은 노릇을 두루 한 적이 있었다. 이름은 카캄보라 하는데 주인이 아주 좋은 사람이라서 무척 따르고 있었다. 그는 허겁지겁 안달루시아산 말 2마리에 안장을 얹었다.

"나리, 어서 노파의 충고대로 출발합시다. 뒤돌아보지 말고 말을 달리자고요."

캉디드는 하염없이 눈물이 흘렀다.

"아, 그리운 퀴네공드! 총독님이 우리 결혼식을 해주시려는 이때에 당신을 두고 떠나야 한다니! 이렇게 멀리까지 나를 따라온 퀴네공드여, 당신은 이제 어찌 된단 말이오!"

그러자 카캄보가 말했다.

"어떻게든 되겠지요. 여자들이란 자기 앞가림을 언제나 잘할 거예요. 갈 길은 하느님이 마련해 주시니까요. 어서 떠나시지요."

"어디로 데려가려는 게냐. 우린 어디로 가는 것이지? 퀴네공드 양이 없는데

---

72) 조부모 4명 가운데 아버지 쪽의 1명이 스페인 사람이고, 어머니가 원주민인 카캄보는 그 혈통 덕분에 그 지방과 원주민의 언어에 익숙하다. 투쿠만(Tucumán)은 안데스산맥 산기슭에 있는 아르헨티나의 지방.

어쩔 셈이냐고!"

캉디드는 말했다.

카캄보도 지지 않고 말했다.

"콤포스텔라의 성 야고보 님에게 걸고 말씀드리지만, 나리는 예수회 신부들과 싸우러 오신 것이긴 하나 뭐 어떻습니까? 그들 편이 됩시다. 길이라면 제가 손바닥 들여다보듯 훤하니까 그들의 왕국으로 안내할게요. 불가리아식 훈련을 하는 대장을 자기편으로 끌어들이면 그들은 매우 좋아할 겁니다. 나리는 크게 한몫 버실 수 있어요. 이쪽 세계에서 돈을 못 벌면 저쪽 세계에서도 마찬가지예요. 새로운 걸 보고 겪는 건 얼마나 재밌는 일입니까!"[73]

"그럼 넌 이미 파라과이에 간 적이 있느냐?"

캉디드가 말했다.

"물론입니다! 아순시온[74]의 학교에서 허드렛일을 한 적이 있습니다. 예수회 신부의 교화지역이라면 카디스의 길거리와 마찬가지로 훤합니다. 신부들의 교화지역이라면 한마디로 진짜 대단합니다. 왕국은 지름이 1200킬로미터나 되고, 30개 주로 나뉘어 있어요. 그곳에선 예수회 신부가 모든 것을 소유하고, 백성들은 아무것도 없어요. 그야말로 이성과 정의의 걸작이죠. 사람이야 어찌 됐건 저는 예수회 신부들보다 더 숭고한 사람은 없다고 봐요. 왜냐하면 신부들은 여기서는 스페인 왕과 포르투갈 왕을 상대로 전쟁하는가 하면, 유럽에선 그런 왕들의 고백을 들어주잖아요. 여기서는 스페인 사람들을 죽이면서 마드리드에선 그들을 천국으로 보내주는 식인데 진짜 감동스럽지 않나요? 나리, 어서 갑시다. 나리는 아주 행복해지실 겁니다. 신부들은 불가리아식 훈련법에 능통한 대장님이 자기들에게 와준 걸 알면 얼마나 좋아하는지요!"

그들이 첫 관문에 도착하자 카캄보는 경계병에게 대장님이 사령관 각하께

---

73) 르네 포모와 반 덴 회벨에 따르면 1755~56년에 걸쳐 파라과이 원주민이 예수회 신부 니콜라스 루비우라는 인물을 그들의 왕으로 뽑았다는 소문이 퍼졌다. 예수회가 통치하던 파라과이의 교화부락은 왕국은 아니었지만 회벨은 1756년 4월 12일자 루체르부르크 부인 앞으로 편지를 썼다. "니콜라스 왕 따위 존재하지 않는 건 사실이지만, 파라과이에선 예수회 수도사는 그 숫자와 똑같은 만큼의 왕 같은 존재인 것도 사실입니다". 회벨은 《풍속시론》 제 154장 "파라과이"를 《캉디드》 집필과 겹치는 1758년 초의 겨울로 쓰고 있다.

74) 1537년에 스페인 사람이 건설한 도시로 파라과이의 수도.

면담을 청하신다고 했다. 본대로 전령이 달려갔다. 파라과이인 장교 하나가 사령관에게 달려가 소식을 전했다. 캉디드와 카캄보는 먼저 무기를 압수당했다. 이어 안달루시아산 말 2마리를 빼앗겼다. 두 외국인이 2열로 늘어선 병사들 사이를 지나자 사령관이 그 줄의 맨 윗자리에 자리잡고 있었다. 그는 챙 없는 검정 삼각모자를 쓰고 사제복을 입고, 옆구리에 칼을 차고 한 손엔 창을 들고 있었다. 그가 신호하자 병사 24명이 순식간에 그들 새로운 얼굴을 에워쌌다. 한 하사관이 그들에게 이대로 기다리라고 일렀다. 사령관은 당신들과 이야기를 나누지 않는다, 교구장 신부님은 당신 앞이 아니면 어느 스페인 사람도 입을 여는 걸 허락하지 않으시며, 또한 이 나라에 3시간 이상 머무는 것도 허락지 않는다는 것이었다.

"그럼 교구장 신부님은 어디에 계십니까?"

카캄보가 말했다.

"미사를 마치고 지금 열병식에 가셨다. 3시간 뒤라야 교구장님께 인사하는 영광을 가질 수 있어!"

하사관이 이렇게 대답했다.

그러자 카캄보가 말했다.

"하지만 대장님이나 저나 배가 너무 고파 죽을 지경인 데다, 대장님은 스페인 사람이 아니라 독일인이랍니다. 교구장님을 기다리는 동안 아침을 좀 먹을 수 없을까요?"

하사관은 이 말을 곧바로 사령관에게 보고했다.

병사의 우두머리가 말했다.

"그래? 그가 독일인이라면 이야기를 나눠도 괜찮지. 여기 정자로 그를 안내하도록 해."

곧 캉디드는 정자로 안내되었다. 그 정자는 초록 대리석과 언뜻 보기에도 훌륭한 금색 기둥들, 그리고 여러 종류의 앵무새와 벌새, 뿔닭 등 여간해선 볼 수 없는 귀한 새를 넣어놓은 새장으로 꾸며져 있었다. 금 그릇에는[75] 진수성찬

---

75) 실뱅 므낭에 따르면 예수회 공동체에선 식료품은 배급되었으므로 화폐는 보편적 가치를 지니지 않았다. 그러나 이 책에선 유독 예수회 수도사가 사치와 미식을 즐기는 자들로 그려져 있다.

의 아침식사가 마련되어 있었다. 반면에 파라과이 사람들은 살이 바싹 익어버릴 것 같은 햇볕을 그대로 받으며 들판 한가운데에 앉아서 옥수수를 먹고 있었다. 그 모습을 곁눈질하며 사령관의 지위에 있는 신부님이 정자로 들어왔다.

신부는 대단한 미남으로 둥근 얼굴에 피부는 하얗고 혈색이 아주 좋았다. 늠름한 눈썹 아래 눈이 생기 있게 빛나고 귀는 분홍색이며 입술은 새빨갰다. 언뜻 무척 거만해 보였지만 그 느낌은 스페인 사람이나 예수회 수도사와는 또 달랐다. 캉디드와 카캄보는 빼앗겼던 안달루시아산 말 2마리와 무기를 되돌려받았다. 카캄보는 정자 근처에서 말에게 밀을 먹이고 있었는데, 기습을 당할까 걱정하여 줄곧 말을 감시하고 있었다.

먼저 캉디드가 사령관의 사제 옷자락에 입을 맞춘 뒤, 두 사람은 식탁에 앉았다.

"그럼 당신은 독일 분이로군요."

예수회 신부는 그에게 독일어로 말했다.

"예, 신부님."

캉디드는 말했다. 그들은 그렇게 말하고 서로 얼굴을 마주 보고는 깜짝 놀라 흥분을 억누르지 못했다.

"그럼 독일의 어느 지방에서 오셨습니까?"

예수회 신부가 물었다.

"베스트팔렌이라는 지저분한 동네에서 왔습니다. 저는 툰더 텐 트롱크성에서 태어났지요."

"세상에, 어떻게 이런 일이!"

사령관은 소리쳤다.

"정말 기적이로군요!"

캉디드는 외쳤다.

"자네였군."

사령관이 말했다.

"설마 했는데……."

캉디드는 말했다.

두 사람은 너무 놀라서 꼭 껴안았고 끊임없이 눈물이 솟아나왔다.

"어쩌면! 당신이십니까, 신부님? 당신이 아름다운 퀴네공드 님의 오빠라니요! 불가리아 병사에게 살해된 당신이었다니요! 당신이 남작님의 아드님이시라니 믿어지지가 않습니다! 그런 당신이 파라과이 예수회의 신부님이라니요! 이럴 수가 있습니까? 이 세상의 기적을 인정하지 않을 수가 없습니다. 아, 팡글로스 선생님! 팡글로스 선생님! 당신께서 교수형을 당하지만 않았으면 얼마나 기뻐하셨겠습니까!"

사령관은 천연수정 컵에 술을 따르던 흑인노예와 파라과이인을 물리쳤다. 그는 하느님과 성 이그나티우스 데 로욜라[76]에게 수도 없이 감사하고, 캉디드를 두 팔로 꽉 껴안았다. 두 사람의 얼굴은 눈물범벅이 되었다.

"칼에 찔려 죽었다고 당신이 믿고 계신 그 누이동생 퀴네공드 양이 엄연히 살아 있는 줄을 알면 당신은 더욱 놀라고, 더욱 가슴이 뜨거워져 어쩌면 정신을 잃을지도 모릅니다."

"어디 있지?"

"여기서 가까운 부에노스아이레스 총독님의 저택입니다. 저는 당신과 싸우기 위해 이리로 온 것이고요."

두 사람이 오랫동안 나눈 대화는 모두가 놀라움에 놀라움의 연속이었다. 그들의 마음은 혀로 고스란히 옮겨갔고, 귓속으로 뜨겁게 스며들었으며, 눈속에서 빛을 발하고 있었다. 그들은 독일인이었으므로 교구장 신부님이 돌아오기를 기다리는 긴 시간 동안 식탁을 떠나지 않았다.[77] 그리고 사령관은 친애하는 캉디드에게 이렇게 말했다.

제15장
캉디드는 왜 사랑하는 퀴네공드의 오빠를 죽였을까?

"아버지와 어머니가 돌아가시고 동생이 겁탈당하는 것을 내 눈으로 직접 본 끔찍했던 그날의 일은 평생 잊지 못할 거야. 불가리아 병사는 물러갔지만 사

---

76) 1540년에 예수회를 창립한 성인(1491경~1556).
77) 앙드레 마냥에 따르면 18세기 당시의 라틴계 민족에겐 독일인이 식탁에서 보내는 시간이 길기로 유명했다.

랑하는 내 동생은 보이지 않았지.

어머니와 아버지, 나, 그리고 목이 잘려나간 두 하녀와 세 남자하인은 짐마차에 실려서 조상 대대로 살던 성에서 8킬로미터 떨어진 예수회 신부들의 교회에 묻히게 되었어.

신부가 우리한테 성수를 뿌리더군. 그것은 지독히 짰는데 그 몇 방울이 내 눈에 들어갔어. 신부는 눈꺼풀이 움직이는 걸 보고 내 가슴에 손을 얹어 심장이 흐릿하게 뛰고 있음을 알았고, 그길로 나는 살아나서 3주 뒤에는 상처도 싹 나았더랬지.

여보게, 캉디드, 자네도 알다시피 나는 전에도 꽤 잘생겼었지만 그보다 더한 미남이 되었다네. 그래서 수도원장인 크루스트 신부님[78]은 나한테 무척 잘해주시고 수련수도사의 옷도 입혀주셨어. 얼마 지나 나를 로마로 보내더군. 수도회 총장님은 독일 출신 젊은 예수회 신부를 충원할 필요가 있었거든. 파라과이의 지배자들은 스페인 신부를 되도록 적게 받아들이려 했는데 외국인이 차라리 낫다고 생각했던 거야. 다루기가 쉽거든. 수도회 총장님은 내가 그 포도밭에서 일하기에[79] 적합하다고 판단한 것이지. 폴란드인과 티롤인과 나까지 3명이 출발했어.

현지에 도착하여 나는 영광스럽게도 부주교에 임명되었고 지금은 연대장에 주교야. 우리는 스페인 국왕의 군대 따윈 단호하게 물리칠 수 있어. 그런 군대는 단칼에 무찔러 쫓아낼 수 있다고 장담하네. 우리를 도우라고 자넬 이리로 보낸 것은 그야말로 하느님의 섭리야. 그건 그렇고 내 사랑하는 퀴네공드가 이 근처 부에노스아이레스의 총독관저에 있다는 게 사실인가?"

캉디드는 그보다 확실한 것은 없다고 맹세코 단언했다. 두 사람은 또다시 눈물을 펑펑 쏟았다.

---

78) 르네 포모에 따르면 초고와 초판에서 이 신부는 예수회에 기록이 남아 있지 않은 디들리라는 이름이었는데, 1761년판에서 크루스트로 바꿔 썼다. 1754년에 볼테르는 프로이센에서 돌아와 알자스에 정착하려 했는데, 콜마르의 예수회 계열 학교 교장 앙투안 크루스트라는 신부가 중심이 되어 그의 거주를 방해했다. 작품 속의 신부의 우정은 예수회 신부에 동성애자가 많다는 소문을 패러디하고 있다.

79) 예수회 신부들은 젊은 선교사의 포교활동을 성서에서 빌린 이런 은유적 표현을 사용하여 나타내었다고 한다.

les mains ont un poignard avec un chapelet.

파라과이 예수회파에 반대한 고등법원에 건의 익명의 도판.

남작은 질리지도 않는지 아직도 캉디드를 꼭 끌어안고 있었다. 그는 캉디드를 동생이라고 부르고, 생명의 은인이라고 하는 것이었다. 남작이 말했다.

"여보게 캉디드, 우리 이제 승리자로서 그 도시로 함께 들어가 내 동생 퀴네공드를 찾아오세."

"그건 바로 제가 바라던 바입니다. 왜냐하면 저는 그녀와 결혼할 생각이었거니와 지금도 그러기를 바라고 있으니까요."

캉디드가 말했다.

그러자 남작이 대답했다.

"네가? 무례한지고! 감히 네가 뻔뻔스럽게 가계의 고귀도가 72에 이르는 혈통의 내 동생하고 결혼하려 한단 말이냐! 주제도 모르고 그런 소릴 대놓고 지껄이다니 낯이 두꺼운 것도 정도가 있어야지 않느냐!"

이 말을 듣고 어리둥절해진 캉디드는 남작에게 말했다.

"신부님, 온 세상의 가계 고귀도를 다 합친들 그게 무슨 소용입니까? 저는 당신의 누이를 유대인과 종교재판소장의 손아귀에서 구해주었어요. 그녀는 제게 몹시 고마워하고 저하고 결혼하길 바라고 있습니다. 팡글로스 선생님께선 인간은 누구나 다 평등하다고 늘 제게 말씀하셨어요. 따라서 저는 기필코 그녀와 결혼해야겠습니다."

"그렇다면 세상 무서운 꼴을 보여주지, 요런 무례한 놈!"

예수회 신부 툰더 텐 트롱크 남작은 말이 채 끝나기도 전에 캉디드의 얼굴을 향해 칼을 세차게 휘둘렀다. 캉디드도 곧장 칼을 뽑아 예수회 신부가 된 남작의 배를 깊숙이 찔렀다. 그러나 배에 찌른 칼을 뽑으면서 그는 울부짖었다.

"아, 내가 무슨 짓을 한 거지! 옛 주인이셨던 분, 친구이자 처남을 돌아가시게 했어. 나는 이 세상의 누구보다도 착한 사람이건만 벌써 세 사람이나 죽였다. 그것도 셋 중에 성직자가 둘이나 돼!"

정자의 문에서 망을 보던 카캄보가 달려왔다. 그는 주인에게 말했다.

"우린 죽을 각오를 해야 합니다. 놈들이 정자로 곧 들어와 죽이려 들 거라고요."

지금까지 이런 아수라장을 수없이 겪었던 카캄보는 전혀 동요하지 않았다. 그는 남작이 입고 있던 사제복을 캉디드에게 입히고, 죽은 사람이 썼던 삼각

모자를 캉디드에게 들려주고 그를 말에 태웠다. 이 모든 일들이 눈 깜짝할 사이에 이루어졌다.

"어서 말을 달리십시오. 사람들은 나리를 명령을 전달하러 가는 예수회 신부인 줄로 알 겁니다. 그들이 뒤를 쫓아오기 전에 국경을 넘어야 합니다."

말이 끝나자마자 그는 스페인어로 "길을 비켜라, 연대장 신부님이 지나가신다!" 소리치면서 비호처럼 달려갔다.

제16장
두 아가씨, 원숭이 2마리, 오레용족[80]이라 불리는 미개인과 만난 두 나그네에게 일어난 일

캉디드와 그의 하인이 국경의 문을 넘는 순간까지도 야영지에선 아무도 독일인 예수회 신부의 죽음을 몰랐다. 빈틈없는 카캄보는 안장에 달린 가죽자루에 빵과 초콜릿, 햄과 과일, 그리고 포도주 몇 병을 챙겨 넣어서 들고 있었다. 두 사람은 안달루시아산 말에 타고 알 수 없는 나라로 들어섰지만 길다운 길은 눈에 띄지 않았다. 마침내 작은 강 사이의 아름다운 초원이 그들 앞에 나타났다. 두 나그네는 그들이 타고 온 말에게 풀을 뜯게 했다. 카캄보는 주인에게 식사를 권하고, 자기가 먼저 먹어 보였다.

캉디드는 말했다.

"남작님의 아드님을 내 손으로 돌아가시게 했어. 게다가 앞으로 내 평생에 아름다운 퀴네공드 양을 다시는 만나지 못할 게 뻔한데 어떻게 나한테 햄 조각을 먹으라는 거냐! 그녀와 멀리 떨어져서 후회와 절망에 빠져 앞으로의 세월을 견뎌야 하는데 그런 비참한 인생을 더 연장해 봐야 무엇하겠느냐. 또 〈트레부〉[81]는 뭐라고 떠들어대겠느냐고?"

---

80) 파라과이 북부에 실제 존재했던 야만족. 큰 귀에 구멍을 뚫어 장식하는 관습이 있으며 볼테르는 《풍속시론》에 그들의 모습을 상세히 묘사했다. 반 덴 회벨에 따르면 볼테르가 소장했던 페루 역사가 가르실라소의 《페루 잉카족의 역사》(1609~1617. 프랑스어역 1704)에는 페루 남부의 지도가 수록되어 있는데 파라과이어로 '귀가 큰 인디언'이라는 기록이 있다.

81) 리옹 부근의 소도시 트레부(Trévoux)에서 인쇄되던 예수회의 정기간행물(1701년 창간)로 《백과전서》와 계몽사상에 적대하는 필진들로 꽉 차 있었다. 1750년쯤 볼테르가 백과전서파

그런 말을 하기는 했지만 그가 먹지 않았던 것은 아니다. 날이 저물고 있었다. 길을 잃고 헤매는 두 나그네에게 어디선가 여자들이 지르는 듯한 어슴푸레한 비명이 몇 번인가 귀에 들어왔다. 그것이 과연 고통의 비명인지, 아니면 희열의 비명인지는 알 수 없었지만 그들은 낯선 땅에서라면 누구나 가질 만한 불안과 공포에 휩싸여 자리에서 벌떡 일어났다. 비명은 알몸의 두 아가씨들이 내고 있었다. 그녀들은 풀밭 가장자리를 가볍게 뛰어다니고 있었는데 그 뒤를 원숭이 2마리가 쫓아다니면서 아가씨들의 엉덩이를 물고 있었다. 캉디드는 안 됐다는 생각에 뛰어갔다. 그는 불가리아 군대에서 사격을 배웠으므로 마음만 먹으면 잎 하나 건드리지 않고 수풀의 개암나무 열매를 쏘아 떨어뜨릴 정도의 실력을 지녔었다. 그는 스페인제 연발총을 집어 들고 방아쇠를 당겨 원숭이 2마리를 쏘아 죽였다.

"이것 봐, 카캄보. 어떠냐, 내가 해치웠어! 저 가엾은 두 아가씨를 엄청난 위기로부터 구해주었다니까. 나는 종교재판소장과 예수회 신부를 죽이는 죄를 저질렀지만, 두 아가씨의 목숨을 구함으로써 그 죄를 깨끗이 갚았어. 저들은 어쩌면 신분 있는 아가씨들일지도 몰라. 엉뚱한 사건 덕분에 이 나라의 대단한 특전을 누릴 수도 있겠다."

그는 신이 나서 떠들어댔지만, 두 아가씨가 원숭이들에게 키스하고, 원숭이의 사체 위에 눈물을 떨어뜨리며 세상이 떠나가라고 큰 소리로 슬프게 울부짖는 것을 보고 어처구니가 없었다.

"저렇게 애처로워할 줄은 꿈에도 생각지 못했는걸!"

그는 카캄보에게 말했다. 그러자 그는 곧장 대답했다.

"나리, 나리께선 큰 실수를 하신 것 같습니다. 저 아가씨들의 두 연인을 죽이셨거든요."

"연인이라고 했나! 너 지금 날 놀리는 게냐? 카캄보, 방금 네 말을 어떻게 믿겠느냐?"

카캄보는 말을 계속했다.

편에 드는 것을 보고 〈트레뷔〉는 그를 공격하기 시작했다. 볼테르는 《예수회 신부 베르티에의 질병과 고해, 죽음과 유령》(1759) 등에서 〈트레브〉지의 편집장 베르티에(1705~1782)를 비웃음거리로 만들었다.

장 미셸 모로 2세 그림

"나리, 나리께선 모든 일에 늘 놀라시는군요. 세상에 원숭이가 여자들의 총애를 받는 나라가 있은들 그게 뭐가 신기하다고 그러십니까? 저 원숭이들은 제가 스페인 사람의 피를 4분의 1만큼 받은 것처럼 인간의 피를 4분의 1 받았어요."

캉디드는 말했다.

"어이쿠, 그러고 보니 팡글로스 선생님한테 들은 말이 생각나는구나. 아주 오랜 옛날, 그런 일이 일어나 그런 어지러운 교합을 통해 아이기판과 판, 사티로스 같은 반짐승의 신이 태어나 고대의 여러 위인들이 그들을 보았다는 이야기였어.[82] 하지만 그건 지어낸 이야기인 줄 알았는데."

그러자 카캄보가 그렇게 말했다.

"그게 사실이란 걸 이제 믿으시겠군요. 또한 어느 정도의 교육을 받지 않은 사람들이 어떤 일을 저지르는지 아셨을 겁니다. 제가 걱정하는 건 저 여인들이 무슨 성가신 일이나 벌이지 않을까 하는 거예요."

그런 그럴듯한 이야기를 듣자 캉디드는 초원을 떠나 숲속으로 들어가지 않을 수 없었다. 그는 숲에서 카캄보와 저녁을 먹었다. 그들은 포르투갈 종교재판소장과 부에노스아이레스의 총독, 그리고 남작을 몹시 저주한 끝에 이끼 위에서 깊은 잠에 빠졌다. 잠에서 깬 그들은 몸을 꼼짝할 수 없다는 것을 알았다.[83] 그것은 이 나라 주민인 오레용족이 두 부인의 고발을 받고 한밤중에 그들을 나무껍질 그물로 묶어놓았기 때문이었다. 그들은 50명 남짓한 오레용족에게 둘러싸였다. 그들은 알몸에 화살과 몽둥이와 돌도끼로 무장하고 있었다. 어떤 자는 커다란 솥에 물을 끓이고, 다른 자들은 구이용 쇠꼬챙이를 준비하고 있었다. 그리고 다들 이렇게 소리치고 있었다.

---

82) 르네 포모에 따르면 《역사에서 설명하는 신화와 우화》(1740)의 저자 바니에는 사티로스, 파우누스, 아이기판 등 반수반인에게 한 장을 할애하고 있다. 볼테르 스스로도 "원숭이가 인간의 여자와 교미하여 거기서 신종이 태어나는 경우도 있을 수 없는 것은 아니다"라고 수첩에 쓰고 있다. 동물 사이, 특히 인간과 원숭이의 관계에 의한 가능한 수태능력에 대해 18세기 자연학자와 계몽사상가는 관심을 갖고, 구원을 약속받은 인간과 기타 피조물과의 사이에 그리스도교가 설정하는 결정적 형이상학상의 차별을 재검토하는, 그런 잡종의 존재에 관한 증언을 모으고 있었다.

83) 이 이야기는 볼테르가 칭찬해 마지않던 스위프트의 《걸리버 여행기》의 묘사를 모방하고 있다.

"이놈은 예수회 신부다, 예수회 신부다! 맛있게 먹어 복수하는 거다. 예수회 신부의 고기를 먹자, 신부의 고기를 먹자!"

"나리, 제 말이 맞죠?"

카캄보가 슬프게 소리쳤다.

"저 두 여자가 못된 장난을 칠 것 같다고 했습죠?"

캉디드는 엄청나게 큰 솥과 쇠꼬챙이를 보자 자기도 모르게 비명을 질렀다.

"우릴 굽거나 솥에 삶으려나 봐. 세상에! 팡글로스 선생님이 순수한 자연이란 게 어떤 것인지 보셨더라면 뭐라고 하셨을까? 모든 것은 선이라고 한 것은 뭐 그렇다 쳐도, 퀴네공드 양을 잃은 데다 오레용족에게 구워지다니 이건 너무 처참하군!"

카캄보는 조금도 당황한 기색이 없었다. 그는 비탄에 빠진 캉디드에게 말했다.

"포기하기엔 일러요. 제가 이 부족의 말을 조금 하니까 한번 말해볼게요."

"사람을 솥에 삶는 것이 얼마나 소름 끼치는 비인도적 행위인지 그들이 똑똑히 알게 해주어라! 그리고 그런 행위가 그리스도교도다운 배려심과 얼마나 거리가 먼 것인지도 말이야."

카캄보가 입을 열었다.

"여러분! 여러분은 오늘 예수회 신부 하나를 먹으시려나 본데 그건 매우 지당한 일입니다. 자기 적을 그런 식으로 다루는 것보다 정의로운 일은 없으니까요. 실제로 자연법은 우리에게 너의 적을 죽이라고 가르쳤거니와, 온 세상에서 다들 그렇게 하고 있습니다. 우리가 적을 잡아먹는 권리를 행사하지 않는 것은 맛나게 먹을 수 있는 것들이 그 밖에도 많이 있기 때문입니다. 하지만 여러분은 우리하고 똑같은 자원을 갖고 계시지 않습니다. 나의 승리의 열매를 큰까마귀나 다리가 가느다란 까마귀에게 주기보다는 차라리 직접 먹어치우는 게 낫지요.

그러나 여러분, 여러분도 자신의 친구를 먹고 싶지는 않겠지요. 구우려고 하는 것은 여러분의 친구, 여러분의 적의 적입니다. 저는 여러분의 땅에서 태어났어요. 보고 계신 이분은 제 주인으로서 예수회의 신부는커녕 예수회 신부 하나를 바로 어제 죽인 참이고, 그 신부의 유품인 사제복을 입었을 뿐입니다. 그것이 여러분의 오해의 근원이 되었습니다. 제 이야기를 확인하시려면 주인의 사제복을 들고 예수회 신부의 왕국으로 통하는 첫 번째 문으로 가보십시오. 저의 주인이 예수회 신부의 지위에 있는 장교를 살해했는지 아닌지 물어보시면 알 것입니다. 그리 오래 시간이 걸리지도 않을 겁니다. 만일 제가 거짓을 고했다면 언제든지 우리를 드셔도 괜찮습니다. 하지만 만일 제 이야기가 사실이라면 여러분은 공법의 원리와 풍습과 법률을 지나치리만큼 잘 아실 테니 저희를 용서하지 않을 수 없을 겁니다."

오레용족은 이 말이 그럴듯하다고 생각했다. 그들은 두 사람을 뽑아 재빨리 그 사실을 알아오라고 보냈다. 대표 2명은 총기 있는 사람들에게 걸맞게 자기 역할을 훌륭하게 해냈고, 곧바로 돌아가 좋은 소식을 전했다. 오레용족은 두 포로의 오라를 풀고 극진히 대접했으며, 이들에게 아가씨를 제공하고, 차가운 음료를 내오고 국경까지 배웅하면서 몹시 기뻐 소리치는 것이었다.

"그는 예수회 신부가 아니다! 예수회 신부가 아니야!"

캉디드는 자기가 풀려난 이유에 연신 감탄하고 있었다.

그는 말했다.

"정말 굉장한 부족이야! 굉장한 사람들 아닌가! 게다가 그 풍습이라니! 내가 만일 운 좋게 퀴네공드 양의 오빠를 찌르지 않았더라면 가차 없이 잡아먹혔을 게 틀림없어. 하지만 결국 순수한 자연은 선이야. 왜냐하면 그 사람들은 내가 예수회 신부가 아닌 걸 알고 나를 먹는 대신 친절하게도 온갖 예의를 다해주었으니까."

제17장
캉디드와 카캄보가 엘도라도[84]에 도착하여 거기서 무엇을 보았는가?

오레용족의 국경에 다다르자 카캄보는 캉디드에게 말했다.

---

84) 스페인어로 '황금향(黃金鄕)'을 의미하는 전설 속의 나라. 15세기에 남아메리카를 정복한 스페인 사람은 최후의 잉카족이 도망쳤다고 추측한 오리노코강과 아마존강 유역 사이의 지역에는 금과 보석이 풍부하다고 상상하고, 그 나라를 찾아내려 혈안이 되었었다. 볼테르는 《풍속시론》 제151장에서 그런 스페인 여행자의 탐욕을 비웃고 있다.

"보다시피 지구의 이쪽이 저쪽보다 딱히 낮다고 할 것도 없겠네요. 가장 짧은 지름길을 택해 유럽으로 돌아가면 어떨까요."

그러자 캉디드가 말했다.

"어떻게 돌아간단 말이냐. 그리고 또 어디로 가야 하지? 고국으로 돌아가 봤자 불가리아인과 아바르인이 아무나 다 죽이는 판인데. 포르투갈로 가면 나는 화형을 당해. 이 나라에 있으면 늘 찔려 죽을 위험에 처하게 되지만 넓은 세상 가운데 마침 퀴네공드 양이 살고 있는 이 땅을 어떻게 떠난단 말이냐."

"카옌[85]으로 갑시다. 그리로 가면 전 세계를 돌아다니는 프랑스인을 만날 수 있을 테고, 뜻밖에도 그들이 도와줄지도 모릅니다. 하느님도 분명 도와주실 거고요."

카캄보는 말했다.

카옌으로 가는 것도 쉽지 않았다. 그들은 어느 방향으로 가야 할지조차 몰랐지만 가는 곳마다 산과 강, 절벽과 산적, 야만인이 무시무시한 장애물이 되어 가로막았다. 말은 피로 때문에 죽었고 식량은 다 떨어졌다. 그들은 거의 한 달 동안이나 야생 과일을 따먹으며 지냈다. 그러던 그들은 마침내 양쪽 기슭에 야자나무가 있는 작은 강가에 다다랐다. 야자나무는 그들의 생명과 희망의 버팀목이 되었다.

노파와 마찬가지로 늘 유익한 도움말을 주던 카캄보도 결국 캉디드에게 말했다.

"우리는 이제 완전히 지쳤습니다. 너무 많이 걸었어요. 강가에 빈 배가 보이는데 야자열매를 가득 싣고 저 작은 배에 타고 강물의 흐름에 몸을 맡깁시다. 강은 반드시 어딘가 사람이 사는 곳으로 통합니다. 비록 어처구니없는 일을 당한다 해도 하다못해 새로운 거라도 보게 되지 않을까요?"

"좋다, 가자. 하느님께 맡기자."

강가는 꽃이 만발해 있는가 하면 또 어딘가는 완전히 황폐하고, 또 어느 때는 평탄한가 하면 다른 곳은 거칠고 험준했는데 둘은 그 사이를 몇십 킬로미터쯤 노 저어 갔다. 강폭은 계속해서 넓어지고 있었다. 결국 강은 하늘까지 솟

---

85) 프랑스령 기아나의 주요 도시.

아 있는 오싹하리만큼 커다란 바위의 둥근 천장 아래로 당장 빨려들어갈 것 같았다. 두 나그네는 대담하게도 그 둥근 천장 아래의 물살에 몸을 맡겼다. 그 부근에서 좁아졌던 강은 엄청난 속도로, 또 굉장한 소리를 내며 그들을 싣고 갔다. 24시간 뒤에 그들은 다시 햇빛을 보았다. 그러나 작은 배는 암초에 부딪쳐 부서졌다. 꼬박 4킬로미터 거리를 바위에서 바위로 기다시피 걸어야만 했다. 그렇게 천신만고 끝에 인간으로선 도저히 오르지 못할 산들로 에워싸인 드넓은 평지가 갑자기 눈앞에 펼쳐졌다. 그 땅은 필요뿐만 아니라 즐거움을 위해 경작되고 있었다. 그 나라의 곳곳에서 유용한 것이 유쾌한 것이 되어 있었다. 길은 모두 근사한 모양과 재질의 수레로 넘쳐났는데, 아니, 차라리 수레들로 꾸며져 있다고 하는 것이 맞는 표현이다. 제아무리 뛰어난 안달루시아와 테투안, 메크네스[86]의 말도 따르지 못할 빠르기의 커다랗고 붉은 양[87]이 날다시피 끄는 수레는 이상하리만큼 아름다운 남녀를 나르고 있었다. 캉디드가 말했다.

"그런데 여긴 베스트팔렌보다 멋진 나라로구나!"

그는 처음 도착한 마을 근처에서 카캄보와 함께 배에서 내렸다.[88] 아이들 몇 명이 너덜너덜 다 떨어진 옷을 입고 마을 변두리에서 돌 던지기를 하며 놀고 있었다. 딴 세상에서 온 두 사람은 아이들이 하는 놀이를 재미있게 바라보았다. 아이들이 가지고 노는 납작한 돌은 꽤 크고 둥근 것으로 노랑과 빨강, 초록 등 가지각색이었는데 모두가 독특한 빛을 발하고 있었다. 나그네들이 그중 몇 개를 주워서 살펴보았더니 그것은 금과 에메랄드, 루비였다. 그 돌들은 아무리 작은 것이라도 무굴제국 황제 옥좌의 가장 커다란 장식품이 될 게 틀림없었다.

캉디드는 말했다.

"틀림없어. 저 아이들은 이 나라의 왕자여서 이런 돌을 갖고 노는 거야."

그때 마을의 학교 선생님이 아이들을 학교로 데려가려고 나타났다.

---

86) 안달루시아는 스페인 남부지방으로 세비야가 주요 도시. 제9장의 끝부분 참조. 테투안과 메크네스는 아라비아 말을 사육하는 모로코 북부의 도시.
87) 남아메리카의 낙타과 동물 라마를 가리킨다.
88) 조금 전엔 "작은 배는 암초에 부딪쳐 부서졌"고, 두 사람은 바위를 걸었다고 씌어 있었다.

샤를 푸리에(Charles Fourier)**의 이론에 따른 공동체 생활** 샤를 도비니(Charles François Daubigny) 그림.
석판화.

"저것 봐, 저건 왕가의 가정교사가 분명해."

누더기를 입은 아이들은 곧바로 놀이를 그만두고 돌들을 땅바닥에 내던졌다. 캉디드는 그것을 주워 들고 교사에게 뛰어가서 공손히 돌을 내밀면서, 황태자 전하들이 그들의 금과 보석을 깜박 잊고 가셨다고 손짓 발짓 해가며 알려주려 했다. 마을 교사는 매우 놀란 표정으로 캉디드의 얼굴을 보더니, 쓴웃음을 지으면서 돌을 바닥에 던지고는 허겁지겁 걸어갔다. 나그네들은 잠시도 망설이지 않고 금과 루비와 에메랄드를 주웠다.

캉디드는 소리쳤다.

"여기가 어딜까? 이 나라 임금님의 자제들은 훌륭한 교육을 받는 게 분명해. 금과 보석에 무심하도록 가르침을 받고 있지 않으냐."

카캄보도 캉디드 못지않게 놀라고 있었다. 그들은 마침내 마을의 가장 가까운 곳에 있는 집에 다다랐다. 그것은 마치 유럽의 궁전 같았는데 수많은 사람이 문을 메우고 있고, 안에는 더 많은 사람이 있었다. 매우 듣기 좋은 음악소리가 들리고, 맛있는 요리 냄새가 풍겨오고 있었다. 카캄보가 문으로 다가가자 사람들이 페루어로 말하는 것이 들렸다. 그것은 그의 모국어였는데 카캄보가 페루어만 쓰는 투쿠만이라는 어느 마을에서 태어났다는 것은 잘 아는 사실이기 때문이다.[89]

그는 캉디드에게 말했다.

"제가 통역을 할까요? 들어가시지 않겠습니까? 여긴 먹고 마실 수 있는 여관이에요."

금란 옷을 입고 리본으로 머리를 묶은 젊은이 둘과 두 젊은 아가씨가 그들을 정식용 탁자로 안내했다. 그들에게 저마다 앵무새 2마리가 곁들여진 포타주 네 접시, 무게가 200파운드나 된다는 콘도르 고기를 삶은 것, 말로는 표현하지 못할 맛의 원숭이 통구이 2마리, 그리고 접시 하나에는 벌새 300마리, 다른 접시에는 벌새 600마리가 담겨 탁자에 놓였다. 요리의 맛을 내는 양념은

---

89) 앙드레 마냥에 따르면 투쿠만 지방은 페루와 경계한, 다양한 종족의 주민으로 구성되어 있어서 거기서는 적어도 세 종류의 언어가 쓰인다고 한다. 볼테르는 현학적이라는 비난을 피하기 위해 여기서 남의 칭찬을 듣고 싶어 하는 무식한 사람을 연기하고 있다고 마냥은 해석한다.

더 말할 나위가 없고, 과자는 각별히 맛있으며, 모두가 천연수정 같은 접시에 가득 담겨 있었다. 여관의 젊은이와 아가씨들은 사탕수수로 만들어진 몇 종류의 술을 따라주었다.

손님 대부분은 상인과 마부였는데 모두 매우 예의가 바르고, 카캄보에게 몇 가지 질문을 할 때에도 분별 있고 삼가는 태도였으며, 카캄보의 질문에 대해서는 그가 충분히 만족할 만한 답변을 해주는 것이었다.

카캄보와 캉디드는 식사를 마치자 길에서 주운 금붙이를 2인분 값으로 정식용 탁자에 놓고, 그것으로 자기들 몫의 지불을 충분히 했다고 생각했다. 여관의 주인 부부가 나와서 주변을 의식하지 않고 한참 껄껄 웃었다. 마침내 웃음을 거두고 주인이 말했다.

"손님, 보아하니 두 분은 외국에서 오신 모양인데 저희는 외국 분들을 만나뵙는 것이 습관이 되지 않아서요. 여러분께서 이 나라의 길에 굴러다니는 돌멩이를 음식값으로 지불하려고 내미신 것을 보고 그만 웃음이 나왔습니다. 부디 용서해 주십시오. 여러분은 물론 이 나라의 화폐가 없으시겠지요. 하지만 여기서 점심을 먹는 데 돈을 갖고 있을 필요는 없습니다. 상거래의 편의를 도모하기 위해 지은 여관의 경비는 모두 정부가 부담합니다.[90] 여러분은 여기서 변변치 못한 음식을 드셨는데 그것은 이 마을이 가난하기 때문입니다. 하지만 다른 어디를 가시든 여러분에게 걸맞은 대접을 받으시게 될 겁니다."

카캄보는 캉디드에게 주인이 한 말을 빠짐없이 설명했다. 그러자 캉디드는 이야기를 전달하는 친구 카캄보와 마찬가지로 감탄한 모습으로, 또 도저히 이해가 가지 않는다는 표정으로 이야기에 귀를 기울었다.

그들은 이구동성으로 말했다.

"대체 여기는 어떤 나라일까? 지상의 다른 사람들에겐 알려지지 않았고, 게다가 이 나라의 자연 전체가 우리 것하고는 전혀 딴판이야. 여긴 분명 모든 것이 순조로운 나라일 거야. 왜냐하면 그런 나라가 절대 존재하지 않기 때문이지. 아울러 팡글로스 선생님이 뭐라고 하시든 지금까지 여러 번 느꼈지만 베스트팔렌에선 모든 것이 바람직하지가 않았어."

---

90) 르네 포모에 따르면 페루의 역사가 가르실라소 데 라 베가는 스페인 정복 이전의 잉카제국에선 여행자를 위해 정부가 무료 숙박시설을 설립했었다고 기술하고 있다.

제18장
엘도라도에서 겪은 일

캉디드와 카캄보가 여관 주인에게 이것저것 꼬치꼬치 캐묻자 주인은 이렇게 말했다.

"저는 별로 아는 게 없지만 그래도 그것에 만족하며 잘살고 있습니다. 하지만 이곳엔 은퇴한 노인이 있어요. 노인은 왕국의 식견이 풍부하기로 내로라하는 분이고, 이야기 나누기를 아주 좋아한답니다."

주인은 카캄보를 곧장 노인의 집으로 데려갔다. 캉디드는 말이 통하지 않아 보조역할밖엔 하지 못했으므로 하인을 따라가는 수밖에 없었다. 그들은 문짝은 단지 은으로 되어 있고 통로의 벽도 그저 금으로만 되어 있는 매우 수수한 집으로 들어갔다. 하지만 아주 고상하게 지어져 있었으므로 호화스런 벽에 결코 뒤지지 않았다. 응접실은 루비와 에메랄드로만 상감 처리되어 있었지만, 모든 것이 적절히 배치되어 있었으므로 그 방의 극단적인 수수함을 충분히 메우고도 남았다. 노인은 벌새의 날개로 채운 소파에 두 외국인을 맞이하고, 각종 술을 다이아몬드 그릇에 따라서 내놓았다. 그런 뒤 그는 이런 이야기를 하여 두 사람의 호기심을 채워주었다.

"나는 올해 172살이라오. 국왕의 시종이었던 돌아가신 아버지께서 직접 보신, 감탄할 가치가 충분한 페루의 중요한 개혁 이야기를 들은 적이 있습니다. 우리가 현재 살고 있는 왕국은 예로부터 잉카족의 나라였는데, 잉카족은 무모하게도 고국 밖으로 나가서 세계의 일부를 정복하려다가 결국 스페인 사람에게 멸망당했습니다. 왕족 가운데 자기가 태어난 땅에 머물렀던 왕자들이 차라리 현명했지요. 그들은 종족의 동의를 얻어 주민은 그 누가 되었건 작은 왕국을 절대 떠나선 안 된다고 명령했습니다. 우리가 지금처럼 순수하고 행복한 상태를 유지할 수 있었던 것은 그 덕분이지요. 스페인 사람은 이 나라에 대해 막연하게 알고 있었으므로 황금향(엘도라도)이라고 불러왔어요. 롤리라는 영국인 기사[91]가 100년쯤 전에 이 나라 부근에 왔던 적이 있습니다. 하지만 우리는

---

91) 앙드레 마뇨에 따르면 이 부분은 영국의 월터 롤리 경(1552쯤~1618)이 엘리자베스 여왕의 명령을 받들어 엘도라도를 발견할 목적으로 기아나 탐험(1595)을 시도한 것을 암시한다.

도저히 오를 수 없는 암벽과 절벽으로 둘러싸여 있어서 지금까지 유럽 여러 나라들의 탐욕적 먹이가 되지 않고 버틸 수 있었습니다. 유럽인들이란 이 땅의 작은 돌멩이와 진흙에 터무니없는 욕망을 품고 있어서 그걸 손에 넣기 위해서라면 마지막 한 사람까지도 모조리 죽일 게 틀림없습니다."

이야기는 길게 이어졌다. 화제는 통치형태, 풍속, 여성, 연극, 예술에 이르렀다. 마지막으로 남달리 형이상학 취미가 강한 캉디드는 이 나라에 종교가 있느냐고 카캄보를 시켜 물어보았다.

노인의 얼굴이 살짝 붉어졌다.

"물론 있고말고요. 여러분은 종교를 믿지 않을 수 있습니까? 저희를 배은망덕하다고 생각하나요?"

카캄보는 조심스럽게 엘도라도의 종교가 뭐냐고 물었다. 노인은 또다시 얼굴을 붉혔다.

"종교가 둘이나 있을 수 있습니까? 우리의 종교는 만인의 종교라고 생각해요. 우리는 아침부터 저녁까지 하느님을 섬깁니다."

"단 하나의 하느님만을 섬기고 계신지요?"

그러자 카캄보가 말했다. 그는 여전히 캉디드의 의심을 계속해서 통역하고 있었다.

"그야 너무나 당연한 것 아닙니까? 하느님이 어떻게 둘이나 셋, 넷일 수가 있습니까? 솔직히 말해 당신네 세계의 사람들은 참으로 이상한 질문을 하시는군요."

캉디드는 통역을 통해 이 친절한 노인에게 계속해서 화살처럼 질문을 퍼부었다. 그는 엘도라도에서는 신에게 어떤 식으로 기도하는지 알고 싶었다.

그러자 선량하고 존경스런 현자는 말했다.

"신께 기도 같은 것은 하지 않습니다. 우리는 신에게 바라는 것이 아무것도 없기 때문이에요. 신은 우리에게 필요한 모든 것을 주셨습니다. 따라서 우리는 신께 끊임없이 감사할 따름이지요."

캉디드의 호기심은 더욱 커져 이번엔 성직자를 만나보고 싶어서 성직자들이 있는 곳이 어딘지 묻게 했다. 그러자 착한 노인은 슬며시 웃으며 말했다.

"손님, 우리는 모두가 성직자라서요. 매일 아침 국왕과 모든 가장들이 신께 감사의 노래를 부릅니다. 그리고 5000~6000명의 악사가 반주를 하지요."

"뭐라고요! 그럼 여기엔 수도사가 없단 말씀인가요? 가르치고 설교하고, 지배하고, 음모를 꾀하고, 심지어 자기들과 의견이 다른 사람들을 몽땅 화형에 처하는 그런 수도사 말입니다."

"아마 그런 게 있었더라면 우린 미쳐버렸을 겁니다. 이 나라에선 다들 똑같은 의견을 갖고 있어요. 당신들이 말하는 수도사들이 어떤 인종인지 전혀 짐작할 수가 없군요."

그런 이야기를 듣는 동안 캉디드는 이 모든 말에 황홀경에 빠져서 혼자 이렇게 중얼거렸다.

"이 나라는 베스트팔렌이나 남작님의 성과는 전혀 딴판이야. 친구인 팡글로스가 엘도라도를 보았더라면 툰더 텐 트롱크성이 지상에서 가장 좋다는 소린 결코 하지 못했을 거야. 확실히 여행은 하고 볼 일이로군."

긴 대화가 끝나자 착한 노인은 사륜마차에 양을 6마리 매게 하고, 하인 가운데서 6명을 뽑아 두 손님을 궁정으로 안내하도록 붙여주었다.

"나이가 들어 직접 모시지 못함을 용서하여 주십시오. 국왕은 당신들이 충분히 만족할 만한 방식으로 환영해 주시겠지만, 설령 뭔가 마음에 들지 않는 것이 있더라도 이 나라의 풍습이라 여기시고 양해해 주시기 바랍니다."

캉디드와 카캄보가 사륜마차에 오르자 6마리 양은 나는 듯이 달렸다. 채 4시간도 되지 않아 수도의 변두리에 있는 왕궁에 도착했다. 정면의 문은 높이가 70미터, 폭은 32미터에 이르렀으며, 문의 재료가 무엇인지는 도저히 설명할 수가 없었다. 그 재료가 우리의 세계에서 금이나 보석이라 부르는 작은 돌멩이나 모래보다 훨씬 훌륭하다는 것만은 분명했다.

캉디드와 카캄보가 사륜마차에서 내리자 경비를 담당하는 아름다운 처녀 20명이 그들을 욕탕으로 안내하고, 벌새 깃털로 짠 옷을 입혀주었다. 이어 남녀 중신들이 통례에 따라 각각 악사 1000명이 양쪽으로 늘어서 있는 줄을 지나 왕의 연회석상으로 그들을 안내했다. 옥좌가 있는 방이 가까워지자 캉디드는 왕에게 인사할 때는 어떻게 행동해야 하는지, 무릎을 꿇는지 아니면 엎드려야 하는지, 두 손을 머리에 얹는지 아니면 엉덩이에 바짝 붙이는지, 바닥의 먼지를 핥아야 하는지, 말하자면 알현 의례가 무엇인지를 신하에게 물었다.

그러자 신하는 말했다.

"격식은 국왕을 포옹하고 양쪽 볼에 입 맞추는 것입니다."

캉디드와 카캄보가 왕의 목을 덥석 끌어안자 폐하는 상상할 수 있는 최대한의 호의를 담아서 그들을 맞이하고 정중하게 만찬에 초대했다.

만찬이 시작될 때까지는 시내 구경을 시켜주었다. 구름 높이까지 솟아 있는 공공건물, 수많은 원기둥으로 꾸며진 시장, 맑은 샘, 장밋빛 샘, 사탕수수로 담근 술의 샘이 있고, 샘물은 널따란 광장을 쉼 없이 흐르고 있었다. 그리고 광장은 정향과 계피향과 비슷한 향을 내뿜는 보석 같은 것으로 덮여 있었다. 캉디드는 법정과 고등법원을 보게 해달라고 했지만, 그런 것은 본디 존재하지 않으며, 소송도 없다는 답변이 돌아왔다. 그가 감옥은 있을 거 아니냐고 했더니 그것도 없다고 했다. 그보다 더 그를 놀라게 하고, 또 기쁘게 했던 것은 과학박물관이었다. 그는 박물관에서 수학과 자연학 기계가 빼곡히 들어찬, 2000걸음이나 이어지는 회랑을 보았다.

점심식사 이후의 시간을 몽땅 써서 도시의 대략 1000분의 1쯤을 돌아본 뒤, 두 사람은 국왕이 있는 곳으로 마차를 돌리게 했다. 캉디드는 왕과 하인 카캄보와 몇몇 귀부인 사이에 끼어 식탁에 앉았다. 세상에 그 이상의 산해진미는 없었다. 그리고 만찬석상에 국왕만큼 재기가 넘치는 사람도 없었다. 카캄보는 국왕이 하는 말을 모두 캉디드에게 통역해 주었는데, 외국어지만 역시 기지에 넘치는 말임을 짐작할 수 있었다. 수많은 놀라운 것들 가운데서 이것은 캉디드를 특히 놀라게 하고도 남았다.

두 사람은 국왕이 배려한 거처에서 한 달을 보냈다. 캉디드는 카캄보에게 끊임없이 말했다.

"거듭 말하지만 내가 태어난 성은 지금 우리가 있는 나라에는 확실히 발끝에도 미치지 못해. 그렇긴 하지만 이곳엔 퀴네공드 양이 없어. 그리고 너한테도 유럽엔 누군가 연인이 분명 있을 테고. 여기 이대로 있다간 다른 사람들과 똑같아지지 않을까? 반대로 만약 엘도라도의 돌멩이를 가득 실은 양을 딱 12마리만 데리고 우리의 세계로 돌아가도 우리는 모든 왕을 합친 것보다 부자가될 테니, 그때는 종교재판관을 더 이상 두려워하지 않아도 되어 퀴네공드 양을 쉽게 되찾을 수 있을 거야."

이 이야기는 카캄보의 마음에 쏙 들었다. 사람은 누구나 온 세상을 두루 돌아다니다 금의환향하여 여행길에서 보고 들은 것을 펼치기를 좋아하는 법이므로, 두 행운아도 남들과 마찬가지로 더 이상 행복하기를 그만두기로 하고 왕에게 휴가를 청할 결심을 굳혔다.

그러자 국왕은 두 사람에게 말했다.

"어리석은 일이오. 이 나라가 따분하단 것은 인정하오. 어디 다른 곳에서 웬만큼 지낼 수 있다면 그곳에 머물러야 하겠지. 물론 나로선 외국 손님들을 붙잡아 둘 권리는 없소.[92] 그렇게 하는 것은 이 나라의 풍습에도 없고 법률에도 없는 압제가 되오. 인간은 누구나 자유롭소. 원하는 때 여행을 떠나도록 하시오. 다만 여기를 떠나기란 쉽지 않소. 여러분이 기적적으로 지나온, 바위의 둥근 천장 아래를 흐르는 그 급류를 거슬러 올라가지는 못하오. 우리 왕국을 빙 둘러싼 산들은 높이가 3킬로미터로 마치 벽처럼 높이 서 있고, 저마다 폭이 40킬로미터도 더 되므로 내려가려면 절벽을 타야만 하오. 하지만 여러분이 기어코 떠나겠다고 하니 기계제작 감독관들에게 명하여 여러분을 쾌적하게 데려다줄 기계를 만들게 하겠소. 여러분을 산 저편으로 데려갈 때는 아무도 함께할 수가 없소. 왜냐하면 나의 신하와 백성은 결코 왕국을 떠나지 않기로 맹세했거니와 그들은 아주 슬기로워서 그 맹세를 깨뜨릴 리가 없기 때문이오. 그러나 마음에 드는 것은 무엇이든 가져도 좋소."

카캄보가 말했다.

"저희가 폐하께 요청하고 싶은 것은 식량과 이 나라의 작은 돌멩이와 진흙을 실은 양 몇 마리뿐이옵니다."

국왕은 웃었다.

"당신네 유럽 사람들이 우리나라의 노란 진흙을 얼마만큼 좋아하는지 나로선 전혀 모르오. 하지만 원하는 만큼 가져가도 좋소. 여러분에게 도움이 되면 좋을 텐데."

국왕은 곧 기사들에게 두 특별한 인물을 로프와 도르래로 끌어올려 왕국

---

92) 이 부분은 1753년에 볼테르를 프로이센에 붙잡아 놓았던 프리드리히 2세의 행동을 패러디한 것으로 보인다.

밖으로 내보낼 기계를 만들라고 명령했다. 유능한 자연학자 3000명이 이 일에 매달렸다. 2주일 뒤에는 기계 준비를 마쳤는데 비용은 이 나라의 화폐로 고작 2000만 파운드를 넘지 않았다. 캉디드와 카캄보는 그 기계에 탔다. 또한 기계에는 그들이 산들을 넘은 뒤에 탈 수 있도록 안장을 얹고 고삐를 채운 크고 붉은 양 2마리와, 식량을 실은 화물용 양 20마리, 그리고 금과 보석과 다이아몬드를 실은 양 50마리가 함께 탔다. 국왕은 방랑길을 떠나는 두 사람을 정답게 포옹했다.

두 사람의 출발과, 그들이 양과 함께 산들의 정상에 매달렸을 때의 모습은 눈이 크게 떠질 만큼 멋진 광경이었다. 자연학자들은 두 사람을 안전한 장소에 내려놓더니 작별을 고했다. 캉디드에겐 퀴네공드 양에게 양을 바치는 것 외에는 바라는 것도 목적도 없었다.

"퀴네공드 양의 몸값을 내야 한다 해도 우리에겐 부에노스아이레스의 총독에게 지불할 만큼의 돈은 충분하다. 카옌 쪽으로 걷다가 배에 올라타자. 그러면 어느 왕국을 사들일 수 있을지 알게 되겠지."

제19장
수리남[93]에서 일어난 일, 또 캉디드가 마르틴으로 알려지게 된 경위

두 나그네의 첫날 여정은 그럭저럭 제법 유쾌했다. 그들은 아시아와 유럽, 아프리카 대륙에서 모을 수 있는 것 이상의 재물을 손에 넣었다는 생각에 더없이 용기가 솟아오르고 있었다. 어깨에 잔뜩 힘이 들어간 캉디드는 나무 몇 그루에 퀴네공드라는 이름을 새기기도 했다. 두 번째 날에는 양 가운데 2마리가 물에 빠져서 등에 싣고 있던 짐까지 몽땅 잃어버렸다. 며칠 뒤에는 다른 양 2마리가 피로로 죽었다. 그리고 7, 8마리가 사막에서 쓰러졌고, 또 며칠 지나자 깊은 수렁에 빠져서 몇 마리가 급사했다. 결국 100일이 지나자 그들에게 남은 것은 겨우 양 2마리뿐이었다. 캉디드는 카캄보에게 말했다.

"거봐라, 카캄보! 이 세상의 부가 얼마나 덧없는 것인지 이제 알겠느냐? 덕을

---

93) 프랑스령 기아나에 붙어 있는 네덜란드의 식민지로 커피와 사탕수수 재배, 기타 식료품 교역으로 번성했었다.

쌓는 것과 퀴네공드 양과 다시 만날 행복 말고는 확실한 건 아무것도 없어."

카캄보도 말했다.

"옳은 말씀입니다. 하지만 우리에겐 아직 스페인 왕이 가진 것 이상의 재물을 실은 양이 2마리 있어요. 저기 보이는 도시가 네덜란드령 수리남인 것 같습니다. 우린 이제 불행 끝, 행복 시작입니다."

그들이 도시로 들어서자 땅바닥에 누워 있던 흑인노예[94]와 마주쳤다. 흑인은 옷, 아니 장딴지까지 오는 파란 바지를 그저 반쯤 몸에 걸치고 있을 따름이었다. 그 가엾은 사내에겐 왼다리와 오른손이 없었다.

"아니, 여봐라. 거기서 뭘 하고 있는 게냐? 그런 처참한 몰골로……."

캉디드는 네덜란드어로 물었다.

"주인님을 기다리고 있습죠. 판데르덴뒤르[95] 나리라고 하는 이름 높은 상인입니다."

"너한테 그런 몹쓸 짓을 한 건 누군데? 그 판데르덴뒤르 나리냐?"

캉디드는 말했다.

그러자 흑인노예가 대답했다.

"예, 그렇습니다, 나리. 이게 관습이거든요. 옷은 1년에 두 번, 짧은 삼베바지만 주지요. 제당공장에서 일하다 맷돌에 손가락이 걸리면 손을 자르고, 도망치려 했다간 다리를 자릅니다. 저는 양쪽의 경우에 다 해당됩니다.[96] 그런 희생

---

94) 르네 포모에 따르면 이 흑인노예 일화는 1758년 10월쯤에 쓴 초고에는 없었다. 1759년 1월에 간행된 초판본에 처음 나온다. 우선은 엘베시우스의 《정신론》(1758)에서 노예제도에 관한 글을 읽고 새로 추가한 것으로 짐작된다. 18세기에는 식민지노예제도가 상당히 발달했던 동시에 식견 있는 여론의 항의도 만만치 않았다. 볼테르는 또한 몽테스키외의 《법의 정신》(1748) 제15편 5장, 아베 프레보의 《찬성과 반대》(1733~40)에 들어 있는 "흑인 우두머리의 연설", 《백과전서》 제5권(1755)의 항목 "노예제도" "노예" 등을 읽은 게 분명하다.

95) '독설, 비정'의 뜻. 볼테르는 프리드리히 2세의 《반(反)마키아벨리론》을 출판할 즈음(1740)에 네덜란드 헤이그의 출판업자 판 뒤렌과 옥신각신한 적이 있었다.

96) 1685년에 제정된 프랑스의 〈흑인법전〉은 "1년에 2장의 삼베옷 또는 4온(약 4.7미터)의 삼베를 노예 주인의 재량으로" 노예에게 지급해야 한다고 정하고 있다(제25조). 또한 다시 도망친 노예는 뒷무릎 힘줄절단과 어깨에 낙인형이 부과된다고 정했다(제38조). 르네 포모에 따르면 사탕수수를 절구 달린 톱니장치가 빠르게 돌 때 그것에 손가락이 말려든 흑인은 목숨을 구하기 위해 팔을 절단했다고 한다.

장 미셸 모로 판화

의 대가로 여러분이 유럽에서 설탕을 드시는 겁니다. 하지만 제 어머닌 기니아의 바닷가에서 저를 10파타고니아 에퀴[97]로 팔 때, 이렇게 말했습죠. '우리의 신성한 부적에 항상 감사하고 그것을 섬겨야 한다. 반드시 행복하게 해주실 거야. 백인 주인나리의 노예가 되는 건 영광스런 일이야. 넌 노예가 되어 아버지와 어머니를 부자로 만들어 준 거란다. 알겠니?' 세상에! 제가 부모님을 부자로 만들었는지 어쨌는지는 모르겠지만 부모님은 저를 부자로 만들어 주진 않았어요. 개나 원숭이, 앵무새가 차라리 우리보다 1000배나 더 행복합니다. 저를 개종시킨 네덜란드 목사는 일요일이면 백인이든 흑인이든 너흰 모두 아담의 자손이라고 늘 말합니다. 저는 계보학자가 아니지만 그 설교사들이 하는 말이 사실이라면 우리는 모두 같은 혈통을 지닌 것이 돼요. 하지만 솔직히 말해서 현실은 어떠합니까? 사람이 자기 피붙이에게 이보다 더 가혹한 처사를 할 수가 있을까요?"

캉디드가 소리쳤다.

"세상에, 팡글로스 선생님! 당신은 이 세상에 이토록 무시무시한 일이 있다는 걸 모르셨습니다. 모든 것이 끝장이에요. 아무래도 전 당신의 낙천주의[98]를 내다 버려야 할 것 같군요."

"낙천주의가 뭔데요?"

카캉보가 물었다.

"아, 그거? 그건 말이야, 순조롭게 돌아가지 않는데도 모든 것이 선이라고 주장하는 미친 열병이야."

캉디드가 그렇게 말하자 카캉보는 흑인노예를 쳐다보면서 눈물을 뚝뚝 흘렸고, 그렇게 울면서 수리남으로 들어갔다.

그들이 맨 처음 물은 것은 부에노스아이레스로 가는 배가 항구에 있는가 하는 것이었다. 그들이 붙잡고 말을 건 것은 마침 스페인 사람 선장이었는데 그는 대뜸 거래를 하자고 나왔다. 선장은 술집에서 두 사람과 만나기로 약속했다. 캉디드와 충실한 카캉보는 2마리 양을 데리고 술집으로 가서 선장을 기

---

97) 스페인과 플랑드르에서 18세기에 통용되던 화폐.
98) 부제인 '낙천주의'란 말은 본문에서 여기서만 등장한다. 이 부분은 초고에는 없다가 뒷날 추가되었다. 이 단어가 처음 프랑스에서 쓰인 것은 〈트레부〉지(1737)라고 한다.

다렸다.

속에 지닌 것을 솔직하게 다 말하는 캉디드는 지금까지 있었던 일을 그 스페인 사람에게 모조리 이야기하면서 퀴네공드 양을 데리고 떠날 생각이라고 털어놓았다.

선장은 말했다.

"당신들을 부에노스아이레스로 데려가는 건 안 되겠습니다. 그렇게 했다간 저는 아마 목이 매달릴 거고, 당신들도 마찬가지예요. 그 아름다운 퀴네공드는 총독 각하가 총애하는 애인이거든요."

캉디드에게 이 말은 마른하늘에 날벼락이었다. 그는 오랫동안 울었다. 한참을 울다가 카캄보를 곁으로 불렀다.

"여봐라, 이제부터 내가 하는 말을 잘 듣거라. 우리는 각자 500~600만의 다이아몬드를 갖고 있다. 너는 나보다 꼼꼼하니까 부에노스아이레스로 가서 퀴네공드 양을 데리고 나와 다오. 만일 총독이 난색을 표하거든 100만을 주어도 좋아. 그런데도 마다하거든 200만을 주는 거야. 너는 종교재판소장을 죽이지 않았으니까 그쪽에선 전혀 의심하지 않을 것이다. 나는 다른 배를 타고 베네치아로 가서 너를 기다리고 있으마. 그곳은 자유로운 나라니까 불가리아인이나 아바르인, 또는 유대인이나 종교재판관에 대해 전혀 걱정할 것 없다."

카캄보는 그 지혜로운 결정에 찬성했다. 그는 이제 허물없는 사이가 된 착한 주인과의 이별을 몹시 아쉬워했지만, 그래도 주인에게 보탬이 된다는 기쁨은 주인과의 이별의 고통을 이기고도 남았다. 그들은 눈물을 흘리며 서로 얼싸안았다. 캉디드는 착한 노파를 절대 잊지 말라고 당부했다. 카캄보는 서둘러 그날 안으로 떠났다. 카캄보라는 이 사내는 아주 착한 사람이었다.

캉디드는 좀 더 수리남에 머물면서 다른 선장이 그를, 아니 그와 아직 남아 있는 양 2마리를 이탈리아로 데려다주기를 기다렸다. 그는 하인 몇 명을 고용하여 긴 여행에 필요한 모든 것을 사들였다. 큰 배의 주인인 판데르덴뒤르 선장이 마침내 그의 앞에 나타났다.

캉디드는 그에게 물었다.

"얼마를 받으시겠습니까? 저와 하인들과 짐, 그리고 거기 있는 2마리 양을 곧장 베네치아로 데려다주셨으면 합니다만."

선장은 1만 피아스터[99]를 요구했다. 캉디드는 전혀 망설이지 않았다.

용의주도한 판데르덴뒤르는 생각했다.

"아니, 세상에. 이 외국인은 1만 피아스터라는 거금을 한꺼번에 지불할 모양이로군! 굉장한 부자가 틀림없어!"

얼마 지난 뒤 선장이 다시 돌아와서는 2만 이하로는 출항할 수 없다고 딱 잘라 말했다.

"알겠소! 내 지불하리다."

캉디드는 말했다.

그 말에 상인은 작은 목소리로 중얼거렸다.

"아이고, 세상에! 이자는 1만도 2만도 거뜬히 낼 수 있는 모양이네?"

그는 다시 오더니 3만 피아스터 이하로는 베네치아로 떠나지 않겠다는 것이었다.

"그럼 3만을 내겠소."

캉디드는 대답했다. 그 말에 네덜란드 상인은 다시 혼잣말을 했다.

"아니, 이놈은 대체 돈을 얼마나 가졌기에 3만 피아스터를 내라는데도 눈 하나 꿈쩍하지 않는 거지? 이 2마리 양에게 어마어마한 재물이 실려 있는 것이 틀림없어. 더 이상 요구하시 말고 일단 3만 피아스터를 받고 나서 나중 일은 차차 생각해 봐야겠는걸."

캉디드는 작은 다이아몬드 2개로 셈을 치렀다. 작은 것이지만 선장이 요구하는 액수 이상의 가치가 있었다. 그는 미리 지불을 끝냈다. 2마리 양은 큰 배에 실렸다. 캉디드는 정박 중인 배에 합류하려고 작은 배로 뒤따랐다. 선장은 때는 지금이라는 듯 닻을 올려 항해를 시작했다. 바람마저 선장을 도왔다. 낭패하여 잔뜩 당황한 캉디드는 순식간에 배를 놓치고 말았다. 캉디드는 외쳤다.

"이를 어쩌면 좋아! 구세계에선 하나도 이상할 게 없는 속임수로구나!"

바닷가로 돌아오긴 했지만 20명의 군주를 부자로 만들기에 충분한 재물을 한순간에 잃어버린 그는 완전히 슬픔에 잠겼다.

---

99) 또는 피아스트르. 스페인의 화폐로 가치는 지역에 따라 제각각이었던 것 같지만, 아메리카 대륙 식민지의 계산단위였다.

그는 그길로 네덜란드인 판사에게 갔다. 어지간히 부아가 치밀었으므로 문을 거칠게 두드렸다. 그는 방으로 들어가서 자기가 겪은 일을 설명하고, 예의에 어긋나게 큰 소리로 자기가 당한 일을 이야기했다. 판사는 우선 큰 소리를 쳐서 시끄럽게 했다는 이유로 그에게 1만 피아스터의 벌금을 매겼다. 이어 판사는 그의 이야기를 끈기 있게 들어주고, 문제의 상인이 돌아오는 대로 그의 사건을 처리하기로 약속하고 얘기를 들어준 값으로 따로 1만 피아스터를 요구했다.

이런 일들은 캉디드를 몹시 절망하게 만들었다. 지금까지 그는 이보다 수천 배나 더 괴로운 일들을 겪어왔지만 판사의 냉정함과 그의 재물을 훔쳐간 선장의 뻔뻔스런 태도에 울화통이 터졌고, 그를 어둡고 우울한 기분에 빠뜨렸다. 인간의 악의가 추악한 얼굴을 드러내고 그의 마음에 나타났다. 그는 그저 어두운 생각에 빠져 있을 뿐이었다.

프랑스 배 한 척이 보르도를 향해 곧 떠나려 했다. 다이아몬드를 실은 양을 다시 배에 태울 필요도 없었던 그는 선실 하나를 적당한 값에 빌린 뒤, 시내에 광고를 냈다. 올곧은 사람으로서 그와 함께 여행을 하고 싶은 사람에겐 뱃삯과 식비를 내주고 2000피아스터를 지불하겠다, 다만 그 사람은 현재 자기 처지에 몹시 신물이 난, 이 지방에서 가장 불행한 사람이어야 한다는 조건을 달았다.

선단을 구성해도 다 수용하지 못할 정도로 지원자가 어마어마하게 몰려들었다. 캉디드는 척 보아 주목할 가치가 있는 자들을 20명 남짓 골라냈다. 그들은 매우 사교적으로 보였을 뿐만 아니라 자기야말로 적임자라고 자신만만하게 주장했다. 캉디드는 그들을 숙소에 모아놓고 저녁식사를 내면서 저마다 솔직하게 자기의 사연을 이야기해 보라고 하였다. 그가 보기에 가장 동정할 가치가 있고, 정당한 자격으로 현재의 처지에 가장 불만을 품고 있는 자를 가려내겠지만, 선발되지 않은 다른 사람들에게도 섭섭지 않게 해주겠다고 약속했다.

선발모임은 새벽 4시까지 계속되었다. 캉디드는 그들이 겪은 놀라운 사건들에 귀를 기울이면서 부에노스아이레스로 가는 여행 도중에 노파가 해준 이야기와, 배에 함께 탔던 승객 중에 심각한 불행을 겪지 않은 사람은 단 한 명도 없다고 하던 노파의 말을 새삼 떠올렸다. 지원자들이 자기의 사연을 이야기할 때마다 그는 팡글로스를 생각했다. 그는 중얼거렸다.

"팡글로스 선생님이 여기 있었더라면 아마도 자기주장을 증명해 보이는 데한참 애를 먹었을 거야. 그가 있었으면 좋았을 텐데. 암만 생각해도 만사가 순조로운 것은 엘도라도뿐, 그곳 이외의 다른 나라에선 순조로운 것하곤 한참거리가 멀군."

마침내 그는 암스테르담의 몇몇 출판을 겸한 서점을 위해 10년 동안 일했다는 어느 가난한 학자를 선택했다. 세상에 그 직업보다 더 혐오할 직업은 없다고 그는 판단했던 것이다.

그 사람은 심성 착한 학자였는데 아내가 돈을 훔쳐가고, 아들에게는 얻어맞았으며, 딸은 아버지인 그를 버리더니 정체를 알 수 없는 포르투갈인에게납치되듯 사라져 버린 상태였다. 그나마 그의 생계를 유지해 주던 보잘것없는 직장마저 얼마 전에 잃은 참이었다. 심지어 수리남의 설교사들은 그를 소치니[100] 교도라며 박해했다. 그 밖의 지원자들이 적어도 그와 비슷한 정도로불행했다는 것은 인정해야 한다. 하지만 캉디드는 이 학자라면 바닷길 여행의따분함을 달래주리라고 믿었다. 다른 경쟁자들은 모두 캉디드가 몹시 불공평한 선발 방법을 썼다고 생각했다. 그러나 캉디드는 그들에게 각각 100피아스터씩 주어 불만을 가라앉혔다.

제20장
바다에서 캉디드와 마르틴에게 일어난 일

그리하여 마르틴이라는 나이 든 학자는 캉디드와 함께 보르도로 가는 배에 올랐다. 둘 다 지금까지 갖가지 일들을 겪어왔고 숱한 시련도 헤쳐왔으므로, 설령 배가 돛을 올리고 수리남에서 일본으로 희망봉을 돌아서 간다 해도그들에게는 도덕상의 악과 자연의 악에[101] 관한 화제에 궁한 경우는 없었을

---

100) 삼위일체설을 부정한 16세기 이탈리아의 종교개혁가 소치니(1539~1604)는 성서의 합리적해석을 주장했다. 볼테르는 소치니의 주장에 줄곧 흥미를 보였었다.

101) "도덕상의 악과 자연의 악"이라는 표현은 이 글에선 후렴처럼 등장한다(10, 13, 20, 22, 29장). 제30장에는 "악의 기원"이라는 표현도 나온다.

게 분명하다.

그러나 캉디드는 마르틴에 비하면 훨씬 복받은 입장에 있었다. 그는 언제나 퀴네공드 양과 다시 만날 수 있다는 희망이 있었지만 마르틴에게는 기대할 것이 아무것도 없었기 때문이다. 게다가 캉디드에겐 금과 다이아몬드가 있었다. 그는 이 세상의 가장 많은 재물을 실은 커다랗고 붉은 양 100마리를 후려낸 네덜란드인 선장의 속임수에 여전히 원한을 품고 있기는 했지만, 그래도 호주머니에 아직 남아 있는 것에 대해 생각하거나, 특히 식사가 끝날 무렵에 퀴네공드 양이 화제에 오르거나 하면 팡글로스의 주장이 썩 마음에 드는 것이었다.

캉디드는 학자에게 말했다.

"하지만 마르틴 씨, 이 모든 일들에 대해 어떻게 생각하십니까? 도덕상의 악과 자연의 악에 대한 당신의 의견은 어떠하신지요."

마르틴은 대답했다.

"신사 양반, 내가 아는 성직자들은 나를 소치니 교도라며 비난하더군요. 하지만 사실 나는 마니교도입니다."

캉디드는 말했다.

"지금 나를 놀리시는 겁니까? 세상에 마니교도라는 게 어디 있답디까?"[102]

"바로 납니다. 어떻게 된 건지는 나도 모르지만 달리 생각할 방도가 없습니다."

"암만해도 당신의 몸뚱이 속에 악마를 지니고 있음이 틀림없어요."

캉디드가 이렇게 말했다. 그러자 마르틴이 말했다.

"악마는 이 세상일에 쓸데없이 참견을 해왔거든요. 때문에 그놈은 다른 모든 곳에 있듯이 나의 몸속에도 물론 있을 수 있습니다. 하지만 솔직히 말해서 이 지구, 아니 오히려 볼품없는 구(球)로 눈을 돌리면 신은 이 구를 어떤 사악

---

102) 예언자 마니(216~277)가 주장한 신앙은 이란제국뿐만 아니라 로마제국에까지 파급되었다. 그 신앙은 절충주의적 이원론에 바탕하고 있다. 신과 악령, 천국과 지옥 등 조로아스터교 성격의 신앙을 받아들이면서도 물질이나 육체에 대한 혐오와 현세 부정은 그리스철학의 영향과 불교의 영향을 느끼게 한다. 하지만 마니교는 16세기에 사라진다. 이 글에서 마르틴은 마니교를 악이 전면적으로 지배하는 것을 인정하는 완전한 염세주의로 이해하고 있다.

한 존재에게 맡긴 것이 아닌가 싶습니다. 물론 엘도라도는 예외입니다만, 내가 지금까지 보건대 모든 도시는 하나같이 이웃 도시의 몰락을 바라며, 이름난 가문들은 서로를 모조리 죽이지 못해 안달이더군요.

곳곳에서 약자는 강자의 눈앞에선 바짝 엎드려 기면서 속으론 증오합니다. 그리고 강자는 약자를 마치 고기와 털을 팔려고 내놓은 가축 떼처럼 다루지요. 연대를 편성한 100만 명의 살인자들이 유럽 전역을 휩쓸며 돈벌이를 하기 위해 합법적으로 살인과 약탈을 저지르고 있습니다. 그보다 나은 직업이 없기 때문이지요. 언뜻 평화를 사랑하는 것처럼 보이고 예술도 화려하게 꽃핀 도시가, 공격과 포위를 당해 재앙을 경험한 도시 사람들보다 훨씬 부러움과 걱정과 불안에 휩싸여 있습니다. 감춰진 비애가 공공연한 비참한 상황보다 훨씬 더 참혹합니다. 요컨대 나는 매우 많은 것을 보고 경험해 왔기 때문에 마니교도가 된 것입니다."

"그래도 좋은 일도 있다니까요."

캉디드가 되풀이했다.

"그럴지도 모르지요. 하지만 나는 그런 경험은 없어요."

마르틴이 말하는 것이었다.

그런 대화가 한창 오갈 때, 한 발의 포 소리가 들렸다. 포 소리는 계속해서 들려왔다. 다들 망원경을 들었는데 3마일쯤 떨어진 곳에서 배 2척이 서로 싸우고 있었다. 두 배는 모두 바람 때문에 프랑스 선박 쪽으로 가까이 온 덕분에 전투를 실컷 즐겨 가며 구경할 수 있었다. 마침내 2척 가운데 하나가 일제사격을 단행하여 적의 배 바닥에 정확히 맞추어 배를 침몰시켰다. 캉디드와 마르틴은 가라앉아 가는 배의 갑판에서 100명쯤 되는 남자들을 분명히 보았다. 그들은 모두 두 손을 높이 들고 몹시 비명을 지르고 있었다. 파도가 눈 깜짝할 사이에 모든 것을 삼켰다.

마르틴이 말했다.

"저런! 쯧쯧. 인간들이 서로 상대방을 어떻게 다루는지 보시는 바와 같습니다."

"분명 이 사건에는 어딘지 모르게 악마적인 것이 개입되어 있습니다."

캉디드가 말했다.

그가 그런 이야기를 하고 있을 때, 색깔도 선명한 어떤 빨간 물체가 배 옆을

스페인 왕위계승전쟁(1701~1714) 페로(F. Perrot) 판화.

헤엄치고 있는 것이 보였다. 그게 뭔지 궁금해서 보트를 보냈더니 그것은 놀랍게도 그의 양 가운데 한 마리였다. 캉디드가 양을 다시 만났을 때의 기쁨은 엘도라도의 큼지막한 다이아몬드를 실은 양 100마리를 몽땅 잃었을 때의 슬픔보다 훨씬 컸다.

프랑스인 선장은 적의 배를 침몰시킨 쪽 배의 선장이 스페인 사람이고, 침몰당한 배의 선장이 네덜란드인 해적임을 마침내 알았다. 그 해적이야말로 캉디드에게 도둑질을 했던 사내였다. 그 극악한 자가 가로챈 막대한 재산은 남자와 함께 바다 밑으로 가라앉고, 양 한 마리만 살아났던 것이다. 캉디드는 마르틴에게 말했다.

"보시다시피 죄도 때로는 벌을 받기도 합니다. 저 네덜란드인 선장은 마땅한 대가를 치른 것입니다."

그러자 마르틴이 말했다.

"맞는 말씀입니다. 하지만 선장의 배에 함께 타고 있던 승객들까지 비명의 죽음을 당해야 했을까요? 신은 저 사기꾼을 벌하고, 악마는 다른 승객들을 빠져 죽게 만들었어요."

그러는 동안에도 프랑스 배와 스페인 배는 항로를 계속 나아갔다. 캉디드는 마르틴과 대화를 이어갔다. 두 사람은 2주일 동안 계속해서 토론을 벌였는데 2주일이 지난 뒤에도 두 사람이 나누는 대화의 진행 정도는 첫날과 다름이 없었다. 그래도 그들은 이야기를 계속하고 의견을 주고받으며 서로를 위로했다. 캉디드는 그의 양을 쉴 새 없이 쓰다듬고 있었다. 그는 말했다.

"널 다시 만났으니 퀴네공드 양과도 반드시 만날 수 있을 거야."

제21장
캉디드와 마르틴이 프랑스 바닷가로 향하면서 나눈 대화

마침내 프랑스 바닷가가 어렴풋이 눈에 들어왔다. 캉디드가 말했다.
"마르틴 씨, 프랑스에 가보신 적이 있습니까?"
그러자 마르틴이 대답했다.
"그럼요, 프랑스의 여러 지방을 두루 돌아다닌 걸요. 주민 대부분의 머리가 이상한 지방이 있는가 하면, 주민이 지나치게 뻔뻔스런 지방도 몇 군데 있었고, 일반적으로 성격이 온순하고 우둔한 사람들이 사는 지방, 꽤나 세련된 것처럼 행동하는 사람들이 사는 지방도 있었지요. 그런데 어느 곳이든 가장 큰 관심사는 연애고, 두 번째는 남의 험담, 세 번째론 하찮은 이야기를 하는 것이더군요."

"그럼 마르틴 씨, 파리도 구경하셨나요?"[103]

"예, 파리도 보았어요. 방금 말했던 고장과 비슷하더군요. 그곳은 그야말로 복잡하고 혼돈스러웠는데 그 안에서 다들 쾌락을 추구하고 있기는 합디다만 적어도 내가 보기에 어느 한 사람도 쾌락을 얻은 자는 없었어요. 나는 그 도시에는 아주 잠깐 머물렀을 뿐인데 도착하자마자 생제르맹[104]에서 소매치기를 당했습니다. 게다가 나한테 도둑 누명까지 씌우고는 일주일 동안이나 감옥에 처넣더라니까요. 그 뒤엔 걸어서 네덜란드로 돌아갈 노자를 마련하기 위해 인쇄소에서 교정을 보는 자리를 얻었습니다. 거기서 풋내기 작가와 음모를 꾀하는 돌팔이 성직자, 그리고 무서워 벌벌 떠는 비겁한 자들[105]과 알고 지내게 되었어요. 그 도시엔 꽤나 교양 있는 사람들이 있다는 소문이지만 그렇게 믿고 싶을 따름이지요."

"나는 프랑스에 가보고 싶은 생각은 전혀 없어요. 어렵지 않게 짐작하시겠지만, 엘도라도에서 한 달을 지냈더니 이 세상에 퀴네공드 양 이외에 뭔가를 보고 싶다는 생각은 싹 사라졌어요. 나는 베네치아에서 그녀를 기다리기로 했답니다. 프랑스를 가로질러 이탈리아로 갈 생각이에요. 함께 가시겠습니까?"

마르틴은 대답했다.

"기꺼이 가겠습니다. 소문으로는 베네치아는 베네치아 귀족한테만 살기 좋은 곳이라던데, 그래도 돈 많은 외국인은 몹시 환대한다고 하더군요. 나는 빈털터리지만 당신은 부자입니다. 어디든 따라가겠습니다."

---

103) 볼테르는 파리 토박이였는데 국왕과의 불화로 1750년대부터 어쩔 수 없이 수도로부터 멀리 떨어져 살다가 1778년에 마침내 파리로 돌아와 그해에 세상을 떠났다.

104) 중세 때 시작되는 생제르맹은 파리에서도 가장 유명한 곳으로 해마다 2월 3일부터 부활절 일요일까지 봄에 개최되는 연극이나 다양한 공연으로 북적거렸다.

105) 볼테르는 여기서도 싸구려 시사평론가와 풋내기 작가, 성직자를 비웃음의 대상으로 삼고, 나아가 장세니스트들을 풍자하고 있다.

"그건 그렇고, 선장이 갖고 있는 그 두꺼운 책[106]에 분명히 씌어 있다시피 지구는 본디 바다였다고 생각하십니까?"

"그걸 어떻게 믿습니까? 게다가 요즘 아무렇게나 써대는 그런 망상들 역시 믿을 수 없어요."

"그렇다면 이 세상은 대체 무슨 목적으로 만들어진 걸까요?"

캉디드가 물었다.

"우리의 속을 부글부글 끓게 만들기 위해서지요."

마르틴이 대답했다. 그러자 캉디드가 말을 이었다.

"오레용족 나라에서 만났던 두 처녀가 원숭이들한테 보였던 애정 말입니다만, 그 사건 얘길 한 적이 있지요? 그 얘길 듣고 놀라지 않으셨어요?"

"전혀 놀랍지 않습니다. 그런 감정이 뭐가 신기하다는 건지 나로선 알 수가 없군요. 지금까지 기묘한 것들을 꽤 보아왔기 때문에 그 정도는 아무렇지도 않습니다."

그러자 캉디드는 말했다.

"그럼 당신은 인간은 지금 현재 그러하듯 끊임없이 서로를 죽여 왔다고 생각하십니까? 인간은 언제나 거짓말을 하고, 속이 시커멓고, 남을 배신하고 은혜를 모르며, 악당에 심술궂고 변덕쟁이에 비겁하고, 질투심 강한 먹보에 주정뱅이이고, 노랑이, 야심가, 피를 보기를 좋아하고 밑도 끝도 없는 중상모략을 일삼으며 방탕자에 광신적이고, 위선자요 얼간이라고 생각하시나요?"

"그럼 당신은 지금까지 독수리가 비둘기를 보기만 하면 늘 잡아먹었다고 생각합니까?"

"그럼요, 물론이죠."

캉디드가 말했다.

"그럼 지금까지 독수리는 전혀 성질을 바꾸지 않았는데, 인간은 왜 그 성질을 바꾸었다고 믿고 싶어 하시는지요."

"아니, 그게 아니라 인간과 독수리가 어떻게 같을 수가 있습니까? 그건 뭐냐

---

106) 반 덴 회벨에 따르면 뷔퐁의 《지구의 이론》(1749), 프리시의 《자연의 정경》(1732~50), 법원장 브로스의 《항해의 역사》(1756)를 암시한다고 한다. 이런 책들은 모두 지구의 전체 표면이 바다로 뒤덮여 있었다고 주장했다.

생메다르(Saint Médard) **묘지에서 경련을 일으킨 사람들**(장세니슴의 광신자 생메다르의 묘지에 안치된 부제(副祭) 파리스의 무덤 앞에서 경련을 일으킨 광신도들에게서 비롯됨) 익명의 판화.

면 자유의지가……."[107]

이런 대화를 나누는 사이에 두 사람은 보르도에 도착했다.

제22장
프랑스에서 캉디드와 마르틴이 겪은 일

캉디드는 보르도에 아주 잠깐 머물렀을 뿐이다. 엘도라도에서 가져온 작은 돌멩이를 몇 개 팔아서 빠르게 달리는 2인승 전세마차를 타기로 하고 그것을 마련하는 데 필요한 시간만큼만 머물렀다. 그는 이제 2인승 마차를 구하는 데에도 철학자 마르틴 없이는 불가능했기 때문이다. 다만 정든 양과 헤어지는 것이 몹시 안타까웠지만 양은 보르도의 과학아카데미에 맡겼다. 그러자 아카데미는 이 양의 털이 왜 붉은지에 대한 설명을 그해의 현상논문의 주제로 삼았다. 그리고 상금은 북쪽 나라의 학자[108]에게 수여되었다. 그 학자는 A 더하기 B, 빼기 C, 나누기 Z라는 공식으로 그 양이 빨개야만 한다는 것, 또 천연두로 죽도록 정해져 있다고 증명했다.

그러나 캉디드가 도중의 여관에서 마주친 여행객들은 하나같이 "파리로 갑니다"라고 말하는 것이었다. 다들 보여주는 그 열의에 동요되어 결국 그도 그 도시에 가보고 싶은 생각이 들었다. 그래서 베네치아로 가는 길을 멀리 돌아서 가게 되었다.

그는 포부르 생마르소[109]를 지나 수도로 들어갔는데 베스트팔렌 지방의 가장 지저분한 마을 같다는 느낌이 들었다.

캉디드는 여관에 도착하자마자 피로에서 오는 가벼운 병에 걸렸다. 손에는

---

107) 개인이 자유롭게 행동을 결정할 수 있다는 것. 자유의지를 둘러싼 논의는 인간의 자유와 은총과 신의 의지의 관계를 고찰해야만 하는 18세기에도 어려운 문제로 여겨졌다.

108) 르네 포모에 따르면 볼테르가 입회했던 보르도 아카데미는 보통 자연과학상의 주제에 대해 현상논문을 모집했다. 대개 '북쪽 나라의 학자'가 수상했다. 1758년의 수상자는 독일 괴팅겐의 자코비라는 식물학자였다고 한다. 한편 프로이센에 머무르던 볼테르와 프리드리히 2세의 불화의 씨앗을 만들었던 모페르튀는 《우주론》(1751)에서 신의 창조의 법칙을 'Z=B×C÷(A+B)'라는 수학공식으로 요약했다.

109) 파리 남부의 포부르 생마르소는 그즈음 아주 가난한 지역이었다.

커다란 다이아몬드반지를 끼고 있는 데다가 꽤나 묵직한 보석상자가 짐에 들어 있는 것을 들켰으므로 어느새 그의 곁에는 부른 적도 없는 의사 2명과, 곁을 떠나지 않는 친한 친구, 수프를 데워주는 신앙가인 척하는 부인 2명이 따라붙었다. 마르틴은 말했다.

"나도 처음 여행할 때 역시 파리에서 병이 났던 일이 기억나는군요. 나는 몹시 가난했어요. 그래서 친구도 신앙가 부인들도, 의사도 없었습니다만 병은 낫더라고요."

그러나 너무 많은 약을 먹고 나쁜 피를 많이 뽑아냈기 때문인지 캉디드의 병은 더욱 심해졌다. 그 존경하는 주교대행이 찾아와서 저세상을 위하여 지참해야 하는 지불수표[110] 한 장을 끊어달라고 고양이 같은 목소리로 말했다. 캉디드는 그럴 마음은 전혀 없었다. 신앙가인 체하는 부인들은 그것이 요즘 유행이라고 부추겼다. 캉디드는 자신은 유행을 따르는 사람이 아니라고 대답했다. 마르틴은 주교대행을 창밖으로 내던지려 했다. 성직자는 캉디드가 죽어도 절대 묻어주지 않겠다고 을러댔다. 마르틴은 계속 이렇게 귀찮게 굴면 성직자를 묻어버리겠다고 말했다. 말다툼은 열기를 띠어갔다. 마르틴은 성직자의 어깨를 잡고 거칠게 쫓아냈다. 그것이 큰 소동을 빚어 결국에는 경찰이 조서까지 작성했다.

캉디드의 병은 나았다. 회복기 동안 그는 저녁식사 자리에 매우 사교적인 사람들을 불렀다. 큰 도박판이 벌어졌다. 캉디드는 에이스 카드가 단 한 번도 자신에게 오지 않는 것에 놀랐지만 마르틴은 전혀 놀라지 않았다.

그를 시내로 안내해 준 사람들 중에 페리고르 지방 출신의 몸집이 작은 신부가 있었다. 열정적이고 늘 배려하며, 친절하고 푸근한 데다 말을 잘하고, 붙임성이 있어서 낯선 사람들이 지나가면 잘 살폈다가 눈살을 찌푸릴 만한 소문을 떠들고, 그들에게 쾌락을 꼭 제공하겠다는 사람 가운데 하나였다. 그 신부는 캉디드와 마르틴을 먼저 극장으로 안내했다. 그곳엔 신작 비극이 상연되고

---

110) 보통은 상거래에서 쓰이는 표현을 써서 고해증명서를 비꼬고 있다. 1750년에서 60년에 걸쳐, 장세니슴(얀선주의)을 신봉한다는 의심을 받던 사람이 죽었을 경우 그리스도교식으로 묻히려면 고해증명서를 사야 했다. 1750년 파리의 대주교는, 죽은 사람이 장세니스트가 아님을 신부가 직접 확인한 뒤 고해증명서에 서명을 하도록 지시했다.

있었다. 캉디드는 몇몇 고상해 뵈는 사람들의 옆자리에 앉았다. 그는 완벽한 연기를 하는 장면에선 눈물을 흘리지 않을 수 없었다. 곁에 있던 억지를 부리는 자 하나가 막간에 그에게 말했다.

"눈물을 흘리다니 말이 됩니까? 저 여배우란 진짜 말도 안 돼요. 함께 연기하는 남자배우는 연기가 서툴기론 한 수 위입니다. 대본은 배우들보다 훨씬 더 나빠요. 작가는 아라비아어를 한마디도 모르는 주제에 무대가 아라비아라는 게 말이나 됩니까? 게다가 하인은 생득관념[111]을 전혀 믿지 않는 사람이에요. 내일 저 작가를 비판한 팸플릿 20부를 보내드리지요."

그러자 캉디드가 신부에게 말했다.

"프랑스에는 희곡이 어느 정도나 있습니까?"

신부는 대답했다.

"오천 내지 육천 편쯤 될 겁니다."

"그것참 대단하군요. 그중에 쓸 만한 것은 어느 정도나 됩니까?"

"열대여섯 남짓입니다."

그는 선뜻 대답했다.

"굉장합니다."

마르틴이 말했다.

캉디드는 어느 여배우가 몹시 마음에 들었다. 그 여배우는 어찌다 상연되는 꽤 평범한 비극작품[112]에 등장하는 엘리자베스 여왕을 연기하고 있었다. 캉디드는 마르틴에게 말했다.

"저 여배우가 아주 마음에 듭니다. 어딘지 모르게 퀴네공드 양과 닮았어요. 그녀에게 인사 좀 하고 싶은데."

페리고르 지방 출신 신부는 그를 그 여배우에게 안내하겠다고 나섰다. 독일에서 자란 캉디드는 어떻게 행동해야 하는지, 프랑스에선 영국의 여왕들을 어떻게 예우하는지 물었다. 그랬더니 신부는 말했다.

---

111) 데카르트에게서 볼 수 있는 개념으로 지각에 의한 모든 경험에 앞서는 관념을 말한다. 로크는 《인간지성론》에서 이 이론을 비판하여 18세기 프랑스 계몽사상가들 사이에 많은 신봉자를 낳는다. 볼테르는 그 대표적인 인물이다.
112) 토마 코르네유 작 《에섹스 백작》(1678)을 가리키는 것 같다.

Martin voulut jeter l'habitué par les fenêtres.

장 미셸 모로 2세 그림

"사물의 변별이 필요합니다. 지방에선 영국 여왕 역은 술집으로 안내되지요. 파리에선 여왕 역을 맡은 여자들이 예쁘면 존경받습니다. 그리고 죽으면 쓰레기장에 휙 내다 버리지요."

"여왕들을 쓰레기장에 내다 버린다고요!"

캉디드는 말했다. 이어 마르틴이 이렇게 말했다.

"예, 그렇습니다. 신부님 말씀이 맞아요. 내가 파리에 있던 당시에 모님 양[113]이 시쳇말로 이 세상에서 저세상으로 건너갔습니다. 그 신앙심 독실한 사람들의 이른바 '매장의 영예', 곧 지저분한 공동묘지에서 그 존경스런 모든 칠뜨기들과 함께 썩어가는 것은 그녀에겐 거부되었어요. 그녀는 부르고뉴 거리의 한쪽 구석에 외따로 묻혔어요. 그녀는 괴로웠을 게 틀림없습니다. 귀족처럼 자부심이 대단한 사람이었거든요."

"저런, 쯧쯧."

캉디드는 말했다.

그러자 마르틴도 말했다.

"어쩔 수 없는 일 아닙니까? 프랑스인들은 바로 그런 사람들이에요. 세상의 온갖 모순, 모든 부조화를 상상해 보십시오. 그것이 이 웃기는 국민의 통치에, 재판에, 교회에, 연극에 가득 차 있음을 아시게 될 겁니다."

"파리 사람들은 정말로 항상 웃고 다니나요?"

캉디드가 말했다.

신부가 대답했다.

"맞습니다, 늘 웃고 다니지요. 하지만 웃으면서도 불안해하지요. 왜냐하면 껄껄대고 큰 소리로 웃으면서 모든 일에 불평을 하거든요. 아무리 고약한 행동도 웃으면서 한답니다."

"내가 눈물을 펑펑 쏟던 각본이나 나를 아주 즐겁게 해준 배우에 대해 그토

---

113) 반 덴 회벨에 따르면 라신 작 《미트리다트》(1673)의 모님 역으로 데뷔한 볼테르의 친구 아드리엔 르쿠브뢰르(1692~1730)를 말한다. 생쉴피스 교회의 주교는 이 여배우의 매장을 거부하여 그녀의 시신은 황무지에 묻혔다. 당시 코메디 프랑세즈의 배우는 교회로부터 파문당했었다. 볼테르는 《아드리엔 르쿠브뢰르의 죽음에 관한 오드》(1730) 등에서 이 여배우의 비참한 처지에 분노를 나타냈다.

록 나쁘게 이야기하던 그 못마땅한 뚱보는 대체 뭡니까?"[114]

신부가 다음과 같이 대답했다.

"그건 바로 살아 있는 악입니다. 그는 모든 희곡, 모든 책들을 혹평하여 먹고 사는 것이지요. 마치 내시가 바람둥이를 증오하듯이 성공한 자라면 너나 할 것 없이 다들 미워해요. 문학에 둥지를 틀고 오물과 독을 일상적으로 먹는 독사처럼 속이 시커먼 자입니다. 그건 서푼짜리 비평가지요."

"서푼짜리 비평가라니 그게 뭡니까?"

캉디드가 물었다.

신부는 말했다.

"그것은 말하자면 보잘것없는 글을 써대는 자, 예를 들면 프레롱 같은 놈입니다."

캉디드와 마르틴과 페리고르인은 연극이 끝나 관객이 속속 극장을 나서는 것을 보면서 계단에서 이야기를 나누었다.

캉디드는 말했다.

"퀴네공드 양을 다시 만나고 싶은 마음 굴뚝같지만 클레롱 양[115]과 저녁을 함께 먹고 싶군요. 그녀가 아주 멋져 보여서요."

신부는 클레롱 양에게 다가갈 만한 인물은 못 되었다. 그녀는 훌륭한 환경에서 자란 사람하고만 만났기 때문이다. 신부가 말했다.

"그녀는 오늘 저녁에 약속이 있어요. 하지만 그 귀부인에게 안내하겠습니다. 그 자리에 있으면 당신은 4년을 머문 것만큼이나 파리에 대해 잘 아시게 될 겁니다."

캉디드는 천성적으로 호기심이 강했으므로 그가 권하는 대로 포부르 생 토노레 거리 깊숙한 곳에 있는 그 부인의 집으로 안내를 받아서 갔다. 그곳은 다들 카드를 사용한 파로[116]라는 도박에 빠져 정신이 없었다. 뚱한 표정의 '아

---

114) 반 덴 회벨에 따르면 각본은 볼테르의 《탕크레드》(1760)를 말한다. 당시의 비평계에 영향력을 갖고 있던 프레롱은 볼테르의 비극작품을 혹평했다.

115) 클레롱 양(1723~1803)은 볼테르의 몇몇 비극에서 주연을 맡았던 여배우. 그녀는 교회가 코미디 프랑세즈의 배우를 파문하는 조치에 격렬히 항의했다. 1760년에 볼테르의 비극 《탕크레드》에 출연하여 성공을 거둔다.

116) 노름판 주인을 상대로 하는 트럼프 도박. 파라오(파라옹)라고도 한다.

이들' 12명이 돈을 걸 때마다 카드의 모서리를 접은, 패배한 기록이 되는 카드 몇 장을 저마다 들고 있었다. 깊은 침묵이 짓누르고 있었다. '아이들'의 얼굴은 헬쑥했고, 부모의 얼굴에는 불안이 감돌았으며, 집주인인 귀부인은 비정한 부모들 곁에 앉아서 노름꾼이 카드의 모퉁이를 접고 2배 걸겠다, 7배 걸겠다고 할 때마다 고양이 같은 날카로운 눈길로 주시하고 있었다. 그녀는 단 한 장도 놓치지 않으려는, 엄중하면서도 예의를 잃지 않은 태도로 눈을 빛내며 카드의 모퉁이를 고쳐 접는 것이었다. 그러면서 단골고객을 잃을까 염려하여 결코 화를 내지는 않았다. 그 귀부인은 자신을 파로리냐크 후작부인이라고 부르게 했다. 15살 난 그녀의 딸은 '아이들' 중에 끼어 있었는데 나쁜 패를 보충하려는 비열한 수법을 눈치채면 눈짓을 하여 알리곤 했다. 페리고르 출신 신부와 캉디드와 마르틴이 방으로 들어와도 아무도 일어나지 않았고, 인사하는 사람도 그들에게 눈길을 주는 사람조차 없었다. 다들 카드에 완전히 정신을 빼앗기고 있었다.

"툰더 텐 트롱크 남작의 부인은 훨씬 예의를 차릴 줄 알았는데."

캉디드는 말했다.

그러자 신부가 후작부인에게 다가가 귓속말을 했다. 그녀는 몸을 반쯤 일으켜 캉디드에게 우아한 미소를 짓고, 미르틴에게 아주 고상한 표정으로 인사했다. 부인은 캉디드에게 자리를 만들어 주고 카드를 나눠주었는데, 캉디드는 두 번의 승부에서 5만 프랑이나 잃었다. 그 뒤 다 함께 즐겁게 저녁을 먹었다. 사람들은 캉디드가 큰돈을 잃고도 태연한 것에 놀라고 있었다. 하인들은 자기들끼리 수군거리며 이런 의미의 말을 했다.

"저 사람은 영국 귀족임에 틀림없어."

만찬은 파리의 보통 만찬과 별반 다르지 않았다. 처음엔 침묵, 그 뒤론 알아들을 수 없을 정도로 떠들썩하고, 그다음은 대부분 무미건조한 음주, 알아듣지 못할 헛소문, 앞뒤가 맞지 않는 억지들, 사소한 정치 이야기, 그리고 남의 험담을 잔뜩 늘어놓는 식이었다. 신간서적도 이야깃거리가 되었다.

"고샤라고 하는 신학박사[117]의 소설을 읽은 적이 있으십니까?"

---

117) 신학박사이며 백과전서파와 볼테르의 논적으로 《비판적 서간집 또는 근대 반종교적 저작에 대한 반박》을 쓴 가브리엘 고샤(1709~1774)를 가리킨다.

페리고르 지방 출신 신부가 말했다. 그러자 참석자 가운데 한 사람이 말했다.

"그럼요. 하지만 끝까지 다 읽진 못했어요. 양식에 바탕한 저술은 엄청나게 많지만 그걸 다 합쳐도 신학박사 고샤의 양식 없음엔 한참 미치지 못하지요. 세간에 수없이 흘러넘치는 참을 수 없는 책은 이제 지긋지긋해서 나는 파라오 놀이를 시작했다니까요."

"그렇다면 T 부주교[118]의 《논집》은 어땠던가요?"

파로리냐크 부인이 거들었다.

"아, 그거요! 따분하기 짝이 없었죠! 그분은 누구나 아는 것에 대해 뭘 그렇게 진지하게 늘어놓던지요! 전혀 주의를 기울일 만한 것이 못 되는데도 너무 어색하게 다른 주장을 하더라니까요. 남의 지혜를 가로채고 있다는 것 자체가 지혜가 없음을 뚜렷이 보여주는 것 아닌가요? 게다가 표절한 것을 아주 망쳐놓기까지 하더군! 그 사람이라면 질색이에요. 아마 앞으로 나를 그보다 더 질색하게 만들 책은 없을 걸요. 부주교가 쓴 책이라면 단 몇 페이지만 읽어도 충분하답니다."

좌석에는 상식이 풍부하고 취미가 고상한 인물이 있어 후작부인의 말을 지지했다. 그다음은 비극작품이 화제에 올랐다. 때로는 상연되는 적도 있는 작품인데 책으로 읽으면 말도 되지 않는 비극이 있는 이유는 뭐냐고 부인이 물었다. 취미가 고상한 인물은 관심을 불러일으키는 작품이 거의 아무런 가치도 없는 경우가 어떻게 있을 수 있는지를 아주 그럴듯하게 설명했다. 그는 모든 소설에서 찾아낼 수 있고, 연극 관객을 반드시 매료할 만한 상황을 하나둘 집어넣는 것만으론 부족하며, 참신하면서도 기이하지 않으며, 가끔 숭고하고, 그러면서도 늘 자연스러워야 하며, 사람의 마음을 어루만지고 그 마음에 말을 걸어야 하고, 모든 작중인물이 결코 시인처럼 보이지는 않지만, 그러면서도 작자는 위대한 시인이어야 하며, 언어를 완벽하게 알아서 그것을 순수함과 한없는 조화를 유지하면서 자국어를 쓰고, 절대로 문장의 의미를 희생해가면서 운율을 따라선 안 된다는 요지의 말을 몇 개 되지 않는 단어로 증명해 보였다.

---

118) 백과전서파와 볼테르의 논적으로 《문학과 도덕에 관한 시론》의 저자 트뤼블레(1677~1770)를 말한다.

그는 또 덧붙였다.

"이런 모든 규칙을 지키지 않는 사람은 누구든지 극장에서 박수를 받는 비극 한두 편을 쓸 수는 있겠지만 훌륭한 작가의 반열엔 결코 오르지 못할 겁니다. 무엇보다, 뛰어난 비극작품이란 게 별로 없어요. 작품성이 있고 운율을 훌륭하게 따른 대화체 전원연애시가 있는가 하면, 졸음이 쏟아지는 정치에 관한 이야기, 또는 정나미가 떨어지게 만드는 과장도 있어요. 그 밖에도 거친 문체로 쓰인 신적 망상이라든지 띄엄띄엄 두서없는 말, 인간에게 말을 걸 방법을 몰라 장황하게 이어지기만 하는 신들에 대한 호소라든가 잘못된 격언, 거창하게 이어지기만 하는 흔해 빠진 문구가 있습니다."[119]

캉디드는 이 이야기를 주의 깊게 듣고, 이 연설꾼을 아주 높이 샀다. 마침 후작부인이 배려하여 자기 옆자리를 내주었으므로, 그는 말을 썩 잘하는 저 인물은 누구인지 부인에게 귓속말로 물어보았다. 그러자 부인이 말했다.

"저분은 학자예요. 도박은 하지 않지만 신부님이 이따금 만찬석상에 데리고 오곤 하죠. 비극작품과 책에 대해선 아주 통달하신 분이랍니다. 비극을 한 편 쓰시긴 했지만 야유당했고, 책도 한 권 쓰시기는 했는데 나한테 헌정해주신 한 권 말고는 판권을 가진 직영점 외의 다른 곳에선 본 적이 단 한 번도 없어요."

캉디드는 말했다.

"위대한 분이로군요! 또 다른 팡글로스 선생님이 오신 겁니다."

그는 그 사람에게 말했다.

"선생, 당신은 자연계나 도덕계에서 모든 것은 최선의 상태이며, 그것 이외의 방법 말고는 어느 것도 있을 수 없다고 생각하시겠군요."

"글쎄요, 다른 사람은 어떨지 모르지만 나는 그런 것에 대해선 전혀 생각해보지 않았습니다. 내 생각에 이 나라에선 제대로 되는 것이 하나도 없고, 자기 지위가 무엇인지, 자기 직무가 무엇인지, 자기가 뭘 하고 있는 건지, 또 무엇을 해야 하는지를 아무도 몰라요. 꽤나 명랑하고 화기애애하게 보이는 만찬자리를 빼면 그것 이외의 모든 시간은 따분한 싸움을 하며 보냅니다. 몰리니

___
119) 이 구절은 《탕크레드》 상연 때의 비평에 대한 회답으로 여겨진다.

스트[120]에게 적대하는 장세니스트, 성직자에게 적대하는 고등법원 판사, 문인에게 적대하는 문인, 궁정인에게 적대하는 궁정인, 민중에게 적대하는 은행가, 남편에게 적대하는 아내, 친척에게 적대하는 친척처럼 끝도 없는 전쟁입니다."

캉디드는 그 말에 이의를 제기했다.

"나는 그보다 훨씬 나쁜 것들을 보아왔습니다. 하지만 어느 현자가 그 모든 것들은 훌륭하며, 한 폭의 아름다운 그림의 음영이라고[121] 가르쳐 주셨습니다. 그 현자는 불행히도 목이 매달리긴 하셨지만 말입니다."

그 말에 마르틴이 말했다.

"목이 매달린 그 현자는 사람들을 속인 겁니다. 당신이 말하는 그 음영은 끔찍한 얼룩이에요."

"그 얼룩을 만드는 건 인간이니까요. 그리고 인간은 그 얼룩 없이는 살아가지 못해요."

캉디드는 말했다.

"그럼 인간의 잘못이 아니로군요."

마르틴이 말했다. 도박을 벌이던 사람들 대부분은 이런 대화를 제대로 이해하지 못해 술만 마시고 있었다. 그래서 마르틴은 학자를 상대로 토론하고, 캉디드는 집주인인 귀부인에게 그가 겪었던 일들의 일부를 이야기했다.

만찬이 끝난 뒤, 후작부인은 캉디드를 자기 방으로 안내하고 긴 소파에 앉게 했다. 그녀는 말했다.

"그럼 당신은 여전히 퀴네공드 드 툰더 텐 트롱크 양을 미치도록 사랑하고 계시는 거로군요."

"그렇습니다, 부인."

캉디드는 대답했다. 후작부인은 상냥한 미소를 지으면서 그에게 말했다.

"몹시 베스트팔렌 지방 청년다운 대답이로군요. 프랑스 젊은이라면 '제가 퀴네공드 양을 사랑했던 것은 분명하지만, 부인, 당신을 만난 뒤론 그녀를 더는

---

120) 16세기 스페인의 예수회 수사 몰리나(1535~1600)를 신봉하는 사람. 몰리나는 영혼구원에 정설과 자유의지는 양립할 수 있다고 주장했다.
121) 반 덴 회벨에 따르면 라이프니츠는 악이 선을 두드러지게 한다고 주장하고, 《변신론(辯神論)》(1710)에서 "음영은 색채를 도드라지게 한다"고 쓰고 있다.

사랑할 수 없을 것 같아 불안하군요'라고 말했을 텐데요."

캉디드가 말했다.

"오! 부인. 뭐든 원하시는 대로 대답해 드리지요."

"그녀에 대한 당신의 사랑은 그녀의 손수건을 줍던 순간에 시작된 거로군요? 나는 당신이 그 스타킹 끈을 좀 주워주셨으면 하는데요."

"기꺼이 주워드리지요."

캉디드는 말하고 스타킹 끈을 주웠다.

"그럼 그걸 좀 매어주시겠어요?"

부인이 말했다. 그래서 캉디드는 스타킹 끈을 매어주었다.

"아시죠? 당신은 외국인이에요. 나는 파리의 연인이라면 때론 2주일이나 애를 먹일 때가 있답니다. 하지만 당신한텐 이렇게 만난 첫날부터 항복하기로 하겠어요. 베스트팔렌 청년한테 이 나라를 안내해야 하니까요."

아름다운 부인은 이국의 젊은이가 두 손에 큼직한 다이아몬드를 2개나 끼고 있는 것을 보고 아주 솔직하게 그것을 칭찬했다. 그리하여 다이아몬드는 캉디드의 손가락에서 후작부인의 손가락으로 옮겨갔다.

캉디드는 페리고르 출신 신부와 거처로 돌아오는 길에 퀴네공드 양을 잠시나마 배신한 것을 약산 후회했다. 신부는 아주 씁쓸한 기분이었다. 캉디드를 데려와 도박에서 5만 리브르를 잃게 하고 다이아몬드를 1개는 자의로, 나머지 1개는 거의 빼앗다시피 넘겨주게끔 했건만 후작부인이 그에게 떼어준 몫은 아주 조금뿐이었던 것이다. 그의 머릿속은 온통 어떻게 하면 캉디드에게서 돈을 뜯어낼 수 있을까 하는 생각뿐이었다. 신부는 그에게 퀴네공드를 열심히 화제로 올렸다. 그러자 캉디드는 베네치아에서 아름다운 그녀를 만나면 자신이 저지른 부정에 대해 용서를 빌 생각이라고 말했다.

페리고르 신부는 캉디드에게 더욱 각별한 예의와 배려를 보이면서, 그가 하는 모든 말과, 그가 하는 모든 일과 그가 하고자 하는 모든 것에 자상한 관심을 보였다. 신부가 캉디드에게 물었다.

"그럼 당신은 그녀를 베네치아에서 만날 약속을 하신 건가요?"

"그렇습니다, 신부님. 퀴네공드 양을 만나러 꼭 가야 합니다."

캉디드는 사랑하는 여인에 대한 이야기를 하는 기쁨에 들떠서, 세상에 알려진 베스트팔렌의 귀한 집 딸의 연애담 일부를 언제나처럼 그에게 들려주었다.

신부는 말했다.

"내 생각에 퀴네공드 양은 몹시 지혜로우며 편지를 썩 잘 쓰는 분인 것 같군요."

"편지는 한 번도 받아본 적이 없어요. 왜냐하면 생각해 보십시오. 나는 그녀를 사랑했다는 이유로 성에서 쫓겨나는 바람에 편지를 쓸 생각은 해보지도 못했거니와, 그 뒤 곧바로 그녀가 죽었다는 이야기를 들었고, 이어 그녀를 다시 만났다가는 헤어진 뒤로 여기서 9500킬로미터나 떨어진 곳에 특사를 보내 놓고 결과를 기다리는 중이거든요."

신부는 여기서 귀를 쫑긋하고 무언가를 골똘히 생각했다. 이어 그는 두 외국인을 정답게 포옹한 뒤, 작별인사를 했다. 이튿날 캉디드는 일어나자 다음과 같은 편지 2통을 받았다.

세상에서 가장 가여우신 분, 이 고장에서 제가 병석에 누운 지 일주일이 됩니다. 들리는 바로는 당신은 이 도시에 계시다고 하므로 몸을 움직일 수 있다면 이 두 팔로 날아가고 싶습니다. 당신이 보르도에 들렀던 것은 알고 있습니다. 그 도시에는 충실한 카캄보와 노파를 남기고 왔습니다. 두 사람은 이제 곧 제 뒤를 따라올 것입니다. 부에노스아이레스 총독은 저에게서 모든 것을 빼앗아갔지만, 그래도 저에겐 당신의 마음이 남아 있습니다. 제발 와주세요. 당신을 만나면 저는 다시 살아날 거예요. 아니, 너무나 기쁜 나머지 어쩌면 저세상으로 가버릴지도 모릅니다.

이 매력적인 편지, 전혀 예기치 않던 편지는 말로 할 수 없는 기쁨으로 캉디드를 신나게 했다. 그러나 그리운 퀴네공드가 아프다는 소식이 그를 깊은 슬픔에 잠기게 했다. 그런 두 감정 사이에서 몹시 마음이 어수선했던 그는 금과 다이아몬드를 들고 퀴네공드 양이 머무는 여관으로 마르틴과 함께 찾아갔다. 그는 한껏 들떠 몸을 떨면서 방 안으로 들어갔다. 가슴이 어찌나 두근거리던지 말을 하려 하자 딸꾹질 같은 소리가 났다. 그는 침대의 커튼을 젖히라고 하고,

등불을 가져오라고 했다. 그러자 하녀가 말했다.

"안 돼요. 불빛을 보시면 돌아가실 거예요."

그렇게 말하더니 하녀는 얼른 커튼을 닫아버렸다.

"사랑하는 퀴네공드, 좀 어떠한지요? 나를 볼 수가 없다면 하다못해 말이라도 해봐요."

캉디드는 울면서 말했다.

"말씀을 하시지 못해요."

하녀가 말했다. 그러자 부인이 침대에서 불쑥 손을 내밀었다. 캉디드는 그 손을 오랫동안 붙잡고 눈물범벅으로 만들고, 이어 다이아몬드를 손에 가득 쥐여주고, 팔걸이의자 위에 금이 가득 든 자루를 놓아두었다.

그가 한창 흥분에 들떠 있을 때, 기마경찰대 대장이 페리고르 출신 신부와 일개 분대를 거느리고 찾아왔다. 대장은 말했다.

"그럼 이 사람들이 그 수상한 외국인이란 말이죠?"

그는 즉각 두 사람을 체포하여 감옥으로 끌고 가도록 부하들에게 명령했다.

"엘도라도에선 여행객을 이렇게 다루지는 않습니다만."

캉디드는 말했다.

"나는 지금까지보다 더한 마니교도가 되었어요."

마르틴이 말했다.

"여보시오, 우리를 어디로 데려가려는 겁니까?"

캉디드가 물었다.

"지하감옥이다."

대장이 대답했다.

평정을 되찾은 마르틴은 퀴네공드인 척하던 부인이 여자 사기꾼이고, 페리고르 출신 신부는 되도록 이른 기회에 캉디드의 순수함을 이용하여 사기를 쳤으며, 거기에 대장도 사기에 가담하기는 했지만 이 사람은 쉽게 떨쳐낼 수 있으리라고 판단했다.

캉디드는 그의 조언으로 궁금증이 풀린 데다 한시라도 빨리 진짜 퀴네공드를 만나고 싶었으므로, 성가신 재판에 걸려 신변이 위험해지는 일만은 피하기로 마음먹었다. 그는 적어도 하나에 300리브르의 값어치가 나가는 작은 다이

아몬드 3개를 대장에게 내밀었다.[122]

"오! 선생! 설령 당신이 상상할 수 있는 모든 죄를 저질렀다 해도 당신은 이 세상 그 누구보다도 정의로운 분입니다! 다이아몬드 3개를, 그것도 모두 300리 브르나 나가는! 선생! 당신을 지하감옥으로 안내하는 건 그만두겠습니다. 당신을 위해서라면 목숨이라도 걸지요. 외국인은 누구를 막론하고 몽땅 체포하고 있지만 그 문젠 저에게 맡기십시오. 저에겐 노르망디 지방의 디에프에 동생이 있는데 그리로 안내하겠습니다. 아무리 하찮은 것이라도 다이아몬드 1개를 건네주시면 저하고 마찬가지로 당신을 보살펴 드릴 겁니다."

"그런데 왜 외국인을 마구 체포하는 거죠?"

캉디드가 말했다. 그러자 페리고르 출신 신부가 입을 열었다.

"아트레바티 지방의 변변치 못한 자가 엉뚱한 소문을 퍼뜨렸기 때문입니다. 단지 그것 때문에 그는 대역죄를 저지른 거죠. 그것은 1610년 5월 같은 사건이 아니라 1594년 12월의 사건, 또는 다른 해의 다른 달에 역시 엉뚱한 소문을 들은 다른 얼간이가 저지른 다른 몇 가지 사건하고 비슷합니다."[123]

대장이 문제의 사건을 설명해 주었다. 캉디드가 외쳤다.

"세상에, 인간 같지도 않군요! 그게 뭡니까. 노래하고 춤추는 백성의 나라에서 그런 섬뜩한 일이 벌어지다니요! 원숭이가 호랑이에게 덤비는 그런 나라에서 하루빨리 떠날 수는 없을까요? 우리나라에선 곰과 마주쳤지만, 엘도라도에선 사람하고만 만났어요. 대장님, 부탁이니 저를 베네치아로 데려다주십시오. 그 도시에서 퀴네공드 양을 기다려야 한답니다."

"남부 노르망디의 디에프까지만 데려다줄 수 있습니다."

경찰대장이 말했다. 그는 즉시 수갑을 풀게 하고, 사람을 잘못 보았다고 하면서 부하들을 돌려보내고, 캉디드와 마르틴을 디에프로 데려가 자기 동생 손에 맡겼다. 그곳엔 네덜란드의 작은 배가 있었다. 다이아몬드 3개를 더 준 덕

---

122) 르네 포모에 따르면 18세기 1리브르는 1990년의 프랑스 화폐로 환산하면 적어도 100프랑에 이르며, 작은 다이아몬드는 각각 1990년 당시 가치로 300만 프랑에 상당한다.

123) 아트레바티 지방은 아르투아 지방의 옛 이름. 1757년에 루이 15세 암살미수사건을 일으킨 하인 다미앵은 아르투아에서 태어났다. 또 1594년에는 장 샤텔이 저지른 앙리 4세 암살미수사건이 있고, 1610년에는 라바이야크에 의한 앙리 4세 암살사건이 있었다.

분에 노르망디인은 아주 친절한 사내가 되어 캉디드와 사람들을 영국의 포츠 머스로 떠나려는 배에 태워주었다. 그것은 베네치아로 가는 길은 아니었지만 캉디드는 지옥에서 풀려난 것만 같았다. 그는 기회가 있을 때 항로를 베네치 아로 바꾸게 할 심산이었다.

제23장
캉디드와 마르틴이 영국 해안에서 본 일

"아, 팡글로스여! 팡글로스! 아, 마르틴! 마르틴! 오, 그리운 퀴네공드! 이 세 상이란 대체 뭐가 뭔지……."

캉디드는 네덜란드 배에서 이렇게 말하는 것이었다.

"무섭게 미친, 섬뜩한 그 무엇이랍니다."

마르틴이 대답했다.

"당신이라면 영국에 대해 잘 아시겠지만, 사람들은 프랑스와 비슷하게 미쳐 있나요?"

"다른 종류의 광기라고 해야겠지요. 아시다시피 두 나라는 캐나다 언저리에 서 몇십 아르팡의 눈으로 뒤덮인 땅을 놓고 전쟁을 벌이고 있답니다.[124] 게다가 두 나라는 캐나다 전 지역의 가치보다 훨씬 많은 경비를 이 하찮은 전쟁에 쏟 아붓고 있어요. 오랏줄로 묶어놓아야 할 자들이 어느 나라에 많은가 하는 것 은 내 부족한 지식으론 이해하기가 벅찹니다. 내가 아는 것이라곤 앞으로 우 리가 만날 사람들이 몹시 성이 나 있다는 것뿐입니다."

두 사람은 그런 이야기를 주고받으면서 포츠머스로 다가갔다. 바닷가는 엄 청난 사람들로 넘치고 있었고, 모두가 뚱뚱한 한 남자에게 시선이 쏠려 있었 다. 그는 함대 가운데 군함 한 척의 갑판에서 눈가리개를 한 채 무릎을 꿇고 있었다. 그 사람 앞에 서 있던 병사 넷이서 아주 태연한 태도로 저마다 3발씩 남자의 머리에 발사했다. 모여 있던 군중은 아주 만족스런 기분으로 돌아갔다.

---

124) 1741년 이후 캐나다 전역을 차지하기 위해 영불령 국경지대 루이스버그에서 계속된 분쟁 이다. 프랑스는 1760년에 영국에 결정적인·패배를 당한다. '아르팡'은 프랑스의 옛 지적(地 積) 단위로 약 1에이커에 해당.

포츠머스에 정박중인 전함 위에서 제독 존 빙의 사형집행 익명의 판화.

캉디드는 말했다.

"대체 이게 무슨 일입니까? 어떤 악마가 사방에서 영향력을 행사하는 것입니까?"

그는 방금 죽은 사람이 누구냐고 물었다.

"해군 제독이오."[125]

누군가가 그렇게 대답했다.

"그런데 왜 제독을 죽이는 겁니까?"

"왜냐하면 그가 병사들에게 수많은 사람을 죽이게 하지 않았기 때문이랍니다. 그는 프랑스 제독과 일전을 치렀는데 적에게 충분히 접근해서 싸우지 않았다는 것이지요."

그러자 캉디드가 격앙된 소리로 말했다.

"그렇다면 그 프랑스 제독도 저 영국 제독과 마찬가지로 서로 접전을 치르지 않았겠군요?"

"물론 그렇지요. 하지만 이 나라에서는 다른 제독들의 사기를 고무하려면 누군가 제독 하나씩을 이따금 죽이는 것이 좋다고 합디다."

남자는 곧 말했다.

캉디드는 이런 나라에선 단지 배에서 내리는 것만으로도 무슨 일을 당할지 모른다고 생각하고, (비록 수리남에서 선장에게 사기를 당했을 때와 똑같은 일을 겪을망정) 곧장 베네치아로 데려다주도록 네덜란드인 선장과 거래를 했다.

선장은 이틀 뒤 출항할 준비를 마쳤다. 배는 프랑스 해안을 따라 나아갔다. 리스본이 보이는 곳에 다다르자 캉디드는 몸서리를 쳤다. 그들은 해협과 지중해를 빠져나가 마침내 베네치아로 다가갔다.

"이제 됐어요!"

캉디드는 마르틴을 꼭 껴안으며 말했다.

"이제 아름다운 퀴네공드와 다시 만날 수 있어요. 나는 또 카캄보도 만나야 합니다. 모든 것은 잘되고 있고, 만사 순조로워요. 더없이 순조롭습니다."

---

125) 7년전쟁(1756~1763) 기간 중에 영국 존 빙(John Byng, 1704~1757) 제독은 프랑스군에 포위된 뒤 미노르카섬 전투에서 패배, 사형선고를 받고, 1757년 3월 자신의 전함 위에서 처형되었다. 볼테르는 빙 제독을 구명하기 위해 노력했으나 성공하지 못했다.

제24장
파케트와 수도사 지로플레

그는 베네치아[126]에 도착하자마자 사람을 풀어 모든 싸구려 여관과 카페, 창녀의 방을 샅샅이 뒤지게 했다. 날마다 드나드는 모든 크고 작은 배까지 하나하나 조사해 보았지만 카캄보의 소식은 전혀 알 수가 없었다. 그는 마르틴에게 말했다.

"대체 무슨 일일까! 나는 그동안 수리남에서 보르도에 들러, 보르도에서 파리로, 파리에서 디에프, 디에프에서 포츠머스로 갔다가 포르투갈과 스페인의 바닷가를 따라 배로 여행했고, 지중해를 빠져나와 베네치아에서 몇 달이나 보냈는데 그 아름다운 퀴네공드가 와 있지 않다니! 내가 그녀 대신 만났던 것이 우스꽝스러운 여자들과 페리고르 출신 신부뿐이었다니! 퀴네공드는 죽은 게 틀림없어. 이렇게 된 바엔 나도 그냥 죽어야겠다. 오오! 이런 저주스런 유럽으로 돌아오느니 엘도라도의 낙원에 머무르는 게 차라리 나았을 것을. 마르틴 님, 당신의 말씀이 옳았습니다. 모든 것은 환상과 재앙뿐이에요."

그는 검정 쓸개즙에 이상이 찾아와 심한 우울증에 사로잡혀 있었다.[127] 계절마다 유행하는 오페라나 여러 가지 기분전환거리가 넘치는 카니발도 보러 가지 않고, 그렇다고 다른 부인을 보고 가슴이 두근거리는 일도 전혀 없었다. 마르틴은 그에게 말했다.

"오륙백만이나 되는 거금을 쥔 혼혈 하인이 당신의 애인을 찾아 세상 끝까지 가서 무사히 베네치아로 그녀를 데려다주리라고 상상하다니 당신은 정말 축복받은 분입니다. 그 하인이 그녀를 찾는다면 강제로 자기 여자로 만들 것이고, 찾지 못한다면 다른 여자를 구하겠지요. 하인 카캄보와 연인 퀴네공드는 잊는 게 좋겠어요."

---

126) 원로원에서 정치권력을 장악하는 소수의 귀족 대표자에 의한 과두정치가 이루어지던 베네치아공화국(697~1797)은 빈번한 축제의 요란함, 화려한 카니발, 세간에 알려진 고급창녀 등 때문에 쾌락의 도시로 간주되었다.

127) 히포크라테스(BC 460경~BC 375경) 이래로 우울증은 혈액, 점액, 담즙과 함께 4가지 체액의 하나였던 검정 쓸개즙의 이상에 의해 야기되는 정신병으로 간주되었었다. 18세기 서유럽 의학에는 그 영향이 아직 남아 있었다고 한다.

마르틴은 기분 좋으라고 위로의 말을 할 사람은 아니었다. 캉디드의 우울증은 날이 갈수록 심해졌지만, 마르틴은 이 세상에 미덕과 행복은 별로 없으며, 예외는 어쩌면 엘도라도겠지만, 그곳엔 아무나 갈 수 없다고 줄기차게 증명해 보여주었다.

캉디드가 그런 중대한 문제를 둘러싸고 논쟁을 벌이며 퀴네공드를 기다리고 있으려니, 산마르코 광장에서 젊은 테아티노 수도회 수도사가 한 팔로 처녀의 허리를 안다시피 하고 돌고 있는 것이 보였다. 그 수도사는 혈기가 넘치고 포동포동한 데다 정력이 왕성해 보였다. 눈은 반짝반짝 빛나고 매우 자신만만한 표정으로, 신분이 있는 사람답게 고상한 생김새에 몸가짐에도 어딘가 거만한 구석이 있었다. 처녀는 언뜻 보기에 아름다웠는데, 노래를 읊조리면서 수도사를 멍하니 쳐다보다가 그의 살진 볼을 이따금 꼬집고 있었다. 캉디드는 마르틴에게 말했다.[128]

"당신은 적어도 인정은 하실 테죠. 저 두 사람이 행복하다는 것을요. 지금까지 나는 엘도라도를 제외하고 인간이 사는 지상에선 불행한 사람들밖엔 보지 못했어요. 하지만 저 처녀와 수도사에게만큼은 내기를 해도 좋아요. 그들은 아주 행복합니다."

"나는 반대쪽에 걸겠어요."

마르틴이 말했다.

"점심식사에 초대해 보면 내가 틀렸는지 어떤지 대번에 알 수 있어요."

그는 재빨리 두 사람에게 다가가 인사를 하고, 자기 숙소로 와서 마카로니와 롬바르디아산 메추라기와 캐비어를 먹고 몬테풀치아노, 라크리마 크리스티, 키프로스섬과 사모스섬의 포도주를 마시러 오지 않겠느냐고 초대했다. 처녀는 얼굴을 붉혔지만 수도사가 기분전환 삼아 회식을 승낙했으므로, 그의 뒤를 따라가면서 놀라움과 망설임이 뒤섞인 눈길로 캉디드를 바라보았다. 그 눈은 눈물로 흐릿해져 있었다. 처녀는 캉디드의 방으로 들어오자마자 그에게 말했다.

---

128) 16세기 이탈리아에 피에트로 카라파(1476~1559), 훗날 교황 파울루스 4세와 카예타누스 추기경이 창설한 수도회로 성직자의 행동순화를 목적으로 했다. 볼테르의 논적 부아이에는 이 교단에 속했었다.

"세상에 어쩌면 이럴 수가 있을까요! 캉디드 님은 어느새 파케트 따윈 기억도 나지 않으시나 봅니다!"

그때까지 머릿속이 퀴네공드 문제로 가득하여 처녀를 주의 깊게 보지 않았던 캉디드는 깜짝 놀랐다.

"아니! 그대가 팡글로스 박사를 그 지경으로 만들어 놓은 여자란 말이오?"

"네, 맞아요! 나리, 저예요. 저는 남작부인과 아름다운 퀴네공드 아가씨의 집안에 일어났던 끔찍한 재난이 어떤 것이었는지를 알아요. 맹세하건대 저의 운명도 그에 못지않게 비참했답니다. 당신이 저를 보셨을 무렵엔 전 그저 장난꾸러기 처녀였어요. 저의 고해신부였던 프란치스코회 수도사가 손쉽게 저를 유혹했어요. 그 결과는 무서운 것이었습니다. 남작님이 당신의 엉덩이를 발로 차서 내쫓은 뒤로 얼마 되지 않아 저는 성을 나와야만 했어요. 어떤 이름 높은 의사가 동정해 주시지 않았더라면 저는 분명 죽었을 거예요. 저는 고마운 마음에서 한동안 그 의사의 첩이 되었답니다. 선생님의 아내는 참지 못하고 날마다 저를 몹시 때리더군요. 그건 질투에 미친 여자의 얼굴이었어요. 선생님은 몹시 못생긴 데다 전 그분을 사랑하지도 않는데 매일 얻어맞다니, 저만큼 불행한 여자가 또 있을까요? 나리, 성미 고약한 여자가 의사의 아내가 되면 어떤 위험에 처하는지 아세요? 아내의 언행에 화가 난 선생님은 어느 날 가벼운 감기약이라며 아내에게 약을 먹였어요. 약효가 어찌나 좋던지 부인은 심한 경련을 일으키다가 2시간 만에 죽고 말았답니다. 부인의 부모는 선생님한테 형사소송을 걸었어요. 선생님은 도망쳤고, 대신 제가 감옥에 갔습니다.

만약 제가 이런 미인이 아니었더라면 아마 죄가 없어도 살아나지 못했을 거예요. 재판관은 제가 의사의 뒤를 잇는 조건으로 저를 석방해 주었습니다. 마침내 저는 한 푼도 받지 못하고 쫓겨나 그때부터 이 지긋지긋한 일을 계속해야만 했어요. 그 일은 여러분 남자들에게는 즐겁게 보일지 모르지만 저희에겐 감당하지 못할 정도로 괴로운 일이랍니다. 그 뒤에도 저는 베네치아로 와서 이 일을 해야 했어요. 아! 나리, 의무감에 이끌려 늙은 상인과 변호사, 수도사, 뱃사공이나 신부를 가리지 않고 기계적으로 애무해야 한다는 것을 상상해 보세요. 온갖 모욕과 치욕을 당하고, 누군가에게 치마를 빌려서는 쳐다보는 것만도 끔찍스런 놈에게 그것을 들추게 만드는 일을 몇 번이나 당하고, 한쪽을 상대로 번 것을 다른 한쪽에서 잃고, 사법관에겐 갈취당하고, 오싹한 노후와 요양원, 그리고 시신이 쓰레기장에 버려지는 참혹한 처지가 기다릴 뿐인 채로, 그런 처참한 일을 겪어야 한다는 것이 어떤 것인지 상상해 보세요. 나리께서는 아마 제가 이 세상에서 가장 불행한 여자라는 결론을 내리시게 될 거예요.”

파케트는 방에서 그렇게 자기 속내를 캉디드에게 털어놓았다. 그 자리에 함께 있던 마르틴은 캉디드에게 말했다.

“어떻습니까? 이번 내기의 반은 이미 내가 이긴 거라고요.”

지로플레 수도사는 식당에 앉아서 점심을 기다리며 포도주를 마셔대고 있었다. 캉디드는 파케트에게 말했다.

“하지만 내가 널 보았을 때는 아주 명랑하고 기뻐하는 것처럼 느껴지던데. 노래를 읊조리고 자연스런 교태를 보이면서 테아티노 수도회 수도사를 애무하고 있었어. 넌 불행하다고 주장한다만 그와는 반대로 내 눈엔 아주 행복한 것처럼 보였다.”

“오, 나리! 그것 또한 이 일의 원인과 결과랍니다. 어제는 장교에게 도둑맞고 얻어맞았는데 오늘은 수도사의 마음에 들려고 비위를 맞춰야 했다니까요.”

캉디드는 더 이상 매달리지 않았다. 그는 마르틴의 생각이 옳음을 인정했다. 두 사람은 파케트와 수도사와 함께 식탁에 앉았다. 식사는 꽤 즐거웠다. 식사가 끝날 무렵에는 서로 마음을 열고 이야기를 나누었다.

캉디드는 수도사에게 말했다.

“신부님! 당신은 누구나 부러워하는 운명을 즐기고 계신 것처럼 보입니다. 얼굴은 터질 듯한 생기로 빛나고, 표정에는 행복함이 드러나 있어요. 상당한 미녀와 즐거운 시간을 보낼 수 있고, 테아티노 수도회 수도사라는 신분에 크게 만족하고 계신 것 같군요.”

“맹세하건대 할 수만 있다면 테아티노 수도회 수도사 따윈 몽땅 깊은 바닷속에 쓸어버렸으면 좋겠습니다. 나는 셀 수 없이 수도원에 불을 지를까 생각했었고, 이슬람교도가 되고 싶었어요. 15살 때, 부모님은 하느님이 착각을 일으켜 만든 저주스런 형한테 훨씬 많은 재산을 남겨주기 위해 억지로 나에게 이 끔찍한 옷을 입혔어요! 수도원에 붙박여 있는 것이라곤 질투와 반목과 분노입니다. 내가 그나마 서툰 설교를 하여 그것으로 얼마 되지 않는 돈을 벌면

베네치아 전경, 피아체타 앞에 있는 대운하 루이지 반비텔리에게 바친 세밀화. 18세기 초판화.

그 반은 수도원장 호주머니에 들어갑니다. 나머지 반으로 몇몇 아가씨를 거느리고 있기는 합니다. 하지만 날이 저물어 수도원으로 돌아가면 공동침실의 벽에 이 머리를 부딪쳐 부숴버리고 싶은 적이 한두 번이 아닙니다. 내 동료도 다들 마찬가지예요."

마르틴은 언제나처럼 태연한 자세로 캉디드에게 말했다.

"자, 이것으로 내기는 모두 나의 승리로군요."

캉디드는 파케트에게 2000피아스터를, 또 지로플레 수도사에겐 1000피아스터를 주었다. 그는 말했다.

"보증하건대 이 돈으로 두 사람은 행복해질 겁니다."

"그걸 어떻게 믿습니까? 그 피아스터로 두 사람은 더욱 불행해질 걸요."

마르틴은 말했다.

"그 돈으로 될 대로 되게 놔두는 수밖에요. 하지만 한 가지 위로가 된 것이 있어요. 결코 다시는 만날 수 없을 것 같았던 사람들과도 때로는 다시 만난다는 사실입니다. 저의 붉은 양과 파케트를 다시 만났듯이, 퀴네공드도 얼마든지 만날 수 있을 것입니다."

"그녀가 언젠가 당신을 행복하게 해주기를 바라겠습니다. 하지만 그것은 아주 의심스런 일이지요."

"당신은 참으로 냉정하시군요."

캉디드가 말했다.

"나는 인생 경험을 많이 쌓았으니까요."

이번엔 마르틴이 말했다.

"그러나 저기 곤돌라 뱃사공들을 좀 보십시오. 시종일관 노래를 하고 있지 않습니까?"

"당신은 저들이 집에서 아내나 자식들과 함께 어떻게 살아가고 있는지 본 적이 없지요. 이 나라의 총독에게도 고민이 있고, 곤돌라 뱃사공에게도 나름의 걱정거리가 있어요. 모든 것을 감안하면 확실히 곤돌라 뱃사공의 처지가 총독의 처지보다 낫습니다. 하지만 그 차이는 하찮기 때문에 굳이 검토해 볼 것도 없어요."

그 말에 캉디드가 이렇게 말했다.

"소문에 의하면 포코쿠란테[129]라는 원로원 의원이 브렌타강 언저리에 있는 호화로운 저택에 살고 있는데, 그는 외국인을 아주 잘 대접한다고 합니다. 사람들 말로는 그 사람에겐 아직껏 걱정거리가 있었던 적이 없다고들 하더라고요."

"그런 보기 드문 사람이라면 나도 한번 만나보고 싶군요."

마르틴이 말했다. 캉디드는 곧 심부름꾼을 보내 이튿날 포코쿠란테 나리를 찾아뵐 수 있도록 허락해 달라고 청했다.

제25장
베네치아 귀족 포코쿠란테[130] 의원 집 방문

캉디드와 마르틴은 곤돌라를 타고 브렌타강을 따라가서 귀족 포코쿠란테의 호화로운 저택에 도착했다. 정원은 아주 잘 가꾸어져 있었고, 아름다운 대리석 조각상으로 꾸며져 있었다. 저택은 매우 훌륭했다. 이 집 주인은 60살 난 대부호로, 호기심에 가득 찬 두 사람을 아주 조심스럽게, 그러면서도 별로 내키지 않는다는 자세로 맞이했다. 그런 환영 방식은 캉디드를 당황스럽게 했지만 마르틴은 불쾌하지 않았다.

단정한 차림의 두 아름다운 아가씨가 코코아를 내왔는데 매우 능숙하게 거품을 내 주었다. 캉디드는 그 아가씨들의 미모와 우아함, 그리고 세련된 솜씨를 칭찬하지 않을 수 없었다.

원로원 의원 포코쿠란테는 말했다.

"아주 괜찮은 아가씨들입니다. 가끔은 함께 자기도 하지요. 왜냐하면 나는 이 도시의 부인들에게 싫증을 느끼기 때문입니다. 그녀들의 아양, 질투, 다툼, 언짢은 기분, 좁은 소견, 오만함, 험담, 또 그녀들을 위해 지어주거나 누군가에게 짓게 해야 하는 14행시(소네트)도 이젠 지긋지긋합니다. 하지만 결국 이 두 아가씨도 몹시 따분해지고 있어요."

---

129) 포코쿠란테는 이탈리아어로 '거의 개의치 않다'는 뜻이다.
130) 반 덴 회벨은 볼테르가 1759년 3월 10일에 쓴 편지에서 그 자신을 포코쿠란테와 비교하고 있다고 지적한다. 나이, 재산, 사치와 자립 취향, 작가나 예술가에 대한 신랄한 비평은 두 사람에게 공통된다.

아침식사 뒤 긴 갤러리를 둘러보던 캉디드는 아름다운 그림 몇 점에 깜짝 놀랐다. 그는 첫 그림 2점은 어떤 거장이 그린 것인지 물었다.

원로원 의원은 말했다.

"라파엘로의 작품입니다. 몇 년 전에 허영심에서 얼결에 비싼 가격으로 사고 말았지요. 소문으론 이탈리아에서 가장 아름다운 작품이라고 합디다만 내 마음에 썩 들진 않아요. 색조가 무척 어둡고 인물의 윤곽이라든지 화면에서 튀어나와 보이는 점이 전혀 강조되지 않고, 입체감도 없는 데다 심지어 옷의 주름이 아무리 보아도 옷감처럼 보이지가 않더라 이겁니다. 말하자면 누가 뭐라하건 그것엔 자연의 진정한 모방을 전혀 찾아볼 수가 없었습니다. 나는 자연 그 자체를 보는 것처럼 느낄 때에만 그림을 좋아하거든요. 그런 그림은 없는 것 같습니다. 나는 수많은 그림을 소장하고 있지만 이젠 거의 거들떠보지도 않습니다."

포코쿠란테는 점심식사를 기다리면서 합주곡을 연주하게 했다. 캉디드는 그 음악이 아주 근사하고 매력적이라고 생각했다.

포코쿠란테가 말했다.

"이 음악은 30분 정도는 들어줄 만한데 그 이상 길게 이어지면, 아무도 감히 말로는 하지 않지만 사람을 피곤하게 만듭니다. 이제 음악이란 어려운 것을 연주하는 기술일 뿐이에요. 그냥 어렵기만 한 것은 언젠가는 마음에 들지 않게 되지요.

나는 거세당한 기형에는 화가 치밉니다만, 저런 기형을 만드는 숨겨진 사정을 몰랐더라면 아마도 오페라를 좋아하게 됐을 겁니다. 여배우 한 사람의 목소리를 두드러지게 하는 두셋의 쓸데없는 노래를 분위기에 맞지도 않는 곳에 끼워 넣기 위해서만 무대를 만드는, 그런 얼치기 비극에 곡을 붙인 것을 보고 싶다면 보러 가는 게 좋겠지요. 카이사르와 작은 카토[131]의 역할을 거세당한 사내가 장식음을 붙여 노래하고, 어색한 자세로 무대를 돌아다니는 걸 보고 좋아서 푹 빠지고 싶다면, 아니 그런 기분이 들 수 있다면 그렇게 하면 됩니다.

131) 로마의 정치가(BC 95~BC 46)로 공화국을 지키고 카이사르에게 대항했으며 스토아사상에 조예가 깊었다. 18세기 이탈리아에선 카이사르와 작은 카토를 다룬 오페라가 여러 편 상연되었다.

나는 이탈리아의 이름을 높이고 군주들이 큰돈을 지불하는 저런 하찮은 것하고는 벌써 오래전에 인연을 끊었어요."

이런 의견에 대해 캉디드는 아주 조심스럽게 살짝 반박했다. 마르틴은 원로원 의원의 의견에 쌍수를 들어 찬성했다.

다 함께 식탁에 앉았다. 진수성찬의 점심이 끝난 뒤 그들은 서재로 갔다. 캉디드는 호메로스[132]의 호화로운 장정본을 보고 매우 고명한 의원 나리의 고상한 취미를 칭찬했다.

그는 말했다.

"이것이야말로 독일 유수의 탁월한 철학자, 그 위대한 팡글로스의 기쁨의 원천이 되었던 책입니다."

그러자 포코쿠란테가 냉소적으로 말했다.

"내 기쁨의 원천이 되지는 않습니다. 그걸 읽으면 기쁨을 느낄 수 있다고, 예전엔 그렇게 믿었지요. 하지만 다 어슷비슷한 전쟁의 끝도 없는 반복에, 항상 어떤 작용을 해야 하는 결정적인 열쇠를 쥐었으면서 아무것도 하지 않는 신들, 전쟁의 원인이면서 대부분의 연극의 주인공이 아닌 헬레네, 공격과 포위를 거듭 당하면서도 요지부동으로 점령되지 않는 트로이, 그런 것들이 모두 나를 죽을 만큼 따분하게 만듭니다. 나는 이따금 이 책을 읽고 나와 마찬가지로 따분하지 않느냐고 학자들에게 물어보았어요. 솔직한 사람들은 문득 책을 덮어버릴 정도로 졸음이 쏟아지지만, 고대 기념건조물이나 거래에 쓰이지도 않는 녹슨 메달과 마찬가지로 서재엔 반드시 갖추어 두어야 하는 거라고 다들 그러더군요."

"베르길리우스에 대해서라면 설마 의원 나리께서 그렇게 생각하시진 않겠지요."

캉디드가 말했다.

"그의 서사시 《아이네이스》 제2권과 4권, 6권은 훌륭해요. 그건 나도 인정합니다. 하지만 그 신앙심 두터운 아이네이아스, 용감한 클로안투스, 친구 아카테스, 아들 아스카니우스, 그리고 어리석은 라티누스 왕과 아내인 아마타와

---

132) 반 덴 회벨에 따르면 호메로스, 베르길리우스, 타소, 아리오스토에 관한 평가는 모두 볼테르의 《서사시론》(1733)에서 고스란히 따온 것이다.

매력 없는 라비니아에 대해서라면 이보다 생기가 없고 불쾌한 것도 없다는 생각이 듭니다. 차라리 타소가 쓴 것이라든지 졸음을 도저히 참을 수 없는 아리오스토의 엉터리 이야기가 그나마 나아요."

"황송하옵니다만 의원 나리, 호라티우스는 무척 재미나게 읽지 않으셨는지요."

포코쿠란테가 대답했다.

"사교계 사람들이나 써먹을 만한 격언이 있을 뿐입니다. 게다가 그 격언은 힘찬 시구로 응축되어 있어서 아주 쉽게 기억에 남아요. 하지만 브린디시 여행이라든지 맛없는 점심의 묘사, 그리고 그의 표현을 빌리면 '볼에 고름을 잔뜩 물고' 지껄이는 정체 모를 푸필리우스[133]라던가 하는 인물과 '시큼해진 포도주' 같은 말을 늘어놓는 다른 한 사람 사이에 오가는 상스러운 말다툼 따위 뭐 아무래도 상관없습니다. 노파나 마녀를 비난하는 막된 시구를 읽었을 땐 몹시 불쾌한 기분만 들더라니까요. 친구인 마에케나스[134]에게 만약 자기를 서정시인의 반열에 넣어주지 않으면 숭고한 이 이마로 별자리를 받아버리겠다고 한 말을 대체 어떻게 이해해야 하는지 알 수가 없어요. 어리석은 자들은 높은 평가를 받은 작가의 것이라면 뭐든 감탄합니다. 나는 나를 위해서 읽을 따름이에요. 오로지 내 취향에 맞는 것만 좋아합니다."

스스로는 어떤 것도 판단하지 않도록 교육받아온 캉디드는 방금 들은 것에 무척 놀랐지만, 마르틴은 포코쿠란테의 사고방식이 꽤 일리가 있다고 생각했다.

"어? 여기 키케로의 책이 있네요. 이 위대한 인물이라면 읽으실 때 싫증이 나지 않았을 것 같은데……."

캉디드가 말했다. 그러자 베네치아인은 대답했다.

"그런 건 절대 읽지 않습니다. 그가 라비리우스라든가 클루엔티우스를 위해 변명을 한 것은 나로선 아무래도 상관없는 일이에요. 나 자신도 심리를 해야 하는 소송을 지긋지긋하리만큼 잔뜩 갖고 있습니다. 그의 작품이라면 오히려

---

133) 호라티우스(BC 65~BC 8)의 풍자시에 나오는 인물은 루필리우스였지 푸필리우스가 아니라는 지적도 있다.
134) 황제 아우구스투스의 대신을 역임하여 베르길리우스와 호라티우스 등의 시인을 비호했던 문예 애호가(BC 70~BC 8)로 알려져 있다.

철학적인 면엔 만족했을지 모르지만, 그가 모든 것을 의심한다는 것을 안 뒤로 나도 아는 바가 그와 비슷한 처지에 무지해지기 위해 구태여 누군가를 필요로 할 것까진 없겠다고 결론을 내리기에 이르렀습니다."

"아니! 저기에 과학아카데미 논문집 80권이 나란히 꽂혀 있군요. 저 안엔 훌륭한 것도 있을지 모릅니다."

마르틴이 외쳤다.

"있을지도 모르죠. 다만, 저런 허접한 쓰레기 더미의 저자들 가운데 하다못해 고정핀을 만드는 방법을 발명한 자가 한 사람이라도 있을 때의 이야기입니다. 그런데 저 모든 책들 속에는 헛된 학설뿐, 쓸모가 있는 것이라곤 단 하나도 없어요."

"저쪽에 정말 굉장히 많은 희곡들이 있군요! 이탈리아어, 스페인어, 프랑스어까지 있어요."

캉디드가 말했다.

"그렇습니다. 3000권쯤 됩니다만 잘 만들어진 것은 36권도 되질 않아요. 거기 설교집만 해도 다 합쳐 봐야 세네카의 책 1쪽의 가치도 없습니다. 저기 있는 두꺼운 신학책 가운데 나는 단 한 권도 열어본 적이 없고, 아무도 들쳐본 자가 없지요."

마르틴은 영국 책이 빽빽하게 꽂혀 있는 서가 몇 개를 발견하고 말했다.

"저토록 자유롭게 쓰인 작품은 공화국에 사시는 분께는 틀림없이 썩 마음에 드시리라는 생각이 듭니다만."

포코쿠란테가 대답했다.

"예, 그렇습니다. 자기 생각을 쓴다는 것은 대단한 일이에요. 그건 인간의 특권이거든요. 이곳 이탈리아에선 어디서나 자기가 생각하지 않은 것들을 쓰고 있어요. 카이사르나 안토니누스 피우스의 나라에 살면서 도미니크회[135] 수도사의 허락이 없으면 생각하는 것조차 불가능한 상황입니다. 나와 같은 부류에게만 치우친 정열이나 정서가 그 귀중한 자유의 훌륭한 점을 훼손하지 않는다

---

135) 스페인의 성인 도미니쿠스(1170경~1221)가 창설한 수도회. 프랑스에선 이 수도회의 최초 수도원은 파리의 생자크 거리에 세워졌다. 여기에 소속된 수도사는 종교재판에서 중요한 역할을 수행했다.

면, 영국인의 재능을 고취한 그 자유에 나는 만족할 것입니다."

캉디드는 밀턴[136]의 책 한 권이 눈에 띄었으므로 이 작가를 위대한 사람이라고 생각하지 않느냐고 물었다. 포코쿠란테가 대답했다.

"대체 누굴 말씀하시는 건지. 딱딱한 시구들을 늘어놓은 10권의 책에 〈창세기〉 1장에 대해 장황한 주석을 쓴 그 데퉁맞은 자, 천지창조를 왜곡하고 모세가 말로써 세상을 창조한 하느님을 묘사하고 있건만, 구세주에게 하늘의 상자에서 커다란 컴퍼스를 꺼내게 하여 자기 작품의 윤곽을 그리게 하는, 그 그리스인들의 조잡한 모방자를 내가 위대한 인물로 평가하느냐고 말씀하시는 겁니까? 타소의 지옥과 악마를 허사로 만들고, 마왕을 어느 때엔 두꺼비로, 또 어느 때엔 난쟁이로 바꿔놓고, 마왕에게 백 번이나 똑같은 설교를 되풀이하게 하고, 신학에 대해 논쟁하게 하고, 아리오스토의 우스꽝스런 화기 발명을 아주 착실하게 모방하고, 그러다 결국 마왕들로 하여금 하늘을 향해 대포를 발사하게 하는 그런 사람을 끔찍하게도 내가 높이 사고 있다니요. 나뿐만 아니라 이탈리아의 어느 누구도 그런 쓸데없는 잠꼬대를 모아놓은 것 따윌 좋아하지 않습니다. 죄와 죽음의 결혼이나 죄에서 태어나는 뱀은 조금이라도 섬세한 취미를 가진 사람에겐 예외 없이 구역질나게 합니다. 요양원에 대한 장황한 묘사는 무덤을 파는 자에게나 읽기 걸맞을 뿐이에요. 의미도 모르겠고, 기상천외하기가 속만 메스껍게 만드는 그런 시편은 출판되던 당시엔 경멸당했습니다. 나는 현재 그것이 모국에서 그 당시 받은 대접을 그대로 해줄 뿐이에요. 다른 사람들도 나와 똑같이 생각하는 것은 바라지도 않습니다."

캉디드는 그 말을 듣고 슬픈 생각이 들었다. 그는 호메로스를 존경했거니와 밀턴도 조금은 좋아했기 때문이다. 그는 마르틴에게 나지막하게 속삭였다.

"후유! 저 사람이 혹시 우리 독일 시인들도 이보다 더 멸시하는 것은 아닌지 걱정이 되는군요."

"그러지 않는다는 보장도 없지요."

그러자 캉디드는 다시 중얼거렸다.

"정말 뛰어난 분이로군요! 이 포코쿠란테라는 인물은 정말 위대한 천재로군

---

136) 볼테르는 《서사시론》과 《철학사전》의 '서사시' 항목에서 밀턴(1608~1674)을 혹평하고 있다.

요! 아무것도 그의 마음에 들 수는 없겠어요."

그들은 그런 식으로 모든 책을 두루 평가한 뒤, 정원으로 내려갔다. 캉디드는 정원의 모든 미관을 극구 칭찬했다. 그러자 집주인이 말했다.

"이보다 더 저속한 취향이 세상 어디 있습니까? 여기 있는 것은 하찮은 장식뿐이에요. 하지만 당장 내일부터라도 보다 정교한 설계로 정원을 다시 꾸미게할 생각입니다."

호기심 많은 두 사람은 원로원 의원에게 인사를 하고 집을 나섰다. 캉디드가 마르틴에게 말했다.

"그런데 저분이야말로 세상 그 누구보다도 행복한 사람이란 것은 당신도 인정하시겠지요. 왜냐하면 그는 자기가 소유한 모든 것에 무심하니까요."

"그는 자기가 지닌 모든 것에 진력이 난 것 같지는 않습니까? 옛날 플라톤이말한 것처럼 모든 먹을거리를 내치는 위장은 튼튼한 위장이 아니거든요."

마르틴이 말했다.

"하지만 모든 것을 비판하고, 남이 아름답다고 착각하는 것 가운데서 결점을 찾아내는 것은 즐겁지 않나요?"

캉디드가 말했다. 그러자 마르틴이 말을 이었다.

"그건 결국 재밌지 않은 것에 재미가 있다는 겁니까?"

"그렇다면 퀴네공드 양을 다시 만나면 행복한 사람은 나 한 사람인 것이 되는군요."

캉디드가 말했다.

"희망을 갖는 것은 항상 좋은 것이지요."

마르틴은 말했다.

그럭저럭하는 사이에 며칠이 지났고, 다시 몇 주일이 지나려 하고 있었다. 카캄보는 돌아오지 않았고, 캉디드는 완전히 비통에 잠겨 파케트와 지로플레 수도사가 그에게 고맙다는 인사 한 마디 하러 오지 않는 사실도 까맣게 잊고 있었다.

제26장
캉디드와 마르틴이 외국인 6명과 함께 한 만찬, 그리고 그들의 정체

어느 날 저물녘에 캉디드와 마르틴은 같은 여관에 묵고 있던 외국인들과 저녁을 함께하기로 했다. 그런데 낯빛이 거무스름한 사내 하나가 뒤에서 캉디드에게 다가와 이렇게 말했다.

"저희와 함께 떠날 준비를 해주십시오. 어서요."

뒤돌아보니 카캄보였다. 퀴네공드를 만나는 것을 제외하면 이보다 더 큰 놀라움과 기쁨은 없었다. 그는 너무나 기쁜 나머지 기절할 정도였다. 그는 그리운 친구를 덥석 안았다.

"물론 퀴네공드도 여기에 있겠지? 어디 있나. 그 사람이 있는 곳으로 빨리 데려가 줘. 함께 있을 수만 있다면 죽어도 좋아."

"퀴네공드 아가씨는 여기에 계시지 않습니다. 콘스탄티노플에 계십니다."

카캄보가 말했다.

"지금 뭐라고 했지! 콘스탄티노플이라고 했나? 그곳이 비록 중국 땅이라 해도 나는 날아갈 거야. 어서 출발하세."

그러자 카캄보가 이렇게 말하는 것이었다.

"우리는 만찬이 끝난 뒤에 출발합니다. 더 이상은 말씀드릴 수 없습니다. 저는 노예 신분이고 주인님이 저를 기다리고 있습니다. 식탁에서 시중을 들어야 해요. 저한테 한마디도 하시면 안 됩니다. 만찬이 끝나면 떠날 채비를 마쳐 주십시오."

캉디드는 기쁨과 슬픔 사이에서 심란한 데다, 충실한 부하를 다시 만나 기쁘면서도 그 부하가 노예임을 알고 놀랐고, 연인과 다시 만날 생각을 하자 가슴이 벅차고 미칠 것 같았다. 그는 그런 일들을 아주 태연하게 바라보고 있는 마르틴과, 베네치아의 카니발을 보내러 온 외국인 6명과 함께 식사를 했다.

외국인 가운데 한 명에게 술을 따라주던 카캄보는 식사가 끝나가자 그 주인의 귀에 대고 말했다.

"전하, 원하시는 때 출발하십시오. 배를 준비해 놓았습니다."

그렇게 말하고 그는 나갔다. 함께 식사하던 사람들은 모두 놀라 한마디 말도 없이 서로 얼굴만 마주 보았다. 그러자 다른 하인이 그의 주인에게 다가와 말했다.

"전하, 파도바에 마차를 대기해 놓았습니다. 작은 배가 준비되어 있습니다."

주인이 고개를 끄덕이자 하인은 나갔다. 모든 사람이 또다시 서로 얼굴을 마주 보았고, 캉디드의 놀라움은 한층 커졌다. 세 번째 하인이, 역시 세 번째 외국인에게 다가가 말했다.

"전하, 이제 여기에 더 머무르셔선 안 됩니다. 제가 곧 모든 준비를 마치겠습니다."

그렇게 말하고 하인은 곧장 자취를 감추었다.

그래서 캉디드와 마르틴은 이것이 카니발의 깜짝쇼일 것이라고 확신했다. 네 번째 하인이 네 번째 주인에게 말했다.

"전하께서 원하시는 때 출발하십시오."

그렇게 말하더니 다른 하인들과 마찬가지로 방에서 나갔다. 다섯 번째 하인도 다섯 번째 주인에게 똑같은 말을 했다. 그러나 여섯 번째 하인은 캉디드 옆에 있던 여섯 번째 외국인에게 전혀 다른 말을 했다.

"전하, 확실히 저쪽에선 전하나 저를 믿지 않는군요. 전하와 저는 오늘 밤 감옥에 갇힐지도 모릅니다. 저는 제 일을 보겠습니다. 그럼 이만⋯⋯."

하인들이 모두 사라지자 외국인 6명과 캉디드와 마르틴은 쥐 죽은 듯 고요해졌다. 마침내 캉디드가 그 침묵을 깨뜨렸다.

"여러분! 정말 이상한 농담이었습니다. 여러분 모두가 왜 군주입니까? 솔직히 말씀드리건대 저도 마르틴도 군주는 아닙니다."

그러자 카캄보의 주인이 신중하게 입을 열어 이탈리아어로 말했다.

"이건 전혀 장난이 아닙니다. 내 이름은 아흐메트 3세입니다.[137] 이래 봬도 얼마 동안은 권세 있는 터키 황제였어요. 나는 형의 왕위를 빼앗았고, 조카가 내 왕위를 빼앗았습니다. 나의 대신들은 목이 매달렸지요. 일생을 곰팡내 나는 낡은 궁에서 마치려 하고 있어요. 권세 있는 황제인 조카 마흐무트가 건강을 위해 내가 이따금 여행을 떠나는 걸 허락해 주었으므로 베네치아에서 카니발

---

137) 오스만튀르크제국의 황제였던 아흐메트 3세(재위 1703~1730). 그는 근위병들에 의해 황제 자리를 박탈당하고 1736년에 죽었다.

을 구경하러 온 것입니다.”

아흐메트의 옆에 있던 젊은 사내가 그에 뒤이어 이렇게 말했다.

“내 이름은 이반입니다. 러시아의 황제였던 적도 있어요. 어렸을 때 왕위를 빼앗겼습니다. 아버지와 어머니가 감옥에 갇혔으므로 나는 옥중에서 자랐지요. 경호하는 자들을 데리고 이따금 여행을 떠나도록 허락받았습니다. 베네치아에는 카니발을 보내러 왔고요.”[138]

세 번째가 말했다.

“나는 영국 왕으로서 찰스 에드워드입니다.[139] 아버지는 나에게 왕국의 통치권을 물려주셨어요. 그걸 잃지 않으려고 나는 싸웠습니다. 하지만 내 편을 들었던 800명의 심장이 파내어졌고, 그 파내어진 심장으로 따귀를 얻어맞았어요. 나는 투옥되었습니다. 이제 로마로 가서 나와 할아버지와 마찬가지로 왕위를 빼앗긴 부왕을 찾아갈 생각입니다. 베네치아에는 카니발을 보내러 왔습니다.”

그러자 네 번째 사람이 이렇게 말했다.

“나는 폴란드 왕입니다.[140] 전쟁에 지는 바람에 조상 대대의 땅을 빼앗겼어요. 아버지도 마찬가지로 패배를 겪었습니다. 히느님의 뜻에 이 몸을 맡기기로는 아흐메트 황제, 이반 황제, 찰스 에드워드 왕과 마찬가지예요. 세 분께서 장수하시기를. 나도 베네치아에서 카니발을 보내려고 왔답니다.”

다섯 번째가 말했다.

“나도 폴란드 왕입니다만,[141] 왕국을 두 번이나 잃었어요. 하지만 하늘의 도

---

138) 러시아 황제 이반 6세(재위 1740~1741). 표트르 대제의 딸 엘리자베타에게 왕위를 빼앗기고 투옥된 뒤, 예카테리나 2세 치하였던 1764년에 처형되었다.

139) 소참칭자라 일컬어지며, 대참칭자 제임스 에드워드의 아들로 제임스 2세의 손자였던 찰스 에드워드(1720~1788)는 1745년에 영국 왕위의 재탈환을 시도했다가 실패하여 아버지와 함께 피렌체, 로마로 도망 다니며 여생을 보냈다.

140) 폴란드 왕 아우구스트 3세(1696~1763). 독일 작센의 선제후로는 프리드리히 아우구스트 2세였지만, 1756년 프리드리히 2세한테 작센에서 쫓겨났다.

141) 1704년에 폴란드 왕이 된 스타니스와프 레슈친스키(1677~1766). 5년 뒤에 아우구스트 2세에게 왕위를 빼앗겼다. 1733년에 딸 마리 레슈친스카의 남편인 루이 15세의 지지를 받아 복위했으나 폴란드계승전쟁에서 져서 프랑스에서 로렌 공이 되어 그 공국의 발전에 기여했다. 볼테르는 1749년에 공국의 화려한 궁정을 자주 방문했다.

움으로 다른 나라를 받아서 옛 사르마트족의 역대 모든 국왕이 비스와강 언저리에서 했던 것보다 훨씬 많은 선행을 했지요. 나 또한 이 몸을 하느님의 뜻에 맡기고 있습니다. 베네치아에는 카니발을 보내러 왔습니다."

여섯 번째 제왕의 이야기가 아직 남아 있었다. 그는 말했다.

"여러분! 나는 여러분처럼 훌륭한 군주는 아니지만 그래도 다른 분들과 마찬가지로 국왕이었습니다. 나는 테오도르입니다.[142] 한때는 코르시카에서 왕에 뽑혀 전하라 불린 적도 있지만, 지금은 '신사분'이란 호칭을 붙여주는 경우마저 거의 없어요. 전엔 얼마든지 화폐를 찍어내도록 했건만 지금은 무일푼입니다. 왕년엔 국무총리를 둘이나 거느렸었지만 지금은 서글프게도 달랑 하인 하나를 둔 처지입니다. 한때는 옥좌에 앉았었고, 또 오랫동안 런던감옥의 지푸라기 위에서 자기도 했지요. 여러분과 마찬가지로 베네치아엔 카니발을 보내려고 오기는 했는데 여기서도 똑같은 일을 겪게 되지나 않을까 불안하기 짝이 없습니다."

다른 왕 5명은 신분 있는 사람에게 걸맞은 동정을 보이면서 그 이야기를 들었다. 왕들은 저마다 옷가지와 속옷을 갖추고 손질하는 데 보탬이 되도록 20제키노[143]를 테오도르 왕에게 내밀었다. 캉디드는 2000제키노의 가치가 있는 다이아몬드 한 개를 주었다.

다섯 왕들이 중얼거렸다.

"대체 뭐 하는 사람이지? 한낱 개인이면서 호주머니 사정은 우리보다 백배는 더 좋고, 더군다나 그걸 저렇게 쉽사리 내놓다니……."

모두가 식탁을 떠나려 할 때, 같은 여관에 군주 4명이 도착했다. 그 4명도 역시 전쟁으로 자기들의 국토를 잃고, 카니발의 나머지 기간을 베네치아에서 보내고자 온 것이었다. 그러나 캉디드는 새로 들어온 그런 손님 따윈 안중에 없었다. 그의 머릿속엔 어서 콘스탄티노플로 가서 그리운 퀴네공드를 만나야 한다는 생각뿐이었다.

---

142) 독일의 모험가였던 테오도르 노이호프 남작(1694~1756). 제노바에 반항하는 코르시카를 도와 테오도르 1세가 되었으나 폐위에 몰려 런던으로 도망쳤다가 빚 때문에 투옥되어 옥사했다.
143) 베네치아에서 널리 쓰이던 옛 금화.

제27장
콘스탄티노플로 여행을 떠나는 캉디드

충실한 카캄보는 터키 황제 아흐메트를 콘스탄티노플로 돌려보내기로 되어 있었던 터키인 선장에게서 캉디드와 마르틴을 태워도 좋다는 허가를 이미 받아놓고 있었다. 두 사람은 나란히 가엾은 황제 폐하 앞에 엎드려 예를 올린 뒤, 배를 향해 출발했다. 가는 길에 캉디드는 마르틴에게 말했다.

"하고많은 사람 중에 하필이면 왕위를 빼앗긴 여섯 왕과 만찬을 함께하다니요! 게다가 그 여섯 왕 가운데 한 사람에게 나는 적선을 하기까지 했으니 말입니다. 분명 더 불행한 군주가 그 밖에도 많이 있을 겁니다. 나 같은 사람은 양 100마리를 잃은 것으로 불행을 끝내고 이젠 퀴네공드의 품속으로 뛰어들기만 하면 됩니다. 마르틴 씨, 거듭 말하지만 팡글로스 선생님의 말씀은 옳았어요. 모든 것은 선입니다."

"그러길 바랄 뿐입니다."

마르틴이 말했다.

"하지만 우리가 베네치아에서 마주쳤던 사건 말입니다. 거참, 제 눈을 의심했다니까요. 왕위에서 쫓겨난 여섯 국왕이 싸구려 여관에서 한곳에 모여 저녁을 먹다니 그런 일은 지금까지 듣도 보도 못한 일이라니까요."

캉디드가 말했다.

"그런 일은 우리에게 일어나는 대부분의 일들과 마찬가지로 특별히 신기할 건 없어요. 국왕들이 왕위에서 쫓겨나는 것은 드문 일도 아니죠. 우리가 그 국왕들과 저녁을 함께 먹는 영광을 누렸다는 것은 특별히 생각할 가치도 없는 하찮은 일입니다."

마르틴은 말했다.

캉디드는 배에 오르자마자 그의 옛 하인이자 친구이기도 한 카캄보를 끌어안았다.

"그런데 퀴네공드 양은 어떻게 되었지? 여전히 선녀처럼 아름답겠지? 예전처럼 나를 사랑해 줄 테고 말이야. 건강하겠지? 그 사람은. 넌 틀림없이 콘스탄티노플에 호화 저택을 사두었으렷다!"

"전하, 퀴네공드 아가씨는 프로폰티스해[144]의 바닷가에서 접시닦이를 하고 계십니다. 접시라고 해봤자 대단치도 않은 걸 가진 대공(大公)의 집에 계시며, 그 안가에서 하루에 3에퀴씩을 터키 황제에게서 받는, 과거 군주였던 라코치[145]라는 사람의 집에서 노예의 처지로 전락해 계십니다. 하지만 그보다 더 슬프게도 아가씨의 미모가 빛을 일어 몹시 추해지셨어요."

"미녀든 추녀든 상관없다. 나는 신사니까. 영원히 변치 않고 그녀를 사랑하는 것이 나의 임무다. 하지만 넌 오륙백만이나 되는 다이아몬드를 가지고 떠났는데 그 사람이 그렇게까지 비참한 지경으로 떨어질 때까지 뭘 하고 있었던 것이냐!"

캉디드가 말했다.

"예, 모든 것을 말씀드리겠습니다. 퀴네공드 님을 되찾기 위해 부에노스아이레스의 돈 페르난도 디바라 이 피게오라 이 마스카레네스 이 람푸르도스 이 수사 총독님께 200만을 지불해야 했습니다. 게다가 나머진 해적에게 고스란히 빼앗겼지 뭡니까. 그 해적은 우리를 마타판곶, 밀로스섬, 이카리아섬, 사모스섬, 페트라, 다르다넬스 해협, 마르마라섬, 스쿠타리[146] 같은 곳으로 이리저리 데리고 돌아다니더라니까요. 퀴네공드 아가씨하고 노파는 방금 말씀드렸던 대공의 집에서 일하고, 저는 왕위를 빼앗긴 황제의 노예가 되었습니다."

"아주 끔찍한 재난이 끊임없이 일어났구나!"

캉디드는 말했다.

"하지만 걱정할 것 없다. 아직 다이아몬드 몇 개가 있으니 퀴네공드 양을 쉽게 자유의 신분으로 만들 수 있을 거야. 그 사람이 그토록 미워졌다는 건 몹시 안타깝다만……."

그러더니 그는 마르틴에게 말했다.

"아흐메트 황제와 이반 황제, 찰스 에드워드 왕 그리고 나. 이들 중에서 누가

---

144) 마르마라해의 옛 이름. 유럽과 아시아의 경계에 있고, 북쪽은 흑해로 통하고 남서쪽은 에게해로 이어지며, 동북부쪽엔 콘스탄티노플(현재의 이스탄불)이 있다.

145) 트란실바니아 공작으로 헝가리 왕에 선출되었던 라코치 페렌츠 2세(1676~1735). 오스트리아 황제에 대항하여 헝가리인을 봉기시켰다가 패배하여 흑해에 잇닿은 마르마라해 근처에 싼 주거지를 찾아냈다.

146) 열거된 지명은 페트라를 제외하면 지중해 동쪽에 위치한다. 스쿠타리는 오늘날 위스퀴다르.

가장 불쌍하다고 생각하십니까?"

"글쎄요, 모르겠는데요. 그걸 알려면 당신의 마음속으로 들어가 봐야지요."

마르틴이 말했다.

"오오! 만약 이 자리에 팡글로스 선생님이 계셨더라면 그걸 아시고 가르쳐 주셨을 텐데."

"당신의 팡글로스 선생이 있었다 해도 대체 어떤 저울로 인간의 불행 무게를 달거나, 인간의 고통을 잴 수 있을지 나는 도무지 짐작이 가질 않는군요. 내가 미루어 짐작할 수 있는 것이라곤 이 세상엔 찰스 에드워드 왕이나 이반 황제, 아흐메트 황제보다 백배는 더 동정해야 할 사람들이 수백만이나 있다는 것 정도입니다."

"그럴지도 모르겠군요."

캉디드는 말했다.

며칠 지나지 않아 그들은 흑해 해협에 도착했다. 캉디드는 먼저 터무니없는 몸값을 지불하고 카캄보를 노예 신분에서 풀어주었다. 그런 다음 때를 놓치지 않고 일행과 함께 갤리선에 올라타, 퀴네공드 양이 아무리 못생겨졌다 해도 단숨에 프로폰티해 기슭을 향해 그녀를 맞으러 갔다.

갤리선을 젓는 죄수 중에 노 젓는 방법이 눈에 띄게 서툰 죄수가 둘 있었다. 지중해 동쪽 해안의 레반트 지방 출신인 선장은 이따금 그 두 사람의 드러난 어깨를 채찍으로 세차게 후려쳤다. 캉디드는 자연스런 충동에 휩싸여 다른 죄수보다 많은 관심을 기울여 그들 둘을 바라보다가 가엾은 생각에 그들에게 다가갔다. 두 사람의 생김새는 몹시 추하게 변하기는 했지만 팡글로스와, 그 가엾은 예수회 신부 즉 퀴네공드 양의 오빠인 남작하고 어딘가 닮은 것처럼 보였다. 문득 그런 생각이 뇌리를 스치자 슬픔이 북받쳐 눈물이 맺혔다. 그는 자기 눈을 의심하면서 두 사람을 뚫어져라 살펴보았다.

그는 카캄보에게 말했다.

"아, 정말이지 내가 만약 팡글로스 선생님이 교수형을 당하는 걸 못 보았더라면, 또 운 나쁘게도 남작을 죽이지 않았더라면 이 갤리선을 젓고 있는 저 두 사람인 줄 알았을 거야."

두 죄수는 남작과 팡글로스라는 이름을 듣더니 큰 소리를 지르며 벤치에 앉은 채로 노 젓던 손을 멈추고, 자기도 모르게 노에서 손을 떼고 말았다. 레반트 출신 선장이 두 사람에게 뛰어가 지금까지보다 훨씬 세게 채찍을 휘둘렀다.

"멈추십시오. 제발 멈춰주십시오, 선장님."

캉디드가 외쳤다.

"부르시는 대로 돈을 드리겠습니다."

"아니, 이게 누군가! 캉디드 아닌가!"

죄수 중에 하나가 말했다.

"뭐어? 캉디드라고!"

다른 한 사람이 소리쳤다.

"이게 대체 꿈이야, 생시야. 내가 정말 이 갤리선에 있는 것이 맞나? 설마 여기 있는 것이 내 손으로 죽인 남작님이고, 거기 있는 것은 교수형당하시는 걸 내 두 눈으로 똑똑히 보았던 팡글로스 선생님이라니!"

캉디드가 말했다.

"그렇고말고, 우릴세. 한 치의 오차 없는 우리란 말일세."

두 사람은 대답했다.

그러자 마르틴이 말했다.

"아니, 저 사람이 당신이 말하던 그 위대한 철학자란 말이오?"

"저기요, 레반트 선장님. 제국 굴지의 남작 가운데 한 분인 툰더 텐 트롱크 님과 독일에서 가장 으뜸가는 형이상학의 대가 팡글로스 선생님의 몸값으로 얼마를 받으시면 되겠소?"

캉디드가 물었다.

레반트 선장은 대답했다.

"그리스도교의 상것들! 그리스도교의 상것인 죄수들이 남작과 철학자라니 고향에선 꽤나 훌륭한 신분이었나 보군. 제키노로 5만만 받을까?"

"좋소, 내가 그걸 지불하리다. 그러나 선장님, 번개처럼 빨리 나를 콘스탄티노플로 데려다주시오. 그리하면 곧장 지불하겠소. 아, 그보단 퀴네공드 양이 있는 곳으로 데려다주면 되겠군."

레반트 선장은 캉디드의 요청을 듣고 어느새 뱃머리를 그 도시 쪽으로 향하고, 새가 바람을 가르고 나는 것처럼 빠르게 배를 젓게 했다.

캉디드는 수도 없이 남작과 팡글로스를 껴안았다.

"그런데 남작님, 그때 제 칼에 찔리고도 어떻게 무사하셨습니까? 그리고 팡글로스 선생님, 어째서 당신은 교수형을 당한 뒤에도 이렇게 멀쩡히 살아 계신 겁니까? 게다가 왜 여러분은 둘이 함께 터키에서 노 젓는 형벌을 받고 계신지요?"

"나의 사랑하는 누이동생이 이 나라에 있다는 게 사실인가?"

남작이 물었다.

"예, 그렇습죠."

카캄보가 대답했다.

"그럼 내가 아끼는 캉디드를 다시 만나게 되는 건가?"

팡글로스가 큰 소리로 외쳤다.

캉디드는 두 사람에게 마르틴과 카캄보를 소개했다. 그들은 저마다 포옹을 했고, 다들 신이 나서 이야기를 했다. 갤리선은 날아가는 듯이 달렸고 그들은 어느새 항구에 들어와 있었다. 유대인 하나가 불려왔다. 캉디드는 그 유대인에게 10만 제키노의 값어치가 있는 다이아몬드 하나를 5만 제키노에 팔았다. 유대인은 아브라함에게 맹세하건대 더는 한 푼도 줄 수 없다고 버텼다. 캉디드는 그 자리에서 남작과 팡글로스의 몸값을 치렀다. 팡글로스는 자기를 자유의 몸이 되게 해준 은인의 발밑에 엎드려 눈물로 그 발을 적셨다. 남작은 고개를 끄덕여 감사의 뜻을 표했고, 돈을 최대한 빨리 갚겠다고 약속했다.

"그런데 설마 내 동생이 터키에 있으리라고는 꿈에도 생각지 못했는걸."

그는 말했다.

"세상에 그보다 더 확실한 일은 없습니다. 어쨌거나 트란실바니아 대공의 저택에서 접시닦이를 하고 계시니까요."

카캄보가 같은 대답을 되풀이했다.

유대인 2명이 곧 불려왔다. 캉디드는 다시 다이아몬드를 팔았다. 이어 다들 갤리선에 타고 퀴네공드를 구하러 또다시 출발했다.

제28장
캉디드, 퀴네공드, 팡글로스, 마르틴 등에게 일어난 일들[147]

"거듭 사죄드립니다. 신부님, 제가 칼로 깊이 찌른 일을 부디 용서해 주십시오."

캉디드가 남작에게 용서를 구하자 남작이 대답했다.

"이제 그 이야긴 그만하세. 솔직히 말해 그때는 나도 좀 지나쳤어. 그런데 어떤 곡절이 있어서 내가 갤리선을 젓고 있었는지, 또 그걸 자네가 보게 되었는지 자넨 그게 궁금할 테니 그걸 이야기함세. 나는 수도원의 약제담당 신부의 치료로 상처를 고치긴 했는데 그러자마자 스페인 파견대의 습격을 받아 끌려가서는 부에노스아이레스 감옥에 갇혔지. 그건 마침 누이동생이 그 도시를 떠난 바로 뒤 일이었네. 나는 로마 수도회 교구장에게 돌려보내 달라고 애원했지. 그랬더니 콘스탄티노플로 가서 프랑스 대사관 소속 주교로 일하라는 명령을 받았어. 그 직분을 받은 지 일주일도 지나지 않은 어느 날, 해질녘 나는 젊고 몸집이 아주 건장한 궁정소속 시동(侍童)과 마주쳤다네. 그날은 몹시 더웠는데 그 청년은 터키의 증기탕 목욕을 하고 싶어 했지. 나 또한 이게 웬 떡이냐 싶어 증기탕에 들어갔지. 젊은 이슬람교도와 알몸으로 있는 것을 들키면 그리스도교도에겐 사형에 처하는 큰 죄란 것은 꿈에도 몰랐지 뭔가. 재판관은 내 발바닥을 몽둥이로 100대를 치게 한 뒤, 갤리선의 노 젓는 형을 선고했어. 그보다 더 가혹하고 부당한 처사는 결코 없었던 것 같군. 하지만 그것보다 어째서 터키로 망명했던 트란실바니아 군주의 부엌에 내 누이동생이 있는 것인지 그것부터 알고 싶군."

"그런데 말입니다, 팡글로스 선생님. 이렇게 다시 뵙게 되다니 어찌 된 영문입니까?"

캉디드가 팡글로스에게 묻자 그가 말했다.

"내가 교수형당하는 걸 자네가 본 건 분명해. 본디 나는 불에 태워졌어야 하는데, 자네도 기억하겠지만 나를 불태우려 할 때 갑자기 소나기가 내렸어. 천

---

147) 이 장 제목의 일부는 내용과 맞지 않다.

둥과 벼락이 어찌나 심하던지 불을 붙이는 걸 단념하더군. 다른 좋은 방법도 없어서 나는 교수형을 당했지. 그런데 어떤 외과의사가 나의 시신을 사서는 자기 집으로 가져가 해부했어. 그는 배꼽에서부터 쇄골까지 열십자로 절개했지. 아마 나만큼 어설프게 목이 매달린 사람도 없었던 모양이야. 성스런 종교재판소의 사형집행인은 부주교였는데 화형하는 솜씨는 확실히 훌륭했지만, 교수형엔 익숙지가 않더군. 밧줄이 젖어서 잘 미끄러지지 않았는데도 그대로 목에 둘렀지 뭐야. 어쨌든 나는 아직 숨을 쉬고 있었던 거야. 열십자로 내 배를 가르자마자 내가 큰 소리를 질렀더니 그 외과의사는 놀라 기절했고, 자기가 악마를 해부했다고 믿고는 공포에 질려 도망을 쳤는데, 그나마도 달아나다가 계단에서 데굴데굴 구르더군. 그 소리를 듣고 그의 아내가 옆의 작은 방에서 뛰어나왔지. 내가 탁자 위에서 열십자로 절개된 상태로 누워 있는 것을 보더니 아내는 남편보다 더 공포에 질려 도망치다가 남편 위로 포개져 쓰러졌어. 두 사람의 정신이 약간 돌아왔을 때, 외과의사의 아내가 남편에게 이렇게 말하는 소리가 들렸지.

'여보, 아니 어떻게 이단자를 다시 해부할 생각이 들었어요? 언제나 악마가 저런 사람들 속으로 옮겨 들어가 있다는 것도 몰라요? 당장 신부님을 모시러 가야겠어요. 빨리 악마를 쫓아버려야 한다고요.'

그 이야기를 들은 나는 소스라쳐서 아주 조금밖엔 남아 있지 않던 기력을 쥐어짜서 소리쳤다네.

'제발 부탁입니다!'

그랬더니 포르투갈 이발사[148]는 용기를 내어 나의 절개된 부분을 다시 꿰매주고, 그의 아내도 나를 보살펴 주더군. 나는 2주일 뒤에야 회복됐어. 이발사는 나를 위해 직장을 구해주었고, 나는 베네치아로 가는 몰타 수도회 기사의 하인이 되었다네. 그런데 이 주인은 봉급을 줄 돈이 없어서 나를 베네치아 상인에게 넘겼고, 그 상인을 따라 콘스탄티노플까지 왔던 걸세.

어느 날, 문득 나는 이슬람 사원에 들어가 보고 싶은 생각이 들었지. 그곳엔 늙은 이슬람 사제와 중얼중얼 기도를 읊조리는 아주 예쁘고 신앙심이 두터운

---

148) 18세기에는 보마르셰의 《피가로의 결혼》(1784)에서 볼 수 있다시피 일반적으로 이발사는
　　외과의사를 겸업했다.

콘스탄티노플에 있는 뉘스레티에 모스크 19세기 초 판화.

여신도가 있었다네. 그녀는 가슴을 드러내고 있었고,[149] 양쪽 유방 사이엔 튤립과 장미와 아네모네, 미나리아재비, 히아신스와 앵초로 만든 예쁜 꽃다발을 지니고 있었지. 아가씨가 그 꽃다발을 떨어뜨리기에 그걸 주워서 아주 공손하면서도 열의를 담아서 다시 그녀에게 건넸지. 내가 꽃다발을 그녀에게 건네는 데 시간이 꽤 오래 걸렸으므로 이슬람 사제는 화를 냈고, 게다가 내가 그리스도교도임을 알자 큰 소리로 하인을 불렀어. 나는 재판관에게 끌려갔지. 그랬더니 그 재판관은 판때기로 내 발바닥을 100대 치게 한 뒤, 나를 갤리선의 노젓는 형에 처했어. 내가 사슬에 매인 것이 마침 남작님하고 같은 갤리선이었고, 또 같은 벤치 위였던 것은 우연의 일치야. 갤리선엔 마르세유의 젊은이 4명과 나폴리의 주교 5명, 코르푸섬의 수도사 2명이 있었는데 그들은 이런 일은 날마다 일어나는 흔한 일이라고 말하더군. 남작님은 나보다 더 부당한 수모를 당했다고 하셨지만, 나는 궁정의 시동과 함께 알몸으로 있었던 것보다 여인의 가슴에 꽃다발을 돌려주는 행위가 훨씬 가볍다고 주장했지. 우리가 끊임없이 말다툼을 벌이느라 날마다 20대씩 채찍을 맞고 있던 차에, 이 우주의 사건이 모두가 서로 얽혀 있는 덕분에 자네가 그 갤리선에 탔고, 우리 몸값을 지불하여 자유의 몸이 되게 해준 거라네."

"그런데 팡글로스 선생님! 교수형을 당하고, 해부되고, 곤장을 맞고, 게다가 노를 젓는 형벌을 받아 갤리선을 젓고 있을 때에도 당신은 여전히 세상만사 이보다 더 순조로울 순 없다고 생각하셨는지요?"

캉디드가 묻자 팡글로스가 대답했다.

"나의 견해는 시종일관 똑같다네. 왜냐하면 요컨대, 나는 철학자이기 때문이야. 앞서 한 말을 뒤집어선 안 돼. 그것은 라이프니츠가 잘못을 저지르는 일은 있을 수 없을 뿐만 아니라 예정조화는 이 세상에서 가장 훌륭한 것이고, 충만함과 미세물질과 마찬가지로 선이기 때문이라네."[150]

---

149) 코란은 가슴을 드러내는 걸 금하고 있다. 또한 여자가 남자와 함께 사원에 있는 것은 이슬람교 풍습에 어긋난다.

150) '예정조화'는 라이프니츠의 가장 유명한 이론의 하나이다. '충만함과 미세물질'은 데카르트의 자연학 개념이지만, 뉴턴이 그를 반박했다. 볼테르는 《뉴턴 철학의 원리》에서 데카르트의 형이상학 견해를 비웃었다.

제29장
캉디드가 퀴네공드와 다시 만난 일

캉디드와 남작, 팡글로스와 마르틴, 그리고 카캄보가 저마다 겪은 일들을 이야기하고, 이 우주에 있는 우연한 사건과 필연적 사건에 대해 논쟁을 벌이고, 원인과 결과에 대해, 도덕적인 악과 자연적인 악에 대해, 자유와 필연에 대해, 터키에서 갤리선을 젓던 그때에도 느낄 수 있었던 위로에 대해 서로 의견을 다투고 있으려니 배는 어느새 프로폰티스해 언저리에 있는 트란실바니아 대공의 집에 도착해 있었다. 맨 먼저 눈에 띈 것은 퀴네공드와 노파였다. 두 사람은 수건을 펴서 빨랫줄에 널어 말리려 하고 있었다.

그 광경을 보자 남작의 얼굴에서 핏기가 싹 가셨다. 마음 약한 연인 캉디드는 그토록 아름답던 퀴네공드가 살갗은 볕에 그을려 새카맣고, 눈은 충혈되었으며, 가슴은 봉긋한 맛이 사라지고, 볼엔 주름이 패고, 두 팔의 피부는 비늘처럼 각질이 붉게 일어나 있는 것을 보고 무서운 생각이 들어서 자기도 모르게 몇 발짝 뒤로 물러섰다가 다시 예의를 차려 앞으로 나아갔다. 그녀는 캉디드와 오빠를 포옹했다. 다들 노파를 껴안았다. 캉디드는 두 사람의 몸값을 치러 그들도 자유의 몸이 되게 했다.

근처에 작은 농지가 있었다. 노파는 캉디드에게 다들 좀 더 나은 운을 만날 때까지 그 농지에 만족하면 어떻겠느냐고 권했다. 퀴네공드는 자기가 미워졌다는 사실을 몰랐다. 그 사실을 아무도 알려주지 않았기 때문이다. 그녀는 캉디드에게 다짜고짜 예전의 결혼 약속을 상기시켰으므로 착한 캉디드는 그녀의 말을 거부할 수가 없었다. 그래서 그는 남작에게 가까운 시일 내에 여동생과 결혼하겠다고 말했다.

"내 동생의 그런 꼴사나운 행동도, 자네의 그 뻔뻔스런 행동도 절대 받아들일 수 없어. 그런 불명예스런 일로 나에게 세상의 비난을 초래하는 것은 절대 있어선 안 돼. 누이동생의 자식들은 독일 귀족이 모이는 성당참사회[151]에 들어가지 못하게 될 거야. 그럼, 그렇고말고, 동생은 독일제국의 남작하고만 결혼시

---

151) 고위성직자, 귀족과 군사들의 모임. 혈통이나 신분이 다른 결혼에 대해서 독일은 프랑스보다 엄격하게 제한했다.

킬 거네."

퀴네공드는 오빠의 발치에 엎드려 그 발을 눈물로 적셨지만 오빠의 태도는 완강했다.

"미쳤나, 바보 같으니! 나는 당신을 노 젓는 형벌로부터 구해내기 위해 당신 몸값을 치렀고, 당신 누이동생의 몸값도 지불해 주었다. 그녀는 여기서 접시닦이를 하고 있었고, 지금은 곱지도 않아. 그런 여동생을 나는 친절한 마음에서 아내로 삼아주려 하는데, 그런데도 당신은 아직도 반대할 셈이냐! 내가 정말 화나면 이번엔 당신을 완전히 죽여버리겠다."

그러자 남작이 말했다.

"그럼 다시 한 번 나를 죽여보시지. 하지만 내 눈에 흙이 들어가기 전엔 절대로 당신 따위하고는 동생을 결혼시키지 않겠다."

제30장
마무리

캉디드는 퀴네공드와 결혼할 마음이 조금도 없었지만 남작의 지나치게 무례한 말 때문에 얼결에 결혼하기로 마음을 굳혔다. 게다가 퀴네공드가 끊임없이 재촉했으므로 약속을 물릴 수도 없었다. 그는 팡글로스와 마르틴, 충직한 카캄보와 의논했다. 팡글로스는 훌륭한 논문 한 편을 써서 남작이 동생에 대해 어떤 권리도 없다는 것, 또한 제국의 모든 법에 비추어 그녀는 왼손을 내밀어 캉디드와 결혼할 수가 있다고 증명해 보였다.[152] 마르틴은 남작을 바닷속에 처넣어야 한다는 결론을 내놓았다. 카캄보는 남작을 레반트의 선장에게 넘겨서 다시 갤리선의 노를 젓는 형벌로 복귀시켜야 하며, 그렇게 하면 배편에 따라 남작을 로마 수도회 교구장에게 보낼 수 있으리라는 최종 결론에 이르렀다. 그 의견은 썩 괜찮은 것 같았다. 노파가 찬성했다. 이 일은 남작의 여동생에게는 비밀로 하고, 얼마간의 돈을 써서 실행에 옮겨졌다. 예수회 신부에게 한 방

---

152) 당시 독일에선 서로 어울리지 않는 결혼에 적용되는 풍습이 남아 있었는데, 결혼식에서 신부에게 왼손을 내미는 왕족은 그 작위나 재산, 부부의 약속까지도 반드시 신부에게 확약하지 않았다고 한다. 팡글로스의 주장은 남작 딸과 왕족 입장으로 바꿔놓은 것이다.

제대로 먹여 독일 남작의 거드름에 일침을 놓은 것을 생각하니 다들 앓던 이가 쏙 빠진 것처럼 후련했다.

온갖 역경을 헤치고 캉디드가 연인과 결혼하고, 철학자 팡글로스와 철학자 마르틴, 그리고 사려 깊은 카캉보, 또 노파와 함께 살고, 게다가 옛 잉카족의 나라에서 엄청난 다이아몬드를 갖고 돌아왔으니 분명 쾌적한 삶을 살게 되리라고 상상하는 것은 너무나 마땅한 일이었다. 그러나 유대인들에게 이리저리 사기를 당해 그에겐 이제 손바닥만 한 농지 말고는 아무것도 남아 있지 않았다. 그의 아내는 날이 갈수록 추해지고 잔소리가 심해져 견디기가 어려웠다. 노파는 몸이 약해져 퀴네공드보다 더 심기가 불편했다. 밭일을 하고 콘스탄티노플로 채소를 팔러 다니는 카캉보는 일을 하느라 기진맥진하여 자기 운명을 저주했다. 팡글로스는 독일의 대학에서 명성을 떨쳐 보고 싶은데, 그러질 못해 절망하고 있었다. 마르틴은 어땠는가 하면, 무릇 인간이란 어디에 있건 원만히 되어가지 않는 것은 다 똑같다고 굳게 믿었으므로 사태를 참을성 있게 받아들였다. 캉디드와 마르틴과 팡글로스는 이따금 형이상학과 도덕에 대해 토론을 벌이기도 했다. 림노스섬과 미틸레네, 에르주룸[153]으로 유배 가는 터키 고관과 지방장관, 재판관들을 가득 실은 배 여러 척이 농가의 창문 아래로 지나는 것이 보였다. 그리고 그들을 대신할 다른 재판관, 지방장관, 다른 고관들이 오는 것이 보였지만 그런 그들도 다음엔 자기들이 유배당하는 형국이었다. 황제의 궁전에 바치기로 되어 있는, 청결하게 솜으로 채운 머리[154] 여러 개가 보였다. 그런 광경을 직접 보면 세 사람의 토론은 더욱더 격렬해졌다. 토론을 벌이지 않을 때는 주체할 수 없을 만큼 따분했으므로 어느 날, 노파는 작정을 하고 모두에게 이렇게 말했다.

"흑인 해적에게 백 번이나 몸을 더럽히고, 엉덩이의 한쪽이 잘려나가고, 불가리아인 나라에서 채찍의 빗속을 뚫고 나와, 이단자의 화형에 채찍으로 맞거

---

153) 림노스섬은 에게해에 있는 섬, 미틸레네는 레스보스섬의 다른 이름, 에르주룸은 터키 동부의 도시.

154) 반 덴 회벨에 따르면 이 부분의 기술은 게르라고 하는 인물의 《터키인의 풍속》(1746)에 바탕하고 있다. 음모를 꾀하는 지방장관들은 황제의 요구가 있으면 목을 잘렸고, 그 목은 안에 솜을 채워 궁전에 내걸렸다고 한다.

나 매달리기도 하고, 그다음엔 해부당하고, 갤리선을 젓는 등, 우리 모두가 겪은 온갖 불행한 사건들을 경험하는 것과, 아니면 여기 있으면서 아무것도 하지 않는 것하고 대체 어느 쪽이 더 견디기 힘든지 알고 싶군요."

"그건 큰 문제로군."

캉디드가 말했다.

이 발언이 모두를 또다시 새로운 고민에 빠뜨렸다. 특히 마르틴은, 인간은 불안에 의한 경련이거나, 그도 아니면 권태의 무기력 상태 속에서 살아가도록 태어났다고 결론을 내렸다. 캉디드는 그것에 찬성하지는 않았지만, 확실한 말은 한 마디도 하지 않았다. 팡글로스는 자신은 줄곧 가혹한 일을 겪어왔음은 인정했지만, 일단 모든 일이 더할 수 없이 순조롭다고 주장한 뒤로는 여전히 그렇게 주장했다. 그러면서 자기 주장을 전혀 믿지 않는 것이었다.

어떤 일이 계기가 되어 마르틴이 완전하게 자기 지론을 확신하고, 캉디드가 전에 없이 판단에 망설이고, 팡글로스는 완전히 당황하게 되었다. 왜냐하면 어느 날, 그들에게 완전히 초라해진 파케트와 지로플레 수도사가 농지로 찾아오는 사건이 닥쳐왔기 때문이다. 두 사람은 호주머니의 3000피아스터나 되는 거금을 삽시간에 다 써버렸고, 서로 싸웠다가는 화해하고, 그런가 하면 다시 사이가 틀어지고, 투옥과 탈옥을 되풀이했던 것이다. 그러던 끝에 결국 지로플레 수도사는 이슬람교도가 되어 있었다. 파케트는 어디에 있건 여전히 그 사업을 계속했는데 화대만큼은 칼같이 받아냈다.

마르틴은 캉디드에게 말했다.

"어떻습니까? 내가 경고했던 대로가 아닙니까? 당신이 주었던 거금은 눈 깜짝할 사이에 탕진할 거고, 그 돈 때문에 두 사람은 한층 비참해질 따름이라고 했었죠? 당신과 카캉보만 해도 전엔 수백만 피아스터나 되는 돈에 파묻혀 있었지만 지금의 불행한 정도로 말하자면 지로플레 수도사나 파케트와 오십보백보가 아닙니까?"

"이럴 수가! 그렇다면 당신은 신의 이끄심으로 우리에게로 돌아온 것이야! 당신 때문에 내 코하고 한쪽 눈과 귀를 잃은 걸 아느냐? 당신도 어지간히 타락했구나! 아! 세상은 정말 요지경이야!"

팡글로스가 파케트에게 그렇게 말했다.

Candide......recula trois pas faifi d'horreur
et avança enfuite par bon procédé.

장 미셸 모로 2세 그림 장 루이 델리뇽(1755~1884)에 의해 새겨짐.

그런 새로운 사건이 계기가 되어 그들은 전에 없이 심각한 토론에 빠졌다.

근처에 터키에서 가장 훌륭한 철학자로 통하는 이슬람교 수도승이 있었다. 그들은 가르침을 청하러 그 수도승을 찾아갔다. 팡글로스가 먼저 말문을 열었다.

"어르신, 인간이라는 이 괴상한 동물이 왜 생겨났는지 그 가르침을 받고자 이렇게 찾아왔습니다."

"쓸데없는 일에 끼어드는 게 아냐. 그게 도대체 당신들과 무슨 상관이 있느냐?"

수도승은 말했다.

"하지만 어르신! 이 세상엔 끔찍하리만큼 악이 널리 퍼져 있습니다."

캉디드가 한마디 했다.

"악이 존재하든 선이 존재하든 아무려면 어떠냐? 폐하께서 이집트로 배를 보내실 적에 배 안에 생쥐들이 제 집인 양 들락거리는지 어떤지를 따지셨겠느냐?"

수도승이 말했다.

"그럼 어떻게 해야 할까요?"

팡글로스가 물었다.

"침묵해야 하느니라!"

수도승은 대답했다.

"저는 어르신과 원인과 결과, 세상 모든 것 가운데 최선의 세계, 그리고 악의 기원, 영혼의 본성, 또 예정조화에 대해 대화를 나누고 싶어 왔습니다."

팡글로스가 말했다.

그 말을 듣자 수도승은 모두의 앞에서 보란 듯이 문을 쾅 닫았다.

그런 이야기를 하는 지금도 콘스탄티노플에서 장관과 법학자 2명이 교수형을 당했고, 그들의 친구 몇 사람이 창에 찔려 죽었다는 소식이 퍼지고 있었다. 불과 몇 시간 동안에도 그런 결말의 소문으로 어디나 왁자지껄했다.

팡글로스와 캉디드, 마르틴은 초라한 농장으로 돌아오는 길에 집 바로 옆의 아치처럼 생긴 오렌지나무 아래서 더위를 식히고 있는 친절한 한 노인과 마주쳤다. 팡글로스는 토론하기를 즐길 뿐 아니라 호기심도 왕성했으므로 노인에게 조금 전에 교수형을 당한 법학자의 이름을 물었다. 그러자 농부는 대답했다.

"잘 모르겠는데요. 그리고 나는 어떤 법학자 이름도 장관 이름도 지금까지 기억한 적이 없습니다. 당신이 말씀하신 사건도 전혀 모릅니다. 내 생각에 대체로 나랏일과 관련된 사람들이 비운의 죽음을 맞는 것은 드물지 않은데 그것도 자업자득입니다. 하지만 나는 콘스탄티노플에서 무슨 일이 벌어지고 있는지 절대 묻거나 하지 않아요. 내가 농사짓는 밭에서 나오는 수확물과, 도시로 팔러 가는 것에만 만족한답니다."

노인은 그렇게 말하더니 그 낯선 사람들을 자기 집으로 불러들였다. 노인의 두 딸과 두 아들은 손수 만든 셔벗 몇 종류, 설탕에 절인 레몬껍질을 넣은 음료, 오렌지, 레몬, 신맛이 강한 다른 종류의 레몬, 파인애플, 피스타치오, 또 바타비아와 안티르 제도의 저질 커피가 전혀 섞이지 않은 모카커피를 내왔다. 또한 그 착한 이슬람교도의 두 딸은 캉디드와 팡글로스와 마르틴의 턱수염에 향수를 뿌려주었다.

"당신은 분명 드넓고 기름진 땅을 갖고 계실 테지요."

캉디드는 그 터키인에게 말했다.

"내 땅은 겨우 20아르팡밖에 되질 않습니다. 그 땅을 자식들과 가꾸고 있지요. 노동은 우리에게서 3가지의 커다란 불행, 즉 따분함과 옳지 못한 행동, 그리고 가난을 멀리 쫓아내 준답니다."

캉디드는 자기 집으로 돌아오면서 터키인이 했던 말에 대해 곰곰 생각해 보았다. 그는 팡글로스와 마르틴에게 말했다.

"저 착한 노인은 우리가 영광스럽게도 저녁식사를 함께했던 그 여섯 국왕보다 훨씬 바람직한 환경을 개척하고 있는 것 같습니다."

그러자 팡글로스가 말했다.

"여러 철학자의 보고에 따르면 권세는 목숨과도 연관된 몹시 위험한 것이라네. 왜냐하면 어쨌든 모아브인들의 왕 에글론은 에훗에게 암살당하고, 압살롬은 머리카락이 나무에 걸려 매달려 있는 상태에서 3개의 투창에 찔려 죽고, 여로보암의 아들 나답 왕은 장군 바아사에게 살해당하고, 엘라 왕은 지무리에게, 아하시야는 예후에게, 아달랴는 여호야다에게 죽음을 당했어. 여호야킴,

여고니야, 시드키야 같은 왕들은 노예가 되었지.[155] 고대 리디아 왕 크로이소스, 메디아 왕 아스티아게스, 페르시아 왕 다리우스, 시라쿠사 참왕 디오니시우스, 에페이로스 왕 피로스, 마케도니아 왕 페르세우스, 카르타고 장군 한니발, 누미디아 왕 유구르타, 게르만족 왕 아리오비스투스, 카이사르, 로마 장군 폼페이우스, 네로 황제, 오토 황제, 비텔리우스 황제, 도미티아누스 황제,[156] 영국 리처드 2세, 에드워드 2세, 헨리 6세, 리처드 3세, 메리 스튜어트, 찰스 1세, 프랑스 세 앙리 왕,[157] 독일 왕 하인리히 4세의 죽음은 자네도 잘 알겠지. 자네도 역시 알다시피……."

"나는 또한 우리의 뜰을 가꾸어야 한다는 것도 압니다."

캉디드가 말했다.

그러자 팡글로스는 말했다.

"옳은 말일세. 왜냐하면 인간이 에덴동산에 있었던 것은 우트 오페라레투르 에움,[158] 즉 일하기 위해서였거든. 이것이야말로 인간이 휴식을 위해 태어나지 않았다는 것을 매우 적절하게 증명하지 않는가!"

"아무 생각하지 말고 일합시다. 일을 하는 것만이 삶을 견딜 만하게 만드는 유일한 방법입니다."

마르틴이 한마디 했다.

작은 공동체 사람들은 일제히 이 바람직한 계획에 참가했다. 저마다 자기재능을 발휘하기 시작했다. 보잘것없던 땅은 굉장한 수확을 가져왔다. 퀴네공드가 몹시 미워진 것은 사실이지만, 그래도 과자를 만드는 데는 따를 사람이 없었다. 파케트는 수를 놓고, 노파는 속옷을 수선했다. 지로플레 수도사에 이르기까지 도움이 되지 않는 사람은 아무도 없었다. 그는 아주 솜씨가 뛰어난 소

---

155) 여기에 열거되어 있는 인명은 구약성서에서 인용한 것이다.

156) 고대 리디아 왕 크로이소스부터 도미티아누스 황제까지는 고대 역사에서 인용했다.

157) 프랑스 세 앙리 왕이란 마상창시합에서 죽음을 당한 앙리 2세, 암살당한 앙리 3세와 앙리 4세를 말한다.

158) Ut operaretur eum. "야훼 하느님께서 아담을 데려다가 에덴에 있는 이 동산을 돌보게 하시며"(창세기 2 : 15)라는 문장을 인용한 것이다. 볼테르는 이 인용문을 '수첩'에 써놓고 다음과 같은 주석을 붙였다. "때문에 인간은 노동을 하기 위해 태어났다." "그러므로 노동은 결코 벌이 아니다."

목장이였을 뿐만 아니라 예의를 갖춘 사람이 되었다. 그리고 팡글로스는 이따금 캉디드에게 이렇게 말하곤 했다.

"온 세상 가운데 최선의 세계에선 모든 일이 서로 얽혀 있다네. 왜냐하면 결국, 만약 자네가 퀴네공드 양에 대한 사랑 때문에 엉덩이를 세게 걷어차이고 아름다운 성에서 쫓겨나지 않았더라면, 만약 자네가 종교재판에 회부되지 않았더라면, 만약 자네가 아메리카 대륙을 탈출하지 않았더라면, 만약 자네가 남작을 칼로 푹 찌르지 않았더라면, 만약 자네가 아름다운 엘도라도 땅에서 데리고 나온 양들을 몽땅 잃어버리지 않았더라면, 자넨 여기서 이렇게 설탕에 절인 레몬이나 피스타치오를 먹고 있지는 않았을 걸세."

"옳습니다. 백번 맞는 말씀입니다."

캉디드는 대답했다.

"그러나 이제는 우리의 뜰을 가꾸어야만 합니다."

Micromégas
미크로메가스
철학적 이야기

제1장 시리우스의 주민이 토성을 여행하다

시리우스라는 별의 둘레를 도는 별 하나에 아주 재치가 넘치는 한 젊은이가 있었다. 이 청년이 우리의 보잘것없는 개미굴을 찾아왔을 때 나는 영광스럽게도 그와 알고 지내게 되었다. 그의 이름은 미크로메가스[1]였는데 그것은 세상의 모든 거대한 인간에게 어찌나 걸맞은 이름인지. 그는 키가 8리외[2]였다. 8리외란 토지를 측량할 때의 1보(步)를 5피에로 할 때, 2만 4000보이다.

늘 사람들에게 유익함을 주는 사람인 수학자라면, 그들 가운데 몇몇은 재빨리 펜을 들어서 시리우스의 주민 미크로메가스는 머리 꼭대기에서 발끝까지 2만 4000보, 즉 12만 피에 드 루아[3]이며, 우리 지구인은 겨우 5피에밖에 되지 않고, 또 우리가 사는 지구의 둘레는 9000리외이므로 미크로메가스를 낳은 천구의 둘레는 정확히 말하면 지구의 2160만 배임을 증명해 낼 것이 틀림없다. 자연계에서 이토록 단순하고 당연한 것은 없다. 독일이나 이탈리아의 크고 작은 군주국가나 터키, 러시아, 중국 같은 여러 국가에 견주어도 반 시간도

---

1) 그리스어로 미크로스(작다)와 메가스(크다)를 합친 이름. 만물의 상대성을 표현하는 이 소설의 주제이기도 하다.
2) 1리외(lieue)=2000투아즈=3.8킬로미터
   1투아즈(toise)=6피에=1.94미터
   1피에(pied) 또는 피에 드 루아(pied de roi)=12푸스=32.4센티미터
   1푸스(pouce)=12리뉴=2.7센티미터
   1리뉴(ligne)=0.22센티미터
3) 당시 토지측량의 보폭은 보통의 2배로서 약 1.62미터 즉 5피에였으므로 미크로메가스의 키는 38.880킬로미터가 된다.

채 지나지 않아 둘러볼 수 있으므로 숱한 존재 속에 자연이 초래한 유별나게 커다란 것들 가운데 몹시 보잘것없는 양상밖에는 보여주지 못한다.

미크로메가스 각하의 키가 이와 같았으므로 우리 지구의 조각가나 화가는 그의 허리둘레가 5만 피에 드 루아여서 몸집이 매우 균형 잡혀 있음을 인정할 것이다.

그리고 그의 총명한 재주에 대해 말하자면 그는 그즈음 뛰어난 교양인의 한 사람이다. 무척 많은 것들을 아는 데다 그중 몇 가지는 그가 생각해 낸 것이었다. 나이는 아직 250살밖에 되지 않았지만 관습에 따라 그가 사는 별의 예수회 학교에서 공부했는데, 그는 그 무렵 50개도 넘는 유클리드의 명제를 혼자 힘으로 풀어냈다. 그것은 블레이즈 파스칼보다 18개나 많다. 파스칼로 말하자면, 그의 누이의 말에 따르면[4] 심심풀이로 32개의 명제를 풀었건만 나중에 지극히 평범한 수학자가 되더니 결국엔 실력이 형편없는 형이상학자가 되었다. 미크로메가스는 유년기가 끝나갈 무렵인 450살쯤에 지름이 100피에도 되지 않아 보통의 현미경으로는 절대 볼 수 없는 몹시 작은 곤충들을 엄청나게 많이 해부하여 무척 흥미로운 책 한 권을 써냈다. 그러나 그 책은 그를 헤어나기 힘든 곤경에 빠뜨렸다.

그 나라의 이슬람법의 권위는 자잘한 일에 몰두하는 자가 거의 없어 매우 어리석었는데 미크로메가스가 쓴 책에 괘씸하고 수상쩍기 짝이 없는, 뿐만 아니라 경솔하고 사악하기까지 한, 요컨대 이단의 냄새가 풀풀 나는 주장을 발견하고는 그를 몹시 닦달했다. 곧 시리우스의 벼룩의 실체가 과연 달팽이와 성질이 똑같은지를 밝혀낼 필요가 있었던 것이다. 미크로메가스는 타고난 총명함을 발휘하여 자기변호를 하고, 뭇 여성들의 지지를 받았지만 재판은 220년이나 이어졌다. 결국 이슬람법의 권위는 문제의 책을 읽어본 적도 없는 법학자들로 하여금 그 책에 대해 유죄판결을 내리게 했다. 결국 책을 쓴 이는 800년 동안 궁정 출입을 금한다는 명령을 받았다.

이 일로 궁정으로부터 쫓겨나긴 했지만 그렇지 않아도 번거롭고 저급한 것들로만 꽉 차 있어 진저리가 나던 차였으므로 그는 그다지 뼈아프게 생각하지

---

4) 파스칼의 누이동생 페리에 부인(1625~1661)이 쓴 《파스칼의 생애》를 말한다.

않았다. 이슬람법의 권위를 짓밟는 통쾌하기 짝이 없는 노래로 골려주었지만 정작 듣는 쪽은 아무렇지도 않았다. 그래서 그는 세간에 널리 퍼져 있어 귀에 딱지가 앉을 정도인 방법, 곧 정신과 마음을 실컷 갈고닦아 볼 생각으로 다른 별들을 여행하기 시작했다. 기껏해야 이륜마차나 베를린형 사륜마차[5]로나 여행하던 사람들이 우주여행 장비를 보고는 아마도 간담이 서늘했을 것이다. 왜냐하면 보잘것없는 진흙 더미 위에서 살았으므로 평소 듣도 보도 못하던 것에 도무지 이해가 되지 않았기 때문이다. 이 나그네는 중력의 법칙과 자기력, 반발력에 대해 기가 막힐 정도로 잘 알고 있었다. 그는 그런 법칙을 썩 잘 이용하여 어느 때는 태양광선을 사용하고, 또 어느 때는 혜성을 이용하여 마치 새가 이 가지에서 저 가지로 날아다니듯이 식솔들을 데리고 천체에서 천체로 옮겨 다녔다. 그가 하늘의 강을 어찌나 빨리 휙휙 건너다녔던지, 그 유명한 더럼 부주교[6]가 망원경으로 하늘의 강에 점점이 박혀 있는 하고많은 별들의 틈새로 아주 먼 데를 보았다고 큰소리쳤던 아름답고 복된 천국은 보지 못했다고 솔직하게 밝혀야 할 것 같다. 그렇다고 더럼 부주교가 엉터리를 보았다고 말하려는 것은 아니다. 그런 것은 있을 턱이 없으니까! 다만 미크로메가스는 그 장소에 있었으며, 더구나 그는 뛰어난 관찰자이다. 나는 아무에게도 이의를 달 생각은 없다. 미크로메가스는 순조롭게 여행을 끝마친 뒤 토성에 도착했다. 그 천체와 그곳에 사는 사람들이 어찌나 작던지 신기한 것이라면 자주 봐왔던 터라 어지간한 것엔 눈도 꿈쩍하지 않던 그도 처음엔, 제아무리 현자라도 때로는 자기도 모르게 새어나올 때가 있는 우월감에서 오는 미소를 금치 못했다. 그도 그럴 것이 토성의 크기는 지구의 거의 900배밖에 되지 않는 데다, 그곳 주민들로 말하자면 키가 겨우 1000투아즈가 될까 말까 한 이른바 난쟁이들이 었기 때문이다. 그도 처음엔 가솔들과 함께 그들을 바보 취급했다. 그것은 이탈리아의 음악가가 프랑스에 오면 륄리[7]의 음악에 코웃음을 치는 것과 어딘가

---

5) 독일 베를린에서 만들어져 17세기 말에 유행한 좌석이 마주 보게 되어 있는 4인승 마차.

6) 윌리엄 더럼은 영국 학자로, 자연의 경이로 신의 실재를 증명하고자 《천체신학》(1715)을 썼다. 그는 천체망원경으로 천국을 보았다고 증언했다. 르네 포모에 따르면 볼테르는 프랑스어로 번역된 《천체신학》 1729년판과 1730년판을 소장하고 있었다.

7) 륄리(1632~1687)는 이탈리아 출신 작곡가, 루이14세의 궁정작곡가로 프랑스 고전가극의 할아버지. 볼테르는 이탈리아음악이 활개 치는 풍조에 거슬러 륄리의 음악을 옹호했다.

닮아 있다. 그러나 시리우스 사람들은 총명했으므로 키가 6000피에밖엔 되지 않지만 사고하는 생물임을 인정해야 한다는 것을 그는 대번에 깨달았다. 그는 그 천체의 주민들을 놀라게 했지만, 나중에는 그들과 가깝게 지냈다. 뛰어난 재주가 있는 사람이라든지 토성 아카데미의 서기[8]와는 아주 두터운 우정을 맺었다. 이 인물은 사실상 어떠한 고안도 하지 않았지만 남이 생각해 낸 것을 썩 매끄럽게 설명하고, 그저 그런 시를 쓴다든지 훌륭한 계산을 해내는 등 꽤 많은 일들을 하고 있었다. 어느 날 미크로메가스가 이 아카데미 서기와 나누었던 매우 독특한 대화를 독자 여러분에게 만족을 주기 위해 여기서 설명하고자 한다.

제2장 시리우스의 주민과 토성 주민이 나눈 대화

미크로메가스 각하가 눕고, 서기가 그의 곁으로 다가오자 각하는 말했다.

"자연이 몹시 변화무쌍하단 것은 인정하지 않을 수 없지요."

"그렇습니다. 자연은 마치 꽃밭과도 같아서 그 가지각색의 꽃들이란······." 토성인이 말했다.

"아! 제발 그런 식으로 말하지 마십시오. 자연이란 것은······" 서기가 말을 계속했다. "금발 여자와 갈색머리 여자가 모여 있는 것과 비슷해서 그 차림새랑······."

"그 갈색머리 여자가 뭐요?"

"그럼 자연은 그림 전시실과 똑같아서 진열된 그림의 붓질이라든지······."

"아닙니다, 그건 아니죠!" 여행자가 말했다. "다시 한 번 말해두지만 자연은 자연하고만 닮아 있어요. 자연을 어떻게 다른 어떤 것에 비유할 수가 있단 말이오?"

"그러면 당신이 좋아할 것 같아서죠." 서기가 대답했다.

"내 비위를 맞추는 것은 질색이오." 여행자가 말했다. "나는 가르치고 싶소. 먼저 당신네 천체 사람들은 몇 가지 감각을 갖고 있소?"

---

8) 토성 아카데미의 서기는 100살까지 살았던 퐁트넬(1657~1757)을 가리킨다. 시대에 뒤떨어진 감이 있기는 하지만 《세계의 복수성에 대한 문답》(1686)의 매력 덕분에 그는 1738년에도 여전히 화제의 인물이었다고 한다.

"우리의 감각은 72가지입니다." 아카데미 회원이 말했다. "그래서 우리는 늘 그 숫자가 터무니없이 적다고 불평하고 있죠. 바라는 것보다 상상력이 앞서는 형국이지요. 72가지 감각과 이 천체 주변, 그리고 5개의 위성[9]은 소박하기 짝이 없어요. 그래서 호기심이라든지 72개 감각이 낳는 꽤 많은 정념이 있다고는 하나 우리는 늘 따분하답니다."

"하긴 그렇겠습니다." 미크로메가스가 말했다. "왜냐하면 내가 사는 천체에선 감각이 1000가지쯤 됩니다만, 그 밖에도 아직 막연하나마 욕망이라든지 불안이 있어요. 그런 걸 감안하면 우리도 애초 어딘가 부족한 자들로서 훨씬 더 완전한 생물이 존재한다는 것을 가르쳐 주기 때문이지요. 나도 꽤 많이 돌아다녀 봤으므로 우리보다 한참 뒤떨어진 생물과 마주친 적도 있고 또 훨씬 뛰어난 생물을 만난 적도 있습니다만, 실제로 느끼는 욕구 이상으로 많은 욕망을 품지 않았거나, 만족하면서도 그 이상의 더 많은 욕구를 갖지 않은 생물은 단 한 번도 본 적이 없어요. 틀림없이 나도 언젠가는 완전무결한 나라에 가볼 수 있겠지만, 지금으로선 그 땅에 대해 확실한 정보를 알려주는 사람이 아무도 없었습니다."

그래서 토성인과 시리우스 주민은 지칠 때까지 이런저런 억측을 다 해봤지만, 꽤 독창적이긴 하나 몹시 불확실한 추리를 아무리 거듭해 보았자 결국 현실로 돌아올 수밖에 없었다.

"당신네 사람들의 수명은 얼마나 되나요?" 시리우스 사람이 물었다.

"아! 그거요? 그거야 아주 보잘것없어요." 작은 토성인이 재빨리 대답했다.

"그건 우리 땅과 마찬가지군요." 시리우스 사람이 말했다. "우리는 시간이 너무 적다는 푸념을 늘 입에 달고 산답니다. 아무래도 그건 자연의 보편적 법칙인 게 분명해요."

"내가 사는 곳은 태양의 공전으로 치면 500번밖엔 되지 않아요. (이것은 우리 지구인의 방식으로 따지면 1만 5000년에 해당한다.) 이거야 어디 태어나자마자 죽는 것하고 별반 다르지 않다는 것을 아시겠습니까? 우리 존재는 한 점에 지나지 않고, 우리 수명은 찰나에 지나지 않으며, 우리 천체는 아주 작은 알갱이

---

9) 볼테르의 시대에는 토성의 위성은 5개밖엔 알려져 있지 않았다.

이로군요. 사랑을 한 번도 해본 적 없죠? 당신이 정말로 토성인이라면 연인을 배신하지 못할 걸요. 어디를 돌아다니려고, 바라는 게 대체 뭐예요? 이 천체의 다섯 위성도 당신보다는 침착하고, 고리도 당신처럼 변덕스럽진 않아요. 이제 끝장이에요. 다시는 사랑 같은 거 하지 않을 거라고요!"

토성인은 자칭 철학자라면서 여자친구를 꼭 껴안고 눈물을 뚝뚝 흘렸다. 그러자 신분이 높은 그 여자는 정신을 잃었으며, 사랑의 상처에서 벗어나기 위해 그 나라의 젊은 궁정인과 손을 잡고 사라졌다.

그사이에 풍류를 즐기는 두 사람은 여행길에 나섰다. 그들은 먼저 토성의 고리로 날아갔는데, 하찮은 지구의 유명한 주민[11]이 썩 잘 밝혀냈듯이 그 고리가 매우 평평하다는 것을 알았다. 그래서 그들은 토성의 위성에서 위성으로 날아다녔다. 마지막 위성의 바로 옆을 지났으므로 두 사람은 하인들과 기구를 모두 챙겨 그 혜성을 목표로 날아갔다. 그들이 대충 1억 5000만 리외나 나아가자 어느덧 목성의 수많은 위성과 마주쳤다. 그들은 목성으로 옮겨가 1년을 그곳에 머물면서 매우 훌륭한 자연의 신비에 대해 배웠다. 그것은 종교재판소의 재판관들이 없었으면 지금쯤 인쇄에 넘겨졌을 게 틀림없겠지만, 재판관들은 몇몇 명제들에 대해 못마땅하게 여기고 있었다. 그러나 나는 그 초고를 세상에 이름이 알려진 모 주교의 서재에서 읽은 적이 있다. 그는 아무리 칭찬받아도 모자랄 정도의 너그러움과 친절함으로 장서들을 열람하게 해주었던 것이다.

여기서 이야기를 두 여행자에게로 되돌리자. 그들은 목성을 떠나자 1억 리외쯤의 공간을 뚫고 나와 화성과 나란히 날아갔다. 알다시피 화성의 크기는 우리네 작은 지구의 5분의 1이다. 그들은 그 별에 딸린 위성 2개를 보았는데, 그 존재가 우리 지구의 천문학자 눈에 띈 적은 없다. 최근 카스텔 신부[12]가 그 두 위성의 존재를 부정하는 논문을 쓴 것이 분명하고, 더구나 꽤나 비아냥대

---

11) 네덜란드 자연학자로 처음 토성의 고리를 발견하고 《토성의 체계》를 저술한 크리스티안 하위헌스(1629~1695)를 말한다. 볼테르는 그를 높이 평가했다.

12) 반 덴 회벨에 따르면 예수회 수도사의 학자이기도 했던 카스텔(1688~1757)을 말한다. 볼테르는 그의 《색채광학》을 평가하고 있었는데, 1738년 잡지 〈트레부〉에 자신이 지은 《뉴턴 철학의 원리》(1737년, 완성은 1748년)가 비판을 받은 뒤로는 카스텔에게 적의를 품었다.

는 투로 썼다는 것은 나도 잘 알고 있다. 하지만 나는 비유에 근거하여 추론하는 사람들에게 옳고 그름을 따지도록 맡기고자 한다. 그들은 뛰어난 철학자이므로 태양으로부터 한참 떨어져 있는 화성이 두 위성 없이 견디는 것이 얼마나 어려운 일인지를 잘 알고 있으리라 생각한다. 그것은 그렇고, 여행을 떠난 두 사람의 눈에 그 별은 몹시 하찮게 보였다. 그래서 앉을 데도 마땅치 않을까 봐 걱정한 나머지, 마치 시골의 싸구려 여인숙을 마다하고 다음 도시까지 발걸음을 재촉하는 여행객처럼 멈추지 않고 여행을 계속했다. 그러나 시리우스 사람과 동행자는 어느새 후회했다. 그들은 한참을 갔지만 아무것도 눈에 띄지 않았다. 저 멀리 흐릿한 빛이 어렴풋하게 보였다. 그것은 지구였다. 그 별은 목성에서 온 사람들에게 서글픔을 안겨주었다. 그렇지만 또다시 후회만 하고 있을 수는 없는 노릇이어서 그들은 뭍에 오르기로 했다. 여행객들은 혜성의 꼬리에 잠깐 들렀다가, 당장에라도 모습을 드러내려는 오로라를 발견하고 그 속으로 들어가 발트해 북쪽 기슭에 다다랐다. 때는 바야흐로 신력[13]으로 1737년 7월 5일이었다.

제4장 지구라는 별에서 그들이 겪은 일

잠깐 숨을 돌린 뒤 그들은 하인들이 정성껏 요리한 산해진미로 아침식사를 마쳤다. 이어 그들은 지금 자기들이 있는 작은 나라를 자세히 살펴보기로 마음먹었다. 먼저 그들은 북에서 남으로 갔다. 시리우스 주민과 하인들의 보폭은 어림잡아 3만 피에 드 루아였으므로 토성의 난쟁이는 숨을 헐떡이면서 거리를 두고 열심히 뒤따라갔다. 앞서가던 일행이 잠깐 쉬면 난쟁이는 12걸음쯤 잰걸음으로 겨우 따라잡아야 했다. 상상해 보자. (이런 비유가 허용된다면) 세상에 보기 드문 작은 몸집의 애완견이 프로이센 왕실 근위대장의 뒤를 따라가는 모습을.

다른 천체에서 온 사람들은 보폭도 크고 속도도 빨랐으므로 36시간에 지구를 한 바퀴 돌았다. 태양, 아니 사실은 지구가 이와 똑같은 여행을 하루 걸려 하고 있었지만, 자기 발로 걷는 것보다 축 주위를 도는 편이 훨씬 쉽다는 것

---

13) 1582년 로마 교황 그레고리우스 13세가 종래의 율리우스력을 고쳐서 만든 태양력.

을 감안할 필요가 있다. 그런 까닭에 그들은 지중해라는 이름의, 육안으로는 거의 보이지 않는 물웅덩이와 대양(大洋)이라는 이름으로 두더지가 파놓은 흙 두둑을 둘러싸고 있는 다른 작은 연못을 본 뒤에 출발했던 곳으로 돌아왔다. 물은 난쟁이의 종아리께에 겨우 닿을 정도였고, 다른 한 사람의 발뒤꿈치를 간신히 적실 정도였다. 과연 그들은 이 천체에 사람이 살고 있기나 한 것인지 확인할 생각으로 천체 위로 올라갔다가 아래로 돌아오는 등 할 수 있는 모든 것을 했다. 몸을 숙였다가 눕기도 하고, 곳곳을 손으로 더듬어 보았다. 그러나 그들의 눈과 손은 이곳을 기어다니는 작은 생물과는 도무지 크기가 맞지 않았으므로 나와 나의 동료인 이곳 지구 주민들이 생존의 영광을 입고 있음을 깨닫게 할 만한 인상을 어렴풋하게나마 받는 일도 없었다.

이따금 지레짐작하기를 싫어하는 난쟁이는 처음에는 지구에 인간은 전혀 살지 않는다고 굳게 믿었다. 가장 큰 이유는 그가 사람의 그림자를 하나도 보지 못했다는 것이었다. 미크로메가스는 최대한 예의를 갖추는 방법으로 그로 하여금 그 추론의 잘못을 깨닫게 했다.

"왜냐하면 나에겐 너무나 뚜렷하게 보이는 몇몇 50등급의 별도 당신의 그 작은 눈엔 보이지 않는데 그렇다고 당신은 그런 별 따위 존재하지 않는다는 결론을 내리시겠소?" 미크로메가스가 말했다.

난쟁이도 말했다.

"하지만 나는 구석구석 다 뒤져보았는걸요."

"그러나 당신의 지혜와 감각이 불충분했습니다."

"그래도 이 별은 몹시 본때 없이 생긴 데다 불규칙하기까지 해서 아주 어수룩하게만 보이네요! 이곳은 모든 것이 혼돈입니다. 저기 작은 개울 몇 개가 보이지요! 어느 것 하나도 똑바로 흐르고 있질 않아요. 저기 연못들만 해도 둥근 것도 아니고 네모지지도 않아 전혀 규칙적인 모양새를 갖추고 있질 않아요. 이 별을 덮고 있는 작고 뾰족한 낱알 모양의 면이 보이죠? 저것 때문에 발바닥이 긁혔어요. (그는 산 이야기를 하고 있었다.) 게다가 이 별 전체의 모양을 보셨어요? 양 끝은 왜 그렇게 넓고 평평한 건지. 또 얼마나 아무렇게나 태양의 주위를 돌고 있는지요. 그것 때문에 양쪽 극지방은 당연히 불모지예요. 실제로 내가 이곳엔 사람이 없다고 생각한 것은 양식이 있는 사람이라면 이런 곳에 살 생각이 도무지 들지 않을 것 같아서입니다."

그러나 미크로메가스가 말했다. "맞는 말씀이에요. 분명 양식 있는 사람은 이런 곳에 살지 않을 겁니다. 그래도 까닭도 없이 이것이 만들어졌을 것 같진 않군요. 이곳엔 모든 것이 불규칙하게 보인다고 당신은 말했습니다. 왜냐하면 토성이나 목성에선 모든 것이 정연하기 때문이죠. 분명 이런 경우에 그런 논리로 얼마간 착오가 일어나는 겁니다. 아까도 말한 것처럼 여행 중에 나의 눈길을 줄곧 끌었던 것은 변화무쌍한 자연의 모습입니다."

토성인은 그러한 모든 말에 재빨리 반론을 펼쳤다. 운 좋게도 미크로메가스가 말에 열중하느라 다이아몬드 목걸이의 줄을 끊지 않았더라면 격론은 끝도 없이 이어졌을 것이다. 다이아몬드는 굴러떨어졌다. 그것은 크기가 일정하지 않은, 아름답고 작은 다이아몬드로 가장 큰 것이 400리브르,[14] 가장 작은 것도 50리브르가 나갔다. 난쟁이는 그중 몇 알을 주워 가까이 들여다보고는 모든 다이아몬드가 커팅 때의 상태로 훌륭한 현미경이란 것을 알았다. 그래서 그는 지름 160피에의 소형 현미경을 눈에 갖다 댔다. 미크로메가스는 2500피에의 것을 골랐다. 둘 다 성능은 뛰어났지만, 처음엔 그 도움을 빌려도 아무것도 보이지 않았다. 초점을 맞추어야 했던 것이다. 결국 토성 주민은 뭔가 아주 작은 것이 발트해의 파도 위에서 꼼지락거리는 것을 보았다. 그것은 고래였다. 그는 그것을 새끼손가락으로 썩 능숙하게 잡더니 엄지손톱 위에 올려놓고 시리우스 주민에게 보여주었다. 시리우스 사람은 우리 지구에 사는 생물이 극단적으로 작다는 것에 또다시 웃음을 터뜨렸다. 토성인은 지구라는 우리의 세계에도 생물이 있음을 알기는 했지만 사는 것이라곤 고래뿐이라고 지레짐작했다. 그는 몹시 논리를 좋아했으므로 이렇게 하찮은 미생물이 어떻게 움직이는지, 과연 이것에 관념이나 의지 또는 자유가 있을지, 그 수수께끼를 풀겠다고 마음먹

---

14) 무게의 단위.

　　1리브르(livre)=2마르=489.5그램

　　1마르(marc)=8온스=244.7그램

　　1온스(ounce)=8그로=30.5그램

　　1그로(gros)=3드니에=3.8그램

　　1드니에(denier)=24그랭=1.2그램

　　1그랭(grain)=0.053그램.

었다. 그것엔 미크로메가스도 몹시 당혹스럽긴 했지만 그 동물을 강한 참을성을 갖고 관찰했다.[15] 관찰 결과, 이 생물에게 영혼이 있는 것 같지는 않다는 결론을 내렸다. 그래서 두 여행자가 우리의 별에 정신 따위 존재하지 않는다는 생각에 기울어져 있을 때, 그들은 현미경으로 고래와 비슷한 크기의 것이 발트해에 떠 있는 것을 발견했다. 잘 알려져 있다시피 마침 그 무렵, 한 떼의 철학자들이 북극권에서 돌아오는 참이었다. 그들은 당시까지 아무도 생각지 못했던 북극권을 관측하러 원정을 나왔던 것이다. 신문은 그들의 배가 보트니아만(灣)에서 좌초하여 철학자들이 위험을 피하기는 아주 어렵다고 보도했다. 그러나 카드의 안쪽과 마찬가지로 이 세상의 사건 내막은 알 수 없는 법이다. 일이 어떻게 벌어진 것인지 머리와 꼬리를 다 떼고 솔직하게 말하겠다. 역사가에게 이것은 그리 힘든 일이 아니다.[16]

제5장 두 여행자가 경험하고 추론한 것들

미크로메가스는 대상이 있는 곳에 살며시 팔을 뻗어 손가락 두 개를 내밀었다가 혹시 잘못 보았을지도 모른다는 불안한 마음에 손가락을 오므렸다. 그랬다가 다시 손가락을 쭉 펼쳐 그것에 대어보고는, 신사들을 나르는 그 배를 매우 신묘한 솜씨로 잡아서는 찌부러뜨리면 큰일이므로 조심조심 들어 손톱 위에 올려놓았다.

"이것은 아까 것하고는 사뭇 다르게 생긴 동물이로군요."

토성의 난쟁이가 말하자 시리우스 주민은 이른바 그 동물을 손바닥 위에 올렸다. 처음엔 자기들이 풍랑을 만난 줄 알았던 승객과 선원은 이번엔 바위 위로 올라온 모양이라고 철석같이 믿고는 모두가 우왕좌왕했다. 선원들은 포도주 통 몇 개를 끌어내 와서는 미크로메가스의 손에 그것을 내어놓더니 배

---

15) "강한 참을성으로 관찰했다"는 영국의 철학자 존 로크의 《인간지성론》(1689)에 정의되어 있는 "시행착오 방법"의 응용을 의미하는 것 같다.
16) 당시 세상을 떠들썩하게 했던 수학자이자 천문학자인 모페르튀이(1698~1759)를 말한다. 조사대는 프랑스로 돌아오는 도중에 풍랑을 만나 발트해 북부에 있는 보트니아만에서 난파했다는 오보가 있었고, 한때 전원이 사망한 것으로 추측되었다. 아울러 제5장 첫머리에 나오는 "라플란드의 아가씨들"은 모페르튀이가 프랑스로 돌아와 화제가 되었던 라플란드의 두 딸을 말한다.

에서 뛰어내리고 있었다. 측량기사들은 사분의(四分儀)와 측각기를 꺼내고, 라플란드의 아가씨들을 데리고 나와서 시리우스 주민의 손가락 위에 내려놓았다. 그들이 분주하게 움직였으므로 몸집 큰 시리우스 주민에게도 어떤 움직임이 전달되었고, 손가락에 간지러운 느낌이 왔다. 그것은 쇠로 된 도구가 달린 봉이었는데 그의 검지를 1피에쯤 콕 찔렀다. 그는 그 따끔거리는 느낌으로 판단하건대 자신이 쥐고 있는 작은 동물 속에서 뭔가가 나왔다고 생각했다. 그러나 처음엔 그 이상의 것은 추측할 수 없었다. 현미경으로는 고래와 배를 겨우 식별할 수 있을 뿐이었으므로 인간처럼 극히 작은 동물은 도무지 보이지가 않았다. 여기서 나는 어느 누구의 허영심에도 상처를 줄 마음은 없다. 하지만 세상의 훌륭한 분들이여, 나와 함께 어떤 하찮은 일에 주의를 기울여 주기를 바란다. 그것은 인간의 키를 대략 5피에라고 가정할 때, 우리가 지구상에서 나타내는 크기는 높이가 약 1푸스의 60만분의 1인 동물이 지름 10피에의 구(球) 위에서 보여주는 크기라는 것이다. 한 손으로 지구를 잡고, 우리의 기관에 비례하는 각 기관을 갖춘 어떤 실체를 한번 상상해 보기 바란다. 그리고 이런 실체가 수없이 많이 존재할 가능성도 아주 높다. 그래서 이런 상상을 했으면 한다. 두 마을을 장악하고 있지만 서서히 그것을 내려놓을 수밖에 없는 전쟁이 있다면 앞에서 말한 실체는 그런 전쟁에 대해 어떻게 받아들일까 하는.

선발대의 키 큰 대장 하나가 만일 이 작품을 읽었다면 그의 대원의 모자를 적어도 2피에쯤 높이리라고 나는 믿어 의심치 않는다. 그러나 그런 대장에게 경고하건대 그렇게 해봤자 소용없다. 대장도 그 대원들도 무한히 하찮은 인물에 지나지 않으니까.

앞서 말했던 아주 작은 생물을 인지하려면 시리우스의 철학자에게 대체 얼마나 경이적인 세밀함이 필요했던 것일까? 레이우엔훅과 하르트수커르[17]가 우리의 형태를 만드는 종자를 처음으로 보았을 때, 아니 보았다고 생각했을 때에도 이토록 놀라운 발견에는 한참 미치지 못했다. 미크로메가스가 그런 작은 기계들의 움직임을 바라보고, 그들의 겉모습 전체를 요모조모 자세히 살피고,

---

17) 레이우엔훅(1632~1723)과 하르트수커르(1656~1725)는 모두 네덜란드 자연학자. 레이우엔훅은 독자적으로 단안현미경을 다수 제작했고 동물의 정자를 최초로 기재했다. 두 사람은 볼테르의 《철학편지》 제17편에 언급되어 있다.

그들의 모든 활동을 주의 깊게 지켜보았을 때의 기쁨은 말할 수 없었다! 그는 얼마나 큰 소리로 외치고, 얼마나 기쁜 마음으로 현미경을 일행에게 넘겼으랴!

"우아, 보인다!" 둘은 동시에 소리쳤다.

"무거운 짐을 등에 지거나, 몸을 웅크리거나 일으키고 있는 것이 보이지 않아요?"

그들은 그렇게 한마디씩 했는데 그런 미지의 대상물을 보는 기쁨과 혹시 그것이 없어지지나 않을까 하는 불안감에서 둘의 손은 떨리고 있었다. 극단적인 불신에서 극단적인 믿음으로 입장을 바꾼 토성인은 대상물들이 종의 번식행위에 애쓰고 있는 모습을 보았다고 굳게 믿었다.

"세상에!" 그는 말했다. "자연행위의 현장을 보았어요!"[18]

그러나 그는 겉모양에 속고 있었다. 이 종자란 현미경을 쓰건 쓰지 않건 흔히 볼 수 있는 것이다.

제6장 인간들을 상대로 일어난 일

미크로메가스는 일행인 난쟁이보다 훨씬 뛰어난 관찰력을 지녔으므로 아주 작은 생물들이 서로 이야기를 나누는 것을 분명하게 이해했다. 그래서 그는 그것에 대해 일행에게 주의를 일깨웠지만 일행은 아까의 생식 건에 대해 오해했던 것을 부끄럽게 여기면서도 이런 사람들이 서로 생각을 전달할 수 있다는 것을 도무지 믿으려 하지 않았다. 난쟁이도 시리우스 주민과 맞먹는 어학적 재능을 지녔지만 눈앞의 아주 작은 생물들의 목소리가 들리지 않았으므로 그들은 언어를 사용하지 않는다고 믿었다. 게다가 눈에 띄지 않을 정도로 하찮은 생물이 어떻게 발성기관을 갖추고 있을 것인가! 그들에게 애당초 무슨 말을 할 필요가 있으랴! 말을 하려면 사고하거나 또는 그에 가까운 것을 할 수 있어야만 한다. 예컨대 그들이 어떤 사고를 한다면 그들은 영혼에 상당하는 것을

---

18) 반 덴 회벨에 따르면 본디 퐁트넬이 자연학자 투른포르(1656~1708)를 기리는 한 문장으로 사용했던 표현이다. 그러나 퐁트넬과 탕생 후작부인(1682~1749)이 평판에 손상을 줄 수 있는 행위를 언급하려다 허를 찔린 것을 빗대어 뒷날 볼테르의 친구 볼링브룩(1678~1751)이 다시 사용했다.

지니고 있다는 것이 된다. 그런데 이런 자들에게 영혼에 상당하는 것이 있다고 생각하는 것 자체가 얼토당토않은 일로 여겨졌다.

시리우스의 주민이 말했다.

"하지만 당신은 아까 그들이 사랑을 나누고 있다고 생각했었지요. 사고하지 않고, 어떤 말을 하지도 않으며, 아니 적어도 서로 이해가 없이 사랑할 수가 있다고 생각해요? 그리고 자식을 만드는 것보다 논증의 논법을 만들어 내는 것이 어렵다고 생각합니까? 나에게는 둘 다 몹시 신비롭게 여겨집니다만."

"나는 굳이 믿지도 부정하지도 않아요. 이미 의견 같은 것은 없습니다. 이 벌레들의 관찰에 몰두할 따름이죠. 토론은 나중에 합시다."

"말씀 한번 잘하셨소." 미크로메가스가 득달같이 말했다. 그는 어느새 가위를 꺼내더니 자기 엄지손톱을 잘라낸 조각으로 순식간에 커다란 깔때기처럼 생긴 대형 스피커를 만들어, 그 관을 귓속에 끼웠다. 깔때기는 배와 선원들 전체를 휘감았다. 아무리 흐릿한 목소리라도 손톱의 둥근 섬유조직이 빨아들이기 때문에, 또 손가락 끝의 세심한 놀림 덕분에 천상계의 철학자에게는 하계의 벌레들이 웅성거리는 소리가 아주 또렷하게 들렸다. 그는 곧 벌레들이 지껄이는 소리를 불편 없이 들을 수 있었고, 마침내는 프랑스어를 완전히 이해하게 되었다. 난쟁이는 몹시 어설프긴 했지만 시리우스 주민을 따라 했다. 두 여행자의 놀라움은 끊임없이 커져갔다. 좀벌레들이 꽤나 양식 있는 말들을 하는 것이 들려왔다. 두 사람은 자연의 이러한 장난을 도저히 이해할 수 없었다. 자연히 시리우스 주민과 일행인 난쟁이는 아주 작은 생물들과 이야기를 좀 나누고 싶어 어쩔 줄 몰라 하고 있었다. 난쟁이는 벼락같은 자기의 목소리와, 특히 미크로메가스의 우렁찬 목소리가 좀벌레들의 귀청을 찢어 그들이 말을 알아듣지 못하는 것은 아닐까 여간 불안하지가 않았다. 아무래도 목소리의 크기를 줄일 필요가 있었다. 두 사람은 작은 이쑤시개 같은 것 몇 개를 입에 물었다. 이쑤시개의 뾰족한 끝이 배의 근처에 다다랐다. 시리우스 주민은 난쟁이를 무릎 위에 앉히고 선원을 손톱 위에 올렸다. 그는 고개를 숙이고 작은 목소리로 말하려 했다. 모든 준비를 했고, 그 밖에도 이런저런 손을 쓴 덕분에 마침내 이런 식의 인사를 시작할 수 있었다.

"눈에 보이지 않는 벌레들이여! 창조주의 손길은 무한히 작은 심연에까지 미쳐 너희 생명을 만드셨다. 전혀 지각할 수 없을 것 같은 수많은 비밀들을 창조주께서 밝혀주신 것에 나는 감사를 바친다. 나의 궁정에는 아마도 너희에게 관심을 가져줄 사람은 아무도 없겠지만, 나는 그 누구도 경멸하지 않는다. 뿐만 아니라 너희를 지켜주기까지 하겠다."

깜짝 놀란 자들은 분명 이 말을 알아들은 자들이었다. 그들은 그 목소리가 대체 어디서 들려오는 것인지 짐작조차 하지 못했다. 이 배의 전속 신부는 악마를 쫓겠다며 부랴부랴 기도 말을 읊조렸고, 선원들은 욕지거리를 해댔으며, 배의 철학자들은 그것에 대해 학설을 세웠다. 그러나 그들이 어떠한 학설을 세우든 지금 누가 자기들에게 말하고 있는 것인지는 전혀 알 수가 없었다. 그래서 미크로메가스보다 그나마 부드러운 목소리를 지닌 토성의 난쟁이가 그들 벌레들이 지금 어떤 종류의 생물을 상대하고 있는지를 짧게 가르쳐 주었다. 아울러 벌레들이 몹시 작은 생물임에 동정을 나타낸 뒤, 그는 벌레들이 지금까지 무(無)와도 다름없는 이런 비참한 상태에 만족하고 살아왔는지, 분명 고래의 것인 듯싶은 이 별에서 벌레들은 무엇을 하고 있는 것인지, 과연 행복한지, 번식은 하고 있는지, 영혼을 갖고 있는지 등등, 그 밖에도 이 종자에 대해 그들에게 많은 것을 물어댔다.

그들 가운데 다른 자보다 대담하고 토론을 좋아하는 자가 영혼이 있느냐는 의심을 받은 것에 화가 나, 사분의(四分儀)로 맞춰진 망원경의 시준판을 사용하여 말하고 있는 주인공을 자세히 살피고는 관측점을 둘로 정한 뒤, 세 번째 관측점에서 이렇게 말했다.

"그럼, 당신은 머리 꼭대기에서 발끝까지 1000투아즈나 되니까 스스로에 대해 이렇게 생각하는 거로군요. 나로 말할 것 같으면……."

난쟁이가 소리쳤다.

"아니, 세상에! 1000투아즈라고 했나? 그게 무슨 소리야! 내 키를 어떻게 알았지? 1000투아즈인 것을! 1푸스의 오차도 없어. 이런 몹시 작은 생물이 내 키를 재다니! 그는 수학자여서 내 키를 알 수 있었던 거야. 하지만 나는 현미경을 통해서나 그의 모습이 보이고, 또 그의 크기도 아직 모르는데!"

"예, 그렇고말고요. 나는 당신의 키를 쟀습니다." 자연학자가 말했다. "내친 김에 당신의 거대한 일행분도 재어드리지요."

그 제안은 받아들여졌다. 각하는 길게 누웠다. 왜냐하면 그가 선 채로 있으면 머리가 너무 높아서 멀리 구름 위까지 솟을 것이었기 때문이다. 아주 작은 철학자들은 각하의 몸 어느 곳에 거목 한 그루를 반듯하게 놓았다. 스위프트 박사[19]라면 그곳의 명칭을 말했겠지만 나는 부인들에게 경의를 갖고 있으므로 그곳의 이름을 말하는 것은 삼가겠다. 이어 철학자들은 3개의 점을 하나로 잇고 자기들이 보고 있는 것은 분명 12만 피에 드 루아나 되는 청년이라는 결론을 내렸다.

그러자 미크로메가스는 이런 말을 했다.

"어떠한 것이든 겉으로 보이는 크기로 판단해선 안 된다는 것을 전에 없이 분명하게 이해했습니다. 놀랍도다, 이토록 보잘것없어 보이는 실체에게도 지적 능력을 주신 신이여! 무한히 작음도 무한히 큼과 마찬가지로 당신에게는 몹시 간단한 작업입니다. 지금까지 내 눈으로 천상계에서 보아왔던 동물 중에는 내가 이렇게 내려온 별 따위 한쪽 발만으로도 완전히 뒤덮는 엄청난 동물이 있습니다. 그러나 내 손 위에 있는 몹시 작은 자들보다 더 작은 생물이 있다 해도, 그런 그들이 앞에서 말한 훌륭한 동물보다 뛰어난 정신을 갖추고 있을 수도 있다 이겁니다."

철학자 중에 하나가 미크로메가스의 말에 대답하기를, 인간보다 훨씬 작은 지혜로운 생물이 분명히 존재하고 있음을 확신한다고 했다. 아울러 그는 베르길리우스[20]가 꿀벌에 대해 말했던 꾸며낸 이야기가 아니라 스바메르담이 발견하고, 레오뮈르[21]가 해부한 것에 대해 이야기했다.

마지막으로 그는 인간에 비했을 때의 꿀벌처럼 꿀벌에게는 그 앞에서 미물인 동물이 있고, 미크로메가스가 말하는 거대한 동물에 비하면 시리우스인 자신도 작은 존재일 뿐이며, 그리고 그런 터무니없이 큰 동물도 그 앞에 나오면 아주 작은 동물로밖엔 보이지 않는 동물이 존재함을 가르쳐 주었다. 대화

---

19) 볼테르가 이 글의 모델로 삼은 것으로 여겨지는 《걸리버 여행기》의 작가 스위프트 (1667~1745)를 말한다. 《철학편지》 제22편에서 볼테르는 스위프트를 칭찬하고 있다.
20) 베르길리우스(BC 70~BC 19)가 《전원시》에서 그려낸 꿀벌의 생활에 대해 볼테르는 "당시의 착각을 노래한 것에 불과하다"고 단정하고, 《철학사전》(1769)을 통해 이의를 제기했다.
21) 스바메르담(1637~1680)은 네덜란드 자연학자로 《곤충의 일반사》를 썼다. 레오뮈르 (1683~1757)는 프랑스 자연학자로 《곤충의 역사에 대한 논문집》을 저술했다.

는 점점 흥미로워졌다. 그래서 미크로메가스는 다음과 같이 말했다.

제7장 인간들과의 대화

"오 총명한 원자(原子)여! 신은 여러분에게 기꺼이 신묘한 솜씨와 능력을 보이셨습니다. 그러므로 여러분이 이 별에서 아주 순수한 기쁨을 맛볼 수 있음은 의문의 여지가 없습니다. 이토록 하찮은 물질을 감수하면서 마치 정신만으로 살아가는 것처럼 보이니 틀림없이 여러분은 사랑과 사고가 삶의 중심이 되고 있는 것 같습니다. 그것이야말로 가장 중요한 정신생활이지요. 나는 지금껏 어디서도 참된 행복을 찾지 못했습니다. 그러나 그것은 확실히 여기에 있군요."

이 연설을 듣고 철학자들은 하나같이 고개를 가로저었다. 그리고 다른 자들보다 솔직한 한 사람이 정직하게 털어놓은 바에 따르면, 거의 존경받은 적이 없는 아주 적은 수의 주민들을 제외한 나머지 주민 전체는 머리가 돌았거나 악당, 아니면 불행한 자라는 것이었다.

"우리는 필요 이상의 물질을 갖고 있어요." 그는 말했다. "그것은 만일 악이 물질에서 기인한다면 많은 악을 행하기 때문입니다. 그리고 만일 악이 정신에 기인한다면 우리는 정신을 여분으로 가진 것이 됩니다. 이해하시겠지만, 내가 당신에게 말하고 있는 지금도 우리와 종이 같지만 미친 사람들이 10만이나 됩니다. 모자를 쓴 그들은 터번을 두른 다른 10만의 인간들을 죽이거나, 거꾸로 그들에게 학살당하고 있어요.[22] 그리고 그들은 태곳적부터 지구상의 거의 모든 곳에서 줄곧 그런 식으로 살아왔습니다."

시리우스 주민은 진저리를 치며 이렇게 보잘것없는 동물 사이에서 그토록 무시무시한 싸움을 할 이유가 뭐가 있느냐고 물었다.

"당신의 발뒤꿈치 크기의 진흙 더미가 문제가 되었던 겁니다. 그렇다고 서로 싸우고 죽이는 몇백만이나 되는 사람 가운데 어느 누구도 그 진흙 더미에 있

---

22) 크림반도를 둘러싸고 오스만튀르크 대 러시아, 오스트리아 사이에 벌어진 전쟁(1736~1739)을 말한다. 모자는 러시아와 오스트리아, 터번은 오스만튀르크(터키)를 나타내며, 뒤에 나오는 "발뒤꿈치 크기의 진흙 더미"는 크림반도를 가리키는 것 같다. 또한 몇 줄 뒤에 나오는 카이사르는 러시아 황제 차르를 나타낸다.

는 지푸라기 하나도 바라지 않아요. 그 진흙 더미가 술탄이라 불리는 자의 것이 될지, 아니면 카이사르라 불리는 다른 사람의 것이 될지, 오직 그것만이 중요할 뿐입니다. 그러나 지금껏 둘 중 어느 누구도 문제가 된 그 작은 땅덩이를 본 적이 한 번도 없고, 앞으로도 볼 일이 결코 없을 겁니다. 한 마리 짐승 때문에 서로 죽이지 못해 안달하는 그 짐승 같은 것들도 정작 그 중요한 짐승을 단 한 번도 본 적이 없다는 거예요."

"정말이지 시답지 않은 것들이로군!" 시리우스 주민이 부아가 나서 소리쳤다. "이렇게 터무니없고 광신적이고 격렬한 집착을 도대체 상상이나 할 수 있겠나! 세 걸음 나아가 발로 세 번 차서 그 우스꽝스런 살인자들의 개미굴을 깡그리 짓밟아 버리고 싶구먼."

"그건 아니 될 말씀입니다." 누군가가 대답했다. "그자들은 몸이 달아서 제 스스로 목을 조르고 있거든요. 10년만 지나면 그 비루한 자들의 100분의 1도 남지 않으리란 것을 아셨으면 합니다. 설령 그들이 전쟁을 벌이지 않는다 해도 굶주림과 피로, 아니면 무절제로 말미암아 모조리 사라질 겁니다. 처벌해야 마땅한 것은 그들이 아닙니다. 그것은 구중궁궐에 편안히 앉아 온갖 산해진미를 배불리 먹고 소화하면서 거리낌 없이 100만 명을 죽이라는 명령을 내리고, 또 그걸 엄숙하게 신께 감사하라고 버젓이 시키는·자입니다."

시리우스에서 온 여행자는 작은 인간 종족 속에서 놀랄 만한 대비를 발견하고 그들을 가엾게 여겼다.

"당신들은 세상에 몇 안 되는 현자인 데다 돈 때문에 사람을 해치지 않을 것이 분명하니 부디 가르쳐 주십시오. 당신들은 어떤 일에 전념하고 계신지요?" 그는 신사들에게 말했다.

"우리는 파리를 해부합니다." 철학자가 말했다. "그리고 자오선을 측정하고, 여러 가지 수를 조합하기도 하지요. 우리는 우리가 이해하는 두세 가지 점에선 일치하고, 우리가 알지 못하는 2000 내지 3000가지 점에 대해선 의견이 맞지 않습니다."

시리우스 주민과 토성인은 사고하는 몹시 작은 동물들에게 어서 빨리 질문하여 그들이 서로 의견이 일치하는지를 확인하고 싶었다.

"시리우스에서 쌍둥이자리의 가장 큰 별까지는 몇 도입니까?" 토성인이 물었다.

그들은 일제히 대답했다.

"32도 반입니다."

"여기서 달까지는 어느 정도나 됩니까?"

"대충 지구 반지름의 60배입니다."

"여러분이 살고 있는 천체의 공기 무게는 얼마입니까?"

토성인은 그들을 좀 놀려줄 심산이었다. 그러나 철학자들은 공기의 무게는 같은 용량의 가장 가벼운 물의 약 900분의 1이며, 순금 중량의 1만 9000분의 1이라고 이구동성으로 말했다. 그 말을 듣고 깜짝 놀란 토성의 난쟁이는 15분 전만 해도 영혼이 있을 리 없다고 단정했으면서 지금은 그들과 같은 대상을 마법사라 하고 싶었다.

마지막으로 미크로메가스가 그들에게 말했다.

"여러분은 외부의 존재에 대해 매우 잘 알고 있으므로 내부의 것에 대해서라면 더욱 잘 알고 있겠군요. 여러분의 영혼이란 무엇인지, 또한 여러분은 관념을 어떻게 만들어 내는지 알려주지 않겠습니까?"

철학자들은 먼저와 마찬가지로 일제히 말했는데 의견은 모두 가지각색이었다. 가장 나이 많은 철학자는 아리스토텔레스를 인용했고, 다른 한 사람은 데카르트라는 이름을 거론했으며, 이쪽에선 말브랑슈를, 저쪽에선 라이프니츠와 로크의 이름을 드는 것이었다. 소요학파[23] 노인은 확신을 갖고 말소리를 높였다.

"영혼은 엔텔레케이아입니다. 그것은 이성에 의해 현재의 영혼이 되는 힘을 지닙니다. 아리스토텔레스는 그것을 루브르판 633쪽에서 밝히고 있습니다. 그것은 완전한 형상이라고요."

"나는 그리스어를 몰라요." 거인이 말했다.

"나도 마찬가지입니다." 철학자가 말했다.

"그런데 왜 아리스토텔레스인가 뭔가 하는 것을 그리스어로 인용하는 겁니까?"

그러자 학자가 항변했다. "그야 전혀 이해하지 못하는 것은 가장 알아듣지

---

23) 아리스토텔레스하파를 말한다. 볼테르가 이해하는 철학은 인간 본질, 영혼 본성, 신의 속성 같은 관념을 논하는 쓸모없는 형이상학을 부정하는 데서 출발한다.

못하는 말로 적당히 인용할 필요가 있으니까 그렇지요."

데카르트학파[24] 철학자가 이렇게 말했다. "영혼은 순수정신입니다. 그것은 어머니의 배 속에서 모든 형이상학적 관념을 받았지만, 태어난 뒤에는 충분히 알고 있어서 더 배울 것도 없는 것들을 학교에 다녀 다시 배워야만 합니다."

"당신은 턱수염을 길렀으면서 이토록 무지하다면……" 키가 8리외에 이르는 동물이 대답했다. "당신의 영혼은 어머니 배 속에서 뭐 그렇게까지 박식하지는 않은 것이 됩니다. 한데 당신이 말하는 정신은 어떤 의미인가요?"

"대체 나한테 뭘 물어보려는 겁니까?" 그 이론가는 말했다. "그런 걸 알 리가 없지 않습니까? 그것은 물질이 아니라고는 합디다만."

"그럼 적어도 물질이란 무엇인가 하는 거라면 당신도 알겠군요?"

"알고말고요." 그 사람이 말했다. "예를 들면 이 돌은 회색이고, 이러이러한 형태를 띠었으며, 3차원 공간을 차지하고 무게를 지녔고, 나누어 쪼갤 수가 있습니다."

"그렇다면 나눌 수 있고, 무게를 지녔으며, 또한 회색이라고 당신의 눈에 보이는 그것이 뭘 말하는지 정확히 설명해 주겠소? 당신은 몇 가지 속성을 보고 있습니다만, 사물의 본질을 압니까?"

"아뇨, 몰라요." 그는 말했다.

"그럼 물질이란 무엇인지 당신은 전혀 모르는 것이 됩니다."

그래서 미크로메가스는 자기 엄지손가락 위에 올려놓은 다른 현자에게 그의 영혼이란 무엇인지, 그 영혼은 무엇을 하고 있는지 물었다.

"전혀 아무것도 하지 않습니다." 말브랑슈학파[25] 철학자는 대답했다. "신은 나를 위해 모든 것을 해주십니다. 나는 신에게서 모든 것을 보며, 신을 매개로 모든 것을 행합니다. 신이 모든 작용을 하기 때문에 나는 쓸데없는 일에 골몰하거나 하지 않습니다."

"그렇다면 차라리 없는 편이 낫겠군요." 시리우스의 현자가 계속해서 말했다.

---

24) 데카르트학파는 인간은 태어나면서 관념을 지니고 있다는 생득관념론을 옹호했다. 볼테르는 《철학편지》 제13편에서 생득관념을 비판한다.
25) 세계의 모든 사상(事象)의 유일한 작용자는 신이라고 했던 말브랑슈(1638~1715)를 신봉하는 학파. 볼테르는 《철학편지》 제13편 등에서 그 주장을 비판한다.

"그럼 그대에게 묻겠는데" 그는 그 자리에 함께 있던 라이프니츠학파[26] 철학자에게 말했다.

"그대의 영혼이란 무엇이죠?"

그러자 철학자가 대답했다.

"그것은 곧 내 육체가 교회의 종을 치는 동안 시각을 알리는 시곗바늘 같은 것이지요. 또는 이렇게 말하는 게 더 나을 수도 있는데, 내 육체가 시각을 나타내는 사이 그것이 종을 친다고 해도 좋고, 아니면 내 영혼은 우주의 종이고 내 육체는 그 종의 둘레장식이라고 해도 되겠지요. 그건 분명합니다."

로크를 추종하는 몸집 작은 사내가 바로 옆에 있었다. 마지막으로 그에게 말을 시키자 그는 이렇게 말했다.

"나는 내가 어떻게 사고하는지 분명히는 모르지만, 내 감각기관들의 계기가 없으면 절대 생각하지 않는다는 것은 압니다. 비물질이면서 지적인 실체가 존재한다는 것을 나는 믿어 의심치 않습니다. 그러나 신에겐 물질에게 사고를 전달하는 능력이 없다는 것은 강하게 의심하는 바입니다. 나는 영원한 능력을 우러릅니다. 그것을 제한하는 것은 나의 소임이 아닙니다. 나는 어떠한 단정도 하지 않습니다. 물체의 존재는 우리가 사고하는 것 이상으로 많이 있을지도 모른다는 것만으로 만족합니다."

시리우스의 동물은 미소를 지었다. 그는 그 남자가 몹시 뒤떨어졌다고는 생각지 않았다. 그리고 토성의 난쟁이도 한쪽의 키가 극단적으로 차이가 나지 않았다면 그 로크 추종자를 꼭 껴안았을 것이다. 그러나 불행하게도 사각모자를 쓴 몹시 작은 동물[27]이 그 자리에 함께 있으면서 아주 작은 철학자들의

---

26) 라이프니츠(1646~1726)는 예정조화설을 저술할 때, 두 개의 시계와 거울을 자주 비유했다. 시계 비유는 《실체의 본성과 소통에 대한 새로운 체계》(1695)에서 처음 나왔고, 《단자론》(1714) 제63장에는 우주의 거울 비유가 나온다.

27) '사각모자를 쓴 몹시 작은 동물(극미동물)'은 소르본의 신학자를 말한다. 소르본은 13세기 말에 창설되어 신학연구의 중심으로서 그리스도교회에선 교황 다음가는 강력한 종교적 권위를 지녔었다. 16세기에는 예수회와, 17세기에는 장세니스트와, 18세기에는 계몽사상가와 대립했다. 그들은 토마스 아퀴나스(1225~1274)의 《신학대전》을 공식 교설로 삼고 인간중심주의를 부르짖었지만, 과학의 진보와 함께 17, 18세기에는 시라노 드 베르주라크(1619~1655)와 퐁트넬 등에게서 비판받았다.

모든 이야기에 훼방을 놓았다. 사각모자는 자기야말로 비밀을 샅샅이 알고 있으며, 그것은 성 토마스의 《신학대전》에 나와 있다는 것, 천상계 두 주민을 위에서 아래까지 샅샅이 훑어본 끝에 당신들의 인격과 세계도 태양도 별도 모조리 오직 인간을 위해서만 만들어진 것이라고 주장했다. 그 이야기를 듣고 두 여행자는 서로 위아래를 오르락내리락하면서, 호메로스에 따르면 신들의 몫인 억누르기 힘든 그 웃음을 웃느라 숨이 막힐 정도로 굴렀다. 둘의 어깨와 배가 심하게 요동치고, 그처럼 세차게 몸을 비비 트는 사이 시리우스 사람이 손톱 위에 올려놓고 있던 배가 토성인이 입은 퀼로트의 호주머니 속으로 떨어졌다. 선량한 두 사람은 한참 동안 호주머니를 뒤져 가까스로 선원들을 찾아내 그들을 본디 위치로 되돌렸다. 시리우스 사람은 다시 작은 좀벌레들을 집어 들었다. 그는 그 한없이 작은 자들이 무한에 가깝도록 커다란 자존심을 가졌음을 알고 속으로 적잖이 놀라기는 했지만 아주 호의적인 태도로 그들에게 말했다. 그는 좀벌레들에게 훌륭한 철학책을 써주겠다고 약속하고, 그 책에 사태를 파악할 단서가 있으리라고 했다. 실제로 시리우스 사람은 출발 전에 그 책을 그들에게 주었다. 책은 파리 과학아카데미에 옮겨졌다. 그러나 서기가 책을 펼쳤더니 그것은 완전히 하얀 백지일 뿐이었다.[28]

서기는 말했다.

"내 이럴 줄 알았다니까."

28) 반 덴 회벨에 따르면 백지 책은 "운명의 책"을 뜻한다. 《자디그》 제18장 〈은자〉에는 "운명의 책"에 대한 기술이 있다. 거기서 주인공은 판독은 못 하지만 글자는 식별한다. 아울러 파리 과학아카데미의 서기는 83세까지 40년 동안 과학아카데미의 종신서기였던 베르나르 르 보비에 드 퐁트넬을 말한다.

Le Monde comme il va
세상 돌아가는 대로
바부크의 환각[1]

제1장

세계의 여러 제국을 관장하는 정령 중에서도 이튀리엘은 최고 지위를 차지하고 있다. 그리고 그가 관할하는 영역은 고지대의 아시아이다. 어느 아침에 그는 옥수스강[2] 기슭의 스키타이 사람[3] 바부크의 집에 내려와 이렇게 말했다.

"바부크, 페르시아인의 어리석은 처사와 도를 지나친 행위는 우리 부아를 치밀게 했다. 페르세폴리스[4]를 처벌하든지, 아니면 차라리 멸망시킬지를 결정할 목적으로 어제 고지대 아시아의 정령회의가 열렸다. 너는 그리로 가서 모든 것을 샅샅이 조사하고 돌아와 충실하게 보고해야 한다. 네 보고를 바탕으로 그 도시를 징계할지 아주 멸망시켜 버릴지를 결정할 것이다."

"하지만 정령님! 저는 페르시아에는 가본 적도 없거니와 그 도시엔 아는 이가 하나도 없어요." 바부크가 겸손하게 말했다.

그러자 천사는 말했다.

"그래도 괜찮아. 그렇다면 오히려 공평하게 바라볼 수 있겠군. 너는 신에게

---

1) 반 덴 회벨에 따르면 볼테르는 이 편과 같은 시기에 쓴 소품 《사람이 하지 않는 것, 할 마음만 있으면 할 수 있는 것》(1742)에서 수도원의 상투어를 인용하는데 이 글의 제목은 거기서 딴 것이다. "세상일을 돌아가는 대로 두어라. 의무는 어떻게든 끝마치고, 수도원장님과 관련된 것이라면 언제나 극구 칭찬해라." 또한 부제에 나온 것처럼 바부크(Babouc)가 이 콩트의 서술자는 아니다.
2) 아랄해로 흘러드는 현재의 아무다리야강으로 투르크메니스탄과 우즈베키스탄을 기름지게 만들었다.
3) BC 6세기부터 BC 3세기에 강대한 유목국가를 이룩했던 흑해 북쪽 연안의 이란계 민족.
4) 아케메네스 왕조 페르시아의 수도.

서 사물에 대해 정확하게 판단하는 능력을 받았다. 나는 추가로 인간에게 신뢰감을 갖게 하는 능력을 주겠다. 돌아다니면서 잘 보고, 주의 깊게 듣고 관찰하고, 아무것도 두려워할 것 없다. 너는 어딜 가나 환영받을 테니까."

바부크는 낙타를 타고 하인들과 함께 여행길에 나섰다. 며칠 뒤, 수메르[5] 평원의 가장자리에서 그는 인도 군대와 한바탕 싸움을 치르려 출발하는 페르시아군에 합세했다. 그는 먼저 한 병사가 부대를 이탈한 것을 보고 그 병사를 불러세워 그와 이야기하면서 전쟁의 원인이 무엇인지를 물었다.

그 병사는 말했다.

"신에게 맹세코 나는 아무것도 모릅니다. 그런 건 나하고는 아무 상관없어요. 내 할 일은 먹고살기 위해 죽고 죽이는 것이거든요. 내가 누굴 섬기든 그런 건 아무래도 좋아요. 야영하는 인도군과 몰래 내통하여 내일이라도 당장 배반할 수도 있어요. 소문으론 우리가 페르시아의 이 저주받은 병역을 다하는 것보다 인도군은 병사들에게 하루에 동화[6]로 약 반 드라크마만큼을 더 지불한다더군요. 서로 왜 싸우는지 알고 싶다면 대장한테 가보쇼."

바부크는 그 병사에게 작은 선물로 돈 몇 푼을 쥐여 준 뒤 야영지로 들어갔다. 그는 곧장 대장에게로 다가가 전쟁의 이유를 물었다.

"왜 내가 그 이유를 알 거라고 생각하는 겁니까? 그런 대단한 이유 따윈 난 아무래도 상관없어요. 나는 페르세폴리스에서 200리외 떨어진 곳에 살고 있었지요. 딱히 할 일이 없었는데 마침 선전포고가 있었다는 소문을 듣고는, 그 자리에서 식구들을 팽개치고 내 나라의 관습대로 재산이나 죽음을 찾아 나왔을 뿐입니다." 대장이 말했다.

그러자 바부크가 말했다.

"그래도 당신의 동료들은 사정을 좀 더 알지 않을까요?"

"무슨 말씀을. 서로 왜 죽이는지를 정확히 아는 건 지방장관 정도는 되어야 할 걸요!" 장교는 말했다.

바부크는 놀라서 장군들의 방으로 들어가 친분을 텄다. 겨우 장군 가운데

---

5) 바빌로니아는 성경에선 수메르라고 하며, 몇 차례 전쟁의 무대로 나와 있다.
6) 드라크마는 고대 그리스의 화폐 단위. 드라크마 동화는 은화의 60분의 1의 가치밖에 되지 않았다.

한 사람이 그에게 말했다.

"아시아를 20년 동안이나 황폐하게 만든 이 전쟁의 원인은, 본디는 페르시아 왕 애첩의 내시하고 인도의 대왕 직속 비서관과의 다툼이 발단이에요. 다리우스 금화[7] 한 푼의 30분의 1쯤 되는 푼돈의 권리가 문제가 되었지요. 인도의 재상하고 우리나라 재상은 자신들 주군의 권리를 당당히 주장했어요. 논쟁은 열기를 띠어 갔습니다. 양쪽 모두 100만에 이르는 병사를 투입했습니다. 해마다 40만 명이 넘는 신병을 보충해야만 했어. 살육과 방화, 파괴로 황폐함은 날로 늘어가기만 하여 온 세상이 도탄의 구렁텅이에 빠졌는데도 서로 여전히 치열한 싸움을 계속했어요. 우리나라 재상과 인도 재상은 오로지 인류의 행복을 위해 싸운다고 침을 튀겨 가며 주장했지만, 그들이 그런 주장을 할 때마다 어딘가의 마을에선 파괴가 일어나고, 몇몇 지방이 엄청난 손해를 입는 상황이 이어졌지요."

이튿날, 평화조약이 체결될 것 같다는 소문이 퍼지자 페르시아 장군과 인도 장군은 앞다투어 전투를 시작했다. 전장은 피로 참혹하게 물들었고, 바부크는 전쟁으로 말미암은 모든 죄와 모든 모독의 한계를 거기서 보았다. 그는 또한 지방장관들의 술책도 직접 보았다. 그들은 가능한 모든 수단을 다하여 군대 지휘관을 전투로 몰아넣었기 때문이다. 바부크는 장교들이 자기 부하 병사에게 죽음을 당하는 것과, 숨이 다 넘어가게 생긴 동료에게서 피투성이에 갈가리 찢겨 오물 천지가 된 누더기 조각을 벗겨내려고 병사들이 동료의 숨통을 끊는 것도 보았다. 그가 병원으로 들어가자 부상병들이 옮겨져 들어오고 있었다. 다친 병사를 치료하라며 페르시아 왕이 의사들에게 막대한 돈을 지불하고 있었지만, 정작 중요한 의사들의 매정하기 짝이 없는 게으름 탓에 부상병 대부분은 당장에라도 숨을 거둘 것만 같았다.

"이것이 과연 인간이란 말인가! 맹수가 틀림없어. 아아, 페르세폴리스는 곧 파괴될 운명임이 확실해!" 바부크는 절규했다.

줄곧 그런 생각을 하면서 그는 인도군 야영지에 들렀다. 거기서도 그는 예언이 있었던 대로 페르시아군 야영지를 방문했을 때와 마찬가지로 환영받았다.

---

7) 고대 페르시아아 왕 다리우스 1세 시대의 화폐.

그러나 그가 거기서 본 것은 극악무도함의 극치였다. 그것은 그가 지금까지 직접 보고 공포에 휩싸였던 것과 조금도 다를 바가 없었다.

그는 속으로 혼잣말을 했다.

"천사 이튀리엘이 페르시아인을 아주 멸종시킬 작정이라면 인도의 천사 역시 인도인을 멸망시켜야 해!"

그 뒤 그가 양쪽 군대에서 일어난 일들을 더욱더 자세히 조사해 봤더니 너그러운 처사나 고결한 품행, 인간미 있는 행동이 있었음을 알고 그는 놀랐고, 또한 몹시 기뻤다.[8]

"인간이란 도무지 이해할 수가 없군. 대관절 비열함과 위대함, 덕행과 범죄를 어쩌면 이렇게 결합할 수가 있단 말인가!" 그는 소리쳤다.

그럭저럭하는 사이 평화가 선언되었다. 어느 쪽도 승리를 거둔 곳이 없는데도 양쪽 군대의 지휘관은 자기들 이익을 위해 엄청난 숫자의 인간, 곧 동포가 피를 흘려야 했다는 이유로 저마다 궁정으로 나아가 상을 달라고 졸랐다. 땅위에 미덕과 행복을 되돌렸음을 알리는 공적 문서는 평화를 축하했다.

"잘된 일이야! 페르세폴리스는 죄 갚음을 한 깨끗한 삶터가 될 거야. 그 도시가 인색한 정령들의 바람대로 파괴되는 일은 결코 없어. 내가 서둘러 그 아시아의 수도로 직접 가리라."

제2장

그는 오래된 입구를 지나 꽤 넓은 도시로 들어갔다. 그곳은 문명과는 한참 동떨어진 촌스런 곳으로 속이 메스꺼울 정도의 야비함은 보기만 해도 불쾌했다.[9] 게다가 그 일대는 건설되던 당시의 흔적이 곳곳에 그대로 남아 있었다. 근대를 제물로 삼아 고대를 칭찬하는 사람들의 완고함과는 달리 어떤 양식에

---

8) 반 덴 회벨에 따르면 이 언저리의 기술은 왕실 사료편찬관으로 임명된 볼테르가 《1741년의 전쟁에서 전사한 장관들에게 바치는 조문》과 《퐁트노이의 시》(1745)를 쓴 시기와 일치한다. 볼테르는 바부크와 마찬가지로 전쟁의 잔혹함에 혐오를 느끼면서도 용감한 행위에 놀라고 매료되기도 한다.

9) 페르세폴리스의 이름 아래 18세기 파리를 암시하고 있다. 파리로 들어가는 새로운 입구인 생탕투안 문과 대조적으로, 또 다른 입구인 구시가지의 포부르 생마르소는 불결했다. 비슷한 표현을 《캉디드》 제22장과 루소(1712~1778)의 《고백록》 제4권에서도 볼 수 있다.

든 최초의 시도가 여전히 다듬어지지 않고 그대로 있음은 인정해야 하기 때문이다.

바부크는 남녀 가운데서도 가장 지저분하고 추악한 자들의 무리로 섞여들었다. 그 사람들은 어딘가 멍한 모습으로 널따랗고 어슴푸레한, 담장으로 둘러친 건물로 서둘러 가고 있었다. 끊일 새 없는 왁자지껄함, 그곳에서 눈에 띈 사람들의 행동, 앉을 권리를 얻으려고 몇몇 사람들이 치른 돈 등으로 짐작하건대 그는 자신이 밀짚 의자를 파는 시장에 있는 줄 알았다.[10] 그러나 그는 이윽고 몇몇 여자들이 무릎 꿇고 정면을 응시하는 척하면서 옆자리 남자들을 훔쳐보고 있는 것을 보고 그곳이 성당임을 알았다. 새되고 쉰 목소리에 야만스럽고 비정상적인 목소리가 둥근 천장에 울려 퍼져 불명확한 메아리를 내보내고 있었다. 그 목소리의 울림은 피크토네스족[11]의 평원에서 자기들을 부르는 뿔피리에 응답할 때의 아시아당나귀 목소리 같은 인상을 주었다. 바부크는 귀를 막았다. 아울러 눈을 가리고 코까지 막으려 했을 때, 노동자들이 망치와 삽을 들고 그 성당으로 들어오는 것이 보였다. 그들은 커다란 돌을 옮기고 악취가 나는 흙을 좌우로 흩뿌린 뒤에 그 구덩이에 시체를 넣더니 위에 다시 돌을 놓았다.

"뭘 하는 거지! 이 고장 사람들은 자기들이 신을 예배하던 장소에 죽은 자를 매장하나? 어이없군! 저들의 성당에는 시신들이 좍 깔려 있다는 건가! 나는 페르세폴리스를 이따금 황폐하게 만드는 전염병에도 이젠 놀라지 않아. 시체 썩는 냄새, 거기에 북적거리는 수많은 사람의 역겨운 냄새는 지구를 오염시킬지도 몰라. 아! 페르세폴리스는 천한 도시다! 천사들이 이 도시를 멸망시키고 더 아름다운 도시를 다시 세워 보다 깨끗하고 노래를 잘 부르는 주민들을 살게 하려는 게 틀림없어. 섭리에는 다 나름의 이유가 있는 거니까. 섭리가 하는 대로 맡겨두자."

그는 소리쳤다.

---

10) 18세기 프랑스의 교회에는 벤치나 의자가 없었으므로 신자는 교회에 들어오면 의자를 빌려야만 했다.
11) 프랑스 서부 푸아투 지방 사람들에 대한 고대의 호칭. 그들은 당나귀 사육으로 유명했다.

제3장

그럭저럭하는 사이 태양은 정오를 향해 다가가고 있었다. 바부크는 도시 반대쪽 변두리 어느 아낙의 집에서 점심식사를 하기로 되어 있었다. 그녀 남편은 군대 장교였는데 바부크에게 아내 앞으로 쓴 편지를 맡겨두었다. 그는 먼저 페르세폴리스 시내를 몇 번이고 돌아다녀 보았다. 아까 본 것보다 훨씬 훌륭하게 세워지고, 보다 멋진 장식을 한 성당이 그 밖에도 몇 군데인가 있었다. 문명화한 민중으로 넘치던 그러한 성당은 상쾌하게 들려오는 음악으로 채워져 있었다.

그는 입지 조건은 나쁘지만 아름다움으로 눈길을 사로잡는, 대중을 위한 분수를 보았다.[12] 지금까지 페르시아를 통치했던 가장 어진 왕들이 동상[13]이 되어 숨을 돌리고 있는 것처럼 보이는 광장이 몇 군데 있고, "우리의 자비로운 주인을 여기서 보는 것은 언제려나!" 하고 민중의 외침이 들려오는 광장도 있었다. 바부크는 강에 놓인 훌륭한 다리와, 웅장하고 아름다우면서 편리한 강기슭, 여기저기 세워진 궁전과 부상당하여 개선한 노병 수천 명이 날마다 만군의 주이신 신께 감사를 드리는 널따란 건물을 보았다. 그가 마침내 부인의 집으로 들어가자 부인은 점심식사 자리를 마련해 놓았고, 신사들과 함께 앉아 그를 기다리고 있었다.

집은 아담하고 장식이 되어 있었으며, 식사는 말할 수 없이 훌륭했다. 부인은 젊고 아름다운 데다 재치가 있고 매력적이었고, 그 자리에 있는 사람들은 부인과 잘 어울리는 사람들이었다. 그래서 바부크는 속으로 내내 외톨이였다.

"나 원 참, 이토록 매력이 넘치는 도시를 파괴하려 하다니. 천사 이튀리엘이 세상을 무시해도 분수가 있어야지."

---

12) 볼테르는 조각가 부샤르동(1698~1762)이 1736년에서 3년에 걸쳐 포부르 생제르맹에 세운 '사계의 분수'를 칭찬했다. 실뱅 므낭에 따르면 이 분수는 그르넬 거리의 두 집 사이에 있었으므로, 조금 뒤로 물러나면 집에 가려 보이지 않았다.
13) 시테섬의 앙리 4세 동상, 당시엔 국왕 광장이라 불리던 보주 광장의 루이 13세 동상, 빅투아르 광장의 루이 14세 동상을 암시한다.

제4장

그럭저럭하는 사이, 처음에는 그에게 다소곳하게 남편의 소식을 묻던 부인이 식사가 끝날 무렵에는 한 젊은 신부에게 훨씬 다소곳한 자세로 말을 거는 모습이 눈에 띄었다. 사법관이 아내가 보는 앞에서 어떤 과부에게 열띠게 이야기하는 모습도 보였다. 그러자 그 너그러운 과부는 한 손을 사법관의 목에 두르면서 다른 한 손을 대단한 미남에 소극적인 젊은이에게 내밀었다. 사법관의 아내가 제꺽 식탁에서 일어나더니 지각하여 점심식사 자리에서 모두를 기다리게 했던 그녀의 영적 지도자와 이야기를 하러 옆방으로 들어갔다. 웅변가인 영적 지도자는 그곳 작은 방에서 매우 열렬하게, 그것도 가슴에 절실히 와닿는 이야기를 했으므로 사법관의 부인이 다들 모여 있는 곳으로 돌아왔을 때는 눈에 눈물이 고였고 볼은 붉어졌으며, 발걸음은 불안했고 목소리도 떨리고 있었다.

그래서 바부크는 정령 이튀리엘이 옳았던 게 아닐까 불안해졌다. 남의 신뢰를 얻는 신통한 능력 덕분에 그는 일찌감치 여주인의 비밀을 알게 되었다. 부인은 젊은 신부를 좋게 생각한다고 그에게 털어놓았고, 그가 부인의 집에서 본 것은 페르세폴리스의 어느 집에서나 볼 수 있는 것이라고 잘라 말했다. 바부크는 이런 사교생활이 오래 계속될 리 없다, 질투와 불화와 복수가 집들을 몽땅 황폐하게 만들고, 눈물과 피가 날마다 흐르며, 남편은 아내의 애인을 틀림없이 살해하거나 아니면 자기가 죽음을 당할 것이므로, 재앙이 끊이지 않는 도시를 이튀리엘이 단번에 멸망시키는 것도 결국은 괜찮은 일이겠다는 결론을 내렸다.

제5장

그가 그런 불길한 생각에 휩싸여 있을 때, 검정 외투를 입은 근엄한 사내가 나타나 수상쩍게도 젊은 사법관과의 면담을 요청했다. 사법관은 일어나지도 않고 그에게 눈길도 주지 않은 채, 노골적으로 거만한 태도를 드러내고 게다가 건성으로 서류 몇 장을 휙 넘겨주어 사내를 물러나게 했다. 바부크는 그가 누구인지 물었다. 여주인은 그에게 살며시 가르쳐 주었다.

"이 도시에서 아주 잘나가는 변호사랍니다. 그는 50년 동안이나 법률을 연구하고 있어요. 그런데 저 사람은 25살밖에 되지 않았는데도 이틀 전에 사법장관이 되었어요. 그래서 자기가 재판하기로 되어 있지만 아직 조사도 하지 않은 소송의 요점을 그 변호사한테 정리하게 한 거랍니다."

"저 시시껄렁해 뵈는 청년이 노인에게 조언을 구하다니 꽤 지혜로운 처사가 아닙니까? 하지만 그 노인은 왜 재판관이 못 되는 거죠?"

"농담도 심하시군요. 뼈가 부서져라 밑바닥 일을 하다 나이 든 사람은 현직엔 어울리지 않아요. 그 청년이 높은 지위에 오른 것은 아버지가 부자인 데다 여기선 재판을 할 권리를 마치 소작지처럼 사고팔 수가 있거든요."

"아, 미풍양속은 다 어디로 갔답니까! 가엾은 도시여! 이건 그야말로 무질서의 극치예요. 그런 식으로 재판권을 산 사람들이 판결을 제대로 내릴 리가 없지 않습니까? 이곳엔 그저 끝 모를 부정만 있습니다그려." 바부크가 소리쳤다.

그가 그런 식으로 비애와 경악을 금치 못하고 있을 때, 마침 그날 군대에서 돌아온 한 젊은 장교가 그에게 말했다.

"당신은 사법관의 직위를 돈으로 사고파는 것을 어째서 그렇게 싫어하십니까? 외람되지만 여기 있는 나도 내가 지휘하는 2000명을 이끌고 죽음에 맞설 권리를 당당히 샀어요. 올해는 연거푸 30일 동안이나 밤마다 빨간 제복을 입은 채로 땅바닥에서 잠을 잔 나머지 당장에라도 상처가 욱신거릴 정도의 화살 두 개를 마음껏 쏘기 위해 4만 다리우스 금화도 들였습니다. 내가 단 한 번도 만난 적이 없는 페르시아 황제에게 건강을 해치면서까지 섬기는 반면, 사법장관 각하는 꽤 큰돈을 들여 소송인들을 접견하는 것을 매우 흔쾌히 여기신다 이겁니다."

바부크는 화가 치밀어, 전쟁과 평화에 관련된 직무에 목숨을 거는 나라를 속으로 비난하지 않을 수 없었다. 이 나라 사람들은 전쟁이나 법률 같은 것을 전혀 모르며, 비록 이튀리엘이 이 종족을 없애버리지 않더라도 그들은 스스로 헤어나지 못할 통치에 짓눌려 틀림없이 멸망하리라고, 바부크는 성급한 결론을 내렸다.

뚱뚱한 사내 하나가 들어오자 그의 혐오감은 더욱 끓어올랐다. 그 사람은 좌중에게 밉살맞도록 끈적한 인사를 하더니 젊은 장교에게 다가가 말했다.

"당신에겐 5만 다리우스 금화밖에는 빌려드릴 수가 없습니다. 왜냐하면 사실은 나라의 조세에서 얻는 나의 실수입이 올해는 30만밖엔 되지 않거든요."

돈벌이가 시원치 않다고 푸념하는 저 남자는 누구냐고 바부크가 물었더니, 페르세폴리스에는 40명의 평민 출신 왕이 있는데 그들은 페르시아 국가를 섭정처럼 통치하고, 거기서 얻은 것 가운데 상당한 액수를 국왕에게 반환하고 있음을 알았다.[14]

제6장

점심식사가 끝나고 그는 도시에서 가장 웅장하고 화려한 성당으로 가서 심심풀이로 그곳에 온 남녀 무리에 섞여 앉아 있었다. 기계장치로 된 높은 설교대에 신부가 나타나 악덕과 미덕에 대해 지루하게 이야기했다. 그 신부는 구분할 필요도 없는 것을 여러 부분으로 나누고, 모든 분명한 것을 질서를 세워 증명하고, 누구나 아는 시시한 것들에 대해 열변을 토했다. 그는 냉정하게 흥분하고 땀을 훔치다가 숨을 헐떡이면서 물러났다. 그러자 청중은 일제히 잠에서 깨어나서는 감사한 설교를 들었다는 착각을 했다. 바부크는 말했다.

"저 사람은 200 또는 300명의 이 나라 사람들을 따분하게 만들려 최선을 다했지만, 그래도 선의로 그런 거니까 페르세폴리스를 멸망시킬 일은 없겠군."

그 집회가 끝나자 그는 1년 365일 벌어지는 나랏일 제전을 보러 갔다. 그것은 대성당 같은 곳에서 열렸는데 그 안으로 왕궁이 보였다. 페르세폴리스에서 으뜸가는 아름다운 부인들과 존경받는 지방장관들이 정연하게 앉아서 몹시 멋진 광경을 연출하고 있었으므로 바부크는 처음엔 이것을 제전의 전부로 착각할 정도였다. 이윽고 왕궁의 무대에는 왕과 왕비들로 꾸민 두세 사람이 모습을 드러냈다. 그들의 말씨는 민중의 그것과는 딴판으로 운율이 있고 듣기가 좋아 품위가 있었다. 조는 사람은 단 한 사람도 없었고, 물을 끼얹은 듯한 고요 속에서 모두가 귀 기울여 듣고 있었다. 그 정적은 청중의 감성이 반응하여 저도 모르게 새어나오는 감탄 소리로 중단되는 일마저 있었다. 국왕의 할 노릇, 미덕에 대한 사랑, 정염의 위험 같은 것을 아주 생생하고 감동적인 말로 표

---

14) 구체제 아래 프랑스의 징세청부업자를 비꼰 것. 국왕의 징세권을 대행하는 징세청부제도는 1720년 이후 고정되었고, 대체로 낮은 가문의 평민 출신 40명이 각종 세금징수권의 임대계약을 도맡았다. 그 권리가 거액이었으므로 그들은 민중의 반감과 비판을 사고 비판을 받았다.

현하고 있었으므로 바부크는 눈물을 흘렸다. 그는 자기가 지금 들은 영웅과 여걸, 왕과 왕비들이 왕국의 설교가임을 믿어 의심치 않았으며, 그런 정경이 영원히 이 도시와 그 설교자들을 조화시키리라고 확신했고, 이튀리엘 정령에게서 이야기를 듣고 오도록 권할 마음이 생겼다.

　제전이 끝나자 그는 아름다운 왕국에서 매우 고상하고 순수한 도덕적 교훈을 말했던 주인공 여왕을 만나보고 싶은 생각이 들었다. 안내인은 좁은 계단을 지나 3층의 볼품없는 가구가 딸린 방으로 그를 '여왕 폐하'에게 데려가 주었다. 수수한 차림의 여자 하나가 듣는 사람을 감동시킬 만한 품위를 갖추고 이런 이야기를 했다.

　"이런 일을 해봤자 먹고살기엔 턱없이 모자라요. 당신이 보신 왕 하나는 나에게 임신을 시켰어요. 해산이 눈앞인데 나에겐 돈도 없고, 돈이 없으면 아이도 제대로 낳을 수 없죠."

　바부크는 여자에게 100다리우스 금화를 주고 말했다.

　"이 도시에 있는 악이 이 정도이니 이튀리엘이 그토록 화를 내는 것도 무리가 아니겠네요."

　그 방을 나온 그는 쓸모도 없는 싸구려 물건을 파는 상인들에게 가서 그날 밤을 보냈다. 알고 지내게 된 눈치 빠른 사내가 그를 그곳으로 데려다주었다. 바부크는 마음에 드는 물건을 사고, 상인은 그것을 실제 가격보다 터무니없이 바가지를 씌워 아주 은근한 태도로 팔았다. 집으로 돌아오자 친구는 바가지를 얼마나 썼는지 알려주었다. 바부크는 이 도시가 벌을 받는 날, 정령 이튀리엘이 식별할 수 있도록 비망록에 상인의 이름을 써넣었다. 그가 이름을 쓰고 있는데 문을 두드리는 소리가 났다. 그것은 아까 그 상인으로 바부크가 가게의 매대에 깜박 잊고 놓아둔 지갑을 돌려주러 온 것이었다.

　"세상에 이런 일이! 싸구려 물건을 실제 가격보다 4배나 높게 팔아치우고도 부끄러운 줄 모르면서 이렇게 성실하고 사심 없는 태도를 보이다니⋯⋯" 바부크는 말했다.

　"이 도시에서 조금이라도 이름이 알려진 상인이라면 당신에게 이 지갑을 주러 오지 않을 사람은 없습니다. 하지만 제 가게에서 당신이 고르신 물건을 실제 가격의 4배로 팔았다고 하는 사람이 있다면 그는 거짓말을 하는 겁니다.

저는 당신에게 10배 값으로 팔았으니까요. 이것은 전혀 과장이 아니며, 가령 한 달 뒤에 당신이 이 물건을 되팔 마음이 생기더라도 산 값의 10분의 1도 받지 못합니다. 하지만 이만큼 공정한 일은 없어요. 이런 하찮은 물건에 값을 매기는 것은 인간의 변덕이니까요. 그런 변덕이란 것 덕분에 제가 일하는 곳의 기술자 100명도 먹고살 수 있고, 또 저도 번드르르한 집과 편리한 마차를 여러 대 굴릴 수가 있다 이겁니다. 말하자면 인간의 변덕이야말로 산업을 일으키고 섬세한 취미와 자본 유통, 그리고 풍요를 보장해 주지요. 저는 하찮은 물건을 당신에게 판 것보다 훨씬 비싼 값에 이웃 나라에 팔고 있으며, 그런 식으로 나라에 보탬이 되고 있답니다."

바부크는 잠깐 고민하다가 그 상인의 이름에 줄을 그어 비망록에서 지웠다.

제7장

바부크는 페르세폴리스를 어떻게 생각해야 할지 도무지 종잡을 수가 없어서 신부와 학자들을 만나기로 했다. 왜냐하면 한쪽은 지혜를 배우고, 다른 한쪽은 종교를 공부하고 있기 때문이다. 그런 사람들이라면 다른 민중을 위해 신의 축복을 얻어내 주리라고 그는 은근히 기대했다. 이튿날 아침 바부크는 서둘러 한 사제참사회에 나갔다. 대사제가 털어놓은 바에 따르면 그는 청빈 맹세를 한 덕분에 10만 에퀴의 연금을 받고 있으며, 더구나 겸양 서약을 했다는 이유로 꽤 넓은 범위에 걸쳐 영향력을 갖게 되었다. 그런 이야기를 한 뒤, 대사제는 하급 수행신부에게 바부크를 안내하라고 맡겼다.

그 신부가 참회 성당의 호화찬란한 내부를 안내하는 동안 바부크는 사실은 그런 모든 성당을 개혁하러 왔다는 소문이 퍼져 있었다. 그들 성당의 건백서(建白書)는 하나같이, 말하자면 "우리의 시설을 보존하고 나머지는 모조리 없애라"고 기술하고 있었다. 그의 주장을 들으면 그런 교단은 어느 것이나 필요했지만, 그 비난의 논점을 들으면 교단은 당연히 모두 없애야만 했다. 바부크는 세상을 교화하기 위해 세상을 지배하기를 바라지 않는 교단이 전혀 없다는 것에 놀라 어리둥절했다.[15] 그러자 반은 사제가 다 된, 몸집이 작은 평신도

---

15) 네덜란드의 신학자 얀선(1585~1638)에게서 시작되어 엄격한 신학교의를 주장한 장세니슴(얀선주의)과 그 포교활동을 광신적이라는 이유로 여기서 풍자하고 있다.

하나가 바부크에게 말했다.

"위업을 달성하는 최후의 심판이 가까웠음을 나는 똑똑히 알고 있습니다. 왜냐하면 자라투스트라가 지상으로 돌아오셨기 때문입니다. 소녀들은 전부터 부젓가락으로 몸을 두드려 맞고, 뒤에서 채찍으로 맞으면서 예언하고 있습니다. 그러니 제발 달라이 라마의 공격으로부터 저희를 지켜주십시오."[16]

"그게 무슨 말씀이오! 티베트에 사는 그 달라이 라마의 공격으로부터 지켜달란 겁니까?" 바부크는 말했다.

"맞습니다, 그의 공격입니다."

"그럼 여러분은 그에게 도전하고 그에게 대항하여 군대를 소집하려 한다는 거요?"

"그건 아닙니다. 하지만 그의 말로는 인간은 자유라고 해도, 우리는 그런 건 요만큼도 믿질 않습니다.[17] 우리는 그에게 맞서 소책자 몇 권을 썼습니다만 그는 그것을 읽지 않습니다. 그는 우리에 대해 소문으로라도 들어본 적이 없으면서 마치 주인이 마당의 나무에 생긴 송충이를 없애라고 명령하는 것처럼 그저 우리를 단죄했을 따름이죠."

바부크는 공공연히 지식인이라 떠드는 자들의 무분별함과 속세를 버린 자들의 음모, 겸허와 사리사욕 없음을 주장하는 자들의 야심과 탐욕에 소름이 끼쳤다. 정령 이튀리엘은 이런 자들을 몽땅 없애버릴 만한 이유가 충분하다고 그는 결론을 내렸다.

제8장
집으로 돌아오자 그는 슬픔을 누그러뜨리려고 하인에게 신간서적을 몇 권 사오게 했고, 기분을 전환할 겸 몇몇 학자를 점심식사에 초대했다. 그러자 그

---

16) 로마 교황 클레멘스 11세(재위1700~1721)가 장세니스트 신학자 케넬(1634~1719)의 설교를 이단이라고 비난했던 우니게니투스 칙서(1713) 이후 장세니즘 신봉자와 적대자의 대립이 격렬해졌다. 1732년에 광신적인 장세니스트들은 생메다르 교회에 있는 파리스 신부의 묘지에서 세찬 경련에 휩싸였다. 그들은 그 체험을 신이 내린 것으로 설명했다. 이 글은 이른바 경련파 사건을 암시하고 있다. 아울러 달라이 라마는 로마 교황을 가리킨다.

17) 이 말은 자유의지와 신이 인간에게 내린 은총을 둘러싸고 벌어졌던 신학 논쟁을 빗댄 것으로 보인다.

들은 마치 꿀에 달려드는 말벌처럼 초대한 숫자의 2배나 들이닥쳤다. 그 기생충들은 엄청나게 먹어치우고 지껄여댔다. 그들이 칭찬하는 것은 두 종류의 사람들, 곧 지금은 이미 죽은 사람들과 그들 자신뿐으로 동시대 사람들의 일이라면 집주인을 빼고 그들은 결코 칭찬하지 않았다. 그들 중 누군가가 기지에 찬 말을 하자 다른 사람들은 눈을 내리깔고 자기가 그 말을 하지 않은 것을 아쉬워했다. 그들에겐 대체로 큰 야심의 대상이 없었으므로 사제만큼 위선적이지는 않았다. 그들은 하나같이 책략을 써서 하인의 지위와 위인의 명성을 얻으려 했고,[18] 서로 얼굴을 마주 보고 모욕적인 말들을 내뱉고, 그것을 재치 있는 말이라고 굳게 믿고 있었다. 그들은 이미 바부크의 사명을 어렴풋하게 감지하고 있었다. 그들 중 하나는 5년 전에 자신을 깎아내린 어떤 작가를 쫓아내 달라고 작은 소리로 요청했다. 다른 한 사람은 자기가 쓴 모든 희극에 절대 웃지 않는 그 도시의 주민을 파멸시켜 달라고 부탁했다. 세 번째 사람은 학술원을 없애달라고 했다. 왜냐하면 그 사람은 아무리 애를 써도 입회 허가를 얻지 못했기 때문이었다. 식사가 끝나자 그들은 수행원도 없이 저마다 혼자서 돌아갔다. 다들 둘만 붙어 있어도 서로 잡아먹지 못해 안달을 했고, 그들을 식사에 초대해 준 부잣집 이외의 곳에서 둘이 이야기를 나눌 만한 상대도 없었기 때문이다. 바부크는 그런 기생충들이 하나도 남김없이 몽땅 죽어 없어진들 크게 손해가 될 것도 없다고 판단했다.

제9장

그런 자들을 내보내고 나자 그는 서둘러 신간서적을 읽었다. 책에서도 그가 초대했던 사람들 같은 천한 심성들을 보았다. 그가 읽고 특히 화가 치밀었던 것은 질투와 비열함과 굶주림에 시달려서 쓴 비방과 중상으로 가득 찬 잡지[19]와 악취미적인 기록문서, 거기에 독수리의 사정은 봐주고 비둘기를 갈가리 찢

---

18) 당시 문명사회의 기생성에 대한 풍자. 볼테르 자신도 루이 15세(1710~1774)를 섬기고 1745년에 왕실 사료편찬관에 임명되었고, 또한 프로이센의 프리드리히 2세(1712~1786)의 시종을 3년 동안 했었다. 여기서 저자가 자기 자신을 비웃는 것을 엿볼 수 있다.

19) 볼테르 등 철학자들을 적대하였던 비평가 프레롱(1718~1776)의 〈문예지〉 등을 가리키는 것으로 보인다.

는 비겁한 비아냥, 나아가선 작자가 알지도 못하는 여자들의 초상이 잔뜩 들어간, 독창적인 상상력이라곤 손톱만큼도 없는 소설이었다.

그는 그런 꺼림칙한 저작들을 모조리 불태우고 저물녘에 산책에 나섰다. 그 길에 나이 든 학자 한 사람을 소개받았다. 그는 회식 자리에 와서 기생충들의 숫자를 늘린 적이라곤 단 한 번도 없는 인물이었다. 그 학자는 사람이 많은 곳이라면 늘 피했고, 인간에 대해 잘 알고 그것을 좋은 곳에 이용했으며, 신중한 태도로 사람들과 사귀고 있었다. 바부크는 울적한 마음으로 자기가 읽은 것과 본 것에 대해 노인에게 말했다.

그러자 분별 있는 학자가 말했다.

"몹시 하찮은 것을 읽으셨습니다그려. 하지만 어느 시대에나, 어느 나라에나, 또 모든 분야에서 악한 자들은 쓸어내 버려야 할 정도로 많건만 어진 사람은 별로 없어요. 당신은 아는 체를 하는 쓰레기들을 집으로 맞아들인 것입니다. 왜냐하면 어느 직업에나 남 앞에서 모습을 드러낼 가치가 누구보다 적은 자에 한해서 언제나 가장 뻔뻔스럽게 잘난 체를 하며 나서기 때문이죠. 우리 중에는 당신이 주목할 가치가 있는 인물이 있고, 책도 있습니다."

노인이 그런 이야기를 하고 있을 때, 다른 학자 한 사람이 더 들어왔다. 그들의 이야기는 매우 즐겁고 유익해서 세상의 편견을 한참 뛰어넘는 훌륭한 덕을 지닌 것이었으므로 바부크는 지금까지 그런 이야기를 들어본 적이 없음을 시인할 정도였다.

"이들이야말로 천사 이튀리엘이라 해도 도저히 시비를 걸 수 없는 사람들이로군. 그들에게 시비를 걸었다가는 사정없이 오명을 쓰게 될 거야." 그는 중얼거렸다.

그런 학자를 상대로 정상적인 인간관계를 되찾기는 했지만 여전히 그는 그 나라의 다른 사람들에 대해서는 화가 가라앉지 않았다.

"당신은 다른 나라 분입니다. 악습은 당신의 눈앞에 떼 지어 나타났지만 선행은 숨어 있는 데다 때로는 악습 자체에서 생겨나기도 하기 때문에 당신의 눈에 띄지 않은 것입니다."

그때 그는 학자 중에도 남을 시기하지 않는 사람들이 얼마간 있으며, 사제들 가운데도 덕망 높은 사람들이 있음을 알았다. 서로 맞부딪치면서 공통의 파멸을 준비하는 것처럼 보이는 커다란 사회체라는 것도 사실은 유익한 체제이며, 사제들의 각 단체는 대항자에 대한 제동장치 구실을 하고, 그런 경쟁자들의 견해가 조금씩 다르다 해도 모두가 똑같은 도덕을 가르치고 있으므로 그들은 대중을 교육하고, 법에 따라 살고 있는 것이 되며, 그것은 귀한 집안의 주인에게 감시받으면서 그 집의 아들들을 감시하는 교사와 비슷하다는 것을 그는 가까스로 터득했다. 그는 몇몇 사제와 친하게 지내고, 비길 데 없이 훌륭한 마음씨가 있음을 인정했다. 달라이 라마에게 대드는, 상식을 벗어난 자들 가운데 매우 훌륭한 인물이 있다는 것도 알았다. 이 나라의 어떤 건축물은 경멸할 가치가 있어 보이고, 또 어떤 것은 홀딱 반할 정도로 그를 감탄시켰지만 그런 건조물하고 똑같은 페르세폴리스의 풍습이 있어도 또한 좋지 않겠나 하고, 그는 결국 그렇게 생각했다.

제10장

그는 학자에게 말했다.

"몹시 위험한 줄로 알았던 신부들이 사실은 매우 유익하고, 특히 정부의 현명한 능력에 그들이 반드시 필요한 존재가 되도록 한다면 크게 유익하단 것은 나도 인정하는 바입니다. 하지만 적어도 갓 말타기를 배운 주제에 어느새 재판관의 직위를 사는 청년 사법관이 막상 법정에 나와 보면 건방진 언행 때문에 꽤나 우스꽝스럽다는 것과, 부정에 늘 따라다니는 부도덕한 점을 남김없이 드러내리란 것을 당신도 인정했으면 합니다. 그런 지위는 한평생을 찬반양론을 저울에 달고 살아오신 나이 든 법률가들에게 무료로 주는 편이 낫다는 것은 의심할 여지도 없습니다."

학자는 그에게 대답했다.

"당신은 페르세폴리스에 도착하기 전에 우리나라 군대를 보셨을 겁니다. 알다시피 젊은 장교들은 돈을 주고 군직을 샀지만 그들의 전과는 아주 빛납니다. 당신은 젊은 사법관들이 돈을 내고 재판을 하지만 그들의 재판 방식이 결코 나쁘지 않다는 것을 아시게 될 겁니다."

이튿날 학자는 중요한 판결이 있는 대법정으로 바부크를 데려갔다. 그 소송은 모든 사람에게 널리 알려져 있었다. 변론하는 나이 든 변호사들은 모두가 열심히 자기 견해를 폈다. 그들은 수많은 법률을 끌어내고 있었지만 그 법률은 모두 문제의 핵심에 적용할 수가 없고, 여러 측면에서 사건을 눈여겨보았지만 그 어떤 측면도 도리에 맞는 것이 없었다. 재판관들은 변호사들의 열띤 변론을 무시하고 어느새 결정을 내렸다. 그들의 판결은 거의 전원일치였다. 그들이 올바른 판결을 내린 것은 그들이 이성을 따르고 있었기 때문이다. 그리고 일부 변호사들의 의견진술이 다소 뒤떨어진 것은 그들이 책만을 참조한 탓이었다.

바부크는 악습에도 꽤 괜찮은 것이 있다는 결론을 내렸다. 그날부터 일찌감치 그는 자신의 화를 돋우던 징세청부업자의 재산도 훌륭한 결과를 낳는다는 것을 알았다. 왜냐하면 황제에게 돈이 필요할 때, 보통의 수단으로는 반년 걸려서도 얻지 못할 큰돈을 징세청부업자들의 도움을 빌리면 1시간 만에 가능하기 때문이다. 그가 터득한 것은, 대지의 이슬로 잔뜩 부푼 두터운 구름은 대지에서 얻은 것을 비로 되돌린다는 사실이었다. 그리고 새롭게 대두한 사람들의 자녀들은 옛 가문에서 태어난 자녀들에 비해 대개는 한층 훌륭한 교육을 받기 때문에 때로는 그 능력이 훨씬 웃도는 경우도 있었다. 왜냐하면 재산을 잘 운용하는 아버지를 두면 유능한 재판관이나 훌륭한 군인, 또는 숙달된 정치가가 되는 길을 방해하는 것이 없기 때문이다.

제11장

바부크는 징세청부업자의 탐욕에 서서히 눈을 감게 되었다. 징세청부업자도 사실은 다른 사람들보다 욕심이 많을 것도 없고 사회에 꼭 필요했기 때문이다. 재판을 한다든지 전쟁을 하려고 상식 이외의 파멸적인 행동을 해도 훌륭한 사법관이나 영웅을 낳는 광기와 마찬가지이므로 너그럽게 보게 되었다. 그리고 학자들의 시기심도 용서하고 있었다. 그들 가운데는 세상을 계몽하는 사람들이 있어서였다. 또한 그는 야심가에 음모를 꾸미는 사제들과 화해하고 있었다. 사제들에게는 작은 악덕에 비해 커다란 미덕이 많이 있었기 때문이다. 그러나 그에겐 커다란 불만이 있었다. 특히 귀부인들의 정사와 거기서 당연히 생겨나는 개탄스런 결과는 그를 불안과 공포에 휩싸이게 했다.

그는 모든 사회계층 속에 들어가 보고 싶었으므로 어느 장관의 저택에 가

보았는데, 마침 어떤 여인이 남편이 살해당하는 모습을 직접 보게 될까 불안해하고 있었다. 정치가의 저택에 도착하자 그는 영접도 받지 못한 채 2시간 동안 대기실에 있었고, 영접을 받은 뒤에도 다시 2시간을 더 기다려야 했다. 그동안 그는 장관과 건방진 경비원을 천사 이튀리엘의 손에 반드시 넘겨주리라고 작정을 했다. 대기실은 온갖 계층의 부인, 여러 가지 성향의 신부, 재판관, 상인, 장교, 교사들로 넘쳐나고 있었다. 모두가 장관에게 불만을 품고 있었다. 수전노와 고리대금업자는 이렇게 말했다.

"그 작자는 틀림없이 여러 나라를 한창 약탈하고 있어."

변덕스런 사내는 장관의 만행을 비난하고 있었다. 호색한은 이렇게 말했다.

"그 자식은 자기의 쾌락밖엔 몰라."

음모가는 장관이 어떤 음모 집단과 마찬가지로 파멸되기만을 기대하고 있었다. 여인들은 머지않아 좀 더 젊은 장관이 그녀들을 위해 임명되기만을 손꼽아 기다렸다.

바부크는 이런 이야기를 들으면서 이렇게 말하지 않을 수 없었다.

"정말 팔자 좋은 사람이군. 여기 대기실에는 그의 적이 잔뜩 모여 있다. 그는 자기를 시기하는 자들을 권력으로 짓누르고, 자기를 싫어하는 사람들이 자기에게 무릎 꿇는 것을 보고 있다."

마침내 그가 장관이 있는 방으로 들어가자, 나이와 까다로운 일의 중압에 힘겨워하면서도 여전히 노익장을 자랑해 보이고 기지에 찬 작은 몸집의 노인이 거기에 있었다.[20]

눈에 걸친 안경에 걸맞게 노인은 존경할 만한 인물로 보였다. 대화는 몹시 흥미로워졌다. 장관이 그에게 털어놓은 바로는, 자신은 무척 불행한 사람으로서 세상에선 부자로 통하지만 사실은 가난하며, 절대 권력을 쥐고 있는 줄 알지만 늘 치받치고 있고, 친절을 베풀어도 상대방은 대부분 은혜를 모르며, 그래서 40년 동안이나 끊임없이 직무에 종사해 왔지만 한순간도 위안을 받아본

---

20) 이 초상은 플뢰리 추기경(1653~1743)인 것 같다. 앙드레 에르퀼 드 플뢰리는 루이 15세 아래서 재상과 추기경으로 내치와 외교에 공적을 남겼다. 1739년 가을에 볼테르는 플뢰리의 노어움을 산 적이 있으나 1756년에 볼테르는 "모든 궁정인 가운데 가장 공경할 만하고 공평한 노인"이라며 플뢰리를 정당하게 평가한다.

적이 없다는 것이었다. 바부크는 그 이야기에 감동했다. 그래서 설령 이 인물이 잘못을 저지르고, 천사 이튀리엘이 그를 벌하려 한다 해도 결코 그를 추방해선 안 되며, 어디까지나 그에게 그 지위의 직무를 맡겨야 한다고 생각했다.

제12장

그가 한창 장관과 이야기를 나누고 있을 때, 언젠가 바부크를 점심식사에 초대했던 아름다운 귀부인이 갑자기 들어왔다. 그녀의 눈과 표정에는 슬픔과 분노의 조짐이 뚜렷했다. 그녀는 정치가에게 비난을 퍼부었고 눈물을 흘렸다. 그녀의 남편이 가문에 의해 기대되는 지위, 더구나 나라에 대한 공헌과 전쟁터에서의 부상을 고려한다면 당연히 주어져야 할 지위를 내리지 않은 것에 대해 못마땅해하면서 받아들일 수 없다는 것이었다. 그녀는 몹시 완강하게 주장했고, 아주 품위 있게 불만을 드러내어 말했으며, 웅변 논리가 정연하여 남편의 출세를 확인하기 전엔 결코 방을 나서지 않을 태세였다.

바부크는 그녀를 위해 한마디 했다.

"전혀 사랑하지 않는데도 그저 걱정거리만 안겨주는 사람 때문에 부인께서 몹시 고초를 겪고 계시는군요."

"내가 사랑하지 않는다고 했나요?" 그녀는 소리쳤다. "그걸 아셔야 해요. 남편은 세상에서 나의 가장 좋은 친구이며, 나의 연인을 빼고 내가 남편을 위해 희생하지 않는 것이라곤 없답니다. 게다가 남편도 사랑하는 사람과 헤어지는 것만 제외하면 나를 위해 어떤 일이라도 해줄 거예요. 당신에게 남편이 사랑하는 사람을 소개해 줄게요. 그 사람은 재치가 넘치고 누구보다 품성이 곱고 매력적인 부인이죠. 오늘 저녁에 우리는 내 남편하고 나의 사랑스런 신부와 함께 저녁을 먹는답니다. 부디 오셔서 기쁨을 함께 나누시기를."

귀부인은 바부크를 자기 집으로 데려갔다. 슬픔에 젖어 이윽고 도착한 남편은 아내를 보자 기쁨과 고마움으로 흥분을 가라앉히지 못했다. 그는 자기 아내와 애인, 그리고 사랑스런 신부와 바부크를 번갈아 껴안았다. 단결과 쾌활함, 기지와 우아함이 식사에 활기를 더해주었다.

바부크를 저녁식사에 초대한 아름다운 귀부인이 말했다.

"아시겠죠! 일반 사람들 사이에서 때로는 난잡한 여자라고 손가락질하는 부인들도 흠잡을 데 없는 교양을 갖춘 신사에 버금갈 정도의 가치를 지니고 있어요. 당신이 그걸 믿어주셨으면 하는 마음에서, 내일 나와 함께 아름다운 테온 님[21]의 저택에서 열리는 오찬에 꼭 가주시기를 부탁드려요. 그 사람을 깎아내리는, 신앙이 깊은 척하는 할망구들도 있지만, 그래도 그 사람은 그런 자들을 몽땅 합친 것보다 훨씬 많은 선행을 베풀었답니다. 그 사람은 아무리 막대한 이익이 따르더라도 하찮은 부정은 하나도 저지르지 않았을 거예요. 애인에겐 그저 너그러운 충고만 할 뿐, 그 사람의 머릿속엔 애인의 명예밖엔 들어 있지 않죠. 좋은 일을 할 기회를 뺏긴다면 애인은 그 사람 앞에서 몹시 수치스러워할 거예요. 왜냐하면 남자 쪽에서 그 사람이 존경할 가치가 있다고 믿는 애인을 스스로 증인이나 재판관으로 삼는 것 이상으로 덕행의 길을 걷도록 격려해 주는 일은 없으니까요."

바부크는 약속을 깨뜨리지 않았다. 그가 본 것은 온갖 즐거운 분위기가 넘치는 집이었다. 테온이 그런 분위기를 도맡아 이끌고 있었다. 그녀는 어느 손님에게나 그 사람의 모국어로 말할 수가 있었다. 그녀의 꾸밈없는 태도는 다른 사람들의 마음을 편안하게 해주었다. 그녀가 특별히 바라는 것도 아니건만 모두에게 호감을 주는 것이었다. 그녀는 친절하고, 사랑받을 가치가 충분했다. 게다가 그녀는 아름답기까지 했다. 그것이 그녀의 모든 장점의 가치를 더욱 높여주고 있었다.

바부크는 스키타이 사람인 데다 정령의 심부름으로 온 처지이긴 했지만, 만일 이대로 페르세폴리스에 계속 머문다면 테온에 대한 사랑이 불타올라 정녕코 이튀리엘마저 잊어버릴 것 같다는 생각이 들었다. 그는 그 도시에 사랑을 느끼고 있었다. 사람들은 경솔하고 험담을 하며 허영심으로 똘똘 뭉쳐있기는 하지만, 예의 바르고 상냥하고 친절했다. 그는 페르세폴리스에 유죄판결이 나지 않을까 걱정이 되어 앞으로 그가 하는 보고에 불안마저 느끼고 있었다.

실제로 그가 그 보고를 할 때 취한 행동은 이러했다. 그는 그 도시 최고의 주물기술자에게 모든 금속과 흙과 돌의 가장 고귀한 것과 하찮은 것으로 합성

---

21) 테온(Téone)의 이름이 4세기 말 그리스의 수학자이자 천문학자이기도 했던 테온(Theon)에서 따온 것이라면 이 부인은 볼테르의 애인 샤틀레 후작부인(1706~1749)을 빗댄 것 같다. 샤틀레 부인의 자연과학, 특히 천문학에 대한 열정은 널리 알려져 있었다.

된 작은 조각상을 만들게 하고, 그것을 이튀리엘에게 가져갔다.

그는 말했다.

"이 훌륭한 조각상이 모든 금과 다이아몬드로 되어 있지 않다는 이유로 당신은 이것을 부숴버리시렵니까?"

이튀리엘은 끝까지 듣지 않아도 그 의미를 깨달았다. 그는 페르세폴리스의 결점을 바로잡을 생각은 않고, 세상 돌아가는 대로 그냥 두기로 결정했다. 그는 말했다.

"왜냐하면 모두가 선은 아닐망정 그럭저럭 괜찮기 때문이다."

그런 이유로 페르세폴리스는 존속하게 되었다. 그리고 바부크는 도시 니네베를 멸망시키지 않은 것에 화가 난 요나[22]와 달리 전혀 불만을 터뜨리지 않았다. 그러나 사람이 고래 배 속에서 사흘이나 있으면 오페라나 희극을 본다든지, 좋아하는 사람들과 저녁을 먹을 때만큼 기분이 좋지는 않을 것이다.

---

22) 구약성서의 〈요나〉 2장 1절에서 하느님의 명령을 어긴 요나는 바다를 헤엄치는 커다란 물고기의 배 속에서 사흘 밤낮을 보낸다. 그리하여 요나는 하느님의 말씀을 전하러 니네베로 간다. 사람들은 하느님을 믿게 되어 재앙을 면한다. 그러나 요나는 회개한 니네베 백성을 용서한 하느님의 조치에 불만을 품는다. 볼테르는 그의 작중인물이 성서에 등장하는 인물보다 배려심이 있음을 암시하고 있다.

자디그[1] 또는 운명
동양 이야기

출판 허가[2]

아래에 서명하는 본인은, 지금까지 세간에서 석학으로서 또한 총명한 사람으로 통했지만, 이 초고를 읽고 본의 아니게 이것이 진기한 관심으로 가득하고 통쾌하기 짝이 없으며, 도덕적이고 철학적일 뿐만 아니라 소설을 싫어하는 사람들의 구미에 맞을 정도의 완성도가 있다고 판단하기에 이르렀다. 그러므로 나는 이 책을 놓고 논란이 벌어지고, 이것은 내다 버려야 할 작품이 분명하다고 대법관 각하께 말씀드리는 바이다.

사디가 터키황제의 애첩 셰라에게 바치는 서간체 헌사[3]

헤지라 837년 샤왈 18일

---

1) 조르주 아스콜리에 따르면 이 글의 주인공은 당초 멤논이라는 이름이 붙어 있었다. 자디그라는 이름은 아라비아어로 진실을 뜻하는 사디크, 또는 히브리어로 정의로운 사람을 뜻하는 자디크, 아니면 고대 페르시아의 작가 셰크 자데가 쓴 《페르시아 왕의 애첩 이야기》에 나오는 〈마부장 사디크 이야기〉쯤에서 유래한다고 한다. 이 글에 나오는 왕비 아스타르테라는 이름은 몽테스키외의 《페르시아인의 편지》(1721) 제67편에 나온다. 1747년판 《멤논》에는 부제가 붙어 있지 않다. 부제인 '운명'은 섭리를 나타낸다.
2) 당시 프랑스에서는 왕실검열관이 책의 출판 허가 여부를 결정했는데 그 제도를 여기서 패러디한 것이다. 아울러 《자디그》는 검열을 무사히 통과했다.
3) 《캉디드》에 부제로 '랄프 박사가 쓴 독일어 문장의 번역'이라고 붙어 있다시피 《자디그》도 이란의 시인이 번역한 고대 작품이라는 가공의 전제 아래 시작된다. 사디(1184쯤~1291쯤)의 《장미원》은 1634년, 1704년에 프랑스어로 번역된다. 당시 독자는 시리우스의 아라비아어 이름인 셰라를 연상케 하는 애첩 셰라의 초상에서 루이 15세의 애첩 퐁파두르 후작부인(1721~1764)의 면모를 보았다. 볼테르는 부인에게 자주 글을 바쳤고, 부인은 뒤에서 볼테르의 비호자로 활약했다. 아울러 이슬람력은 예언자 마호메트의 천행(헤지라)을 기점으로 한다. 헤지라는 서기 622년에 해당하며, 헤지라력 837년은 서기 1433, 1434년에 해당한다. 따라서 사디의 생존 시기와 200년의 오차가 생긴다. 샤왈(탄생의 달)은 10월이다.

눈길을 사로잡는 매력, 마음에서 떠나지 않는 고뇌, 정신을 휘황하게 하는 빛이여, 나는 그대 앞에 엎드려 발에 입을 맞추는 행동은 하지 않겠습니다. 왜냐하면 당신은 거의 걷지 않거나, 걷더라도 이란의 융단이나 장미꽃 위에서만 그러하기 때문입니다. 나는 당신에게 고대 현자의 책을 번역하여 바칩니다. 이 현자는 운 좋게도 해야 할 일이 아무것도 없었기에 기분전환 삼아 자디그의 이야기를 썼습니다. 이것은 겉으로 보이는 것 이상으로 많은 것을 이야기하는 작품입니다. 부디 이것을 읽고 옳은 평가를 내려주기를 바랍니다. 왜냐하면 당신은 현재 바야흐로 인생의 봄, 온갖 쾌락이 함께하고, 화려한 미모에 재능까지 갖추었으며, 아침부터 저녁까지 칭송을 받는 그런 모든 이유에서 어진 지혜가 없어야 마땅한데도 몹시 총명한 정신과 아주 섬세한 취향을 잃지 않기 때문입니다.

게다가 나는 수염을 길게 기르고 끝이 뾰족한 모자를 쓴 늙다리 수도사[4] 나부랭이보다 당신이 훨씬 근사한 논리를 펼친다는 소문을 들은 적이 있습니다. 당신은 신중하면서도 조금도 의심할 데가 없으며, 상냥하지만 기백이 약하지 않고, 모두에게 친절을 베풀며, 벗을 아끼고 결코 적을 만들지 않습니다. 당신의 정신은 신랄한 험담을 하고는 유쾌해하는 풍조 따위는 전혀 하지 않습니다. 마음만 먹으면 아주 쉬운 일인데도 남을 나쁘게 이야기한다든지, 해를 끼치지도 않습니다. 요컨대 내가 보기에 당신의 영혼은 그 아름다운 얼굴과 마찬가지로 늘 더없이 순결하게 보였습니다. 당신은 철학의 소양마저 갖추었으므로 현자가 쓰는 이 작품에 여느 여성보다 깊은 관심을 가지리라고 나는 생각합니다.

이 책은 처음에 당신에게나 나에게나 종잡을 수 없는 고대 칼데아[5]어로 썼습니다. 그것이 그 유명한 국왕 울르그 베그[6]의 기분전환용으로 아라비아어로 번역된 것입니다. 때는 아라비아인과 페르시아인이 《천일야화》나 《천일일

---

4) 늙다리 수도사는 소르본의 신학자를 가리키는 것으로 보인다.
5) 바빌론이 수도인 고대 페르시아의 말.
6) 울르그 베그(1393쯤~1449)는 티무르 왕조의 4대 왕. 1447년에 즉위한 지 얼마 안 되어 맏아들에게 살해당하지만 재위 중에는 과학기술과 문화예술 발전에 기여했다. 볼테르는 《풍속시론》(1756)에 울르그 베그를 계몽전제군주로 소개하고 있다.

화》 등을 쓰기 시작하던 무렵이었습니다. 울르그는 《자디그》를 즐겨 읽었었지요. 하지만 애첩들은 《천일일화》를 좋아했습니다.

현명한 왕 울르그는 말했습니다.[7]

"무슨 뚱딴지같은 소린지 원. 너희는 왜 이런 걸 좋아하지?"

"우린 그래서 좋아한답니다!" 애첩들은 그렇게 대답했지요.

내 생각에 당신은 그 애첩들과 전혀 비슷하지 않고 마치 울르그 본인인 것 같습니다. 많은 사람을 상대로 하는 대화는 별로 재미가 없다는 점을 빼면 《천일일화》와 꽤 비슷합니다. 그런 대화에 당신이 싫증이 났을 때는 내가 삼가 설명을 곁들일 수 있을 것으로 기대합니다. 만일 당신이 필리포스 2세의 아들 이스칸다르 시대의 탈레스트리스였다면, 또는 당신이 솔로몬 왕이 다스리던 시절의 시바 여왕이었다면[8] 이런 왕들이 여행을 떠나 마중을 나왔을 것입니다.

당신의 즐거움이 순수하고, 당신의 아름다운 얼굴이 언제까지나 변치 않으며, 당신의 무한한 행복을 하늘에 빕니다.

사디

제1장 애꾸눈 사내

모압다르 왕[9] 시대에 자디그라는 청년이 바빌론에 살았다. 그는 날 때부터 고결했는데 성격은 교육을 받아 더욱 고결해져 있었다. 그는 살림이 넉넉하고 젊었지만 자기감정을 억누르는 방법을 잘 알았다. 게다가 어느 것 하나도 편애하지 않고 항상 자기가 옳아야만 직성이 풀리는 성미도 아니고, 남의 약점을 생각할 줄 아는 사람이었다. 무척 재능이 있었음에도 불구하고 불명료하고 맥

---

7) 앙투안 갈랑이 프랑스어로 번역한 《천일야화》가 1704년부터 간행되자 1710년에는 페티 들라 크루아가 프랑스어로 옮긴 《천일일화》 등도 속속 출판되었다.

8) 이스칸다르는 알렉산드로스 대왕의 터키 이름. 1세기의 로마 역사가 쿠르티우스 루푸스는 《알렉산드로스 대왕 전기》에서 아마존의 여왕 탈레스트리스가 왕과의 사이에 자식을 낳기 위해 찾아왔다고 고백하는 장면을 그려내고 있다. 반 덴 회벨에 따르면 볼테르는 이 전기에 근거하여 쓰인 《역사의 회의주의》라는 책을 참조하고 있다. 또한 유대인 왕 솔로몬을 찾아간 시바 여왕의 일화는 〈열왕기상〉 10 : 1~13에 나와 있다.

9) 볼테르가 지어낸 이름. 또한 〈창세기〉 19 : 37에는 이스라엘 민족 우두머리 아브라함의 조카롯의 아들은 모압이라 하며, 사해 동쪽에 사는 종족 모압인을 만들었다 기록되어 있다.

락이 없어 요란하기만 한 이야기라든지, 경솔한 험담, 무지로 인한 결단이나 천박한 농담, 바빌론에서 사교라 불리는 시끌벅적한 허튼소리를 비웃거나 모욕하는 일이 결코 없음을 알고 모두가 감탄했다. 그는 조로아스터[10]의 책 제1권을 통해 인간의 어수룩함이란 바람에 부푼 풍선 같아서 살짝만 찔러도 순식간에 폭풍이 불어닥친다는 것을 이미 알고 있었다.

특히 자디그는 여자 따윈 하찮으니 얼마든지 쥐락펴락해 보이겠다는 호언장담 같은 것은 하지 않았다. 그는 마음이 넓었으므로, "네가 먹을 때는 개에게도 먹여라, 비록 개가 너를 물지라도"라는 조로아스터의 그 위대한 가르침에 따라 은혜를 모르는 자들에게 아낌없이 은혜를 베풀었다. 그는 매우 총명했는데 그것이 그가 현자와 함께 지내려 애썼기 때문이다. 고대 칼데아인의 학문에 능통했던 그는 당시 사람들이 알고 있던 정도의 자연에 관한 물리적 원리를 모르지 않았다. 또한 형이상학에 대해선 시대를 막론하고 세간에 알려져 있던 정도의 것을 알고 있었다. 다시 말해 아주 깊이는 알지 못했던 것이다. 그는 당시의 새로운 철학에 거슬러 1년은 365와 4분의 1일이며, 태양이 세계의 중심이라고 확신했다. 그리고 주교가 사람들을 무시하는 거만한 태도를 보이며, 너의 사상은 잘못되어 있다, 태양이 자전하고 1년은 12개월이라고 믿는 것은 국가에 적대하는 일이라고 비난해도 그는 노여워하지도 않고 경멸의 빛도 띠지 않은 채 입을 다물고 있었다.

자디그는 매우 넉넉했고 따라서 친구가 많았으며, 건강한 데다 훌륭한 용모와 공정하고 온전한 정신, 성실하고 고상한 마음씨까지 갖추고 있었으므로 자신을 복받은 자라고 굳게 믿었다. 그는 아름다운 얼굴과 이름난 집안과 재산까지 두루 갖추었으므로 바빌론 최고의 결혼 상대자로 꼽히는 세미르[11]와 머지않아 결혼하기로 되어 있었다. 그는 그 아가씨를 확고하고 고결한 마음으로 사

---

10) BC 7세기의 페르시아의 종교개혁자 자라투스트라의 그리스어 이름. 반 덴 회벨에 따르면 볼테르는 요약된 조로아스터 경전을 영국의 동양학자 토마스 하이드(1636~1703)의 글로 읽었다고 한다.

11) 반 덴 회벨에 따르면 세미르라는 이름은 남편에게 부정을 저지른 아내의 유형인 샤미람 또는 세미라미스를 떠올리게 한다고 한다. 바빌로니아 왕국 전설의 여왕 세미라미스는 수많은 부정을 저질렀다고 한다. 볼테르가 비극 《세미라미스》(1748)를 완성한 때는 《자디그》를 집필한 시기와 겹친다.

랑했고, 세미르도 그를 열렬히 사랑했다. 그들을 하나로 맺어줄 행복한 순간이 다가오던 무렵, 두 사람이 나란히 바빌론 성문을 향하여 유프라테스강 가를 아름답게 꾸민 야자나무 그늘 아래로 천천히 걷고 있을 때, 칼과 화살로 무장한 사내들이 다가오는 것이 보였다. 그들은 장관의 조카인 오르칸[12]의 부하였다.

이 젊은이는 큰아버지를 섬기는 추종자들의 말에 한껏 들떠 늘 거리낌 없이 제멋대로 행동했다. 오르칸은 자디그의 고상함이나 덕성도 갖추지 않았지만, 자기가 훨씬 낫다고 단단히 믿었으므로 사랑하는 아가씨의 사랑을 받지 못하는 것이 여간 안타깝지 않았다. 그 질투는 본디 어리석음에서 시작된 것에 불과한데도 오히려 자신은 미치도록 세미르를 사랑한다고 스스로 믿었다. 그는 그 아가씨를 납치하기로 마음먹었다. 납치꾼들이 세미르를 붙들어 거칠게 끌고 가려는 사이 그녀는 그만 상처를 입었고, 그 모습을 보면 히말라야의 호랑이도 나긋나긋해질 게 분명한 아가씨였는데도 피를 흘리고 말았다. 그녀는 하늘을 찢는 고통의 비명을 질렀다. 그녀는 이렇게 소리쳤다.

"당신은 내가 뜨겁게 사랑하는 사람에게서 나를 빼앗으려 하고 있어요."

아가씨는 자기 신변의 위험 따위는 전혀 생각지 않고 사랑하는 자디그 생각만 하고 있었다. 한편, 자디그는 있는 힘을 다해 세미르를 지키려 했다. 그는 노예 둘의 도움을 받았을 뿐인데도 납치꾼들을 쫓아내고, 정신을 잃고 피를 흘리고 있는 세미르를 집으로 데려갔다. 그녀가 눈을 뜨자 구세주의 모습이 보였다. 그녀는 말했다.

"아, 자디그 님! 저는 당신을 남편으로서 사랑했습니다만 이젠 이 몸의 정절과 생명의 은인으로 사랑하겠어요."

세미르보다 더 깊은 감동을 맛본 사람은 결코 없었다. 가장 큰 은혜를 입었다는 감정과, 가장 정당한 사랑의 애틋함으로 드높여진 정열적인 말로, 세상에서 가장 매력적인 입술이 그보다 더 감동적인 마음을 표현한 적은 없었다.

---

12) 반 덴 회벨에 따르면 《풍속시론》 제78장에는 오스만 1세의 아들을 오르칸이라 하고 있다. 또한 장 라신의 비극 《바자제》(1672)의 흑인 환관의 이름도 오르칸이다. 한편 1726년 하인들로 하여금 볼테르를 습격하게 했던 기사 로앙(Rohan)의 이름과 음성적 유사성을 발견할 수 있다.

그녀의 상처는 가벼워 바로 나았다. 하지만 자디그의 상처는 그녀보다 더 깊었다. 한쪽 눈 옆에 맞은 화살은 깊은 생채기를 냈다. 세미르는 오로지 사랑하는 사람의 상처가 나아지기만을 신들에게 빌었다. 그녀의 눈은 밤이나 낮이나 늘 눈물에 젖어 있었다. 그녀는 자디그의 눈이 그녀의 눈길을 보고 즐거워할 수 있는 순간이 오기만을 기다렸다. 그러나 다친 눈에 갑자기 생긴 종양은 심상치 않았다. 명의 헤르메스를 맞이하기 위해 멀리 멤피스에까지[13] 사람을 보냈다. 헤르메스는 수많은 수행원을 데리고 찾아왔다. 명의는 환자를 진찰하더니 한쪽 눈을 잃게 되리라고 말했다. 그는 그 불길한 일이 일어날 날짜까지 예언했다.

"만일 오른쪽 눈이었더라면 낫게 해드렸을 텐데…… 하지만 왼쪽 눈의 상처는 방법이 없습니다." 헤르메스는 말했다.

바빌론의 주민은 모두 자디그의 운명에 동정하는 한편, 헤르메스의 깊고 오묘한 학식에 혀를 내둘렀다. 이틀 뒤, 종기가 터지고 고름이 나왔다. 자디그의 병은 완전히 나았다. 헤르메스는 한 권의 책을 썼는데 거기서 그는 자디그가 나을 수 없음을 증명했다. 자디그는 그런 책 따위는 한 줄도 읽지 않았지만 외출할 수 있게 되자마자 자기 일생의 행복을 기대하게 해준 사람, 그리고 그가 그 사람을 위해서만 두 눈을 갖기를 빌었던 사람을 찾아가기로 마음먹었다. 세미르는 3일 전부터 시골 별장에 있었다. 자디그는 찾아가는 도중에 이 아름다운 귀부인이 애꾸눈의 사내라니 역겹다며 다른 사람도 아닌 오르칸과 결혼했다는 소식을 들었다. 그 소문을 듣고 그는 기절했다. 슬픔을 이기지 못하고 하마터면 죽을 뻔했다. 그는 오랫동안 병상에 누워 있었으나 마침내 이성이 슬픔을 이겨냈다. 그가 겪은 일의 잔혹함은 오히려 마음에 위로가 되기까지 했다.

"궁정에서 자란 아가씨에게서 그토록 냉담하고 변덕스런 꼴을 당했으니 결혼은 평민 아가씨와 해야겠다." 그는 말했다.

---

13) 반 덴 회벨에 따르면 명의 헤르메스는 당시 여행가인 장 샤르댕(1643~1712)을 본떠 근대 페르시아의 의학을 연 실재 인물로 간주하던 헤르메스 트리스메기스투스를 암암리에 나타내고 있다. 볼테르는 헤르메스의 출생지를 파라오 왕 치하의 고대 이집트의 수도로 상정했었다고 한다.

자디그는 도시에서 가장 다소곳하고 심성이 고운 아조라[14]를 택해 결혼했다. 그는 더할 수 없는 행복에 취해 한 달을 그녀와 함께 지냈다. 다만 그녀에겐 약간 경박스런 데가 있어 매우 균형 잡힌 몸매를 지닌 젊은이야말로 가장 많은 재능과 덕성을 갖춘 인물이라고 굳게 믿고 있다는 것을 자디그는 알고 있었다.

제2장 코[15]

어느 날 아조라는 몹시 화가 치민 나머지 고함을 지르면서 산책길에서 돌아왔다.

"대체 무슨 일이오? 왜 그렇게 화가 났소?"

자디그가 말했다.

그러자 그녀는 대답했다.

"방금 내가 본 것을 보셨더라면 당신도 틀림없이 화를 내셨을 거예요. 나는 젊은 나이에 과부가 된 코스루를 위로하러 갔었어요. 그 사람은 이틀 전에 들판 가장자리를 흐르는 개울가에 남편의 무덤을 만든 참이었죠. 슬픔에 잠긴 그 사람은 개울물이 옆에서 흐르고 있는 한 자기는 무덤 곁을 떠나지 않겠다고 신들에게 맹세했거든요."

"그렇군요. 그래서요? 그것이야말로 진정으로 남편을 사랑한 이승의 아내의 귀감이 아닌가요!" 자디그가 말했다.

"말도 마세요. 내가 찾아갔을 때 그 사람이 뭘 하고 있었는지 당신이 보셨더라면 아마 깜짝 놀라 뒤로 넘어갔을 거라고요!" 아조라가 말을 계속했다.

"아름다운 아조라여, 대체 그녀는 뭘 하고 있었기에 그러오?"

"물길을 바꿔놓고 있더군요."

아조라는 오랫동안 실컷 험담을 하여 젊은 과부를 절대 용서할 수 없다는

---

14) 아라비아어로 알 조라(Al Zohra)는 휘황한 여자를 뜻하고, 조프라는 비너스를 의미한다. 아조라라는 이름은 그런 것들을 떠올리게 한다.

15) 반 덴 회벨에 따르면 제2장 이야기는 1세기 로마 작가 페트로니우스의 《사틸리콘》과 라퐁텐 (1621~1695)의 소설집 가운데 "에페소의 여주인"에서 아이디어를 얻고, 또한 중국의 소설집 소개본을 참고하여 윤색한 것이라고 한다.

비난을 퍼부었으므로 정숙함을 드러내 놓고 과시하는 아내의 그런 태도가 자디그로서는 썩 유쾌하지 않았다.

그에겐 카도르[16]라고 하는 친구가 있었다. 자디그의 아내는 이 친구를 다른 어떤 친구보다 성실하고 유능한 청년이라고 믿었었다. 자디그는 이 친구에게는 흉금을 털어놓고 비밀이 없었으며, 값비싼 선물을 하여 둘 사이의 믿음을 단단히 했다. 아조라는 시골의 어느 친구 집에서 이틀을 보내고, 사흘째 되던 날 집으로 돌아왔다. 하인들이 눈물을 흘리며 아뢴 바에 따르면 그녀의 남편은 전날 밤에 갑자기 죽었는데, 그 비통한 소식을 그녀에게 전할 용기가 나지 않아 마당 한쪽의 조상 대대로 내려오는 무덤에 자디그를 방금 전에 묻었다는 것이었다. 그녀는 눈물을 흘리며 머리를 풀어 헤치고는 자기도 죽어버리겠다고 맹세했다. 그날 밤, 카도르가 그녀와 만나기를 청했다. 그래서 둘이서 함께 눈물을 흘렸다. 이튿날엔 전날보다는 덜 울었고, 함께 모여서 점심식사를 했다. 카도르는 친구가 거의 모든 재산을 자기에게 남겨주었다고 그녀에게 밝혔고, 그 재산을 그녀와 공유할 수 있으면 행복하겠다고 말했다. 부인은 울면서 화를 내더니 이윽고 잠잠해졌다. 저녁식사는 점심보다 오래 걸렸다. 두 사람은 지금까지보다 더욱 서로를 신뢰하고 대화를 했다. 아조라는 고인을 칭찬했지만, 그래도 남편에게는 카도르에게는 없는 이런저런 결점이 있음을 인정했다.

저녁식사 도중에 카도르는 비장(脾臟)에 몹시 심한 통증을 느꼈다. 불안에 휩싸여 갈팡질팡하던 아조라는 자신이 뿌리는 향수를 몽땅 가져오게 하여 그 중에 혹시 비장의 통증에 효과가 있는 게 없을까 써보았다. 그녀는 명의 헤르메스가 바빌론에 다시 오지 않음을 줄곧 아쉬워하면서 몹시 괴로워하는 카도르의 옆구리를 문질러 주기도 했다.

"이런 성가신 발작이 자주 일어나나요?" 그녀가 동정을 담아 말했다.

"이 통증 때문에 어떤 때는 거의 죽을 뻔한 적도 있어요." 카도르가 대답했다. "고통을 누그러뜨리는 치료법은 단 한 가지뿐이에요. 그것은 죽은 지 얼마 안 된 남자의 코를 옆구리에 대고 누르는 겁니다."

---

16) 아라비아어로 카두르(kaddour)는 전능한 사람을 의미하며, 카도르라는 이름은 그것에서 비롯되었다는 견해도 있다.

"매우 독특한 치료법이로군요." 아조라는 말했다.

"뇌졸중을 예방하는 아르누 씨의[17] 냄새주머니만큼 유별나진 않지요."[18]

젊은이는 범상치 않은 아름다움을 지닌 데다 그의 말을 듣자 결국 아조라도 결심을 했다.

"잘 생각해 보니까 남편이 친와트 다리를 건너 어제의 세계에서 내일의 세계로 옮겨갈 때, 사라진 천사 이즈라일[19]이 남편의 코가 이승보다 저승에서 약간 짧아졌다고 해서 설마 통행 허가를 안 내주는 것은 아니겠죠?"

그래서 그녀는 면도날을 들고 남편의 무덤으로 가서, 무덤을 눈물로 적시면서 자디그의 코를 베어내려 다가갔다. 그가 무덤 속에 길게 누워 있는 것이 보였다. 자디그는 한 손으로 코를 쥐고, 다른 손으로 면도날을 막으면서 벌떡 일어났다.

"여봐, 이젠 그 젊은 과부 코스루를 그렇게 몰아붙일 수 없겠군!" 그는 아내에게 말했다. "이 코를 잘라낼 계획과 개울의 물줄기를 바꾸는 것은 거기서 거기, 오십보백보가 아닌가?"

제3장 개와 말

자디그는 《젠드아베스타》 책에 나와 있다시피 결혼한 첫 달이 밀월이고, 두 번째 달이 약쑥, 말하자면 환멸의 달임을 알았다. 얼마 지나 그는 함께하기가 너무 싫어진 아조라와 어쩔 수 없이 이혼하고 자연 연구에서 기쁨을 찾았다.

'신이 우리 눈앞에 놓아주신 이 위대한 글의, 글 바깥에 있는 의미를 이해하는 철학자만큼 행복한 사람은 없다. 그가 발견하는 진실은 그의 것이니까. 그는 자기 영혼에 양식을 주고 영혼을 높여 평온하게 살아가니 인간에 대해 아

---

17) 1747~1748년에 아르누라고 하는 파리의 약제사가 〈메르퀴르 드 프랑스〉지에 뇌졸중을 치료하고 예방하는 약을 만들었다는 광고를 내어 세간의 비평을 받았다고 한다.

18) 당시 아르누라는 이름의 바빌론 사람이 있었는데 소문에 따르면 목에 작은 주머니를 달고 뇌졸중을 치료하고 예방했다고 한다.

19) 조로아스터교에서는 선을 위해 힘쓴 사람의 영혼은 하라산에 있는 친와트라고 하는 선별의 다리를 건너 낙원으로 가며, 악인은 이 다리에서 지옥으로 떨어진다. 죽은 뒤 심판은 궁극적으로는 창조주 아후라 마즈다의 관할에 속한다. 반 덴 회벨은 하이드의 글에서 친와트 다리를 알게 된 볼테르가 간호천사의 이름을 발음하기 쉬운 이슬람교의 사라진 천사에게서 따온 것으로 추측하고 있다.

무 두려움이 없다. 상냥한 아내가 그의 코를 베러 오는 일도 결코 없다.'

그런 생각으로 가득했던 그는 유프라테스강 기슭에 있는 별장에 틀어박혔다. 거기서 그는 다리의 아치 아래를 1초 동안 얼마만 한 물이 흐를까, 또는 양의 달에 비해 쥐의 달에는 1제곱리뉴만큼 비가 더 내리는지 등을 따지며 세월을 보내지는 않았다. 그는 거미줄로 비단을 짜거나, 깨진 병으로 도자기를 만들려고도 않고 오로지 동식물의 특성을 연구했다. 그는 어느새 통찰력을 지니게 되었고, 그 덕분에 다른 사람들에겐 모두가 똑같은 모양으로만 보이는 것에서 여러 가지 다른 점을 찾아냈다.[20]

어느 날,[21] 그는 자그마한 숲 근처를 걷다가 몇몇 신하를 거느린 왕비의 환관이 지나가는 것을 보았다. 신하들은 몹시 불안에 떠는 모습이었고, 마치 매우 귀중한 어떤 것을 잃어버리고 이리저리 찾아다니는 사람처럼 사방으로 종종걸음을 치고 있었다.

환관 우두머리가 말했다.

"여봐, 젊은이! 왕비님의 개를 보지 못했나?"

자디그는 겸손하게 대답했다.

"그것은 암캐입니다. 수캐가 아니죠."

"맞아." 환관 우두머리가 대답했다.

"아주 작은 스패니얼입니다. 최근에 강아지를 몇 마리 낳았고 왼쪽 앞발을 질질 끌며 걷고, 귀가 아주 깁니다." 자디그는 덧붙였다.

"그럼 그 개를 본 모양이군." 우두머리 환관이 숨이 넘어갈 듯 말했다.

"아닙니다. 한 번도 본 적은 없어요. 게다가 왕비님께서 암캐를 기르시는지 어쩐지도 전혀 몰랐고요." 자디그는 말했다.

같은 시각에, 흔히 있는 운명의 장난에 의해 마부가 왕의 마구간의 으뜸가는 준마를 바빌론 초원에서 놓쳤다. 우두머리 환관이 암캐를 찾아다닌 바로

---

20) 볼테르는 동식물생리학이라는 참된 학문에 당시의 구체적 연구와 발견을 빗대고 있다. 비단과 도자기 제조법을 과학아카데미에 제출했던 레오뮈르(1683~1757)와의 사이에선 《뉴턴 철학의 원리》(1737)를 둘러싸고 옥신각신했었다. 양의 달은 8월, 쥐의 달은 1월.

21) 반 덴 회벨에 따르면 3장의 이 일화는 프랑스의 동양학자 에르블로 드 모랭빌(1625~1695)의 《동양총서》에 들어 있는 콩트의 번안이다.

그때 사냥대장과 모든 신하들도 불안스레 말의 뒤를 쫓고 있었다. 사냥대장은 자디그에게 왕의 말이 지나가는 것을 보았느냐고 물었다.

자디그가 대답했다.

"그것은 썩 잘 뛰는 말입니다. 말의 몸길이는 5피에이고 발굽은 아주 작죠. 꼬리는 길이가 3피에 반이고 재갈을 꾸민 금은 23캐럿에 편자는 11드니에의 순은입니다."

"말이 어느 길로 갔지? 지금 어디 있느냐고?"

사냥대장이 다그쳤다.

"저는 보지 않았어요. 그 말의 소문조차 들은 적이 없죠."

자디그는 대답했다.

사냥대장과 우두머리 환관은 영락없이 자디그가 왕의 말과 왕비의 암캐를 훔친 게 분명하다고 믿었다. 그들이 자디그를 재무장관 겸 군대사령관이 주재하는 회의로 연행해가자 장관은 그에게 채찍형에 시베리아 유형 종신형을 내렸다. 판결이 내려지자마자 말과 암캐를 찾았다. 판사들은 마지못해 판결을 뒤집을 수밖에 없었다. 그러나 판사들은 자디그가 실제로 보았으면서 보지 않았다고 말했다는 이유로 벌금 400온스를 선고했다. 우선 그 벌금을 내야 했다. 그런 다음에 자디그는 장관회의에서 변명할 기회를 얻었다. 그는 이렇게 말했다.

"마치 납처럼 무겁고 쇠처럼 단단하며, 광채가 나기를 다이아몬드 같으며, 거기에 순금의 순수함까지 갖춘 정의로운 별들이고, 가늠치 못할 학문의 깊이에 진리의 거울인 엄숙한 이 회의에서 발언을 허락해 주셨으니 오로스마드[22]에 걸고 맹세합니다. 저는 왕비님의 존귀한 암캐도, 왕 중의 왕이신 임금님의 신성한 말도 결코 본 적이 없사옵니다. 있는 사실 그대로 말씀드리면 사정은 이렇습니다. 제가 자그마한 숲을 걷다가 존경하는 환관님과 고명하신 사냥대장님을 뵈었습니다. 모래에는 동물 발자국이 있었는데 그것이 몸집 작은 동물

---

22) 르네 포모에 따르면 볼테르는 조로아스터교의 선한 신 아후라 마즈다의 그리스어 이름 오르마즈드를 듣기 좋은 오로스마드로 변형시키고 있다. 이 편의 4장에 나오는 질투꾼의 이름은 선한 신에 대립하는 악의 신 앙그라 마이뉴의 중세 페르시아어의 다른 이름 아리만에서 딴 것이라고 한다.

의 발자국인 줄을 알아내기란 어렵지 않았습니다. 네발 달린 짐승 발자국에 다 살짝 솟은 모래에 흐릿하게 끌린 자국까지 있었으므로 그것은 젖이 달린 암캐이며, 그러므로 며칠 전에 새끼를 낳았음을 알았습니다. 그 밖에 방향이 다른 자국이 있고, 앞발 부분의 옆 모래 표면을 규칙적으로 스치고 있는 것이 보였습니다. 그래서 그 개의 귀가 아주 길다는 것을 알았지요. 게다가 발자국 하나가 다른 3개에 비해 항상 얕게 파인 것을 보고 감히 말씀드리건대, 존경하옵는 왕비님의 암캐는 다리를 살짝 전다는 것을 알았습니다.

왕 중의 왕이신 임금님의 말에 대해 말씀드리자면, 제가 이 숲길을 걷고 있던 때에 말발굽 자국을 보았습니다. 그것은 모두 일정한 간격을 유지하고 있더군요. 이것은 완벽한 달리기 솜씨를 지닌 말이로구나 하고 생각했지요. 폭이 7피에밖에 되지 않는 좁은 길인데 그 길가 나무들에 쌓여 있던 먼지가, 길 한가운데서부터 3피에 반의 지점에 좌우 양쪽 똑같이 내려앉아 있었습니다. 말의 엉덩이는 3피에 반이어서 좌우의 이 지점에 먼지가 떨어졌다고 저는 혼잣말을 했지요. 높이 5피에의 아케이드 모양을 띤 나무 밑에 방금 떨어진 나뭇잎이 있었습니다. 말은 지나가면서 그 나뭇가지를 건드린 것이고, 그렇다면 말의 키는 5피에라고 판단했지요. 말의 재갈은 금 23캐럿인 것이 분명합니다. 왜냐하면 말은 재갈의 금장식을 어떤 돌에 긁혔기 때문입니다. 저는 그 돌이 시금석임을 알아차리고 직접 해보았습니다. 마지막으로 발굽이 다른 종류의 작은 돌에 남긴 흔적으로 판단하건대 그 말에게 11드니에의 순은으로 발굽을 박았다고 생각했습니다."

이 모든 판단은 속까지 훤히 내다보는 자디그의 날카로운 통찰력이었다. 그 소문은 왕과 왕비에게까지 들어갔다. 왕궁 접견실에서도, 왕의 침실에서도, 고문회의실에서도 화제는 오로지 자디그뿐이었다. 사제 몇 명이 그를 마법사라며 화형에 처해야 한다는 견해를 폈지만, 왕은 판결받았던 금 400온스의 벌금을 그에게 돌려주도록 명령했다. 재판소의 서기와 집행관, 검사는 호들갑스럽게 그의 집으로 찾아와 금 400온스를 돌려주었다. 그들이 뺀 것이라고는 고작 398온스의 재판비용뿐이었다. 그리고 그들의 하인들은 대가를 요구했다.

자디그는 지나치게 박식하면 때로는 얼마나 위험한 지경에 처하는지를 절실히 깨달았다. 그래서 다음에 이런 일이 또 있으면 자기가 본 것을 결코 말하지 않으리라고 굳게 결심했다.

얼마 지나지 않아 그런 일이 또 일어났다. 국사범 하나가 탈옥하여 그의 집 창문 아래를 지나갔다. 자디그는 심문당했지만 아무 대답도 하지 않았다. 그러나 그가 당시에 창문 밖을 내다보고 있었다고 말하는 자가 있었다. 그는 그 죄로 금 500온스의 벌금을 선고받았으나, 바빌론의 풍습에 따라 판사들의 너그러움에 대한 감사의 뜻을 나타내야 했다.

"어이쿠, 맙소사!" 그는 속으로 중얼거렸다.

"왕비님의 암캐와 임금님의 말이 지나간 숲을 산책했다가 어찌나 혹독한 일을 겪었는지! 밖을 내다보려고 창가에 가는 건 또 얼마나 위험한 일인지! 그리고 이 세상에서 행복해지기란 얼마나 어려운 일인지!"

제4장 질투꾼[23]

자디그는 운명이 그에게 내린 수많은 고통을 철학과 우정에 매달려 이겨내려 했다. 그는 바빌론의 교외에 우아하게 꾸민 집 한 채를 가지고 있었는데 그곳에 교양 있는 신사에게 걸맞은 여러 예술과 오락을 모아놓았었다. 아침에 그의 장서는 모든 학자에게 공개되었고, 저녁이면 그의 식탁으로 뛰어난 신사들이 모여들었다. 그러나 어느새 그는 학자가 얼마나 위험한지를 알게 되었다. 그리폰[24]의 고기를 먹지 말라고 금하는 조로아스터의 율법을 둘러싸고 크나큰 논쟁이 벌어졌던 것이다.

"이 동물은 실재하지도 않는데 어찌하여 그리폰을 먹지 말라고 하는 거지?" 어떤 사람들은 이렇게 말하는 것이었다.

---

23) 실뱅 므낭에 따르면 제4장 이야기는 볼테르가 지은 희극 《질투심 많은 남자》(1737)의 주제를 다시 다루고 있다. 그러나 이 이야기의 출처는 1745년에 볼테르가 《퐁트노이의 시》를 발표했을 때, 그의 가차 없는 적이었던 시인 루아(1683~1764)가 《퐁트노이의 시에 대한 풍자》를 낸 데서 둘 사이에 벌어진 다툼으로 생각된다. 볼테르는 오페라 작품 《영광의 신전》(1733) 개정판 첫머리에 판화를 실어 여신에게 무릎 꿇고 '질투'의 표정을 짓는 옛 적 루아를 그려내게 했다. 볼테르의 반격은 《스카르멘타도의 여행 이야기》의 등장인물 이로(Iro)의 묘사에도 드러난다.

24) 조로아스터는 모든 육식을 금했다. 그리폰은 독수리와 사자를 닮은 전실 속의 동물이나. 구약성서 〈신명기〉 14장 12절은 독수리 고기를 먹지 말라고 금하고 있다.

"그것을 먹지 않기를 조로아스터가 바랐으니까, 그건 분명 실재할 거야." 다른 사람들이 말했다.

자디그는 양쪽을 화해시키려고 그들에게 이렇게 말했다.

"그리폰이 있다면 먹지 않으면 되지 않겠어요? 만일 없다면 먹으려야 먹을 수도 없어요. 그러면 우리는 모두 조로아스터를 따른 것이 됩니다."

그리폰의 특성에 대해 13권의 책을 쓰고 위대한 점성술사이기도 한 어느 학자가 황급히 예보르라고 하는 대주교를 찾아가 자디그를 고발했다. 대주교는 칼데아 지방의 손꼽히는 멍청이인 데다 몹시 광신적이었다. 이 사람이라면 태양의 최고 영예를 기리기 위해서라면 자디그를 꼬치에 꿰는 형에 처하는 것도 마다하지 않을 테고, 따라서 한층 만족스럽게 조로아스터의 기도서를 읊조렸을 것이다. 친구인 카도르는 예보르 노인을 만나러 나가서(1명의 친구는 100명의 성직자를 이겨낸다) 이렇게 말했다.[25]

"태양과 그리폰 만세! 자디그를 벌하지 마시기를 바랍니다. 그는 성자이기 때문입니다. 가축우리에 그리폰 몇 마리를 기르고 있지만 절대 먹지 않아요. 그리고 그를 고발한 자들이야말로 뻔뻔스럽게도 토끼는 발굽이 벌어져 있으므로 깨끗하다고[26] 큰소리치는 이단자들입니다."

"그래? 그렇다면 자디그는 그리폰에 대해 잘못된 생각을 하고, 다른 한 사람은 토끼에 대해 옳지 않은 말을 했으니 꼬치에 꿰어야겠군."

카도르는 궁녀를 통해 이 건을 마무리지었다. 궁녀는 전에 그의 자식을 낳은 적이 있어 주교회에선 그녀를 크게 신임했기 때문이다. 아무도 꼬치에 꿰어지진 않았지만 몇몇 박사들이 이에 대해 불만을 품고, 불만이 높아져 바빌론이 곧 멸망할 거라는 예언까지 나왔다. 자디그는 외쳤다.

"행복은 어떻게 해야 얻을 수 있을까? 이 세상에선 모든 것, 하물며 실재하지 않는 것마저도 나를 핍박하고 있지 않은가!"

---

25) 예보르(Yébor)는 미르포아의 주교로 테아티노회의 수도사이기도 하고, 황태자의 선생이기도 했던 궁정의 권세가 부아예(Boyer)의 애너그램(글자의 위치를 바꾼 것). 부아예(1675~1755)는 볼테르의 《철학서간》을 궁정에 고발했다. 볼테르는 《루이 15세의 세기 개요》(1768)와 《고등법원의 역사》(1769)에서 부아예를 다루어 집요하게 복수를 시도한다.

26) 〈신명기〉 14장 7절에는 발굽이 벌어져 있지 않다는 이유에서 산토끼를 먹는 것을 금하고 있다.

그는 학자들을 저주하고, 좋아하는 사람들하고만 살기로 다짐했다.

그는 바빌론에서 가장 교양 있는 신사들과 가장 사랑할 만한 부인들을 집으로 불렀다. 그는 우아한 만찬을 열었는데 대체로 식사 전에 연주회가 있고, 식탁은 즐거운 대화로 활기가 가득했다. 왜냐하면 재주를 펼치는 것이야말로 재주가 없는 것일 뿐만 아니라, 제아무리 빼어난 사교도 허사로 만드는 가장 확실한 방법이므로 그는 그런 재주를 펼치기를 멀리하고 있었기 때문이다. 허영심에서 친구를 선택하는 일도, 요리를 고르는 경우도 없었다. 그것은 그가 모든 일에 외모보다 내면을 아껴서였다. 그리하여 그는 진정한 존경을 얻었는데 그렇다고 그가 세상의 존경을 바랐던 것은 아니다.

그의 집 맞은편에 아리마즈라는 사내가 살았다. 그는 천박한 생김새에 사악한 마음씨가 겉으로 드러나는 인물이었다. 그는 지금까지 자기가 고난을 겪어온 것에 못마땅해하면서도 잘난 척이 하늘을 찔렀다. 게다가 그는 세련된 척하는 따분한 사내였다. 사교계에서 단 한 번도 성공한 적이 없었으므로 사교계를 헐뜯고 원한을 품고 있었다. 그는 살림이 아주 넉넉했는데도 자기 집에 여간해선 아첨꾼들이 드나들지 못하게 했다. 밤에 자디그의 집으로 들어가는 이륜마차 소리는 그를 괴롭혔고, 자디그를 칭찬하는 소리는 그를 더욱 짜증나게 했다. 그는 이따금 자디그의 집으로 가서 초대받지도 않았으면서 식탁에 앉았다. 마치 하르피아아[27]가 만지는 고기마다 썩듯이 그는 좌중의 즐거움을 깡그리 날려버렸다.

어느 날, 그가 한 부인을 위해 파티를 열려 했지만 부인은 그의 초대에는 응하지 않고 자디그의 만찬회에 갔다. 다른 날, 그가 자디그와 이야기를 하면서 둘이서 장관에게 말을 걸려고 다가가자, 장관은 자디그를 만찬에 초대하고, 아리마즈는 초대하지 않았다. 아무리 뿌리 깊은 증오도 이보다 더 심각한 이유로 뒷받침되는 경우는 별로 없을 것이다. 바빌론에서 '질투꾼'이라 불리던 이 사내는 '행복한 자'라 불린다는 이유에서 자디그를 파멸시키려 했다. 조로아스터의 말처럼 악행을 할 기회는 하루에 백 번도 더 있지만 선을 행할 기회는 1년에 한 번밖에는 없는 법이다.

---

27) 그리스신화에서 여자의 얼굴에 독수리 몸을 한 세 자매 여신.

질투꾼이 자디그의 집에 가자 자디그는 두 친구와 한 부인과 함께 뜰을 거닐고 있었다. 부인에게는 줄곧 그녀를 기쁘게 할 만한 말을 했는데, 그것은 말뿐이지 어떠한 의도도 들어 있지 않았다. 왕이 최근에 그에게 복종을 맹세한 히르카니아[28] 군주와의 전쟁을 유리하게 이끈 것이 화제가 되었다. 그 짧은 전쟁에서 이미 용맹을 떨쳤던 자디그는 왕을 높이 칭송하고, 이어 그보다 더 높이 부인을 칭찬했다. 그는 종이를 꺼내더니 즉흥 4행시를 거침없이 써서는 그 아름다운 부인으로 하여금 읽게 했다.

두 친구는 자기들에게도 그것을 보여달라고 했지만 겸손 때문에, 아니 어쩌면 자존심 때문에 그는 친구들에게 보여주지 않았다. 본디 즉흥시는 어떤 특정 여성에게 경의를 나타내어 쓴 것이므로 당사자인 그 여성에게만 기분 좋은 것이다. 자디그는 그것을 신중하게 분별하고 있었다. 그는 방금 즉흥시를 썼던 종이를 둘로 찢고, 그중 하나를 장미 덤불에 던졌다. 친구들이 찾아보았지만 헛일이었다. 갑자기 소나기가 내렸으므로 모두 집으로 돌아왔다. 뜰에 남아 있던 질투꾼은 샅샅이 찾은 끝에 종잇조각을 발견했다. 그것은 매우 교묘하게 찢어져서, 한 줄을 이루는 시구의 반이 저마다 하나의 의미를 이루어 차라리 짧은 운율의 시구를 이루고 있었다. 그러나 그 이상으로 신기한 우연 탓에 그 짧은 시구들은 왕에게 적대하는 무시무시한 모욕적 언사를 포함하는 의미를 만들어 내고 있었다. 거기엔 이런 시구가 있었다.

세상 최대의 죄에 의해
흔들림 없는 옥좌에 가만히 앉아,
대중이 모두 화합하는데
적은 오직 하나.

질투꾼은 난생처음으로 행복을 느꼈다. 그는 사랑받기에 걸맞은 덕망 높은 사내를 파멸시키려 작정했는데 이제 충분한 수단을 거머쥔 셈이었다. 그는 잔인한 기쁨에 잠겨, 자디그가 직접 쓴 풍자시를 왕에게 가져가게 했다. 자디그

---

28) 카스피해는 옛날 히르카니아해라고도 불렸다.

는 옥에 갇혔다. 그뿐만 아니라 두 친구와 부인까지도. 그는 곧바로 고소당했지만 법정은 그의 변명을 들어주지 않았다. 그가 판결을 받으러 갔더니 질투꾼이 너의 시는 아무런 가치도 없다고 큰 소리로 외쳤다. 자디그는 자신이 특별히 훌륭한 시인이라 자만한 적이 없었다. 그러나 불경죄를 저지른 범인으로 형을 선고받고, 게다가 저지르지도 않은 죄로 인해 아름다운 부인과 두 친구가 감옥에 갇힌 것을 알고 여간 애처롭지 않았다. 그가 쓴 글이 웅변에 쓰이고 있다는 이유에서 그에게 발언이 허락되었다. 그것이 바빌론의 규율이었다. 그리하여 그는 구름처럼 모여든 구경꾼을 헤치고 처형장으로 끌려갔다. 군중은 어느 누구도 그에게 동정하지 않고 그의 얼굴을 쳐다보고, 그가 제 발로 죽음을 받아들이는지를 보려고 몰려들었다. 슬퍼하는 것은 그의 피붙이뿐이었다. 왜냐하면 그들은 유산상속을 받지 못하기 때문이었다. 그의 재산의 4분의 3은 왕에게 도움이 되도록 몰수되었고, 나머지 4분의 1은 질투꾼의 것이 되도록 몰수당했다.

그가 죽을 각오를 하고 있을 때, 왕의 앵무새가 발코니에서 날아올라 자디그의 정원 장미 덤불로 내려갔다. 그곳엔 이웃한 나무에서 복숭아 열매 하나가 바람에 날려 떨어져 종이의 나머지 조각 위에 딱 붙어 있었다. 새는 복숭아 열매와 종잇조각을 물고 날아오르더니 제왕의 무릎 위에 놓았다. 왕은 신기하게 생각하고 종이에 있는 어구를 읽었다. 그것은 아무런 의미도 없고, 행의 끝부분인 것 같았다. 왕은 시의 애호가였다. 그래서 시를 사랑하는 왕에게는 곤란한 상황을 해결할 방책이 항상 있는 법이다. 앵무새가 불러온 뜻밖의 사건은 왕을 고민하게 했다. 왕비는 자디그의 종잇조각에 씌어 있었던 것을 기억했으므로 그것을 가져오게 했다. 두 종이를 대보니 아주 잘 들어맞았다. 그러자 자디그가 지었던 그대로의 시를 다음과 같이 읽었다.

세상 최대의 죄에 의해 대지의 혼란상을 본다.
흔들림 없는 옥좌에 가만히 앉아, 왕은 온 백성을 복종케 하신다.
대중이 모두 화합하는데 적에게 맞서는 것은 오직 한 연인뿐,
적은 오직 하나, 두려움지니.

왕은 곧바로 자디그를 어전으로 부르고, 두 친구와 아름다운 부인을 감옥에서 풀어주도록 명령했다. 자디그는 왕과 왕비에게 엎드리고 땅바닥에 얼굴을 문질렀다. 그는 변변치 못한 시를 지은 것에 대해 정중하게 용서를 빌었다. 그는 아주 기품 있게, 뿐만 아니라 재치 넘치고 도리에 맞게 말했으므로 왕과 왕비는 그를 다시 만나고자 했다. 그가 다시 오자 점점 마음에 들어 했다. 그를 부당하게 고발했던 질투심 깊은 사내의 전 재산은 그에게 주어졌다. 그러나 자디그는 그것을 모두 돌려주었다. 질투꾼은 감격했지만 그것은 자기 재산을 잃지 않아서가 아니었다. 자디그에 대한 왕의 평가는 날이 갈수록 높아졌다. 왕은 자기의 모든 기분 좋은 자리에 참가하도록 그에게 권했고, 통치에 관한 모든 문제에 그의 의견을 물었다. 왕비는 그 뒤로 그를 호의에 가득 찬 눈길로 바라보았다. 그 호의는 왕비에게도, 그녀가 존경하는 남편인 왕에게도, 자디그에게도, 또 왕국에도 몹시 위험한 것이 될지도 몰랐다. 자디그는 행복해지는 것은 어렵지 않다는 생각이 비로소 들었다.

제5장 너그러운 사람

5년마다 돌아오는 성대한 제전을 축하할 시기가 다가왔다. 5년 동안 주민 중에서 가장 관용을 베푼 사람을 공개적으로 발표하는 것이 바빌론의 관습이었다. 고위 관리와 주교가 심사를 맡는다. 그 도시를 관리하는 권한을 지닌 지방장관은 그의 통치 아래 이루어진 가장 훌륭한 행위를 설명한다. 사람들은 투표를 하고 국왕이 연설을 한다. 이 성대한 의식에는 그 고장의 끄트머리에서도 구경꾼이 찾아오는 것이었다. 우승자는 왕이 내리는 보석으로 꾸민 금잔을 받는다. 그리고 왕은 다음과 같이 말한다.

"관용상을 받으라. 신들이 그대 같은 백성을 나에게 수없이 많이 내리시기를!"

그 기념할 만한 날이 다가오면 왕은 고위 관리와 주교, 그리고 여러 나라의 사절에게 둘러싸여 옥좌에 앉은 모습을 드러냈다. 외국사절들은 말이 얼마나 날째게 달리는지, 또는 힘을 시험하는 것이 아니라 덕행에 의해 영예를 얻게 되는 이 경기에 입회하기 위해 먼 길을 마다하지 않고 달려오는 것이었다. 지방장관은 많은 행동들을 소리 높여 보고했다. 그것은 하나같이 그를 행한 자들에게 가장 귀한 상을 줄 가치가 있는 행위였다. 그는 자디그가 질투심 많은 사내에게 전 재산을 돌려주었을 때 보인 넉넉한 마음에 대해선 한마디도 하지 않았다. 그쯤 되는 일은 상을 다투기에 충분한 행위의 수에 들어가지 않았던 것이다.

장관은 우선 판사 한 사람을 소개했다. 그 판사는 자기에겐 책임이 없는 어떤 오해 때문에 한 주민을 중요한 소송에서 패소하게 한 일 때문에 그 주민이 잃은 것에 상당하는 그의 전 재산을 주민에게 주었다고 했다.

장관은 이어 어떤 처녀를 목숨을 버려도 아깝지 않을 정도로 사랑했지만 그 처녀에 대한 상사병으로 죽을 지경에 이른 친구에게 처녀를 양보하고, 게다가 처녀를 양보할 때 지참금까지 준 청년을 소개했다.

그다음 장관은 히르카니아 전쟁에서 관대함의 매우 훌륭한 모범을 보인 병사를 등장시켰다. 적의 군사들이 그에게서 애인을 빼앗아 가려 하자 그 병사는 적과 싸웠다. 그때 다른 히르카니아 병사들이 애인의 어머니를 데려가려 한다고 병사에게 알려주는 자가 있었다. 병사는 울면서 애인의 곁을 떠나 그 어머니를 구하러 달려갔다. 다시 사랑하는 애인의 곁으로 돌아와 보니 그녀는 이미 숨이 끊어진 상태였다. 병사는 자살하려 했다. 애인의 어머니는 의지할 사람은 너밖에 없다고 말렸다. 그는 용기를 내어 살기로 했다.

심사관들은 이 병사를 뽑고 싶었다. 왕이 이렇게 말했다.

"병사의 행동도 다른 사람들의 행동도 모두 훌륭하지만, 놀랍지는 않다. 어제 자디그는 나를 경탄케 할 만한 행동을 했다. 며칠 전에 나는 중용하던 장관 코레브를 해임했다. 내가 그에 대한 불만을 심하게 말하자 중신들은 일제히 왕이 너무 무르다고 몰아붙였다. 그들은 질세라 코레브에 대해 몹시 심한 험담을 했다. 내가 자디그에게 그의 생각을 물었더니 그는 용기를 내어 장관을 칭찬했다. 정직하게 말해서 자기 재산으로 남의 잘못을 물어준 예도, 자기 애인을 양보한 것도, 사랑하는 여자보다 그의 어머니를 택한 예도 나는 우리나라 역사 속에서 수없이 보아 왔다. 그러나 왕의 노여움을 사 해임된 장관을 일개 신하가 호의적으로 말한 예는 지금까지 본 적이 없다. 방금 너그러운 행위를 했다고 발표된 자들은 저마다 2만 냥의 금화를 받는다. 하지만 금잔은 자디그에게 주도록 하겠다."

그러자 자디그가 왕에게 말했다.

"폐하! 금잔을 받을 자격은 오직 폐하 한 분뿐이십니다. 폐하께서는 이제껏 듣지도 보지도 못한 훌륭한 행동을 하셨습니다. 폐하께선 폐하의 한낱 종이 무례하게도 폐하의 뜻을 거슬렀지만 그 종에게 전혀 화를 내시지 않았습니다."

왕과 자디그는 둘 다 칭찬받았다. 자기 재산을 준 판사, 애인을 친구와 결혼하게 한 사람, 애인보다 그의 어머니를 구하는 길을 택한 병사는 군주에게서 상을 받았다. 그들의 이름은 '너그러운 사람'의 대장에 올랐다. 자디그는 금잔을 받았다. 왕은 명군의 평판을 얻었지만 그 평판을 오래도록 유지하지는 못했다. 이날은 제전에 의해 축성(祝聖)되고, 제전은 법률로 정해져 있는 것보다 오랫동안 지속되었다. 이날의 기억은 지금도 아시아에 여전히 남아 있다. 자디그는 이렇게 말했다.[29] "그럼 나는 결국 행복해진 것일까!" 그러나 그는 착각을 하고 있었던 것이다.

제6장 장관

왕은 재상의 지위를 비워놓고 있었다. 이 지위를 메우기 위해 왕은 자디그를 택했다. 바빌론의 모든 아름다운 부인들은 그 선택을 환영했다. 왜냐하면 제국의 건국 이래로 이보다 젊은 장관이 존재했던 적은 없었기 때문이다. 궁정 신하들은 모두 불만이었다. 질투꾼은 그것 때문에 입과 코에서 피를 토했고, 그의 코는 퉁퉁 부어올랐다. 자디그는 왕과 왕비에게 감사 인사를 한 뒤, 앵무새에게도 고맙다고 하러 갔다.

"아름다운 새여! 나의 목숨을 구하고, 나를 재상이 되게 해준 것은 너이다. 두 폐하의 암캐와 말은 나에게 심한 고통을 주었지만, 너는 나에게 복을 가져다주었다. 이것이야말로 인간 운명이 어떤 것에 지배되는지를 가르쳐 주는 좋은 예다. 하지만 이렇게 기묘한 행복은 언젠가는 분명 사라지고 말 것이다."

"맞아요." 앵무새는 답했다.

그 목소리에 자디그는 놀랐다. 그는 뛰어난 자연학자인 데다 앵무새가 예언을 한다는 따위는 믿지 않았기 때문에 어느새 평정을 되찾고 온 힘을 기울여

---

29) 제5장의 끝부분 "자디그는 이렇게 말했다" 이하는 1748년에 추가되었다.

서 재상의 일을 수행하기 시작했다.

그는 모든 사람에게 법의 신성한 힘을 이해시키고, 자기 지위에서 오는 거드름 따위는 전혀 피우지 않았다. 그는 각료회의의 어떠한 의견도 방해하지 않았고, 어떤 장관이 견해를 내보여도 그에게 상처를 주는 법은 없었다. 그가 어떤 사건을 판가름할 때, 그것을 하는 것은 그가 아니라 법이었다. 그러나 법이 지나치게 혹독할 경우에는 그것을 완화하고, 법이 부족할 경우에는 그의 공정함은 마치 조로아스터의 법으로 생각될 정도의 법률을 만들었다.

무고한 자에게 유죄판결을 내리느니 유죄인 자를 돕는 위험을 무릅쓰는 것이 더 낫다는 대원칙은 국민들이 그에게서 물려받은 것이다. 그는 법률이란 주민을 위압하는 것과 마찬가지로 주민을 구제하기 위해서도 만들어져 있다고 믿었다. 그의 가장 큰 재주는 모두가 덮으려 하는 진실을 알아내는 것이었다. 나라 통치에 종사하던 처음부터 그는 그런 위대한 솜씨를 발휘했다. 바빌론의 유명한 도매상인이 서인도제도에서 세상을 떠났다. 상인은 딸을 시집보낸 뒤, 두 아들을 유산상속인으로 정하고 똑같은 몫을 받을 수 있게 했는데, 자신을 더욱 사랑한다고 판단되는 아들에게 금화 3만 냥의 선물을 남겨놓았다. 형은 아버지를 위해 묘비를 세우고, 동생은 상속재산의 일부로 누이동생의 지참금을 늘려주었다. 누구나 이렇게 말했다.

"아버지를 사랑하는 건 형이야. 동생은 아버지보다 동생을 사랑해. 금화 3만 냥은 형의 것이지."

자디그는 두 사람을 차례로 불렀다. 그는 형에게 말했다.

"네 아버진 죽지 않았다. 그는 사경을 헤매던 병에서 깨어나 지금은 바빌론에 와 있다."

"아! 정말 다행입니다. 하지만 묘에는 큰돈이 들었는데!" 젊은이는 대답했다.

이어 자디그는 동생에게도 똑같은 말을 했다.

"잘된 일입니다. 그럼 제가 갖고 있던 것을 몽땅 아버지에게 돌려드리겠어요. 하지만 동생에게 준 것은 그냥 동생에게 남겨주었으면 합니다." 동생은 대답했다.

그러자 자디그가 말했다.

"아무것도 돌려주지 않아도 되네. 그리고 금화 3만 냥도 받도록 하게. 자네가 진정으로 아버지를 사랑하는군."

매우 넉넉한 딸이 두 명의 사제와 결혼 약속을 했다. 그리고 몇 달 동안 사귄 뒤 그녀는 임신했다. 사제는 둘 다 그 아가씨와의 결혼을 바랐다. 아가씨는 말했다.

"두 분 가운데 지금 이대로의 저를, 나라에 백성 하나를 바칠 수 있게 해주신 분을 제 남편으로 삼겠어요."

"그런 훌륭한 일을 한 사람은 접니다." 한 청년이 말했다.

"저야말로 그 영광의 적임자입니다." 다른 한 사람도 말했다.

"그럼, 두 분 가운데 태어날 아이에게 보다 나은 교육을 해주실 수 있는 분을 아이 아버지로 받아들이겠어요."

아가씨는 아들을 낳았다. 두 사제 모두 아이를 교육하고 싶어 했다. 그 소송은 자디그에게 맡겨졌다. 그는 두 사제를 불렀다.

"자넨 자네의 학생에게 무엇을 가르치겠는가?" 그는 먼저 온 사제에게 물었다.

그 박사는 대답했다.

"제가 가르칠 것은 어법의 8품사와 변론술과 점성술, 빙의망상, 그리고 실체와 우유성, 추상과 구상, 모나드와 예정조화란[30] 무엇인가 하는 것입니다."

두 번째 사람이 말했다. "저는 그 아이를 올바른 인간으로 키우고, 친구를 가질 자격이 있는 훌륭한 사람으로 만들려 힘쓰겠습니다."

자디그는 결정을 내렸다.

"자네가 그 아이 아버지이건 아니건 아이 어머니와 결혼하도록 하게."

---

30) 어법과 변론술은 문법과 수사학의 용어. 어법은 연설을 구성하는 말의 조합을 말한다. 8품사란 명사, 동사, 분사, 부사, 전치사, 접속사, 감탄사 및 대명사이다. 변론술은 일반적으로 고대인 특히 플라톤을 참조하여 토론하는 기술을 가리킨다. 빙의(憑依)망상은 정신착란의 상태를 의미하므로 정확히는 악마학이라고 해야 할 것이다. 데카르트에게 실체는 '그것 자신에 의해 존재하는 것'이며, 우유성(우연성)은 사물의 비본질적인 성질을 말한다. 모나드는 넓이도 형태도 없고 분할할 수도 없는 단순한 실체이고, 라이프니츠의 모나드(단자)에 대한 형이상학을 말한다. 모나드 사이에는 서로 대응관계와 조화가 있다. 그 조화는 신이 미리 예정한 것으로 예정조화라 불린다. "모나드와 예정조화"는 볼테르가 이 철학과 거리를 두기에 이른 것으로 추정되는 1752년에 고쳐 쓴 것이다.

제7장 논쟁과 접견

이와 같이 그는 날마다 날카로운 천재성과 선량한 마음을 아낌없이 발휘했다. 사람들은 그를 존경하지만 사랑하기도 했다. 그는 누구보다도 행복하게 보였고, 그 이름은 나라 전체에 퍼져 있었다. 부인들은 다들 그에게 추파를 던졌으며, 백성들은 모두 그의 공정함을 우러렀다. 학자는 그의 말을 신탁으로 간주했고, 성직자마저도 그가 노련한 사제 예보르보다 박학다식하다고 인정했다. 그렇게 되자 사람들은 그리폰 문제로 그를 고발하기는커녕, 그가 믿어도 괜찮다고 판단하는 것만 믿게 되었다.

바빌론에는 15년 동안이나 줄곧 나라를 완고한 두 종파로 나누는 크나큰 논쟁이 있었다. 한쪽은 미트라 신전[31]에는 반드시 왼발부터 들어가야 한다고 주장했다. 다른 한쪽은 그런 풍습을 미워하여 안으로 들어갈 때는 반드시 오른발부터 내딛었다. 사람들은 자디그가 어느 종파의 손을 들어줄지 궁금하여 성화축제일을 손꼽아 기다렸다. 세상 눈이 그의 두 다리에 쏠렸고, 도시 전체가 웅성웅성 들떠 있었다. 자디그는 두 다리를 모아 깡충 뛰어서 신전으로 들어갔다. 그런 다음 썩 뛰어난 연설을 하여, 아무도 편애하지 않는 천지의 신은 오른발이든 왼발이든 다 똑같이 중요시한다는 것을 증명했다.

질투꾼과 자디그의 아내는 그의 연설에 기교가 없어 민숭민숭하다고 주장했다.

"그의 말엔 운치가 없어 무뚝뚝하기 짝이 없고 재능이라곤 손톱만큼도 없다. 그에겐 바다가 도망치고 별이 떨어지며, 해가 밀랍처럼 녹는 맛이라곤 전혀 없다. 동양의 뛰어난 문체가 전혀 없다."[32]

자디그는 이성의 문체를 가진 것만으로 만족했다. 다들 그를 지지했다. 그것은 그가 품행이 올바르기 때문도, 그가 이성을 지녀서도, 그가 사랑받을 만한 사람이어서가 아니라 그가 재상이었기 때문이다.

---

31) 미트라는 2~5세기 로마제국에 널리 알려진 신이었는데 이 신에 대한 숭배는 조로아스터에서 유래하는 것으로 여겨진다.

32) 반 덴 회벨에 따르면, 이성의 문체로 대치되어 있는 "동양의 뛰어난 문체"는 성서의 시적 은유를 패러디한 것이다. "산들은 염소처럼 뛰놀았고 언덕들은 양처럼 뛰었다"(시편 114 : 4). "바다는 이를 보고 도망치고"(시편 114 : 3). "너 새벽 여신의 아들 샛별아, 네가 하늘에서 떨어지다니!"(이사야 14 : 12).

그는 또한 흰옷의 사제와 검정옷의 사제 사이에서 벌어진 중대한 소송에도 거침없이 결말을 지었다. 흰옷을 입은 사람들은 겨울에 기도를 할 때 동쪽으로 향하는 것은 불경이라고 주장했다. 검정옷을 입은 사람들은 신은 여름철에 저녁 해를 향하고 하는 기도를 몹시 싫어하신다고 주장했다. 자디그는 누구나 자기가 원하는 방향으로 향하면 된다는 명령을 내놓았다.

이런 그는 개별적인 문제도, 주민 전체와 관련된 문제도 신속하게 처리하는 요령을 터득하고 있었으므로 나머지 시간은 바빌론 도시의 아름다움에 깊이 빠져들었다. 그는 또한 관객의 눈물을 자아내는 비극과 관객의 웃음을 자아내는 희극을 상연하게 했다. 이것은 오랫동안 잊혀 있었으나 그가 심미안을 지닌 덕분에 부활시킨 것이다. 물론 그는 연극에 대해 예술가보다 더 잘 아는 척하지는 않았다. 금품이나 영예로써 예술가의 노고를 보상해 주었고, 그들의 재능을 질투하지도 않았다. 저녁이 되면 그는 왕과, 특히 왕비를 매우 즐겁게 했다. 왕은 말했다.

"훌륭한 장관이다!"

왕비는 말했다.

"사랑받기에 알맞은 장관이에요!"

그리고 둘이서 이렇게 덧붙였다.

"그가 교수형을 당한다면 그보다 뼈아픈 일은 없을 거야."

높은 지위에 있다고는 하나 그보다 많은 부인을 접견해야 했던 사람은 지금껏 없었다. 대부분의 부인은 그와 어떤 관계를 맺기 위해 딱히 볼일도 없으면서 무언가를 말하러 왔다. 질투꾼의 아내는 맨 처음 찾아온 부인들 가운데 하나였다. 그녀는 미트라에게 걸고, 젠드아베스타에게[33] 걸고, 또 성화에 걸고 지금까지 남편 행동이 끔찍하도록 싫었다고 잘라 말했다. 그러더니 그녀는 남편이 질투가 심한 데다 거칠고 폭력적인 사람이라고 털어놓고, 인간은 사랑의 불꽃에 의해서만 불사(不死)의 존재와 비슷해지므로 만일 그 성스런 불꽃에서 생겨나는 얻기 힘든 결과를 거부한다면 신들이 자디그를 벌할 거라는 뜻을 은근히 내비쳤다. 그러면서 그녀는 슬쩍 양말끈을 떨어뜨렸다. 자디그는 언

---

33) 볼테르는 젠드아베스타를 창조주 아후라 마즈다로 착각하고 있다. 《아베스타》는 조로아스터가 썼다고 하는 경전이며, 《젠드아베스타》는 경전 주해서이다.

제나처럼 예의 바른 태도로 그것을 주웠지만 부인의 무릎에 그것을 채워주지는 않았다. 만일 그것이 실수였다고 한다면 그 작은 실수는 아주 끔찍한 불행의 원인이 되었다. 자디그는 그 일을 까맣게 잊었지만, 질투꾼의 아내는 그것을 두고두고 잊지 않았다.

다른 몇몇 부인이 날마다 찾아왔다. 바빌론 연대기의 비화가 전하는 바에 따르면 그는 단 한 번 유혹에 굴복했는데, 그러나 즐거워하면서도 기쁨을 느끼지 못하고, 애인을 품에 안으면서도 마음이 허전한 것에 놀랐다고 한다. 그가 저도 모르는 사이에 후원자의 증거를 제공한 상대 부인은 왕비 아스타르테의 하녀였다. 그 상냥한 바빌론 처녀는 이렇게 말하여 그를 위로했다.

"당신의 머릿속엔 일 생각만 가득한 게 틀림없어요. 왜냐하면 정을 나눌 때조차도 당신은 여전히 일 생각만 하셨으니까요."

좌중에는 한 마디도 하지 않는 사람이 여럿 있었고, 그 밖에 말을 하더라도 신성한 말만 하는 사람들이 합석한 자리에서 갑자기 "왕비님!" 하는 외마디 소리가 자디그의 입에서 흘러나왔다. 바빌론 처녀는 한참 뒤에 마침내 제정신을 차리고 자기에게 "나의 왕비님!"이라고 말했음을 알았다. 그러나 자디그는 여전히 멍한 모습으로 아스타르테의 이름을 말했다. 처녀는 그 상황에서 모든 것을 자신에게 이롭게 해석했으므로 그 순간에 그가 한 말도 "당신은 왕비 아스타르테보다 아름답다"는 의미라고 생각했다. 그녀는 매우 귀한 선물을 받고 자디그의 궁을 나왔다. 그는 질투꾼의 아내에게 이 이야기를 하러 갔다. 그녀는 처녀의 친한 친구였다. 질투꾼의 아내는 자디그의 그런 성향이 몹시 거슬렸다.

"그 사람은 이 양말끈조차도 매어주지 않았어." 그녀는 말했다. "다시는 이 양말끈을 쓰지 않을 거야."

"어머나, 세상에!" 행운의 아가씨는 질투꾼의 아내에게 말했다. "넌 왕비님하고 똑같은 양말끈을 매고 있구나! 그렇다면 같은 기술자 가게에서 산 모양이네." 질투꾼의 아내는 깊이 고민하다가 한 마디도 않고 질투꾼에게 가서 의논했다.

그사이 자디그는 방문객을 접견할 때에도, 또는 사건을 중재할 때에도 자신이 여전히 방심 상태에 있음을 알고 있었다. 그는 그것이 무엇 때문인지 알지 못했다. 그것만이 그의 고민이었다.

그는 어떤 꿈을 꾸었다. 처음엔 마른풀 위에 누워 있는 것 같았다. 그 풀에는 가시가 돋친 풀이 얼마간 섞여 있어 몹시 불편했다. 그 뒤 그가 장미 침대에서 쉬고 있으려는데, 거기서 뱀이 나와서 독을 품은 날카로운 혀로 그의 심장을 물었다. 그는 말했다.

"아아! 나는 오랫동안 바싹 마르고 따끔따끔한 풀 위에 누워 있었구나. 지금은 장미 침대 위에 있다. 그런데 그 뱀은 대체 뭐지?"

제8장 질투

자디그의 불행은 그의 행복, 특히 그의 인덕에 원인이 있었다. 그는 날마다 왕과 왕의 귀하신 부인 아스타르테와 환담했다. 그의 대화법은 상대방의 마음에 들기를 바라는 마음 때문인지 점점 더 매력적이 되어 갔다. 그런 마음과 뛰어난 능력의 관계는 몸차림과 아름다운 여인의 관계와 같다. 그의 젊음과 매력은 의식하지 못하는 사이에 아스타르테에게 강한 인상을 남겼는데 처음엔 그녀도 그것을 알아채지 못했다. 그녀의 사랑은 티 없이 순수한 마음속에서 점점 자라났다. 아스타르테는 남편과 나라에 중요한 인물을 만나 이야기를 듣는 기쁨에 완전히 푹 빠져 있었으므로 양심의 가책이나 불안을 느끼지도 않았다. 그녀는 왕에게 자디그에 대해 늘 좋게 말했다. 시종들과의 대화에서 그가 화제에 오를 때면 시종들은 입을 모아 그를 칭송하곤 했다. 그런 모든 것들이 그녀의 마음속에 창을 꽂는 일에 보탬이 되고 있었지만 정작 그녀는 그것을 알아채지 못했다. 그녀가 자디그에게 선물을 하면 그것에는 그녀가 지닌 마음 이상의 열의가 담겨 있었다. 그녀는 정무를 보는 자디그의 일솜씨에 만족하는 왕비로서의 마음뿐이었지만 그 표현은 가끔 사랑하는 여인의 말이 되곤 했다.

아스타르테는 애꾸눈 사내를 그토록 미워하던 세미르나, 남편의 코를 베려 했던 다른 한 여인보다 훨씬 아름다웠다. 친근감으로 가득한 아스타르테의 모습, 요즘 들어 자기도 모르게 얼굴을 붉히면서 하는 상냥한 말, 거스르려 하면서도 그의 눈으로 쏟아지는 그 눈길, 그런 것들이 자디그의 마음에 불을 지폈고 그는 그 세찬 불길에 깜짝 놀랐다. 그는 그에 저항하고자 지금까지 항상 그를 구해주었던 철학에 매달렸다. 철학에서 얻은 것은 지식뿐이지 거기서 위로를 받는 것이라곤 전혀 없었다. 의무, 감사, 모독당한 더없는 존엄함이 마치 복수의 신들처럼 그의 눈앞에 모습을 드러냈다. 그가 싸워 승리를 거두어도 끊임없이 이겨야 성이 차는 승리는, 그로 하여금 함성을 지르게 하고 눈물 흘리게 했다. 전엔 터놓고 이야기하는 자연스런 태도가 두 사람을 크게 매료했지만 이제는 왕비에게 그런 태도로 말할 용기가 그에게 없었다. 그의 눈에는 불안이 짙게 감돌았고, 그의 이야기는 왠지 어색하고 맥락도 없었다. 그는 눈을 내리깔고 있었다. 문득 눈길이 아스타르테에게로 향하면 그의 시선은 물기 어린 왕비의 시선과 딱 마주쳤다. 그녀의 눈에선 사랑의 뜨거운 화살이 당장에라도 쏟아질 것 같았다. 둘은 서로에게 이렇게 이야기하는 것 같았다.

"우리는 이렇게 서로를 뜨겁게 사랑하고 있지만 사랑을 두려워하고 있다. 둘 다 사랑으로 마음이 불타고 있지만 그 사랑의 불꽃을 책망하고 있다"

자디그는 왕비의 곁을 떠날 때면 허둥대고 어쩔 줄 모르며, 버틸 수 없는 무거운 짐을 마음에 잔뜩 진 것 같은 모습이었다. 극심한 불안에 휩싸인 그는 친구 카도르에게 마음의 비밀을 털어놓았다. 그것은 마치 심한 고통의 발작에 오랫동안 견뎌오긴 했지만 몹시 날카로운 통증이 가해져, 자기도 모르게 내지르는 비명과 이마에 흐르는 식은땀 때문에 결국 남에게 병을 들키고 마는 사람과 같았다.

카도르는 그에게 말했다.

"난 자네가 자신에게까지 감추려 했던 그 심정을 이미 알고 있었다네. 사랑이란 도저히 감출 수 없는 징후가 있는 법이거든. 자디그, 내가 이렇게 자네의 심정을 읽었는데 왕께서 자신에게 상처를 입힐 만한 심정을 자네의 마음에서 발견하시지 못했을지 생각해 보게. 왕의 결점은 그 누구보다 질투심이 강하다는 것 이외엔 아무것도 없네. 자넨 왕비님이 자신의 연모하는 마음과 싸우고 계신 것 이상으로 자네 자신의 사랑에 격렬히 저항하고 있어. 그것은 자네가 철학자이고 자디그이기 때문이야. 아스타르테는 여자일세. 그녀는 자신이 죄를 짓고 있다는 생각은 추호도 없이 그 눈으로 자기 심정을 말하고 있네. 안타깝게도 그녀는 자신의 결백을 불안해하지 않기 때문에 체면 따윈 전혀 고려하지 않고 있지. 그녀가 스스로를 책망할 요소가 없는 동안엔 나는 그녀의 신변이 여간 걱정되질 않네. 만일 두 사람이 서로를 인정하는 사이가 된다면 모두의 눈도 속일 수 있을 걸세. 모처럼 생겨난 사랑은 억압하면 폭발하지만, 채워진 사랑은 남의 눈을 피할 방법을 터득하기 마련이니까."

자디그는 큰 은혜를 입은 왕을 배신하라는 권유에 진저리를 쳤다. 그리고 왕에 대해 생각지도 않던 죄를 저질렀을 때보다 더 군주에게 충성심을 느낀 적은 없었다. 그렇지만 왕비는 빈번하게 자디그의 이름을 들먹였고, 그의 이름을 말할 때면 얼굴을 붉혔으며, 왕 앞에서 그에게 말할 때는 몹시 활기에 넘치는가 하면 저도 모르게 속마음을 뚜렷이 드러내곤 했다. 자디그가 물러나면 왕비가 매우 깊은 그리움에 사로잡히므로 왕은 마음이 편치 않았다. 왕은 자기 눈으로 본 모든 것을 믿었고, 보지 않은 모든 것은 상상했다. 특히 그는 아내의 슬리퍼가 파란데 자디그의 슬리퍼도 파랗고, 아내의 리본이 노랑인데 자디그의 챙 없는 모자도 노랑인 것을 알았다. 그것은 민감한 군주에겐 무시무시한 조짐이었다. 초조한 가운데서 그의 의혹은 확신으로 바뀌어 갔다.

무릇 왕이나 왕비에게 예속된 신하나 시종들은 죄다 주인의 마음을 읽어내는 밀정이다. 아스타르테의 사랑이 깊어지고, 모압다르 왕이 질투하는 것은 확실히 눈에 띄었다. 질투꾼은 자신 못지않게 질투꾼인 아내에게 왕비의 것과 똑같은 양말끈을 왕에게 보내라고 시켰다. 게다가 운 나쁘게도 그 양말끈은 파랑이었다. 왕은 이제 어떻게 복수할지 그 방법에만 골몰했다. 어느 밤, 그는 왕비를 독살하고 자디그를 새벽녘에 가는 끈으로 목 졸라 죽이기로 결심했다. 그 명령은 왕의 복수의 집행자인 비정한 환관에게 내려졌다. 그때 왕의 방에는 벙어리지만 귀머거리는 아닌 난쟁이가 있었다. 난쟁이는 언제나 원하는 대로 행동할 수 있게 허락되어 있었으므로, 주위에서 일어나는 아무리 비밀스런 현장에도 마치 잘 훈련된 개나 고양이처럼 함께 있었다. 왕비와 자디그를 몹시 따르던 그는 두 사람에게 죽음의 명령이 내려진 것을 듣고 공포와 경악에 휩싸였다. 그러나 곧 실행에 옮겨질 무시무시한 명령을 막을 방법을 몰라 허둥거렸다. 난쟁이는 글을 쓸 줄 몰랐지만 그림 그리는 법을 배웠고, 특히 대상물을 똑같이 그려내는 기막힌 재주가 있었다. 그는 깊은 밤을 틈타 왕비에게 알리고자 하는 것을 그림으로 그렸다. 그 그림은 한쪽에는 환관에게 명령하는 격노한 왕, 탁자 위에는 파랗고 가느다란 끈과 작은 병, 그리고 파란 양말끈과 노란 리본을 그리고, 한가운데에는 시종들의 팔 안에서 당장에라도 숨이 끊어질 듯한 왕비와 목 졸려 살해된 자디그를 그렸다. 그런 무시무시한 처형이 첫 새벽의 빛과 함께 이루어지리란 것을 알리기 위해 지평선에는 해를 그렸다. 난쟁이는 일을 끝마치자 곧바로 아스타르테의 하인에게 뛰어가서 그를 깨워 빨리 그림을 왕비에게 전달해야 한다고 일렀다.

한편, 심부름꾼이 한밤중에 자디그의 집 문을 두드렸다. 그는 일어나서 왕비의 짧은 편지를 받는다. 그는 꿈인지 생시인지 눈을 의심하면서 떨리는 손으로 편지를 뜯는다. 그는 얼마나 놀랐던가! 다음과 같은 글을 읽고 그가 받은 충격과 슬픔과 절망을 누가 표현할 수 있으랴!

"지금 당장 도망치세요. 그렇지 않으면 목숨을 잃습니다! 자디그, 도망치세요. 우리의 사랑과 나의 노란 리본의 이름 앞에 당신께 명령합니다. 나는 잘못은 전혀 하지 않았습니다. 하지만 죄인으로 죽게 될 것 같아요."

자디그는 말할 기력조차 없었다. 그는 카도르를 부르라고 명령했다. 그리고 아무 말 없이 이 편지를 건넸다. 카도르는 편지의 명령에 따라 자디그를 곧바로 이집트의 도시 멤피스로 떠나게 했다.

"만일 감히 왕비님을 만나러 간다면 자넨 왕비님의 죽음을 앞당기게 되네. 왕에게 말한다면 왕비님을 그 이상으로 파멸시키게 돼. 왕비님은 내가 지킬 테니 자넨 자신의 천명에 따르도록 하게. 나는 자네가 서인도제도로 갔다는 소문을 흘리겠네. 곧 자넬 만나러 가서 바빌론에서 일어난 일을 알려줌세."

카도르는 말을 채 끝마치기도 전에 잘 달리는 단봉낙타 2마리를 궁전의 비밀 문에 대도록 했다. 이어 그는 자디그를 낙타에 태웠는데 그러려면 그를 안아서 올려야 했다. 자디그는 거친 숨을 내쉬고 있었다. 하인 하나가 그를 따를 뿐이었다. 놀라움과 슬픔에 잠긴 카도르의 시야에서 친구의 모습은 그렇게 사라져 갔다.

도망자는 바빌론이 내려다보이는 산기슭에 다다르자 왕비가 있는 궁전을 쳐다보고 정신을 잃었다. 그가 의식을 찾은 뒤에도 눈물을 흘리며 죽음만을 바랄 뿐이었다. 세상에서 가장 사랑스럽고 비할 데 없이 슬픈 왕비의 운명으로 머릿속이 가득했지만 이윽고 그는 정신을 가나듬고 소리쳤다.

"대체 인간의 일생이란 무엇인가? 아, 덕행이여! 너는 나에게 어떤 도움을 주었는가? 두 여인은 비열한 방법으로 나를 속였다. 세 번째 여인은 전혀 잘못을 저지르지 않았을 뿐만 아니라 다른 둘보다 훨씬 아름다운데도 죽음을 맞이하려 하고 있다! 내가 해온 좋은 일들은 모두 언제나 나에게 불행의 씨앗이 되었고, 나의 권세도 세상에서 가장 무시무시한 불행의 심연에 나를 빠뜨릴 뿐이었다. 내가 다른 많은 사람과 마찬가지로 악인이었더라면 아마 나도 지금쯤 그들과 똑같이 행복하련만."

그런 비통한 생각에 괴로워하면서 눈은 슬픔의 베일로 덮이고, 얼굴에는 죽음의 창백한 그림자를 드리운 채 세상 가장 어두운 절망의 늪에 잠긴 마음으로 그는 이집트를 향해 발길을 재촉했다.

제9장 매 맞는 여인

자디그는 별을 길잡이 삼아 여행을 계속했다. 오리온자리와 밝게 빛나는 시리우스는 그를 남쪽으로 이끌었다. 그는 우리 눈에는 흐릿한 빛밖에 보이지 않는, 엄청나게 드넓은 빛의 천체를 문득 보았다. 그에 반해 지구는 실제로 자연계에서 아주 작은 한 점에 불과하건만 영예를 갈망하는 우리에게는 왠지 아주 크고 고귀하게 보인다. 그때 그는 실제로 있는 그대로의 인간들이란 하찮은 진흙덩이 위에서 질세라 먹어대는 벌레 같다는 생각을 했다. 그런 진실한 모습은 그에게 그 자신과 바빌론이 얼마나 무가치한지를 절실히 느끼게 했으며, 그의 불행을 없애줄 것 같은 느낌이 들었다. 그의 영혼은 무한으로까지 달려갔고, 모든 감각에서 풀려나 우주의 불변한 질서를 보았다. 그러나 그는 다시 정신을 차리고 깊이 반성했으며, 틀림없이 아스타르테는 그 때문에 죽었을 거라고 생각했다. 우주는 그의 눈앞에서 사라졌고, 자연계에는 죽어가는 아스타르테와 불행한 자디그의 모습밖에 보이지 않았다.

그는 숭고한 철학과 참기 힘든 고통에 몸을 내맡기고 곧장 이집트 국경을 향해 나아갔다. 그의 충실한 하인은 처음 도착한 마을에서 어느새 잘 곳을 찾고 있었다. 그사이 자디그는 그 마을을 따라 이어지는 정원들 쪽으로 걷고 있었다. 길에서 그리 멀지 않은 곳에서 울부짖는 여인이 천지를 뒤흔들 정도로 비명을 지르면서 살려달라고 했고, 몹시 분노한 사내가 여인의 뒤를 쫓고 있는 것이 보였다. 여인은 곧 따라잡혀 사내의 무릎에 매달리고 있었다. 사내는 여인을 흠씬 때리고 비난을 퍼부었다. 그 이집트인의 기세등등한 모습과 부인이 거듭 용서를 구하는 모습에서 자디그는 여인이 부정을 저지르고, 사내가 질투하고 있다고 생각했다. 그러나 여인을 자세히 살펴보니 마음을 빼앗길 정도의 미인에 불행한 아스타르테와 얼마간 닮기도 했으므로 그는 여인에 대한 동정과 이집트인에 대한 증오로 가슴이 끓어올랐다.

"살려주세요! 세상에서 가장 폭력적인 사내에게서 저를 구해주세요. 제 목숨을 구해주세요!" 여인은 울부짖으면서 자디그를 향해 소리쳤다.

그 비명을 듣고 자디그는 급히 달려가 여인과 그 거친 사내 사이로 뛰어들었다. 그는 이집트말을 조금 할 줄 알았으므로 사내에게 말했다.

"혹 그대에게 조금이나마 인간미가 있다면 아름다운 것과 약한 것을 부디 배려해 주지 않으시겠소? 그대에게 무릎 꿇고 몸을 보호하려 해도 눈물밖엔 없는 자연의 걸작을 그토록 모욕해서야 되겠소?"

"뭐가 어쩌고 어째? 그럼 네놈도 이년에게 반한 게로구나! 잘됐다! 너한테 앙갚음을 해야겠다."

피가 머리끝까지 솟구친 사내가 말했다.

그러더니 여인의 머리채를 쥐고 있던 손을 놓고 창을 들어 낯선 이를 찌르려 했다. 침착한 자디그는 미쳐 날뛰는 사내의 창끝을 손쉽게 피했다. 한 사람은 창을 잡아당기려 했고, 다른 한 사람은 창을 빼앗으려 했다. 창은 둘의 손 사이에서 부러졌다. 이집트인이 칼을 뽑아들자 자디그도 칼을 겨누었다. 둘은 서로 맞섰다. 한쪽은 성급하게 달려들고 다른 한쪽은 교묘하게 그것을 피했다. 부인은 풀 위에 앉아서 매무새를 가다듬고 그들을 바라보았다. 이집트인은 적보다 기운이 셌고, 자디그는 상대방보다 기량이 뛰어났다. 자디그는 머리를 써서 싸웠다. 상대는 노여움에 불타 물불 가리지 않고 막무가내로 뛰어다니며 싸우고 있었다. 자디그는 상대의 칼날을 피한 뒤, 날쌔게 적에게 접근하여 칼을 빼앗았다. 이집트인이 점점 더 화가 치밀어 덮치려 했지만 그는 상대를 붙잡고 제압하여 땅바닥에 쓰러뜨렸다. 그는 가슴에 칼을 겨누고 목숨만은 살려주겠다고 말했다. 승리자 자디그가 적을 용서해 주려 한 바로 그때, 화가 치민 이집트인은 단검을 빼어들고 달려들어 그에게 상처를 입혔다. 화난 자디그는 그의 가슴에 칼을 꽂았다. 이집트인은 무시무시한 비명을 지르고 버둥거리다가 죽어갔다. 자디그는 부인에게 다가가 온화한 목소리로 말했다.

"저 사람 때문에 죽을 뻔했지만 당신의 원한은 풀렸습니다. 당신은 지금까지 내가 본 중에서 가장 난폭한 사내에게서 마침내 풀려난 것입니다. 이제 어떻게 하겠습니까?"

"극악무도한 사람, 너 따윈 차라리 죽는 게 나아!"[34]

그녀는 그에게 대답했다.

"죽어버려! 넌 내가 사랑하는 사람을 잘도 죽였구나. 네 심장을 갈기갈기 찢어버리고 싶다."

"세상에, 당신은 몹시 유별난 사람을 애인으로 두었군요. 그 사람은 당신을 무지막지하게 때렸고, 당신은 나에게 살려달라고 애걸복걸하기에, 나는 목숨을 잃을 뻔했다고요."

자디그는 대답했다.

"그 사람이 더 때려주면 좋겠어요. 내가 얻어맞는 건 당연해요. 그 사람을 약 오르게 했으니까요. 그가 나를 때리고, 당신이 그를 대신하여 죽었으면 좋으련만!"

부인은 크게 소리쳤다.

자디그는 태어나 지금까지 이런 경악과 분노를 경험한 적이 없었으므로 부인에게 이렇게 말했다.

"당신은 아름답지만 다음엔 내가 당신을 흠씬 두들겨 패도 당연할지도 모릅니다. 그 정도로 당신은 상식을 벗어나 있어요. 하지만 구태여 당신을 때릴 것까지도 없겠군요."

이렇게 말하고 그는 다시 낙타를 타고 마을 쪽으로 갔다. 그가 얼마 가지도 않았을 때, 바빌론에서 왕이 보내온 시종 4명이 말을 달리는 소리에 문득 돌아보았다. 그들은 전속력으로 달려오는 참이었다. 그중 하나는 여인을 보자 소리쳤다.

"이년이다! 그림하고 생김새가 똑같지 않나!"

그들은 죽은 사람 따위는 안중에도 없이 눈 깜짝할 사이에 그녀를 붙잡았

---

34) 라신의 비극 《앙드로마크》(1667) 5막 3장에서 에르미온이 피뤼스 왕을 죽인 오레스트를 비난하는 유명한 장면을 패러디하고 있다.

다. 여인은 자디그를 향해 소리쳤다.

"여보세요, 마음이 넓으신 낯선 분이시여! 다시 한 번 저를 살려주세요! 당신을 나무란 것은 용서해 주세요. 제발 살려주세요. 그러면 저는 죽을 때까지 당신 것입니다!"

자디그에게는 이젠 그녀를 위해 싸울 마음이 없었다. 그는 대답했다.

"다른 사람에게 부탁하시오. 이제 그 수법은 먹히지 않아요."

게다가 그는 다친 상태였다. 피를 흘리고 있었으므로 치료가 필요했다. 모압다르 왕이 보낸 것이 분명한 네 바빌로니아 사람을 보고 그는 몹시 불안에 휩싸여 있었다. 자디그는 바빌론에서 온 사자가 왜 그 이집트 여인을 잡으러 왔는지는 생각하지 않고, 도리어 여인의 성격에 한층 놀라면서 서둘러 마을로 갔다.

제10장 노예 신분

자디그가 이집트의 한 마을로 들어서자 마을 사람들이 그를 에워쌌다. 모두가 이렇게 외치고 있었다.

"그놈이 예쁜 미수프를 유괴했고, 조금 전에 클레토피스를 살해했다!"

그는 말했다.

"여러분! 신께서 내가 그 아름다운 미수프를 유괴하지 않도록 막아주시기를 바랍니다! 그 여인은 몹시 변덕이 심합니다. 게다가 클레토피스에 대해 말할 것 같으면 나는 그를 일부러 죽인 게 아닙니다. 단지 그에게서 나 자신을 지켰을 뿐입니다. 그에게 흠씬 두들겨 맞고 있던 아름다운 미수프를 위해 내가 쓸데없이 참견했다는 이유로 그는 나를 죽이려 했습니다. 나는 피신할 곳을 찾아 이집트로 온 외국인입니다. 그러므로 여러분의 보호를 바라고 찾아왔는데 오자마자 여인을 유괴한다든지, 남자를 살해할 이유가 어디에 있겠습니까?"

당시 이집트인은 공정하고 인간미가 있었다. 사람들은 자디그를 노역장으로 데려갔다. 우선 그의 상처를 치료해 주더니 진실을 알려고 하인과 따로따로 심문했다. 자디그가 냉혹한 살인자가 아니란 것은 인정받았지만, 그렇다고 사람을 죽인 죄를 그냥 넘어갈 수는 없었다. 그래서 법에 기초하여 노예가 된다는 판결이 내려졌다. 낙타 2마리는 팔려 마을의 수익금이 되었고, 지니고 있던 돈은 모조리 주민에게 나누어졌다. 그의 신병은 여행의 동반자인 하인과 함께 공공의 광장에 매물로 전시되었다. 세토크라는 아라비아 상인이 경매가격을 붙였는데, 하인은 노역에 적합하다는 이유로 주인보다 훨씬 비싼 가격에 팔렸다. 이런 두 사람의 경우, 비교는 논외였다. 그런 까닭에 자디그는 그의 하인보다 낮은 노예가 되었다.[35] 그들은 족쇄로 하나로 묶였다. 그런 불편한 상태로 아라비아 상인의 뒤를 따라 그의 집으로 갔다. 도중에 자디그는 하인을 위로하고 인내에 대해 이야기했다. 그러나 그는 늘 그렇듯 인생에 대해 깊이 생각했다.

그는 하인에게 말했다.

"내 생각에 내 운명의 불행이 너의 운명에도 전염되었다. 지금까지 나에게 일어난 일은 모두가 몹시 기묘한 양상을 띠었다. 암캐가 지나가는 것을 이 눈으로 보았다는 이유로 벌금을 선고받았고, 그리폰 때문에 하마터면 꼬치에 꿰일 뻔했으며, 왕을 칭송하는 시를 썼다는 이유로 형장에 보내졌고, 왕비님이 노란 리본을 매고 계신다는 이유로 교수형을 받았으며, 깡패가 자기 연인을 때리는 바람에 지금은 이렇게 너와 함께 노예가 되었다. 그렇다고 좌절하지는 않아. 이런 일들은 틀림없이 모두 끝날 거야. 아라비아 상인들은 노예가 꼭 필요한 모양이다. 나도 다른 사람들과 똑같은 인간이니까 그들과 마찬가지로 노예가 되지 못할 이유는 없어. 저 상인은 인정머리가 없을 것 같지는 않다. 노예에게 일을 시키고 싶으면 그에 합당한 취급을 해야 하니까."

그는 그렇게 이야기했지만 속으로는 바빌론 왕비가 여간 걱정되지 않았다.

이틀 뒤, 상인 세토크는 노예와 낙타를 끌고 사람이 살지 않는 아라비아로 여행을 나섰다. 그의 부족은 호렙사막[36] 변두리에 살고 있었다. 여행길은 길고 힘들었다. 도중에 세토크는 주인보다 하인을 더 위했는데 하인이 낙타에게 짐을 잘 실었기 때문이다. 하인에게는 여러 가지 자잘한 특별 배려가 있었다.

호렙까지 이틀만 더 가면 되는 곳에서 낙타 한 마리가 죽었다. 그 낙타의 짐

---

35) 신분의 차별이 통용되지 않고 신분이 역전되는 상황은 18세기의 문학에서 종종 다루어졌다. 마리보의 희곡 《노예들의 섬》(1725), 또는 《캉디드》의 엘도라도 장면에서 볼 수 있는 주종의 입장 역전도 그 예로 들 수 있다.

36) '사람이 살지 않는 아라비아'는 시리아사막의, 또 '호렙사막'은 시나이산의 성서에 나오는 별칭이다.

은 두 노예가 나누어 져야 했다. 자디그에게도 짐이 할당되었다. 세토크는 자기 노예가 일제히 허리를 굽히고 걷는 것을 보고 웃어젖혔다. 자디그는 상인에게 그 이유를 설명하여 평형의 법칙을 가르쳐 주었다. 깜짝 놀란 상인은 지금까지와는 다른 눈으로 그를 보게 되었다. 자디그는 자신이 상인의 호기심을 자극한 것을 알고 상인의 장사와 관련 있는 많은 것들을 알려줌으로써 그의 호기심을 더욱 부추겼다. 예를 들면 같은 부피의 금속과 상품의 비중, 몇 종류의 쓸모 있는 동물의 특성, 쓸모가 없었던 동물을 쓸모 있게 만드는 방법 같은 것이었다. 그는 마침내 상인의 눈에 현자처럼 비쳤다. 세토크는 매우 비싸게 산 다른 노예들보다 자디그를 아끼게 되었다. 그는 자디그에게 후하게 대했는데 그에게 그것을 후회할 이유 따위는 있을 리 없었다.

세토크가 부족이 있는 곳에 도착하여 맨 먼저 한 일은 어느 유대인에게 은 500온스의 변제를 요구하는 것이었다. 그는 그 유대인에게 증인 2명 앞에서 은을 빌려주었는데 증인은 둘 다 이미 죽고 없었다. 빚을 입증할 수 없었으므로 유대인은 아라비아인을 속일 수단이 생긴 것을 신께 감사했고, 상인의 은을 떼어먹으려 했다.[37] 세토크는 그 까다로운 문제를 자디그에게 털어놓았다. 자디그는 상인의 조언자가 되어 있었던 것이다.

자디그는 물었다.

"그 이교도에게 500온스를 빌려준 장소는 어디였습니까?"

"호렙 산기슭의 커다란 바위 위에서였지." 상인은 대답했다.

"당신에게서 은을 빌려간 사람의 성격은 어떠합니까?"

"사기꾼이지."

"그게 아니라 제가 궁금한 것은 그가 거친 사내인지 냉정한 자인지, 신중한 사람인지 아니면 무분별한 자인지 그런 겁니다."

세토크는 대답했다.

"돈 내는 걸 지독히 싫어하는 놈이지. 누구보다도 성급하게 머리로 피가 솟구치는 놈이야."

"그렇다면! 제가 재판관 앞에서 당신의 변호를 하도록 허락해 주십시오."

---

37) 볼테르는 영국에 머무는 동안 유대인 은행가에게 맡긴 돈을 돌려받지 못한 경험이 있다.

그의 말대로 재판관이 유대인을 법정으로 부르자 그는 재판관에게 이렇게 이야기했다.

"공정한 자리에 차분히 앉아 계신 평안의 증인이시여! 저는 이 사내가 갚으려 하지 않는 500온스 은의 변제를 주인을 대신하여 찾으러 왔습니다."

"증인은 있느냐?" 재판관이 물었다.

"없습니다. 증인은 이미 세상을 떠났습니다. 하지만 그때 은을 세던 커다란 바위가 남아 있습니다. 각하께서 그 바위를 증인으로 부르도록 허락하시면 바위는 증언해 주리라 생각합니다. 유대인과 저는 바위가 올 때까지 여기 있도록 하겠습니다. 재판장님, 바위를 데리러 가는 비용은 세토크가 부담할 겁니다."

"무슨 소리냐!" 재판관은 단번에 거절하고는 다른 수많은 사건을 신속하게 처리했다.

심문을 끝내고 재판관은 자디그에게 말했다.

"아니! 네가 말한 바위는 아직 오지 않았느냐?"

유대인은 웃으며 대답했다.

"설령 각하께서 내일까지 여기 계신다 해도 바위는 도착하지 않을 겁니다. 바위는 여기서 6마일도 더 떨어진 곳에 있거니와 그걸 옮기려면 장정 15명은 필요할 테니까요."

"옳거니!" 자디그는 외쳤다. "저는 바위가 증언해 줄 거라고 말씀드렸습니다. 이자가 바위가 어디에 있는지 안다는 것은, 은을 그 바위 위에서 세었음을 자백한 것이 됩니다."

유대인은 낭패하여 결국 모든 것을 털어놓을 수밖에 없었다. 재판관은 유대인이 500온스를 갚을 때까지 먹지도 마시지도 말고 그 바위에 묶여 있도록 명령했다. 그는 은을 대번에 갚았다.

노예 자디그와 그 바위는 아라비아에서 훌륭한 본보기가 되었다.

제11장 화장대(火葬臺)

매우 만족한 세토크는 노예를 친구로 삼았다. 바빌론 왕이 그러했던 것처럼 그도 자디그 없이는 지낼 수 없게 되었다. 자디그는 세토크에게 아내가 없음을 기쁘게 생각했다. 주인에게 타고난 선한 성품과 공명정대함, 그리고 충분한 양식(良識)을 발견했던 것이다. 그는 또한 주인이 아라비아의 옛 풍습[38]에 따라 하늘의 군단, 곧 태양과 달과 별을 우러르고 있음을 알고 안타깝게 여겼다. 때로는 아주 조심스럽게 그것을 화제로 삼기도 했다. 결국 그는 하늘의 군단도 다른 것과 마찬가지로 어차피 물체에 지나지 않으며, 나무나 바위와 마찬가지로 그의 경배를 받을 가치는 없다고 말했다.

세토크는 말했다.

"그렇기는 하지만 우리가 수많은 은혜를 입고 있는 영원한 존재가 아니냐? 저 하늘의 군단은 사계절을 관장할 뿐만 아니라 우리에게서 멀리 떨어져 있으므로 존경하지 않을 수가 없거든."

그러자 자디그는 대답했다.

"은혜라면 당신은 홍해의 바닷물에서 훨씬 많은 은혜를 입고 계십니다. 홍해는 당신의 상품을 인도까지 운반해 주니까요. 어떻게 홍해가 별보다 먼저 있었다고 하지 않을 수 있겠습니까? 그리고 당신이 멀리 떨어져 있는 것을 숭배한다면 땅끝에 있는 강가리드인의 땅[39]을 우러러야 하겠지요."

세토크는 말했다.

"그야 하늘의 별은 몹시 반짝이니까 우러르지 않을 수 없잖아."

밤이 되자 자디그는 세토크와 함께 저녁을 먹기로 되어 있던 텐트 안에 있는 엄청난 수의 촛대에 불을 붙였다. 그리고 주인이 들어오자 즉각 불을 붙인 촛불 앞에 무릎 꿇고 그 불빛을 향해 말했다.

"영원히 빛나는 진리여! 깊은 축복 있기를!"

그렇게 말하고 그는 세토크를 쳐다보지도 않은 채 식탁에 앉았다.

"대체 뭘 하는 거지?" 세토크는 놀라서 물었다.

"당신과 똑같이 했습니다. 저는 여기 있는 촛불을 숭배하기 때문에 촛불의 주인이며 나의 주인이기도 한 당신 따윈 안중에도 없습니다."

자디그는 대답했다.

---

38) 반 덴 회벨에 따르면 마호메트 이전의 아라비아에 기원을 둔 배성교(拜星敎 : 별을 숭배하는 종교)인 시바교를 말한다. 볼테르는 《풍속시론》의 머리말에서 시바교에 대해 언급하고 있다.

39) 갠지스강의 동쪽 기슭에 있는 지역. 볼테르의 소설 《바빌론의 공주》(1768)의 주인공 아마잔의 땅이기도 하다.

세토크는 교훈이 들어 있는 이 비유의 의미를 이해했다. 이 노예의 지혜는 그에게 깊은 인상을 남겼다. 그는 더 이상 피조물에 아낌없이 향을 바치지 않게 되었고, 피조물을 만든 신을 숭배했다. 그 무렵 아라비아에는 본디 스키타이에서 유래하는 무시무시한 풍습이 있었다. 그것은 브라만[40]의 영향력에 의해 인도에 정착하여 지금도 동양 전체에 퍼져 있었다. 기혼인 남자가 죽어 그의 아내가 성녀가 되기를 바랄 때 그녀는 남편의 시체와 함께 대중이 지켜보는 앞에서 화장하도록 되어 있었다.[41] 그것은 '과부의 화장'이라 불리는 엄숙한 제전이었다. 화장된 아내의 수가 가장 많은 부족이 가장 큰 존경을 받았다.

어느 날 세토크의 부족민 한 사람이 죽었다. 그 아내였던 알모나는 매우 신앙이 깊은 사람이었다. 그녀는 자신이 북과 나팔 소리와 함께 불속에 뛰어들 날짜와 시간을 공개했다. 자디그는 세토크에게 그런 무서운 풍습이 인류의 행복에 얼마나 어긋나는지, 그리고 나라에 아기를 낳아주거나, 적어도 그녀들의 자녀를 키워낼 수도 있는 젊은 홀어미가 매일처럼 몸을 태우도록 방치해서는 안 된다고 거듭 충고했다. 그는 할 수만 있다면 그런 야만스런 풍습은 없애야 한다고 세토크를 설득했다. 세토크는 대답했다.

"1000년도 넘게 여인들이 자진하여 불에 타 죽는 풍습이 있었네. 세월과 함께 확립된 규율을 우리가 어떻게 바꾸겠나? 예부터 전해지는 악습 이상으로 존중해야 할 것이 있겠는가!"

"이성은 더 오래되었습니다. 부족의 지도자들에게 말하십시오. 저는 그 젊은 과부를 만나보겠습니다." 자디그는 말했다.

그는 과부를 소개받았다. 그는 그녀의 미모를 칭찬하여 호감을 갖게 한 뒤, 그토록 많은 매력을 불에 태워 없애다니 얼마나 아까우냐고 말했다. 그리고 그녀의 변치 않는 정절과 용기를 더욱 칭찬했다.

"그렇다면 남편을 몹시 사랑하셨군요."

---

40) 브라만은 힌두교의 카스트제도에서 최고 신분인 승려 계급을 가리킨다. 아울러 스키타이인은 흑해 북쪽 연안에 거주했던 유목민족.
41) 반 덴 회벨에 따르면 이런 "무시무시한 풍습"은 프랑스의 여행가 프랑수아 베르니에(1620~1688)의 《무굴제국 여행기》에 증언되어 있다. 또한 몽테스키외의 《페르시아인의 편지》 125편에도 남편을 잃은 아내가 스스로 몸을 불사르는 일의 허가를 청하는 내용이 있다.

그는 과부에게 말했다.

"제가요? 당치 않아요. 그 사람은 난폭하기가 이루 말할 수 없는 사람이었어요. 그래도 저는 그 사람의 화장대로 뛰어들기로 굳게 마음먹었어요."

아라비아의 부인은 대답했다.

"살아서 불에 태워지면 말도 못할 지경으로 기분이 좋은 모양이군요."

"아니에요! 그 생각만 하면 오싹하도록 소름이 끼쳐요. 하지만 참고 받아들여야만 해요. 저는 신앙이 깊은 여자거든요. 만일 제가 자진하여 죽지 않으면 정숙한 여인이라는 평판을 떨어뜨리게 되고, 다들 저를 비웃을 거예요."

자디그는 허영심 때문에 남을 위해 죽으려는 것에 불과하다고 그녀로 하여금 인정하게 한 뒤, 자기 목숨을 조금이라도 귀중하게 여기도록 장황하게 설득함으로써 그녀에게 지금 말하고 있는 사내에게 겨우 약간의 호의를 갖게 할수가 있었다.

"그럼 어떻게 하시겠습니까? 자진하여 몸을 태우는 허영심이 당신을 억누르지 못한다면." 그는 과부에게 말했다.

"아아! 저와의 결혼을 당신께 청할까 고민하고 있어요."

자디그는 아스타르테에 대한 생각으로 꽉 차 있었으므로 부인의 사랑 고백을 못 들은 척 넘어갔다. 그러나 그는 곧바로 부족의 지도자들을 만나러 가서 방금 있었던 일을 그들에게 이야기하고, 과부가 된 여인이 자진하여 몸을 태우는 것은 1시간 동안 젊은 사내와 마주하고 충분히 이야기한 뒤에 한하여 허용된다는 법률을 만들도록 조언했다. 이때 이후로 아라비아에서는 단 한 사람의 과부도 자진하여 몸을 태우는 일이 없었다.

몇 세기나 이어져 내려온 몹시 잔인한 풍습을 하루아침에 뿌리 뽑은 것은 자디그 한 사람 덕분이었다. 이로써 그는 아라비아의 은인이 되었다.

제12장 만찬회

세토크는 뛰어난 지혜를 지닌 이 사람과 헤어질 수가 없어 대도시 바스라[42]로 그를 데려갔다. 그 도시에는 사람이 거주하는 모든 지역에서 수많은 도매

---

42) 현재 페르시아만에 있는 이라크의 주요 항구.

상인들이 모여들고 있었다. 여러 나라의 많은 사람이 같은 장소에 모이는 것을 보는 것은 자디그에게 크나큰 위로가 되었다. 그에게 바스라에 모이는 대가족이야말로 세계 그 자체로 생각되었다. 그는 어느새 2일째 되는 날부터 이집트인, 인도의 강가리드인, 카타이인,[43] 그리스인, 켈트인, 그 밖에 수많은 외국인과 함께 식사를 했다. 그들은 여러 차례 페르시아만 주변을 여행하는 동안, 서로 알아들을 수 있을 정도의 아라비아어를 구사했다. 몹시 화가 나 있던 이집트인이 말했다.

"바스라는 정말 짜증나는 곳이야! 최고의 담보를 내놓았지만 1000온스의 금도 빌려주지 못한다고 하더군요."

세토크가 말했다.

"무슨 일인데 그러십니까? 뭘 담보로 내놓았다가 그 액수를 거절당하셨습니까?"

"내 작은어머님 시신입니다. 작은어머님은 이집트에서 누구보다도 정의로운 여인이었습니다. 내가 늘 작은어머님 곁을 떠나지 않고 돌보았지만 그만 여행 도중에 돌아가셨어요. 나는 작은어머님을 가장 훌륭한 미라로 만들었지요. 우리나라에서 그걸 저당 잡히면 원하는 것은 무엇이든 손에 넣을 수 있거든요.[44] 그렇게나 확실한 담보를 내놓아도 여기선 1000온스의 금조차 내주려 하지 않다니 정말 이해가 안 가요."

그가 불같이 화를 내며 삶은 암탉요리를 먹기 시작했을 때, 인도인이 그 손을 잡고 슬프게 외쳤다.

"아니, 대체 뭘 하시려는 겁니까?"

"이 암탉을 먹으려는 거요." 미라를 가진 남자가 말했다.

"아주 조심해야 해요. 죽은 사람의 영혼이 그 암탉에게로 옮겨갔을지도 모릅니다. 당신은 위험을 무릅쓰면서까지 작은어머님을 먹을 생각은 아니겠지요.

---

43) 마르코 폴로 이래 중국은 중세 서유럽 저술가들에 의해 카타이 또는 키타이로 불렸고, 그 수도(베이징)는 칸발리크 또는 캄발루로 여겨졌다. 원래 카타이는 중국 북부 지방에 한정된 이름이었다고 한다.

44) 반 덴 회벨이 인용한 당시의 역사문헌에 따르면 이집트의 법률은 친족의 미라를 담보로 잡는 것을 모든 채무자에게 의무로 지우고 있었다. 빚을 갚지 못할 경우에는 불신앙자로 선고되고 그의 묘지를 파헤쳤다고 한다.

암탉을 삶는 것은 분명 자연에 어긋나는 일입니다." 강가리드인이 말했다.

"당신이 말하는 자연이나 암탉 같은 게 무슨 의미가 있나요? 우리는 소를 숭배하지만 그래도 그 고기를 마음껏 먹습니다."

"소를 숭배한다고요! 엉뚱하군요." 갠지스강에서 온 남자가 말했다.

"이보다 더 엉뚱하지 않은 이야기가 어디 있겠습니까? 우리는 13만 5000년 전부터 그렇게 살아왔어요. 우리들 가운데 어느 누구도 그것에 대해 불평하지 않습니다."

"예에? 13만 5000년이라고요? 과장이 심하시군요. 인도 땅에 사람이 살기 시작한 지 8만 년밖엔 되지 않았어요. 그리고 우리는 분명 당신네 선주민입니다. 브라흐마[45]는 당신네가 소를 제단에 바치거나 꼬치에 꿸 생각을 떠올리기 이전에 우리에게 소를 먹는 것을 금지했어요." 인도인이 말했다.

"당신이 말하는 브라흐마가 그것을 아피스[46]에 비유하는 것을 보면 그것이야말로 웃기는 동물이 되지 않습니까!" 이집트인이 말했다. "대체 그 브라흐마란 사람이 특별히 어떤 훌륭한 일을 했다는 겁니까?"

브라만교 사제가 대답했다.

"인간에게 읽기와 쓰기를 가르친 것은 그이며, 세상이 체스를 안 것도 그의 덕분입니다."

"그건 아니에요. 그런 크나큰 은혜는 신어(神魚) 오아네스[47]의 덕분이므로 이것만을 숭배하는 것이 옳아요. 이야말로 신이며, 황금 꼬리와 사람의 이마를 지니고 있고, 물에서 나와서 하루에 3시간 동안 지상에서 뭐든지 가르쳐 줍니다. 또한 누구나 알다시피 그에겐 자녀가 여러 명 있어 모두 왕이 되었습니다. 우리 집에는 그의 초상화가 있고, 당연한 얘기지만 나는 그것을 우러르고 있습니다. 우리는 원하는 만큼 소고기를 먹을 수 있어요. 하지만 생선을 굽는 것은 분명 심한 모독입니다. 게다가 여러분은 둘 다 나와 뭔가 토론을 하려면 종

---

45) 브라흐마(Brāhma)는 힌두교의 인격화된 신. 브라흐마는 비슈누와 시바라는 중요한 두 신과 함께 삼위일체를 이룬다. 반 덴 회벨에 따르면 "만물을 다 알고 있는 신 브라흐마는 브라만의 모든 학문과 종교의식이 기록된 4권의 책을 남겼다."
46) 이집트인은 동물 가운데서도 유독 수소 아피스를 숭배하여 풍요의 신으로 받들었다.
47) 신어 오아네스는 칼데아인의 신으로 반인반어(半人半魚) 모습을 하고 인간에게 문학과 학문, 예술을 가르치기 위해 홍해에서 나왔다고 한다.

족의 출신이 너무나 비천한 데다 도무지 과거를 거슬러 올라가지 않아요. 이 집트인의 역사는 13만 5000년밖에 안 되고, 인도인은 겨우 8만 년을 헤아리는 데 불과하지만, 우리에겐 4000세기의 역사가 있습니다. 어떻습니까? 망상 같은 건 버리세요. 그러면 여러분에게 저마다 오아네스의 아름다운 초상화를 증정하겠습니다." 그의 곁에 있던 칼데아인이 말했다.

칸발리크 사람이 다음과 같이 잘라 말했다.

"나는 이집트인도 칼데아인도, 그리스인이나 켈트인, 브라흐마 신(神)도, 성스런 소 아피스, 아름다운 신어(神魚) 오아네스도 매우 존경합니다. 하지만 이치, 곧 하늘은 좋을 대로 불러도 괜찮지만, 소나 물고기도 가치가 있습니다. 우리나라에 대해선 아무 말도 하지 않았지만, 이집트 땅과 칼데아와 인도 전체를 합친 크기쯤 됩니다. 나는 역사가 오래되었다고 경쟁하거나 하지 않습니다. 왜냐하면 행복하면 충분하거니와 오래되었다는 것은 매우 하찮기 때문입니다. 그러나 역사를 화제로 삼아야 한다면 아시아 전체가 우리 달력을 채용하고 있고, 칼데아에서 수학이 알려지기 이전에 매우 훌륭한 달력이 있었음을 말씀드리는 바입니다."

"이 자리에 계신 여러분은 하나같이 대단히 무지하군요!" 그리스인이 소리쳤다. "카오스가 만물의 아버지이며, 형상과 질료[48]야말로 세계를 현재 상태로 만든 것을 모르십니까?"

그 그리스인은 오랫동안 열변을 토했다. 그러나 마침내 켈트인으로 인해 말이 중단되었다. 켈트인은 토론이 열기를 띠는 동안 술을 많이 마신 탓에 자신이 다른 누구보다도 박식하다 생각하고, 특히 화제로 삼을 가치가 있는 것은 신 테우타테스[49]와 떡갈나무에 기생하는 겨우살이 외에는 없다고 단정적으로 말했다. 또 남들은 모르지만 자신은 늘 호주머니에 겨우살이를 넣고 다닌다면서, 자기 조상인 스키타이인은 지금까지 세상에 존재했던 유일한 선행자(善行者)로서 이따금 사람을 먹는 것은 확실했지만, 그렇다고 해서 우리 종족에게

---

48) 아리스토텔레스 철학의 중요 개념.
49) 테우타테스는 고대 켈트인이 믿던 신. 사제계급이었던 드루이드는 떡갈나무(오크)를 신목(神木)으로 삼아 숭배하고, 월령 6일의 밤에 황금 쇠스랑으로 그것을 따서 신께 바친다고 한다. 인간을 제물로 바쳤다고도 하며, 18세기에는 논쟁의 대상이 되었다.

경의를 나타내는 데 방해가 되지는 않는다고 말했다. 요컨대 신 테우타테스를 나쁘게 말하는 자가 있으면 직접 보여달라고 말했다.

논쟁은 열기를 띠고, 세토크는 순간 식탁이 피로 물드는 것이 아닐까 불안했다. 자디그는 이 논쟁이 벌어지는 동안 줄곧 침묵을 지키다가 결국 일어섰다. 그는 우선, 마치 세상 최고의 존재를 상대하고 있는 듯한 켈트인에게 말하기를 지당한 이야기라 하고, 그에게도 겨우살이를 지니게 했다. 그러더니 그는 그리스인의 상큼한 웅변을 칭찬하여 들뜬 모두의 마음을 가라앉혔다. 그는 카타이에서 온 사람에겐 아주 짧은 말밖엔 하지 않았다. 왜냐하면 그 사람의 말이 다른 누구보다도 양식을 갖추었기 때문이다. 그런 뒤에 그는 모든 사람을 향해 말했다.

"여러분, 여러분은 사소한 일로 서로를 비난하고 비난받아 왔습니다. 왜냐하면 여러분은 모두 의견이 같기 때문입니다."

그 말을 듣고 그들은 일제히 항의했다.

"내 말이 맞지 않나요?" 그는 켈트인에게 말했다. "당신은 이 겨우살이를 숭배하는 것이 아니라 겨우살이나 나라를 만드신 분을 숭배하실 테지요."

"맞습니다." 켈트인이 대답했다.

"그럼 이집트 선생, 당신은 한 마리의 소 안에 확실하게 소를 부여해 주신 분을 우러르고 계시는군요."

"그렇소만." 이집트인이 대답했다.

"물고기 오아네스는 바다와 물고기를 만드신 분에게 복종하겠군요."

"동감입니다." 칼데아인이 말했다.

"인도 사람이나 카타이 사람도 여러분과 마찬가지로 제1원리를 인정하고 있습니다. 그리스인이 하신 말씀은 훌륭합니다만 나로선 잘 이해하지 못하겠군요. 하지만 그도 또한 형상과 질료를 지배하는 탁월한 존재를 분명 인정한다고 생각합니다."[50] 그는 이렇게 덧붙였다.

---

50) 이 장에선 동양, 극동, 서양으로 확대되는 잡다한 종교나 신앙을 재미있게 모은 뒤, 세계의 창조자로서의 지고한 존재라는 공통된 한 점으로 수렴된다. 볼테르는 이집트인이 세계 최고의 민족이며 칼데아나 인도, 중국 문명도 이 민족에게 모든 빚을 지고 있다고 생각하는 사람들을 줄곧 비판했다. 그는 인도인이 최고의 민족이라고 믿었다.

칭찬을 받아 기분이 좋아진 그리스인은 자디그가 매우 적절하게 자기 생각을 헤아려 주었다고 말했다.

"결국 여러분 모두 같은 의견이고, 그러니 서로를 비난할 이유도 없습니다."

자디그가 틈을 두지 않고 말했다.

다들 그를 꼭 안았다. 세토크는 그의 상품을 아주 비싼 값에 팔아치운 뒤, 친구 자디그를 자기 부족이 있는 곳까지 보내주었다. 자디그는 거기에 도착하자 자리를 비운 사이 자신이 재판소에 고소당했으며, 시간을 두고 천천히 화형을 당하게 되리란 것을 알았다.

제13장 밀회

그가 바스라를 여행하는 동안 배성교(拜星教) 사제들은 그를 엄벌에 처하기로 이미 결정을 내린 상태였다. 사제들이 화장대로 보내는 젊은 과부들의 보석이나 장신구는 정당한 권리로서 그들의 차지가 되었다. 사제들에게 밉보였다가는, 그들이 자디그를 화형에 처하는 정도는 누워서 떡 먹기보다 쉬웠다. 따라서 하늘의 군단에 대해 잘못된 생각을 지녔다는 이유에서 자디그는 고발되었다. 사제들은 불리한 증언을 했고, 자디그가 별은 바닷속으로 빠지지 않는다고 한 말을 들었다고 주장했다. 신의 이름을 더럽히는 그런 무시무시한 말에 판사들을 몹시 분개했다. 그런 불경스런 말을 들으면 판사들은 당장에라도 옷을 찢어발길 것이었다.[51] 만일 자디그가 옷값을 지불하기에 충분한 돈을 지녔더라면 그들은 틀림없이 그렇게 했으리라. 그러나 판사들은 극도의 괴로움 속에서, 자디그를 시간을 두고 천천히 화형에 처한다는 선고를 내리는 것으로 만족했다. 세토크는 비탄에 잠긴 채 친구를 구하기 위해 자신의 신임과 덕망을 이용했지만 소용없었다. 결국 그는 침묵하지 않을 수 없었다. 젊은 과부 알모나는 삶을 더욱 사랑하게 되어 자디그에게 고마워하고 있었으므로 그가 악습임을 가르쳐 준 화장으로부터 그를 구하기로 마음먹었다. 과부는 이런저런 계획을 세웠지만 아무에게도 그 이야기를 하지 않았다. 자디그는 이튿날 처형당하기로 되어 있었다. 그를 도우려면 하룻밤밖에는 시간이 없었다. 알모

---

51) 옷을 찢는다는 것은 성서와 복음서에 나오는 이야기에서 볼 수 있는 저주의 몸짓이다.

나가 사려 깊고 배려하는 마음이 큰 여인으로서 어떻게 행동했는지는 다음과 같다.

그녀는 향수를 뿌렸다. 몹시 화려하고 세련된 차림새로 한껏 아름다움을 드러낸 뒤, 배성교의 고위 사제에게 은밀히 뵙기를 청했다. 존경하는 그 노인 앞에서 알모나는 이렇게 말했다.

"큰곰자리의 맏이, 황소자리의 큰형님, 큰개자리의 형님(이것은 이 고위 사제의 직함이었다), 저는 양심의 가책을 당신께 고백하려고 찾아왔습니다. 저는 남편의 화장대로 자진하여 뛰어들지 않는 심각한 죄를 저지른 것이 아닌지 몹시 불안합니다. 저는 무엇을 중요시해야 하는 걸까요? 부질없는 육체일까요? 하지만 이것은 이미 색이 한참 바랬답니다."

그녀는 말하면서 기다란 실크 소매 사이로 두 팔을 드러냈다. 그것은 아주 예쁘게 생긴 데다 눈이 부실 만큼 흰 팔뚝이었다.

그녀는 말했다.

"보시다시피 하찮은 것에 불과합니다."

고위 사제는 속으로 아주 대단하다고 생각했다. 그의 눈이 그렇게 말하고 있었고, 그의 입이 그것을 인정했다. 그는 지금까지 이토록 아름다운 팔을 본 적이 없다고 잘라 말했다.

"그래요! 팔은 아직 다른 것보단 괜찮을지도 모릅니다. 하지만 이 가슴이 구태여 제가 신경을 써야 할 정도의 가치가 없음은 인정하시겠지요."

과부는 고위 사제에게 말했다. 그녀는 자연이 만든 몹시 매력적인 가슴을 드러내 보였다. 상아로 된 사과에 올려진 장미 꽃봉오리도 이것에 비하면 회양목 위의 꼭두서니로밖엔 보이지 않았을 것이고, 털을 깎는 기계에서 튀어나온 새끼 양도 황토색으로 보였으리라. 그 가슴과 더불어 나긋나긋한 정염을 띠고 은밀하게 빛내며 기다리는 커다랗고 검은 눈동자, 무한히 순수한 젖빛에 너무나 아름다운 진홍빛이 섞인 생기발랄한 볼, 레바논산의 종루와는 전혀 비슷하지도 않은 코,[52] 아라비아해의 가장 아름다운 진주를 박은 산호로 가장자리를 꾸민 듯한 입술, 그 모든 것들이 한데 어우러져 "나는 스무 살!"이라고 노

---

52) 여기서의 묘사는 구약성서에 사오는 사랑의 〈시편〉과 〈아가〉 7 : 5의 표현이 섞여 있다.

인에게 외치고 있었다. 그는 우물쭈물하면서 사랑 고백을 했다. 알모나는 노인의 감정이 활활 타올랐음을 느끼고 그에게 자디그의 사면을 요청했다.

"오, 아름다운 이여! 비록 내가 그에게 사면을 내린다 해도 그 너그러운 조치는 아무 짝에도 쓸모가 없을 것이오. 그가 사면을 받으려면 동료 3명의 서명이 더 있어야 하니까."

"그래도 서명해 주세요."

알모나는 말했다.

"좋소, 해주고말고. 대신에 내가 베푸는 친절의 대가로 그대의 사랑 증표가 있어야 한다는 조건이 있소."

"몸 둘 바를 모를 정도로 영광입니다. 어쨌든 해가 지면 서둘러 제 방으로 오세요. 그러면 밝은 스케아트[53]가 지평선에 떴을 때 제가 장밋빛 소파에 있는 걸 보시게 될 거예요. 당신의 하인을 부리듯 마음대로 하세요."

알모나는 말했다.

이어 그녀는 서명을 받아서 그 집을 나섰다. 뒤에는 완전히 사랑에 빠져 자신의 정력에 의심을 품는 노인이 남았다. 그는 그날의 나머지 시간을 모두 목욕에 바쳤다. 그는 또한 실론섬의 계피와 티도레섬, 테르나테섬의 귀중한 향료로[54] 합성한 술을 마시고, 스케아트가 뜨기만을 목을 빼고 기다렸다.

그사이 아름다운 알모나는 두 번째 고위 사제를 만나러 갔다. 그 사제는 그녀의 매력에 비하면 태양도 달도, 하늘의 모든 빛도 단순한 도깨비불에 불과하다고 말했다. 그녀가 이번에도 역시 사면을 요청하자 그는 그 대가를 지불하라고 했다. 그녀는 이번에도 알게니브 별이 뜰 무렵에 두 번째 고위 사제와 남몰래 만날 것을 약속했다. 이어 그녀는 세 번째와 네 번째 사제의 집을 방문하여 기필코 서명을 받아내고, 하나의 별이 뜨는 시각에서부터 다음 별이 나오는 시각의 식으로 밀회 약속을 했다. 게다가 그녀는 중요한 볼일이 있으니 집까지 꼭 와달라고 판사들에게 알렸다. 판사들은 그녀의 집으로 왔다. 그녀는 판사들에게 4명의 이름을 알리고, 사제들이 어떤 대가로 자디그의 사면을

---

53) 페가수스자리 별로 마르카브, 알게니브, 알페라츠와 함께 페가수스자리의 사각형을 만든다.
54) 실론섬의 계피는 고품질로 알려져 있었다. 티도레섬과 테르나테섬은 모두 현재 인도네시아령 뉴기니 부근 몰루카 제도의 섬.

거래했는지를 말했다. 사제들은 저마다 정해진 시각에 찾아왔다. 그들은 모두 동료가 함께 있음을 보고 놀랐고, 판사들과 마주쳐서는 더더욱 놀랐다. 사제들의 잘못이 판사들 앞에서 낱낱이 드러났다. 자디그는 살아났다. 세토크는 알모나의 재능에 완전히 사로잡혀 그녀를 아내로 삼았다.

자디그는 자기를 살려준 부인 발밑에 무릎 꿇은 뒤, 여행을 떠났다. 세토크와 그는 헤어질 때 함께 눈물을 흘리고 영원한 우정 맹세를 하고, 둘 중 먼저 큰 재산을 이룩한 사람이 다른 한 사람에게 그것을 나누기로 약속했다.

자디그는 시리아를 향해 걸으면서 불행한 아스타르테를 여전히 그리워했고, 자신을 집요하게 조롱하고 박해하는 운명에 대해 생각했다.

"이게 대체 뭐란 말인가! 암캐가 지나가는 걸 보았다는 이유로 400온스 벌금! 섣부르게 왕을 칭찬한 4행시 때문에 받은 사형선고! 왕비가 나의 챙 없는 모자와 똑같은 색깔의 슬리퍼를 신었다는 이유로 목 졸려 죽을 위기에 처하고! 매를 맞고 있던 여인을 구해 주었다는 이유로 노예가 되고, 아라비아의 모든 젊은 과부의 목숨을 살려주는 바람에 화형을 당할 뻔하다니!"

제14장 산적

돌로 덮인 중앙아라비아의 고원과 시리아 사이의 국경에 다다라 꽤 튼튼한 성채 옆을 지나려는데 무장한 아라비아인들이 거기서 뛰어나와 그를 에워쌌다. 그들은 일제히 소리쳤다.

"너희들이 갖고 있는 걸 모조리 내놓아라. 이제 너희의 몸뚱이는 우리 주인님의 것이다."

자디그는 대답 대신 칼을 뽑았다. 그의 하인도 용맹했으므로 똑같이 칼을 빼어들었다. 그들은 먼저 달려든 아라비아인 몇 명을 쓰러뜨렸다. 적의 수는 곱절로 불어났지만 그들은 전혀 놀라지 않고 끝까지 싸우다 죽기로 했다. 두 남자가 수많은 적을 상대로 싸우는 광경은 멋진 구경거리였다. 그런 전투가 오랫동안 지속될 리 없었다. 아르보가드라는 성채의 주인은 자디그의 용감하고 감탄스러운 행동을 보고 있었으므로 그에게 경의를 나타내고 싶었다. 주인은 서둘러 아래로 내려오더니 손수 부하들을 물리쳐 두 나그네를 구해냈다. 그는 말했다.

"내 땅을 지나는 자는 사람이든 물건이든 모조리 나의 것이다! 남의 땅에 있는 것 역시 마찬가지다. 하지만 너는 매우 용감해 보이므로 일반적인 규정에서 제외해 주마!"

주인은 자디그를 성안으로 들이고 그를 후하게 대접하라고 부하들에게 명령했다. 그날 밤, 아르보가드는 자디그와 함께 저녁을 먹고 싶었다.

성주는 세상에서 도적이라 부르는 아라비아인 가운데 하나였다.[55] 그는 수많은 악행을 거듭했지만 이따금 선행을 할 때도 있었다. 처참하리만큼 호된 방법으로 도둑질을 하면서도 그는 희떱게 베풀었다. 행동은 대담했고, 다른 사람과 사귈 때는 무척 나긋나긋하고, 식탁에선 진탕 주색에 빠졌으며 무엇보다 솔직한 성격의 소유자였다. 그는 자디그를 몹시 마음에 들어 했다. 자디그의 말솜씨에는 활기가 있었으므로 그럭저럭 식사시간도 길어졌다. 아르보가드가 마침내 말했다.

"나의 부하가 되지 않겠나? 그게 가장 낫겠어. 이 일은 그리 나쁘지 않아. 너라면 언젠가 내 자리에 오르게 될 거야."

자디그는 말했다.

"실례지만 언제부터 이런 고귀한 일을 하셨는지요?"

"아주 젊어서부터야. 나는 매우 약삭빠른 아라비아인 밑에서 부하 노릇을 했어. 나는 나의 처지를 참을 수가 없었지. 대지는 모든 사람에게 평등하게 나뉘어 있는데도 운명이 나에겐 몫을 남겨주지 않았음을 알고 분통이 터지더군.[56] 나는 그 비애를 아라비아인 노인에게 털어놓았어. 그랬더니 그 노인은 이렇게 말했지. '절망할 것 없다. 옛날, 아무도 모르는 사막에 묻힌 티끌임을 한탄하는 모래 한 알이 있었다. 몇 년 뒤에 그것은 다이아몬드가 되었고, 지금은 인도 왕의 왕관에 붙어 있는 가장 아름다운 장식이 되어 있다.' 이 이야기에 나는 감명을 받았어. 나는 한 알의 모래였지만 다이아몬드가 되리라고 결심했

---

55) 반 덴 회벨에 따르면 도적의 이미지는 에르블로의 《동양총서》, 《천일야화》의 〈알리바바와 40인의 도적〉, 르사주의 《질 블라스》(1715~1735)를 통해 만들어졌다. 에르블로는 《동양총서》에서 아라비아의 유명한 산적들에 대해 언급했다고 한다.

56) 반 덴 회벨에 따르면 도적 아르보가드의 주장은 홉스의 《시민론》(1642)을 소개한 사무엘 클라크의 《신의 실재와 속성》(1704~05)에 의거하여 쓰였다. 아울러 클라크의 이 저서는 1717년에 프랑스어로 번역되었다.

지. 마수걸이로 먼저 말 2마리를 훔쳤고, 그 뒤에 동료들을 한데 모아서 시시한 상단들의 금품을 빼앗았어. 그런 식으로 처음엔 세상 사람들과 나와의 사이에 있던 불균형을 서서히 없애갔지. 나는 이 세상 부의 분배를 도맡고, 높은 이자로 지금까지의 손해를 변상하게 했네. 사람들은 나를 무척 존경했고, 나는 산적 두목이 되었지. 이 성채는 아주 힘들여 손에 넣은 거야. 시리아의 장관이 나에게서 성채를 빼앗으려 했지만 나는 이미 부자였기 때문에 아무것도 두렵지 않았어. 나는 그 장관에게 돈을 좀 쥐여주고 이 성채를 지켜냈을 뿐만 아니라 영지를 더욱 늘렸지. 심지어 장관은 나를 재무관에 임명하기까지 하더군. 재무관은 돌로 뒤덮인 아라비아가 왕 중의 왕인 바빌론 왕에게 보내는 공물을 관리하는 직책인데, 나는 징세관 노릇은 기가 막히게 잘해냈지만 지불하는 역할엔 젬병이었다네.

바빌론의 재무 겸 군사령관이 나를 목 졸라 죽일 셈으로 모압다르 왕의 이름으로 허접한 장관 하나를 이리로 보냈더군. 그는 왕명을 받들고 온 거야. 나는 사전에 모든 것을 알았지. 그자가 목을 조를 끈을 죄기 위해 함께 데려온 4명을 나는 그자가 보는 앞에서 목 졸라 죽였다. 그런 다음 그에게 나를 죽이는 대가로 얼마를 받았는지 물었지. 보수는 금화 300닢이라는 대답이 돌아오더군. 나는 그자가 내 밑에서 일하면 크게 보탬이 될 것 같아서 산적붙이가 되게 해주었지. 그자는 이제 나의 가장 뛰어난 장교이자 부자가 되었어. 네가 나를 믿는다면 그자처럼 성공할 것이야. 모압다르 왕이 죽음을 당하고 바빌론은 매우 어지러우니 지금처럼 도둑질하기 좋은 때는 없어."

"모압다르 왕이 살해되었다고요! 그럼 아스타르테 왕비는 어떻게 되었나요?"

자디그는 말했다.

"왕비 따위 내가 알 게 뭐야. 내가 아는 건 모압다르가 정신이 이상해져서 살해된 뒤로 바빌론은 위험천만해졌고, 제국 전체가 황폐해져서 때는 이때다 싶어 내가 몇 번 멋진 승부에 나섰던 거야."

아르보가드가 의기양양하게 말했다.

자디그는 초조했다.

"제발 왕비님, 왕비님 운명에 대해 참으로 아무것도 모르십니까?"

"히르카니아의 군주 소문은 들은 적이 있지. 왕비는 쟁란의 와중에 살해되지 않았으면 아마 그 군주의 첩 가운데 하나가 되었을 거야. 하지만 나는 소문 따윈 관심 없어. 획득물에 흥미가 있을 뿐이지. 항해 중에 여러 여자들을 붙잡았지만 나는 단 한 명도 갖고 있질 않아. 여자들의 본바탕을 조사하기는커녕 예쁘장하면 비싼 값에 팔아치우지. 가문이 좋은 것만으론 팔리지 않아. 비록 왕비라 해도 못생겼으면 사가는 놈이 없는 법이거든. 혹시 내가 왕비 아스타르테를 판 적이 있을지도 모르거니와 그녀는 죽었을지도 몰라. 하지만 그게 무슨 상관이람. 너도 나와 마찬가지로 왕비 따위에겐 전혀 관심 없겠지?"

그런 이야기를 주고받으면서 술을 들이켜는 사이 아르보가드는 점점 취기가 올라 횡설수설했다. 자디그는 그에게서 어떤 설명도 끄집어내지 못했다.

그는 머릿속이 하얘져서는 꼼짝도 못하고 있었다. 아르보가드는 여전히 술을 마시고 종잡을 수 없는 말을 지껄이며 자기는 세상에서 가장 행복하다고 연신 되풀이했고, 자디그에게도 자기처럼 행복해지라고 권했다. 결국 그는 포도주에 취해 잠잠해지더니 높은 베개에 푹 쓰러져 잠들었다. 자디그는 거센 불안에 휩싸여 하룻밤을 보냈다.

"대체 무슨 일이지. 왕이 정신이상을 일으키고 살해되었다고? 왕을 동정하지 않을 수 없다. 제국이 갈가리 찢기고 이 산적이 행복해졌다. 아, 행운이여! 아아, 운명이여! 도적이 행복해지고 자연이 만든 가장 사랑스런 그 사람은 어쩌면 비운의 죽음을 마쳤거나, 아니면 죽음보다 훨씬 괴로운 처지로 살아가고 있으리라. 아, 아스타르테! 당신은 어떻게 되었소?"

그는 날이 새자 일찌감치 나서서 마주치는 사람 아무에게나 소식을 물어보았다. 그러나 모두 바쁜지 아무도 그에게 제대로 답해주는 자가 없었다. 밤새 새로운 획득물이 생겨 그것을 나누어 주느라 바빴다. 그런 시끄러운 혼란 속에서 그가 얻어낼 수 있었던 유일한 것이라곤 여행 허가뿐이었다. 그는 지금까지보다 훨씬 심한 슬픔에 잠겼지만 때를 놓치지 않고 그것을 이용했다.

자디그는 불안에 휩싸여 허둥지둥 걸어갔지만 머릿속은 가엾은 아스타르테와 바빌론 왕, 친구 카도르, 그리고 행복한 산적 아르보가드, 바빌론에서 온 자들에게 이집트 국경에서 끌려간 변덕스런 여인 등 말하자면 자디그가 겪었던 모든 갑작스런 일들과 불행한 일들로 가득했다.

제15장 어부

아르보가드의 성채에서 몇 리외 떨어진 곳에서 그는 작은 강가에 닿았다. 그는 여전히 자신의 운명을 한탄했고 자신이야말로 불행의 표본이라고 믿었다. 문득 돌아보니 강가에서 한 어부가 힘없이 그물을 들고 누워서 땅바닥을 뒹굴고 있었다. 그는 당장에라도 그물을 놓칠 것 같았다.

"확실히 나는 세상에서 가장 불행한 사람이야! 내가 바빌론의 그 이름도 유명한 치즈 상인이었던 것은 세상이 다 아는 사실인데 파산하고 말았어. 나 같은 사람이나 아내로 맞아들일 수 있었던 절세미인이 있었는데 나는 그녀에게 배신당했지. 남은 것은 초라한 집 한 채인데 그 집도 빼앗겨 다 무너질 지경이야. 오두막에서 나온 나에게 살아갈 방법이라곤 고기 잡는 것밖에 없는데 고기는 한 마리도 잡히질 않아. 아, 그물아! 이젠 너를 강에 던지지 않겠다. 내가 강에 몸을 던질 차례다!"

어부는 그렇게 말하더니 일어나서, 물속에 몸을 던져 삶을 끝마치려는 자처럼 앞으로 나아갔다.

자디그는 속으로 생각했다.

'아니 이럴 수가! 세상엔 나처럼 불행한 사람도 있구나!'

그런 생각이 머릿속에 떠오른 것과 동시에 어부의 목숨을 구해야겠다는 열의가 생겨났다. 그는 어부에게로 뛰어가서 그를 제지하고 부드럽게 위로하는 태도로 물었다. 우리는 불행하지만 나만 그런 게 아니라고 생각하면 고통도 조금은 가벼워지는 법이다. 하지만 조로아스터에 의하면 그런 마음가짐은 전혀 악의에 의한 것이 아니며, 절실한 필요가 있기 때문이다. 그럴 때, 우리는 마치 자신과 비슷한 사람에게 끌리듯이 불행한 사람에게 이끌리는 것을 느낀다. 어느 한 사람이 행복의 기쁨을 느낀다면 그것은 다른 한 사람에겐 모욕이 된다. 그러나 불행한 두 사람은 서로 의지하고 격려하면서 비바람에 맞서는 두 그루의 약한 떨기나무와 닮아 있다.

자디그는 어부에게 말했다.

"그대는 왜 불행하다고 생각하는가?"

"살아갈 방법을 찾지 못하기 때문입니다. 이래 봬도 저는 바빌론 근처의 데를바크 마을에선 다들 알아주었고, 아내의 도움을 받아 나라에서 가장 맛있는 크림치즈를 만들기도 했습니다. 아스타르테 왕비님과 이름 높은 신하 자디그 님은 그 치즈를 무척 좋아하셨지요. 저는 두 분께 치즈 600개를 납품했습니다. 어느 날, 대금을 받으러 바빌론에 도착했더니 왕비님과 자디그 님이 실종되었다는 소문이 나돌지 뭡니까? 저는 한 번도 뵌 적은 없지만 자디그 님 집으로 달려갔고, 그곳에서 재무 겸 군사령관의 부하들이 왕명을 받들어 합법적으로 또 정연하게 집을 망가뜨리는 것을 보았습니다. 왕비님 조리실로 뛰어가 보니 왕의 요리사 몇 명이 왕비님은 돌아가셨다고 하더군요. 왕비님은 감옥에 계신다고 하는 자가 있는가 하면, 도망치셨다고 주장하는 자도 있었습니다. 하지만 모두가 말하기를 저의 치즈 대금을 지불할 사람은 없다는 것이었어요. 저는 아내와 함께 단골이셨던 오르칸 님 집으로 가서 불운한 신세를 돌봐주실 것을 청했어요. 오르칸 님은 제 아내는 받아들였지만 저는 거절하셨습니다. 아내는 제 불행의 첫 번째 계기였던 크림치즈보다 새하얗더군요. 게다가 티레[57] 염료의 새빨간 빛도 그 하얀 피부를 도드라지게 하는 상큼한 빨강만큼 대단하진 않을 겁니다. 그래서 오르칸 님은 아내를 거둬가고 저는 집에서 내쫓았어요. 절망한 저는 아내 앞으로 편지를 썼습니다. 아내는 편지를 전한 사람에게 말했어요. '어머나, 세상에! 이 편지를 누가 썼는지 알고말고요. 소문으로 들은 적이 있어요. 훌륭한 크림치즈를 만드셨다고요. 어떤 이에게 그것을 제게 배달하게 해주시고, 대금은 그분에게 받으시기를.'

재난을 당한 저는 법정에 하소연하기로 했습니다. 주머니엔 금 6온스가 남아 있었어요. 상담한 법률가에게 2온스, 소송을 맡아준 대리인에게 2온스, 재판장의 비서에게 2온스를 지불해야 했습니다. 그것을 모두 지불했지만 재판은 아직 시작되지도 않았어요. 그리고 저는 치즈 값과 아내의 임대료를 합친 것보다 많은 돈을 이미 썼습니다. 저는 집을 팔아서 아내를 되찾을 셈으로 마을로 돌아왔어요.

저의 집은 금 60온스의 값어치는 너끈히 나가지만 제가 돈이 궁해서 급히 팔려 한다는 소문이 나는 바람에, 첫 번째로 나선 사내는 30온스를 부르더군요. 두 번째는 20, 세 번째는 10이었어요. 결국 제가 결정하려 할 무렵, 히르카

---

57) 고대 페니키아의 지중해 연안 섬에 있는 도시. 그곳 연안에서 잡히는 조개에서 채취한 염료는 매우 귀했다.

니아의 군주가 바빌론에 들이닥쳐 지나는 곳마다 닥치는 대로 망가뜨렸습니다. 저의 집은 무너졌고 이어 불에 탔어요.

그렇게 돈도 아내도 집도 잃고 저는 보시다시피 이 고장으로 와서 어부 노릇을 하며 살아가려 했습니다. 그런데 사람과 마찬가지로 물고기마저 저를 바보 취급하는지 한 마리도 잡히질 않아 굶어 죽을 지경입니다. 저를 위로해 주시는 귀한 어르신, 당신이 계시지 않았으면 저는 강물에 빠져 죽었을 겁니다."

어부는 이 이야기를 단숨에 이어갈 수가 없었다. 자디그가 감동했다가 흥분하기를 되풀이하며 여러 번 그의 말을 끊었기 때문이다.

"말 좀 해보게! 그대는 왕비님의 운명에 대해 아무것도 모르는가?"

"예, 어르신!"

어부는 대답했다.

"하지만 저는 왕비님과 자디그 님이 크림치즈 값을 지불해 주시지 않은 것과, 아내를 빼앗긴 것, 그리고 제 분통이 터지는 거라면 잘 압니다."

자디그는 이렇게 말했다.

"그 자디그란 사람이라면 소문을 들어 알고 있네. 그는 정직한 사람이야. 만일 바라는 대로 그가 바빌론으로 돌아온다면 빚진 것 이상을 그대에게 줄 것이 틀림없네. 하지만 그다지 정숙하지 않은 자네 부인에 대해선 되찾지 않는 편이 나을 것 같군. 어서 바빌론으로 가게. 나는 말을 타고 가고, 자넨 걸어서 갈 테니 내가 먼저 도착하겠지. 이름 높은 카도르의 집에 가서 당신의 친구를 만났다고 하고, 그의 집에서 나를 기다리게. 자넨 줄곧 불행하지만은 않네."

그는 계속했다.

"오, 전능한 오로스마드여! 당신은 이 사내를 위로하려 나를 보내셨습니다. 당신은 나를 위로하기 위해 누구를 쓰시겠습니까?"

그는 그렇게 말하면서 아라비아에서 가져온 돈의 반을 어부에게 주었다. 어부는 황송해하면서도 몹시 기뻐하며 카도르의 친구의 발에 입을 맞추고 말했다.

"당신은 구원의 천사입니다."

하지만 자디그는 여전히 소식을 궁금해하며 눈물을 흘리고 있었다.

"무슨 일이십니까? 어르신!"

어부는 외쳤다.

"이렇게 선행을 베푸시는 당신께서도 불행하시다니요."

"자네의 백배나 더 불행하다네."

자디그는 대답했다.

"하지만 받는 제가 주는 당신을 동정하는 것은 왜입니까?"

"그것은 자네의 가장 큰 불행은 가난이지만 나는 마음이 불행하기 때문이라네."

"혹시 오르칸이 어르신의 부인을 빼앗아 갔습니까?"

어부의 이 말은 자디그에게 지금까지 있었던 모든 일들을 떠올리게 했다. 그는 왕비의 암캐에서 비롯되어 산적 아르보가드의 성채에 닿기까지 겪은 수많은 불행을 헤아려 보았다.

그는 어부에게 말했다.

"맞아! 오르칸은 처벌받아 마땅해. 하지만 대개는 그런 놈들이 운명의 사랑을 받는 법이지. 어쨌든 카도르 님 집으로 가서 나를 기다리거라."

그들은 헤어졌다. 어부는 자신의 운명에 감사하면서 걸었고, 자디그는 여전히 자신의 운명을 한탄하면서 달려갔다.

제16장 바실리스크[58]

그가 아름다운 초원에 다다르자 여자 몇 명이 아주 열심히 뭔가를 찾고 있었다. 그는 망설이지 않고 여자들 가운데 한 명에게 다가가 뭘 찾는지 모르지만 도와주겠다고 말했다.

"그만두세요."

시리아 여인은 대답했다.

"우리가 찾고 있는 것은 여자들 눈에만 띈답니다."

"그거참 기묘하군요. 여자에게만 눈에 띈다는 게 뭔지 좀 가르쳐 주시지 않겠습니까?"

자디그는 말했다.

---

58) 그리스신화에 나오는 뱀. 한 번 보기만 해도 여성을 뺀 모든 생물을 죽이는 힘을 지녔다.

"바실리스크예요."

"바실리스크라고요! 그런데 무슨 이유로 그걸 찾고 계신지요?"

"그건 우리 주인이신 오굴 님을 위해서랍니다. 초원 너머 저기 강가에 영주님의 성이 보이죠? 우리는 그 영주님의 천한 노예랍니다. 영주인 오굴 님께 병환이 나자 영주님의 전담의사는 장미꽃의 수분과 꽃잎을 증류한 것에 바실리스크를 넣어서 삶으라는 처방을 내렸어요. 그건 아주 진귀한 동물로서 여자만이 잡을 수 있는 것이라, 오굴 영주님은 저희 가운데 바실리스크를 잡아오는 사람을 총애하는 아내로 삼겠다고 약속하셨어요. 부탁이니 빨리 찾게 저를 내버려둬 주세요. 다른 사람이 먼저 찾으면 얼마나 손해인지 당신도 아실 테죠."

자디그는 그 시리아 여인과 다른 여인들이 마음껏 바실리스크를 찾을 수 있게 놔두고 초원을 계속 걸었다. 강가에 왔을 때, 다른 한 여인이 있었다. 그녀는 풀밭 위에 누워서 아무것도 찾고 있지 않았다. 그녀에겐 어딘지 모르게 위엄이 흐르고 있었는데 얼굴은 베일로 가리고 있었다. 여인은 강 쪽으로 몸을 향하고 있었고 입에선 한숨이 새어나오고 있었다. 여인은 작은 막대를 쥐고 풀과 강 사이에 있는 고운 모래 위에 막대로 무슨 글자를 쓰고 있었다. 자디그는 그녀가 뭘 쓰고 있는지 궁금해서 가까이 다가가 보았다. 그랬더니 Z라는 글자가 보였고, 다음은 A자가 있었다. 그는 경악했다. 그다음엔 D자가 나타났다. 자신도 모르게 온몸이 떨렸다. 어떠한 놀라움도 그가 자기 이름의 마지막 두 글자를 보았을 때 받은 충격보다 더하지 않았다. 그는 한동안 꼼짝도 못 하고 있다가 가까스로 띄엄띄엄 입을 열어 침묵을 깼다.

"고귀하신 부인이여! 당신의 숭고한 손으로 쓰신 '자디그'라는 이름을 대체 어떤 우연으로 제가 여기서 보게 되었는지, 낯설지만 불행한 사내가 뻔뻔스럽게도 여쭈어도 될는지요."

그 목소리를 듣고 부인은 떨리는 손으로 베일을 들어 자디그를 바라보고는 감동과 놀라움과 기쁨의 소리를 질렀다. 그러고는 그녀의 마음에 한꺼번에 닥친 수많은 회한 때문에 그의 팔 안에서 정신을 잃었다. 그녀는 바로 아스타르테, 곧 바빌론의 왕비였다. 자디그가 뜨겁게 사랑하고, 스스로를 책망하면서도 열렬히 사랑했던 사람, 그가 그 운명을 그토록 슬퍼하고 그토록 걱정했던 사람이었다. 순간 그는 오감이 모두 마비된 듯했다. 혼란과 사랑이 뒤섞여 깊은 생각에 잠긴 모습으로 다시 눈을 뜬 아스타르테의 눈과 시선이 마주쳤을 때, 그는 문득 외쳤다.

"아! 연약한 인간 운명을 관장하는 불멸의 천사여! 당신은 저에게 아스타르테 님을 돌려주시는 겁니까! 이런 순간에, 얼토당토않은 장소에서, 대체 무슨 경우로 그녀와 다시 만난 것인지!"

자디그는 아스타르테 앞에 무릎을 꿇고 그녀 발의 티끌에 머리를 갖다 댔다. 바빌론의 왕비는 그의 몸을 일으켜 자기 옆에 앉혔다. 그녀는 몇 번이고 눈가를 닦았지만 눈물은 끊임없이 흘러내렸다. 이야기를 시작할라치면 울음이 터져 말문이 막히고, 그때마다 수도 없이 같은 이야기를 되풀이해야 했다. 둘을 다시 만나게 해준 우연에 대해 그에게 묻는가 하면, 대답하기도 전에 훌쩍 앞서 나가서는 다른 질문을 수없이 퍼붓기도 했다. 그녀는 자기가 겪은 수많은 불행을 이야기하면서 자디그가 겪은 불행에 대해 궁금해했다. 마침내 둘 다 흥분이 조금 가라앉자 자디그는 어떤 까닭으로 이 초원에 오게 되었는지 그녀에게 간추려서 이야기했다.

"하지만 아, 불행에 처하신 귀한 왕비님! 제가 이런 멀고 낯선 땅에서 당신을 뵙게 된 것은 왜인가요? 노예 차림이신 데다 의사 처방에 따라 장미의 증류수로 삶아야 한다며 바실리스크를 찾아다니는 다른 여자 노예들과 함께 계시다니요?"

아름다운 아스타르테는 말했다.

"다른 사람들이 바실리스크를 찾는 동안 내가 지금까지 참고 견뎌왔던 일들, 그리고 당신과 다시 만난 지금이니까 가능한 일이지만 하늘의 잘못을 낱낱이 말씀드리겠어요. 아시다시피 내 남편인 왕은 당신이 모든 이에게서 사랑받고 있음을 괘씸하게 여겼어요. 그래서 왕은 어느 밤, 당신을 목매달아 죽이고 나를 독살하려 했답니다. 아시겠지만 하늘의 가호로 말을 못하는 나의 난쟁이가 폐하의 명령을 미리 알려주었어요. 충실한 카도르는 내가 권한 대로 당신을 여행 보낸 뒤에 곧바로 대담하게도 출입구를 통해 한밤중에 내 방으로 들어왔습니다. 그는 나를 오로스마드 신전으로 데려갔고, 그의 형인 사제가 신전에 있는 거대한 조각상 속에 나를 집어넣었어요. 그 조각상은 아래쪽이 신전

바닥에 붙어 있고, 머리는 둥근 천장에 닿을 정도지요. 나는 그곳에 묻힌 셈이 되었는데, 사제가 시중을 들어준 덕분에 전혀 부족함 없이 지낼 수 있었어요. 그사이 새벽녘에 폐하의 약제사가 사리풀과 아편, 독당근, 크리스마스장미와 바꽃을 섞은 물약을 가져와서 내 방으로 들어왔어요. 또 다른 장교 하나가 파란 비단끈을 가져와서 당신의 집으로 갔지요. 그러나 이미 아무도 없었습니다. 카도르는 왕을 더 감쪽같이 속이기 위해 우리 둘을 고발하러 온 척했어요. 그는 당신이 인도로 갔으며 내가 멤피스로 갔다고 했습니다. 당신과 나의 뒤를 쫓아 친위대가 파견되었지요.

나를 찾던 왕의 친위대는 내 얼굴을 몰랐어요. 그때까지 나는 남편 앞에서 남편 명령에 따라 당신 외엔 아무에게도 얼굴을 보여주지 않았거든요. 친위대는 내 모습을 그린 그림과 글에 의지해 나를 쫓았고, 말을 타고 다녔습니다. 그러다 나와 비슷한 몸집에 아마도 좀 더 매력적이었을 여인이 이집트 국경에서 그들의 눈에 띄었어요. 여자는 울면서 정처 없이 떠돌고 있었지요. 나를 쫓던 병사들은 그 여자가 바빌론의 왕비라고 철석같이 믿었어요. 그들은 여자를 모압다르에게 데려갔습니다. 그들의 실수에 왕은 몹시 화를 냈지요. 하지만 왕이 그 여자를 자세히 살펴보니 아주 미인이어서 곧 마음이 누그러졌어요. 여자의 이름은 미수프였습니다. 나중에 누가 내게 말해주기를 그 이름은 이집트어로 '예쁘고 변덕스런 여자'라는 뜻이라고 하더군요. 그 여자는 분명 그랬어요. 하지만 변덕을 부리는 것 못지않게 속임수에도 능수능란했어요. 그녀는 모압다르의 마음에 쏙 들었습니다. 여자는 왕의 마음을 사로잡아 왕으로 하여금 이 여자가 내 아내라고 세상에 밝히게 할 정도였지요. 그러자 여자는 본디 성격을 노골적으로 드러내기 시작했어요. 망상에서 비롯된 온갖 바보 같은 일에 열중하고도 태연했습니다. 그녀는 나이가 들어 통풍에 걸린 제사장을 자기 앞에서 억지로 춤추라고 했어요. 제사장이 거절하자 호되게 몰아세웠습니다. 또 말 조련사에게 자신을 위해 사탕절임 파이를 만들라고 명령했습니다. 그가 자기는 과자를 만드는 사람이 아니라고 했지만 소용없었어요. 그는 파이를 만들어야만 했죠. 결국 파이를 태웠다는 이유로 파면되었습니다. 여자는 자기 하인에게 그 공직을 주고, 한 농부에게 국새상서의 지위를 내렸습니다. 그녀는 그런 식으로 바빌론을 다스렸어요. 모두가 나를 그리워했습니다. 왕은 나를 독

살하고 당신을 목매달아 죽이려 할 때까진 아주 곧은 분이셨는데, 그 예쁘고 변덕스런 여자와 상식을 벗어난 사랑에 빠진 뒤로는 그 덕망을 모두 잃어버린 것 같더군요. 부정을 씻는 축제일에 그는 신전에 왔습니다. 내가 들어 있는 조각상에 무릎을 꿇고 그는 미수프를 위해 신들에게 기도했지요. 그래서 나는 그를 향해 소리쳤습니다.

'왕은 폭군이 되어 상식을 벗어난 여자와 결혼하기 위해 이성을 지닌 여인을 죽이려 했다. 신들이 그런 왕의 기도를 들어주겠는가?'

모압다르은 그 말을 듣자 너무 놀라 얼굴빛이 하얗게 질려서 머리가 이상해 졌어요. 그의 판단력을 잃게 하는 데는 내가 말한 신탁과 미수프의 폭정으로 충분했습니다. 며칠이 채 지나지 않아 그는 정신이상이 되었어요.

왕의 정신착란은 천벌인 것 같았지만 그것은 반란의 계기가 되었지요. 사람들은 들고일어났고 무기를 가지고 뛰어다녔어요. 그토록 오랫동안 무위와 무기력 상태에 빠져 있던 바빌론이 끔찍한 내란의 도가니가 되었습니다. 나는 그 조각상에서 구출되어 한 무리의 우두머리가 되었습니다. 카도르는 당신을 바빌론으로 데려오려고 멤피스로 달려갔지요. 히르카니아의 군주는 그런 중대한 결과를 초래할 소식을 듣자 제3의 무리를 만들 목적으로, 군대를 이끌고 칼데아 지방으로 돌아왔어요. 그는 왕을 공격했습니다. 왕은 상식 밖이던 이집트 여자를 데리고 적을 앞질러서 서둘러 도망치다가 총탄에 맞아 비명의 죽음을 맞이했습니다. 미수프는 승리자의 손에 떨어졌어요. 나는 불운하게도 히르카니아 패거리에게 붙들려, 미수프가 잡혀갈 때 나도 군주 앞으로 끌려갔지요. 당신은 군주가 나를 이집트 여자보다 아름답다고 한 것을 알면 기분이 좋겠지만, 그 군주가 나를 후궁에 앉힌 것을 알면 마음이 상하시겠지요. 군주는 그 뒤로 원정을 마치면 나에게로 돌아와 나를 함부로 대했어요. 나의 슬픔이 어떠했을지 부디 상상해 보세요. 나와 모압다르와의 관계는 끝났으므로 나는 자디그의 것이 될 수 있었는데 그 막돼먹은 사내의 손아귀에 갇히고 만 것이죠. 나는 내 신분과 사랑에서 비롯된 높은 자신감으로 그에게 대답해 주었습니다. 하늘은 나 같은 인간에게 의연한 성격을 주셨다고요. 무례하고 분별 없으며 뻔뻔스런 자가 있었더라면 단 한 마디 말과 흘겨봄만으로도 그 무례한 자를 고분고분 복종하도록 만들었을 거예요. 나는 왕비답게 말했습니다. 하지만 하인 같은 대우를 받았어요. 히르카니아 사람은 내게 말도 걸지 않았고, 흑인 환관에게 이 여자는 건방지지만 미인이라고 말하더군요. 그는 환관에게 나를 돌보라고 했고, 애첩들과 똑같이 대우하라고 명령했어요. 그의 총애의 증거가 나에게 쏟아진 날을 기점으로 내 얼굴색은 다시 돌아왔는데 그것은 내가 총애를 받기에 가장 걸맞은 여자가 되기 위해서라고 말하더군요. 나는 차라리 자해를 하겠다고 했어요. 그랬더니 그는 과연 자살을 할 수 있겠느냐고 물으며 웃더군요. 그런 것엔 이골이 났다면서, 마치 앵무새를 자기 가축사육장에 넣은 사람처럼 나를 두고 가버리더군요. 세상의 으뜸가는 왕비에게, 아니 그보다 자디그의 것이었던 마음에 그것은 얼마나 큰 고통이었는지 모릅니다.”

그 말을 들은 자디그는 그녀에게 무릎 꿇고 눈물로 무릎을 적셨다. 아스타르테는 부드럽게 그의 몸을 일으키고 이렇게 말했다.

“나는 내가 막돼먹은 사내의 손아귀에 있고, 게다가 나와 함께 감금되어 있는 이상한 여자가 경쟁자인 것도 알아요. 그 여자는 나에게 이집트에서 있었던 일을 이야기해 주더군요. 여자가 그려낸 당신의 생김새, 사건이 있었던 시기, 당신이 타고 있던 단봉낙타, 그리고 모든 상황으로 보건대 자디그가 그 여자를 위해 싸웠음을 알 수 있었어요. 나는 당신이 멤피스에 있다고 믿었기에 그 도시로 숨어들었습니다.

‘아름다운 미수프여!’ 나는 그녀에게 말했죠. ‘당신은 히르카니아 군주의 마음에 쏙 들었으니 나보다 훨씬 그를 기쁘게 할 수 있을 거예요. 내가 도망치는 걸 도와줘요. 그러면 당신은 거추장스런 경쟁자가 사라져 혼자서 권세를 휘두를 수 있는 데다 나를 행복하게 해줄 수 있어요.’

미수프는 달아날 방법을 나와 의논했습니다. 그래서 나는 이집트인 여자 노예와 함께 몰래 떠났지요.

아라비아 근처에 다다랐을 때, 아르보가드라는 이름의 도적이 나를 잡아 상인들에게 팔아넘기더군요. 상인들은 영주 오굴이 사는 그 성으로 나를 데려갔어요. 영주는 나를 누군지도 모른 채 샀던 거죠. 그는 진수성찬을 대접하고, 친구들에게 늘 식사를 제공하기 위해 신이 세상에 내려보냈다고 믿는 향락적인 사람이었습니다. 유독 살찐 몸이어서 당장 질식할 것만 같았지요. 의사는 그가 음식물을 잘 소화할 때는 그에게 아무런 영향력도 없었지만 그가 과

식했을 때는 폭군처럼 그를 지배했어요. 의사는 그에게 장미 증류수로 삶은 바실리스크를 먹으면 병이 낫는다고 믿게 했습니다. 오굴 영주는 여자 노예들에게 바실리스크를 가져오는 자와 결혼하겠다고 약속했어요. 보다시피 노예들은 그 영예를 입으려고 저렇게 열심이지만 나는 하늘의 가호로 당신을 다시 만난 지금처럼 바실리스크를 찾을 생각이 사라진 적은 없습니다."

아스타르테와 자디그는 오랫동안 억눌러 왔던 서로의 그리움과 불행들, 세상에서 가장 고귀하고 정열적인 두 마음을 감쌌던 사랑을 이야기했다. 그러자 사랑을 관장하는 정령이 두 사람의 말을 금성[59]에까지 전해주었다.

여인들은 아무것도 찾지 못한 채 오굴의 성으로 돌아갔다. 자디그는 영주를 만나 이렇게 말했다.

"영원한 건강이 천상계에서 내려와 당신의 일생을 지켜주시기를! 저는 의사이옵니다. 당신의 병환 소문을 듣고 달려왔습니다. 증류한 장미수에 삶은 바실리스크를 드리려고요. 그렇다고 당신과의 결혼을 바라지는 않습니다. 며칠 전에 당신이 손에 넣은 바빌론의 젊은 여자 노예를 풀어주시기만 하면 됩니다. 위대하신 군주 오굴 님의 병을 깨끗이 낫게 해드리지 못한다면 여자 노예를 대신하여 제가 노예가 되어 이곳에 머물러도 괜찮습니다."

그의 요청은 받아들여졌다. 아스타르테는 일어나는 일을 파발을 보내 모조리 그에게 알리기로 약속하고 자디그의 하인을 데리고 바빌론으로 떠났다. 둘의 이별은 두 사람이 다시 만나 서로를 확인하던 때와 마찬가지로 더없이 애틋했다. 위대한 책 《젠드아베스타》에도 있다시피, 다시 만날 때와 헤어질 때야말로 인생에서 가장 결정적인 두 시기인 것이다. 자디그는 그가 맹세한 대로 왕비를 사랑하고 있었다. 그리고 왕비는 말로 한 것 이상으로 자디그를 사랑했다.

어쨌거나 자디그는 오굴에게 이렇게 말했다.

"영주님, 저의 바실리스크는 먹지 못합니다. 이것의 모든 효과는 피부의 모공을 통해 당신의 내부로 스며들도록 되어 있습니다. 저는 잔뜩 부푼 작은 가죽자루에 뱀을 넣어놓았습니다. 가죽자루에는 더욱 튼튼한 가죽덮개가 있습

---

59) 금성은 사랑을 관장한다.

니다. 당신이 이 가죽을 제 쪽으로 힘껏 밀어주시면 저는 그것을 계속해서 당신에게로 밀어야 합니다. 이것을 며칠만 하면 저의 의술 효과를 알게 되실 겁니다."

오굴은 첫날부터 어느새 헉헉댔고, 지친 나머지 죽는 것은 아닐까 걱정되었다. 두 번째 날엔 피로가 적어져 잠을 잘 잤다. 일주일 만에 그는 가장 활기차던 시절의 체력과 건강과 민첩함과 정력을 되찾았다.

자디그는 말했다.

"당신은 공놀이를 하시고, 게다가 절제도 하셨습니다. 자연계에는 바실리스크 같은 건 존재하지 않으며, 절제와 운동에 유념하면 사람은 늘 건강을 유지할 수 있습니다. 또한 무절제와 건강을 양립하려는 것은 현자의 돌[60]이나 점성술, 사제의 신학[61]과 마찬가지로 망상에서 생겨난 속임수에 불과하단 것을 아셔야 합니다."

오굴의 시의는 이 사람이 의술에 있어서 얼마나 위험한지를 알아채고, 왕의 약제사와 손잡고 자디그를 바실리스크를 찾으라며 저세상으로 보내려 했다. 자디그는 선행을 베풀었다는 이유로 또다시 벌을 받은 뒤, 대식가 영주의 병을 낫게 했다는 이유로 하마터면 비명횡사를 당할 뻔했다. 그는 훌륭한 오찬에 초대되었다. 두 번째로 나오는 요리로 그를 독살하기로 되어 있었다. 그러나 첫 번째 요리가 나왔을 때, 그는 아름다운 아스타르테가 보낸 파발의 소식을 들었다. 자디그는 식탁에서 일어나 길을 떠났다. 위대한 조로아스터의 말처럼 아름다운 여자에게서 사랑을 받으면 남자는 반드시 위험을 벗어나는 법이다.

제17장 시합

역경으로 괴로워하던 아름다운 왕비에게 백성들이 사랑을 보이는 것은 보통이지만, 아스타르테도 그때 못지않게 바빌론에서 열광적인 환영을 받았다. 그 무렵 바빌론은 전보다 안정된 것처럼 보였다. 히르카니아 군주는 전투에서

---

60) 연금술사들이 탐구했던 물질로서 비금속을 금으로 바꾸거나 만병통치약의 효험이 있다고 여겨졌다.
61) 신학을 망상과 동일시하는 표현은 가톨릭 교권에 대해 강한 경계심을 낳게 했다.

이미 죽고 없었다. 승리를 거둔 바빌론 백성들은, 아스타르테는 그들이 군주로 고르는 자와 결혼하기로 되어 있다고 선언했다. 그들은 아스타르테의 남편이 되고 바빌론의 왕이 되기도 하는, 세상의 으뜸가는 지위가 음모나 정치적 당파에 좌우되는 것을 바라지 않았다. 그들은 가장 용감하고 총명한 사람을 왕으로 인정하기로 맹세했다. 화려하게 꾸며진 원형 계단석으로 둘러싸인 경기장이 도시에서 몇 리외 떨어진 곳에 만들어졌다. 전사들은 단단히 무장하고 그곳으로 가기로 되어 있었다. 그들에게는 서로 얼굴을 볼 수 없고 누구에게도 들키지 않도록 저마다 계단석 뒤에 방이 마련되었다. 그들은 각각 네 번의 무술시합에서 겨뤄야만 했다. 운 좋게 4명의 기사를 물리친 전사는 다시 서로 싸우기로 되어 있었다. 그러므로 전투에서 승리하여 마지막에 남는 자가 경기의 승리자로 선언된다. 승리자는 4일 뒤에 똑같은 무장을 하고 돌아와 사제들이 내는 수수께끼를 풀어야 했다. 풀지 못하면 그는 결코 왕이 될 수 없으므로 4가지 무술시합을 다시 치르고, 무술과 지혜라는 두 시합의 승리자가 나올 때까지 계속해야 했다. 사람들은 가장 용감하고 총명한 사람을 왕으로 삼기를 바라기 때문이었다.[62] 그사이, 왕비는 엄중한 감시를 받도록 되어 있었다. 얼굴을 베일로 가리고 경기에 입회하는 것은 허용되었지만, 어느 한 사람을 편들거나 불공정한 일이 없도록 어떤 구혼자에게도 말을 해선 안 되었다.

아스타르테는 그러한 사정을 연인에게 알리고, 연인이 그녀를 위해 누구보다도 용기와 지혜를 드러내 주기를 기대했다. 자디그는 경기장으로 향하면서 자신의 담력을 더욱 굳건히 하고 지혜를 발휘할 수 있도록 베누스에게 빌었다. 그는 이 중대한 일이 있기 전날, 유프라테스강 기슭으로 갔다. 법이 명령하는 대로 그는 얼굴과 이름을 감추고 전사들의 이름과 나란히 자기 이름을 적고, 제비뽑기로 정해진 방으로 들어가 쉬었다. 이집트에서 그를 찾다가 빈손으로 바빌론으로 돌아와 있던 친구 카도르는 왕비가 자디그에게 내린 무장도구 일체를 그의 방으로 보내주었다. 카도르 또한 그에게 페르시아산 준마를 보냈다. 보낸 사람이 아스타르테임을 알고 자디그의 용기와 사랑은 새로운 힘과 희

---

62) 반 덴 회벨에 따르면 이 장의 무술시합 묘사는 이탈리아의 시인 아리오스토의 낭만시 《광란의 오를란도》(1516) 제17편의 노래에서 착상을 얻고 있다. 아리오스토의 시는 기사도 소설에 기원을 두고 있다.

망을 얻었다.

이튿날 왕비가 보석으로 꾸며진 천막 아래 자리잡고, 계단석이 바빌론의 모든 귀부인과 온갖 신분의 사람들로 메워지자 전사들이 원형경기장에 들어섰다. 그들은 저마다 대사제의 발치에 자기 문장(紋章)의 이름이 쓰인 것을 내려놓았다. 제비뽑기가 끝나 자디그의 이름은 맨 마지막이 되었다. 맨 처음 나온 것은 매우 어리석은 데다 용기가 없고, 솜씨가 서투르기 짝이 없는 데다 지혜라곤 손톱만큼도 없는, 아주 넉넉한 살림의 이토바드라는 영주였다. 그의 하인들은 자기 주인이야말로 왕이 되어야 마땅하다는 신념을 그에게 불어넣고 있었다. 그러면 그는 이렇게 대답하는 것이었다.

"나 같은 사람이야말로 군림해야 마땅하지."

그는 머리끝에서 발끝까지 무장하고 있었다. 녹색으로 꾸며진 황금 갑옷을 입고, 녹색 깃장식을 달고 녹색 리본을 맨 창을 들고 있었다.[63] 이토바드가 말을 다루는 솜씨에서부터, 하늘은 그와 같은 자에게 바빌론의 왕위를 내려줄리가 없음이 단번에 드러났다. 맨 먼저 그를 향해 달려온 기사는 그를 말에서 떨어뜨렸다. 이토바드는 다시 일어났지만 너무나 꼴사나웠으므로 계단석의 관중은 일제히 웃음을 터뜨렸다. 세 번째는 굳이 창을 쓸 것도 없이 왼쪽 다리를 앞으로 내밀더니 상대방의 오른다리를 붙잡고 반 바퀴 돌려서 모래 위로 내던졌다. 경기장의 말 조교사가 웃으면서 그에게 달려와 그를 안장에 다시 앉혔다. 네 번째 전사는 그의 왼다리를 붙잡고 반대쪽으로 내동댕이쳤다. 그는 욕지거리를 들으며 자기 방으로 옮겨졌는데 법에 따라 거기서 하룻밤을 보내야만 했다. 그는 가까스로 걸으면서 말했다.

"체면이 말이 아니로군!"

다른 기수들은 보다 훌륭하게 자기들의 임무를 해냈다. 연달아 전사 둘을 해치운 사람도 있었고, 세 사람을 쓰러뜨릴 때까지 승리를 거둔 자도 몇 명인가 있었다. 4명을 쓰러뜨린 것은 오탐 대공뿐이었다. 이윽고 자디그의 차례가 되었다. 그는 매우 품위 있는 태도로 기사 4명을 잇따라 말에서 떨어뜨렸다. 때문에 오탐과 자디그 둘 중 누가 승자가 될지 가릴 필요가 있었다. 오탐은 파

---

63) 볼테르는 과거 로마나 콘스탄티노플에서 파랑, 하양, 초록색의 망토로 편성되어 서로 적대하고 싸우던 기마시합에서 색채의 상징체계를 빌려왔다.

랑과 금색 무장을 갖추고, 같은 색깔의 깃장식을 달고 있었다. 자디그의 무장은 하양이었다. 모든 관중의 응원은 파란 기사와 하양 기사 둘로 나뉘었다. 왕비는 두근거리는 가슴으로 하양을 위해 하늘에 빌고 있었다.

두 전사는 능숙한 솜씨로 매우 민첩하게 창을 찌르거나 말을 달려 상대를 쓰러뜨리려고 했다. 그러면서도 양쪽 다 조금도 흔들림 없이 뿌리박힌 것처럼 안장에 단단히 앉아 있었으므로, 왕비를 제외한 모든 이가 바빌론에 2명의 왕을 바랄 정도였다. 마침내 양쪽 말이 지치고 창이 부러졌으므로 자디그는 이런 방법을 썼다. 곧 파란 대공의 뒤로 돌아가서 그 말의 엉덩이로 옮겨 타 상대방을 바닥으로 내던지고 자기가 대신 안장을 차지했다. 그러고는 땅에 있는 오탐의 주위를 좌우로 반 바퀴 돌아 보였다. 계단석에 앉아 있던 모든 이가 소리쳤다.

"하양 기사의 승리다!"

화가 치민 오탐은 일어나서 칼을 뺐다. 자디그도 칼을 들고 말에서 뛰어내렸다. 이리하여 경기장에서 두 사람은 힘과 민첩함을 겨루는 새로운 싸움을 시작했다. 양편의 투구 깃장식, 팔받이의 징, 갑옷의 쇠사슬은 전광석화 같은 셀 수 없는 공격으로 멀리까지 빛났다. 그들은 상대방의 머리와 가슴을 겨누어 좌우로 찌르거나 베기도 했다. 뒷걸음질치는가 하면 전진하고, 거리를 두는가 싶다가도 서로의 몸을 붙이고, 서로 맞잡는가 하면 뱀처럼 몸을 말고, 그렇게 사자처럼 서로를 공격했다. 서로에게 입히는 타격에서 끊임없이 불꽃이 튀었다. 마침내 순간적인 재치를 발휘한 자디그가 멈추어 속임 동작으로 오탐의 칼을 물리치고, 재빨리 그의 품으로 뛰어들어 그를 쓰러뜨리고 무기를 빼앗았다. 오탐은 부르짖었다.

"오, 하양 기사여! 바빌론에 군림하는 것은 당신이다!"

왕비는 기쁜 나머지 하늘로 뛰어오를 것 같았다. 파란 기사와 하양 기사는 법에 따라 다른 모든 기사와 마찬가지로 저마다 자기들의 방으로 돌아갔다. 말을 못하는 자들이 전사들의 시중을 들었고, 음식을 들여갔다. 자디그의 시중을 든 것이 왕비의 말 못하는 난쟁이였는지는 상상하기 어렵지 않다. 그 뒤, 전사들은 이튿날 아침까지 혼자서 푹 자게 했다. 아침이 오자 승리자는 자신의 문장이 든 것을 대사제에게 바쳐 그것을 대조하여 본인임을 확인받도록 되어 있었다.

자디그는 푹 잤다. 그 정도로 그는 피로했던 것이다. 그의 옆방에서 자던 이토바드는 한숨도 잠을 이루지 못했다. 그는 한밤에 일어나 자디그의 방으로 들어가 자디그의 문장이 새겨진 것과 함께 하얀 무장을 빼앗고, 대신에 자신의 초록 갑옷을 놓았다. 날이 새자 그는 대사제에게 당당하게 나아가 자기야말로 승리자라고 선언했다. 그것은 아무도 예상치 못한 일이었지만, 그는 자디그가 아직도 자고 있는 사이에 승리자 선고를 받았다. 아스타르테는 놀라 완전히 비탄에 빠져 바빌론으로 돌아왔다. 자디그가 눈을 떴을 때는 계단석에는 인적이 드물었다. 그는 자기의 무장도구를 찾았지만 초록 갑옷밖엔 없었다. 옆에는 다른 것이 없었으므로 그는 어쩔 수 없이 그 초록 갑옷을 입었다. 놀랍고 화가 나서 그는 씩씩거리며 그것을 입고 밖으로 나갔다.

계단석과 원형경기장에 아직 남아 있던 사람들은 일제히 욕지거리를 퍼부으며 그를 맞이했다. 사람들은 그를 에워싸고 욕을 하며 즐거워했다. 이토록 참담한 굴욕을 맛본 자는 지금까지 없었다. 자디그는 마침내 더 이상 참지 못하고 무례하게도 자신을 모욕하는 막돼먹은 사람들을 칼로 쫓아냈다. 그러나 그는 어찌해야 좋을지 몰랐다. 왕비를 만날 수도, 왕비가 보내준 하얀 갑옷을 달라고 할 수도 없었다. 그렇게 했다가는 왕비를 곤경에 빠뜨릴 것이었다. 그래서 왕비가 슬퍼하는 가운데 그의 가슴은 분노와 불안으로 가득 차 있었다. 그는 별의 순환으로 벗어날 수 없는 불행을 겪는 것이 자신의 운명이라 믿고, 애꾸눈 사내를 미워한 아내의 일에서부터 이번 갑옷 사건에 이르기까지 불운들을 하나씩 떠올리면서 유프라테스강 언저리를 거닐었다.

그는 중얼거렸다.

"늦잠을 자는 바람에 이런 일을 당했다. 잠이 조금만 짧았더라면 지금쯤 바빌론의 왕이 되어 아스타르테를 아내로 맞이했을 텐데. 그리고 보면 학문과, 더할 나위 없는 품행과 용기도 나의 불행에 보탬이 되기만 하지 않았는가!"

결국 그의 입에서 신에 대한 불만이 터져 나왔다. 세상 모든 일은 선량한 사람을 학대하고, 초록 기사 같은 놈을 영광스럽게 하는 잔인한 운명에 의해 지배된다, 그는 그렇게 믿고 싶어졌다. 그를 더욱 우울하게 한 것은 그토록 매도당하던 초록 갑옷을 아직도 걸치고 있다는 사실이었다. 장사꾼 하나가 지나가기에 그는 그것을 헐값에 팔고 그 상인에게서 헐렁한 옷과 뾰족모자를 샀다. 그런 차림으로 그는 절망에 잠긴 채 여전히 자신을 괴롭히기만 하는 신을 은근히 비난하면서 유프라테스강을 따라 걸었다.

제18장 은자[64]

그는 걷다가 새하얗고 당당한 수염이 허리까지 내려와 있는 은자를 만났다. 그는 손에 책 한 권을 들고 열심히 읽고 있었다. 자디그는 발걸음을 멈추고 정중하게 인사했다. 은자가 매우 기품 있고 온화한 태도로 인사를 받았으므로 자디그는 말을 나눠보고 싶은 생각이 들었다. 그는 은자에게 무슨 책을 읽고 있느냐고 물어보았다.

"이것은 운명의 책이오."

은자는 말했다.

"어디를 읽고 계신지요?"

그는 그 책을 자디그에게 건넸다. 자디그는 몇 개 국어에 능통했지만 그 책에 있는 글자는 하나도 판독해 낼 수가 없었다.[65] 그러자 그의 호기심은 더욱 커졌다.

"자넨 몹시 슬퍼 보이는군."

친절한 노인이 말했다.

"그렇죠? 다 까닭이 있답니다!"

자디그는 말했다.

"내가 자네와 동행하도록 허락해 준다면 틀림없이 도움이 될 것 같네. 나는 지금까지 불행한 자들에게 수없이 많은 위로를 준 적이 있거든."

자디그는 은자의 몸짓과 수염, 책에 경의를 나타냈다. 이야기를 나눠보니 그

---

64) 반 덴 회벨에 따르면 18장 '은자(隱者)'의 이야기는, 인간에게 신의 뜻을 이해할 능력이 없음을 나타내는 옛 전설에서 아이디어를 얻고 있다. 유대율법과 그것을 해석한 탈무드로 기원을 거슬러 올라가는 이야기에도 이런 진리가 들어 있다고 한다. 조셉 애디슨이〈스펙테이터〉(1711년 12월 1일호)에 모세에 관한 탈무드의 그런 전설을 전하고 있지만 이 장과의 직접적인 영향으로 추정되는 것은 토마스 파넬의 시집 《은자》(1721)라고 한다.

65) 《미크로메가스》의 마지막 부분에 시리우스 별 사람이 남긴 "운명의 책"은 백지이며, 인간은 그것을 읽지 못한다.

에게 통찰력이 있음을 알 수 있었다. 은자는 운명, 정의, 도덕, 더없이 높은 선, 인간의 약함, 미덕과 악덕에 대해 이야기했다. 그것은 몹시 생생하고 마음을 울릴 정도로 탁월했으므로 자디그는 저항하기 힘든 매력에 마음이 끌리고 있음을 느꼈다. 그는 바빌론으로 돌아갈 때까지 함께 있어줄 것을 은자에게 청했다.

"나도 그러길 바라네. 오로스마드에 걸고 내가 무엇을 하건 오늘부터 며칠 동안은 내게서 떠나지 않겠다고 맹세해 주겠는가!"

자디그는 약속했다. 둘은 함께 길을 떠났다.

날이 저물자 두 나그네는 으리으리한 대저택으로 갔다. 은자는 자신과 젊은 동행인을 위한 잠자리를 청했다. 귀족으로 착각할 정도로 차려입은 문지기가 업신여기는 듯한 친절함을 보이며 안내했다. 그들은 집사장을 소개받고 그에게 이끌려 주인의 호화로운 거실로 갔다. 식탁으로 안내되었지만 끝자리에 앉으라고 했고, 더구나 이 집 주인은 얼굴도 내밀지 않았다. 하지만 그들에게도 다른 손님들과 똑같이 진수성찬이 푸짐하게 나왔다. 에메랄드와 루비가 박힌 황금 그릇에 담긴 물이 나왔고, 수건이 곁들여져 있었다. 그들은 훌륭한 방으로 안내되어 잠자리에 들었다. 이튿날 아침 저택을 나설 때 하인이 그들에게 금화를 한 닢씩 건네주었다.

자디그는 길을 떠나면서 말했다.

"이 집 주인은 꽤 거만하지만 그래도 인심은 좋은 모양입니다. 그는 위엄 있게 길손을 환대해 주었어요."

그가 말하면서 문득 은자를 보니 은자의 옷에 달려 있던 커다란 호주머니 같은 것이 불룩하게 부풀어 있는 것 같았다. 그 안엔 보석으로 꾸며진 황금 물그릇이 있었다. 은자는 그것을 슬쩍한 것이었다. 자디그는 순간 아무 말도 할 수 없었지만 몹시 놀랐다.

정오쯤에 은자는 허름한 집의 문 앞에 멈춰 섰다. 그 집에는 인색한 부자가 살고 있었다. 은자는 몇 시간 동안만 쉬었다 가겠다고 했다. 허름한 옷을 입은 늙은 하인이 막돼먹은 말로 은자를 맞이하여 그와 자디그를 마구간으로 들여보냈고, 상한 올리브 열매 몇 개와 딱딱한 빵, 그리고 김빠진 맥주를 주었다. 은자는 어제와 마찬가지로 만족스런 얼굴로 먹고 마셨다. 식사가 끝나자 늙은 하인은 손님이 뭐를 훔쳐가지나 않을까 감시하려는 듯 자꾸 손님의 행동을 주시하다가 빨리 나가라고 재촉했지만, 은자는 그날 아침에 받은 금화 두 닢을 그에게 주며 여러모로 배려해 주어 감사하다고 말했다.

"부탁이 있는데 주인장을 한 번 만나 뵐 수 있게 해주지 않겠나?"

은자는 덧붙였다.

하인은 놀라서 두 나그네를 안내했다.

"인심 좋으신 주인장! 당신이 저희를 매우 극진히 대접하셨지만 아주 형편없는 답례밖엔 할 수가 없음을 용서하시고 저의 변변치 못한 감사의 표시로 이 황금 물그릇을 받아주십시오."

인색한 주인은 어쩔 줄 몰라 했다. 은자는 주인에게 더없이 심한 경악을 느낄 틈도 주지 않고 젊은 나그네를 데리고 서둘러 집을 나왔다.

자디그는 말했다.

"어르신, 방금 제가 본 것을 도무지 이해할 수가 없군요. 당신은 보통 사람들하고는 너무나 다릅니다. 당신을 극진히 맞이하고 대접해 준 주인에게서 보석이 박힌 황금 물그릇을 훔치는가 하면, 아무렇게나 대접한 노랑이 영감에게 그것을 주시다니요."

노인은 대답했다.

"그 희떠운 주인장은 단지 허영심에서 자신의 값비싼 보물을 자랑하려고 낯선 이들을 환대한 것에 불과하니 그나마 조금은 지혜로운 거겠지. 그 노랑이 영감은 길손을 대접하는 요령을 터득하고 있다네. 놀랄 것 없으니 그냥 따라오기나 하게."

자디그는 지금 함께 가고 있는 사람이 어딘가 정신 나간 사람인지, 아니면 최고의 현자인지 도무지 분간할 수 없었다. 하지만 은자가 아무런 대꾸도 못할 정도로 위엄 있는 태도로 말하는 데다, 그를 떠나지 않겠다고 한 맹세에 묶여 있었으므로 은자의 뒤를 따라가지 않을 수 없었다.

밤이 되자 그들은 어떤 집으로 갔다. 그 집은 매우 쾌적하고 편안해 보였는데, 지나칠 정도의 풍요로움이나 인색함이 전혀 느껴지지 않는 소박한 곳이었다. 주인은 은둔 생활을 하는 철학자로서 평온하게 지혜와 덕을 쌓고 있었지만, 그렇다고 조금도 따분해하는 것 같지는 않았다. 그는 그 집을 짓고 기뻐했으며, 여봐란듯이 과시하는 데라곤 없는 기품 있는 모습으로 낯선 사람들을 집 안으로 맞이했다. 주인은 직접 나와서 나그네들을 맞이하여 먼저 쾌적한 방에서 쉬게 했다. 얼마 지나자 그는 다시 몸소 찾아와 두 사람을 식사에 초대했다. 음식은 정성이 깃들어 있었으며 영양가가 풍부했다. 식사하는 도중엔 최근의 바빌론 개혁을 화제로 삼아 식견 있는 대화를 나누었다. 그는 진정으로 왕비를 마음 깊이 생각하고 있는 것처럼 보였고, 또한 자디그가 경기장에 나타나 왕관을 차지했어야 한다는 말도 했다. 그는 덧붙였다.

"하지만 이 나라 사람들에게는 자디그 같은 왕을 맞이할 자격도 없어요."

자디그는 얼굴이 빨개졌고 서러움이 치미는 것을 느꼈다. 이야기를 하다 보니 세상일이란 반드시 현자의 생각대로 되는 것이 아니라는 결론에 이르렀다. 은자가 우리는 신의 뜻을 알 수 없다, 인간에게는 아주 작은 부분밖에는 보이지 않는데도 그걸로 전체를 판단하는 것은 잘못이라는 평소의 주장을 되풀이했다.

화제가 정념[66]에 이르렀다. 자디그는 말했다.

"인간의 정념이란 그 얼마나 불행을 가져오는 걸까요!"

그러자 은자가 틈을 두지 않고 말했다.

"그것은 배의 돛을 부풀리는 바람이네. 돛은 때로는 배를 가라앉히기도 하지만 돛이 없으면 배는 나아갈 수 없지. 쓸개즙은 인간을 화나게도 하고 환자로 만들기도 해. 하지만 쓸개즙이 없으면 인간은 살아가지 못하거든. 만물이 다 위험하지만 그것은 모두 필연에 바탕하고 있다네."

화제가 쾌락에 이르렀다. 은자는 그것이 신이 내린 선물임을 증명했다.

"왜냐하면 인간은 감각도 관념도 자기 자신에게 줄 수가 없기 때문이야. 인간은 모든 것을 받지. 고통이나 쾌락은 인간존재와 마찬가지로 외부로부터 그 사람에게 주어진 것이야."[67]

자디그는 그토록 엉뚱한 일을 벌인 사람이 어떻게 이처럼 올바르게 추론할

---

66) 정념(情念)의 복권은 18세기 사상가의 공통된 주제였다. 또한 뒤에 나오는 배와 바람의 이미지는 포프의 《인간론》(1732~34)의 영향을 지적하고 있다.

67) 로크의 경험론에 기초한 볼테르 철학의 중요한 명제가 요약되어 있다. 그것은 《인간에 대한 담화》(1738~42)의 주제이기도 하다.

수 있는지 무척 신기했다. 이롭고도 즐거운 대화가 끝나자 주인은 마지막으로 매우 총명하고 덕이 높은 두 사람을 자기에게 보내주신 신을 축복하면서 그들 두 나그네를 자기 방으로 다시 데려갔다. 그는 상대방을 조금도 불쾌하게 하지 않는, 환하고 명랑하며 고상한 태도로 그들에게 돈을 내밀었다. 은자는 주인의 돈을 거절하고, 날이 새기 전에 바빌론으로 떠날 예정이므로 지금 작별 인사를 하겠다고 했다. 그들의 헤어짐에는 아쉬운 정이 담겨 있었다. 특히 자디그는 이토록 친절한 인물에 대해 갖는 존경과 호의로 가슴이 벅차오름을 느꼈다.

은자와 자디그는 자기들의 방으로 돌아와 오랫동안 집주인에 대해 칭찬했다. 노인은 새벽녘에 일행인 젊은이를 깨웠다.

"지금 출발해야 하네. 아직은 다들 자고 있으니 주인장에 대한 나의 존경과 우정의 표시를 남기기로 함세."

그는 말을 마치고 촛대를 들더니 집에 불을 붙였다. 자디그는 공포에 질린 나머지 비명을 지르며, 은자가 하필 그런 무시무시한 일을 벌이려는 것을 말리려 했다. 은자는 그의 힘을 웃도는 괴력으로 그를 물리쳤다. 집은 활활 타올랐다. 자디그와 함께 이미 아주 멀리 떠나온 은자는 집이 타는 것을 태연히 바라보고 있었다. 그는 말했다.

"감사한 일이야! 이로써 친절했던 주인의 집이 흔적도 없이 파괴되었어! 행복한 사람이야!"

그 말을 듣고 자디그는 자기도 모르게 크게 웃고 싶었지만, 그와 동시에 이 노인에게 욕을 흠씬 퍼붓고 그를 실컷 두들겨 팬 다음 도망치고 싶은 욕구도 생겨났다. 그러나 그는 그 가운데 어떠한 행동도 실천에 옮기지 않았다. 그는 여전히 은자의 위엄 있는 감화력에 압도되어 마지못해 마지막 숙소까지 따라갔다. 그 집은 인정 많고 정숙한 과부의 집이었다. 부인에겐 14살 된 애교가 넘치는 조카가 있었는데, 그 아이가 부인의 유일한 희망이었다. 그녀는 나그네들을 정성껏 대접해 주었다. 이튿날 그녀는 조카에게 다리까지 손님들을 배웅하라고 했다. 다리는 얼마 전에 무너져 건너기에 위험한 상태였다. 그들의 마음에 들려고 소년은 앞서서 걸어갔다. 일행이 다리 위에 왔을 때, 은자는 소년에게 말했다.

"잠깐 이리 오너라. 나는 네 숙모님께 감사의 뜻을 전해야겠구나."

그러더니 그는 소년의 머리채를 붙잡고 강물 아래로 던져버렸다. 소년은 떨어졌고, 아주 잠깐 물 위에 모습을 드러냈다가 급류에 휘말렸다.

"어쩌면 세상에! 당신보다 극악무도한 사람이 어디 있겠소!"

자디그는 소리쳤다.

"좀 더 참기로 약속하지 않았던가?"

은자는 그의 말을 가로막고 외쳤다.

"그걸 아나? 신이 불을 붙여 태워버린 그 집의 폐허 밑에서 집주인은 막대한 보물을 발견한 것을. 또 그것도 알아야 해. 신의 손으로 목숨을 잃은 이 소년은 1년 뒤에는 자기 숙모를 죽이고, 2년 뒤에는 자네를 죽일 사람인 것을."

그 말을 듣고 자디그는 절규했다.

"비정한 사람! 대체 누가 당신한테 그런 말을 했지? 설령 당신이 운명의 책 같은 데서 그런 걸 읽었다 해도 아무런 해도 끼치지 않은 어린아이를 어떻게 물에 빠뜨려 죽일 수가 있단 말이오!"

그런 말을 퍼붓는 사이 그는 노인에게서 수염이 사라지고 얼굴이 젊어지는 것을 알았다. 은자의 옷은 사라지고 위엄으로 가득 찬 눈부신 몸을 아름다운 4개의 날개가 덮고 있었다.

자디그는 땅에 대고 절하며 소리쳤다.

"오, 하늘에서 내려오신 사자여! 오, 숭고한 천사여! 그럼 당신은 연약한 인간에게 영원한 질서에 따를 것을 가르쳐 주시려고 신들이 사는 하늘 가장 높은 곳에서 내려오신 건가요?"

천사 제스라드[68]는 말했다.

"인간들은 아무것도 모르면서 전체를 판단하지. 넌 가장 가르칠 가치가 있는 인간이야."

---

68) 반 덴 회벨은 《자디그》를 교정한 조르주 아스콜리의 주석에 근거하여 제스라드를 제즈다드 또는 제즈당의 오자라고 지적하고 있다. 에르블로에 따르면 제즈드는 고대 페르시아어로 전능한 신을, 제즈드 다드는 페르시아에서는 신을 의미하며, 조로아스터교에서는 신 자체 내지는 자비심 깊은 천사를 가리킨다. 한편, 르네 포모에 따르면 에르블로의 책을 통해 제즈다드에 관한 지식을 얻은 볼테르는 그 말을 음조가 좋은 제스라드로 바꾼 것으로 보고 있다. 또한 제스라드가 이 세상의 불완전함에도 불구하고 자디그에게 신의 섭리를 믿게 하기 위해 말한 내용은 라이프니츠의 최선설(最善說)이다.

자디그는 한 말씀 올려도 되겠느냐고 물었다.[69]

"저로서도 자신은 없지만 단 한 가지 의혹을 풀어주시지 않겠습니까? 그 아이를 물에 빠뜨려 죽이는 것보다 잘 가르쳐서 유덕한 인간으로 만드는 편이 낫지 않을까요?"

그러자 제스라드가 말했다.

"만일 그 소년이 덕망 높은 사람이 되어 오랫동안 살게 되었다면 그가 결혼하게 될 여인과 그 여인에게서 태어나는 아이들을 죽이는 것이 그의 운명이 될 것이야."

"이게 대체 무슨 일이랍니까! 그럼 범죄와 불행이 존재하는 것은 필연인가요? 그리고 착한 사람에겐 불행이 닥치는 걸까요?"

"악인은 늘 불행하지. 그들은 지상에 여기저기 흩어져 있는 몇 안 되는 정의로운 인간에게 시련을 부여하는 데 보탬이 되고 있어. 선을 낳지 않는 악은 없지."[70]

그러자 자디그는 말했다.

"하지만 선만이 존재하고 악이 없다면 어떻게 될까요?"

제스라드는 말을 이었다.[71]

"그때는 이 세상이 다른 세계가 되고, 사건의 이어짐은 별개 지혜의 질서가 된다네. 그 별개의 질서는 완전하기 때문에 악이 근접하지 못하는 더없이 높은 존재의 영원한 거처에서만 머물지. 더없이 높은 존재로서의 신은 어느 것 하나도 비슷한 데가 없는 무수한 세계를 창조하셨다네. 그런 무한한 다양성이야말로 신의 무한한 능력의 속성인 것이야. 이 세상에는 똑같은 나뭇잎은 없으며, 천계의 끝없이 드넓은 동산에 동일한 구(球)는 없어. 자네가 자신이 태어

---

69) 쿠란이나 성서, 앞선 이야기나 파넬의 시편에는, 인간은 천사의 가르침을 받기만 해도 만족한다고 나와 있지만, 여기서 자디그는 천사에게 의심을 품고 있다.

70) 인간에게 악으로 보이는 것도 전체 질서 속에선 선의 원천이 된다는 생각("모든 것은 선이다")은 포프의 《인간론》의 정형적 표현을 떠올리게 한다. 또한 볼테르 작품들을 즐겨 읽던 사드는 《쥐스틴, 또는 미덕의 불행》 머리글에서 "선을 낳지 않는 악은 없다"를 인용하고 있다.

71) 제스라드는 "무수한 세계", "무한한 다양성", "똑같은 나뭇잎은 없다" 등의 확언에서 볼 수 있다시피 라이프니츠 철학자로 등장하고 있다. 이 언저리의 기술은 샤트레 후작부인의 《물리학 입문》에 바탕을 두고 있다.

난 보잘것없는 미립자 위에서 보는 것이라곤 모든 것을 포괄하는 존재의 불변한 질서에 따라 일정 장소와 일정 시간 속에 존재해야만 하지. 아까 비운의 죽음을 당한 아이는 우연히 강물에 떨어지고, 그 집이 불에 타버린 것도 똑같은 우연에 의한 것이라고 인간들은 생각하지. 하지만 우연은 없어. 모든 것은 시련이거나 벌, 응보, 아니면 미래에 대한 염려야. 자기가 세상에서 가장 불행하다고 생각한 어부를 떠올려 보게. 오로스마드는 어부의 운명을 바꿀 목적으로 자넬 보냈어. 연약한 인간이여! 숭배해야 할 것에 이의를 다는 것은 그만두게!"

"하지만" 자디그는 말했다. ……그가 '하지만'이라는 말을 할 때, 천사는 이미 열 번째 천구(天球)[72]를 향해 날아오르고 있었다. 자디그는 무릎 꿇고 신을 예배하고, 순순히 따랐다.[73] 천사는 천공(天空)의 높이에서 그를 향해 소리쳤다.

"바빌론으로 가거라!"

제19장 수수께끼[74]

자디그는 마치 가까이에 벼락이 떨어져 정신이 나간 사람처럼 정처 없이 걸었다. 원형경기장에서 싸웠던 기사들이 수수께끼를 풀고 대사제의 질문에 답하기 위해 이미 궁전 현관의 홀에 모여 있던 날, 그는 바빌론으로 들어왔다. 초록 갑옷의 기사를 빼고는 기사들은 모두 도착해 있었다. 자디그가 도시에 나타나자 사람들이 순식간에 그의 주위로 모여들었다. 그들은 하염없이 그를 바라보며 한결같이 축복하고, 속으로 그가 왕위에 오르기를 바라고 있었다. 질투꾼은 그가 지나가는 것을 보고 벌벌 떨면서 일부러 길을 피했다.

사람들은 그를 에워싸고 집회 장소까지 갔다. 그의 도착 소식을 들은 왕비는 공포와 기대가 섞인 세찬 흥분에 휩싸였다. 불안이 그녀를 괴롭혔다. 그도 그럴 것이 자디그가 왜 무기를 갖추지 않았는지, 또 이토바드가 왜 하얀 갑옷

---

72) 2세기 천문학자 프톨레마이오스에 따르면 열 번째에 있는 세계가 최고 하늘이다.
73) 자디그의 "하지만"은 최선설에 대한 이의로 보이지만, 자디그는 최종적으로는 섭리에 따른다.
74) 반 덴 회벨에 따르면 수수께끼는 18세기에 한창 유행했던 《천일야화》 같은 이야기, 또는 그리스비극의 오이디푸스왕이나 스핑크스의 전설에 자주 나온다. 프랑스에서는 17세기의 프레시오지테(취향과 감정의 섬세함을 과시하는 사교 및 표현 양식) 이래 수수께끼는 사교계의 유행놀이가 되었다. 그것이 국왕의 선발 방법으로 쓰인 것은 페늘롱의 《텔레마크의 모험》(1699) 제5권이 주된 근거로 보인다.

을 입고 있는지 모르기 때문이었다. 자디그의 모습이 보이자 사람들 사이에서 불만스런 웅성거림이 일어났다. 모두 그를 다시 보게 되어 놀라고 또 기뻐하기도 했지만 집회에 나오는 것은 싸웠던 기사들에게만 허용되어 있었다.

그는 말했다.

"나도 다른 전사와 마찬가지로 싸웠습니다. 하지만 다른 한 전사는 나의 무기를 들고 이 자리에 있습니다. 그것을 증명할 때까지 수수께끼 풀기에 지원할 것을 부디 허락해 주십시오."

투표가 이루어졌다. 그의 성실한 인품의 평판은 사람들에게 아직 강한 인상으로 남아 있었으므로 사람들은 망설임 없이 그의 입장을 허가했다.

대제사장은 맨 먼저 이런 문제를 냈다.

"이 세상의 모든 것 가운데서 가장 길고 그러면서도 가장 짧고, 가장 신속하면서도 가장 느리며, 가장 가늘게 나눌 수 있지만 그러면서도 가장 드넓고, 몹시 하찮은 것이면서도 아낌을 받는, 그것 없이는 아무것도 할 수 없고, 하찮은 것을 몽땅 말려버리고, 위대한 것 모두를 다시 나게 하는 것, 그것은 무엇인가?"

이토바드가 대답할 차례였다. 그는 자기 같은 사람은 수수께끼를 내봤자 답을 알지도 못하지만, 당당하게 창을 겨눠 이겼으니 그걸로 충분하지 않느냐고 대답했다. 어떤 자는 수수께끼의 답은 운이라고 하고, 다른 사람은 이 세상이라고 했으며, 빛이라고 답하는 사람도 있었다. 자디그는 그것은 시간이라고 대답하고 이렇게 덧붙였다.

"이것만큼 긴 것은 없습니다. 그것은 영원의 기준이기 때문입니다. 이것보다 짧은 것은 없지요. 왜냐하면 우리가 하려는 모든 일에는 그것이 부족하기 때문입니다. 기다리는 자에게 그것만큼 느린 것은 없거니와 즐거운 사람에게 그것처럼 빠른 것은 없습니다. 펼치면 무한으로까지 넓어지고, 축소하면 끝없이 나눌 수 있지요. 모든 사람이 그것을 하찮게 여기고 그것을 잃으면 누구나 아쉬워합니다. 그것 없이는 아무것도 하지 못하며, 그것은 후세에 남길 가치가 없는 것 모두를 잊게 하고, 위대한 것을 불멸하게 합니다."

사람들은 자디그의 말이 이치에 맞다고 인정했다. 이어 이런 질문이 나왔다.

"고마워하지도 않고 받고, 까닭도 모른 채 즐거워하며, 무엇을 하는지도 모르고 다른 사람들에게 주며, 잃고도 알아채지 못하는 것, 그것은 무엇인가?"

저마다 자기 생각을 말했지만 그것이 생명임을 맞힌 것은 자디그 혼자였다. 그는 다른 모든 수수께끼도 마찬가지로 쉽게 설명했다. 이토바드는 여전히 이렇게 쉬운 것은 없다, 나에게 그럴 마음만 있었다면 마찬가지로 쉽사리 맞혀보였을 것이라고 했다. 정의, 최고선(最高善), 통치술에 대해 몇 가지 질문이 있었다. 자디그의 대답이 가장 믿을 만하다는 판단이 내려졌다. 사람들은 말했다.

"이렇게나 사리 분별이 있는 사람이 기사로선 가장 뒤떨어진다는 것이 너무도 안타깝다."

그러자 자디그가 말했다.

"고명하신 여러분! 나는 영광스럽게도 경기장에서 승리를 거두었습니다. 하얀 갑옷은 나의 것입니다. 이토바드 전하는 내가 잠든 사이에 그것을 몰래 가져갔습니다. 그는 초록 갑옷보다 그것이 자기에게 맞다고 생각한 것입니다. 나는 이 허름한 옷과 칼만으로, 나에게서 훔쳐간 희고 멋진 갑옷을 입은 저 사람과 싸우겠습니다. 그리하여 영광스럽게도 용감한 오탐 대공을 물리친 것이 바로 나란 사실을 지금 여기, 여러분 앞에서 증명하겠습니다."

이토바드는 자신만만한 모습으로 도전에 응했다. 그는 투구를 쓰고 갑옷을 입고, 팔받이를 하고 있었으므로 나이트캡을 쓰고 평상복을 입은 기사 따위를 이기기는 누워서 떡 먹기라고 믿어 의심치 않았다. 자디그는 기쁨과 불안을 가득 안고 그를 바라보는 왕비에게 인사하고 칼을 뺐다. 이토바드는 아무에게도 인사하지 않고 칼을 뽑았다. 그는 전혀 두려울 것이 없는 사람처럼 자디그에게 덤벼들어 당장에라도 그의 목을 베려 했다. 자디그는 적의 공격을 물리칠 방도를 터득하고 있었다. 그는 날아오는 칼끝을 자기 칼의 손잡이 가까이, 칼날 맨 밑 부분으로 맞받아쳤다. 이토바드의 칼이 부러졌다. 그러자 자디그는 적의 몸을 붙잡고 땅바닥으로 내동댕이친 뒤 갑옷 틈새로 칼끝을 겨누고 말했다.

"얌전히 갑옷을 내놓아라. 그렇지 않으면 죽이겠다."

이토바드는 자기 같은 사람에게 이런 불운이 닥친 것에 여전히 놀라면서 자디그가 시키는 대로 따랐다. 자디그는 태연한 자세로 화려한 투구, 멋진 갑옷, 아름다운 팔받이, 화려한 다리보호대를 적에게서 빼앗아 입더니 그 풍채로 아스타르테에게로 달려가 무릎 꿇었다. 카도르는 갑옷이 자디그의 것임을 쉽게 증명했다. 자디그는 만장일치로, 그리고 특히 아스타르테의 동의에 의해 왕으로 인정되었다. 아스타르테는 수많은 역경 끝에 마침내 만백성 앞에서 연인이 그녀의 남편이 되기에 걸맞은 인물임을 보고 기쁨에 잠겨 있었다. 이토바르드는 자기 집으로 돌아가 가솔들에게 자기를 각하라고 부르게 했다. 자디그는 왕이 되었고 행복했다. 천사 제스라드가 했던 말들은 그의 마음에 남아 있었다. 그는 다이아몬드가 된 모래알도 떠올렸다. 왕비와 그는 신을 숭배했다. 자디그는 아름답지만 변덕스런 여인 미수프에게는 마음껏 세상을 돌아다니게 놔두었다. 그는 또한 산적 아르보가드를 불러, 마음을 다잡고 진정한 전사가 된다면 높은 대우를 해주겠지만, 그러지 않고 산적질을 계속하겠다면 교수형에 처하겠다고 단단히 일렀다. 아르보가드가 그 명령을 받아들이자 자디그는 그를 군대에서 가장 높은 계급에 올렸다.

아라비아 오지에 있던 세토크도 그의 아름다운 아내 알모나와 함께 불러들여, 그에게 바빌론의 상업과 관련된 모든 일을 맡겼다. 카도르에게도 그의 공에 걸맞은 자리를 주고 곁에 가까이 두었다. 그는 왕의 친구였으며, 당시 친구를 둔 왕은 지상에서 오직 자디그 하나뿐이었다. 말을 못하는 난쟁이도 잊지 않았다. 어부에게는 훌륭한 집을 주었다. 오르칸에게는 어부에게 큰돈을 지불하고 아내를 돌려주라는 명령이 내려졌다. 그러나 어부는 슬기로워졌으므로 돈만 받았다.

아름다운 세미르는 더는 자디그가 애꾸눈 사내가 되었다고 믿지 않았고, 아조라도 그의 코를 베려 했던 것을 수없이 후회했다. 그는 선물을 하여 두 여인의 슬픔을 누그러뜨려 주었다. 질투꾼은 심한 분노와 치욕에 휩싸인 나머지 죽었다. 제국은 평화를 누렸고, 영광에 휩싸여 풍요의 복을 즐겼다. 그것은 세상에서 가장 아름다운 시대였다. 이 세상은 정의와 사랑에 의해 다스려지고 있었다. 사람들은 자디그를 축복하고 자디그는 하늘을 축복했다.

부록[75]

춤

세토크는 장사 목적으로 세렌디브섬[76]에 가기로 되어 있었다. 그러나 알다시피 결혼한 첫 달은 신혼 시절이므로 그는 아내 곁을 떠나는 것도, 아내가 떠나가는 것도 상상할 수 없었다. 그래서 그는 친구 자디그에게 자기 대신 여행을 떠나달라고 부탁했다.

"어쩌지! 아름다운 아스타르테와 더욱 멀리 떨어져야만 하는 건가? 하지만 은인은 도와야 하는 법이지."

자디그는 눈물을 흘리며 여행길에 나섰다.

세렌디브섬에 도착한 지 얼마 되지 않아 그는 어느새 비범한 인물로 소문이 났다. 장사꾼들의 수많은 분쟁을 중재했고, 현자들의 벗이 되었으며, 도움을 청하는 몇몇 사람들의 조언자가 되어주었던 것이다. 왕은 그를 만나 그의 이야기를 들어보고 싶어 했다. 왕은 자디그의 모든 역량을 단숨에 알아보고 그의 지혜를 굳게 믿어서 친구로 삼았다. 왕이 자기에게 친하게 대하고, 자기를 높이 평가해 주었으므로 자디그는 소름이 끼쳤다. 모압다르 왕의 호의가 불러왔던 불행이 밤낮 그의 마음에서 떠나지 않았던 것이다.

---

75) 《멤논》의 표제로 1747년 7월에 암스테르담에서 인쇄된 소설은 15장으로 이루어진 불완전한 텍스트로 프랑스에선 전혀 화제에 오르지 않았었다. 1748년 9월에 19장으로 된 《자디그 또는 운명》으로 그것이 수정되었을 때, 비로소 세상의 주목을 받았다. 1752년에 드레스덴에서 출판된 전집판에선 작자가 직접 내용을 조금 고쳤지만, 작자와 출판자인 크라메르 형제와의 긴밀한 협력 아래 수정 및 삭제를 포함하는 대폭적인 개정판이 간행되는 것은 1756년의 일이다. 이것이 작자 자신에 의한 마지막 가필 수정이 되었다. 그러나 작자가 죽은 뒤 독일의 켈에서 간행된 1784년판에는 2개의 장 〈춤〉과 〈푸른 눈〉이 설명 없이 발표되었고, 제13장 뒤에 끼워졌으며, 13장의 마지막 몇 줄을 삭제한 뒤에 마지막에 볼테르가 직접 주석을 붙였다. 볼테르는 베를린 체류를 끝낼 무렵(1752~53) 작품의 맥락을 특별히 고려하지 않고 2개의 장과 주석을 쓴 것으로 추측된다. 그러므로 1756년판에는 들어 있지 않은 2개의 장은 보통 부록으로 다루어진다.

76) 반 덴 회벨에 따르면 에르블로의 《동양총서》에는 인도양의 가장 유명한 섬이라고 나와 있으며, 실론섬과 동일시되고 있었다고 한다. 세렌디브는 18세기 동양 이야기의 무대로 되어 있다. 르사주는 희곡 《세렌디브 왕 아를르캥》(1713)을 쓰고, 슈발리에 드 마이(Chevalier de Mailly)는 페르시아 이야기의 번안 《세렌디브의 세 왕자의 여행과 모험》(1719)을 썼다.

"왕의 마음에 든 거야. 이로써 나의 파멸도 머지않았군."

그렇지만 그는 왕의 호의로부터 도망칠 수가 없었다. 산부스나 왕자이자 나바순 왕자이고, 나부산 왕자에 세렌디브 왕이신 나부산[77]은 아시아에서 가장 어진 군주라는 것, 그리고 이 왕과 잠깐이라도 이야기를 나눠보면 도저히 좋아하지 않을 수 없음을 인정해야 했기 때문이다.

그런 선량한 군주는 늘 칭송받고, 속아 넘어가고, 또 도둑맞고 있었다. 누구나 앞을 다투어 그의 재물을 후려내려 했기 때문이다. 세렌디브섬의 세무장관은 항상 모범을 보였으므로 다른 사람들도 충실하게 그를 본받고 있었다. 왕은 그것을 잘 알고 있었다. 왕은 재무관을 교체했는데 그는 왕의 수입을 서로 다르게 둘로 나누고 적은 쪽을 늘 전하의 몫으로 하고, 많은 쪽을 행정관들의 몫으로 하는 기존 방법을 바꾸지는 못했다.

나부산 왕은 괴로운 속내를 현자 자디그에게 털어놓았다.

"누구보다 그대이니, 자네니까 어떻게든 내 재물을 훔쳐가지 않는 재무관을 찾아낼 방법을 좀 알려주지 않겠나?"

자디그는 대답했다.

"청렴결백한 인물을 전하께 알려드릴 확실한 방법이 있습니다."

왕은 몹시 기뻐하며 자디그를 꼭 안더니 어떻게 하면 되느냐고 물었다.

"재무관을 희망하는 자들 모두가 춤을 추기만 하면 됩니다. 가장 가벼운 몸놀림으로 춤추는 자야말로 누구보다 예절을 아는 자임이 분명합니다."

"지금 날 놀리는 게냐? 세금을 걷을 세무장관 선발에 무슨 그런 허튼 방법을 쓰겠다는 것이냐! 그건 마치 세상에서 앙트르샤[78]를 가장 잘하는 자가 가장 청렴하고 유능한 재무관이라는 것과 같다!"

자디그도 지지 않고 말했다.

"가장 유능한 인물이라고는 하지 않았습니다. 그 인물이야말로 의심할 바 없이 가장 청렴하다는 것이지요."

자디그가 매우 자신만만하게 말했으므로 왕은 이 사람에겐 세무장관을 알아보는 초자연적인 비책이라도 있는 모양이라고 생각했다.

---

77) 성서의 세계에서 과시하는 역대 가계를 열거하여 패러디하고 있다.
78) 발레에서, 공중으로 뛰어올라 있는 동안에 두 발을 교차하는 춤 동작.

"저는 초자연적인 것을 좋아하지 않습니다. 기적의 인물이나 기적의 책은 딱 질색입니다. 전하께서 제가 제안하는 방법을 받아들이신다면 저의 비책이 아주 간단하고 쉬운 것임을 반드시 납득하실 겁니다."

세렌디브 왕 나부산은 그 비책이 간단하다는 말에, 기적이라는 소리를 들은 것 이상으로 마음이 사로잡혔다.

왕은 말했다.

"그렇다면 어디 그대가 원하는 방법대로 해보거라."

"제 뜻대로 하게 해주십시오. 이 방법으로 전하는 상상하시는 것보다 더 커다란 이득을 보실 겁니다."

자디그는 그날 안으로 나부산의 왕자이신 자애심 깊은 나부산 왕의 고위 세무장관직을 희망하는 자는 모두 가벼운 실크옷을 입고 악어의 달 초하루에 왕의 대기실로 오라고 왕명으로 포고하게 했다. 64명이나 되는 지원자가 대기실로 모여들었다. 옆 응접실에는 바이올린 연주자가 대기하고 있었다. 무도회 준비는 모두 끝냈지만 응접실의 문이 닫혀 있었으므로 그리로 들어가려면 꽤 어두컴컴하고 좁은 복도 같은 곳을 지나야만 했다. 문지기가 지원자를 한 사람씩 안내했는데, 지원자들은 혼자서 몇 분 동안 그 통로를 지나가야 했다. 비책이 무엇인지 깨달은 왕은 엄청난 재물을 그 복도에 미리 진열해 놓았다. 지원자가 모두 응접실로 오자 왕은 그들에게 춤을 추라고 명령했다. 그보다 더 어색하고 서투르고, 품위 없는 춤은 세상에 없었다. 다들 쭈그려 앉거나 허리를 굽히고, 두 팔로 양쪽 옆구리를 꽉 누르고 있었다.

"요런 괘씸한 도둑놈들!"

자디그는 중얼거렸다. 지원자 가운데 단 한 사람만이 경쾌한 발놀림으로 고개를 높이 쳐들고, 자신만만한 눈길로 두 팔을 쭉 펴고, 허리를 곧게 펴고 춤을 추었다.

"오! 참으로 예절을 아는 인물이로다! 제대로 된 사람이야!"

자디그는 중얼거렸다.

왕은 그 멋진 사람을 포용하고 그가 세무장관이라고 널리 알렸다. 그리고 다른 모든 지원자는 세상에서 가장 정당한 방법으로 처벌되었고, 벌금이 매겨졌다. 그들은 모두 복도에 있을 때 호주머니에 보화를 잔뜩 집어넣었으므로 걸음마저 간신히 옮기는 형편이었기 때문이다. 왕은 64명의 지원자 가운데 인간 본성 때문에 사기꾼이 63명 있었음을 안타까워했다. 어두컴컴한 복도는 '유혹의 복도'라 불리게 되었다.

만일 페르시아였더라면 그 63명의 궁정인은 창에 찔려 죽는 형을 당했을 것이다. 다른 나라에서라면 세무장관의 회계보고를 검토하는 특별재판소가 설치되었을지도 모르지만, 그 경비가 도둑맞은 돈의 3배나 드는 데다 군주의 금고에는 한 푼도 되돌아오지 않을 게 뻔하다. 또한 다른 왕국에서라면 그들 63명은 자기들의 무죄를 충분히 증명하고 그토록 경쾌하게 춤춘 사람을 장관 자리에서 끌어내렸으리라. 세렌디브에서는 그들은 국고를 늘리라는 명령을 선고받았을 뿐이다. 왜냐하면 나부산 왕은 몹시 너그러웠기 때문이다.

이 왕은 또한 자디그의 공로를 치하했다. 왕은 그에게 지금까지 어느 재무장관이 주군인 왕에게서 훔쳐간 것보다 많은 액수의 금을 주었다. 자디그는 바빌론에 특사를 보내는 데 그 돈을 썼다. 특사는 그에게 아스타르테의 운명을 알려줄 것이었다. 특사에게 명령을 내렸을 때 그의 목소리는 떨리고, 피는 심장으로 역류했으며 그의 눈은 어둠으로 뒤덮이고, 영혼은 당장에라도 그의 육신을 떠날 것 같았다. 특사가 출발하고 자디그는 특사의 배를 배웅했다. 그는 왕에게로 돌아왔지만 아무도 눈에 들어오지 않았고, 문득 자기 방에 있는 듯한 기분이 들어서 무심코 사랑이란 말을 했다.

"아아! 사랑인가! 문제는 바로 그거였어. 나의 고뇌를 잘 알아주었다. 그대는 얼마나 훌륭한가! 나로 하여금 사심 없는 세무장관을 얻게 해준 것처럼 평생 변치 않는 여인을 알아보는 방법을 가르쳐 줄 것을 기대하겠네."

일은 한층 복잡해졌지만, 자디그는 재무에서 도움이 되었던 것처럼 사랑에 있어서도 왕에게 보탬이 되기로 약속했다.

푸른 눈

"육체와 마음은 말이지……."

왕은 자디그에게 말했다. 그 말을 듣고 바빌로니아인은 자기도 모르게 전하의 말을 가로막지 않을 수 없었다.

"정신과 마음이라고 하시지 않음이 황송하옵니다! 그렇게 말씀하시는 것은 바빌론 사람들의 대화에서 들리는 것은 이 말뿐이기 때문입니다. 눈에 띄는 책이라곤 정신도 마음도 갖추지 않은 자들이 쓴 것들뿐이건만 그것 때문에 정신과 마음을 빼앗기는 형편입니다. 전하, 부디 말씀을 계속하시지요."

나부산은 이렇게 말을 이어갔다.

"나의 경우 육체와 마음은 여자를 사랑하도록 정해져 있어. 이 두 능력 가운데 앞의 것은 충족되어 있을 정당한 이유가 있지. 이곳엔 나를 섬기는 100명의 여인들이 있는데 모두 예쁘고 붙임성 있으며, 상냥하고 관능적이야. 아니, 나한테만 관능을 가장하고 있지. 내 마음은 행복과는 한참 거리가 멀다네. 세렌디브 왕은 끔찍이도 애지중지하면서 나부산 따위 거의 안중에도 없다는 것을 지긋지긋하리만큼 잘 알고 있어. 나의 애첩들에게 특별히 잘못이 있다는 얘긴 아니야. 하지만 진정 나의 것인 듯한 마음과 만나고 싶군. 나는 100명의 매력적인 육체를 손에 쥐고 있지만 그런 보물에 필적할 마음을 위해서라면 아름다운 여인들을 몽땅 줘버려도 아깝지 않아. 저 100명의 애첩 가운데 나를 진심으로 사랑하는 여자를 찾아낼 수는 없을까?"

자디그는 세무장관 문제 때 대답한 것처럼 이렇게 말했다.

"전하, 제게 맡겨주십시오. 전하께서 유혹의 복도에 진열하셨던 것을 제가 사용하도록 허락해 주십시오. 만족을 드리기 위해 사용할 것이며 전하께는 요만큼도 손해를 끼치지 않겠습니다."

왕은 그가 자유롭게 사용하도록 놔두었다. 그는 세렌디브에서 찾아낼 수 있는 가장 못생긴 꼽추 난쟁이 33명, 눈부신 미소년 33명, 그리고 웅변에 매우 뛰어나고 건장한 승려 33명을 뽑았다. 자디그는 그들 모두에게 애첩의 개인 방을 자유롭게 드나들게 했다. 꼽추 난쟁이들에게는 여자들에게 주어도 좋다며 금화 4000닢씩을 주었다. 꼽추 난쟁이들은 첫날부터 일찌감치 행복해졌다. 미소년들은 자기 자신밖에는 줄 것이 없었으므로 2, 3일이 지나서야 비로소 승리를 거두었다. 승려들은 좀 더 애로사항이 많았다. 그러나 결국 33명의 신앙심 깊은 여성들이 승려에게 굴복했다. 왕은 애첩들의 모든 방을 들여다볼 수 있는 문을 통해 그런 시도들을 남김없이 지켜보고 경탄했다. 그의 여인 100명 가운데 99명이 그가 보는 앞에서 유혹에 굴복했던 것이다. 나머지 한 명은 왕이 단 한 번도 가까이한 적이 없는, 앳된 숫처녀였다. 꼽추 난쟁이 몇몇이 그녀에게 가서 금화 2만 닢을 내밀었지만 여인은 좀처럼 유혹되지 않고, 꼽추 사내들이 돈으로 자기 용모가 나아졌다고 믿는 것에 대해 웃었다. 여인은 눈부신 미남 둘을 소개받자 임금님이 훨씬 잘생겼다고 말했다. 승려 가운데서 가장 웅변이 뛰어난 자와, 끈질기기로는 세상에 으뜸가는 사내가 그녀를 찾아갔다. 그러자 그녀는 첫 번째 사내는 떠벌이라고 단정했고, 두 번째에게는 쓸모가 있으리라는 생각조차 하지 않았다.

"사랑이 있으면 어떠한 것이든 이룩할 수 있습니다. 저는 꼽추 사내의 황금에도, 젊은이의 매력에도, 승려님의 유혹에도 결코 굴복하지 않습니다. 저는 단지 나부산 왕자이신 나부산 왕만을 사랑하며, 그분께서 저를 사랑해 주실 것을 기다리겠습니다."

왕은 기쁨과 놀라움과 사랑으로 하늘에라도 오를 것 같은 심정이었다. 그는 꼽추 사내들에게 쉽게 욕망을 채워주었던 돈을 모조리 거두어 그것을 아름다운 팔리드에게 주었다. 그것이 이 앳된 처녀의 이름이었다. 왕은 그녀에게 사랑을 바쳤는데 그녀는 그 사랑을 받을 자격이 충분했다. 젊음의 한창때가 이토록 눈부시고, 아름다움의 매력이 이토록 매혹적이었던 적은 없었다. 그녀가 고마움을 나타내는 방식이 서툴렀던 것은 역사의 사실에 비추어 감출 도리도 없지만 그녀는 춤을 출 때는 요정, 노래를 부르면 마녀 세이렌과 같았고, 입을 열면 마치 미(美)의 세 여신 같은 풍모가 있었다. 말하자면 그녀는 재능과 정절을 두루 갖추고 있었던 것이다.

나부산은 그녀에게 사랑받고, 그녀를 뜨겁게 사랑했다. 그러나 그녀는 푸른 눈을 갖고 있었다. 그리고 그것은 여러 가지 엉뚱한 재앙의 근원이 되었다. 예로부터 한 가지 법률이 있었는데 그 뒤로 왕은 그리스인들이 보오오피스[79]라고 부르던 여인들을 사랑해선 안 되었다. 승려의 우두머리는 이 법률을 5000년도 더 전에 만들었는데, 그 초대 승려가 푸른 눈을 파문 제재하도록 나라의 기본법으로 전한 것은 세렌디브섬 초대 왕의 애첩을 가로챌 목적에서였다. 신분을 망라한 수많은 사람들이 나부산 왕에게 충고하러 왔다. 왕국의 마지막 날이 다가왔다, 혐오해야 할 것은 절정에 이르렀다, 자연계 전체가 불길한 일

---

79) 볼테르는 '암소의 눈을 가진' '커다란 눈을 가진'을 의미하는 그리스어의 형용사 보오오피스와, '푸른 눈을 가진'을 뜻하는 다른 형용사 클라우코피스를 혼동했던 것 같다.

에 휩싸일 우려가 있다, 요컨대 나부산의 왕자 나부산 왕은 2개의 크고 파란 눈을 사랑하고 있다고[80] 공공연히 떠들고 다니는 자들이 있었다. 꼽추 사내들, 징세관, 승려, 그리고 갈색머리 여인들이 내뱉는 불만의 목소리가 온 왕국에 울려 퍼졌다.

세렌디브의 북쪽에 사는 미개민족이 그 모든 백성의 불만을 이용했다. 그들은 선량한 나부산 왕의 나라로 쳐들어왔다. 왕은 신하들에게 임시세금을 매겼지만, 나라 수입의 절반을 소유하고 있는 승려들은 두 손을 높이 쳐들어 놀라움을 보일 뿐, 그 손을 그들의 금고 속으로 넣어 왕을 돕는 것은 거절했다. 그들은 음악 소리에 맞추어 멋진 기도를 읊조리고, 나라를 야만족이 휩쓸고 다니도록 내버려 두었다.[81]

"자디그, 이런 혹독한 궁지에서 나를 좀 구해주지 않겠나?"

나부산 왕은 비통한 얼굴로 외쳤다.

"여부가 있겠습니까? 원하시는 만큼 승려들에게서 돈을 거두시게 될 겁니다. 그들의 집이 있는 영지를 팽개치고, 전하의 영지만 지키십시오."

나부산 왕은 그대로 따랐다. 승려들이 찾아와 왕에게 무릎 꿇고 도움과 보호를 애원했다. 왕은 그들에게 아름다운 음악 소리로 대답했다. 신에게 승려들의 영지 보전을 기도하는 노래였다. 결국 승려들은 돈을 내놓고 왕은 순조롭게 전쟁을 마무리지었다. 이리하여 자디그는 현명하고 적절한 조언과 여러 가지 뚜렷한 공헌 때문에, 나라에서 가장 권세 있는 자들에게서 심한 반감을 사고 말았다. 승려와 갈색머리 여인들은 자디그의 파멸을 맹세했다. 징세관과 꼽추 난쟁이들은 그를 용서하지 않았다. 그들은 자디그가 어진 나부산 왕의 눈에 수상하게 보이도록 만들었다. 조로아스터의 경구에 따르면 "충성과 근면함은 종종 대기실에 머무르며, 의혹은 안쪽 깊숙한 작은 방에까지 파고든다." 날마다 새로운 고발이 들어왔다. 처음에는 거부되며, 두 번째는 속고, 세 번째는 상처를 입히다가, 마지막에는 죽인다.

겁이 난 자디그는 얼른 섬을 떠나, 몸소 아스타르테의 소식을 찾아 나서기로

---

80) 왕이 사랑하는 "2개의 크고 파란 눈"의 여인은 루이 15세의 애첩 퐁파두르 부인을 말한다.

81) 이 부분은 일반적인 조세가 면제되고 자기들의 재량에 따라서만 상납금을 납부하던 당시 프랑스의 특권계급, 특히 성직자를 풍자하고 있다.

마음먹었다. 친구 세토크의 용건은 모두 무사히 끝마쳤고 돈도 이미 그에게 보낸 터였다.

"이대로 세렌디브에 머무른다면 승려들은 나를 찔러 죽일 게 틀림없다. 그러나 어디로 가야 한단 말인가! 이집트로 가면 노예가 되고, 아라비아에 가면 화형을 당하며, 바빌론으로 가면 교수형을 당하리라. 그보다 아스타르테가 어떻게 되었는지부터 알아야 한다. 이 섬을 떠나자. 그리고 슬픈 운명이 나에게 어떤 미래를 예정하고 있는지 확인하기로 하자."

Memnon

멤논
또는 인간의 지혜[1]

어느 날 멤논은 완벽한 현자가 되겠다는 야무진 꿈을 꾸었다. 누구나 그런 무모한 생각이 이따금 머리를 스친 적이 있을 것이다. 멤논은 이렇게 중얼거렸다.

"기가 막히게 현명해지려면, 따라서 매우 행복해지려면 정열을 갖기만 하면 된다. 그것은 너무나 뻔한 일이지만 그보다 쉬운 것도 없다. 첫째, 여자를 좋아해선 안 된다. 왜냐하면 완벽한 미녀를 보면 자연히 이런 생각이 들기 때문이다. '이 얼굴에도 언젠가 주름이 패겠지. 저 아름다운 눈 가장자리엔 검버섯이 생기고, 저 봉긋한 가슴도 판자처럼 납작하게 늘어지고, 저 아름다운 머리칼도 언젠가는 숭숭 빠져 벗겨지겠지.' 그렇다면 차라리 그때 여자를 보는 것과 똑같은 시선으로 지금 여자들을 바라보면 된다. 그러면 그 얼굴이 나를 몽롱하게 하는 일도 결코 없을 거야.

그리고 술과 식사는 항상 절제하도록 하자. 예컨대 대단한 진수성찬이나 최고급 와인, 사교의 매력 따위가 아무리 나를 유혹해도 소용없으리라. 무거운 머리와 소화불량에 걸린 위장, 게다가 올바른 정신도 건강도 시간도 없애기만 하는 폭음과 폭식의 결과는 상상만 해도 충분하지 않은가! 그러니 꼭 필요할 때에만 먹도록 하자. 그러면 언제나 일정한 건강을 유지할 수 있고, 머리에 떠오르는 것은 늘 순수하고 멋질 것이 분명하다. 그런 것은 모두 너무나 쉬운 일이므로 썩 잘 해냈다 한들 특별히 내세울 것도 없을 정도다."

멤논은 혼잣말을 계속했다.

---

1) 멤논은 그리스신화에서 새벽의 여신 에오스, 로마신화에서는 아우로라의 아들 이름.《자디그》의 본디 표제는 《멤논》이었다. 부제는 1756년에 간행된 크라메르판에 처음 등장한다.

"그리고 나의 재산을 잠깐 생각해야 한다. 나의 욕망은 그리 어마어마하지도 않고, 나의 재산은 니네베의 총징세관[2]에게 튼튼한 방법으로 맡겨 놓았다. 그리고 궁궐에 봉사하지 않고도 자립하여 살아갈 만큼의 재산도 있다. 이것은 나의 가장 큰 재산이다. 이제부턴 잘난 사람들의 비위를 맞춰야만 하는 괴로운 일도 결코 없으리라.[3] 누굴 부러워할 것도 없고, 아무도 나를 부러워하지 않는다. 이것 역시 아주 간단한 일이다. 나에겐 친구가 몇 명 있지만 그들에겐 나하고 말씨름을 할 재료가 아무것도 없으므로 친구를 잃을 일은 우선은 없다. 나는 그들에게 결코 화를 내지 않거니와 그들도 나에게 화를 내는 일은 없을 것이다. 이 점도 역시 문제가 없다."

그런 식으로 멤논은 방에 틀어박혀 깨달음의 경지에 다다르는 하찮은 계획을 세운 뒤, 문득 창밖을 내다보았다. 옆집의 플라타너스 아래 부인 둘이서 길을 걷는 것이 보였다. 하나는 나이 든 여자로 어떠한 거리낌도 없는 모습이었다. 다른 하나는 젊고 아름다운 여인으로 뭔가 골똘히 생각에 잠긴 모습이었다. 젊은 여인은 한숨을 쉬고 눈물을 흘리고 있었는데 그것 때문에 매력이 한층 돋보였다. 이 현자는 마음을 빼앗겼다. 그의 마음을 빼앗은 것은 여인의 아름다움이 아니라(그가 그런 여색에 빠지지 않으리란 것은 말하지 않아도 알 것이다), 슬픔에 잠긴 부인의 모습이었다. 그는 지혜롭게 위로할 셈으로 아래로 내려가서 니네베의 젊은 부인에게 다가갔다. 그 미인은 실제로는 살 집도 없는 작은아버지가 그녀에게 얼마나 행패를 부렸는지, 그 작은아버지가 얼마나 교묘하게 그녀가 갖지도 않은 재산을 빼앗았는지, 그리고 작은아버지에게 능욕을 당하지나 않을까 얼마나 불안에 떨고 있는지를, 너무나 천진난만하여 눈물을 자아내게 만드는 말투로 이야기했다.

여인은 그에게 말했다.

"당신은 분명 훌륭한 의논 상대가 되어주실 분인 것 같군요. 그러니 집까지

---

2) 니네베는 고대 아시리아의 수도로 현재 이라크 북부의 쿠르디스탄에 위치해 있었다. 18세기 프랑스에서는 은행가이자 세금징수관이기도 했던 총징세관이 권하는 투자가 가장 안전하다고 여겨졌다.
3) 볼테르 자신도 루이이 15세, 프로이센의 프리드리히 2세, 폴란드의 스타니스와프 왕의 "비위를 맞춰야만 하던" 시절이 있었다.

가셔서 좀 보살펴 주시면 지금의 괴로운 처지에서 틀림없이 저를 구해주시리라 믿어요."

멤논은 조금도 망설임 없이 여인의 까다로운 문제를 신중하고 깊게 생각하여, 이로운 도움말을 주기 위해 그녀를 뒤따라갔다.

슬픔에 싸인 부인은 그를 향기가 감도는 방으로 데려가 편안한 소파에 예의 바른 태도로 자신과 나란히 앉게 했다. 둘이서 소파에 다리를 포개고 마주 앉은 모습이 되었다. 부인은 눈을 내리깔고 이야기했는데 그 눈에선 이따금 눈물이 방울져 떨어졌고, 눈을 들면 언제나 현자 멤논의 눈길과 마주치는 것이었다. 부인의 이야기는 모두가 동정을 자아내는 것뿐이었으므로 마주 볼 때마다 애처로움이 한층 더했다. 멤논은 부인에 관한 문제로 머릿속이 꽉 찼고, 이렇게나 정숙하고 불행한 여인에겐 어떻게든 친절을 베풀어야 한다는 생각이 시시각각 커지고 있음을 느꼈다. 이야기에 열기가 더해지는 가운데 언제부턴지 두 사람은 서로 마주 보고 있지 않았다. 이제는 둘 모두 다리를 꼬고 있지 않았다. 멤논은 여자 옆에 바싹 다가가서 애정을 담아 도움말을 건넸다. 그러다 보니 이내 그들은 더는 중요한 문제를 이야깃거리로 삼을 수가 없었다. 어느새 이성을 잃고 저들도 모르는 사이에 서로 부둥켜안았다.

그들이 결국 선을 넘고 만 바로 그때, 예상대로 작은아버지가 들이닥쳤다. 그는 머리끝에서부터 발끝까지 무기를 갖추고 있었다. 그가 처음 내뱉은 말은 현자 멤논과 자기 조카를 당연히 죽여야겠다는 것이었다. 그런 그가 마지막으로 한 말은 큰돈을 내놓으면 용서해 주겠다는 것이었다. 멤논은 하는 수 없이 갖고 있던 돈을 몽땅 내놓았다. 그즈음에는 그런 푼돈으로 어물어물 덮어버릴 수 있었으니 아직은 다행이었다. 아메리카 대륙은 아직 발견되지 않았었고, 부인들도 오늘날에 비하면 위험이 훨씬 적었다.[4]

멤논은 몹시 창피하여 절망적인 마음으로 집으로 돌아왔다. 집에는 짤막한 편지가 한 통 배달되어 있었다. 그것은 몇몇 친구들과 함께하는 오찬회 안내 글이었다.

그는 말했다.

---

4) 매독의 위험을 암시하고 있다. 《캉디드》에서는 팡글로스가 고통을 당한다(제4장). 또한 볼테르의 다른 콩트 《40에퀴의 남자》(1768)에는 〈매독에 대하여〉라는 장이 있다.

"집에 혼자 있어봤자 어차피 머릿속은 그 안타까운 일로 가득 찰 테고, 밥도 제대로 목으로 넘어가지 않고 병이 날 게 틀림없어. 마음을 알아주는 친구들과 조촐한 식사라도 하러 나가는 게 차라리 낫겠군. 친구들과 즐겁게 웃고 이야기하다 보면 오늘 아침에 내가 저지른 실수도 잊을 수 있을 거야."

모임 장소로 나가자 친구들은 그에게 표정이 어째 시무룩하다면서 기분 전환을 하라며 술을 권했다. 도를 넘지 않는 한 잔 술은 몸과 마음에 좋은 약이다, 현자 멤논은 그렇게 생각했다. 그리고 그는 몹시 취했다. 식사가 끝나자 누군가가 내기를 하자고 제안했다. 친구들을 상대로 하는 내기라면 온당한 기분 전환이 아닐까? 그는 내기에 끼어들어 지갑을 몽땅 털렸고, 게다가 더는 낼 돈이 없어 구두 약속만으로 걸었던 그 4배의 금액을 내야 했다. 판돈을 둘러싸고 다툼이 일었고 모두가 흥분했다.[5] 친구 하나가 주사위를 흔드는 통을 멤논의 얼굴에 던져 한쪽 눈을 망가뜨렸다. 현자 멤논은 술에 잔뜩 취해 빈털터리가 되어, 게다가 한쪽 눈을 다친 채 집으로 업혀 돌아왔다.

취기가 조금 가시고 정신이 돌아오자, 도박에서 잃은 금액을 친구들에게 지불하기 위해 집사를 니네베의 총징세관에게 보내 돈을 가져오게 했다. 그러나 총징세관이 자신이 맡아두었던 재산을 차지하기 위해 그날 아침에 거짓으로 도산하여, 백여 가족을 불안에 빠뜨렸다는 소식이 전해졌다. 멤논은 화가 치민 나머지 다친 눈에 고약을 바른 뒤, 파산자를 고발하는 재판을 요청하려고 청원서를 들고 직접 궁궐로 갔다. 응접실에선 둘레가 24피에나 되는 고래 뼈 페티코트를 스커트 안에 받쳐 입은, 하나같이 여유롭고 게을러 보이는 몇몇 부인들과 마주쳤다. 그와 안면이 조금 있는 부인 하나가 곁눈질을 하면서 말했다.

"아유, 메스꺼워!"

더 안면이 있는 다른 부인이 말했다.

"안녕하세요, 멤논 님. 이렇게 뵙게 되어 정말 기쁘군요. 그런데 멤논 님, 어쩌다 한쪽 눈을 그렇게 잃으셨나요?"

그녀는 대답을 기다리지도 않고 지나쳐 가버렸다. 멤논은 한쪽 구석에 숨어

---

5) 이 부분은 볼테르가 직접 경험했던 뜻밖의 사고에 대한 암시임을 알 수 있다.

서 군주에게 무릎 꿇을 기회만 노렸다. 바야흐로 그 때가 왔다. 그는 바닥에 세 번 키스하고 청원서를 내밀었다. 자애심 깊은 군주는 매우 호의적인 태도로 받아들이더니 잘 설명해 주라며 지방장관에게 진정서를 건넸다. 지방장관은 멤논을 한쪽으로 데려가더니 건방진 태도로 신랄한 비웃음을 지으며 말했다.

"나를 제쳐놓고 국왕께 직접 하소연을 하다니 당신 참 웃기는 애꾸눈이로군. 게다가 잘나가는 파산자를 상대로 재판 청원을 하다니 그것 역시 우스꽝스럽기 짝이 없군. 그는 나의 비호를 받고 있으며 내 애인의 시중을 드는 사람의 조카야. 너의 나머지 한 눈을 잃고 싶지 않으면 그런 소송 따윈 포기하는 게 좋아! 알겠나!"

멤논은 그날 아침, 세상의 여인들과 인연을 끊고, 폭음과 폭식, 노름이나 온갖 말다툼을 멀리하며, 무엇보다 궁궐 생활을 단념했건만 날이 저물기도 전에 일찌감치 아름다운 부인들에게 된통 당하고, 부당하게 돈을 잃었으며, 게다가 술에 취해 노름에 손을 댔다가 싸움 끝에 한쪽 눈을 잃고 궁궐에 나와 얼간이 취급을 당하고 있었다.

놀란 나머지 잔뜩 위축되고 슬픔에 잠겨, 그는 창자가 끊어지는 듯한 충격으로 물러나왔다. 빨리 집에 돌아가고만 싶었다. 그러자 채권자들의 사주를 받은 집행관 몇 명이 그의 집 가재도구를 몽땅 압수해 가려 하고 있었다. 그는 플라타너스 아래서 당장에라도 기절할 것만 같았다. 거기서 아침에 보았던 아름다운 부인과 마주쳤다. 부인은 가엾은 작은아버지와 산책을 하고 있었는데, 고약을 바른 멤논을 보더니 소리 높여 웃음을 터뜨리는 것이 아닌가! 밤이 되어 멤논은 집 벽 옆의 짚 더미 위에 누웠다. 고열이 그를 덮쳤다. 발작을 일으키면서도 어느 겨를에 잠이 들었는지 꿈에 천사가 그의 앞에 나타났다.

천사는 눈이 부시도록 찬란했는데 발도 머리도 꼬리도 없어 어떤 것과도 비슷하지가 않았다.

"당신은 누구요?"

멤논이 물었다.

"너를 행운으로 이끄는 착한 영혼이다."

"그럼 나의 한쪽 눈과 건강과 집, 내 재산과 지혜를 돌려주세요."

멤논은 그 모든 것을 단 하루 만에 어떤 까닭으로 잃게 되었는지 자세히 이야기했다.

"우리가 사는 세계에선 그런 일은 절대로 일어나지 않아."

천사는 말했다.

"그럼 당신은 어떤 세상에서 살고 계십니까?"

슬픔에 잠긴 그가 물었다.

"나의 나라는 태양으로부터 5억 리외 떨어져 있고, 여기서도 보이는 저 시리우스하고 가까운 작은 별에 있다."

"멋진 나라로군요! 그렇다면 당신의 나라에는 불쌍한 사내를 속이고 닦달을 하거나, 그런 사내에게서 돈을 후려내고, 그 사내의 한쪽 눈을 멀게 만드는 친구나 위장파산자, 재판을 거부하고 비웃는 지방장관 같은 건 전혀 없다는 말씀이로군요."

"그렇다니까. 그런 자는 단 한 사람도 없어. 여자도 없으니까 여자한테 속을 일도 결코 없지. 식사를 하지 않으니 폭음이나 폭식을 할 리도 없잖아? 그 나라에는 금도 없지만 은도 없으니 위장파산자 따윈 단 한 명도 없다. 우리는 너희 같은 육체를 지니지 않으므로 눈이 멀 일도 없어. 그리고 작은 별에선 누구나 평등하기 때문에 지방장관이 부정을 저지르는 경우도 결코 없지."

그러자 멤논은 천사에게 말했다.

"천사님! 여자가 없고 밥도 안 먹으면 뭘 하면서 시간을 보내시는지요?"

"우리에게 맡겨져 있는 다른 몇 개의 천체에 신경을 쓰며 시간을 보내지. 그래서 이렇게 널 위로하러 오지 않았느냐 말이야."

"아, 정말 유감천만이로군요! 어째서 어젯밤에 내가 그런 바보 같은 짓을 못하도록 달려오시지 않았습니까?"

"나는 너의 형 아산에게 가 있었다. 그는 너보다 훨씬 비참한 꼴이 되었다. 그는 영광스럽게도 자애심 깊은 인도 왕의 궁궐에서 지내고 있었는데 아주 하찮은 실수 때문에 폐하가 그의 두 눈을 잃게 하셨지. 네 형은 지금 팔다리가 사슬에 묶인 채 독방에 갇혀 있다."

"두 형제 가운데 하나는 한쪽 눈을, 다른 하나는 두 눈을 잃었고, 하나는 마른풀 위에 누웠고 다른 하나는 감옥에 갇히기 위해, 한 집에 한 명의 친절한 천사가 따라붙어 계셔봤자 무슨 소용입니까?"

그러자 별에서 온 동물은 말했다.

"너의 운도 언젠가는 바뀔 것이야. 너는 분명 여전히 애꾸인 채로 살겠지만, 그건 그렇다 치고 완벽한 현자가 되겠다는 야무진 꿈만 꾸지 않는다면 넌 꽤 행복해질 수 있을 거다."

"그럼 완벽한 현자가 되기란 전혀 불가능한 일이란 말씀입니까?"

멤논이 한숨을 쉬면서 외쳤다.

"완벽한 숙련, 완벽한 체력, 완벽한 권력, 완벽한 행복과 마찬가지로 그것은 있을 수 없는 일이야. 우리 천사들도 완벽한 것과는 거리가 멀거든. 그런 완벽한 것들로만 이루어진 천체가 하나 있긴 한데, 저 넓은 공간에 흩어져 있는 1000억의 세계에선 모든 것은 단계를 밟아야 해.[6] 첫 번째 천체에 비하면 두 번째 천체는 지혜와 쾌락의 정도가 떨어지고, 두 번째 천체에 비하면 세 번째 천체에선 그 정도가 더욱 떨어지지. 더구나 그런 식으로 마지막 천체에까지 가면 그곳엔 모든 주민이 완전히 미쳐 있다."

"말씀을 들으니 몹시 불안하군요. 물과 육지로 된 우리의 보잘것없는 천체는 당신이 말씀하신 우주 속의 몹시 하찮은 시설(프티트 메종)[7]이 아닌가 하는 생각이 듭니다."

"아냐, 그 정도는 아니지만 뭐 비슷하다고 할 수 있지. 모든 것은 저마다 있어야 할 곳에 자리잡고 있어야 하거든."

"그래요? 그렇다면 일부 시인이나 철학자[8]가 '모든 것은 선하다'고 하던데, 그럼 그것은 크게 잘못된 것일까요?"

그러자 천계의 철학자는 말했다.

"우주 전체의 배치를 고려하면 그들의 주장은 매우 옳다."

"그래도 믿지 못하겠습니다."

---

6) 볼테르가 오랫동안 가까이했던 포프의 시집 《인간론》이 암시되어 있다.

7) 당시 파리에는 정신병 환자를 수용하는 이 이름(Petite Maison)의 병원이 실제로 있었다.

8) 섀프츠베리(1671~1713), 볼링브룩, 특히 라이프니츠를 가리킨다. 정령이 말하는 세계의 모습은 라이프니츠에 바탕하고 있다. 가능한 무한의 세계는 히에라르키(성직자의 세속적인 지배제도)를 이루고, 그 총체는 신의 섭리 조화에 의해 조직되어 있다는 것이다. 그러나 라이프니츠가 가능한 세계에 대해서만 거론하는 것에 반해 정령은 그것을 실재의 세계로 나타내고 있다.

가엾은 멤논은 즉각 되받았다.

"제가 앞으로 애꾸눈이 되지 않는다면 또 모르지만 그 말씀을 어떻게 믿을 수 있겠습니까?

Histoire des voyages de Scarmentado
스카르멘타도[1]의 여행 이야기
그가 직접 쓴 원고

나는 1600년에 칸디아[2]에서 태어났다. 아버지는 그 도시의 총독이었다. 내 기억에 따르면 무심하기로는 타의 추종을 불허하는, 이름이 '이로'라고 하는[3] 평범한 시인이 나를 칭찬하는 보잘것없는 시를 썼다. 그 시에서 그는 나를 미노스 왕의 직계 후손이라고 떠벌렸다. 그러나 아버지가 재미없음을 일깨워 주면 그는 또다시 시를 지었는데, 그 시에선 자기 조상은 왕비 파시파에[4]와 그의 연인으로 되어 있다. 그 '이로'라는 시인은 성미가 몹시 고약한 인물로 섬에서 가장 미움을 받는 자였다.

15살 때, 아버지는 나를 로마로 보내 공부하도록 했다. 나는 세상의 모든 진리를 배울 수 있으리라는 기대에 부풀어 그곳에 도착했다. 그때까지 나는 중국에서 알프스산맥으로 이어지는 속세의 습관에 따라 진리와 정반대인 것만 배우고 있었기 때문이다. 내가 소개받은 스승 프로폰도는 유별난 사람이어서 참아내기가 몹시 힘든 학자였다. 그는 아리스토텔레스의 범주[5]를 가르치려 했을 뿐만 아니라, 하필이면 나를 남색의 상대가 되는 어린아이들 속에 집어넣으려 했다. 그러나 나는 꾀를 써서 간신히 벗어났다. 내 눈으로 본 것이라고는

---

1) 스페인어의 동사 escarmentar는 '엄격한 교훈을 주다, 경험에 의해 가르치다, 징계하다'를 의미한다. 한편, 주인공 이름 스카르멘타도(Scarmentado)를 이탈리아어의 mentado(정신, 재기)와 scarso(결핍된)와의 합성어로 본다면 그것은 '순진한'의 뜻이 된다.
2) 크레타섬의 북쪽 바다 기슭에 있는 주요 도시로 현재의 이라클리온.
3) 볼테르의 오랜 적인 시인 피에르 샤를 루아의 애너그램인 것 같다.
4) 그리스신화에서 파시파에는 크레타섬의 왕 미노스의 왕비였는데 흰 소와 관계를 맺어 몸은 사람이고 머리는 소인 미노타우로스를 낳았다.
5) 아리스토텔레스가 술어화한, 사물의 개념을 분류함에 있어서 그 이상 일반화할 수 없는 가장 보편적이고 기본적인 최고의 유개념(類槪念)을 가리킨다.

성직자와 신자들의 행렬과 악마를 물리치는 의식, 그리고 몇 차례의 약탈 현장이었다. 매우 주의력이 깊은 분이신 올림피아 부인[6]이 팔아선 안 되는 것을 대량으로 판다는 소문이 나 있었는데, 그러나 그것은 거짓이 분명했다. 나에게 그 모든 것들이 유쾌하기만 하던 시절이었다. 품행이 올바르기로 더할 나위가 없는, 파텔로 부인[7]이라는 앳된 귀부인이 나를 사랑한다는 느낌이 들었다. 그녀는 지금 이미 사라지고 없는 수도회의 두 젊은 예비수도사, 곧 푸아그나르디니하고 아코니티와 구설수가 있었는데 나에게도 마음이 있음을 보였으므로 두 사람을 화해시키고 말았다. 동시에 나로선 파문당하거나 독살당할 위험을 무릅써야 했다. 그래서 나는 산피에트로 대성당의 위용에 크게 만족하고 여행을 떠났다.

프랑스를 여행했더니 정의로운 루이 왕이 다스리고 있었다. 내가 맨 처음받은 질문은 앙크르 총사령관[8]의 살점 한 조각을 아침식사로 먹지 않겠느냐는 것이었다. 군중은 총사령관의 몸을 구워서 원하는 사람에게 헐값에 사먹게 했던 것이다. 이 나라는 때로는 국무고문회의의 하나인 지위가 원인이 되어, 또는 겨우 2페이지밖에 되지 않는 신학적 주장이 원인이 되어 끊임없는 내란의 위험에 시달리고 있었다. 그 전쟁은 이미 60년 넘게 때로는 잿불처럼 연기만 피우거나, 또 때로는 세차게 타올라 아름다운 국토를 황폐하게 만들었다. 그것은 곧 프랑스교회의 자유였다. 나는 말했다.

"정말 슬픈 일이야! 이 나라 백성은 본디 성품이 온순하건만 대체 무엇이 그들의 성격을 이렇게 바꿔놓았을까? 그들은 한편으론 우스갯소리를 하면서 다른 한편으론 생바르텔레미의 학살 같은 짓을 저지른다. 그들이 유머만 나누며 사는 시대가 된다면 얼마나 행복하랴!"

---

6) 올림피아 마이달키니(1594~1656)는 교황 인노켄티우스 10세(재위 1644~55)의 형수였는데, 교황에게 절대적인 영향력을 갖고 그것을 악용한다는 평판이 일고 있었다. 그녀가 세상을 떠났을 때 90만 리브르의 사재가 남아 있었다고 한다. 스카르멘타도가 로마를 방문한 것은 1615년 무렵이라고 하므로 역사적 사실과의 사이에 약간의 시간 차이가 있다.

7) 파텔로(Fatelo)는 Faites-le(l'amour), 곧 '섹스하다'를 빗댄 것으로 해석된다. 당시 고대 로마에 매춘부가 있었다는 것은 널리 알려진 사실이다.

8) 이탈리아 출신 앙크르 후작(1575~1617)은 실제 재상이 되었지만 무능과 독재 때문에 아내와 함께 죽음을 당했다. 민중은 그를 태워 죽이고 그 살을 게걸스레 먹었다고 전해진다.

영국에 가자 거기에도 똑같은 다툼이 고만고만한 수준으로 일어나 있었다. 가톨릭 성자들은 교회의 이익을 위해 국왕과 국왕의 가족, 그리고 의회를 송두리째 화약으로 공중에 날려버리고, 영국을 그들 이단자들에게서 해방하겠다며 벼르고 있었다.[9] 나는 헨리 8세의 딸로 만복을 누리던 메리 여왕이 500명도 더 되는 가신들을 불태워 죽인 광장을 둘러보았다. 한 아일랜드인 신부는 이것이야말로 선행이라고 내게 잘라 말했다. 첫째, 화형당한 자들은 영국인이었기 때문이고, 둘째, 영국인은 성수를 받지 않고 성 패트릭의 굴을 믿지 않기 때문이라는[10] 것이었다. 그 신부는 메리 여왕이 아직 성인 반열에 오르지 않은 것에 몹시 놀랐지만, 여왕의 조카인 추기경에게 약간의 여유가 생기면 언젠가 반열에 오르리라고 믿고 있었다.

나는 네덜란드로 갔다. 더한층 냉정한 사람들이 사는 나라에선 더 많은 평안을 발견하게 되리라고 기대해서였다. 내가 헤이그에 도착했을 때, 존경할 만한 어떤 노인의 목이 매달리고 있는 참이었다. 그것은 국가에 크게 공헌한 인물 올덴바르네벨트[11] 재상의 대머리였다. 나는 참 안됐다고 여기고 그의 죄상이 무엇인지, 혹시 매국노인지를 물었다.

"더 나쁜 짓을 했소."

검정 망토를 두른 칼뱅파 목사가 내게 대답했다. "왜냐하면 그 사람은, 인간은 신앙에 의해서도 또 자선행위에 의해서도 똑같이 구제된다고 믿었기 때문이오. 당신도 알다시피 만일 그런 견해가 정착된다면 나라는 존속할 수 없을 것이 분명하오. 그런 괘씸하고 모욕적인 언사를 억누르려면 엄격한 법이 필요하오."

통찰력이 있는 그 나라의 정치가가 한숨과 함께 내게 말했다.

"정말 안타까운 일입니다! 선생님, 좋은 시절이란 오래 지속된다는 보장이 없어요. 이 나라 백성이 이토록 열정에 넘치는 것도 단지 우연에 불과합니다.

---

9) 제임스 1세 통치 때의 화약음모사건(1605)을 암시하고 있다.
10) 5세기의 성자 패트릭의 포교활동 이후 아일랜드인은 열렬한 가톨릭 신자였다. "아일랜드에선 성 패트릭의 굴이 잘 알려져 있다. 사람들은 그 굴을 지나야 지옥으로 내려간다고 말한다"(볼테르 《기적에 관한 문제》, 1765년).
11) 17세기 초의 네덜란드 독립전쟁 당시의 지도적 정치가. 올덴바르네벨트는 주전론을 펼친 마우리츠 총독과 대립하고, 그 대립이 나라에 2개의 칼뱅파, 곧 아르미니위스파와 호마뤼스파의 대립 항쟁을 불러온 것을 가리키고 있다. 올덴바르네벨트는 1619년에 72세로 처형되었다.

본디 그들의 성격은 관용이라는 몹쓸 교의에 쉽사리 기울어지기 때문이에요. 언젠가는 결국 그렇게 될 것입니다. 그 생각을 하면 몸서리가 쳐집니다."

그래서 나는 온건함과 너그러움이라는 불행을 가져오는 시대가 찾아오기 전에는 가혹한 처사를 덮어줄 아무런 매력도 없는 나라와 서둘러 작별을 고하고 스페인으로 가는 배에 올랐다. 당시 궁정은 세비야에 있었다. 마침 갈리온선[12]이 도착한 참이고, 1년 중 가장 가슴 설레는 계절이기도 했으므로 모든 것이 풍요와 환희를 즐겨 누리고 있었다. 오렌지나무와 레몬나무 사잇길 너머로 값비싼 천으로 뒤덮인 관람석이 주위를 에워싼 널따란 원형경기장 같은 것이 보였다. 국왕과 왕비, 왕자와 공주들이 번듯한 천막 아래 나란히 앉아 있었다. 그런 존귀한 일가의 맞은편에 옥좌 하나가 더 있었는데 그것은 더한층 높이 위치해 있었다. 나는 일행에게 이렇게 말했다.

"저 옥좌가 하느님 전용석이 아니라면 저것이 무엇에 도움이 되는지 모르겠군요."

그 조심성 없는 말 한마디가 근엄한 스페인 사람의 귀에 들어가 나는 몹시 위험에 처하게 되었다. 그런데 이제부터 기마행렬이나 투우로 무척 들뜬 광경을 보게 되리라며 잔뜩 기대를 걸고 있었는데, 종교재판소장이 그 옥좌에 모습을 드러내더니 거기서 국왕과 백성에게 축복을 내리는 것이 아닌가!

이어 엄청나게 많은 수도사가 둘씩 짝을 지어 들어왔다. 하얀, 검정, 회색 옷에 양말을 신은 사람, 맨발인 사람,[13] 턱수염이 있는 사람, 턱수염이 없는 사람, 끝이 뾰족한 두건을 쓴 사람, 두건을 쓰지 않은 사람이 있었다. 이어 사형집행인이 뒤따라 들어왔다. 그다음은 치안경찰관과 고위 관리에 둘러싸여 악마와 지옥의 그림이 있는 허름한 옷을 입은 40명 남짓한 사람들의 모습이 보였다. 그들은 분명 모세 신앙을 포기하려 하지 않는 유대인들, 혹은 자기가 대부를 맡았던 아이의 대모인 여자와 결혼하거나,[14] 아토차 성모[15]를 예배하지 않거나

---

12) 15세기부터 18세기에 걸쳐 스페인이 상선으로 사용했던 대형 돛배.
13) 카르멜회, 성 아우구스티누스 수도회의 여러 분파 수도사는 신발을 맨발에 신느냐의 여부로 구별되었다. 이 표현은 그것을 빗대고 있다.
14) 당시 스페인에 살았던 유대인들은 망명하면 개종을 강요당했다. 개중에는 표면상 가톨릭으로 개종하고 몰래 유대교를 믿는 자들도 있었다. 또한 같은 아이의 대부와 대모의 결혼은 교회법상 엄격하게 금지되었다.

히에로니무스회 은거 수도사를 위해 선뜻 성금을 내지 않은 그리스도교 신자들이었다. 깊은 감사를 바치는 기도말로 경건하게 노래하고, 뒤이어 모든 죄인이 차례로 화형되었다. 왕가의 모든 사람은 그 광경에 깊은 감명을 받은 모습이었다.

그날 밤, 잠자리에 들려고 할 때였다. 산타 에르만다드 경찰을 데리고 온 종교재판소 관리 두 사람이 방으로 들어왔다. 그들은 나를 따뜻하게 포옹하더니 한마디 말도 없이 몹시 싸늘한 독방으로 데려갔다. 그곳엔 멍석과 근사한 십자가가 있었다. 나는 거기서 6주 동안 있었는데 그 6주가 지났을 무렵, 종교재판소의 신부님이 부하를 보내 나에게 이야기를 하러 오지 않겠느냐고 했다. 신부님은 아버지 같은 온정을 담아 나를 두 팔로 꼭 안았다. 그는 내가 형편없는 방에서 지낸다는 소식을 듣고 솔직히 가슴이 아팠다고 했다. 지금은 이 건물의 모든 방이 차서 안 되지만 다음엔 좀 더 편히 지낼 수 있을 거라고 그는 말했다. 그러더니 신부님은 나한테 왜 이런 곳에 있는지 아느냐고 매우 성의 있는 태도로 물었다. 나는 종교적인 죄를 저질러서 그런 게 아니냐고 신부님에게 말했다.

"내 말을 못 알아듣는군. 그게 어떤 죄였는지 마음 편히 이야기해도 좋아."

나는 아무리 생각해도 딱히 짚이는 바가 없었다. 신부님은 자비심 깊게도 내게 실마리를 제공해 주었다.

조심성 없게도 불경스런 말을 한 것을 떠올려 냈고, 채찍형과 은화 3만 레알의 벌금형만으로 수습이 되었다. 다음은 종교재판소장에게 인사하러 끌려갔다. 재판소장은 고상한 인물로 내게 그 화형 장면을 어떻게 생각하느냐고 물으셨다. 나는 매우 훌륭한 행사였다고 말씀드리고, 여행의 일행에게 가서 여기는 아름다운 땅이지만 떠나야겠다며 재촉했다. 나의 여행 동반자들은 스페인 사람이 종교 때문에 이룩해 낸 수많은 대사업을 알 시간이 충분했다. 그들은 치아파스의 고명한 주교[16]의 회상록을 이미 읽은 뒤였다. 그 책에 따르면 아메리

---

15) 마드리드에서 추앙받았던 목제 성모입상으로 해마다 자신의 축일이면 눈물을 흘린다고 전해졌었다.

16) 멕시코 치아파스의 주교 바르톨로메 데 라스카사스(1474~1566)를 말한다. 그의 책 《인디언 파멸에 대한 간결한 보고》는 1582년에 프랑스어로 번역되었다.

카 신대륙의 이교도를 개종시키려고 1000만 명이 칼에 찔려 죽고 불에 타 죽거나 물에 빠져 죽었다. 나는 그 주교가 과장한다고 생각했지만 희생자의 수를 500만으로 줄인다 해도 역시 놀라운 일임에 틀림없다.

여행에 대한 열망이 여전히 나를 부추기고 있었다. 나는 유럽 일주를 터키에서 마무리할 생각이었다. 우리는 그리로 갔고, 나는 이제부턴 어떤 부추김을 받아도 다시는 의견 같은 것을 말하지 않기로 했다.

"터키인들은 이교도예요. 세례를 받은 적이 없으니 종교재판관인 신부님들보다 훨씬 잔인할 겁니다. 이슬람교도의 나라에 도착하면 오로지 침묵을 지키기로 합시다."

그리하여 나는 이슬람교도의 나라에 도착했다. 놀랍게도 터키에는 칸디아보다도 훨씬 많은 교회가 있었다. 그곳엔 수많은 수도사가 있었고, 더구나 그들 중 어떤 이는 그리스어로, 또 어떤 이는 라틴어로, 또 다른 이는 아르메니아어의 식으로 아무런 거리낌 없이 성모마리아에게 기도를 올리고 마호메트를 저주하는데도 그냥 놔두었다.

"터키인은 정말 선량한 사람들이로군!"

나는 말했다. 그러나 콘스탄티노플에선 그리스정교회 신자와 로마가톨릭교회 신자가 서로 불구대천의 원수가 되어 있었다. 신앙에 사로잡힌 그들은 서로 박해했다. 그것은 마치 한길에서 서로 물어뜯다가 주인들에게 몽둥이로 얻어맞은 뒤에야 떨어지는 개와 비슷했다. 당시 재상은 그리스정교회의 방패였다. 그리스정교회 총주교는 로마가톨릭교회의 총대주교 집에서 저녁을 먹었다는 이유로 나를 고소했다. 그래서 나는 국왕고문회의에서 발바닥을 얇고 긴 판자로 100대 맞는 형을 선고받았으나 그 형은 금화 500시퀸으로 대신할 수 있었다. 이튿날 재상이 교수형에 처해졌다. 뒤이은 재상은 다음다음 날, 그리스정교회의 총주교 집에서 저녁을 먹었다는 이유로 나한테 똑같은 벌금형을 내렸지만 로마가톨릭 편이었던 그 재상 역시 정확히 한 달 뒤에 교수형을 당했다. 슬프게도 나는 이제 그리스정교 교회에도 로마가톨릭교 교회에도 다녀선 안 되는 처지가 되었다. 위로가 될까 하고 절세미녀인 시르카시아[17] 출신 여

---

17) 캅카스 북쪽 산기슭의 시르카시아 출신 여자 노예는 당시 하렘에서 가장 아름답다고 여겨졌다고 한다.

자 노예에게 둘러싸였다. 그녀들은 함께하고 있노라면 세상에서 가장 상냥하고, 모스크에선 다른 누구보다도 신앙이 깊었다. 어느 밤, 여인은 사랑의 감미로운 격정에 휩싸여 나를 꼭 껴안으면서, "라 일라하 일랄라"[18]라고 외쳤다. 그것은 신앙심을 더욱 깊게 하기 위한 축복의 말이었다. 나는 그것이 사랑에서 나온 말인 줄 알고 나 역시 "라 일라하 일랄라"라고 진한 애정을 담아 큰 소리로 말했다.

"자비심 깊은 신을 진심으로 칭송하시네요! 당신은 터키인이로군요."

나는 신이 나에게 터키인의 왕성한 정력을 내려주신 데에 감사하는 것이라고 여인에게 말하면서 나의 과분한 행복을 곱씹었다. 아침이 되자 이슬람교 지도자인 이맘이 와서 내게 할례를 베풀려고 했다. 내가 난색을 보이자 그 지역의 공명정대한 인물인 재판관은 나에게 창에 찔려 죽는 형을 선고했다. 나는 1000시퀸으로 간신히 목숨을 부지하고, 터키에선 그리스정교의 미사에도 로마가톨릭의 미사에도 다시는 가지 않겠다, 여자와 만나도 "라 일라하 일랄라"라는 말 따윈 절대 하지 않기로 결심하고 페르시아로 발길을 옮겼다.

이스파한에 도착하자 사람들이 나에게 검은 양에게 가세하겠느냐, 아니면 하얀 양에게 가세하겠느냐고 물었다. 유화적이라면 어느 쪽이든 상관없다고 나는 대답했다. 당시엔 백양과 흑양이라는 과격한 집단[19]이 여전히 페르시아 땅을 둘로 나누고 있었음을 알아야 한다. 이 두 당파를 비웃었다는 이유로 나는 일찌감치 성문에서부터 고초를 겪었다. 양과의 인연을 끊기 위해 더 많은 시퀸을 잃었기 때문이다.

나는 통역을 데리고 중국에까지 갔다. 통역은 이 땅이야말로 사람들이 자유롭고 쾌활하게 사는 나라라고 나에게 말했다. 그러나 타타르인이 모든 것을 전쟁의 불길과 유혈의 장으로 바꾸어 그 나라의 지배자에게 바쳤다. 한쪽

---

18) "알라 외에 신은 없다"는 뜻.

19) '백양' 또는 '백양 왕조'는 14세기 후반에서 16세기 초에 걸쳐 아나톨리아 동부에서 이란고원 동부를 정치적 군사적으로 지배했던 튀르크멘계 유목민 부족연합 아크 코윤루를 가리킨다. '흑양' 또는 '흑양 왕조'는 14세기에서 15세기에 걸쳐 메소포타미아 평원 북부에서 아나톨리아 동부까지 세력을 떨치던 튀르크멘계 유목민 부족연합 카라 코윤루를 가리킨다. 흑양 왕조는 백양 왕조에 의해 멸망했다. 또한 볼테르는 《풍속시론》 88장 〈티무르〉에서 백양과 흑양에 대해 기술하고 있다.

에선 예수회 신부가, 다른 한편에선 도미니크회 신부가 "아무도 모르는 일이지만 우리는 많은 사람을 신의 길로 인도했다"고 큰소리치고 있었다. 이교도를 이토록 열심히 귀의시키는 수도사들을 만난 적은 지금껏 단 한 번도 없었다. 왜냐하면 이 신부들은 서로를 번갈아 가며 박해하고 있었기 때문이다. 그들은 로마에 비방문서를 장황하게 써서 보냈고, 서로 상대방을 이교도라 불렀으며, 영혼을 바른길로 이끌지 않는 자들이라고 욕지거리를 해댔다. 특히 둘 사이에서 예배 방법을 둘러싸고 무시무시한 논쟁[20]이 있었다. 예수회 사람은 중국인이 중국식으로 부모에게 인사하기를 바랐고, 도미니크회 사람은 중국인도 로마가톨릭식으로 인사하기를 바랐다.

우연히 예수회 사람들이 나를 도미니크회로 착각한 일이 있었다. 타타르인 폐하의 궁궐에서 나는 로마 교황의 스파이가 되어버린 것이다. 최고고문회의가 최고위 관리에게 요청하고, 최고위 관리가 집행관에게 명령하고, 집행관은 그 지방의 경찰 4명을 지휘하여 나를 체포하고 삼엄하게 속박했다. 나는 140번이나 무릎 꿇은 뒤, 폐하 앞으로 끌려갔다. 폐하는 내가 과연 교황의 스파이인지 아닌지, 그 제왕이 몸소 폐하의 왕위를 뺏으러 온다는 말이 사실이냐고 나를 심문하게 했다. 그래서 나는 그 물음에 답하기를, 교황은 70세의 신부이며 타타르 중국의 신성한 폐하가 다스리는 이곳으로부터 1만 6000킬로미터나 떨어진 곳에 살 뿐만 아니라, 그를 경호하는 2000명 남짓한 병사도 무기 대신에 양산을 들고 다니므로, 어느 누구의 왕위도 빼앗을 일이 없으니 폐하께서는 안심하셔도 된다고 말씀드렸다. 이것은 내 일생에서 나에게 닥친 재앙 가운데 가장 가벼운 사건이었다. 나는 마카오로 보내졌고, 거기서 유럽행 배에 올랐다.

내가 탄 배는 인도의 골콘다 연안에 닿았을 때 수리를 해야만 했다. 나는 그 시간을 이용하여 아우랑제브 대제의 궁궐을 구경하러 나갔다. 그 궁궐은 몹시 불가사의하다는 소문이 나 있었기 때문이다. 당시 대제는 델리에서 살았

---

20) 실뱅 므낭에 따르면 17세기 전반에서 18세기 중반에 걸쳐 있었던 제례의식에 관한 논쟁에 대한 비유이다. 예수회 선교사는 중국에서 많은 개종자를 낳았다. 그러나 도미니크회 등은 조상의 영령이나 공자에 대한 경의 같은 전통적 관습을 금지하지 않는다는 이유로 예수회를 비난했다. 볼테르는 이 논쟁에 대해 《풍속시론》 39장에 언급하고 있다.

다.[21] 그때 나에게 위로가 되었던 것은 성지 메카의 지방관에게서 받은 신묘한 선물을 대제가 받으시는 성대한 의식이 있는 날, 그 용안을 뵌 것이었다. 선물은 신성한 집 카바, 곧 바이트알라의 청소에 쓰였던 빗자루였다.[22] 그 빗자루는 영혼의 모든 때를 씻는 상징인 것이다. 아우랑제브 대제가 그런 빗자루를 필요로 할 것 같지는 않았다. 그는 힌두스탄 전역[23]에서 가장 신앙이 독실한 인물이었다. 분명 그는 형제의 목을 찔러 죽이고 아버지를 독살했다. 20명의 비이슬람교도 터키인 가신과, 역시 같은 수의 외국인 가신이 고문을 받고 죽었다. 그러나 그런 일은 하찮은 것일 뿐, 세간에선 대제의 독실한 신앙심만이 평가되고 있었다. 대제에게 견줄 수 있는 것은 금요일마다 기도 뒤에 몇 명의 목숨을 빼앗던, 그 존귀하고 수려한 모로코 황제 물레이 이스마일 폐하[24]뿐이었다.

나는 비난 섞인 말은 단 한 마디도 하지 않았다. 여행을 거듭하는 사이에 살아가는 지혜를 터득했던 것이다. 그리고 나 같은 사람이 귀하신 두 황제 가운데 어느 한쪽의 손을 들다니 분수를 모르는 일이기도 하다. 사실 나와 같은 숙소에 머물던 프랑스인 젊은이는 인도 황제와 모로코 황제에 대해 예의에 벗어나는 언동을 했다. 그 프랑스인은 불경스럽게도 유럽에는 아주 경건한 군주가 여러 명 있는데 그들은 모두 자국을 훌륭하게 다스리고, 더구나 교회에도 자주 가는데, 그런데도 친형제를 죽이거나 가신의 목을 치지는 않는다고 떠벌렸던 것이다.

우리의 통역은 젊은이의 모독적인 말을 인도말로 전했다. 과거의 교훈으로부터 배운 바가 있던 나는 서둘러 낙타 두 마리에 안장을 얹게 하고 프랑스인과 둘이서 허겁지겁 도망쳤다. 뒤에 안 사실이지만, 그날 밤 안으로 아우랑제

---

21) 인도 무굴제국의 제6대 황제(1618~1707). 1659년에 대관식을 거행하여 형을 죽이고 아버지를 감금하고 독살했다. 관용을 모르는 수니파 이슬람교도였던 그는 시아파나 힌두교도를 박해했다. 또한 작품 속에서 주인공의 여행 시기는 아우랑제브 황제 및 물레이 이스마일 황제 재위 시기와 시간적 차이가 있다.
22) 아브라함은 노아의 홍수에 의해 파괴되었던 메카의 신전 카바를 다시 지었다고 전해진다. 1년에 한 번, 고위 성직자는 신전 내부의 그을음을 없애는 의식을 행했다고 한다.
23) 인더스강과 갠지스강 유역의 평야를 가리키는 고대 페르시아의 호칭.
24) 모로코의 알라위 왕조에서 가장 이름이 알려진 군주 물레이 이스마일(재위 1672~1727). 볼테르는 《풍속시론》 191장에서 이 군주는 공포정치로 권위를 유지했다고 쓰고 있다.

브 대제의 장교들이 우리를 잡으러 왔었는데 그들이 찾아낸 것은 통역뿐이었다. 통역은 광장에서 처형되고 궁정 대신들은 대제에게 아부하기를, 통역의 죽음은 매우 정당하다고 입을 모아 인정했다.

우리가 살고 있는 대륙의 매력을 샅샅이 만끽하려면 나는 아프리카로 가야 했다. 사실 나는 바라던 대로 아프리카를 방문했다. 내가 탄 배가 흑인 해적의 습격을 받았다. 선장은 노발대발하며 왜 너희는 그런 식으로 국제법을 어기느냐고 물었다. 흑인 우두머리는 선장에게 대답했다.

"너희의 코는 높고 우리 코는 편평하다. 머리칼로 말하자면 너희는 쪽 곧지만 우리 것은 양털처럼 뽀글거린다. 너희의 살결은 회백색이지만 우리 피부는 광택 있는 검정이다. 따라서 자연의 신성한 규율에 따라 너희와 우리는 영원히 적이어야 한다. 너희는 기니 해안의 정기시장에서 우리를 마치 짐 끄는 마소처럼 사다가 뭔지 까닭도 모를 어리석고 힘든 일에 몸을 바치게 한다. 우리에게 소가죽 채찍으로 매를 맞으면서 산속을 파게 하고, 거기서 노란 흙 같은 것을 가져가는데, 본디 그런 것은 그것만으론 아무짝에도 쓸모가 없을뿐더러 이집트의 맛있는 양파 1개의 값어치도 없다. 따라서 너희와 마주쳤을 때, 우리가 강하면 너희를 노예로 삼아 우리의 밭을 갈게 할 것이다. 아니면 그 코와 귀를 잘라내거나 둘 중 하나다."

이토록 양식 있는 말을 되받아칠 것이라곤 아무것도 없었다. 나는 나의 귀와 코를 보전하기 위해 한 흑인 노파의 밭을 갈러 갔다. 1년 뒤, 나는 몸값을 치르고 풀려났다. 생각해 보면 지상의 아름다운 것, 좋은 것, 놀랄 만한 것은 모조리 보았으므로 이제부턴 나의 집만 보아야겠다고 결심했다. 나는 집에서 결혼식을 올리고 아내와 함께 잠드는 사내가 되었는데,[25] 그것이 인생에서 가장 편안한 상태임을 뼈저리게 느꼈다.

---

25) 이 내용은 언뜻 보면 구제불능의 무기력함을 나타내는 보카치오의 콩트가 전하는 격언 "아내를 재우고, 얻어맞아도 기쁘다(cocu, battu et content)"를 연상케 한다. 그러나 실제로는 아내의 부정으로 입은 남편의 정신적 상처도 세상을 덮치는 비참한 사건에 비하면 그나마 가볍다는 말일 따름이다.

Cosi-Sancta
코시 상타
위대한 선을 위한 작은 악
아프리카 이야기[1]

훨씬 큰 선을 낳을지라도 악을 행해서는 안 된다는 격언은 잘못 정착되었다. 성 아우구스티누스도 이처럼 생각했다는 사실은 셉티무스 아킨디누스가 집정관으로 있던 시대에 그의 교구에서 일어났던 어떤 사건에서 쉽게 찾아볼 수 있다. 《신국》에도 이 일화가 나와 있다.[2]

히포 마을에 늙은 사제 한 사람이 살았다. 그는 평신도회의 위대한 발안자이자, 인근 모든 처녀들의 고해신부이기도 했지만, 신탁을 받은 인물로서는 그 이상으로 추앙받았다. 이따금 길흉화복을 점쳤기 때문이다.

어느 날 코시 상타[3]라는 이름의 처녀가 늙은 사제를 찾아왔다. 그녀는 그 지방에서 제일가는 미인이었다. 장세니스트[4]인 그녀의 부모는 딸에게 정절을 엄격하게 가르쳤다. 그래서 그녀의 연인들 가운데 기도 중에 한순간이라도 그녀의 넋을 빼앗은 사람은 여태껏 아무도 없었다. 며칠 전 그녀는 히포 상급재판소의 재판관으로 카피토라는 이름을 가진 자그마한 쭈그렁 노인과 약혼했

---

1) 본편의 무대는 고대 누미디아 왕국의 수도로, 현재 알제리의 안나바에 해당하는 히포이다. 아우구스티누스는 391년부터 430년에 죽을 때까지 히포에서 사제로 있었다.
2) 아우구스티누스가 《신국》에서 이 일화를 들었다는 볼테르의 지적은 사실무근이다. 실제로는 《산상수훈에 관하여》에 이 일화가 있다. 또한, 볼테르는 피에르 벨의 《역사비평사전》을 참조했으면서도, 이 사실을 고의로 감췄다.
3) 여주인공의 이 이름은 이탈리아어로 '성녀가 되다'는 뜻이다. 왜 이탈리아어가 선택되었는지는 알 수 없다.
4) 아우구스티누스의 은총론 사조를 이어받은 17~18세기의 엄격한 장세니슴이, 이 편의 배경인 고대에 존재하지 않았음은 명백하다. 작가는 임의로 시대 고증을 무시함으로써 아이러니한 효과를 올리고 있다.

다. 노인은 무뚝뚝하고 도량이 좁은 사나이로, 재기가 없지는 않았으나, 대화 자리에서는 점잔을 빼고 앉아 남에게 비아냥대기를 즐겼다. 또한 베네치아인처럼 질투심이 많아서, 시답지 않은 이유를 들어, 자기 아내의 애인들의 친구로 있는 데에는 만족하지 못하는 인물이었다. 처녀는 어쨌든 남편이 될 사람이었으므로 그를 사랑하려고 여러모로 애썼으나 소용이 없었다.

그녀는 행복한 결혼이 될지 알고 싶어서 고해신부를 찾아갔다. 노인은 예언자 같은 말투로 이렇게 말했다.

"당신의 정절은 수많은 불행을 낳을 것이오. 하지만 남편에게 세 번 부정을 저질렀다는 이유로 언젠가 성자 반열에 오를 것이오."

순진하고 아름다운 처녀는 이 신탁에 몹시 놀라고 당황했다. 그녀는 울었다. 그리고 그 말에는 뭔가 신비로운 뜻이 숨겨져 있으리라고 믿고 설명을 요구했다. 그러나 세 번이란 같은 애인과 세 번 밀회를 한다는 뜻이 아니라, 세 남자와 저마다 한 번씩 정사를 나눠야 한다는 것이었다.

코시 상타는 큰 소리로 사제를 욕하며, 자기가 성자의 반열에 오르는 일은 결코 없을 것이라고 단언했다. 그런데 결국(곧 나오겠지만) 그녀는 성자의 반열에 올랐다.

며칠 뒤 그녀는 결혼했다. 결혼식은 매우 신사적이었다. 신부에게 수치심을 불러일으키는 온갖 욕설과 노골적이고 비속한 말들이 쏟아졌으나 그녀는 꿋꿋이 견뎠다. 그녀는 멀쑥하고 훤칠한 청년 몇몇과 즐겁게 춤을 추었다. 그러나 남편은 그런 젊은이들을 아주 괘씸하게 여겼다.

그녀는 얼마간 혐오감을 느끼면서도 카피토와 합방하려고 침대로 들어갔다. 그녀는 밤의 대부분을 자면서 보냈으며, 눈을 뜨면 생각에 잠겼다. 하지만 시름의 원인은 남편이 아니라 리발도라는 젊은이였다. 어느새 그의 생각이 머리에서 떠나지를 않았다. 이 젊은이는 사랑의 신의 손에서 태어난 것처럼 사랑의 신의 우아함과 대담함과 애교를 두루 갖추었다. 다소 건방진 구석은 있었지만, 그런 태도를 보이는 것은 그것을 원하는 여자를 상대할 때뿐이었다. 그는 히포의 인기인이었다. 그는 모든 마을 여인과 친하게 지냈으며, 그녀들의 남편이나 어머니들하고도 사이좋게 지냈다. 대개 멋 부리기 좋아하는 여자들과 가볍게 사랑에 빠졌으나, 코시 상타에게만큼은 진심으로 빠져버렸다. 정복하기 어려운 상대인 만큼 더욱더 광적으로 그녀를 사랑했다.

젊은이는 먼저 지혜를 발휘하여 그녀의 남편과 친해지려고 애썼다. 계속해서 그에게 접근해서는 그의 훌륭한 외모와 활발하고 순수한 정신을 칭찬했다. 내기를 걸어서 일부러 져주기도 하고, 매일같이 시시한 비밀 이야기를 하기도 했다. 코시 상타는 이 젊은이야말로 누구보다도 사랑스러운 남자라고 생각했으며, 실제로도 생각 이상으로 이미 그에게 깊이 빠져 있었지만 전혀 깨닫지 못했다. 정작 그것을 눈치챈 사람은 그녀의 남편이었다. 남편은 도량이 좁은 사람이 그러하듯 우쭐대는 기질은 있었으나, 리발도의 방문 목적이 자기 때문만은 아니라는 사실을 모르지는 않았다. 그는 적당한 핑계로 젊은이와 절교하고 출입을 금했다.

코시 상타는 무척 불만스러웠지만 굳이 속을 내비치지 않았다. 한편 리발도는 장벽을 만나자 오히려 연정이 커져서 그녀와 만날 기회만을 호시탐탐 노렸다. 그는 수도사나 잡상인, 인형극 놀이꾼으로 변장해서 그녀의 집을 찾아갔다. 그러나 변장이 허술해서 애인을 정복하지 못하거나, 반대로 변장이 지나쳐서 남편에게 들키고 말았다. 코시 상타가 자신을 연모하는 젊은이의 마음을 받아들였다면 둘은 반드시 빈틈없는 계략을 짰을 것이므로, 남편도 의심을 품지 않았을 것이다. 하지만 그녀는 젊은이에게 끌리는 감정을 억눌렀으며, 양심에 찔리는 점은 하나도 없었으므로 겉으로는 물론이요 속으로도 아주 태연했다. 그렇지만 남편은 그녀를 부정하기 짝이 없는 아내라고 단정해 버렸다.

성미가 불같고 자신의 명예는 아내의 정절 여하에 달려 있다고 믿는 노인은 그녀를 심하게 모욕하고, 미인 소리를 듣는다는 이유로 그녀를 벌했다. 그녀는 아내로서 최대의 궁지에 몰렸다. 자기가 정절을 바치는 남편에게 부당한 비난과 난폭한 대우를 받았다. 그녀는 스스로 극복하려고 노력했던 격렬한 사랑의 정열에 갈가리 찢겼다.

그녀는 연인이 끈질긴 구애를 멈춘다면 남편도 부당한 보복을 그만둘지도 모르며, 그러면 자기는 행복해지고, 더는 자랄 희망이 없는 사랑의 상처도 치유되리라고 생각했다. 그녀는 용기를 내어 리발도에게 이런 편지를 썼다.

당신이 덕을 갖춘 분이라면, 부디 더는 저를 불행하게 만들지 마세요. 당신은 저를 사랑해 주시지만, 그 사랑 때문에 전 평생의 주인으로 선택한 사람에게 의심받고 얻어맞을 위험에 처해 있습니다. 제게 닥칠 위험이 그뿐이라면 다행이겠지만요. 제발 더는 찾아오지 마세요. 당신과 저를 불행하게 만들, 결코 당신을 행복하게 하지 못할 이 사랑에 걸고 부탁합니다.

불쌍하게도 코시 상타는 이 편지가 자신의 기대와 정반대 결과를 낳으리라고는 상상도 하지 못했다. 그 편지가 연인의 마음에 격렬한 불을 지핀 것이다. 젊은이는 사랑하는 여인을 만날 수만 있다면 자기 목숨도 버리기로 결심했다.

어리석은 카피토는 모든 것을 알아내기로 마음먹고 유능한 탐정 몇 명을 고용했다. 그는 리발도가 모금하러 다니는 카르멜회 수도사로 변장해서 아내에게 적선을 요구할 거라는 보고를 받았다. 그는 더없이 불쾌했다. 카르멜회 수도사의 옷은 다른 어느 옷보다도 자신의 명예를 더럽힌다고 여겼다.[5] 그는 리발도 수도사가 오면 두들겨 패주라고 하인들에게 단단히 일렀다. 하인들은 임무를 완벽하게 수행했다. 젊은이는 집 안에 들어서자마자 남자들에게 빙 둘러싸였다. 자신은 엄연한 카르멜회 수도사인데, 가난한 성직자를 이렇게 대접하는 법이 어디 있느냐고 고래고래 소리를 질렀지만 소용없었다. 그는 흠씬 두들겨 맞았다. 그때 머리를 크게 얻어맞은 탓에 2주일 뒤에는 그만 죽고 말았다. 마을 여자들은 젊은이의 죽음을 슬퍼했다. 코시 상타는 특히 슬퍼했다. 카피토조차도 애석해했다. 그러나 그것은 다른 이유에서였다. 그의 죽음으로 좀 복잡한 문제에 휘말리게 됐던 것이다.

리발도는 집정관 아킨디누스의 친척이었다. 이 로마인은 그런 살인에는 본보기로 엄중한 벌을 내려야겠다고 생각했다.[6] 그는 이전에 히포 상급재판소와 몇 번인가 다툰 일이 있었다. 따라서 재판관을 교수형에 처할 이유가 생기자 오히려 기뻐했다. 그는 카피토가 그 제물이 된 데에 크게 만족했다. 카피토는

---

5) 카르멜회 수도사는 집집마다 동냥하러 다니는 탁발수도사로, 여행길에 만나는 여성을 유혹한다는 소문도 있었다.
6) 히포는 로마의 식민지지만, 작가는 총독이나 지방장관과 같은 프랑스 국왕의 대리관과 지방 고등법원과의 관계를 베껴서 집정관과 지방재판의 관계를 묘사했다.

그 지방에서 누구보다도 자만심이 강한 역겨운 법률가였기 때문이다.

코시 상타는 연인이 살해된 지 얼마 되지도 않아 이번에는 남편의 교수형을 봐야 하는 처지가 되었다. 이게 다 정절 때문이었다. 이미 말했듯이, 그녀가 리발도에게 사랑의 증표를 주었더라면 남편을 멋지게 속일 수 있었을 테니까.

이렇게 하여 사제의 예언은 절반쯤 실현되었다. 코시 상타는 신탁의 나머지를 생각하자 몹시 두려워졌다. 그러나 운명은 거스를 수 없다고 마음을 고쳐먹고 신에게 모든 것을 맡겼다. 그러자 신은 올바른 길로 그녀를 목적지까지 데리고 갔다.

집정관 아킨디누스는 호색가라기보다는 방탕아였다. 준비에 쓸데없는 시간을 들이는 법이 없고 난폭하며 느물느물한 그는 마을 수비대에 버금가는 영웅이라 해도 좋았다. 그 지방 일대에서 그를 두려워하지 않는 사람이 없었으며, 히포의 여자들은 하나같이 그의 신경을 건드리지 않으려고 그와 관계한 적이 있을 정도였다.

그는 코시 상타 부인을 자기 집으로 불러들였다. 그녀는 눈물을 머금고 찾아왔지만, 오히려 그것이 그녀를 더 매력적으로 보이게 했다.

"부인, 남편은 교수형에 처해지게 되었습니다. 남편의 목숨은 당신에게 달려 있습니다."

"남편의 목숨 대신 제 목숨을 드리겠어요." 부인이 말했다.

"당신에게 바라는 건 그런 것이 아닙니다." 집정관이 재빨리 대꾸했다.

"그럼 어쩌란 말씀인가요?"

"내게 하룻밤만 주시면 됩니다."

"밤은 제 것이 아니에요. 그건 제 남편에게 속한 재산이지요. 남편을 구하기 위해서라면 제 피라도 드리겠지만, 제 정조는 깨뜨릴 수 없을 거예요."

"당신 남편이 거기에 동의한다면요?"

"그이는 남편이에요. 사람은 누구나 자기 재산을 마음대로 사용하지요. 하지만 전 남편을 잘 알아요. 남편은 절대로 허락하지 않을 거예요. 그이는 누가 제게 손끝 하나라도 대는 걸 용서치 않지요. 오히려 기꺼이 교수형을 선택할 사람이랍니다."

"어디 그런지 볼까요." 재판관이 분노를 드러내며 말했다.[7]

그는 범죄자를 당장 눈앞으로 끌고 오게 한 뒤, 교수형을 당할 것인지 아내를 하룻밤 빌려줄 것인지 둘 중 하나를 택하라고 말했다. 망설일 여지도 없는 문제였다. 그렇지만 교활한 노인은 좀처럼 고개를 끄덕이지 않았다. 마침내 그는, 그런 처지에 놓인 사람이라면 누구라도 했을 선택을 했다. 아내는 자비심으로 남편의 목숨을 구했다. 그리고 그것은 세 번 중 첫 번째였다.

같은 날, 그녀의 아들이 이상한 병에 걸렸다. 히포의 의사란 의사는 모두 그를 진찰했지만, 병명은 끝내 알아내지 못했다. 그 증상을 치료할 비법을 가르쳐 준 의사가 딱 한 사람 있었다. 그 의사는 히포에서 멀리 떨어진 아퀼라에 살았다. 당시는 한 마을에 사는 의사가 그 마을을 벗어나 다른 마을로 진료하러 가는 일은 금지되어 있었다. 코시 상타는 사랑하는 남동생과 함께, 아퀼라까지 직접 의사를 찾아가야 했다. 도중에 그녀는 강도를 만났다. 길거리 남자들의 우두머리는 그녀를 엄청난 미인이라고 생각했다. 그녀의 남동생 목에 칼이 떨어지기 직전에 우두머리는 그만 멈추라고 소리쳤다. 그러고는 코시 상타에게 다가가, 자기가 원하는 대로 해주면 특별히 동생을 살려주겠으며 그것으로 당신이 잃는 것은 아무도 없을 것이라고 말했다. 한시가 급했다. 그녀는 사랑하지도 않는 남편의 목숨을 구한 직후였으나, 이번에는 끔찍이 사랑하는 동생을 잃을 차례였다. 아들도 위독했다. 1초도 헛되이 보내서는 안 됐다. 그녀는 신의 가호를 빌며 상대의 요구에 응했다. 그것이 세 번 중 두 번째였다.

그녀는 같은 날 아퀼라에 도착했으며, 의사의 집에 이르러 마차에서 내렸다. 그는 여자들이 화병에 걸리거나 심지어 아무 증상이 없을 때조차 불려다니는 고명한 의사였다. 그는 어떤 여자들에게는 비밀 이야기를 들어주는 역할을 하고, 어떤 여자들에게는 연인이 되어주었다. 그의 인품은 고매하고 사교성도 좋았으나, 의사회와는 조금 불화가 있었다. 틈만 나면 그가 의사회를 조롱했기 때문이었다.

코시 상타는 의사에게 아들의 증상을 설명하고, 세스테르티우스 은화를 내밀었다(프랑스 화폐에서는 1세스테르티우스가 10에퀴 이상의 가치를 지닌다는 사

---

7) 집정관은 최고재판관을 겸하기도 했다.

실을 밝혀두는 바이다).[8]

"부인, 내가 받고 싶은 건 그런 화폐가 아닙니다." 점잖은 의사가 말했다. "이를테면 부인이 가능한 방법으로 나를 치료해 주시고 그 대가를 원하신다면, 나는 모든 재산을 드릴 것입니다. 부디 당신 때문에 병이 생긴 나를 치료해 주세요. 그러면 아드님의 건강을 회복시켜 드리겠습니다."

부인에게는 이 제안이 비상식적으로 들렸다. 그러나 운명은 그녀를 이상한 사건에 익숙하게 만들었다. 고집이 센 의사는 치료비를 다른 형태로는 받고 싶지 않았다. 코시 상타는 조언을 받고 싶었지만, 남편은 그 자리에 없었다. 게다가 자신이 할 수 있는 아주 조그만 구원의 손길을 내밀지 않는다면, 사랑하는 아들은 죽고 말 것이었다. 그것을 어떻게 방관하랴. 그녀는 좋은 누나인 동시에 좋은 어머니이기도 했다. 그녀는 아들의 치료에 대한 대가를 상대방이 원하는 형태로 치렀다. 이것이 세 번 중 마지막이었다.

그녀는 동생과 함께 히포로 돌아왔다. 오는 길에 동생은 누나가 용기 있게 자신의 목숨을 구해준 것에 거듭 감사했다.

이처럼 코시 상타는 정절이 지나친 나머지 애인을 비운에 죽게 하고 남편에게 사형 선고를 받게 했지만, 상대의 요구에 맞는 자비심을 보인 덕분에 동생과 아들과 남편을 살렸다. 사람들은 이런 여성이야말로 정말 필요한 가족이라고 생각하고, 몸 바쳐 가족들을 살린 그녀를 사후에 성녀로 추대했다. 그녀의 묘비에는 다음과 같은 글이 새겨졌다.

위대한 선을 위한 작은 악.

---

8) 이 금액은 평범한 의사의 1년 치 수입에 해당한다. 에퀴는 16~17세기에 프랑스에서 쓴 은화로 3리브르의 가치를 지닌다.

Pot-Pourri
접속곡

1

폴리시넬의 아버지 브리오슈는 친아버지가 아니라 수호신으로서의 아버지였다.[1] 브리오슈의 아버지는 기요 고르주이고, 고르주는 질의 아들이며, 질은 그로 르네의 아들,[2] 그로 르네는 어릿광대 왕자와 어리석은 어머니[3] 사이에서 태어났다.《축제일 연감》[4]의 저자는 이렇게 기술했다. 그에 못지않게 신뢰 가는 작가 파르페 씨[5]는 브리오슈의 아버지를 타바랭으로, 타바랭의 아버지를

---

1) F. 드로플에 따르면, 이 문장에는 '자명한 뜻'과 '숨은 뜻'이 담겨 있다. 브리오슈는 이름이 아니라 예명이며 이 예명을 쓴 사람은 모두 4명인데, 그중 가장 유명했던 사람은 1680년에 죽은 2대 브리오슈였다. 그는 파리 센강에 있는 퐁네프 다리 한구석에서 사람들의 이를 뽑아주거나 꼭두각시 인형 공연을 했으며, 루이 14세의 비호를 받았다고 한다. 이 탁월한 마술사의 재능 덕에 무신론자들이 그를 그리스도에 비유하기도 했다고 한다. '숨은 뜻'으로 그는 예수의 양아버지 요셉을 가리킨다. 폴리시넬(폴리치넬라)은 이탈리아의 가면 희극 코메디아 델라르테에 나오는 인기 인물이자 마리오네트에도 등장하는 어릿광대. 여기서 '숨은 뜻'으로는 폴리시넬은 그리스도를 가리킨다.

2) F. 드로플에 따르면, 여기에 열거된 이름은 17세기 희극 배우의 이름인데, 친자 관계는 아니다. 화자는 임의로 실재 희극 배우의 이름을 열거하면서, 〈마태복음〉(1 : 1~17)과 〈루카복음〉(3 : 23~38)에서 보이는 그리스도의 계보를 패러디했다. 두 복음서에 나온 계보는 일치하지 않지만, 아브라함을 조상으로 한다는 점에서는 공통된다. 볼테르는 1765년에 《철학사전》 증보판에서 그 모순을 지적했다.

3) 어릿광대 왕자 또는 어릿광대 왕은 카니발 때 열린 어릿광대 대회의 승자를 가리킨다. 마르몽텔은 '어리석은 어머니'란 가톨릭교회에 관한 오랜 풍자시의 제목이라고 말했다.

4) 《축제일 연감》은 1763년부터 독일 고타에서 발행된 《고타 연감》에서 멋대로 상상해서 지어낸 제목으로 추정된다. 《고타 연감》은 유럽 왕가의 계보를 기록한 간행물로, 독일어와 프랑스어로 되어 있다.

5) 프랑수아 파르페라는 인물이 쓴 《축제일 연극 역사에 관한 회상록》(1743)을 암시하는 것으로 추정된다.

그로 기욤으로, 그로 기욤의 아버지를 장 부댕이라고 말했지만,[6] 조상은 역시 어릿광대 왕자까지 거슬러 올라간다. 두 역사가가 모순됐다고 아무리 말해 봤자, 다니엘 신부[7]에게 그것은 사실의 진실성을 입증하는 증거다. 이 신부는 경이로운 혜안으로 두 역사가의 주장을 양립시키며 역사의 회의론을 논파해 보였기 때문이다.

2

생탕투안 거리가 내다보이는 창문 뚫린 서재에서 내가 메리 히싱[8]의 수첩 첫 번째 구절을 거의 다 베껴 썼을 때, 약제사 동업조합 사람들이 지나가는 것이 보였다. 그들은 생탕투안 거리의 예수회 수도사들이 밀매하는 약과 녹청을 압수하러 가는 참이었다.[9] 내 이웃이자 친구이기도 한 위송 군이 집으로 찾아와서 이렇게 말했다.

"예수회 수도사들이 당하는 꼴을 보니 고소해 죽겠지? 그들이 포르투갈에서 저지른 시역죄[10]와 파라과이에서 저지른 반역[11]을 인정하는 걸 보고 아주 만족스러웠겠군. 그들을 비난하여 프랑스에서 일어난 민중의 목소리[12]와 그들에 대한 증오, 그들에게 쏟아지는 갖가지 모욕이 자네에게는 위로인 모양이야. 하지만 생각이 제대로 박힌 사람들의 바람대로 그들이 파멸한다 해도 그로 인해 자네가 얻는 건 아무것도 없다는 걸 명심하게. 장세니스트 과격 집단이 자네를 노린다고 하니까. 그놈들은 찰스 1세의 왕좌를 뒤엎은 장로파 교도보다 흉포하고 냉혹하며 악질이네. 곰곰이 생각해 봐. 광신도는 사기꾼보다 위

---

6) 모두 17세기 희극 배우.
7) 《프랑스사》(1758)의 저자. 볼테르는 이 책에는 비평 정신이 결여되어 있다고 자주 비판했다.
8) '쾌활한 냉소주의자'를 뜻하는 영어 가명.
9) 약품 전매권을 가진 약제사 동업조합이 1760년 5월 14일, 외국 신부들에게서 받은 약물을 직접 매매한 예수회 수도사들을 고소했다. 매매 현장은 파리 바스티유 외곽이었다.
10) 1758년 9월 3일, 주제 1세 습격 사건을 계기로 반교권주의자인 신하 폼발은 포르투갈에서 예수회 수도사를 추방했다. 노신부 말라그리다는 반론 증거가 없어 유죄를 선고받고 화형에 처해졌다.
11) 《캉디드》 제14장 참조.
12) 프랑스에서는 1760년부터 활동을 개시한 철학자들의 반(反)예수회 운동으로 1764년에 예수회가 모조리 추방되었다.

험해. 유신론자에게 도리를 깨우치기란 불가능한 일이지만, 사기꾼한테는 도리가 통하잖아."

나는 위송 군의 이 주장에 오랜 시간 반박했다.

"기운 내게. 장세니스트도 언젠가는 예수회 수도사들만큼이나 능수능란해질 테니까."

나는 그를 설득하려고 했으나, 그는 머리가 굳어서 도무지 꿈쩍도 안 했다.

3

브리오슈는 폴리시넬의 몸 앞뒤에 혹이 있는 것을 알고 그에게 읽고 쓰기를 가르치려고 했다. 2년 뒤, 폴리시넬은 더듬더듬 읽는 데까지는 이르렀으나, 펜을 쥐고 글을 쓰는 것까지는 하지 못했다.[13] 그의 전기 작가 중 한 사람은, 어느 날 그가 자기 이름을 썼지만 아무도 그것을 읽지 못했다고 지적했다.[14]

브리오슈는 찢어지게 가난했다. 아내도 그도 폴리시넬을 양육할 여유가 없었다. 그에게 기술을 가르칠 돈도 없을 정도였다. 폴리시넬이 두 사람에게 말했다.

"아버지, 어머니, 전 몸에 혹이 있지만 기억력은 좋은 편이에요. 친구 두셋과 같이 인형극을 해보겠어요. 돈도 얼마쯤 벌 수 있을 거예요. 사람들은 인형극을 좋아해요. 새로운 인형극을 내놓으면 실패할 수도 있지만, 큰돈을 벌 가능성도 있어요."

브리오슈 부부는 이 젊은이의 날카로운 의견에 감탄했다. 극단이 결성되었다. 아펜젤과 밀라노 중간[15]에 있는 스위스의 한 마을로 가서 작은 극단을 열었다. 오르비에토의 사기꾼들이 만병통치약 가게[16]를 연 것도 바로 그 마을이

---

13) 예수가 책을 남기지 않았던 것을 암시한다.

14) 〈요한복음〉 8 : 2~11을 암시한다. 간통한 여인을 어떻게 처벌하면 좋겠느냐는 질문을 받은 예수는 손가락으로 땅바닥에 뭐라고 쓰면서 대답했다. 사람들은 땅바닥의 글자를 해독하지 못한 게 아니라 예수의 대답에 당황해서 잠자코 흩어졌다.

15) 나사렛과 예리코(여리고) 중간에 있는 가도를 가리키는 것으로 추정된다. 실제 브리오슈는 인형극 흥행지인 스위스에서 당국과 마찰을 일으켰다. 볼테르는 그 사실을 알았던 것 같다.

16) 이탈리아 오르비에토 출신 향료장수들이 만든 가짜 약에서 '묘약, 가짜약(orviétan)'이라는 말이 생겨났다. 만병통치약을 파는 가게는 유대 제사장들이 살았던 예루살렘의 신전을 가리킨다.

었다. 그들은 어느새 천민들이 연극을 보러 다닌다는 사실을 깨달았다. 그 지방에서 자기들이 만든 화장비누나 화상에 바르는 향유[17]의 매상이 절반으로 줄었다는 사실도 깨달았다. 그들은 몇 가지 괘씸죄를 들어 폴리시넬을 비난하고, 집정관[18]에게 고충을 호소했다. 탄원서에 따르면 그는 위험한 주정뱅이로, 어느 날 붐비는 시장에서 모과장수들의 배를 몇 번이나 발로 걷어찼다는 것이었다.

탄원서에는 그가 칠면조장수를 때렸다고도 적혀 있었다.[19] 마지막으로 제소자들은 남자를 마법사라며 고소했다.[20] 파르페 씨는 《연극사》에서 남자가 두꺼비에게 잡아먹혔다고 주장했지만,[21] 다니엘 신부는 다르게 생각했다. 아니, 적어도 다르게 이야기했다. 브리오슈가 어떻게 되었는지는 아무도 모른다.[22] 역사가들은 그는 폴리시넬의 아버지로 추정되는 사람에 불과하므로 그가 어떻게 되었는지를 추정하는 것은 부적당하다고 판단했다.

4

지금은 죽은 뒤마르세 씨[23]는 매관 제도야말로 가장 커다란 악습이라고 단언했다.

"재능 있는 사람도 돈이 없으면 아무 일도 하지 못한다는 것은 국가에 커다란 손실이다. 얼마나 많은 재능이 파묻히고, 얼마나 많은 멍청이가 고위직에 오르는가! 경쟁심을 잠재우다니, 얼마나 혐오스러운 정치인가!"

뒤마르세 씨는 무의식적으로 자신의 처지를 변호한 것이다. 그는 라틴어를

---

17) '향유'의 프랑스어는 onguent다. 이 말에서 '기름을 바르다(oindre)'가 만들어졌으며, 이 동사의 과거분사 oint은 구약성서에서는 '기름을 바른 사람', 신약성서에서는 '그리스도'라는 뜻이다. 볼테르에 따르면 '향유'는 그리스도교의 원래 뜻이다.
18) 예수는 유대 최고법원에 고발당했다.
19) 〈마가복음〉 11 : 15, 〈요한복음〉 2 : 13~17을 암시한다.
20) 예수가 물을 포도주로 바꾸는 가나의 혼례 일화를 암시하는 것으로 추정된다.
21) 파르페의 《프랑스 연극사》 15권(1743~49)에는 브리오슈의 마지막이 언급되어 있다고 한다. 두꺼비에게 잡아먹혔다는 것은 〈요한복음〉 2장에서 고래에게 잡아먹혔다는 일화를 상기하게 한다.
22) 실제로 어느 복음서를 봐도 성 요셉의 운명에 관해서는 언급이 없다.
23) 《백과전서》의 문법 항목을 집필한 문법가이자 철학자(1676~1756).

가르쳐야만 하는 상황에 내몰렸는데, 만약 정당한 자리에 기용됐다면 국가에 크게 공헌했을 것이 틀림없다. 지방 사람들에게서 폭리를 취한 자들 대신 그 자리에 앉았더라면 그 지방을 풍요롭게 했을 삼류 문인들을 나는 수없이 안다. 하지만 그런 지위를 얻으려면 공직이나 관직, 이른바 벼슬을 사고팔 만한 재력을 물려줄 갑부의 자식이어야 한다.

몽테뉴나 샤롱, 데카르트, 가상디, 벨과 같은 인물은 아리스토텔레스 철학에 반대하는 학위논문을 공개 심사당하는 학생이 있더라도 그들을 강제노역형에 처하는 짓은 절대로 하지 않았을 테고,[24] 위르뱅 그랑디에 신부나 고프레디 신부[25]를 화형하지도 않았을 것이며, 그 밖의 짓들[26]도 하지 않았을 것이라고 뒤마르세 씨는 단언했다.

5

플랑드르파의 그림을 수집하는 페라라의 귀족 로기난테 기사[27]는 암스테르담으로 그림을 사러 갔다. 그는 판데르흐뤼 씨의 가게에서 책형을 받는 그리스도 조각상의 값을 흥정했다.

페라라에서 온 사나이가 바타비아 사람에게 말했다. "당신은 (네덜란드인이니까) 그리스도교도도 아닐 텐데[28] 그리스도상을 갖다 놨을 줄은 몰랐군요."

"나는 그리스도교도입니다. 가톨릭 신자지요." 판데르흐뤼 씨가 덤덤하게 대꾸하며 그 그림을 비싼 값에 팔았다.

"그럼 당신은 예수 그리스도를 신으로 믿습니까?" 로기난테가 물었다.

---

24) 1634년, 아리스토텔레스의 견해를 일부 부정한 화학전공자들을 파리 고등법원이 추방형에 처한 것을 빗댄 것.

25) 프랑스 중서부의 마을 루뎅의 사제인 그랑디에는 이 마을 수녀들이 악마에 홀리는 데 일정 역할을 했다는 죄목으로 1634년에 화형당했다. 고프레디는 엑상프로방스의 사제로, 1611년에 악마로 몰려 화형당했다.

26) '그밖의 짓들'이란 툴루즈의 재판관들이 개신교도인 장 칼라스에게 내린 유죄판결을 가리킨다고 실뱅 므낭은 지적했다. 이때 뒤마르세는 이미 세상을 떴으나, 볼테르는 이 사건이 먼저 일어난 것으로 착각한 것 같다.

27) 로기난테라는 이름은 볼테르를 이탈리아식으로 읽은 것으로 추정된다. 볼테르는 1761년, 페르네에 있는 교회에 세울 그리스도 조각상을 비싼 값에 사들였다.

28) 이탈리아인은 이탈리아 이외의 지역에 가톨릭교도가 있으리라고는 생각조차 안 한다.

"물론이죠." 판데르흐뤼가 대답했다.

옆에는 다른 고미술상이 살았는데, 그는 소치니주의[29]의 신봉자였다. 그 고미술상은 그에게 성가족 그림을 팔았다.

"이 어린 그리스도를 어떻게 생각하십니까?" 페라라에서 온 사나이가 말했다.

"내 생각에 이분은 신께서 이 세상에 만드신 가장 완벽한 피조물[30]이지요."

페라라에서 온 사나이는 다음으로 모세 만세보[31]의 가게에 들렀다. 그 가게에는 풍경화만 있을 뿐, 성가족 그림은 한 장도 없었다. 로기난테는 왜 그런지 물었다.

"우리가 그 가족을 싫어하기 때문이죠." 가게 주인이 말했다.

로기난테는 아주 사랑스러운 아이들이 있는 유명한 재세례파[32]교도의 집에 들러, 아이들에게 어떤 교회에서 세례를 받았느냐고 물었다.

"흥, 세례는 개뿔! 덕분에 세례는 한참 멀었다고요."

거리 중간도 못 가서 로기난테는 서로 정면에서 대립하는 수십 개의 종파와 마주쳤다. 동행한 사크리토 씨가 그에게 말했다.

"얼른 도망칩시다. 주식 거래 시간이에요. 저들은 생각이 다 달라서 옛날 습관대로 서로 죽고 죽이죠. 천민들은 우리를 교황의 종이라는 이유로 때려죽일 겁니다."

이 마을의 선량한 사람들이 점원을 데리고 집집마다 나와서 서로 정중히 인사한 뒤 주식거래소로 가는 것을 보고 두 사람은 깜짝 놀랐다. 그날은 아르메니아인과 장세니스트까지 포함해 총 53개 종파가 한자리에 모였다.[33] 5300만 건의 거래가 아주 평화롭게 이뤄졌다. 페라라에서 온 사나이가 자기 나라로 돌아가 보니 외환어음보다 어린양이 새겨진 축성받은 메달이 훨씬 눈에 띄

---

29) 종교개혁 이후 각지에서 일어난 반삼위일체 신학에 따른 교회운동을 가리킨다.

30) 예수가 신이라고는 말하지 않지만 완전성을 인정하는 이 대답은 공치사이다.

31) 만세보(Mancebo)는 '심술궂은 자', '악인'을 뜻하는 독일어 뵈제만(Bösemann)의 글자 순서를 바꾼 것.

32) 다른 그리스도교 종파와는 반대로, 세례 시기를 되도록 늦추는 신교도.

33) 상업 활동을 유리하게 하려면 네덜란드의 지배적인 개념인 '관용'이 중요하다고 볼테르는 종종 강조했다.

었다.

같은 광경이 런던, 함부르크, 그단스크, 베네치아 등에서도 나날이 목격되었다. 그러나 내가 본 가장 교훈적인 장면은 콘스탄티노플에서였다. 50년 전 영광스럽게도 나는 술탄 아흐메트 3세가 주최한 그리스 총대주교 취임식에 참석했다(신이 그 술탄의 영혼을 곁에 두어주시기를). 술탄은 그 그리스도교 신부에게 반지와 주교직의 상징인 지팡이 모양 막대기를 주었다. 그 뒤 클레오불레 거리에서 그리스도교도들의 행렬이 있었다. 두 근위병이 그 행렬을 이끌었다. 나는 총대주교의 교회에서 모두가 지켜보는 가운데 성찬을 받는 기쁨을 맛봤다. 교회참사회에서 자리도 하나 얻었다.

솔직히, 마르세유로 돌아와서 그곳에 이슬람교 사원이 없는 것을 보고 깜짝 놀랐다. 나는 그 사실을 지방장관 각하와 주교에게 고백했다. 나는 그것은 매우 예의에 어긋나는 일이다, 그리스도교도가 이슬람교도 국가에 교회를 갖고 있는 이상 적어도 예배당 몇 개쯤은 터키인에게 선물해도 괜찮지 않느냐고 주장했다. 두 사람은 궁정에 내 주장을 편지로 적어 알리겠노라고 약속해 주었다. 그러나 우니게니투스 칙서[34] 탓에 문제는 뒷전으로 밀렸다.

아아, 예수회 형제들이여, 그대들이 그토록 너그럽지 못했던 탓에 지금은 세상 사람들이 그대들에게 너그럽지 못한 것이다. 하지만 걱정하지 마라. 다른 박해자들이 차례차례 나타나 그대들 대신 미움을 받게 될 테니까.

6

며칠 전, 아주 다정한 랑그도크 사람이자 매우 독실한 신교도이기도 한 부카쿠스 씨가 내게 이런 말을 했다.

"나 참, 어이가 없어서! 그러니까 우리가 프랑스에서 터키인처럼 대우받는다는 겁니까? 터키인이 모스크를 거부당한 것처럼 우리가 교회당을 인정받지 못해서요?"[35]

---

34) 1713년에 로마 교황 클레멘스 11세가 우니게니투스 교서에서 장세니슴을 이단이라고 비난하자, (볼테르에 따르면) 예수회 수도사의 꼬임에 넘어간 왕권은 교서 준수를 강제했지만, 일부 프랑스 성직자가 그것을 거부하자 커다란 위기가 발생했다.
35) 낭트 칙령 폐지(1685) 이래 프랑스에서 신교가 금지되었다.

"모스크에 관해 말하자면, 터키인은 우리에게 모스크를 요구한 적이 없습니다. 하지만 감히 나는 그들이 원한다면 모스크를 얻을 수 있을 거라고 생각합니다. 그들은 우리의 좋은 친구니까요. 하지만 아무리 우리가 예의를 자랑스레 여긴다고는 해도, 당신들의 예배당이 지어질지는 의문이군요. 당신들은 우리의 적이니까요."

"당신들의 적이라고요!" 부카쿠스 씨가 외쳤다. "국왕의 열렬한 종인 우리가요!"

"열렬하고말고요." 내가 반박했다. "너무 열렬해서 벌써 아홉 번이나 내란을 일으켰지 않습니까. 세벤 학살[36]을 빼더라도요."

"하지만 우리가 내란을 일으킨 건 당신들이 우리를 광장에서 불태웠기 때문입니다. 사람들은 언젠가 화형에 넌덜머리를 낼 겁니다. 성자의 인내에도 한계라는 게 있어요. 우리를 가만 놔두면 진정으로 충실한 신하가 될 거라고 보장합니다."

"그러고 있지 않습니까. 너그럽게 당신들의 장사를 눈감아 주잖아요. 당신들한테는 자유가 있습니다."

"그런 자유는 개한테나 주라고 하십시오! 우리가 구약성서 시편에 따라 평원에 4000명이나 5000명쯤 모일라치면 곧 용기병 부대가 몰려와서 우리를 모두 집으로 돌려보낸다고요. 이게 사는 겁니까? 이게 자유예요?"

나는 그에게 이렇게 말해 주었다.

"군주의 명령도 없는데 사람들이 모일 수 있는 나라는 세상에 단 한 곳도 없어요.[37] 어떤 집회이든 법에 어긋납니다. 당신들 집에서는 당신들 방식대로 신을 섬기세요. 하지만 당신들이 음악이라고 일컫는 울부짖음으로 누구를 괴롭히는 일은 없어야 합니다. 아름다운 잠자는 공주여, 잠을 깨우는 곡[38]에 맞춰 당

---

36) 신교도로 남은 세벤의 농민들은 영국인의 지원으로 1702년에서 1704년까지 왕권에 대해 반란을 일으켰지만, 용기병을 지휘하는 빌라르에게 진압되었다.

37) 볼테르는 《철학사전》(1764) 중 〈일본인의 교리문답〉이라는 항목에서 다음과 같이 말했다. "일본인들은 주민의 휴식을 방해하는 주정뱅이처럼 벌해야 한다. (…) 절대로 무리 짓지 못하도록 하고, 그 자리에서 가차 없이 처벌된다."

38) 당시는 낭만적인 선율을 붙여 만든 새로운 가요가 많이 노래되었다. 신교도는 성서의 〈시편〉을 수많은 유행곡에 맞춰서 프랑스어로 불렀다고 한다.

신들의 신의 율법을 노래하고 이웃 민족에 관해 노래하면서 유대인과 함께 이렇게 말할 때, 신이 당신들을 대단히 흡족해하실 거라고 생각합니까?

　　너를 영원히 멸망케 하는 자는 얼마나 행복한가!
　　너의 젖먹이를 빼앗아 바위에 불신의 머리를 치는 자는 얼마나 행복한가![39]

　　신께서 어린아이의 머리가 으스러지기를 원하신답니까? 그게 사람의 도리에 맞는 겁니까? 그리고 신께서는 엉터리 시구와 음악을 그렇게 좋아하신답니까?"
　　부카쿠스 씨가 내 말허리를 자르며, 당신네 시편에 있는 엉터리 라틴어[40]가 더 낫다는 거냐고 물었다.
　　"아니요, 물론 그렇지 않죠." 내가 말했다. "우리가 혐오하는 민족의 낡은 찬가를 오역한 시편으로만 신께 기도할 수 있다면, 상상력도 조금은 빈곤하다는 점을 나도 인정은 합니다. 오페라 극장에서는 누구나가 이교도이듯이, 저녁 기도에서 우리는 모두 유대인이지요.[41]
　　다만 내 마음에 들지 않는 점은, 악마의 장난으로 오비디우스의 《변신 이야기》가 유대의 찬송가보다 훨씬 훌륭하게 쓰여 있으며 훨씬 유쾌하다는 것입니다. 숫양처럼 뛰노는 시온산[42]이나 바실리스크와 언덕, 그리고 지긋지긋한 반복. 이 모든 것이 고대 그리스 시나 고대 로마 시, 프랑스 시에 미치지 못한다는 점을 인정해야 하니까요. 이런 저속한 말을 해서 뭣합니다만, 냉소적인 소(小)라신[43]이 아무리 발악해도 이 비도덕적인 아들의 뜻에 반해 그의 아버지

---

39) 〈시편〉 138 : 8~9를 암시한다.
40) 가톨릭 미사에서 사용되는 라틴어역 불가타 성서.
41) 오페라 대본이 그리스·로마 전승에서 차용됐듯이 성서의 〈시편〉은 유대 전승에서 차용됐다는 뜻이다.
42) 〈시편〉 114.
43) 고전 비극 작가 장 라신의 아들 루이 라신(1692~1763)은 볼테르가 수학한 루이 르 그랑 학교의 동창생이었다. 실뱅 므낭에 따르면, 그는 2대 장편 시집 《은총》과 《종교》를 남겼는데, 거기에는 그리스도교가 힘차고 정열적으로 그려져 있다. 그러나 볼테르는 그가 종교 옹호자인 데다가 시의 종교적 영감의 우위를 인정했다는 이유로 그를 깎아내리고 있다. 루이 라신은 아버지의 이교적인 사랑의 영감을 그러한 방식으로 비평한 탓에 '비도덕적인 아들'로 치부된 셈이다.

는 역시 다윗보다 훌륭한 시인일 겁니다.

하지만 간단히 말하자면 우리나라에서는 우리 종교가 지배적입니다. 영국 내에서도 당신들의 집회는 불법입니다. 그런데도 왜 당신들은 프랑스에서 그 자유를 찾으려고 하죠? 자기 집에서는 좋을 대로 하세요. 또 나는 당신들이 얌전히 있는다면 아무 일 없을 거라는 언질을 총독 각하와 지방장관 각하께 들었습니다. 이제껏 경솔한 언동이 핍박을 부른 것이고, 앞으로도 그럴 겁니다. 당신들의 결혼, 당신네 아이들의 신분, 상속권이 어떤 어려움을 만난다면, 그것이 아무리 사소한 것이라 할지라도 대단히 좋지 않은 걸림돌일 겁니다. 당신네 아버지가 병에 걸렸다고 해서 당신들이 피를 뽑아내거나 설사약을 먹이는 것은 올바른 치료법이 아니지요. 하지만 어쩌겠습니까? 이 세상은 커다란 베들럼[44]과 같아서, 미친 사람들이 다른 미친 사람들을 사슬로 묶어 두고 있습니다."

7

폴리시넬의 친구들은 본래의 거지 상태로 다시 내몰리자 몇몇 사기꾼과 어울려 이 마을에서 저 마을로 떠돌아다녔다. 어느 작은 마을에 도착한 그들은 5층에 진을 치고 앉아 수상한 조제약을 만들어 팔아서 한동안 생계를 이어갔다.[45] 그들은 귀부인의 스패니얼 개가 걸린 옴조차 고쳤다. 마을 사람들은 기적이 일어났다며 소란을 피웠다. 그러나 어떤 수를 써도 그들은 크게 성공하지 못했다.

그들은 비천한 태생과 가난을 한탄했다. 그러던 어느 날, 위층에서 손수레 끄는 소리가 들렸다. 그들이 6층으로 올라가 보니, 어떤 작은 남자가 꼭두각시 인형을 수도 없이 만들고 있었다. 비앙페[46]라는 이름의 그 남자는 그 기술에

---

44) 런던의 유명한 정신병원.

45) 사도들의 이동 포교를 암시한다. "5층에 진을 치고……"는 〈사도행전〉 1 : 13을 연상시킨다.

46) 실뱅 므낭에 따르면, 프랑스어로 '친절', '선행'을 뜻하는 비앙페(bienfait)는 18세기 파리 축제 일에 활약한 어느 꼭두각시 인형 흥행사의 이름이다. 볼테르는 그 인물을 인형극 놀이꾼인 동시에 인형 장인으로 묘사했다. 손수레 끄는 소리는 나무 도르래가 내는 소리다. F. 들로프르는 비앙페라는 인물이 〈사도행전〉에 기록된 성 바울로(바울)를 암시한다고 말했지만, 므낭은 성 베드로를 가리킨다고 생각했다.

필요한 재능을 갖추고 있었다.

남자의 말은 전혀 알아들을 수가 없었다. 그러나 황당무계한 말을 하는 그 태도는 아주 예의 발랐으며, 커다란 꼭두각시 인형을 만드는 솜씨는 나쁘지 않았다. 역시 엉뚱한 소리를 잘하는 한 사람이 남자에게 이렇게 말을 건넸다.

"우리 생각에 당신은 우리와 함께 인형극단을 만들어야 하오. 그것이 당신 운명이오. 우리는 노스트라다무스가 쓴 책에서 확실히 그런 구절을 읽었거든. 넬리 시 리 포 라트 이시수스 레 페 앙 비. 거꾸로 읽으면 의미는 명백하죠. 비 앙페가 폴리시넬을 부활시키리라.[47] 우리 친구는 두꺼비에게 먹혀 버렸소. 하지만 그의 모자, 등에 난 혹, 함석 호루라기[48]가 발견되었소. 인형을 조종할 놋 쇠 줄을 만들어 주시오. 폴리시넬이 살아 있을 때와 똑같은 콧수염을 만드는 일은 누워서 떡 먹기겠지? 우리가 손을 잡으면 대성공은 눈앞에 있는 거나 다름없소. 노스트라다무스를 이용해 폴리시넬을 돋보이게 하고, 폴리시넬을 이용해 노스트라다무스를 돋보이게 해봅시다!"

비앙페는 그 제안을 받아들였다. 그들은 고생의 대가로 무엇을 원하느냐고 남자에게 물었다.

"많은 권세와 돈을 바라오." 남자가 말했다.[49]

"지금의 우리는 그런 것과는 거리가 머오." 언변 좋은 남자가 말했다. "하지만 때가 오면 뭐든지 손에 넣을 수 있소."

그리하여 비앙페는 사기꾼들과 의기투합했다. 일동은 밀라노로 가서 카르미네타 부인[50]의 비호 아래 극단을 차렸다. 스위스 아펜젤주(州)에 서식하는 두꺼비에게 먹힌 폴리시넬과 똑같은 인물이 밀라노 극장에 다시 나타나 지고뉴 아주머니[51]와 춤을 춘다고 선전했다. 만병통치약을 파는 상인들[52]이 격렬하게

---

47) F. 드로플에 따르면, 16세기 점성술사 노스트라다무스의 예언은 여기서는 구약성서를 암시한다. 초기 그리스도교도는 구약성서의 많은 문장을 과거와 미래의 전조로 해석했다.
48) 폴리시넬의 특징은 뾰족모자, 혹 2개, 함석 피리였다. 마리오네트 인형극 놀이꾼은 목청을 높이기 위해 함석 호루라기를 입에 물었다.
49) 교회의 세속적 야심을 암시한다.
50) 여기서는 로마 황제 콘스탄티누스 1세를 나타낸다고 추정된다. 그는 313년, 밀라노 칙령으로 그리스도교의 보호를 인정했다. 그러나 교황 밀티아데스는 결국 황제와 패권 다툼을 벌이기에 이른다("은인의 집 맞은편에 있는 호화로운 저택을 구입하고……).

들고일어났지만, 묘약의 조제 비법을 아는 비앙페는 자신의 약이 가장 효과가 뛰어나다고 주장했다. 그는 폴리시넬에게 빠진 여자들에게 많은 약을 팔고 돈을 긁어모아 일행의 우두머리가 되었다[53]

그는 자기뿐만 아니라 누구나 바라는 것, 즉 권세와 부를 얻자마자 카르미네타 부인에게 배은망덕하게 굴기 시작했다. 그는 은인의 집 맞은편에 있는 호화로운 저택을 구입하고 그 대금을 동료들이 내게끔 비책을 세웠다. 그가 카르미네타 부인의 눈치를 보는 광경은 더는 볼 수가 없었다. 그러기는커녕 그는 자기가 부인의 집을 찾아가는 것이 아니라 부인이 자신의 호화 저택으로 점심을 먹으러 오기를 바랐다. 부인이 일부러 그의 집까지 발걸음하자 부인의 눈앞에서 대문을 쾅 닫아버린[54] 일도 있었다.

8

메리 히싱의 앞 장(章) 의미를 전혀 알 수 없어서 나는 친구인 위송을 찾아가 앞 장에 대해 설명해 달라고 부탁했다. 그는 "그것은 아메리카 대륙에서 파산한 상인 라 발레트 신부[55]에 관한 심오한 우화다, 하지만 나는 그런 어이없는 사건에 관해 생각하지 않은 지 오래여서 인형극을 보러 가는 일도 없다, 오늘은 《폴리왹트》[56]가 상연되니까 보러 갈 생각이다"라고 말했다. 나는 그와 함

---

51) 인형극에 반드시 등장하는 인물.
52) 앞서 나온 경쟁자격 종교 단체를 암시한다.
53) 로마의 주교가 다른 주교보다 상석을 차지하게 된 배경을 암시한다.
54) 당대 교황과 황제 사이의 불화를 암시한다. 정확하게는 밀라노의 주교인 성 암브로시우스가 테살로니카 대학살(390년)의 책임이 있는 테오도시우스 1세에게 영성체(호화 저택에서의 점심)를 거절한 일을 가리키는 것으로 추정된다.
55) 마르티니크섬의 예수회 선교사 라 발레트 신부(1707~62)는 상거래에 손을 댔다가 파산했다. 예수회는 연대책임을 져야 한다는 판결을 받았다. 마르세유의 도매상들은 엑스 고등법원에 예수회의 유죄를 선고하게 했다. 예수회는 라 발레트를 추방했지만, 파리 고등법원은 예수회에 라 발레트의 부채를 갚으라고 명령했다(1761년 5월 8일). 그들의 기본법은 유죄를 선고받았으며, 그들의 학교는 폐쇄됐다(1762년 4월 1일). 그들은 성직자 옷을 입지 못하게 되었고(1762년 4월 6일), 종교를 없애라는 요구를 받았으며(1764년 2월 22일), 그들의 수도회는 폐지되었다(1764년 11월). 볼테르는 라 발레트 사건을 수도 생활과 세속적 이익이 뒤섞인 전형적인 사례라고 생각했다.
56) 코르네유의 《폴리왹트》(1641~42)에 등장하는 주인공은 볼테르에게 위험한 광신자, 즉 그리

께 코메디 프랑세즈로 갔다.

제1막이 상연되는 내내 위송은 고개를 설레설레 저었다. 막간에 나는 왜 그렇게 고개를 흔드느냐고 물어보았다.

"솔직히 말해 나는 저 어리석은 폴리왹트와 파렴치한 네아르크에게 화가 나네. 생각해 봐. 부활절 날 장인을 따라 노트르담 대성당에 가서 성합(聖盒)과 성배를 박살내고, 대주교와 참사회원들의 배를 뻥뻥 발길질하는 파리 총독 각하의 사위[57]가 있다면 자넨 어떻겠나? 그건 우리를 우상숭배자라고 단정하는 거야. 암스테르담의 설교사 뤼볼리에 씨나, 설교사 우리에주의 뒤를 이어서 쓴 《게르마니아 총서》의 저자이자 베를린 주재 편집자인 모르피에[58] 씨가 그렇게 단정하는 걸 들은 적이 있다고 한들 과연 그에게 변명의 여지가 있느냐 말이야. 폴리왹트가 한 짓을 정확히 묘사하자면 바로 그런 거라네. 광신적인 네아르크에게 홀려 넘어간 그 용렬한 광신자에게 흥미가 있을 리 없잖나?"

막간에 위송은 자신의 의견을 이런 식으로 친절하게 설명해 주었다. 그는 폴리왹트가 자기 아내를 연적의 손에 넘긴 것을 보고 웃음을 터트렸다. 그리고 그 아내가 연인과 교회로 가지 않고 자기 방으로 간다고 말하는 대목에서는 그녀를 천박하다고 생각했다.

> 안녕, 너무도 고결하고 멋진 분,
> 안녕, 너무도 관대하고 완벽한 사랑스러운 분,
> 저는 미련을 가두러 홀로 방으로 갑니다.[59]

하지만 그는 아내가 연인에게 남편의 사면을 구하는 장면은 칭찬했다.[60]

스도교가 가져온 재앙 중 하나에 지나지 않는다.

57) 코르네유의 비극에서 폴리왹트는 아르메니아의 로마 총독 펠릭스의 사위이다.

58) 뤼볼리에(Lubolier)는 철학자 진영의 논적이자 신교도인 불리에(Boullier, 1699~1797)의 철자 순서를 바꾼 이름. 모르피에(Morfyé)는 베를린의 목사이자 신교도 학자였던 포르메(Formey, 1711~97)의 철자 순서를 바꾼 이름.

59) 《폴리왹트》 제2막 제2장에서 간추린 인용. 볼테르는 기억에 의지해 인용한 탓에 세베르와 폴린의 역을 혼동하고 있다.

60) 제4막 제5장.

그가 말했다. "누구보다도 비열하고 저속한 인간은 아르메니아의 총독이야. 폴린의 아버지인 그도 자기가 똘마니 근성을 갖고 있다는 걸 인정하잖아.

폴리왹트는 이 땅에서는 우리 일족의 기둥이다.
하지만 그가 타계하고 다른 누가 내 딸과 결혼한다면,
나는 훨씬 강력한 기둥을 얻게 되리라.
그 기둥은 나를 지금보다 백배는 높은 지위로 올려주리라.[61]

제아무리 샤틀레 재판소 대소인(對訴人)[62]이라도 이것과 다르게 생각할 수는 없을 거야. 이런 일에는 무턱대고 덤벼드는 못된 자가 있기 마련이지. 난 그런 부류가 아니지만 말이야. 갈리아 비극에 이런 시시한 장면이 버젓이 섞여 있다면, 그리스인의 《오이디푸스 왕》은 몽땅 불살라야 해."

위송은 거친 남자다. 나는 최대한 그를 설득하려고 했으나 잘 되지 않았다. 그는 완고하게 의견을 바꾸지 않았고, 나도 주장을 굽히지 않았다.

9

비앙페는 엄청난 부자가 되었으며, 아무도 그를 건드리지 않았다. 그는 온갖 재주에 능했으므로, 많은 인형을 조종하는 흥행사로서 인정받았다. 그리고 아주 거만하게 굴면서 폴리시넬을 마을마다 순회시키고, 그에게 '무슈'[63]라는 존칭을 붙이지 않으면 상연하지 않겠다고 동료들을 을렀다. 그 뒤로 어떤 공연에서도 동업자들이 '무슈 폴리시넬'이라고 불러야만 대답을 했다. 폴리시넬은 차츰 유명해져서, 이제 공연 때마다 그에게 보수[64]가 지불되었다. 그것은 지방에 산재하는 오페라 극장이 파리 오페라 극장에 보수를 지불하는 것과 같았다.

어느 날, 입장권 회수와 극장 자리 안내를 맡았던 한 하인[65]이 면허를 박탈

---

61) 제3막 제5장.
62) 파리 샤틀레 재판소의 복잡한 절차를 담당하는 하급 법률가. 지저분한 손익계산을 하는 사람의 상징.
63) '무슈'는 주교에게 붙이는 호칭이었다고 한다.
64) 교황권에 지불해야 하는 의식의 대가나 각종 세금을 암시한다.
65) 루터는 처음에는 수도사였다.

당했다는 이유로 비앙페에게 반기를 들고 다른 극단을 설립했다. 그 단체는 지고뉴 아주머니의 모든 춤[66]과 비앙페의 모든 방식을 비난했다. 그 하인은 만병통치약에 포함된 50가지 이상의 성분을 없애고, 대여섯 약제로 자신만의 묘약을 조제했다.[67] 그는 그것을 아주 싼값에 팔아치움으로써[68] 비앙페에게서 어마어마한 수의 관객을 빼앗아 갔다. 이것이 치열한 법정 싸움을 불러일으켰다. 양쪽은 축제 날 안뜰을 무대로 인형을 눈앞에 두고 오래도록 싸웠다.

10

어제 위송은 여행 이야기를 들려주었다. 그는 지중해 동부 항구마을에서 몇 년을 살다가 페르시아로 건너가 인도에서 오랫동안 머문 뒤 유럽 전역을 둘러보고 왔다.

"내가 깨달은 사실은, 메시아가 도래했다고 인정할 바엔 꼬챙이 형벌을 받는 편이 낫다고 생각하면서 구세주를 계속 기다리는 유대인이 엄청나게 많다는 걸세. 나는 마호메트가 달의 절반을 그의 호주머니에 넣었다고 굳게 믿는 많은 터키인을 만났네. 세계 곳곳의 하층민들은 황당무계한 일들을 굳게 믿고 있어. 어떤 철학자 선생이 이성이라고는 눈곱만큼도 찾아볼 수 없는 어떤 어리석은 가난뱅이와 1에퀴를 나눠 가져야 한다고 쳐보세. 그때 동전 단 1수라도 더 갖는다면 가난뱅이가 철학자 선생을 틀림없이 이기게 되지. 왜 두더지는 최대 이익에는 그토록 눈이 어두우면서 최소 이익에는 살쾡이의 시력을 갖추는 걸까? 금요일에 사람을 베어 죽인 유대인이 안식일에는 단 한 푼이라도 훔치지 않으려는 건 왜일까? 인류의 이런 모순은 검토해 볼 만해."

내가 말했다. "그건 인간이 습관적으로는 미신을 믿는 경향이 있지만, 본능적으로는 별 볼 일 없기 때문이 아닐까?"

"거기에 대해서는 곰곰이 고찰해 보겠네. 그 견해는 꽤 일리가 있군."

---

66) 가톨릭교회의 미사를 암시한다.
67) 루터는 성서의 권위밖에 인정하지 않았다. 교황제, 공회의, 교리, 고해성사를 부정하고, 세례와 영성체만을 남겼다.
68) 성직자에게 독신을 요구하지 않는 것 등을 가리킨다.

11

자리 안내인이 반란을 일으킨 뒤, 폴리시넬은 몇 번이나 위기에 처했다. 논리적이고 음울한 영국인은 그보다 셰익스피어를 좋아했다.[69] 그러나 다른 나라에서 그의 희극은 크게 평가받았다. 오페라 코미크[70]가 없었다면 그의 극장은 틀림없이 일류 극장이 되었을 것이다. 그는 스카라무슈나 아를르캥[71]을 상대로 일대 논쟁을 벌였으나, 과연 누가 이겼는지는 아직도 알 수 없다.

12

내가 말했다. "그런데 왜 사람은 그토록 잔인하면서 동시에 그토록 우스꽝스러운 걸까? 왜 한 민족의 역사 속에 생바르텔레미의 학살과 라 퐁텐의 콩트집이 동시에 존재하는 걸까? 풍토 때문일까, 법률 때문일까?"

"인류에겐 어떤 것이든 가능하지. 네로는 범죄자의 사형판결문에 서명할 때는 눈물을 흘렸지만, 삼류 희극도 연기하고 어머니도 암살했어. 원숭이는 재미난 재주도 부릴 줄 알지만, 어린 자식의 숨통을 막아버리지. 사냥개 그레이하운드보다 얌전하고 겁 많은 생물은 없지만, 그놈은 산토끼를 갈가리 찢어죽이고서 그 긴 코를 핏속에 파묻는다고."

"그런 모순들을 빠짐없이 상세하게 정리한 훌륭한 책이 우리를 위해 나오면 좋겠는데."

"그런 책이라면 진작 나왔지. 방향계를 보면 돼. 그건 부드러운 산들바람 한 줄기에도 회전하지만, 사나운 북풍에도 회전하지. 그게 인간이라는 존재야."[72]

13

대개 사촌 누이와 쉽게 사랑에 빠진다. 조카딸을 사랑하는 경우도 있다. 그

---

69) 영국국교회 설립을 암시한다.

70) 17세기 말부터 코메디 프랑세즈와 오페라 극장은 축제일 연극이나 그 뒤에는 오페라 코미크와의 경합에서 갖은 수를 써서 이기려고 했다. 여기서 오페라 코미크는 신교를 빗댄 것이다.

71) 스카라무슈는 이탈리아 희극의 어릿광대, 아를르캥(아를레키노)은 코메디아 델라르테의 어릿광대. 파리에서 코메디 프랑세즈와 다른 극장 사이에 존재했던 경쟁 관계가, 유럽에 존재했던 구교와 여러 신교의 경쟁 관계를 나타내는 우의로 쓰였다.

72) 이 12장은 본편과 거의 동시에 쓰인 《백과전서의 제문제》 중 〈모순〉이라는 항목과 대응한다.

러나 사촌 누이와 결혼하려면 로마에 1만 8000리브르를 지불해야 하며, 조카딸과 정식으로 결혼해서 동침하려면 8만 프랑이 필요하다.[73]

숙부와 결혼하는 조카딸은 1년에 40명, 배우자가 되는 사촌 누이는 200명쯤 될 거라고 나는 추측한다. 혼인성사로 왕국에서 지출되는 금액은 1년에 680만 리브르에 달한다. 프랑스 왕이 프랑스 성직록 취득 헌납금[74]을 내고 성직록을 취득한 프랑스인에게 주는 60만 프랑을 여기에 더하고 몇 가지 세세한 비용을 더 합산하면, 우리가 해마다 성부에게 뿌리는 돈의 액수는 약 840만 리브르에 달한다. 조금 과장되었을 수도 있지만, 만약 아름다운 사촌 누이와 조카딸이 많이 있고 성직록 소유자의 모든 사망자 수가 가산된다면, 총액은 두 배에 달할지도 모른다. 이렇게 부담이 큰데도, 우리는 배를 만들고 군대와 연금생활자에게 돈을 내야 하는 처지다.

최근 20년간 국정을 논한 책이 엄청나게 많이 나왔지만, 거기서 어떤 작가도 이러한 악습을 개혁하자고 주장하지 않았다는 사실이 참으로 놀랍다. 나는 친구이자 신학자인 소르본에게 프랑스가 이런 거금을 로마에 내야 한다고 성서 어디에 나와 있는지 가르쳐 달라고 부탁했다. 그는 그런 구절을 끝내 찾아내지 못했다. 나는 어느 예수회 수도사에게 똑같이 질문했다. 그가 대답하기를, 성 베드로가 로마에 왔던 첫해부터 그가 그 조세를 갈리아 나라들에 냈다는 것이었다. 성 베드로가 로마를 여행한 적이 있느냐고 내가 의심하자, 그는 그 성인이 늘 허리띠에 차고 있던 열쇠[75]는 지금도 로마에서 볼 수 있다고 나를 설득했다.

"시몬 바요나[76]가 로마를 여행했다고 성서 어디에도 나와 있지 않은 건 사실이네. 하지만 우리는 그가 바빌론에서 쓴 편지를 갖고 있네. 날짜까지 적힌 진

---

73) 결혼에 관한 가톨릭의 규칙은 근친이나 사촌 사이, 그리고 대부모와 대자녀 사이의 결혼을 금지한다. 그러나 당시는 유전학적으로 위험한 결혼을 저지한다는 명목으로 고액의 비용을 요구하는 절차를 거쳐 특별허가를 내렸다. 볼테르도 애인이었던 조카 드니 부인과의 결혼을 생각한 적이 있다.

74) 아나트(annate)는 성직록 취득 자격자가 교황청에 세금으로 바치는 일종의 소득세. 그 액수가 1년(une année) 수입에 상당한다는 의미에서 그런 이름이 붙었다.

75) 볼테르는 《철학사전》 중 〈베드로〉 편에서 성 베드로의 열쇠를 조롱했다.

76) 성 베드로의 다른 이름.

짜 편지 말일세. 물론 바빌론은 로마를 뜻하지.[77] 그래서 자네들이 사촌 누이
와 결혼할 때는 교황에게 돈을 내야 하는 걸세."

나는 그 토론 솜씨에 깊게 감명받았다는 사실을 인정하는 바이다.

14

나에게는 52년 동안이나 국왕을 섬긴 늙은 친척이 있다. 그는 은퇴해서 오트
알자스 지방으로 갔는데, 포랑트뤼 주교구[78]에 작은 땅이 있어서 지금은 땅을
갈아먹고 산다. 어느 날 그는 마지막 경작 작업을 시켜야겠다고 생각했다. 경작
시기가 눈앞에 닥쳐 한시가 급했기 때문이다. 소작농들은 일을 거부했다. 포랑
트뤼에서 가장 축복받은 성인인 성녀 바르바라의 축일이었기 때문이다.

내 친척이 말했다. "너희는 바르바라에게 경의를 표하러 미사에 참석했다.
바르바라의 것을 바르바라에게 돌려준 것이다. 그러니 너희가 내게 빌린 것도
내게 돌려주어라. 술집에 가지 말고 내 밭을 갈아라. 성녀 바르바라가 너희가
자기에게 경의를 표하며 술에 취하기를 원하겠느냐, 올해는 내게 풍족한 밀을
안기라고 명령하겠느냐?"

농장의 현장 감독이 내 친척에게 말했다.

"나리, 잘 아시겠지만, 만일 이렇게 신성한 날에 노동을 했다가는 지옥에 떨
어지고 말 겁니다. 바르바라 성녀님은 천국에서 가장 위대한 성인이십니다. 그
분은 대리석 기둥에 손가락으로 십자가를 새기시고, 바로 그 손가락과 바로
그 동작으로, 성녀님의 엉덩이를 물고 놓지 않던 개의 이빨을 몽땅 뽑아버리
셨습니다.[79] 그러니 바르바라 성녀님 날에 일하기는 싫습니다."

내 친척은 신교 농부들을 불러서 밭을 갈게 했다. 포랑트뤼 주교는 그를 파
문했다. 내 친척은 과한 처사라며 승복하지 않았다. 소송은 아직도 진행 중이

---

77) 부패가 공공연히 비난받는 도시들은 바빌론이라는 별명으로 불렸다고 한다. 볼테르는 여
기서 본디는 로마를 변호해야 할 예수회 수도사의 입을 빌려, 그 예수회 자신이 가톨릭교
의 중심지에 내린 판단을 재미나게 이용했다.

78) 1754년, 볼테르는 포랑트뤼 주교와 충돌한 적이 있다. 1761년에는 이 주교구의 주교에게 젝
스 지방의 농민에게 주일에도 일할 권리를 허락하라고 요구했지만 실패했다. 당시 자주 있
었던 축제일 노동을 둘러싼 다툼은 볼테르의 고정관념 중 하나였다.

79) 멋대로 지어낸 기적.

다. 내 친척은 어느 누구보다도 성인을 존경한다. 하지만 그는 여전히 땅을 갈아야 한다고 주장한다.

프랑스에는 인부나 직공 같은 노동자가 500만 명쯤 된다고 나는 추정한다. 그들은 서로 도우며 하루에 20수를 벌지만, 일요일이 아닌 때도 1년에 30일은 땡전 한 푼 벌지 않도록 엄격하게 강요받는다. 계산해 보면 유통 면에서 1억 5000만 일, 노동력 면에서도 1억 5000만 일이나 줄어드는 셈이다. 성녀 바르바라나 포랑트뢰 주교가 없는 이웃 왕국은 우리보다 훨씬 잘산다. 이런 비난에 반론하는 사람이 있다. 그들은 성스러운 축일에 영업하는 술집은 세금징수원들에게 수많은 이익을 안겨주지 않느냐고 주장한다. 내 친척도 그 점은 인정했다. 하지만 그런 건 미미한 보상밖에 되지 않으며, 미사 후에 일할 수 있게 해주면 일을 끝마치고 술집에 가도 되지 않느냐고 주장했다. 그의 주장대로라면 이 문제는 경찰이 해결해야 할 일이지 주교와 관련된 일이 아니게 된다. 그는 술에 취하느니 밭을 가는 편이 훨씬 낫다고 주장한다. 나는 그가 소송에서 질까 봐 몹시 걱정된다.

15

몇 년 전, 누구나 아는 에브라르 씨와 나란히 부르고뉴 지방을 지나갈 때였다. 일부가 하늘에 닿을 듯 높이 치솟은, 한창 짓고 있는 장대한 건축물이 눈에 들어왔다. 나는 그것이 어떤 왕족의 소유냐고 물어보았다. 한 석공이, 그것은 시토회 수도사의 수도원장[80]의 소유로, 170만 리브르로 계약이 체결되었지만 아마도 그보다 훨씬 많은 비용이 들어갈 거라고 대답했다.

"누구 놀리시오?" 에브라르 씨가 말했다. "무위도식하는 삶은 연 수입 25만 리브르의 보상을 받는데 불쌍한 시골 사제의 세심한 주의에는 고작 100에퀴의 수당[81]뿐이라니, 이런 경우가 어디 있소? 이런 불평등은 너무나도 부당하고

---

80) 1761년, 볼테르는 부르고뉴 지방을 여행했는데, 이듬해 편지에서 시토회 수도사가 지은 건축물을 비판했다. 이 시토회 수도사의 수도원장처럼 고위성직의 칭호를 가진 자들은 거액의 수입을 얻었다. 보통 시토회 수도사는 엄격한 생활을 하지만, 장려한 건축물을 짓는 습관이 있었다고 한다.

81) 성직록 취득자가 성직록에 상응하는 직무를 자기 대신 성실히 수행해 줄 다른 성직자에게 지불하는 수당을 가리킨다.

혐오스럽지 않소! 수도사 한 명이 200만 리브르짜리 장대한 건물에 산다고 해서 국가에 대체 뭐가 돌아온단 말이오? 불쌍한 관리 스무 가족에게 그 200만 리브르를 나눠 준다면, 각 가정이 그럭저럭 재산을 얻어서 국왕에게 새로운 관리를 제공할 텐데 말입니다. 지금은 자신들이 선택한 수도사의 한낱 쓸모없는 가신으로 전락해 버린 한심한 수도사들도 나라를 좀먹는 버러지 상태에서 벗어나 국가의 성원이 될 겁니다."

나는 에브라르 씨에게 이렇게 대꾸했다.

"당신 말은 좀 과장됐군요. 하지만 지금 당신이 한 말은 200년이나 300년 뒤에는 반드시 실현될 겁니다. 지금은 참는 수밖에 없지요."

"그것이 2세기나 3세기 뒤에야 일어나니까 참을 수 없단 말입니다. 지금 눈앞에 보이는 갖가지 악습에는 혐오감이 들어요. 리비아사막을 걷는 느낌이라니까요. 사자가 우리를 잡아먹지 않을 때는 벌레가 우리 피를 빨아먹는 그 리비아사막 말입니다.

나한테는 우둔한 여동생이 있는데, 맹신에서가 아니라 선의에서 장세니스트가 되었지요. 그 끔찍한 고해성사표 사건 탓에 동생은 절망한 나머지 죽고 말았어요. 남동생은 소송에 걸려 있는데, 첫 번째 판결에서는 승소했지요. 동생의 운명은 그 소송에 달려 있었습니다. 그런데 어찌 된 일인지 재판관들이 판결을 거부하는 사태가 벌어져서[82] 동생은 파산하고 말았답니다. 또 나한테는 전쟁터에서 수많은 부상을 당한 늙은 숙부가 계시는데, 그 어르신은 가구며 식기를 어떤 지방에서 다른 지방으로 옮기려고 하셨지요. 그런데 약삭빠른 지방 세금징수원들이 절차상 준비가 미흡했다고 트집을 잡아서 그것들을 몽땅 압류했어요. 숙부는 20분의 3세(稅)를 내지 못해서 옥사하셨지요."

에브라르 씨는 그런 사건들을 꼬박 2시간에 걸쳐 들려주었다. 내가 말했다.

"에브라르 씨, 나도 그런 일을 많이 겪었답니다. 세계 어디든 사람은 그렇게 되어 있어요. 우리는 악습이 우리가 사는 세계에만 있다고 오해하지요. 아무래도 우리는 아스톨프와 조콩드[83]를 꼭 닮은 것 같군요. 부정한 여자는 자기

---

82) 청죄증명서 사건에 얽힌 일화. 1753년에 몇 달 동안 파리 고등법원이 추방되었던 사건을 암시하는 것으로 추정된다.

83) 라퐁텐의 콩트 《조콩드》의 등장인물.

아내뿐이라고 생각했는데, 막상 여행을 하자 곳곳에서 바람피운 아내를 둔 남편을 만났다는 이야기 말입니다."

"네, 그렇군요. 하지만 적어도 그들은 자기들 집에서 친절하게도 상대방이 만들어 준 빚을 갚고 다니는 기쁨을 누리지 않았습니까."

"딱 3년만 누구누구 장관이나 무슨무슨 장관이 되려고 노력해 보세요. 그러면 당신도 그 빚을 톡톡히 갚아줄 수 있을 겁니다."

에브라르 씨는 내 말을 믿었다. 지금 그는 프랑스의 요직에 있으며, 아주 자연스럽고 품위 있는 방법으로 국왕과 국가와 개인에게서 불법적인 돈을 뜯고 있다. 더없이 안락한 삶을 누리며, 새로운 희곡에도 대단히 거만한 태도로 평가를 내린다.

보충 〈루소와의 대화〉[84]

부카쿠스 씨와 내가 그런 토론을 하고 있는데, 장 자크 루소가 허둥지둥 큰길을 지나가는 것이 보였다.

"저런, 장 자크 씨, 어딜 그리 급히 가십니까?"

"도망 중이에요. 졸리 드 플뢰리 법원장이 내가 불관용과 그리스도교의 존재를 비판하는 듯한 주장을 했다고 탄핵문에서 말했거든요."[85]

"그는 명백한 사실을 말하려고 한 겁니다. 고작 말 한마디에 그렇게 흥분해서 되겠습니까?"

"네, 흥분했고말고요." 장 자크가 말했다. "여기저기서 내 책이 불살라지고 있으니까요. 나는 몽펠리에의 아수시[86]처럼 파리를 뜰 겁니다. 이 몸뚱이마저 타버리면 큰일이니까요."

---

84) 이하는 지금까지 많은 간행자가 제6장과 7장 사이에 삽입했던 장이다. 1764년, 비서 바그니에르가 적은 초고를 손에 넣은 볼테르는 결국 이 부분을 삭제해 버렸다. 이하에 편의상 〈루소와의 대화〉라고 제목을 붙인 것은 1818년 르페브르-데테르빌판 텍스트이다.

85) 파리 고등법원에서 졸리 드 플뢰리가 《에밀》의 탄핵을 선고한 것은 1762년 6월 9일이다. 이 '보충'을 구술했을 때 볼테르는 이미 그 소식을 알고 있었다.

86) 17세기 프랑스의 시인 샤펠은 가상디의 제자로, 부알로, 라퐁텐, 자유사상가들과 친분이 있었다. 그는 바쇼몽과 공저로 운문과 산문으로 엮은 유쾌한 이야기 《랑그도크 여행》(1663)을 썼다. 거기에 시인 아수시의 생애에 관한 일화가 적혀 있다.

"안 뒤부르나 미셸 세르베[87]의 시대였다면 그게 상책이었겠지만, 요즘 사람들은 그렇게 인정머리가 없지 않습니다. 그 불살라졌다는 책이 대체 뭔데요?"

"난 내 나름의 방법으로 한 소년의 교육을 네 권의 책으로 다루었습니다. 조금 지루할지도 모른다는 건 나도 알았지요. 그래서 내용을 조금 가볍게 하고자 유신론을 50쪽 정도 교묘하게 삽입하기로 했습니다.[88] 철학자들에게 욕설을 날리면 내 유신론도 인정받으리라고 생각했던 거죠. 그런데 오판이었던 것 같군요."

"유신론이 뭔데요?"

"내가 더 깊은 학식을 갖출 때까지 신을 숭배하겠다는 거지요."

"그게 당신 죄라면 걱정하실 것 없잖아요. 그런데 왜 철학자들을 욕해야 하지요?"

"나의 판단 착오입니다."[89]

"그런데 장 자크 씨, 당신은 어떤 식으로 유신론자가 되었습니까? 그렇게 되려면 어떤 의식이 필요하지요?"

"의식 같은 건 전혀 필요 없습니다. 나는 신교도의 아들로 태어났습니다. 그리고 로마가톨릭교 속에서 신교도에게 비난받는 모든 것을 배제했지요. 그런 다음 신교 속에서 다른 종교에게 비난받는 모든 것을 제거했습니다. 그러니까 신만 남더군요. 나는 신을 숭배했습니다. 그러자 졸리 드 플뢰리 법원장이 나를 탄핵한 겁니다."

우리는 유신론을 주제로 장 자크와 격렬한 토론을 벌였다. 그는 우리에게 "런던에는 유신론자가 30만 명이나 있지만 파리에는 5만 명밖에 없다, 그건 파리 토박이들이 영국인보다 한참 뒤처져 있기 때문이며 종두(種痘)와 만유인력과 파종기(播種機)가 그 증거다"라고 가르쳐 주었다. 그리고 독일 북부에는 유

---

87) 뒤부르는 칼뱅주의자로서, 1559년에 파리에서 처형당했다. 세르베는 칼뱅주의자들에게 이단으로 몰려 1553년에 제네바에서 처형당했다.

88) 《에밀》제4편 〈사부아 보좌신부의 신앙고백〉을 가리킨다. 실뱅 므낭에 따르면, 볼테르는 1751년 이후 이신론의 용어를 버리고 유신론의 용어를 썼다. 그것은 예배를 배제하지 않는 이신론이다.

89) 루소와 다른 철학자들(볼테르, 디드로, 흄 등)과의 불화를 암시한다. 실제 루소는 자책하지 않았다.

신론자와 투쟁자들이 숨어 있다고 덧붙였다.

그 이야기를 신중하게 듣던 부카쿠스 씨는 유신론자가 되겠다고 약속했다. 나는 흔들리지 않았다. 그렇지만 장 자크의 작품이나 주교의 교서와 같은 소품[90]이 진짜 불태워질는지 알 수는 없다. 그러나 그런 불길이 우리를 위협한다 해도, 우리가 타인의 불길에 마음을 다치는 데에는 변함이 없다. 게다가 나는 마음이 따뜻해서 장 자크의 고난을 동정했던 것이다.

---

90) 우니게니투스 칙서 사건을 계기로 1752년부터 이듬해까지 각지의 주교 몇몇과 고등법원이 일으킨 분쟁을 가리키는지도 모른다. 이를테면 엑스 고등법원은 아를 대주교의 칙서를 불태웠다고 한다.

La Princesse de Babylone
바빌론의 공주

1

바빌론의 늙은 왕 벨루스[1]는 자신이 세상에서 가장 위대하다고 믿어 의심치 않았다. 모든 궁정 대신이 그를 그렇게 평가했으며, 사료편찬자들도 그 사실을 사료로 증명해 주었기 때문이다. 그가 그렇게 어이없는 믿음을 가지는 근거는, 자신의 조상들이 3000년도 전에 바빌론을 건설했으며 그 도시를 아름답게 꾸민 것은 바로 자신이라는 것이다. 널리 알려졌듯이, 그의 궁전과 정원은 바빌론에서 몇 파라상[2] 떨어진 곳에 있다. 주위에는 멋진 경관이 펼쳐져 있으며, 좌우로는 유프라테스강과 티그리스강이 흐른다. 그의 광대한 궁전은 폭이 3000걸음이나 되며, 구름에 닿을 만큼 높이 솟아 있었다. 평평한 지붕에는 50피에 높이로 하얀 대리석 난간이 둘러쳐져 있으며, 그 위에는 제국의 역대 왕과 위인의 거대한 조각상이 세워져 있었다. 끝에서 끝까지 표면에 두꺼운 납을 바른 기와가 두 줄로 이어져 있는 지붕에는 흙이 12피에 두께로 쌓여 있었는데, 그 흙 위에는 올리브나무, 오렌지나무, 레몬나무, 종려나무, 정향나무, 야자나무, 육계나무 등이 하늘 높이 숲을 이루었다. 숲에는 햇빛도 통하지 않는 오솔길이 몇 갈래나 나 있었다.

---

1) 바빌론과 벨루스에 관해 볼테르는 《풍속시론 서설》 즉 《역사철학》에서 자신의 생각을 말했다. 그는 벨루스(Belus)를 실존 인물로 보지 않았다. 그 이름은 신을 의미하는 바빌로니아어인 벨(Bel)에서 따온 것이라는 것이다. 바빌론에 대해서는 "아버지 벨의 마을이다. (…) 밥(Bab)이란 칼데아어로 아버지를 가리키며, 벨은 지배자(신)의 이름이다"라고 말함으로써, 구약성서에 나오는 마을 바벨(히브리어로 바벨은 바빌론을 가리킨다고 한다)을 상기시킨다. 실뱅 므낭이 지적했듯이, 작가는 벨루스 왕이 전설상의 인물이며 바빌론이 신화 속 마을임을 전제하면서 이 이야기의 초자연적, 경이적 성격을 강조한 것으로 추정된다.
2) 파라상(Parasang)은 고대 페르시아의 길이 단위로, 약 4.8킬로미터 또는 5.6킬로미터.

100개의 관을 통해 펌프로 끌어올린 유프라테스강 물이 정원으로 흘러들어 광대한 대리석 연못을 몇 개나 채웠다. 그곳에서 다른 수로를 통해 쏟아져 내려 정원 가운데에 길이 6천 피에짜리 폭포와, 거의 시야에 들어오지도 않을 만큼 높이 솟구치는 1만 개의 분수 줄기를 이룬다. 그런 뒤 물은 출발점인 유프라테스강으로 돌아가는 것이었다. 여러 세기 후 아시아를 놀라게 한 세미라미스[3]의 정원은 이 고대 기적의 조잡한 모방에 지나지 않았다. 세미라미스 시대에는 남녀 할 것 없이 모두 퇴화하기 시작했기 때문이다.

그러나 바빌론에서 가장 감탄할 만한 것, 다른 빛들을 모두 죽이는 것은 국왕의 외동딸 포르모잔트[4]였다. 몇 세기나 지나서 프락시텔레스[5]가 그의 아프로디테와 〈엉덩이가 아름다운 아프로디테〉라고 명명한 여신을 조각한 것도 이 공주의 초상과 조각상을 모방한 것이었다. 하지만 모방품은 실물의 발끝에도 따라가지 못했다. 벨루스는 외동딸을 왕국 이상으로 자랑스럽게 여겼다. 18살이 된 공주는 남편감이 필요했다. 그러나 그런 인물을 어디서 찾아야 좋을까? 어느 고대 신화에 따르면, 포르모잔트는 니므롯[6]의 활을 당기는 자에게만 시집갈 수 있다는 것이었다. 야훼 앞에서 가장 힘센 사냥꾼이었던 이 니므롯은 데르벤트[7]의 대장간에서 제련된 캅카스산의 철보다 단단한 흑단목으로 만들어진 길이 7바빌로니아 피에짜리 활을 남겼다. 그리고 니므롯 이후 누구도 그 경탄스러운 활을 당긴 자가 없었다.

또 그 활을 당긴 자는 바빌론 원형경기장에서 사나운 사자를 멋지게 죽일 운명을 타고난 자였다. 그뿐만이 아니었다. 활도 당기고 사자도 죽인 자는 모든 대항자를 무찌를 운명이었다. 특히 그 인물은 아주 지혜롭고, 누구보다도 통이 크며, 덕성 높고, 세상에서 가장 진기한 보물을 갖고 있을 터였다.

세 왕이 나타나 포르모잔트를 놓고 다투게 되었다. 이집트의 왕, 인도의 국

---

3) 아시리아와 바빌론의 전설 속 여왕. 바빌론에 호화로운 공중 정원을 만들었다고 전해진다.
4) 라틴어로 '아름다움'을 뜻하는 formosa에 접속사 –ante를 붙인 것. F. 들로프르는 이탈리아의 시인 아리오스토의 낭만시 《광란의 오를란도》(1516)에서 따왔다고 지적했다.
5) 기원전 3세기 그리스의 조각가.
6) 바벨 왕. 고대 아시리아의 수도 니네베를 건설했다. 성서(《창세기》 10 : 8~12))에는 "야훼께서도 알아주시는 니므롯 같은 힘센 사냥꾼"이라고 나와 있다.
7) 카스피해에 맞닿은 아제르바이잔의 마을.

왕, 그리고 스키타이인 족장이었다. 벨루스는 시합 날을 정하고, 장소를 정원 끄트머리에 있는 넓은 강기슭으로 했다. 유프라테스강과 티그리스강이 합류하는 지점이었다. 그 경기장 주위에는 관중 50만 명을 수용하는 대리석 좌석이 원형으로 층층이 만들어져 있었다. 계단식 좌석 정면에 왕좌가 있었는데, 왕은 모든 신하를 거느리고 포르모잔트와 함께 등장하기로 예정되어 있었다. 그리고 왕좌와 계단식 좌석 사이에 좌우로 마련된 몇몇 좌석들은, 그 세 왕과 이 엄숙한 제전을 구경하러 오는 호기심 많은 다른 군주들을 위한 자리였다.

이집트 왕은 신우(神牛) 아피스[8]를 타고 여신 이시스의 타악기 시스트룸을 들고서 가장 먼저 도착했다. 구름보다 하얀 아마 사제복을 걸친 성직자 2000명, 신관 2000명, 주술사 2000명, 그리고 전사 2000명이 그의 뒤를 따랐다.

인도 왕도 12마리 코끼리가 끄는 이륜차를 타고 곧 도착했다. 이집트 왕보다 더 많고 더 호화로운 종자가 따랐다.

마지막으로 나타난 사람은 스키타이인 왕이었다. 그의 주변에는 활로 무장한 선발병밖에 없었다. 그가 탄 동물은 직접 길들인 훌륭한 호랑이였다. 그 호랑이는 페르시아에서 가장 아름다운 말만큼 커다랬다. 이 군주의 당당한 체격과 위엄 넘치는 태도에 경쟁자들은 압도당했다. 걷어붙인 새하얀 두 팔은 어찌나 다부진지, 이미 니므롯의 활을 당긴 자처럼 보였다.

세 군주는 먼저 벨루스와 포르모잔트 앞에 무릎 꿇었다. 이집트 왕은 공주에게 나일강에서 잡은 매우 훌륭한 악어 두 마리와 하마 두 마리, 얼룩말 두 마리, 이집트쥐 두 마리, 미라 두 구와 함께, 그가 세상에서 가장 진기하다고 믿는 위대한 헤르메스 트리메기스토스[9]의 책을 헌상했다.

인도 왕은 저마다 금색 목탑을 짊어진 코끼리 100마리를 공주에게 바치고, 공주의 발치에 석가가 직접 쓴 성전인 《베다》를 두었다.

읽고 쓰기를 할 줄 모르는 스키타이인 왕은 검은 여우 가죽을 두른 군마 100마리를 선물했다.

공주는 눈을 내리깔고 얌전하고 우아하게 고개만 까딱해 구혼자들에게 인사했다.

---

8) 이집트인이 농사의 신으로 숭배하는 황소.
9) 그리스신화의 헤르메스와 고대 이집트의 신 토트가 결합해서 태어난 신의 이름.

벨루스는 이 군주들을 준비된 왕좌로 안내하게 했다.

"나한테 딸이 셋 있으면 얼마나 좋겠소!" 그가 세 사람에게 말했다. "그랬다면 오늘 여섯 사람이 행복했을 텐데."

그는 니므롯의 활을 쏠 첫 번째 도전자를 제비뽑기로 정했다. 황금 투구 안에 세 구혼자의 이름이 적힌 종이를 집어넣었다. 이집트 왕의 이름이 가장 먼저 나왔다. 다음으로 인도 왕의 이름이 나왔다. 스키타이인 왕은 활과 경쟁자들을 바라보면서, 세 번째가 된 것에 조금도 불만을 보이지 않았다.

화려한 시합이 준비되는 동안, 시동 2만 명과 시녀 2만 명이 좌석에 앉은 관중들에게 차가운 음료를 차례대로 나누어 주었다. 사람들은 "신들이 왕을 정한 것은 매번 새롭기만 하다면 매일이라도 제전을 구경하기 위해서다, 인생은 그 밖의 목적으로 살기에는 너무 짧다, 인간의 수명을 단축하는 소송이나 음모나 전쟁이나 제사장들의 싸움은 어리석고 역겹다, 인간은 오로지 쾌락을 위해 태어났다, 그렇지 않다면 이토록 열심히 그리고 부단히 쾌락을 추구할 리가 없다, 인간의 본성은 즐기는 것이며 그 이외는 모두 어리석은 짓이다"라고 인정해 왔다. 쉽게 말해 이 훌륭한 도덕은 다양한 위법행위로 부인되어 왔을 뿐이다.

포르모잔트의 운명을 정할 이 행사가 막 시작되려는데, 유니콘을 탄 이름 모를 젊은이 하나가 역시 유니콘을 탄 하인을 거느리고 담장에 나타났다. 주먹에는 커다란 새[10] 한 마리가 앉아 있었다. 호위병들은 그 몸에서 뿜어져 나오는 숭고함에 놀랐다. 그는 (뒤에서도 나오겠지만) 헤라클레스의 몸에 아도니스[11]의 얼굴을 붙인 것과 같았다. 가히 우아함을 갖춘 위엄 그 자체였다. 짙은 눈썹과 긴 금발이 어우러진 아름다움은 군중을 사로잡았다. 계단식 좌석에 앉은 모든 관중이 그 청년을 더 자세히 보려고 일어섰다. 궁녀들은 젊은이에게 경탄의 눈길을 보냈다. 계속 눈을 내리깔고 있던 포르모잔트도 눈을 들어 그를 보고는 얼굴을 붉혔다. 세 왕은 얼굴에서 핏기가 가셨다. 모든 관중이 이 이름 모를 청년과 포르모잔트를 번갈아 바라보면서 이렇게 외쳤다.

---

10) 죽어서 재가 되면 다시 살아나는 전설 속 동물 피닉스. 아름다움과 깨끗함의 표상이다.

11) 그리스신화에서 여신 아프로디테가 사랑한 미소년. 헤라클레스의 힘과 아도니스의 아름다움이 완전한 남성미를 구성한다.

"공주님에게 필적할 만큼 아름다운 사람은 세상에서 이 청년뿐이다."

놀란 호위병이 혹시 어느 나라 왕이시냐고 청년에게 물었다. 이국의 젊은이는 자기는 그런 높은 신분이 아니며, 과연 포르모잔트 공주에게 어울리는 왕이 있을지 궁금해서 멀리서 구경하러 왔다고 대답했다. 젊은이는 계단식 좌석 맨 앞줄에 하인과 유니콘 두 마리와 새와 함께 안내되었다. 젊은이는 벨루스와 공주와 세 왕, 그리고 모든 관중에게 깊이 고개 숙여 인사했다. 그러고는 얼굴을 붉히면서 자리에 앉았다. 두 마리 유니콘은 그의 발밑에 다리를 꺾고 앉았고, 새는 그의 어깨에 앉았다. 보통이를 끌어안은 하인은 그의 옆에 앉았다.

시합이 시작되었다. 황금 상자에서 니므롯의 활이 꺼내졌다. 시동 50명을 거느리고 나팔수 20명을 앞장세운 의전장이 그 활을 이집트 왕에게 내밀었다. 왕은 그 제사장들에게 활을 축복한 다음 아피스의 머리 위에 올렸다. 이때 왕은 첫 번째 승리를 거머쥘 거라고 믿어 의심치 않았다. 그는 경기장 중앙으로 내려갔다. 활을 당기려고 온 힘을 쥐어짜느라 몸이 배배 꼬였다. 그 동작이 하도 우스꽝스러워서 좌석의 관중들이 와하하 웃었다. 포르모잔트도 미소를 지었다.

이집트 왕의 궁정제사장이 다가와서 말했다.

"전하, 이런 허무한 영광은 단념하시지요. 이것은 근육과 체력의 영광에 지나지 않습니다. 다른 시합에서 승리를 거두십시오. 전하께서는 오시리스 신의 검을 갖고 계시니 사자를 물리치실 수 있을 겁니다. 바빌론의 공주님은 가장 재치 있는 군주를 얻게 되실 운명인데, 전하께서는 수많은 수수께끼를 푸셨습니다. 또한 공주님은 가장 덕망 높은 분과 결혼하실 운명인데, 전하께서는 이집트의 제사장들에게 교육을 받으셨으니 누구보다 덕망이 높으십니다. 그리고 누구보다도 통이 큰 분이 공주님을 얻게 되실 텐데, 전하께서는 나일강 삼각주에서 가장 아름다운 악어 두 마리와 훌륭한 쥐 두 마리를 선물하셨습니다. 전하께서는 아피스와 헤르메스 트리메기스토스의 책을 갖고 계시며, 그것은 세상에서 가장 진귀한 물건입니다."

"그대 말이 맞다." 이집트 왕은 자기 자리로 돌아가서 앉았다.

활은 인도 왕에게 넘어갔다. 그는 활시위를 당기려다가 물집이 생겼지만(그는 이 물집 때문에 2주일이나 고생했다), 스키타이인 왕도 자기처럼 실패할 거라고 스스로 위안했다.

이번에는 스키타이인 왕이 활을 당겼다. 그는 힘과 기술을 모두 갖추었다. 활이 살짝 휘는 듯이 보였다. 그는 활시위를 더 세게 당겼지만, 화살을 날릴 수는 없었다. 이 군주의 용맹한 외모에 호감을 품고 있던 원형경기장 안의 관중들은 그의 실패를 슬퍼하면서, 아름다운 공주는 그 누구와도 결혼할 수 없을 거라고 생각했다.

그때 이름 모를 젊은이가 경기장으로 뛰어들더니 스키타이인 왕에게 말했다.

"전하, 실패하셨다고 해서 동요하지 마십시오. 이 흑단 활은 제 고국에서 만들어졌습니다. 요령만 조금 있으면 된답니다. 당신께서 활을 당기는 솜씨는 저보다 훨씬 훌륭하십니다."

말을 마치자마자 젊은이는 화살을 한 대 뽑아 활시위에 갖다 대고 니므롯의 활을 당겨 담장 너머로 멀리 쏘아 보냈다. 50만 관중의 100만 개 손이 이 놀라운 행위에 박수를 보냈다. 바빌론에 환성이 울려 퍼졌다. 여자들은 입을 모아 이렇게 말했다.

"저토록 아름다운 소년에게 저런 괴력이 있을 줄이야!"

젊은이가 호주머니에서 얇은 상아 판을 꺼내더니 그 위에다가 황금 바늘로 무슨 말을 적어서 활에 동여맸다. 그러고는 사람들의 넋을 빼놓는 우아한 자태로 그 활을 공주에게 바쳤다. 젊은이는 새와 하인 사이에 있는 자기 자리로 조심스럽게 돌아갔다. 온 바빌론이 술렁였다. 세 왕은 당혹스러웠지만, 이름 모를 청년은 그것을 눈치채지 못한 것처럼 보였다.

포르모잔트는 활에 묶인 상아 문자판에 아름다운 칼데아어로 쓰인 짧은 시를 읽고서 더욱 놀랐다.

> 니므롯의 활은 전쟁의 활.
> 사랑의 활은 행복의 활.
> 공주여, 그대는 그 활을 갖고 있나니. 승리의 신은
> 공주를 통해 지상의 주인이 되리라.

용맹한 세 명의 왕, 오늘은 세 명의 연적,
만족스러운 영광을 간절히 바라네.
나는 모르네, 그 마음이 어디로 향할지.
그러나 세상은 선택된 자를 영원히 갈망하네.

이 짧은 서정시에도 공주는 조금도 기분이 상하지 않았다. 유서 깊은 일부 궁정 귀족들은 이 시를 혹평했다. 그들은 옛날 태평성대였다면 벨루스 왕은 태양에, 포르모잔트 공주는 달에, 공주의 목은 탑에, 공주의 가슴은 밀을 재는 되에 비유되었을 거라고 말했다. 그들은 이 이국 청년은 상상력도 부족하고 시의 규칙도 모른다고 비난했다. 하지만 귀부인들은 이 시가 아주 세련됐다고 생각했다. 여자들은 그토록 활도 잘 쏘는 사람이 이토록 시도 잘 쓰는 데에 감탄했다. 공주의 시녀가 공주에게 말했다.

"공주님, 저 젊은이의 재주가 아깝습니다. 재치와 벨루스 왕의 활이 저 젊은이에게 무슨 소용이겠습니까?"

"우리가 감탄해 줬잖아요." 포르모잔트가 대답했다.

"세상에!" 시녀가 작게 투덜거렸다.

"다른 단시를 또 짓는다면 저 젊은이는 분명 사랑받을 거예요."

그동안 벨루스는 제사장들과 의논한 끝에 이렇게 선언했다. 즉 세 왕 중 누구도 니므롯의 활을 당기지 못했지만 공주는 결혼시켜야 한다, 공주는 왕궁 동물우리에서 특별히 사육된 커다란 사자를 멋지게 무찌른 왕과 맺어지리라는 것이었다. 자국의 모든 현자에게 교육받은 이집트 왕은 한 나라의 왕이 결혼을 위해 맹수의 공격에 온몸을 내던지는 것은 어리석기 그지없는 일이라고 생각했다. 그는 포르모잔트가 신붓감으로서 더없이 마음에 들긴 하지만, 사자에게 물려 죽으면 그 아름다운 바빌론의 딸과도 절대로 결혼할 수 없는 것 아니냐고 주장했다. 인도 왕도 이집트인의 생각에 동의했다. 두 사람은 "우리를 희롱하는 바빌론 왕을 벌하러 군대를 모으자, 우리에게는 주군을 위해 죽는 것을 더없는 명예로 여기는 수많은 가신이 있으니 우리의 신성한 머리에서 머리카락 한 올 뽑아내지 못할 것이다, 바빌론 왕의 왕위쯤은 간단히 빼앗고 그 뒤 아름다운 포르모잔트는 제비뽑기에서 이긴 사람이 갖자"는 결론을 내렸다.

결정이 나자 두 왕은 10만 군대를 모아 포르모잔트를 빼앗으라는 엄명을 저마다 자기 나라에 내렸다.

그동안 스키타이인 왕은 한 손에 언월도를 들고 홀로 경기장으로 내려갔다. 그는 포르모잔트의 매력에 미칠 정도로 이끌리는 것은 아니었다. 그때까지 명예가 유일한 정열의 원천이었다. 그 정열이 그를 바빌론으로 이끌었던 것이다. 인도 왕과 이집트 왕은 몸을 사려서 사자와 겨루는 위험을 선택하지 않았지만, 그 자신은 용감하게 싸워서 상처 입은 왕관의 명예를 되찾는 모습을 관중에게 꼭 보이고 싶었다. 이 보기 드문 용기 때문에, 그는 자기가 데리고 온 호랑이의 도움조차 빌리지 않았다. 그는 홀로 가볍게 무장한 채 나아갔다. 머리에는 금장식이 달린 강철 투구를 썼다. 그 용맹한 모습에 구름처럼 새하얀 말의 꼬리가 그림자를 드리웠다.

안티레바논산맥에서 자란 사자 중에서도 가장 커다란 사자가 그를 향해 달려왔다. 맹수의 무시무시한 발톱은 세 왕을 단번에 찢어 놓을 수 있을 것 같았고, 그 커다란 입은 세 왕을 한입에 삼킬 수 있을 것 같았다. 맹수의 소름 끼치는 포효가 원형경기장을 쩌렁쩌렁 울렸다. 용맹한 투사 한 명과 용맹한 투사 한 마리는 엄청난 속도로 상대방에게 돌진했다. 용감한 스키타이인은 사자의 목구멍 깊숙이 칼을 꽂아 넣었지만, 칼끝은 아무것도 통과시키지 않는 두꺼운 이빨에 부딪쳐 산산조각이 나고 말았다. 상처를 입어 더욱 사나워진 숲의 괴물은 피투성이가 된 발톱 자국을 군주의 옆구리에 새기려고 했다.

용감무쌍한 군주의 위험에 놀란 젊은이가 번개처럼 재빨리 경기장으로 뛰어들더니 사자 목을 베어 버렸다. 그 뒤 우리나라 기마시합에서 실력 있는 젊은 기사들이 표적인 '무어인[12]의 머리'나 반지를 빼앗을 때만큼이나 멋진 솜씨였다.

젊은이가 웬 상자 하나를 꺼내더니 스키타이인 왕에게 내밀면서 말했다.

"전하, 이 상자 안에는 제 조국에서 키운 박하가 들어 있습니다. 전하의 명예로운 상처를 금방 아물게 해줄 것입니다. 사자를 무찌르지 못한 것은 단순한 우연입니다. 전하의 용기는 칭송받아 마땅합니다."

---

12) 8세기쯤 이베리아반도를 정복한 이슬람교도를 막연히 부르던 말로, 15세기부터는 폭넓게 이슬람교도를 일컫게 되었다.

스키타이인 왕은 질투심보다는 감사한 마음이 먼저 들었다. 왕은 목숨을 구해준 젊은이에게 고맙다고 말하고, 은인을 다정하게 껴안은 뒤 자리로 돌아가 상처에 박하를 발랐다.

이름 모를 청년은 사자 머리를 하인에게 건넸다. 하인은 계단식 좌석 아래에 있는 커다란 샘에서 그 머리를 씻어 피를 깨끗이 닦은 뒤, 작은 자루에서 칼을 꺼내어 이빨 40개를 모조리 뽑아내고, 그 자리에 이빨과 똑같은 크기의 다이아몬드 40개를 박아 넣었다.

젊은이는 이번에도 겸손한 자세로 자기 자리로 돌아가 새에게 사자의 머리를 주었다.

"아름다운 새야." 그가 말했다. "포르모잔트 공주의 발치에 이 하찮은 존경의 표시를 드리고 오너라."

새는 발톱 하나에 그 무시무시한 전리품을 걸고 날아가서 공손하게 머리를 조아리면서 공주 앞에 그것을 내려놓았다. 40개의 다이아몬드가 눈부시게 빛났다. 장려한 바빌론에서도 그토록 화려한 물건은 본 적이 없었다. 바빌론에서는 아직 에메랄드, 토파즈, 사파이어, 석류석 등이 가장 귀중한 보석으로 여겨졌었다. 벨루스와 궁정 사람들은 감탄을 아끼지 않았다. 선물을 헌상한 새는 그들을 다시 한 번 놀라게 했다. 그 새는 독수리만큼이나 커다랬지만, 독수리의 눈이 부리부리하고 위협적인 데 반해 이 새의 눈은 부드럽고 애정이 깃들어 있었다. 장밋빛 부리는 포르모잔트의 아름다운 입과 얼마간 닮은 듯했다. 목은 무지갯빛이었는데, 무지개보다 선명하고 화려했다. 깃털은 영롱한 황금색으로 빛났다. 발은 은색과 자주색이 어우러진 듯이 보였다. 뒷날 유피테르의 아내 유노의 수레에 묶인 아름다운 공작의 꼬리도 이 새의 꼬리에는 훨씬 미치지 못했다.

궁정 사람들은 호기심과 놀라움의 눈길로 40개의 다이아몬드와 새를 무아지경으로 번갈아 쳐다봤다. 새는 벨루스와 포르모잔트 사이에 있는 난간에 앉아 있었다. 공주는 새를 쓰다듬고 입을 맞추었다. 새는 공주의 손길을 존경이 담긴 기쁨으로 받는 듯이 보였다. 공주가 입을 맞추자 새도 입맞춤으로 응답한 뒤, 부드러운 눈길로 공주를 바라보았다. 공주가 새에게 비스킷과 피스타치오를 주자 새는 그것을 은색과 자주색이 어우러진 발로 받아들고는 이루 말할 수 없이 우아하게 부리로 가지고 갔다.

벨루스는 다이아몬드를 유심히 살폈다. 그는 이렇게 호화로운 선물에는 그 보답으로 한 지방을 다 주어도 모자랄 지경이라고 생각했다. 그는 세 군주에게 주려고 준비했던 선물보다 더 훌륭한 선물을 이 이름 모를 청년을 위해 준비하라고 명령했다.

왕이 말했다. "이 청년은 중국의 왕자거나, 소문으로만 듣던 유럽이라는 곳의 어느 왕자거나, 이집트 옆에 있는 아프리카의 왕자가 틀림없다."

그는 즉시 장관을 보내 이름 모를 청년에게 인사하게 하고, 젊은이가 그러한 제국의 왕이나 왕자인지, 그리고 이렇게 놀라운 재물을 갖고 있으면서 달랑 하인 한 명과 보따리 하나만 가지고 온 것은 어떤 까닭인지 묻게 했다.

장관이 임무를 완수하려고 계단식 좌석 쪽으로 가는데, 유니콘을 탄 다른 하인이 도착했다. 그 하인이 젊은이에게 이렇게 말했다.

"부군 오르마르 님께서 임종하셨습니다. 그 부고를 전하러 왔습니다."

이름 모를 청년은 깜짝 놀라 눈물을 펑펑 흘리면서 짧게 대답했다.

"어서 돌아가자."

장관은 사자의 정복자이자, 40개의 다이아몬드를 선물한 자이자, 아름다운 새의 주인이기도 한 젊은이에게 벨루스의 인사를 전달했다. 그리고 하인에게 이 젊은 영웅의 아버지가 어느 왕국의 군주냐고 물어보았다. 하인이 대답했다.

"그의 아버지는 나이가 지긋한 양치기로, 이웃들에게 아주 사랑받는 분이셨습니다."

이 짧은 대화가 오가는 사이, 이름 모를 젊은이는 이미 유니콘에 올라타 있었다. 그가 장관에게 말했다.

"각하, 부디 제가 벨루스 왕과 공주님께 복종의 뜻을 표할 수 있도록 허락해 주십시오. 무엄한 부탁이오나, 이곳에 새를 두고 갈 테니, 부디 공주께서 잘 돌봐주시기를 바라옵니다. 이 새는 공주님만큼이나 귀중한 새입니다."

젊은이는 말을 마치자 번개처럼 달려갔다. 두 하인이 그 뒤를 쫓아갔다. 세 사람은 곧 모두의 시야에서 사라졌다.

포르모잔트는 크게 탄식했다. 새는 주인의 모습이 보이지 않는 것이 무척 슬프다는 듯이, 주인이 앉아 있던 좌석 쪽을 바라보았다. 그러고는 공주를 가

만히 쳐다보고, 부리로 공주의 아름다운 손을 부드럽게 어루만졌다. 공주를 섬길 것을 맹세하는 듯이 보였다.

벨루스는 비범한 젊은이가 일개 양치기의 아들이라는 것을 알고 무척 놀랐지만, 아무래도 믿기지가 않았다. 그는 젊은이에게 미행을 붙였다. 그러나 곧, 세 사람이 탄 유니콘은 도저히 따라잡을 수 없을 만큼 빠르며, 그 속도로 보아 하루에 100리외는 가는 것 같다는 보고가 돌아왔다.

2

모두가 이 기묘한 사건에 관해 토론하고 허무맹랑한 억측을 하느라 진을 뺐다.

양치기의 아들이 어떻게 커다란 다이아몬드를 40개나 선물할 수 있었을까? 왜 젊은이는 유니콘을 탔을까? 사람들은 그러한 수수께끼를 푸는 데 열중했다. 포르모잔트는 새를 쓰다듬으면서 깊은 생각에 잠겼다.

공주의 사촌 언니이자 아름다움에 관한 한 포르모잔트에게 결코 뒤지지 않는 아리따운 알데 공주가 이렇게 말했다.

"그 초인적인 젊은이가 진짜 양치기의 아들인지 아닌지는 나도 몰라. 하지만 너와 결혼할 조건을 모두 갖춘 사람인 것 같기는 해. 니므롯의 활을 당기고, 사자를 무찌르고, 거기다 너에게 아름다운 즉흥시까지 지어준 걸 보면 대단한 재주꾼인 건 분명해. 또 너에게 커다란 다이아몬드를 40개나 선물한 걸 보면, 누구보다도 통이 크다는 점도 부인할 수 없지. 그가 남기고 간 새는 보기 드문 장점을 갖추고 있어. 네 곁에 남을 수도 있었는데, 아버지 소식을 듣고 당장 달려간 걸 봐. 그의 덕성은 누구와도 비교할 수 없어. 신탁은 모든 면에서 실현되었어. 딱 하나, 경쟁자들을 무찔러야 한다는 점이 남았지만, 그는 그보다 더한 것을 증명해 보였어. 왜냐고? 그가 두려워해야 했을지도 모를 유일한 경쟁자의 목숨을 살려줬잖아. 만약 다른 두 사람도 무찔러야 할 상황이었다 해도, 아주 간단하게 물리쳤을 거라고 나는 확신해."

"그렇긴 해." 포르모잔트가 대답했다. "하지만 누구보다도 다정하고, 어쩌면 누구보다도 사랑받기에 적합한 사람이 양치기의 아들이라니, 그런 일이 있을 수 있을까?"

공주의 시녀가 대화에 끼어들었다. 양치기라는 단어는 흔히 왕이라는 의미로 쓰이는데, 왕이 가축의 털을 정성껏 손질하기 때문이라는 것이었다. 그러니 그 호칭은 젊은이의 하인이 장난으로 부른 것이 분명하고, 젊은 영웅이 그렇듯 초라한 행렬을 거느리고 온 까닭은 자기 한 사람의 가치가 호사스러운 왕들보다 얼마나 뛰어난지를 알게 하려는 것이었으며, 오로지 혼자 힘으로 공주를 얻는 것이 목적이었을 것이라고 주장했다. 공주는 새에게 아주 다정하게 입 맞추는 것으로 대답을 대신했다.

그사이, 세 왕과 제전을 구경하러 온 모든 군주들을 위해 성대한 축하연이 준비되었다. 왕의 딸과 조카가 그 축하연에서 손님을 대접하기로 되어 있었다. 국왕들의 자리에는 바빌론의 현란하고 호화로운 선물이 놓였다. 벨루스는 요리가 차려지는 동안, 아름다운 포르모잔트 공주의 결혼에 관한 고문회의를 소집했다. 그는 위대한 정치가로서 다음과 같이 말했다.

"짐은 이제 늙어서, 내 딸을 누구에게 시집보내야 할지 판단력이 흐려졌다. 딸의 남편감으로 적합한 자는 비천한 양치기에 지나지 않고, 인도 왕과 이집트 왕은 겁쟁이다. 스키타이인 왕은 썩 괜찮은 것 같지만, 정해진 조건을 하나도 해내지 못했다. 그러니 다시 신탁을 구하기로 하겠다. 그동안 그대들은 회의를 하라. 그런 다음 신탁에 따라 결정짓기로 하자. 모름지기 왕은 불사의 신들의 엄명을 받아야만 비로소 발걸음을 옮길 수 있기 때문이다."

이렇게 말하고 그는 예배당으로 들어갔다. 신탁은 관례에 따라 아주 짧은 문장으로 대답했다.

"그대의 딸은 세상을 한 바퀴 돌고서야 결혼하게 되리라."

놀란 벨루스는 고문회의로 돌아와 그 대답을 전했다.

대신들은 누구나 신탁에 깊은 경의를 품고 있었다. 누구나 신탁이야말로 종교의 바탕이라는 것, 신탁 앞에서 이성은 침묵해야 한다는 것, 왕은 신탁을 통해 백성을 다스리고 제사장은 왕을 다스린다는 것, 신탁이 없으면 지상에는 미덕도 안식도 없다는 것 등등을 인정했다. 아니, 인정하는 척했다. 결국, 거의 모든 참석자는 신탁에 대해 더없는 깊은 존경심을 표시한 뒤, 이번 신탁은 사리에 맞지 않으며 이 신탁에 따라서는 안 된다고 결론을 내렸다. 세상을 정처 없이 떠돌아다니는 일은 여자에게, 그것도 바빌론의 공주에게 더없이 조심성 없는 행동이며, 그랬다가는 평생 미혼으로 살든가 숨기고 싶은 수치스러운 결혼을 하게 되리라는 것이었다. 요컨대 이 신탁은 상식에서 벗어난다는 결론이었다.

대신 중 가장 어리고 지혜로운 오나다스라는 자가 이 신탁은 성지순례를 의미하는 것이라고 주장하며 공주의 안내자 역할을 자처하고 나섰다. 고문회의는 의견을 바꾸어 그에게 동조했다. 모두가 공주의 말을 조련하고 싶어 했다. 왕이 내린 결정은 이랬다. 공주에게 아라비아 쪽으로 300파라상 떨어진 곳에 있는 성전으로 가라고 했다. 그 성전에는 처녀들에게 행복한 결혼을 시켜준다는 성자가 모셔져 있었다. 단, 공주의 수행자는 고문회의의 최고참이어야 했다. 결정 후 일동은 만찬회장으로 자리를 옮겼다.

3

정원 한가운데, 두 줄기 폭포 사이에는 직경이 300피에나 되는 타원형 홀이 있었다. 감청색 둥근 천장에 박힌 무수한 황금별은 혹성을 포함한 모든 별자리를 나타냈다. 심지어 모든 별자리는 제자리에 있었다. 그 천장은 진짜 하늘과 똑같았다. 천체의 움직임을 본뜬 기계처럼 보이지 않는 장치의 힘으로 회전했다. 수정 원통으로 감싸인 촛대 10만 개는 손님용 식당의 안팎을 환하게 비추었다. 층층으로 된 식기 선반에는 황금 그릇과 접시 2만 개가 놓여 있고, 식기 선반 앞에 있는 단상에서는 악사들이 옹기종기 모여 있었다. 다른 2개의 원형 계단 중 한쪽에는 계절 과일이 수북이 쌓여 있고, 다른 한쪽에는 손잡이가 2개 달린 수정 항아리가 즐비하게 놓였다. 그 항아리 안에서는 지상의 온갖 포도주가 반짝반짝 빛났다.

사람들은 쪽매붙임으로 세공된 식탁을 둘러싸고 앉았다. 보석으로 장식된 그 무늬들은 꽃이나 과일을 표현한 것이었다. 아름다운 포르모잔트는 인도 왕과 이집트 왕 사이에 앉았다. 아름다운 알데는 스키타이인 왕 옆에 앉았다. 군주들은 30명쯤 되었다. 그들은 궁전에서 가장 아름다운 귀부인들과 나란히 앉았다. 바빌론 왕은 중앙에 딸과 마주 보고 앉았는데, 딸을 결혼시키지 못한 슬픔과 딸을 아직 곁에 둘 수 있다는 기쁨에 마음이 복잡한 것처럼 보였다. 포르모잔트는 왕에게 새를 옆에 앉히게 해달라고 부탁했다. 왕은 흔쾌히 허락했다.

음악이 울리자 군주들은 긴장을 풀고 옆자리의 귀부인들과 대화를 나누었다. 축하연은 호화롭고 즐겁게 진행되었다. 포르모잔트 앞에 왕이 좋아하는 찜 요리가 나왔다. 공주가 그 요리를 자기 아버지 앞으로 놓으라고 말했다. 그러자 그 즉시 새가 놀랄 만큼 정교한 솜씨로 그 요리 접시를 붙잡더니 왕에게 날아가 요리를 내밀었다. 만찬회에 있던 사람들은 그처럼 놀라운 광경을 본 것은 난생처음이었다. 벨루스는 딸보다 더 많이 새를 쓰다듬어 주었다. 새가 공주 곁으로 돌아오려고 날아올랐다. 아름다운 꼬리를 곧게 뻗고, 활짝 펼친 날개는 선명한 색을 자랑해 보였으며, 황금빛 깃털은 눈이 부실 만큼 환한 빛을 발했다. 사람들 눈에는 새밖에 들어오지 않았다. 악사들은 음악을 멈추었다. 손가락 하나 까딱하지 않았다. 아무도 음식을 먹지 않았으며, 아무도 말을 하지 않았다. 들리는 소리라고는 감탄사뿐이었다. 바빌론의 공주는 왕들의 존재조차 까맣게 잊고 만찬회 내내 새에게 입을 맞추었다. 인도 왕과 이집트 왕의 가슴속에서는 아쉬움과 분노가 부글부글 끓어올랐다. 두 사람은 원한을 풀기 위해 서둘러 30만 대군을 끌어모아 진군하기로 마음먹었다.

스키타이인 왕은 아름다운 알데와의 대화에 마음을 빼앗겼다. 오만한 그는 포르모잔트의 무시에도 아랑곳하지 않았고, 원망스럽게도 생각하지 않았다. 공주에게 분노를 느끼기는커녕 무관심했다.

"포르모잔트 공주는 미인입니다." 그가 말했다. "그 점은 나도 인정합니다. 하지만 저 공주는 자신의 미모밖에 생각하지 않는 사람인 것 같군요. 그런 여성은 자기가 대중 앞에 나타나면 사람들은 대단히 고마워해야 한다고 생각하는 법이지요. 우리나라에서는 우상숭배 같은 걸 하지 않습니다. 나는 저런 아름다운 조각상 같은 여성보다는 상냥하고 마음씨 고운 추녀가 훨씬 낫다고 생각합니다. 아가씨, 당신은 포르모잔트 공주에 뒤지지 않는 매력을 갖고 있습니다. 거기다 적어도 이방인하고도 말을 섞어주시지요. 스키타이인답게 솔직히 인정하겠습니다. 난 당신의 사촌보다 당신이 좋습니다."

사실 그는 포르모잔트의 성격을 오해한 것이었다. 공주는 보기만큼 거만하지 않았다. 그러나 알데는 그의 칭찬에 우쭐해졌다. 두 사람의 대화는 서로를 강하게 끌어당겼다. 둘은 몹시 흡족했으며, 일동이 식탁을 채 떠나기도 전에 깊은 애정을 느꼈다.

만찬회가 끝나자 사람들은 숲으로 산책을 나섰다. 스키타이인 왕과 알데는 신중하게 인적 드문 정자를 찾았다. 솔직한 알데가 왕에게 말했다.

"제 사촌은 저보다 미인이고 언젠가는 바빌론의 왕좌에 앉을 거예요. 그럼에도 저는 그 아이를 미워하지 않아요. 당신이 바라는 명예는 미모를 대신하기에 충분하니까요. 전 당신 없는 바빌론의 왕관을 쓰기보다는 당신이 계신 스키타이를 택하겠어요. 하지만 지상에 권리라는 게 있다면, 이 나라 왕위에 오를 정당한 권리는 제게 있어요. 저는 니므롯의 맏아들의 피를 물려받았고, 포르모잔트는 니므롯의 막내아들들의 피를 물려받았으니까요. 그 아이의 할아버지는 제 할아버지의 왕위를 빼앗고 그를 죽였어요."

"바빌론 왕가에서는 핏줄이 그렇게 대단한 힘을 지닙니까? 당신 할아버지 성함이 뭐지요?"

"저와 똑같은 알데예요. 아버지도 같은 이름이었는데, 어머니와 함께 제국의 벽지로 추방당하셨죠. 제 부모님이 돌아가시자, 벨루스는 안심하고 저를 자기 딸과 함께 키우기로 했어요. 하지만 절 결혼시킬 마음은 눈곱만큼도 없죠."

"내가 당신 아버지와 할아버지, 그리고 당신의 원수를 갚아드리죠. 부디 나와 결혼해 주십시오. 모레 새벽에 나는 당신을 데리고 떠나겠습니다. 내일은 바빌론 왕과 점심을 먹을 예정이니까요. 가서 30만 대군을 거느리고 돌아와 당신의 권리를 옹호해 드리죠."

"부탁해요." 아름다운 알데가 말했다. 두 사람은 굳은 약속을 나누고 헤어졌다.

포르모잔트는 일찌감치 잠자리에 들었다. 그녀는 은제 새장에 작은 오렌지 나무를 집어넣어 새를 그 위에서 쉬게 했다. 그리고 그 새장을 침대 옆에 두었다. 침대의 휘장은 닫혀 있었지만, 도무지 잠이 오지 않았다. 기분이 한껏 들떠 머릿속은 온갖 상상력으로 가득했던 것이다. 그 이름 모를 잘생긴 청년의 모습이 눈앞에 어른거렸다. 니므롯의 활을 쏘는 모습이 보였다. 그녀는 사자 머리를 단칼에 베는 청년을 황홀하게 바라보았다. 젊은이가 선물한 짧은 시를 읊조려 보았다. 마지막으로, 유니콘을 타고 군중에게서 멀어지는 모습이 보였다. 문득 그녀는 울컥해서 눈물을 뚝뚝 흘리며 절규했다.

"다시는 그 사람을 만날 수 없어! 그 사람은 돌아오지 않을 거야!"

"돌아옵니다, 공주님." 오렌지나무 위에서 새가 말했다. "공주님을 한 번 본 사람이 어찌 공주님을 다시 보지 않고 배기겠습니까?"

"오 이럴 수가! 영원의 신이여! 제 새가 완벽한 칼데아말을 하다니!"

그녀는 휘장을 젖히고 두 팔을 새에게 뻗으며 침대에 무릎 꿇었다.

"혹시 당신은 이 세상에 내려오신 신인가요? 그 아름다운 날개 아래 모습을 감춘 위대한 아후라 마즈다[13]인가요? 신이라면 제발 그 아름다운 사람을 제게 돌려주세요."

"전 그냥 새예요." 새가 재빨리 대답했다. "모든 짐승이 말을 할 줄 알았던 시대에, 새와 뱀과 암탕나귀와 말과 그리핀[14]이 인간과 친근하게 대화를 나누던 시대에 태어났지요. 시녀들이 저를 마법사라고 오해할까 봐 인간들 앞에서는 조심했지만, 공주님에게만은 진짜 제 모습을 보이고 싶습니다."

포르모잔트는 놀라서 심장이 쿵쾅거렸다. 이 기적 같은 일을 앞에 두고 흥분한 나머지 한 번에 100가지 질문을 쏟아낼 뻔했지만, 일단 새의 나이부터 물어보았다.

"2만 7900살 하고도 여섯 달 되었습니다. 제 나이는 이곳의 인간 점성술사들이 춘분점 세차[15]라고 부르는, 즉 당신들 셈법으로 거의 2만 8000년 만에 완료되는 하늘의 소회전에 필적하지요. 그보다 훨씬 긴 시간의 회전도 있으니, 저보다 훨씬 나이 많은 생물도 있답니다. 2만 2000년 전, 저는 여행을 하다가 칼데아어를 배웠는데, 그 이후로 이 말이 무척 좋아졌습니다. 하지만 다른 동물들은 당신들 땅에서 말하기를 포기해 버렸습니다."

"그건 왜죠?"

"인간들이 우리와 이야기하거나 지혜를 교환하지 않게 되더니 급기야는 우리를 잡아먹는 습관을 들였기 때문이지요. 야만스러운 인간들! 우리도 인간과 똑같은 기관, 똑같은 감정, 똑같은 욕구, 똑같은 욕망을 갖고 있고, 인간들과

---

13) 조로아스터교에서 선(善)과 광명을 창조한 주신(主神).

14) 머리·앞발·날개는 독수리이고 몸통·뒷발은 사자인 상상의 동물.

15) 1749년, 달랑베르는 《춘분점 세차에 관한 연구》를 발표했는데, 거기에서는 2만 6000년이 걸려 완성되는 아주 느린 지축의 이동이 언급되었다.

똑같은 영혼을 갖고 있으니 인간들의 형제예요. 그러니 인간들은 당연히 해로운 짐승만 구워 먹어야 한다는 사실을 깨달아야 하지 않나요? 우리는 당신네 인간의 친한 친구예요. 위대하신 영원의 창조주는 인간과 계약을 맺으시면서 일부러 우리를 그 계약 속에서 언급하셨어요. 창조주는 인간들에게는 우리의 피를 먹지 말라고 하셨고, 우리에게는 인간의 피를 먹지 말라고 하셨습니다.[16]

고대 사람 루크만[17]의 우화는 많은 나라 언어로 번역되었지요. 그것이야말로 옛날 인간들이 우리와 친하게 교류했던 사실의 영원한 증언입니다. 우화는 모두 '동물이 말하던 시절'이라는 문구로 시작합니다. 왜, 여자 중에도 늘 개한테 말을 거는 사람이 많잖아요? 하지만 개는 언제나 대답이 없죠. 채찍질을 당하고, 사냥에 끌려가서 붉은사슴과 다마사슴과 토끼와 자고새와 같은 우리의 오랜 친구를 죽이는 공범자가 되도록 강요당한 다음부터 말이죠.

인간에게 남아 있는 고대 시에서는 말이 말을 하지요.[18] 마부들은 날마다 말에게 말을 건넵니다. 하지만 그 말이 너무 무례하고 상스러워서, 옛날에는 그토록 인간을 사랑했던 말들도 이제는 인간들을 싫어한답니다.

당신의 아름다운 이름 모를 청년은 누구보다도 완벽하지만, 그가 사는 나라는 여전히 우리 동물을 사랑하고 우리와 대화를 나눌 수 있는 나라입니다. 그 나라는 인간이 정의롭게 사는 지상 유일의 나라랍니다."

"그 사랑스러운 이름 모를 이의 나라는 도대체 어디에 있나요? 그 영웅의 이름이 뭐지요? 그가 사는 제국은 뭐라고 불러야 해요? 난 당신이 박쥐라는 걸 믿지 못하는 것만큼이나 그가 양치기라는 걸 믿을 수 없어요."

"공주님, 그의 나라는 갠지스강 동쪽 기슭에 있습니다. 덕망 높은 불굴의 민족 강가리드인이 사는 곳이지요. 제 친구의 이름은 아마잔입니다. 그는 왕이 아닙니다. 과연 그가 품위를 떨어뜨리면서까지 왕이 되고 싶어 할지 저도 모르겠군요. 그는 자기 나라 사람들을 무척 사랑합니다. 그는 그 나라 사람들처럼 양치기지요. 하지만 당신들 나라 양치기를 상상하지 마세요. 당신들 나라 양

---

16) 원주(原註). 〈창세기〉 9장과 《전도서》《코헬렛》 3장 18절, 19절 참고.
17) 아라비아의 전설 속 군주 루크만은 41편의 우화집을 남겼다고 전해지는데, 사실 그것들은 이솝 우화의 번역이었다.
18) 호메로스 《일리아스》에서 아킬레우스의 말은 그의 죽음을 예언한다.

치기들은 누더기로 겨우 몸을 가리고, 자기들보다 훨씬 멋지게 단장한 양들을 지키고, 가난이란 무게에 눌려 신음하고, 몇 푼 안 되는 돈의 절반을 부당한 세금으로 빼앗기니까요.[19] 강가리드인 양치기들은 모두 평등하게 태어나, 언제나 꽃이 만발한 목장을 가득 메운 엄청난 수의 양을 거느린 주인입니다. 그들은 절대로 양을 죽이지 않습니다. 자기 종족을 잡아먹는 것은 갠지스강에 대한 무서운 범죄지요. 가장 아름다운 비단보다 더욱 결이 곱고 반들거리는 양털은 동양 최고의 거래 품목이랍니다. 또 강가리드인의 땅은 인간의 갖가지 욕망을 충족하는 모든 것을 선물해 줍니다. 아마잔이 정중히 바친 그 커다란 다이아몬드는 그의 광산에서 나온 것입니다. 그가 탄 유니콘을 보셨지요? 강가리드인은 평소 유니콘을 타고 다닌답니다. 유니콘은 지상을 장식하는 가장 아름다운 동물이자, 가장 자존심 세고 가장 위협적이며 가장 다정한 동물입니다. 무수한 적군을 물리치는 데는 강가리드인 100명과 유니콘 100마리만 있으면 충분합니다. 2세기쯤 전에 인도의 어느 왕이 어리석게도 그 나라 백성을 치려고 했었지요. 그 왕은 코끼리 1만 마리와 전사 100만 명을 거느리고 쳐들어왔습니다. 유니콘은 코끼리를 뿔로 찔렀습니다. 제가 공주님 식탁에서 작은 금꼬챙이에 꿰인 종달새를 봤을 때와 비슷한 광경이었지요. 왕의 전사들은 강가리드인의 칼에 우수수 쓰러졌지요. 동양에서 농부들 손에 베여 쓰러지는 벼처럼 말이에요. 왕은 병사 60만 명과 함께 사로잡혔습니다. 그는 몸에 좋은 갠지스강 물로 목욕하고, 우리나라의 식이요법을 받았습니다. 식이요법이란, 만물을 먹여 살리기 위해 자연이 아낌없이 주는 식물만을 먹는 치료 방법을 말합니다. 날고기를 먹고 독한 과실주를 퍼마시는 사람은 피가 산화되어 상해 있지요. 증상은 제각각이지만, 그것이 원인이 되어 머리가 돌고 맙니다. 정신 착란의 주된 이유는 동족을 죽이고, 풍요로운 평야를 황폐하게 하고, 묘지로 변한 땅을 지배하려는 주체 못 할 욕망이지요. 인도 왕의 병을 고치는 데는 꼬박 여섯 달이 걸렸습니다. 마침내 의사들은 왕의 맥박과 정신이 이전보다 안정됐다고 판단하고, 강가리드인 고문회의에 그것에 관한 증명서를 제출했습니다. 고문회의는 유니콘들의 의견을 수렴했습니다. 인도 왕과 그의 멍청한 궁정인과

---

19) 프랑스 농민에게 부과되는 무거운 세금을 은유적으로 단죄하고 있다.

어리석은 병사들에게 온정을 베풀어 그들의 나라로 돌려보낸 거지요. 그 교훈 덕에 그들은 현명해졌고, 그 이후 인도인은 강가리드인을 존경하게 되었답니다. 학문을 배우고 싶어 하는 무지한 자들이 죽었다 깨어나도 따라잡을 수 없는 구름 위의 존재, 칼데아인 철학자들을 존경하는 것과 같은 이치로 말입니다."

"그런데 강가리드인들은 뭔가 종교를 갖고 있나요?"

"종교가 있느냐고요? 공주님, 우리는 보름달이 뜰 때 모여서 신께 감사를 바친답니다. 산만하지 않도록, 남자는 개잎갈나무로 만든 대성전에, 여자는 다른 대성전에, 새들은 우거진 숲에, 네발짐승은 아름다운 잔디밭에 저마다 모이지요. 우리는 신이 선물해 주신 온갖 부에 감사합니다. 특히 앵무새는 설교를 무척 잘하지요.

이것이 제 친구 아마잔의 고국입니다. 그리고 그 나라에 저도 살지요. 전 그에게 우정을 느끼지만, 그는 또한 저로 하여금 사랑도 느끼게 합니다. 저를 믿으신다면, 함께 떠나시지요. 그의 방문에 보답하는 의미로 그를 방문하시지 않겠습니까?"

"당신은 정말 훌륭한 중개자군요." 한시라도 빨리 여행을 떠나고 싶었지만 차마 말을 꺼내지 못하고 있던 공주는 살포시 웃으며 대답했다.

"전 친구에게 최선을 다합니다." 새가 말했다. "당신을 사랑하는 일에 버금가는 행복은 당신들 두 사람의 사랑을 돕는 일이지요."

포르모잔트는 뛸 듯이 기뻤다. 세상 밖으로 여행을 떠나는 기분이었다. 공주가 그날 하루에 본 것, 지금 보고 들은 모든 것, 특히 마음으로 느낀 모든 것이 그녀를 황홀하게 했다. 공주의 기분은 오늘날 행복한 이슬람교도가 속세에서 벗어나 하늘에서 천상의 미녀와 천국의 영광과 지복에 둘러싸일 때 느끼는 황홀감을 훨씬 뛰어넘은 것이었다.

4

공주는 밤새도록 아마잔에 관해 이야기했다. 이제 그녀는 아마잔을 '나의 양치기'라고 불렀다. 그때 이래로 몇몇 나라에서는 양치기와 연인이 같은 말로 쓰이게 되었다.

공주는 새에게 지금껏 아마잔에게 연인이 몇 명이나 있었느냐고 물어보았다. 새가 연인은 없었다고 대답하자, 그녀는 뛸 듯이 기뻐했다. 또 공주는 그가 어떻게 하루를 보내는지 궁금했다. 그가 선행을 하고, 학예에 힘쓰고, 자연의 비밀을 탐구하고, 좀 더 나은 사람이 되려고 노력한다는 이야기를 듣자 기뻐서 어쩔 줄을 몰라 했다. 새의 영혼이 자기 연인의 것과 같은 본성을 지니고 있는지, 왜 자기 연인은 나이가 고작 열여덟이나 열아홉인데 새는 2만 8000년이나 살아 있는지도 알고 싶어 했다. 그녀는 그런 많은 질문을 던졌지만, 새는 아주 간단한 대답밖에 하지 않았다. 공주의 호기심은 더욱 커질 뿐이었다. 드디어 공주와 새는 졸려서 눈꺼풀이 감겼다. 포르모잔트는 신들이 선물한 달콤한 꿈의 환상에 몸을 맡겼다. 꿈이란 때로 칼데아인의 철학을 총동원해도 설명할 수 없을 만큼 현실을 뛰어넘는다.

포르모잔트는 완전히 늦잠을 자고 말았다. 부왕이 딸의 침실을 찾아오고 나서야 그녀는 눈을 떴다. 새는 날개를 푸덕거리고 고개를 길게 뽑아 국왕에게 공손하게 인사한 뒤 다시 오렌지나무에 앉았다. 왕은 딸의 침대에 걸터앉았다. 딸은 좋은 꿈을 꾼 덕에 더욱 아름다워 보였다. 왕의 훌륭한 턱수염이 딸의 아름다운 얼굴과 가까워졌다. 왕이 딸의 얼굴에 두 번 입 맞춘 뒤 말했다.

"사랑하는 딸아, 어제는 내 기대와는 달리 네 결혼 상대를 찾지 못했다. 그렇지만 너에겐 결혼 상대가 필요하다. 우리 제국의 안녕을 위해 반드시 필요해. 난 신탁을 구했다. 너도 알다시피 신탁은 절대로 거짓말을 하지 않고, 우리의 모든 행동은 신탁이 인도하니까. 신탁은 네게 세계 여행을 명했다. 넌 여행을 떠나야 한다."

"아! 강가리드인의 나라로 가라는 거겠죠?" 공주가 말했다.

저도 모르게 이 말을 내뱉고서 공주는 바보 같은 짓을 했다고 뼈저리게 후회했다. 지리에 무지한 왕은 강가리드인이 뭐냐고 물어봤다. 공주는 대충 둘러댔다. 왕은 딸에게 순례를 하라고 말하며, 수행자는 벌써 임명해 뒀다고 전했다. 수행자란 곧 최고참 고문관, 궁정제사장, 공주의 시녀, 의사, 약제사, 새, 그밖에 적당한 몇몇 하인이었다.

포르모잔트는 국왕의 궁전을 한 번도 벗어난 적이 없었다. 세 왕과 아마잔이 경기를 치렀던 날까지, 남에게 보이기 위한 예의범절과 겉으로만 즐거운 행사로 따분한 삶을 보냈다. 따라서 순례를 떠나야 한다고 하자 무척 기뻐했다.

'어쩌면 신들이 내 사랑하는 강가리드 사람에게 같은 예배당으로 가도록 같은 계시를 내리셨을지도 몰라. 난 운 좋게 그 순례자와 재회하는 거야!' 공주는 마음속으로 중얼거렸다.

공주는 다정하게 아버지에게 고맙다고 말하고, 자기가 찾아가기로 되어 있는 성자에게는 언제나 남몰래 신앙을 바쳐 왔다고 말했다.

벨루스는 초대한 손님들에게 멋진 오찬을 대접했다. 그 자리에는 남자들밖에 없었다. 모두들 서로 마음이 맞지 않았다. 왕, 왕족, 대신, 고위 성직자 할 것 없이 서로가 서로를 질투했다. 서로 신중하게 말을 골랐으며, 자기 옆자리 손님을 귀찮아했다. 많은 술이 들어갔지만, 축하연은 전혀 흥이 나지 않았다. 공주와 사촌 언니는 저마다 자기 방에서 여행 준비에 여념이 없었다. 두 사람은 간단하게 식사했다. 그 뒤 포르모잔트는 소중한 새를 데리고 정원으로 나가 산책했다. 새는 공주를 즐겁게 해주려고 멋진 꼬리와 훌륭한 날개를 활짝 펼치고서 나무에서 나무로 날아다녔다.

만취까지는 아니지만 어느 정도 얼큰하게 취한 이집트 왕은 시동에게 활과 화살을 가져오라고 시켰다. 사실 이 군주는 자기 나라에서 다른 누구보다도 활쏘기를 못했다. 따라서 그가 활을 겨눌 때 가장 안전한 장소는 표적이 있는 바로 그 자리였다. 그러나 아름다운 새는 화살보다 빨리 휙 날아가더니 스스로 그 화살을 맞고 피투성이가 되어 포르모잔트의 품에 떨어졌다. 이집트인은 심술궂게 비웃으면서 자기 방으로 돌아갔다. 공주는 하늘을 찢을 듯한 비명을 지르고 엉엉 울면서 뺨과 가슴을 쥐어뜯었다. 새가 죽어가는 목소리로 그녀에게 속삭였다.

"절 불태우세요. 그리고 그 재를 반드시 아덴, 그러니까 에덴의 옛 수도 동쪽에 있는 행복한 아라비아[20]로 가지고 간 다음 정향과 계피 가지 위에 얹어 햇볕을 쬐어주세요."

새는 말을 마치고 죽었다. 포르모잔트는 그만 혼절하여 오랫동안 깨어나지

---

20) 고대 로마·그리스인들은 향료 무역의 거점인 아라비아반도 남쪽, 오늘날 예멘을 '행복한 아라비아'라고 불렀다.

못했고, 깨어난 뒤에도 흐느껴 울기만 했다. 그녀의 아버지는 딸과 함께 슬퍼했다. 이집트 왕을 저주하면서, 이 불상사가 불길한 미래를 예고한다고 믿었다. 그는 서둘러 예배당에 신탁을 받으러 갔다.

"모든 것이 뒤죽박죽이다. 즉 삶이 곧 죽음이요, 부정이 곧 변함없는 사랑이요, 손해가 곧 이득이요, 재앙이 곧 행복이니라."

왕도 왕의 고문회의도 이 신탁을 도무지 해석하지 못했다. 결국 왕은 신앙의 의무를 다한 것에만 만족했다.

아버지가 신탁을 받는 동안, 공주는 새가 지시한 대로 눈물의 장례를 치렀다. 그리고 목숨을 걸고라도 새의 재를 아라비아로 가지고 가기로 결심했다. 새는 밤마다 앉아서 잤던 오렌지나무와 함께 아마포에 싸여 불태워졌다. 공주는 새의 재를, 사자 머리에서 뽑은 다이아몬드와 석류석을 테두리에 붙인 작은 황금 그릇에 담았다. 이 비통한 임무를 수행하는 대신, 저 가증스러운 이집트 왕을 산 채로 불태울 수 있다면 얼마나 좋을까! 이것만이 공주의 바람이었다. 그녀는 분풀이로 악어 두 마리와 하마 두 마리와 얼룩말 두 마리와 쥐 두 마리를 죽이게 하고, 미라 두 구를 유프라테스강에 던져버리게 했다. 그녀가 신우 아피스를 가지고 있었다면, 그것도 그냥 살려두지는 않았으리라.

그런 모욕을 받자 분개한 이집트 왕은 30만 병사를 일으키려고 곧장 그 나라를 떠났다. 인도 왕은 동맹자가 출발하는 것을 보고, 30만 인도 병사를 이끌고 이집트군과 합류해야겠다고 결심하고 자기 나라로 돌아갔다. 스키타이인 왕은 30만 스키타이인을 이끌고 알데 공주를 위해 싸우고, 공주가 장자의 핏줄인 이상 당연히 그녀에게 속하는 바빌론의 상속권을 그녀에게 돌려주기로 굳게 마음먹은 뒤, 간밤에 공주를 데리고 떠났다.

아름다운 포르모잔트는 아직 어둑한 새벽 3시에 순례 대열을 이끌고 여행을 떠났다. 자신은 새의 마지막 뜻을 무사히 실행할 수 있으며, 정의로운 불멸의 신들은 저 사랑하는 아마잔을 자신에게 돌려줄 거라는 은근한 기대감을 품고 있었다. 이제 아마잔이 없는 세상은 살아갈 수가 없었다.

그리하여 바빌론 왕이 눈을 떴을 때, 그의 곁에는 아무도 없었다.

"소동이 지나가고 보니 화려한 축하연은 끝나고, 마음에는 놀라운 공허감만 남는구나." 그는 중얼거렸다.

그러나 알데 공주가 납치되었다는 소식을 듣자 그는 곧 분노로 이성을 잃었다. 왕은 모든 대신을 질책하고, 고문회의를 소집하라고 명령했다. 대신들이 다 모일 때까지 그는 간절히 신탁을 구했다. 하지만 신탁에서 얻은 것은, 뒷날 전 세계에 널리 알려지게 된 다음 한 구절뿐이었다.

"딸들에게 결혼을 허락하지 않으면, 스스로 결혼할 것이다."

왕은 즉시 스키타이인 왕을 대비하여 30만 병사의 진군을 명령했다. 이리하여 끔찍한 전쟁이 사방에서 벌어졌다. 게다가 이 전쟁은 지상에서 열린 가장 화려했던 축하연의 여흥에서 빚어진 것이었다. 아시아는 네 편의 30만 대군에 의해 쑥대밭이 되기 직전이었다. 수 세기 후 세계를 놀라게 한 트로이 전쟁도 이 전쟁에 비하면 애들 장난에 불과했다. 그러나 트로이 전쟁의 발단이 두 번 납치된 부정한 늙은 여자인 데 비해, 이 전쟁의 발단은 두 젊은 공주와 한 마리 새라는 점을 고려해야 한다.

인도 왕은 당시 바빌론에서 카슈미르로 곧장 이어지는 잘 포장된 큰길로 나와 자신의 군대를 기다렸다. 스키타이인 왕은 이마우스산맥으로 이어지는 훌륭한 길을 알데와 함께 달리고 있었다. 이런 길들은 뒷날 폭정이 화근이 되어 모두 사라지게 된다. 이집트 왕은 무지한 히브리인이 뒷날 '위대한 바다'[21]라고 부른 저 보잘것없는 지중해를 따라 이미 서쪽으로 행진하고 있었다.

한편, 아름다운 포르모잔트는 바스라[22]로 향하고 있었다. 그 길에는 사계절 내내 그늘과 과일을 제공해 주는 키 큰 종려나무가 자라고 있었다. 공주가 순례하러 가는 성전은 바로 그 바스라에 있었다. 이 성전에서 모시는 성자는 그 뒤 람프사코스에서 추앙받은 성자와 거의 동류였다.[23] 이 성자는 젊은 처녀들에게 남편을 얻어줬을 뿐만 아니라 가끔은 남편을 대신했다. 그는 아시아 전역에서 가장 추앙받는 성자였다.

포르모잔트는 바스라의 성자야 어떻든 거의 개의치 않았다. 그녀는 오로지

---

21) 작가는 성서의 표현을 차용하면서, 성서가 '위대한 바다'에 언급하지 않은 것, 그 시야의 협소함을 은근히 비꼬고 있다.

22) 현재 이라크 동남부에 있는 항구도시.

23) 에게해와 마르마라해를 잇는 다르다넬스 해협의 동쪽에 자리한 도시 람프사코스에서는 고대 때, 남근으로 상징되는 생식과 풍요의 신 프리아포스를 믿었다. 실뱅 므낭은 볼테르가 성지를 방종한 땅으로 암시한 것이라고 말했다.

사랑하는 강가리드인 양치기, 그 아름다운 아마잔을 위해 기도를 바쳤다. 바스라에서 배를 타고 '행복한 아라비아'로 들어가, 죽은 새가 지시한 내용을 이행할 생각이었다.

세 번째 숙박지에 도착했다. 숙박 담당 수행원들이 먼저 여관으로 가서 모든 준비를 대신 해주었다. 공주는 이집트 왕도 그 여관에 묵는다는 사실을 알았다. 밀정을 통해 공주의 행로를 알아낸 왕은 수많은 호위병을 거느리고 곧장 길을 튼 것이었다. 여관에 도착한 왕은 모든 문에 감시를 세웠다. 그리고 아름다운 포르모잔트의 방으로 올라가서 말했다.

"공주, 내가 공주를 얼마나 찾았는지 모르오. 내가 바빌론에 있을 때 그대는 나를 완전히 무시했소. 거만하고 변덕스러운 여자를 벌하는 것은 정당한 일이지. 미안하지만, 오늘 밤은 나와 저녁을 함께 먹어야겠소. 그대는 오로지 내 침대에서만 잘 수 있소. 그러니 내 마음에 들도록 행동하길 바라오."

포르모잔트는 자신이 불리한 처지에 있음을 똑똑히 이해했다. 그녀는 그때그때 상황에 맞게 처신하는 것이 분별 있는 행동이라는 것을 알았다. 그래서 속마음을 고백하는 척하면서 이집트 왕에게서 벗어나기로 결심했다. 그녀는 왕에게 은근한 시선을 보냈다. 수 세기 후 '추파를 던진다'는 표현이 된 그런 눈길이었다. 그녀가 왕에게 조신하게, 우아하게, 다정하게, 어쩔 줄 모르겠다는 듯이, 어떤 현자라도 흥분시키고 어떤 통찰력 뛰어난 남자의 눈도 멀게 할 만큼 매력적인 자태를 슬쩍슬쩍 보이면서 한 말은 이랬다.

"전하, 솔직히 말씀드리자면 당신이 영광스럽게도 제 아버지를 방문해 주셨을 때 전 당신 앞에서 눈을 내리깔고 있었습니다. 두려웠거든요. 제 솔직하고 단순한 성격이 말이에요. 제가 당신을 마음에 두고 있다는 사실이나 당신에게 그만한 가치가 있다는 사실을 아버지나 당신 경쟁자들이 눈치챌까 봐 불안했답니다. 하지만 이젠 제 감정에 솔직할 수 있어요. 제가 이 세상에서 당신 다음으로 존경하는 신우 아피스를 걸고 맹세하건대, 당신이 청혼하셨을 때 전 정말 기뻤답니다. 당신과는 아버지 궁전에서 만찬을 함께했지요. 그런데 여기서 다시 식사를 함께하게 되었군요. 게다가 아버지 없이요! 부탁이 하나 있어요. 당신 나라 궁정제사장도 끼게 해주세요. 바빌론에서 보니, 같이 식사하기에 나무랄 데 없는 분인 것 같던데요. 저에게 최고급 포도주인 시라가 있어요. 꼭 두 분께 맛을 보여드리고 싶어요. 그리고 당신의 두 번째 제안은 퍽 매력적이지만, 고귀하게 자란 저에게는 어울리지 않는 것 같군요. 제가 당신을 세상에서 가장 위대한 왕, 세상에서 가장 사랑스러운 남자라고 생각한다는 사실을 아시는 것만으로 충분하지 않나요?"

이 말에 넋이 나간 이집트 왕은 제사장이 제삼자의 자격으로 자리에 끼는 것을 허락했다.

"부탁이 하나 더 있어요." 공주가 말했다. "제가 수행 약제사와 대화를 할 수 있도록 허락해 주세요. 젊은 여성에게는 우울증, 두근거림, 복통, 호흡곤란처럼 응급처치를 요하는 증상들이 따라다니기 마련이거든요. 경우에 따라서는 그런 증상을 어느 정도 치료해야만 해요. 그러니까 저한테는 당장 약제사가 필요하단 말이지요. 그런 사소한 사랑의 증거 정도는 보여주시겠지요?"

"공주, 약제사란 나와 정반대 의견을 갖고 있으며, 그 의술의 목적은 내 의술의 목적과 반대요. 하지만 나는 세상 이치를 아주 잘 알지. 그 정도 정당한 부탁은 거절하지 않는다 이 말이오. 저녁식사 전에 약제사한테 이리 와서 이것저것 물어보라고 지시해 놓겠소. 아마 여독이 쌓였을 거요. 몸종도 필요하겠지. 가장 마음에 드는 몸종을 불러도 괜찮소. 난 그동안 당신의 지시와 관대함을 기다리도록 하겠소."

왕은 물러갔다. 약제사와 이를라라는 이름의 몸종이 찾아왔다. 공주는 그 몸종을 전폭적으로 신뢰했다. 그녀는 몸종을 시켜서 식사 때 마실 시라 포도주 여섯 병을 가지고 오게 했다. 그런 다음, 수행 의사들의 발을 묶어 놓고 있는 감시병들에게 그 포도주를 먹이라고 명령했다. 그런 뒤 약제사에게 포도주병에 어떤 약을 타라고 지시했다. 그 약물은 사람을 24시간 동안 잠에 빠뜨리는 약으로, 약제사가 늘 가지고 다니는 것이었다. 일은 공주의 생각대로 순조롭게 진행되었다. 30분 뒤, 왕이 제사장을 데리고 다시 나타났다. 식사 자리는 아주 유쾌했다. 왕과 제사장은 이집트에는 이렇게 맛있는 술이 없다면서 포도주 여섯 병을 싹 비웠다. 몸종은 신중에 신중을 기하여, 음식을 나르는 하인에게도 포도주를 먹였다. 공주는 의사에게 식이요법 처방을 받았다는 핑계를 대고 한 방울도 마시지 않았다. 이윽고 모두가 잠에 빠졌다.

이집트 왕의 제사장은 그런 종류의 인간이 기를 수 있는 가장 훌륭한 턱수염을 기르고 있었다. 포르모잔트는 그의 수염을 솜씨 좋게 잘라내어 작은 끈에 꿰맨 뒤 자기 턱에 붙였다. 그녀는 제사장과 같은 높은 신분을 나타내는 휘장이란 휘장은 다 달았다. 몸종은 여신 이시스[24]의 성구를 담당하는 사람처럼 입혔다. 마지막으로, 항아리와 보석을 들고서, 주인처럼 곤히 잠든 감시병들을 피해 여관에서 나왔다. 시녀는 주의 깊게 미리 문간에 말 두 마리를 준비해 놓았다. 공주는 자신의 수행원들을 한 명도 데리고 갈 수가 없었다. 그랬다가는 위병들에게 붙잡힐 것이 뻔했다.

포르모잔트와 이를라는 담장처럼 늘어선 병사들을 빠져나갔다. 공주를 제사장이라고 착각한 병사들은 '존경하는 제사장님'이라고 부르며 축복을 구했다. 두 도망자는 왕이 눈을 뜨기 전에, 12시간 만에 바스라에 도착했다. 두 사람은 의심을 살지도 모르는 변장용 의상을 벗었다. 공주와 몸종은 서둘러 배를 빌렸다. 배는 호르무즈 해협을 지나 '행복한 아라비아'가 있는 아덴 해안으로 두 사람을 싣고 갔다. 이 아덴은 정원으로 그 이름이 알려졌으며, 뒷날 정의로운 사람들의 삶터가 된 사연 있는 곳이다. 그 정원은 엘리시온의 들판과 헤스페리데스의 정원과 행운의 섬의 정원의 원형이었다.[25] 이렇게 더운 지방에서는 사람들이 나무 그늘과 강물보다 더한 행복은 상상조차 할 수 없기 때문이다. 언제나 서로 이해하지 않은 채 떠들고, 확실한 생각이나 정확한 표현력을 갖춘 적이 없는 사람들에게는 천상에서 신과 함께 영원히 사는 일이나 정원, 즉 낙원을 산책하는 일이나 그게 그거다.

이 땅에 도착해서 공주가 가장 먼저 한 일은 사랑하는 새가 부탁한 대로 장례를 치르는 것이었다. 그녀는 아름다운 손으로 정향 가지와 계피 가지를 산더미처럼 쌓았다. 그 장작더미에 새의 재를 흩뿌리자 장작에 저절로 불이 붙는 것이 아닌가! 공주는 까무러칠 만큼 몹시 놀랐다. 이윽고 다 타 버렸다. 재 대신 커다란 알이 놓여 있었다. 그리고 그 안에서 이전보다 더 아름다워진 새가 나왔다. 난생처음 경험한 아름다운 순간이었다. 그녀에게 그보다 소중한 순간

---

24) 이집트 신화의 여신. 죽은 자의 수호신. 갈기갈기 찢긴 남편 오시리스의 유해를 모아 미라로 만들어 부활시켰다.
25) 그리스·로마신화에서는 죽은 자의 영혼이 엘리시온(엘리시움)의 평야에 모이며, 헤스페리데스의 정원에서는 황금 사과를 딸 수 있다.

은 하나밖에 없었다. 그녀는 그 순간을 절망할지언정 기대하지는 않았다.

"이제 알겠어요!" 공주가 새에게 말했다. "당신은 말로만 듣던 불사조군요. 놀랍고 기뻐서 죽을 것만 같아요. 난 부활 같은 건 털끝만큼도 믿지 않았지만, 이제 그 행복을 알고 나니 믿을 수 있어요!"

"공주님." 불사조가 말했다. "부활은 정말 쉬운 일이랍니다. 한 번 태어나는 것도 두 번 태어나는 것도 놀랄 일은 아니에요. 세상 만물은 부활하지요. 애벌레는 나비로 다시 태어나고, 땅에 묻힌 씨앗은 나무로 다시 태어납니다. 땅속에 매장된 모든 동물은 식물로 다시 태어나고 다른 동물들의 양분이 되어 이윽고 그 몸의 일부가 되지요. 물체를 구성하는 모든 분자는 갖가지 형태로 변합니다. 전능하신 신 아후라 마즈다가 본디 모습으로 부활하게 해주신 생물은 저밖에 없지만요."

아마잔과 불사조를 만난 뒤로 놀라기만 했던 포르모잔트는 이렇게 말했다.

"신께서 당신의 재에서 당신과 거의 똑같은 불사조를 만드셨다는 건 나도 알겠어요. 하지만 똑같은 겉모습과 똑같은 영혼을 갖고 있다고 하는 말은 솔직히 도무지 이해할 수가 없군요. 당신이 죽은 뒤 내가 당신을 주머니에 넣어 가지고 다닐 때 당신의 영혼은 어디에 있었죠?"

"아아 저런! 공주님, 위대한 아후라 마즈다께서 제 하찮은 몸뚱이에 신의 섭리를 지속시키는 일쯤은 그 섭리를 시작하는 일만큼이나 쉽습니다. 신은 아주 오래전에 제게 감정과 기억과 생각을 주셨고, 이번에 다시 그것들을 주셨지요. 신께서 그 선물들을 제 안에 숨은 기본 요소인 불의 원자에 부여하셨는지, 제 기관의 결합체에 부여하셨는지는 아무래도 상관없습니다. 불사조도 인간도 신의 섭리는 영원히 헤아릴 수 없을 테니까요. 하지만 지고의 신이 제게 주신 가장 큰 선물은 당신을 위해 일하라고 저를 되살려 주신 겁니다. 다음 부활까지 남은 2만 8000년을 당신과 당신의 소중한 아마잔과 함께 행복하게 살 수 있을 테니까요."

공주가 얼른 대꾸했다. "불사조 님, 기억하나요? 나는 당신이 바빌론에서 처음 내게 했던 말을 영원히 잊을 수 없답니다. 그때 당신은 내게 사랑하는 양치기를 다시 만날 수 있다는 희망을 갖게 해줬어요. 그러니 우리는 같이 강가리드인의 나라로 가야 해요. 난 그를 바빌론으로 데리고 와야 하고요."

"저도 그렇게 생각한답니다. 1초도 낭비할 순 없죠. 가장 빠른 지름길, 그러니까 하늘을 날아서 아마잔을 만나러 갑시다. '행복한 아라비아'에는 그리핀이라는 괴물이 두 마리 사는데, 저랑은 아주 친한 사이지요. 그들은 여기서 불과 150마일[26] 떨어진 곳에 살아요. 그들에게 비둘기 편지를 보내 놓도록 하죠. 그들은 밤이 되기 전에 와줄 겁니다. 그때까지 시간이 충분하니 당신을 위해 긴 의자를 만들어 드리죠. 식량을 넣을 수 있는 서랍도 달아서요. 그 의자를 이용하면 당신도 몸종과 함께 편하게 여행할 수 있을 겁니다. 그리핀은 동족 중에서도 가장 힘이 셉니다. 발톱으로 의자를 한 쪽씩 잡고 실어다 줄 거예요. 하지만 다시 한 번 말하죠. 시간은 금입니다."

새는 곧바로 포르모잔트와 함께 잘 아는 가구상에 의자를 주문하러 갔다. 의자는 4시간 만에 완성되었다. 서랍에는 왕비풍 프티빵,[27] 바빌론의 것보다 맛있는 비스킷, 레몬으로 장식한 설탕과자, 파인애플, 코코넛, 피스타치오, 그리고 에덴산 포도주를 넣었다. 시라가 쉬렌[28]보다 상급이듯이, 이 포도주는 시라보다 나았기 때문이다.

의자는 푹신하고 튼튼할 뿐만 아니라 가볍기까지 했다. 그리핀들이 약속 장소에 도착했다. 포르모잔트와 이를라는 의자에 앉았다. 그리핀들이 의자를 깃털이라도 집어 올리듯이 가뿐히 들어올렸다. 불사조는 뒤를 따라 날기도 하고 의자 등받이에 앉기도 했다. 그리핀들은 쏜살같이 하늘을 가르며 갠지스강 쪽으로 날아갔다. 식사를 하거나 두 짐꾼이 포도주를 마시는 밤에만 잠깐 휴식을 취했다.

마침내 일동은 강가리드인의 나라에 도착했다. 공주는 기대감과 애정과 기쁨으로 마음이 설레었다. 불사조는 아마잔의 집 앞에 의자를 내리게 하고 그와 만나고 싶다고 이야기했다. 그러나 그는 3시간 전에 집을 나갔으며, 아무도 그가 어디로 갔는지 모른다는 것이었다. 이때 비탄에 빠진 포르모잔트의 모습은 풍부한 강가리드어로서도 도저히 표현할 수가 없을 정도였다.

---

26) 고대의 1로마 마일은 1000보를 가리키며, 약 1482미터다.
27) 마리 드 메디시스가 즐겨 먹었던 우유빵. 이런 연유에서 '왕비풍'이라는 이름이 붙었다.
28) 파리 근교에서 생산되며, 알코올 도수가 낮고 산미가 강하다. 18세기 파리에서 흔히 마셨다고 한다.

"아아! 제가 걱정하던 일이 일어났군요." 불사조가 말했다. "당신이 바스라로 가는 도중에 그 비열한 이집트 왕과 함께했던 3시간이 어쩌면 당신의 평생 행복을 영원히 앗아갔는지도 모릅니다. 우리가 아마잔을 영원히 잃은 건 아닌지 걱정스럽군요."

불사조는 하인들에게 그의 어머니에게 인사할 수 있겠느냐고 물었다. 하인들은 남편이신 주인님이 그저께 돌아가셔서 부인은 아무도 만나실 수 없다고 입을 모아 대답했다. 그래도 그 집에서 영향력이 있는 불사조는 바빌론의 공주를 응접실로 들여보냈다. 응접실 벽은 오렌지나무로 되어 있었고, 테두리에는 상아가 장식되어 있었다. 금색 장식이 달린 기다란 흰 가운을 입은 남녀 하급 양치기들이 간소한 자기로 만들어진 바구니 모양 그릇에 맛있는 요리를 수북이 담아 가지고 줄줄이 들어왔다. 동물의 고기를 섞은 요리는 하나도 없었다. 쌀과 사고야자 전분과 밀을 거칠게 빻은 요리, 국수, 마카로니, 오믈렛, 달걀 흰자로 거품을 내서 만든 커스터드, 크림을 넣은 치즈, 각종 과자, 채소, 다른 지방에서는 상상도 할 수 없는 향기와 맛을 지닌 과일 따위가 나왔다. 어떤 고급 포도주보다도 맛있는 청량음료도 잔뜩 나왔다.

공주는 장미가 흩뿌려진 침대에 누워서 음식을 먹었다. 그동안 이름을 몇 개나 가진 날개 넷 달린 공작새가 화려한 날개로 조용히 바람을 보내주었다. 새 200마리와 남녀 각각 100명의 양치기는 이중합창곡을 들려주었다. 나이팅게일, 카나리아, 꾀꼬리, 방울새는 여자 양치기들과 고음부를 부르고, 남자 양치기들은 테너와 베이스를 노래했다. 모든 면에서 아름답고도 소박한 자연 그 자체였다. 공주는 바빌론이 더 화려하기는 하지만, 강가리드인의 나라가 천배는 쾌적하다고 생각했다. 그러나 이렇게 마음을 위로해 주고 관능을 자극하는 음악을 듣는 동안에도 그녀는 눈물을 흘렸다. 그리고 이를라에게 이렇게 말했다.

"저 남녀 양치기와 나이팅게일과 카나리아도 사랑을 속삭이는데, 나는 강가리드의 영웅을 잃었구나. 내가 이토록 사랑하는 훌륭한 그분을."

그녀가 그렇게 가벼운 식사를 하고 감동했다가 울다가 하는 동안 불사조는 아마잔의 어머니를 설득했다.

"부인, 바빌론의 공주를 꼭 만나셔야 합니다. 잘 아시겠지만……."

"알긴 뭘 알아요?" 어머니가 말했다. "난 바스라로 가는 길목에서 어떤 일이 일어났는지 다 들었다고요. 오늘 아침에 티티새가 모조리 이야기해 주었지요. 그 잔혹한 티티새 때문에 비탄에 빠진 내 아들은 반미치광이가 돼서 집을 나갔고요."

"그럼 공주가 저를 부활시켜 줬다는 건 모르시겠군요."

"네, 몰랐어요. 내가 티티새한테 들은 얘기는 당신이 죽었다는 것뿐이었거든요. 그래서 슬퍼하고 있었지요. 당신의 죽음, 남편과의 사별, 그리고 아들의 갑작스러운 가출. 이 모든 것이 너무나 슬퍼서 만나기를 거부했던 거예요. 하지만 바빌론의 공주님이 일부러 날 보러 왔으니 안 만날 수는 없겠죠. 어서 이리 오라고 하세요. 공주님에게 꼭 해야 할 말이 있어요. 당신도 같이 들었으면 좋겠군요."

어머니는 공주를 맞이하러 다른 방으로 곧 옮겨갔다. 그녀는 잘 걷지 못했다. 벌써 300살이 다 되었기 때문이었다. 그러나 미모의 흔적은 남아 있어서, 230살이나 240살쯤에는 꽤 매력적이었으리라는 걸 금방 알 수 있었다. 그녀는 포르모잔트를 정중하고 기품 있는 태도로 맞이했다. 호의와 슬픔을 동시에 내비치는 그 태도에 공주는 강한 인상을 받았다.

먼저 포르모잔트는 남편의 죽음에 애도의 뜻을 표했다.

"아아!" 과부가 말했다. "당신은 당신이 생각하는 것 이상으로 내 남편의 죽음에 관심을 갖게 될 거예요."

"물론 가슴이 찢어질 만큼 슬프답니다." 포르모잔트가 말했다. "그의…… 아버님이셨는걸요."

그러고서 눈물을 뚝뚝 떨어뜨렸다.

"전 오로지 그를 위해 수많은 위험을 헤치고 여기까지 왔어요. 그 사람을 위해 아버지와 헤어졌고, 세상에서 가장 화려한 궁정도 버렸지요. 전 역겨운 이집트 왕에게 납치되었지만, 그 약탈자의 손에서 벗어나, 사랑하는 사람을 만나겠다는 일념으로 하늘을 날아왔어요. 그런데 막상 도착해 보니, 그는 저에게서 도망치고 없군요!"

그녀는 오열하느라 더는 말을 잇지 못했다.

어머니가 말했다.

"공주님, 이집트 왕이 당신을 납치하고, 당신이 바스라로 가는 길목에 있는 술집에서 왕과 저녁을 함께 먹고, 그 아름다운 손으로 왕에게 시라를 따라 줄 때, 방 안을 날아다니는 티티새 한 마리를 보지 못했나요?"

"아, 생각나요. 그땐 별로 신경 쓰지 않았는데, 잘 생각해 보니 똑똑히 기억나는군요. 이집트 왕이 제게 입 맞추려고 식탁에서 일어났을 때, 티티새가 시끄럽게 울면서 창문으로 날아가서는 그길로 돌아오지 않았어요."

"맙소사! 공주님, 바로 그 새가 우리 불행의 씨앗이 되었답니다. 그 티티새는 내 아들이 보낸 새였어요. 당신의 안위와 바빌론에서 일어나는 사건을 모조리 알아내려고 보낸 거지요. 아들은 조만간 당신에게 돌아가서 평생을 당신한테 바칠 생각이었어요. 아들이 당신을 얼마나 깊이 사랑했는지 모를 겁니다. 강가리드의 남자는 모두 정이 깊고 변치 않는 사랑을 하지만, 특히 내 아들은 지고지순해서 절대로 변심하지 않지요. 티티새가 술집에서 당신을 발견했을 때, 당신은 이집트 왕과 비천한 제사장과 아주 즐겁게 술을 마시고 있었어요. 마침내 티티새는 당신이 그 군주에게 부드럽게 입 맞추는 장면을 보고야 말았지요. 다른 누구도 아닌, 불사조를 죽인 남자, 내 아들이 주체할 수 없는 혐오감을 느끼는 그 남자에게 말이에요! 그 광경을 보고 티티새는 분노에 이성을 잃었어요. 불행을 초래한 당신들의 정사를 저주하면서 어제 여기로 날아와 정황을 낱낱이 보고했지요. 그런데 하필 아들이 나와 함께 아버지의 죽음과 불사조의 죽음을 슬퍼하던 때였어요. 아들이 내 입에서 자기가 당신의 사촌 오빠라는 사실을 들었을 때였다고요!"

"맙소사! 제 사촌 오빠라고요? 부인, 이게 무슨 운명의 장난인가요? 어째서 이런 일이! 전 그렇게나 행복하면서 동시에 그의 마음을 다치게 할 만큼 불행하군요!"

"내 아들이 당신의 사촌 오빠라는 사실은 곧 증명해 보이겠어요. 그렇다면 당신은 내 친척인 셈이죠. 하지만 당신은 내게서 아들을 빼앗아 갔어요. 아들은 당신이 이집트 왕에게 입맞춤을 허락했다는 소식을 듣고는 슬퍼서 더는 살고 싶지 않았던 거예요."

"아아!" 아름다운 포르모잔트가 외쳤다. "숙모님, 그 입맞춤은 부정하기는커녕 제가 아드님에게 드릴 수 있는 가장 강력한 사랑의 증표였답니다. 그 사람과 전능하신 아후라 마즈다를 걸고 맹세해요. 전 그를 위해 아버지의 목숨을 저버렸어요. 그를 위해 유프라테스강에서 갠지스강까지 가는 길이었고요. 비열한 이집트 왕의 수중에 떨어진 저는 그에게서 도망치기 위해 그를 속일 수밖에 없었어요. 불사조의 재와 영혼이 그것을 증언해 줄 거예요. 불사조의 재와 혼은 제 호주머니에 들어 있었으니까요. 불사조는 제가 옳다는 걸 증명할 수 있어요. 그건 그렇고, 갠지스강 기슭에서 태어난 아드님이 어떻게 저의 사촌일 수가 있죠? 제 일족은 몇 세기 동안이나 유프라테스강 기슭에 군림해 왔는데 말이에요."

존경스러운 강가리드 부인이 말했다. "알다시피 당신의 종조부에 해당하는 알데 님은 바빌론의 왕이셨지만, 부군이신 벨루스 왕에게 왕위를 빼앗기셨지요."

"네, 맞아요."

"당신도 알겠지만, 그 왕자 알데 님은 결혼해서 알데 공주를 낳으셨고, 공주는 당신의 궁정에서 자랐습니다. 알데 왕자님은 당신 아버지에게 핍박을 받자 이름을 바꾸고 행복한 우리나라로 도망쳐 왔지요. 그리고 그분이 바로 나와 결혼했답니다. 그리고 나는 그분과의 사이에서 왕자인 알데 아마잔을 낳았지요. 아들은 누구보다도 잘생기고, 건장하고, 용감하고, 덕성 높은 젊은이지만, 지금은 누구보다도 무분별합니다. 아들은 당신의 아름다움에 대한 소문을 듣고 바빌론 제전을 구경하러 갔어요. 그때부터 아들은 당신에게 깊이 빠졌지요. 아아, 난 사랑하는 아들을 다시는 보지 못할 거예요."

그녀는 알데 집안의 가계도를 공주 앞에 펼쳐 놓았다. 그러나 포르모잔트는 그것을 거들떠보지도 않았다.

"아아, 부인!" 그녀가 외쳤다. "왜 사람은 자기가 바라는 걸 일부러 확인하는 걸까요? 전 충분히 당신을 믿어요. 그건 그렇고, 알데 아마잔 왕자는 어디에 있을까요? 저의 친족, 제 연인, 제 왕은 어디에, 제 목숨만큼 사랑하는 그는 어디에 있을까요? 어떤 길을 걷고 있을까요? 신께서 만드신 온 우주를 뒤져서라도 그 사람을 찾아내겠어요. 그러면 어떤 천체에 있어도 가장 아름다운 장식이 될 테니까요. 카노푸스 별, 페가수스자리 베타성, 알데바란 별에라도 기꺼이 찾아가서 제 사랑과 이 몸의 결백을 그에게 증명해 보이겠어요."

불사조는 이집트 왕에게 사랑의 입맞춤을 했다는 이유로 티티새가 공주에게 누명을 씌운 것이라고 증언해 주었다. 그러나 아마잔의 오해를 풀어 주고 그를 데리고 돌아와야 했다. 불사조는 새들을 사방으로 보내고, 평원에는 유니콘을 배치했다. 이윽고 아마잔이 중국으로 갔다는 보고가 들려왔다.

"그럼 중국으로 가요!" 공주가 외쳤다. "오래 걸리진 않을 거예요. 늦어도 2주 후에는 아드님을 당신께 데리고 돌아올 수 있을 겁니다."

그리고 강가리드의 어머니와 바빌론의 공주는 애정 넘치는 눈물을 얼마나 많이 흘렸던가! 얼마나 많이 부둥켜안고, 솟구치는 감정을 허심탄회하게 이야기했던가!

불사조는 즉시 유니콘을 사륜차에 비끄러맸다. 어머니는 기마병 200기를 딸려 보내고, 그 나라에서 가장 아름다운 다이아몬드 수천 개를 공주에게 선물로 주었다. 티티새의 경솔함이 부른 불행을 탄식한 불사조는 모든 티티새를 나라 밖으로 추방했다. 그 이래 갠지스강 유역에서 티티새의 모습은 찾아볼 수 없다.

5

유니콘은 일주일도 안 되어 포르모잔트와 이를라와 불사조를 중국의 수도 캄발루[29]로 데리고 갔다. 바빌론보다 크고, 전혀 다른 종류의 화려함을 갖춘 도시였다. 포르모잔트가 아마잔 이외의 것에 관심이 있었더라면, 낯선 사물과 신기한 풍습에 무척 즐거워했을 것이 틀림없다.

바빌론의 공주가 성문에 도착했다는 소식을 들은 중국의 황제는 예복을 갖춰 입은 고급 관리 4000명을 당장 공주에게 보냈다. 관리들은 공주 앞에 무릎 꿇고, 자주색 천에 금실로 쓴 축하 글귀를 저마다 바쳤다. 포르모잔트는 자신에게 혀가 4000개 있다면 그 한 사람 한 사람에게 곧바로 답례하고 싶은 심정이었으나, 아쉽게도 혀는 한 개밖에 없었다. 그래서 그 한 개의 혀로 한꺼번에 인사를 할 수밖에 없으니 부디 너그럽게 용서해 달라고 부탁했다. 관리들은 아주 공손하게 공주를 황제에게 안내했다.

---

29) 마르코 폴로 이래 중국은 서유럽 책에서 '카타이'로, 베이징은 '캄발루'로 불렸다.

그는 지상에서 가장 공정하고 가장 세련되며 가장 총명한 군주였다.[30] 손수 작은 밭을 갈아 백성에게 농업에 대한 존경심을 심어준 사람이 바로 이 황제였다. 그는 덕행에 대한 보상을 최초로 정했다. 다른 나라에서는 부끄럽게도 법이 범죄를 벌하는 데만 쓰였다. 이 황제는 얼마 전 외국 승려 한 무리를 자기 나라에서 추방했다.[31] 그 외국 승려들이 온 중국인을 자기들 생각에 동화시키겠다는 황당한 기대감을 품은 채 머나먼 서양에서 건너와, 복음을 전한다는 핑계로 모든 부와 권세를 손에 넣었기 때문이다. 황제는 그들을 추방하면서 제국 연대기에 기록된 다음과 같은 말을 외국인 승려들에게 전했다.

너희는 다른 나라에서 행한 것과 똑같은 악을 이 나라에서도 행할지 모른다. 너희는 지상에서 가장 관용 있는 국민에게 관용 없는 교리를 가르치러 왔다. 나는 너희를 벌하는 일이 없도록 고국으로 돌려보내는 바이다. 국경까지는 정중히 배웅하겠다. 출발점인 반구의 경계까지 돌아갈 수 있도록 모든 것을 제공하겠다. 되도록 얌전히 떠나라. 두 번 다시 돌아오지 말지어다.[32]

바빌론의 공주는 이 판결과 담화를 알고 기뻤다. 관용이 없는 교리 따위는 털끝만큼도 믿지 않는 그녀는 자기가 이 궁정에서 좋은 대우를 받을 거라는 확신을 더욱 굳혔다. 중국의 황제는 공주와 마주 앉아서 점심을 먹으며, 숨 막히도록 복잡한 예의범절은 벗어던지고 세련되게 행동했다. 공주는 불사조를 소개했다. 황제는 새에게 큰 호감을 보이며, 자기 의자에 앉으라고 권했다. 슬슬 식사가 끝날 무렵, 포르모잔트는 황제에게 자신의 여행 목적을 솔직하게 털어놓았다. 가신들에게 명령해서 온 캄발루를 뒤져 아름다운 아마잔을 찾아달라고 부탁했다. 그리고 그 젊은 영웅 때문에 활활 타오르는 자신의 운명적인 정열을 숨김없이 고백했다.

---

30) 청나라의 옹정제(1678~1735)를 가리킨다.
31) 볼테르는 시대 고증을 철저히 무시하고, 1724년에 예수회 수도사들을 추방한 중국 황제, 즉 옹정제를 인용하고 있다.
32) 중국 황제의 이 말이 꾸며낸 이야기임은 굳이 말할 필요도 없다. 볼테르는 예수회 수도사가 중국에서 추방당했다는 사실에만 주목했다.

"내가 그 이야기를 듣게 되어 다행입니다." 중국 황제가 말했다. "그는 우리 궁정을 찾아왔습니다. 그 사랑스러운 아마잔은 내 마음을 사로잡았지요. 그는 무척 슬퍼 보이긴 했지만, 그 때문에 그의 매력은 더욱 마음에 스며들었어요. 내 총신 가운데 누구 하나 그보다 총명한 사람이 없고, 문관 가운데 누구 하나 그보다 박식한 사람이 없으며, 무관 가운데 누구 하나 그보다 용감하고 듬직한 사람이 없지요. 거기다 아직 젊으니까 그 재능에는 새로운 가치가 부여됩니다. 만일 내가 불행하게도 옥황상제에게 버림받아 정복자가 되려는 마음을 품게 된다면, 나는 아마잔에게 우리 군대를 지휘해 달라고 부탁할 것입니다. 그러면 전 세계를 적으로 돌려도 승리할 수 있으리라고 확신하니까요. 그가 슬픔 때문에 이따금 정신 착란을 보이는 것은 참으로 유감스러운 일입니다."

"아아, 전하." 포르모잔트가 정열적인 태도로, 그러나 슬픔과 놀라움과 비난이 섞인 말투로 황제에게 말했다. "어째서 그와 함께 식사하게 해주시지 않으셨나요? 그 이야기를 들으니 더는 참을 수가 없습니다. 어서 사람을 보내어 그에게 여기로 오라고 해주세요."

"공주님, 그는 오늘 아침 어느 나라로 간다는 말도 없이 떠났답니다."

포르모잔트가 불사조 쪽으로 고개를 돌리며 말했다.

"아아, 나처럼 불행한 여자를 본 적이 있나요?" 그러고는 다시 황제에게 물었다. "그런데 전하, 어째서 그는 이렇게 문명이 발달한 궁정을 그토록 갑자기 떠났을까요? 여기서 평생을 보내도 괜찮을 텐데."

"공주님, 진짜 사정은 이렇습니다. 내 친족이자 아주 사랑스러운 공주가 그 젊은이에게 반했지요. 그녀는 정오에 자기 궁전에서 젊은이와 만나기로 약속했지만, 그는 새벽에 이 짧은 편지를 남기고 떠나버렸어요. 이 편지를 읽고 내 친족인 공주는 쓰러져서 울었답니다."

중국의 아름다운 공주님, 당신에게 어울리는 사람은 평생 당신만을 사랑해 온 사람입니다. 전 불멸의 신에게 두 가지 맹세를 했습니다. 즉 이 몸은 바빌론의 공주 포르모잔트밖에 사랑하지 않는다는 것과, 공주에게 어떻게 하면 여행 도중에 불같은 정욕을 억누를 수 있을지를 가르쳐 주겠다는 것입니다. 그 공주는 비열한 이집트 왕의 유혹에 굴복했습니다. 전 누구보다도 불행한 남자입니다. 아버지와 불사조를 잃고, 포르모잔트에게 사랑받을 희망까지 잃었으니까요. 저는 포르모잔트가 제가 아닌 다른 남자를 사랑한다는 소식을 들은 곳에서 단 한순간도 머물 수가 없어서, 슬픔에 잠긴 어머니를 버리고 고국을 버렸습니다. 저는 세계 방방곡곡을 떠돌며 살기로 맹세했습니다. 이 맹세를 어긴다면 당신은 저를 경멸할 것이고, 신들은 저를 벌할 것입니다. 공주님, 부디 연인을 만드시고, 저처럼 정절을 지키세요.

"아아! 이 멋진 편지를 제가 가져도 될까요?" 아름다운 포르모잔트가 말했다. "앞으로 마음의 큰 위안이 되어줄 거예요. 이 편지만 있다면, 전 불운 속에서도 행복을 느낄 겁니다. 아마잔은 저를 사랑해요. 아마잔은 저 때문에 중국 공주와의 결혼을 포기했어요. 그런 승리를 거둘 수 있는 사람은 이 세상에 그 사람밖에 없어요. 그는 제게 훌륭한 본보기를 보여줬어요. 하지만 제게 그런 본보기가 필요 없다는 사실은 불사조가 잘 알지요. 흠 없는 정절을 지키기 위해 그 결백한 입맞춤을 한 것을 비난받고 연인을 잃다니, 정말이지 너무 괴로워요. 그런데 그는 어디로 갔을까요? 어느 길로 갔나요? 제발 가르쳐 주세요. 저도 당장 떠나야겠어요."

중국의 황제는 보고로 미루어 보아 공주의 연인은 스키타이로 통하는 길로 간 것 같다고 대답했다. 유니콘이 즉시 수레에 매였다. 공주는 진심으로 고맙다고 말하고, 불사조와 몸종 이를라와 다른 수행자들을 데리고 황제와 작별 인사를 했다.

공주가 스키타이에 도착해서 피부로 느낀 것은 사람과 통치 형태가 다르다는 점이었다. 다른 민족보다 계몽된 어떤 민족이 어두운 수십만 년을 거친 뒤 서서히 광명을 전수하고, 그로 인해 짐승을 인간으로 바꾸는 능력과 인내력을 가진 영웅들이 야만스러운 풍토에 태어나기까지는, 인간과 통치 형태의 차이는 언제나 존재했으리라는 점도 느꼈다. 스키타이에는 도시가 한 곳도 없었으며, 따라서 유쾌한 기예도 없었다. 눈에 보이는 것이라고는 광활한 초원과, 막사 아래나 이륜마차 위에서 지내는 종족들뿐이었다. 그러한 광경은 공포심을 불러일으켰다. 포르모잔트는 어느 천막이나 어느 짐마차에 왕이 사느냐고 물어보았다. 왕은 바빌론의 왕을 공격하러 일주일 전에 30만 기마병을 이끌고 출전했다는 대답이 돌아왔다. 그들의 왕이 바빌론 왕의 조카인 아름다운 알데 공주를 납치했다고 했다.

"왕이 사촌 언니를 납치했다고!" 포르모잔트가 외쳤다. "그런 일이 일어날 줄은 상상도 못 했어. 아! 내 결혼을 그토록 축하해 주던 사촌 언니는 왕비가 되었는데, 난 아직도 미혼의 몸이라니!" 공주는 곧바로 왕비의 막사로 안내되었다.

고국에서 멀리 떨어진 이 땅에서 예기치 않게 만나, 서로 자신에게 일어났던 일에 대해 허심탄회하게 이야기를 나누다 보니, 이 만남이 더욱 신기하게 느껴졌다. 두 사람은 지금껏 서로 사랑한 적이 한 번도 없다는 사실을 잊고 말았다. 두 공주는 얼굴을 마주 보고 더없이 기뻐했다. 달콤한 환상이 진정한 애정을 대신한 것이다. 두 사람은 눈물을 흘리면서 부둥켜안았다. 궁전에서 이루어진 만남이 아니었으므로, 공주들 사이에도 진심과 솔직함이 있었다.

알데는 불사조와 공주의 심복 이를라를 기억했다. 그녀가 사촌 동생에게 검은담비 가죽을 선물하자, 포르모잔트는 알데에게 다이아몬드 몇 알을 선물했다. 두 왕이 시작한 전쟁이 화제에 올랐다. 두 사람은 신사끼리라면 한 시간 만에 화해할 수 있는 대립 때문에 경솔한 군주들에게 이끌려 죽고 죽여야 하는 병사들의 운명을 탄식했다.[33] 그러나 특히 화제가 된 것은 사자를 정복한 이름 모를 미남, 세계에서 가장 커다란 다이아몬드를 선물한 사람, 서정시를 지은 청년, 불사조의 주인이자 티티새의 보고 탓에 누구보다 불행해진 남자였다.

"그는 내 소중한 동생이야." 알데가 말했다.

"그는 내 연인이야!" 포르모잔트가 외쳤다. "언니는 물론 그 사람을 만났겠지? 그 사람은 분명 지금도 이 나라에 있을 거야. 그는 자기가 언니와 남매지간이라는 걸 알 테니까. 중국의 왕을 떠났듯이 갑자기 언니 곁을 떠날 리는 없어."

"만나기야 만났지! 동생은 꼬박 나흘 동안 나와 함께 있었어. 아아, 불쌍한 동생! 잘못된 보고 때문에 판단력을 완전히 잃다니. 그 앤 지금 세계를 떠돌아다니고 있어. 스키타이 최고의 미녀가 보여준 특별한 호의도 거부할 만큼 제정신이 아니거든. 어제 그는 그 미녀에게 편지 한 통을 남기고 떠났어. 아름

---

33) 끊임없는 전쟁의 무익함과 잔혹함을 고발하는 작가 볼테르의 얼굴이 엿보인다.

다운 여인은 그 편지를 읽고 비탄에 잠겼지. 동생은 킴메르인[34]의 나라로 갔어.”

“아, 다행이야!” 포르모잔트가 외쳤다. “날 생각해서 이번에도 거절했구나. 내 불행은 불안 이상으로 컸지만, 내 행복도 기대 이상으로 커. 제발 그 아름다운 여인에게 그 멋진 편지를 내게 양보해 달라고 설득해 줘. 내가 그의 희생적인 행동의 증거인 그 편지를 꼭 쥐고 그분의 뒤를 쫓아갈 수 있도록. 아마잔이 킴메르인의 나라에 있구나. 나도 얼른 그리로 가야겠어.”

알데는 사촌 동생이 자기 동생보다 훨씬 분별력을 잃었다고 생각했다. 그러나 자신도 그런 유행병 발작을 경험한 적이 있는 데다 스키타이인 왕을 위해 바빌론에서의 안락하고 화려한 삶을 버렸다. 또 여자란 사랑에서 비롯한 무분별한 행동에는 언제나 흥미를 느끼는 법이다. 결국, 그녀는 포르모잔트를 진심으로 동정하게 됐다. 그녀는 사촌 동생에게 여행을 무사히 마치기를 바란다고 말하고, 운 좋게 동생과 재회하게 된다면 그들의 사랑이 이뤄지도록 꼭 돕겠노라고 약속했다.

6

바빌론의 공주와 불사조는 킴메르제국에 도착했다. 그 나라의 인구는 중국보다 훨씬 적었지만, 면적은 두 배나 되었다. 옛날에는 스키타이나 다를 바 없는 상태였지만, 얼마 전부터는 다른 나라들을 교화한다고 자부하는 다른 왕국들 수준으로 번영해 가고 있었다.

며칠을 내리 걸은 뒤 일행은 아주 커다란 도시에 들어섰다. 그 대도시는 군림하는 여제[35]에 의해 외관이 아름답게 바뀌어 가고 있었다. 그러나 여제는 그곳에 없었다. 그 무렵 여제는 자기 눈으로 국정을 확인하고, 해악을 가려내고,

---

34) 킴메르인은 역사적으로는 흑해 북쪽에서 온 유목민을 일컫지만, 여기서는 예카테리나 2세 (1762~1796) 치세의 러시아를 가리킨다.

35) 계몽전제군주의 전형적 존재인 러시아의 여제 예카테리나 2세는 계몽사상의 가르침을 효과적으로 활용하면서 러시아를 유럽 열강 반열로 끌어올렸다. 볼테르와 서신을 교환하고 디드로의 조언을 구하려 그를 페테르부르크로 초대하는 등, 계몽사상가들을 자국 선전에 교묘하게 이용했다. 볼테르가 본편을 집필하던 시기에 여제는 “아시아로 와서 내 눈으로 그것을 확인하고자 했다”고 썼다(볼테르에게 보내는 편지. 1767년 5월 29일자). 작가는 고대를 무대로 전개되는 이야기에 자유롭게 당대 사건을 삽입하고 있다.

해결책을 강구하고, 장점을 늘리고 교육을 보급하러 유럽 국경에서 아시아 국경까지 여행을 하고 있었다.

이 오랜 도시의 궁정대신 한 사람이 바빌론의 공주와 불사조의 방문 소식을 듣고 황급히 공주에게 경의를 표하며 국경 안으로 반갑게 맞아들였다. 그의 주인은 세상에서 가장 세련되고 가장 너그러운 여왕이었기 때문이다. 그는 자기 주인이었어도 틀림없이 아낌없는 경의를 표했을 거라고 생각했다. 자신이 이 고귀한 여성을 깊은 경의로 맞이한다면, 공주도 분명 고맙게 생각할 것이라고 확신했다.

궁전에서 머물게 된 포르모잔트는 귀찮은 민중에게서 벗어날 수 있었다. 공주를 위해 정성껏 마련된 축하연이 몇 차례나 열렸다. 그 킴메르인 귀족은 위대한 자연학자였다. 그는 공주가 자기 방으로 물러가자 불사조를 상대로 즐거운 대화를 나누었다. 불사조는 옛날에 킴메르인의 나라를 여행한 적이 있는데, 지금은 그 옛 모습이 없어져서 못 알아볼 뻔했다고 말했다.

"그렇게 짧은 동안에 어떻게 이렇듯 경이로운 변화를 이룩했죠? 내가 이 땅에서 비참한 미개의 자연을 본 지 300년도 지나지 않았는데, 지금은 기예와 번영과 영광과 문명을 볼 수 있군요."

"어떤 인물[36]이 혼자서 이 대사업을 시작했지요." 킴메르인이 대답했다. "그리고 한 여성이 그것을 완성했습니다. 그 여성은 이집트인들의 이시스나 그리스인들의 데메테르[37]보다 훌륭한 입법가였답니다. 대개 입법자는 편협하고 난폭한 성질을 가지고 있지요. 그 때문에 그들의 시야는 자신들이 통치한 나라에 한정되어 있고요. 따라서 입법자는 누구나 지상에는 자기 나라 백성만 있는 줄 알고, 다른 나라는 적으로 돌려야 한다고 생각해 왔습니다. 그들은 그 유일한 백성을 위해 온갖 제도를 만들어 내고, 자기 나라 백성만을 위해 관례를 도입하고, 그 백성만을 위해 종교를 하나로 통일했지요. 그래서 수많은 돌산[38]으로 유명한 이집트인은 야만스러운 미신을 믿는다고 무시당하고 명예를

---

36) 표트르 대제(1672~1725)를 말한다. 볼테르는 예카테리나 2세의 요청으로 《표트르 대제 치하의 러시아제국사》(1759)를 썼다.
37) 그리스신화에 나오는 풍요의 여신. 로마신화에서는 케레스.
38) 피라미드를 가리킨다.

잃게 되었습니다. 그들은 다른 나라 백성을 이교도로 치부하고 결코 교류하지 않았어요. 가끔 항간의 편견을 도외시하는 궁정인을 제외하면, 이국 사람이 사용한 접시로 식사해도 좋다고 생각하는 이집트인은 한 사람도 없답니다. 그들의 제사장은 잔혹하고 비상식적이에요. 그토록 반사회적인 법률로 사회를 정복할 바엔, 법률 따위는 버리고, 옳고 그름의 특징을 우리 마음에 새겨주는 자연의 목소리에만 귀를 기울이는 편이 낫지요.

이 나라 여제는 정반대 계획을 시도하셨습니다. 이 광대한 나라에는 모든 자오선이 지나가니까, 다양한 자오선에 사는 온갖 민족과 조화롭게 살아야 한다고 생각하신 겁니다. 여제가 만드신 법률 중 가장 첫 번째는, 모든 종교에 대한 관용과 모든 잘못에 대한 연민이었습니다. 여제는 종교는 다를지언정 도덕은 어느 종교나 같다는 사실을 깨달으신 거지요. 그 이치에 따라 자국민을 세계 모든 국민과 유대하게 하셨습니다. 그래서 킴메르인은 이윽고 스칸디나비아인이나 중국인을 자신들의 형제라고 생각하게 되었지요. 여제는 그 이상의 것도 하셨습니다. 인간의 가장 중요한 유대감인 귀중한 이 관용 정신이 이웃 나라들에도 뿌리내리기를 바라셨던 거지요.[39] 그렇게 여제는 조국의 어머니라는 칭호가 어울리는 분이 되셨습니다. 이대로 끈기 있게 계속한다면, 장래에는 인류의 은인으로 불리기에 적합한 분이 되실 겁니다.

여제 이전에는, 비열한 방법으로 권력을 얻은 자들이 살인자들의 군대를 보내어 미지의 부족에게서 물품을 약탈하고 조상 대대로 내려온 땅과 집을 피로 물들였습니다. 그런 살인자들은 영웅이라고 불렸으며, 그들의 약탈 행위는 명예였습니다. 우리 여제의 명예는 그것과는 다르지요. 여제가 군대를 진군시킨 것은 평화를 가져오고, 인간이 서로 상처 입히는 것을 막고, 서로 참고 살게 하기 위해서였으니까요. 여제의 깃발은 만민 화합의 깃발입니다."

불사조는 그 귀족이 한 모든 말을 이해하고 이렇게 말했다.

"각하, 나는 세상에 태어난 지 2만 7900년 하고도 일곱 달이 지났습니다. 그

---

39) 여기서 볼테르는 러시아의 폴란드 침공을 정당화하려고 했다. 예카테리나 2세는 1764년에 스타니스와프 포니아토프스키를 왕으로 선출하게 하고, 1772년에는 폴란드 분할에 착수했다. 폴란드 침공의 명분은 종교적 소수파인 가톨릭교회 분리파 문제였다. 이리하여 예카테리나 2세는 가톨릭적 불관용에 반대하는 관용의 옹호자로서 묘사된다.

런데 당신이 들려주신 것에 필적하는 일은 한 번도 본 적이 없군요."

불사조는 그에게 친구 아마잔의 소식을 물었다. 킴메르인은 중국인의 나라와 스키타이인의 나라에서 공주가 들렀던 것과 똑같은 이야기를 들려주었다. 아마잔은 어느 나라에서건 여자에게 만남을 제안받기만 하면 그 궁전을 당장 떠난다는 것이었다. 만남에 응했다가 유혹에 질 것을 두려워하는 것이었다. 불사조는 아마잔이 포르모잔트에게 보여주고 있는 굳은 절개의 새로운 증거를 즉시 그녀에게 알렸다. 그 굳은 절개는 아마잔이 이런 소식이 공주 귀에 들어가리라고는 상상도 하지 못하는 만큼 더욱 놀라운 것이었다.

그는 이미 스칸디나비아로 떠나 있었다. 그 땅에서 그는 다시금 새로운 광경을 보고 크게 놀랐다. 이곳에서는[40] 왕권과 자유가 다른 나라들에서는 불가능하리라고 생각될 만큼 조화를 유지하면서 공존했다. 농민도 왕국 고위 관리와 대등하게 입법에 참가했다. 그리고 젊은 왕자[41]는 나라를 다스리는 데 적합한 그릇이 되는 커다란 희망을 자유로운 국민에게 안겨주었다. 다른 나라에서는 상상할 수 없는 일이 있었다. 자국 백성과 정식 계약을 맺어 그 땅을 전제적으로 다스릴 수 있는 유일한 왕[42]이 다른 왕들보다 월등히 젊고 공정하기 이를 데 없다는 점이었다.

사르마트인[43]의 나라에서는 철학자가 왕위에 오르는 것을 보았다. 이 철학자는 '무정부 상태의 왕'이라고 해도 좋았다. 그는 엄청난 수의 소왕(小王)의 우두머리였는데, 그의 말 한마디로 다른 소왕들의 결의를 무효로 만들 수 있었기 때문이다. 바람의 신 아이올로스가 자신에게 끊임없이 대항하는 다른 바람들을 통제하는 데 들인 노력도 이 군주가 왕들을 화해시키는 데 들인 노력에 비하면 새 발의 피였다. 끝없이 불어닥치는 폭풍우 속에 있는 키잡이와 같았지만, 그래도 배는 부서지지 않았다. 군주가 발군의 실력을 지닌 키잡이였기

---

40) 스웨덴을 가리킨다. 1720년 이래, 국왕은 원로원의 지배적인 영향력을 인정해야만 했다.

41) 뒷날 구스타브 3세(1594~1632). 계몽사상의 영향하에 자랐다. 그러나 실제로는 즉위하자마자 원로원의 권한을 제한했다.

42) 덴마크 왕 크리스티안 7세를 가리킨다. 그는 볼테르가 실뱅 사건으로 활동했을 때, 볼테르에게 지지 편지를 보내고 실뱅의 가족을 원조했다.

43) 현재의 폴란드에 기원전 3세기에 정주했던 유목민. 여기서는 폴란드인을 가리킨다. 왕위에 오른 사람은 스타니스와프 포니아토프스키를 가리킨다.

때문이다.

아마잔은 고국과 전혀 다른 나라들을 떠돌아다니면서, 포르모잔트가 이집트 왕에게 허락한 입맞춤을 여전히 슬퍼했다. 그리고 포르모잔트와는 비교할 수도 없는, 유일하고도 확고부동한 정절을 본보기로 보이려고 놀라운 결의를 다지며, 자기 앞에 나타나는 온갖 기회를 계속해서 거절했다.

바빌론의 공주는 불사조와 함께 그의 발자취를 쫓아 어디든지 갔다. 한쪽은 지치지도 않고 정처 없이 나아가고, 다른 한쪽은 1초도 아까워하며 그 뒤를 쫓았다. 두 사람은 하루 이틀 차이로 자꾸만 어긋났다.

그리하여 그들은 게르마니아 전역을 횡단하고, 북방 나라에서 이성과 철학이 이룩한 진보에 경탄했다. 그곳에서는 모든 군주[44]가 교양을 갖추고 있었으며, 생각의 자유를 인정했다. 군주를 속이고 득을 보는 사람들이나 반대로 자신이 사기를 당하는 사람들이 군주의 교육을 도맡는 일은 결코 없었다. 군주는 보편적 도덕을 이해하고 미신을 경멸하도록 양육되었다. 남쪽의 몇몇 나라를 약체화하고 그 인구를 줄게 하는 어리석은 습관은 그 나라들에서는 추방되어 있었다. 그 습관이란 서로 영원히 떨어진 무수한 남녀를 넓은 감옥[45]에 산 채로 매장하고, 절대로 교류하지 않겠다고 맹세시키는 것이었다. 수 세기 동안이나 정당한 습관으로 인정되어 온 그런 광란 상태는 가장 잔혹한 전쟁만큼이나 지상을 황폐하게 만들었다.

북쪽 나라의 군주들은 목장이 갖고 싶다면 가장 건강한 수말을 암말에서 떼어내서는 안 된다는 사실을 깨달았다. 또한 그들은 앞서 말한 습관 못지않게 기이하고 해로운 잘못된 생각을 타파했다. 요컨대 다른 나라에서는 백성들이 무식한 채로 있는 한 얼마든지 그들을 지배할 수 있다고 생각하는 데 반해, 이 광대한 나라들의 백성들은 용기 있게 이성을 발휘했다.

---

44) 볼테르가 편지를 교환하던 선거후와 변경백(邊境伯 : 타국과 영토가 맞닿은 일부 봉토의 영주)들을 가리키는 것으로 보인다. 여기서 프로이센의 프리드리히 2세를 언급하지 않은 것은 1753년에 볼테르가 경험한 '프랑크푸르트의 굴욕'이 원인일지도 모른다.

45) 수도원을 암시한다. 수도서원은 계몽사상이 가장 강하게 비판하던 대상 중 하나였다.

아마잔은 바타비아인의 나라[46]에 도착했다. 그곳에서 그는 행복한 강가리드인 나라의 희미한 정취를 엿보았다. 그는 애잔하면서도 달콤한 만족감을 느꼈다. 그곳에는 자유, 평등, 청결, 풍요, 관용이 있었다. 그러나 그 나라 귀부인들은 대단히 쌀쌀맞았다. 다른 나라들에서는 그에게 접근하는 여자가 어김없이 있었는데, 이 나라에서는 한 명도 없었다. 덕분에 애써 유혹에 저항할 필요는 없었다. 그가 먼저 그런 귀부인들을 유혹했다면 한 사람도 남김없이 정복할 수는 있었을 테지만, 진정한 사랑을 얻지는 못했을 것이 분명하다. 물론 여자를 유혹할 마음은 눈곱만큼도 없었다.

포르모잔트는 그런 무미건조한 나라에서 간발의 차로 그를 놓치고 말았다.

아마잔은 바타비아인의 나라에서 앨비언[47]이라는 섬이 크게 칭송받는다는 사실을 알고, 유니콘들과 함께 배를 타고 가보기로 했다. 배는 동쪽에서 순풍을 타고 티루스나 아틀란티스섬[48]보다 유명한 땅의 해안으로 4시간 만에 그를 데려다주었다.

북드비나강, 비스와강, 엘베강, 베저강의 기슭을 더듬으면서 아마잔의 흔적을 좇던 아름다운 포르모잔트는 드디어 라인강 하구에 도착했다. 당시 라인강은 급류를 북해로 쏟아내고 있었다.

공주는 연인이 앨비언의 해안을 항해했다는 소식을 듣고, 연인의 배가 눈앞에 보이는 기분이 들어 저도 모르게 환호성을 질렀다. 그 나라 부인들은 모두 놀랐다. 고작 젊은이 하나 때문에 그토록 기뻐할 줄은 상상도 못 했기 때문이다. 부인들은 불사조에게도 그다지 경의를 표하지 않았다. 불사조의 깃털은 이 나라 습지에 사는 오리나 거위의 새끼만큼도 값이 나가지 않았기 때문이다. 바빌론의 공주는 배 두 척을 빌렸다. 수행원 모두를 데리고 행복의 섬으로 갈 생각이었다. 공주가 갈망하는 유일한 사람, 평생의 동반자가 될 사람, 진심으로

___
46) 네덜란드를 가리킨다. 네덜란드는 교역의 대중심지였을 뿐만 아니라, 박해받는 신교도의 피난처였다.
47) 영국을 가리킨다.
48) 티루스(오늘날의 티레)는 페니키아 구릉에 건설된 도시로, 고대에는 권력과 부를 자랑했다. 아틀란티스섬은 전설상의 광대하고 부유한 섬으로, 고대인은 지브롤터 해협에 면한 대서양에 있었다고 추정했다.

숭배하는 그 사람을 품은 바로 그 섬이었다.

지조 있는 불행한 아마잔이 앨비언에 막 내려서려는데, 재앙을 부르는 서풍이 불기 시작했다. 바빌론 공주의 배는 배를 묶어둔 밧줄을 풀 수가 없었다. 포르모잔트는 애간장이 탔다. 주체할 수 없는 슬픔과 깊은 우울감에 젖어들었다. 그녀는 바람이 바뀌기만을 기다리며 잠자리에 들었지만, 바람은 일주일 내내 불어댔다. 100년과도 같은 일주일 동안, 공주는 이를라에게 소설 몇 권을 낭독하게 했다. 물론 바타비아인은 소설을 쓰지 못했다. 세계 제일의 부정 거래 중개인인 바타비아인은 다른 국민의 재주마저도 자기들 상품인 양 팔아치웠다. 공주는 아우소네스인의 나라와 벨쉬인의 나라[49]에서 쓰인 모든 콩트를 마크 미셸 레이 서점[50]에서 사오게 했다. 현명하게도 그런 나라에서는 그런 책의 판매가 금지되어 있어서, 그 결과 바타비아인을 풍요롭게 해주었다. 공주는 그런 책 가운데 자기 처지와 비슷한 내용을 분명히 발견할 수 있으리라고 기대했다. 그런 내용은 자신의 슬픔을 위로해 줄 것이었다. 이를라가 낭독하고 불사조는 의견을 말했다. 그러나 공주는 《벼락부자가 된 농부》, 《탄자이》, 《소파》, 《네 명의 파칼인》[51] 그 어디에서도 자신의 처지와 비슷한 점을 한 대목도 찾아내지 못했다. 그래서 낭독을 중단시키고는 풍향을 물었다.

8

그동안 아마잔은 유니콘 여섯 마리가 끄는 사륜차로 이미 앨비언의 수도를 향해 가고 있었다. 머릿속에는 공주 생각뿐이었다. 수렁에 빠진 마차 한 대가 보였다. 하인들은 도움을 청하러 어디론가 가고 없고, 주인만 마차 안에 남아 초조한 기색 하나 없이 즐겁게 담배를 피우고 있었다. 당시는 파이프로 담배를 피우는 습관이 있었다. 그는 왓-덴 경[52]이라고 불렸다. 내가 이 회고록을

---

49) 아우소네스인은 이탈리아인을, 벨쉬인은 프랑스인을 가리킨다.
50) 반(反)가톨릭 책을 출판했던 암스테르담의 서점.
51) 《벼락부자가 된 농부》(1735~36)는 마리보의 소설 속편으로 발표된 무이(Mouhy)의 작품. 《탄자이》(1734)와 《소파》(1742)는 크레비용 피스(Crébillon Fils)의 소설. 《네 명의 파카르인》(1730)은 아일랜드인 해밀턴의 소설.
52) What-then은 영국의 냉정함을 알 수 있는 모토로, 18세기에는 국민성을 나타내는 상투어였다. '무관심'으로 옮긴 프랑스어는 Qu'importe로, '아무려면 어때'나 '상관없다'의 뜻.

쓰고 있는 나라 말로는 '무관심' 경 정도로 해석되는 이름이다.

아마잔은 그를 도우려고 한달음에 달려가더니 혼자서 마차를 들어올렸다. 그는 그 정도로 장사였던 것이다.

"대단한 장사로구먼." 무관심 경은 그렇게 말할 뿐이었다.

우락부락한 근처 사내들이 달려왔다가 헛걸음한 것을 알고는 화를 내며 귀족을 탓했다. 사나이들은 아마잔에게 '외국 개새끼'라고 욕하며 덤벼들어 그를 때리려고 했다.

아마잔은 양손에 사내를 둘씩 움켜쥐고 20보 밖으로 내던져 버렸다. 그러자 나머지는 그에게 경의를 표하고 살살거리며 술값을 졸랐다. 아마잔은 사내들에게 그들은 구경조차 한 적 없는 거금을 주었다. 무관심 경이 그에게 말했다.

"훌륭한 청년이구먼. 내 별장으로 와서 점심이나 함께합시다. 별장은 여기서 3마일만 가면 되오."

그는 아마잔의 수레에 올라탔다. 그의 마차는 충격으로 잘 달릴 수 없었기 때문이다.

그는 15분이나 말이 없다가 아마잔을 흘끔 보더니 입을 열었다.

"하우 디 두."[53]

문자 그대로 번역하면 "당신은 어떻게 하고 있습니까?"이지만, 실제로는 "안녕하시오?"라는 뜻이며, 어떤 나라 언어로도 아무런 의미가 없는 말이다. 그는 또 이렇게 덧붙였다.

"유니콘을 여섯 마리나 갖고 있다니 정말 멋지구려." 그러고서 다시 파이프를 피워댔다.

나그네가 무관심 경에게 유니콘은 강가리드인의 나라에서 데리고 온 것이며, 원한다면 써도 좋다고 말했다. 그리고 적당히 때를 봐서, 바빌론 공주 이야기, 공주가 이집트 왕에게 돌이킬 수 없는 입맞춤을 했다는 이야기를 했다. 상대방은 아무런 대꾸가 없었다. 이 세상에 이집트와 바빌론의 공주가 존재한다는 사실 따위에는 관심도 없는 듯했다. 그는 다시 15분 동안 입을 열지 않았다.

---

53) How dye do. "How do you do?"를 발음대로 표기한 것. 볼테르는 1726년에 영어를 배운 이래 평생 영국인 방문객과 영어로 대화했다고 한다.

그런 뒤 다시 아마잔을 돌아보며 "그래, 뭘 하고 계시오?" 물었다. 이어서, 강가리드인의 나라에서 맛있는 로스트비프를 먹은 적이 있느냐고 물어보았다. 나그네는 갠지스강 유역에서는 동포를 절대로 잡아먹지 않는다고 역시 정중하게 대답했다. 그는 무관심 경에게 채식주의 학설을 설명했다. 그 학설은 수 세기나 지난 뒤에야 피타고라스, 포르피리오스, 이암블리코스[54]가 제창한 학설이다. 그러자 경은 저택에 도착할 때까지 쿨쿨 잠이 들고 말았다.

경에게는 젊고 매력적인 아내가 있었다. 그녀는 남편이 세상만사에 무관심한 것과는 달리, 천성이 생기발랄하고 감수성이 풍부했다. 그날은 앨비언의 귀족이 몇 명이나 찾아와서 그녀와 점심을 먹고 있었다. 그 자리에서 온갖 인종의 특징들을 볼 수 있었다. 그 나라는 지금껏 외국인에게만 통치받아 왔는데, 그런 외국 군주와 함께 건너온 일족이 저마다 다른 생활 습관을 가지고 들어왔기 때문이다. 이 사교 모임에는 아주 사랑스러운 사람들도 있고, 매우 뛰어난 지성을 지닌 사람들도 있으며, 박식한 사람들도 있었다.

이 집의 여주인에게서는 서툰 행동, 딱딱한 표정, 차가운 미소 같은 것을 전혀 찾아볼 수가 없었다. 당시 앨비언의 젊은 여성들은 그런 이유로 비난받았다. 여주인은 자신의 빈약한 의견이나, 대화에 한 마디도 끼어들지 못하는 굴욕적인 당혹감을 거만한 태도나 오만한 침묵으로 감추려고 하지 않았다. 그녀만큼 매력적인 여성은 없었다. 여주인은 타고난 정중하고 부드러운 태도로 아마잔을 맞이했다. 이국 청년의 두드러진 미모를 보고 문득 그와 자기 남편을 번갈아 쳐다봤을 때, 그녀는 큰 충격을 받았다.

요리가 나왔다. 그녀는 아마잔을 자기 옆에 앉혔다. 젊은이가 강가리드인은 신들에게 생명이라는 하늘의 선물을 받은 생물을 절대로 먹지 않는다고 말하자, 그녀는 그에게 온갖 종류의 푸딩을 권했다. 저녁까지 이어진 식사 자리에서 그의 미모, 그의 힘, 강가리드인의 풍습, 발달된 기예, 종교, 통치 형태가 즐겁고도 유익한 화제가 되었다. 무관심 경은 식사 내내 술만 퍼마실 뿐 말은 한마디도 안 했다.

식사 후 부인이 차를 따르면서 젊은이에게서 눈길을 떼지 못하는 동안, 젊

---

54) 이 세 명의 고대 그리스 철학자는 모두 채식주의자였다.

은이는 의회 의원과 대화를 나누었다. 의회는 당시 이미 존재했다. 그것은 위테나게모트[55]라고 불렸다. 이 명칭은 '지성이 풍부한 사람들의 모임'을 의미한다. 아마잔은 이 나라를 이토록 훌륭하게 만든 헌법과 풍습, 법률과 전력, 관습과 기예가 뭐냐고 물었다. 귀족이 말했다.

"기후는 덥지 않았지만 우리는 오랫동안 알몸으로 다녔습니다. 테베레강으로 윤택해진 고대 사투르누스의 땅에서 온 사람들[56]에게 우리는 오랫동안 노예 취급을 받았지요. 하지만 우리는 최초의 정복자에게서 받은 재앙보다 훨씬 많은 재앙을 초래했습니다. 우리의 어떤 왕은 비굴한 짓까지 했습니다. 역시 테베레강 근처에 사는 '일곱 산의 장로'라고 불리는 제사장의 신하라고 자칭하기에 이른 거지요.[57] 그 정도로 이 일곱 산의 운명은 당시 짐승과 다름없는 사람들이 살던 유럽의 대부분을 오랫동안 지배했습니다.

그런 타락의 시대가 지나간 뒤, 잔학과 무질서의 시대가 수 세기 동안 이어졌습니다. 우리의 땅은 주위 바다보다 황폐해지고, 전쟁으로 쑥대밭이 되었으며, 피로 물들었습니다. 수많은 왕이 사형으로 비운의 죽음을 맞이했지요. 왕족이 100명도 넘게 단두대에서 생애를 마쳤습니다. 그들의 동료는 심장이 파내지고, 그 심장으로 두 뺨을 얻어맞았습니다.[58] 우리 섬의 역사를 쓰는 것은 사형집행인의 일이었습니다. 모든 대사건에 종지부를 찍는 사람이 사형집행인들이었으니까요.

그런데 이보다 더 끔찍한 사건이 일어났습니다. 검은 망토를 입은 사람들과 재킷 위에 흰 셔츠를 입은 사람들이 미친개에 물려 온 나라에 광견병을 퍼트린 거지요.[59] 그것도 옛날이야기가 아니랍니다. 국민은 누구나 죽느냐 죽이느

---

55) 앵글로색슨 시대 국왕의 고문회의(witenagemot). 여기서도 시대 고증은 의식적으로 무시되었다. 이야기가 전개되는 때는 국왕의 고문회의 시기보다 훨씬 이전이다.

56) 로마인을 가리킨다.

57) 볼테르는 《풍속시론》 제50장에서 1213년 영국이 교황에게 봉토로 바쳐지고, 실지왕(失地王) 존은 자신을 교황의 봉신이라고 인정했다고 기술했다. 일곱 개의 산은 로마 언덕을, 장로라고 불리는 제사장은 교황을 가리킨다.

58) 1746년에 찰스 에드워드 왕자 지지자가 받았던 형벌을 가리킨다.

59) 17세기 퓨리턴(검은 망토를 입은 사람들)과 영국국교회 신부(흰 셔츠를 입은 사람들)들을 대립시킨 내란을 가리킨다.

냐, 처형당하느냐 처형하느냐, 약탈자가 되느냐 노예가 되느냐, 이 둘 중 하나를 선택해야 했지요. 그것도 신의 이름으로 주를 찾으면서 말입니다.

그런 끔찍한 심연에서, 격렬한 대립과 잔학과 무지와 광신의 대혼란에서, 오늘날 세계에서 가장 완전한 정치 체제가 탄생했다는 걸 도대체 누가 믿을까요? 사람들에게 존경받고, 많은 재물을 가졌고, 선을 행하기에는 전능하지만 악을 행하기에는 무력한 왕이 자유롭고, 호전적이며, 상업에 힘쓰고, 계몽된 국민을 이끌고 있습니다. 대귀족과 도시의 대표가 저마다 자기편에서 군주와 함께 입법에 관여합니다.

왕이 함부로 권력을 휘두르던 때에 특이한 운명 때문에 혼란, 내란, 무질서, 빈곤이 나라를 갉아먹었음은 보시는 바와 같습니다. 왕이 자신들은 절대자가 아니라고 인정하고서야 비로소 우리나라에 평안과 부와 대중의 행복이 구석구석 퍼졌습니다. 명료하지 않은 문제[60]가 논의되던 때는 모든 가치가 뒤집혔습니다. 그러나 사람들이 그런 것들을 무시하자 만사는 비로소 제자리를 찾았습니다. 우리의 무적함대는 어떤 바다 위에서도 영광을 가져다줍니다. 법률은 우리의 재산을 안전하게 보증해 줍니다.[61] 아무리 재판관이라 해도 법률을 멋대로 해석할 수 없고, 부당한 판결을 내릴 수도 없습니다. 고발한 증거와 유죄를 선고하는 법률을 밝히지 않은 채 공민을 사지로 몰아넣는 재판관이 있다면, 우리는 그 재판관을 살인자로 간주하여 처벌할 것입니다.[62]

우리나라에는 두 개의 당이 있어서 펜과 책략으로 늘 대립하는 건 사실입니다. 하지만 이 두 당[63]은 고국과 자유를 지키기 위해 무기를 들어야 할 때면 틀림없이 단결합니다. 두 당은 법률의 신성한 위탁이 침해되는 일이 없도록 서로 감시합니다. 양당은 서로 미워하지만, 똑같이 나라를 사랑합니다. 서로 경쟁하면서 같은 연인에게 목숨을 바치는 질투심 많은 두 사내와 같지요.

우리는 인간의 권리를 자기 자신에게 인식시키고 옹호시켜 온 견실한 정신

---

60) 종교 문제를 가리킨다.
61) '법률'이란 1679년에 발포된 인신보호령을 가리키는 것으로 보인다.
62) 실뱅 므냥에 따르면, 이 부분은 칼라스 사건 때 툴루즈 재판관들의 태도를 염두에 두고 쓰였다.
63) 휘그당과 토리당을 가리킨다.

덕분에 학문을 인간계에서 도달할 수 있는 최고점까지 끌어올렸습니다. 돌로 건물을 짓는 데 정통하다고 알려진 이집트인들조차, 위대한 철학자라고 알려진 인도인들조차, 43만 년이나 천체를 관측했다고 자부하는 바빌로니아인들조차 질릴 정도로 많은 글을 쓰면서도 이렇다 할 책은 하나도 펴내지 못한 그리스인들조차, 우리나라에 비하면 아무것도 모르는 거나 다름없지요. 하다못해 우리나라 대학자들이 이룩한 수많은 발견을 배운 열등생과 비교해도 말입니다. 우리는 최근 100년 동안, 인류가 몇 세기에 걸쳐 발견한 것보다 많은 비밀을 자연계에서 밝혀냈습니다.

이것이 우리나라의 현재 모습입니다. 당신한테는 좋은 이야기, 나쁜 이야기, 부끄러운 이야기, 자랑스러운 이야기 가리지 않고 솔직하게 털어놓았습니다. 하나도 과장한 건 없어요."

이 이야기를 듣고 아마잔은 화제에 등장했던 고상한 학문이 무척 배우고 싶어졌다. 바빌론 공주에 대한 뜨거운 연정과 헤어진 어머니에 대한 자식으로서의 존경심, 그리고 고국에 대한 사랑이 그 찢어지는 가슴에 강하게 호소하지 않았더라면, 그는 평생 앨비언섬에서 살고 싶은 욕망을 느꼈을 것이다. 그러나 사랑하는 공주가 이집트 왕에게 준 그 불행한 입맞춤 때문에, 그에게는 고상한 학문을 배울 마음의 여유가 없었다.

"개인적인 이야기입니다만," 그가 말했다. "전 세계를 돌아다니며 과거의 기억을 묻는 것을 제 의무로 삼고 있습니다. 그런데 말씀을 들으니, 그 사투르누스인가 하는 오래된 땅이며 옛날에 당신들이 정복했다는 테베레강이며 일곱 개 산의 민족이 보고 싶어지는군요. 그들은 이 세상에서 가장 훌륭한 민족이 틀림없습니다."

"조금이라도 음악과 회화를 좋아한다면 꼭 한번 여행해 보세요." 앨비언인이 말했다. "우리도 가끔 우울해지면 그 일곱 개 산으로 여행을 떠나곤 한답니다. 아무튼, 우리 옛 정복자의 자손을 만나면 당신도 깜짝 놀랄 겁니다."

두 사람의 대화는 그칠 줄을 몰랐다. 아름다운 아마잔은 아직 정신이 불안정했다. 그러나 말투는 매우 싹싹하고, 목소리는 듣는 이의 마음에 기분 좋게 스며들었으며, 태도도 품위 있고 침착했다. 여주인은 젊은이와 그냥 마주 앉아서 이야기하는 것만으로는 성이 차지 않았다. 그녀는 젊은이의 손을 부드럽게

잡고 반짝이는 촉촉한 눈으로 그를 바라보며 이야기했다. 그 눈에는 충동에 완전히 사로잡힌 욕망이 깃들어 있었다. 부인은 저녁식사는 물론이요 하룻밤 자고 가라고 권했다. 매 순간, 단어 하나하나, 눈빛 하나하나가 부인의 마음에 더욱 불을 붙였다. 손님들이 다 돌아가자마자 여주인은 젊은이에게 짧은 사랑의 시를 써주었다. 그녀는 무관심 경이 그의 침대에서 자는 사이에, 젊은이가 자기 침대로 찾아와서 사랑을 고백할 거라고 믿어 의심치 않았다. 아마잔에게는 아직 저항할 용기가 있었다. 모름지기 사랑의 정열이 조금이라도 있다면, 상처 입은 강인한 영혼은 기적적인 효과를 낳는 법이다!

아마잔은 늘 그래 왔듯이 귀부인에게 자기 맹세의 신성함을 알리는 정중한 답장을 써서 주었다. 그리고 자신은 바빌론의 공주에게 정열을 억제하는 방법을 가르치는 의무를 반드시 지켜야 한다고 말했다. 그런 뒤 수레에 유니콘들을 매고, 그에게 경탄을 보내는 사람들과 절망한 귀부인 따위에는 아랑곳하지 않고 바타비아인의 나라로 다시 여행을 떠났다. 귀부인은 큰 슬픔에 잠겨서 아마잔의 편지를 아무렇게나 내버려 두었다. 다음 날 아침, 무관심 경이 그 편지를 읽었다.

"흥, 시시한 말만 적혀 있잖아." 그는 어깨를 으쓱하면서 그렇게 말하고, 이웃에 사는 술꾼들을 데리고서 여우를 사냥하러 나갔다.

아마잔은 무관심 경의 저택에서 대화를 나눴던 앨비언 학자한테 받은 지도 한 장을 들고서 이미 바다를 건너고 있었다. 그는 종이 한 장에 그려진 지구를 경탄의 눈으로 바라보았다.

그의 눈과 상상력은 그 작은 공간을 떠돌아다녔다. 당시는 다른 명칭으로 표시됐던 라인강과 다뉴브강, 티롤의 알프스산맥, 그리고 일곱 개 산이 있는 도시에 도착하기까지 앞으로 지나야 할 나라들을 그는 주의 깊게 바라보았다. 특히 강가리드인의 나라와 사랑하는 공주를 만난 바빌론의 수도, 그리고 공주가 이집트 왕에게 입맞춤했던 바스라를 뚫어지게 쳐다봤다. 그는 한숨을 쉬면서 눈물을 뚝뚝 흘렸다. 그러나 세계 축도를 선물해 준 앨비언인이 했던 말, 즉 템스강 기슭에 사는 사람들이 나일강이나 유프라테스강, 갠지스강 유역에 사는 사람들보다 천배는 교양 있다는 말은 틀리지 않았다는 사실을 인정했다.

그가 바타비아인의 나라로 돌아갔을 때, 포르모잔트는 돛이란 돛을 활짝

편 두 척의 배를 타고 앨비언으로 나는 듯이 항해하고 있었다. 아마잔이 탄 배와 공주가 탄 배는 아주 가까운 거리를 두고 스쳐 지나갔다. 두 연인은 상대방을 눈앞에 두고도 알아보지 못했다. 아! 이때 두 사람이 그 사실을 알았더라면! 하지만 거스를 수 없는 운명 탓에 그 만남은 이루어지지 않았다.

9

바타비아의 평평한 진흙땅[64]에 오른 아마잔은 곧바로 일곱 개 산이 있는 도시를 향해 번개같이 출발했다. 게르마니아 남부를 횡단해야 했다. 4마일마다 군주와 공주와 궁녀들과 거지들이 있었다. 아마잔은 귀부인과 궁녀들이 곳곳에서 게르만인 특유의 솔직함으로 추파를 던지는 데 놀랐지만, 조심스럽게 거절의 뜻을 표하는 것으로 그에 응했다. 그는 알프스산맥을 넘은 뒤 발칸반도 서부에 있는 달마티아의 바다에서 배를 타고 어느 도시[65]에 닿았다. 그곳은 지금껏 그가 봤던 어떤 도시와도 닮은 구석이 없었다. 바다가 도로로 쓰였으며, 집들은 물 위에 지어져 있었다. 공공 광장 중 그 마을을 아름답게 꾸며주는 몇 개 안 되는 광장은 두 개의 얼굴을 가진 남녀로 북적였다. 두 개의 얼굴이란, 자연에서 받은 얼굴과 그 위에 뒤집어쓴 기묘한 표정의 두꺼운 종이 가면을 말한다. 그것 때문에 이 나라 백성을 구성하는 것은 유령인 것처럼 보였다. 이 땅에 찾아온 외국인은, 다른 땅에서는 챙 없는 모자나 구두를 준비하듯이, 먼저 얼굴[66]을 샀다. 아마잔은 자연에 반하는 그런 유행에 경멸감이 들어서 민얼굴로 다녔다.

그 도시에는 공화국 대장에 등록된 1만 2000명의 아가씨[67]가 있었다. 지금까지 국민에게 부를 가져다준 가장 유리하고 쾌적한 거래를 하는, 국가에 유익한 아가씨들이었다. 평범한 도매상인은 많은 비용을 들여서 많은 위험을 무릅쓰고 동양으로 직물을 보냈지만, 이 아름다운 여자 도매상인들은 자신들의

---

64) 네덜란드의 간척지를 말한다.

65) 베네치아를 가리킨다.

66) 많은 외국인을 모으고 여덟 달이나 이어졌던 카니발 기간 중에 사람들은 흔히 길거리에서도 가면을 썼다고 한다.

67) 베네치아의 창부는 유럽에서 유명했다. 매춘은 법률로 허용되었다.

매력에서 끊임없이 솟아나는 밀거래를 하면서 조금도 위험을 느끼지 않았다. 그녀들은 아름다운 아마잔 앞에 나타나, 자신들 중 누군가를 선택해 달라고 말했다. 그는 비유할 데 없는 바빌론 공주의 이름을 대고, 공주가 1만 2000명의 베네치아 아가씨보다 아름답다고 불멸의 신들을 걸고 맹세하면서 뒤도 돌아보지 않고 그곳을 떠났다.

"얼마나 엉덩이가 가벼운지 감탄이 나올 지경이구나!" 그가 흥분해서 외쳤다. "정절이 어떤 것인지 가르쳐 주마!"

이윽고 그의 눈앞에 나타난 것은 누런 테베레강과 악취 나는 습지, 그리고 배배 말라비틀어지고 수염이 듬성듬성 난 주민들이었다. 주민들은 햇볕에 탄 피부가 고스란히 보이는 구멍 뚫린 낡은 망토로 몸을 가리고 있었다. 그런 광경을 보고 그는 자기가 일곱 개 산이 있는 도시 입구에 있다는 사실을 알았다. 즉, 한때 지구의 거의 모든 땅을 정복하고 문명화한, 영웅과 입법가들의 도시였다.

그는 개선문에는 영웅들의 지휘를 받았던 500개 대대가 보이고, 원로원에는 세상에 법률을 내려주는 신인(神人)들이 있을 줄 알았다. 그러나 군대 대신 그가 본 것은, 햇빛을 가리기 위해 양산을 들고 보초를 선 30명쯤 되는 수상한 사람들뿐이었다. 성당[68]은 매우 아름다웠지만, 바빌론의 성전보다는 못했다. 안으로 들어가 보니, 여자 목소리를 내는 남자들이 노래를 부르고 있어서 깜짝 놀랐다.

"사투르누스의 땅은 유서 깊은 곳이라더니, 참으로 꼴불견이로구나." 그가 말했다. "이제껏 누구 하나 자기 얼굴을 갖고 있지 않은 도시는 봤어도, 사내들이 사내다운 목소리도 내지 않고 수염도 기르지 않는 도시는 처음이다."

이야기를 들어보니, 그 가수들은 이미 남자가 아니라고 했다. 엄청나게 많은 유능한 사람을 더욱 유쾌하게 찬양할 목적으로 생식 기능을 빼앗겼다는 것이었다. 아마잔은 도통 무슨 소리인지 알아들을 수가 없었다. 가수들은 그에게 노래를 청했다. 그러자 그는 평소처럼 우아한 태도로 강가리드인의 노래를 불렀다.

그의 목소리는 높은 테너였다.

---

68) 산피에트로 대성당(성 베드로 대성당)을 가리킨다.

가수들이 말했다. "아아! 당신은 분명 훌륭한 소프라노의 목소리를 낼 수 있을 겁니다! 아아, 만약!"

"만약 뭡니까? 무슨 말을 하고 싶은 거죠?"

"아아……."

"뭔데 그래요?"

"그 턱에 수염이 없었다면!"

그러더니 그들은 쾌활한 농담조로, 늘 그러는 것처럼 몹시 우스꽝스러운 동작을 섞어 가며, 뭐가 문제인지를 설명해 주었다. 아마잔은 어이가 없었다.

"이제껏 수많은 여행을 했지만, 그런 황당무계한 얘기는 처음 듣습니다."

가수들이 노래를 마치자, 일곱 개 산의 장로가 수많은 사람을 거느리고 성당 문으로 걸어갔다. 장로는 엄지를 세우고 손가락 두 개를 펴고 나머지 손가락 두 개를 접어서 허공에 성호를 그으면서, 이제는 쓰이지 않는 언어로 "도시와 세계에[69]"라고 말했다. 강가리드인 젊은이는 손가락 두 개가 그렇게 멀리까지 닿을 수 있다고는 도저히 믿을 수가 없었다.

이윽고 젊은이는 세계 지배자의 궁전 신하들이 행진하는 광경을 보았다. 붉은 옷이나 보라색 옷을 두른[70] 근엄한 자들로 이루어져 있었다. 거의 모든 사람이 아름다운 아마잔을 부드러운 눈길로 바라보고, 그에게 고개 숙여 인사했다. 그리고 서로 "성 마르티노를 걸고 얼마나 아름다운 청년인가! 성 판크라티온을 걸고 얼마나 아름다운 자인가!" 하는 말을 주고받았다.[71]

외국인에게 마을 명소와 유적을 안내하는 일을 생업으로 하는 자선단체 회원들이 그에게 오두막을 보여주겠다며 몰려왔다. 그곳은 지금은 노새치기도 묵기 꺼리는 곳이지만 옛날에는 민중왕의 영광을 과시하는 훌륭한 건물이었다. 아마잔은 200년이나 된 회화와 2000년도 더 된 조각을 감상했다. 모두 훌륭한 걸작이었다.

"당신들은 지금도 이런 작품을 만들고 있습니까?"

"아니요." 한 회원이 말했다. "하지만 우리는 지상의 다른 땅을 경멸합니다.

---

69) 로마 교황이 축복할 때 하는 말. 라틴어로 Urbi et orbi(도시와 세계에).

70) '붉은 옷'은 추기경, '보라색 옷'은 주교를 나타낸다.

71) 동성연애를 즐기는 고위 성직자들을 암시한다.

우리는 이렇게 진기한 유물을 보존하고 있으니까요. 말하자면 우리는 가게에 팔다 남은 헌옷을 자랑스럽게 여기는 헌옷장수랄까요?"

아마잔은 군주의 궁전이 보고 싶어졌다. 그는 당장 그곳으로 안내받았다. 보라색 옷을 입은 남자들이 국고 수입금을 계산하는 것이 보였다. 수입금은 다뉴브강 주변, 루아르강 주변, 과달키비르강과 비스와강 유역에서 들어온 것이었다.

"우아!" 아마잔이 지도를 보고서 말했다. "당신들 주인은 일곱 개 산의 옛 영웅들처럼 온 유럽을 지배하는군요?"

"그분은 신성한 권리에 따라 당연히 전 세계를 지배하기에 적합한 분이죠." 보라색 옷을 입은 남자가 대답했다. "선인들이 전 세계에 걸친 왕국을 건설할 뻔했던 시대도 있었지만, 지금 후계자들은 친절하게도 신하인 왕들이 공물 형식으로 바치는 돈 몇 푼에 만족한답니다."

"그럼 당신들 주인은 왕 중의 왕이로군요. 왕 중의 왕이야말로 그에게 어울리는 칭호겠어요."

"아니요, 그렇지 않습니다. 그분의 칭호는 '종 중의 종'이죠. 원래 그분은 어부이자 문지기였습니다.[72] 그러기에 그분의 존엄을 상징하는 문장은 열쇠와 그물이지요. 하지만 그분은 모든 왕에게 계속해서 명령을 내린답니다. 켈트인 국왕에게 최근에 101개 조항[73]에 관해 명령을 내렸는데, 켈트인 왕은 거기에 복종했습니다."

"그럼 당신들 그 어부는 그의 101개 조항 의지를 실행시키기 위해 50만이나 60만쯤 되는 병사들을 파견했겠군요?"

"아닙니다. 우리 신성한 주인은 그다지 돈이 없어서 1만 군사에게 돈을 지불할 형편이 도저히 못 됩니다. 하지만 타국에 배치된 40만 내지 50만 명의 신성한 예언자들이 있지요. 저마다 다른 피부색을 한 이 예언자들을 당연하지만 민중이 먹여 살립니다. 예언자들은 내 주인이 가진 열쇠로 모든 자물쇠, 특히

---

72) 교황은 종 중의 종이라고 불리는, 생전에는 어부였고 천국에서는 문지기가 된 성 베드로의 후계자로 소개된다.

73) 1713년, 로마 교황 클레멘스 11세가 장세니슴 신학자 파스키에 케스넬의 설교 101개 조항을 이단으로 단죄한 우니게니스투스 칙서를 암시한다.

금고 자물쇠를 여닫을 수 있다고 신을 대신해 예언하지요.[74] 지금 이야기한 왕 바로 옆에서 왕의 비밀 이야기를 들어주는 역할을 하는 노르망디 출신의 제사장[75]은 내 주인의 101개 조항에 무조건 복종하라고 왕을 설득했습니다. 일곱 개 산의 장로가 가진 특권은 말로 된 것이든 글로 된 것이든 늘 옳기 때문이지요. 이 점은 당신도 알아두셨으면 합니다."

"물론이죠. 그런데 참 신기한 분이네요! 나는 꼭 그분과 점심을 함께하고 싶습니다."

"설사 당신이 왕이라 해도 그분의 식탁에서 식사하실 수는 없습니다. 그분이 당신을 위해 해줄 수 있는 것은 그분 식탁보다 작고 낮은 탁자를 그분 옆에 마련해 주시는 정도입니다. 하지만 그분과 대화하는 영광을 누리고 싶으시다면 작은 정성을 내십시오. 그러면 그분을 알현하게 해드리지요."

"그러지요." 강가리드인 젊은이가 말했다. 보라색 옷을 입은 상대는 머리를 숙였다.

"내일 안내하겠습니다." 사나이가 말했다. "세 번 무릎을 꿇고, 일곱 개 산의 장로의 발에 입을 맞추십시오."

그 말을 듣고 아마잔은 숨넘어갈 듯이 깔깔대고 웃었다. 그는 옆구리를 부여잡고 방에서 나왔다. 숙소로 돌아가는 내내 눈물이 나올 만큼 웃어젖히고, 숙소에 도착해서도 오랫동안 웃고 또 웃었다.

점심 식탁으로 수염 없는 남자 20명과 바이올린 연주자 20명이 찾아와서 연주회를 열어주었다. 그 후 잠들 때까지 그는 마을의 신분 높은 귀족들에게 열렬한 찬양을 받았다. 귀족들은 그에게 일곱 개 산의 장로에게 입 맞추는 것보다 훨씬 기상천외한 제안을 했다. 예의 바른 그는 처음에는 그 신사들이 자기를 여자로 오해하는 건 줄로만 알았다. 그는 아주 조심스럽고 정중하게, 그건 오해라고 알려주었다. 그러나 대담무쌍한 보라색 옷의 사나이 두세 명은 더 노골적으로 끈질기게 매달렸다. 그는 아름다운 포르모잔트를 위해 커다란 희

---

74) 교황의 문장은 성 베드로의 열쇠를 상징한다. 이 열쇠는 그리스도교의 설교와 고해성사로 사람들에게 천국으로 가는 길을 열어주는, 교황의 힘의 상징이다.

75) 노르망디 지방의 비르 마을에 사는 공증인의 아들로, 루이 14세의 고해신부가 된 예수회 수도사 르 텔리에를 가리킨다.

생을 하겠다는 생각까지는 하지도 않은 채, 그들을 창문 밖으로 내던져 버리고, 세계 지배자들의 도시에서 줄행랑쳤다. 그런 곳에 있다가는 뺨이 발에 달리기라도 한 것처럼 노인의 발가락에 입을 맞춰야 할 뿐만 아니라, 사내들은 젊은이에게 다가와 어김없이 그보다 기묘한 의식을 강요할 것이기 때문이었다.

10

변함없는 사랑의 본보기가 되는 젊은이는 이 나라에서 저 나라로 온갖 추파를 물리치고 다님으로써 바빌론의 공주에 대한 정절을 굳게 지켰다. 또한, 이집트 왕에 대한 분노도 여전히 간직하면서, 갈리아인의 새로운 도시에 도착했다. 다른 도시들과 마찬가지로 이 도시도 모든 단계의 야만, 무지, 어리석음, 비참함을 경험한 도시였다. 이 도시의 최초 이름은 '진창과 수렁'[76]이었지만, 그 뒤 이곳까지 영향을 미친 이시스 신앙에서 이시스의 이름이 붙었다. 이곳의 최초 원로원은 한 무리의 뱃사공이었다.[77] 마을은 오랫동안 일곱 개 산의 약탈의 영웅들[78]에게 종속되어 있었다. 그러나 수 세기 후에 다른 강도 영웅들이 라인강을 건너와서 이 조그만 땅을 가로챘다.[79]

모든 것을 바꾸어 버린 시기가 이 마을의 절반을 대단히 고상하고 쾌적한 도시로 만들고, 나머지 절반을 천박하고 볼썽사나운 도시로 만들었다. 바로 이 대조가 이 도시 주민들을 상징하는 광경이었다. 성곽 안쪽에는 노름을 하고 흥청거리는 것 외에는 아무 일도 하지 않는 사람들이 적어도 10만 명쯤 살았다. 그런 무위도식자들이 다른 사람이 심혈을 기울여 완성한 기예의 좋고 나쁨을 평가했다. 그들은 궁정에서 일어나는 일들에는 전혀 무지했다. 궁정은 그들이 있는 곳에서 고작 4마일밖에 떨어지지 않았지만, 적어도 6000마일 밖에 있는 것처럼 느꼈다. 그들에게 중요하고 유일한 일은 사교의 기쁨에 끼어들어 유쾌하고 가볍게 사는 것이었다. 그들은 떼쓰지 말라고 장난감을 듬뿍 안겨 받는 어린아이처럼 지배당했다. 2세기 전에 고국을 쑥대밭으로 만든 잔학

---

76) 파리의 옛 이름 루테티아는 진창을 뜻하는 라틴어 luteum에서 유래한다.
77) 항해자 동업조합은 기원전 2세기 티베리우스 황제 시대에 시테섬에 유피테르 신전을 지었다.
78) 로마인을 가리킨다.
79) 게르만인의 침입을 뜻한다.

행위와 주민의 절반이 그럴싸한 구실로 나머지 절반을 학살한 끔찍한 시대의 이야기[80]를 들으면, 그들은 세상에 그런 일이 있었느냐고 웃어넘기고는 유행가를 부르는 것이었다.[81]

한량들이 세련되고 유쾌하며 사랑스러운 사람이 되어갈수록, 그들과 매우 나쁜 계층 주민과의 비통한 대조는 더욱 두드러졌다.

바쁜 사람들, 또는 스스로 무척 바쁘다고 자부하는 사람들 가운데는 음침한 광신자[82]들도 있었다. 누구든 그들을 한 번만 보면 이 세상이 서글퍼 보였다. 그들은 조금이라도 자신들의 권위를 획득할 수 있다면 세상이라도 뒤집어버리겠다는, 반은 비상식적이고 반은 사기꾼 같은 무리였다. 그러나 한량들은 새가 부엉이를 폐가로 내쫓듯이, 춤추고 노래하면서 광신자들을 그들의 동굴 안으로 돌려보냈다.

그보다 수는 적지만, 매우 바쁜 주민은 또 있었다.[83] 그들은 자연이 겁을 먹고 비명을 지르며 저항할 만큼 낡고 야만적인 풍습에 집착하면서, 좀먹은 기록만 뒤졌다. 기록에서 비상식적이고 끔찍한 풍습을 발견해도 그들은 그것을 신성한 법으로 여겼다. 쾌락의 도시에 아직 잔혹한 습속이 남아 있는 것은, 스스로 판단할 능력이 없어서, 머리를 쓰지 않는 시대의 쓰레기통을 뒤져서 자신의 생각을 찾아내는 무기력한 습관 탓이었다. 따라서 범죄와 형벌 사이에는 조금도 균형이 잡혀 있지 않았다.[84] 저지르지도 않은 죄를 자백하게 하려고 무고한 사람에게 천 번이나 죽음의 고통을 맛보게 하기도 했다.[85]

젊은이의 경솔한 행동이 독살이나 부모 살해라도 되는 것처럼 무겁게 처벌되었다.[86] 이때는 한량들도 비명을 질렀지만, 이튿날이 되자 그들 머릿속에

---

80) 16세기 종교 전쟁을 가리킨다.
81) 프랑스, 특히 파리지앵의 경박함을 볼테르는 종종 편지에서 언급했다.
82) 성직자를 가리킨다.
83) 사법관 따위의 법조인을 가리킨다. 그들 중에는 장세니스트가 많았다고 한다.
84) 이탈리아의 법학자 베카리아의 《범죄와 형벌》(1764)을 시사한다. 1766년에 이 책의 프랑스어 번역판이 나오자마자 볼테르는 서평을 썼다.
85) 칼라스 사건을 암시한다.
86) 1766년 7월 1일, 신성모독 죄로 처형된 20살 청년 라 바르(François-Jean de la Barre) 기사를 암시한다.

서 이미 그 사건은 까맣게 지워졌다. 그들의 화제는 최신 유행에 관한 것뿐이었다.

이곳 주민은 1세기에 걸친 시간의 흐름을 지켜봐 왔다. 그동안 미술은 예상치를 뛰어넘어 높은 완성도를 보였다. 당시 외국인은 바빌론을 찾는 것만큼이나 자주 이곳을 찾았다. 훌륭한 기념 건축물과 놀라운 정원, 그리고 숭고한 노력 끝에 태어난 조각과 회화를 감상하기 위해서였다. 그들은 눈을 잡아끄는 유형물보다는 마음에 스며드는 음악에 매료되기도 했다.

진실미 넘치는 시, 바꿔 말하면 자연스럽고 듣기 좋은 시, 마음과 머리에 똑같이 말을 건네는 시가 그 불운한 세기에 처음으로 이 나라 주민 사이에 널리 퍼졌다. 다양하고 새로운 웅변술이 감탄할 만한 걸작을 과시했다. 특히 극장은 다른 나라 백성이 자신들이 도저히 따라잡지 못할 걸작에 보내는 갈채로 떠나갈 듯했다. 마침내 이 고상한 취미가 온갖 직업에까지 퍼졌다. 그 결과 드루이드 성직자[87] 중에서도 훌륭한 작가가 배출되었다.

하늘을 찌를 듯 높이 솟은 채 오만하게 땅을 굽어보는 수많은 월계수도 피폐한 땅에서 이윽고 말라버렸다. 남은 것은 몇 안 되는 나무뿐이었다. 그것도 잎은 얇고 여린 녹색이었다. 이러한 쇠퇴는 안이한 태도와 해야 할 일을 제대로 하지 않는 태만한 자세, 미술에 물린 무감각 상태와 기이한 것만 선호하는 풍조에서 비롯되었다. 야만스러운 시대로 돌아간 예술가들을 자만심이 뒷받침했다. 그리고 그 자만심이 진정한 재능을 박해하고, 고국을 버리게 했다. 말벌이 꿀벌의 씨를 말린 것이다.[88]

이젠 참된 예술도 천재도 거의 남지 않았다. 공적이라고는 지난 세기의 공적에 억지 해석을 갖다 붙이는 것뿐이었다. 술집 벽에 색칠을 하는 풋내기 화가들이 위대한 화가들의 그림을 잘난 체하며 비평했다. 삼류 문인들은 대작가들의 작품을 왜곡했다. 다른 풋내기 문인들도 있었다. 그들은 무지와 악취미를 섬겼다. 같은 내용이 다른 제목으로 100권도 넘는 책에서 반복되었다. 모두 사전이나 소책자류였다.

---

87) 고대 켈트족 제사장의 이름을 빌려 루이 14세 시대의 보쉬에, 마송 등의 성직자를 암시하고 있다.
88) 뒤에 나오는 각주 105) 참조.

드루이드교 신문의 어느 필자[89]는 국민에게 묵살된 몇몇 광신자와 하찮은 남녀 거지들이 초라한 집에서 행한 천상의 기적에 관해 일주일에 두 번이나 이상한 기사를 써댔다. 검은 옷을 입은 전직 드루이드 성직자[90]는 분노와 굶주림에 당장에라도 죽을 지경에 놓였으면서도, "이제 남을 속일 수 없게 되었다. 남을 속일 권리가 회색 옷을 입은 호색한들의 손에 넘어갔다"며 울분을 금치 못했다. 덕망 있는 몇몇 드루이드 수도사[91]는 소책자를 폄훼하는 책을 펴냈다.

아마잔은 그러한 사정을 전혀 몰랐다. 그러나 알았다 해도 거의 개의치 않았을 것이다. 슬픔에 잠겨 어느 나라로 발걸음을 옮겨도, 바빌론 공주와, 이집트 왕과, 귀부인들의 온갖 추파를 무시해야 한다는, 깨서는 안 되는 맹세를 생각하느라 머리가 복잡했기 때문이다.

경솔하고 무지하고, 인간의 본성인 호기심을 언제나 극단적으로 부풀리는 하층민이 유니콘 주위로 우르르 몰려들어 오랫동안 떠날 줄을 몰랐다. 좀 더 똑똑한 여자들은 아마잔을 자세히 관찰하려고 호텔 문을 비집고 들어왔다.

아마잔은 먼저 호텔 주인에게 궁정으로 가보고 싶다고 말했다. 그런데 마침 그 자리에 있던, 신사 숙녀 계층에 속하는 한량들이, 궁정 따위는 시대에 뒤떨어졌으며 시대는 이미 완전히 변해서 즐거움은 이제 도시에만 있다고 말했다. 그날 밤, 재주와 재능이 있기로 국외에서도 유명한 한 귀부인[92]이 그를 만찬에 초대했다. 이 귀부인은 아마잔이 들른 몇몇 나라를 여행한 적이 있었다. 그는 이 귀부인과 그곳에 모인 사람들이 아주 마음에 들었다. 그 자리에는 자유도 있었지만 신중함도 있었고, 활기찼지만 소란스럽지는 않았다. 박식함을 자랑해서 듣는 이를 질리게 하는 일도 없었고, 재기를 과시하는 사람도 없었다. 그는 신사 숙녀들이 가끔 어울리지 않는 이름을 쓰는 일은 있어도, 그것이 꼭

---

89) 경련파의 기적 등을 전한 비밀 교단기관지 〈성직자 통신〉을 집필한 장세니스트를 가리킨다.

90) 1764년에 칙령으로 교단을 폐쇄당하고 67년 칙령으로 왕국에서 추방되어 직위와 영향력을 모두 잃은 예수회 수도사들을 가리킨다. "회색 옷을 입은 호색한들"에 대해서는, 대부분이 장세니스트였던 소르본 신학자로 보는 견해(F. 들로프르)와 카푸친회 수도사로 보는 견해(실뱅 므낭)가 있다.

91) 볼테르와 계몽사상가들을 적대시했던 파리의 대주교 크리스토프 드 보몽, 퓌(Puy)의 주교 퐁피냥 등을 가리키는 것으로 보인다.

92) 전 유럽에서 유명한 살롱을 주관했던 조프랭 부인(1699~1777)을 가리키는 것으로 추정된다.

무의미한 이름만은 아니라는 사실을 깨달았다. 이튿날 그는 어떤 자리에서 점심을 먹었다. 전날에 못지않게 호감이 가는 자리였지만, 훨씬 향락적이었다. 그가 그 자리에 모인 사람들에게 만족한 만큼, 그 자리에 모인 사람들도 그를 흡족하게 생각했다. 아마잔은 마음이 푸근해졌다. 고국의 향료가 뭉근한 불에 천천히 녹으며 이루 표현할 수 없는 향기를 내는 것과 비슷했다.

점심 후 그는 매혹적인 공연에 안내되어 갔다. 그 공연은 자신들의 청중을 빼앗는다는 이유로 드루이드 수도사에게서 비난받는 공연이었다. 그들은 청중을 빼앗길까 봐 늘 전전긍긍했다. 그 공연은 유쾌한 시구와 신비로운 노래, 심경의 변화를 나타내는 춤과 눈을 속이고 즐겁게 하는 풍경화를 엮은 것이었다. 수많은 양식이 한데 모인 이 오락 양식은 외국어로밖에 알려지지 않았다. 그것은 '오페라'라는 것으로, 옛날에는 일곱 개 산의 언어로 노동, 수고, 직업, 생업, 계획, 노역, 업무를 뜻했다. 그 직업은 그를 매료했다. 특히 한 처녀가 신비로운 목소리와 우아한 몸짓으로 그를 매혹했다. 공연이 끝나자 아마잔의 새 친구들은 그를 그 '찰나의 연인'에게 소개했다. 그는 연인에게 다이아몬드 한 줌을 선물했다. 연인은 무척 고마워하며 종일 그의 곁을 떠나지 않았다. 그는 연인과 저녁을 함께 먹었다. 모든 유혹을 물리치리라 굳게 다잡았던 마음이 끝내 눈 녹듯이 사그라지고 말았다. 식사를 마쳤을 때는, 미인에게는 늘 무관심하게 굴고 교태에 절대로 반응하지 않겠다는 맹세를 까맣게 잊어버렸다. 인간의 나약함을 경계하는 아주 좋은 실례라 아니할 수 없다.

아름다운 바빌론 공주가 불사조와 몸종 이를라, 그리고 유니콘을 탄 기병 200기를 거느리고 도착한 것은 바로 그때였다. 도시의 성문은 금방 열렸다. 공주가 가장 먼저 물은 것은 세상에서 가장 아름답고 용감하며 재기 있고 절개 있는 남자가 아직 이 도시에 있느냐는 것이었다. 행정관들은 그녀가 찾는 사람이 아마잔이라는 걸 눈치채고, 공주를 그가 묵은 호텔로 데리고 갔다. 그녀는 사랑의 정열에 두근대면서 방으로 들어갔다. 그녀의 마음은 마침내 연인의 변함없는 사랑의 본보기를 볼 수 있다는 이루 말할 수 없는 기쁨으로 가득 찼다. 그 어떤 것도 침실로 들어가는 그녀를 가로막을 수 없었다. 침대 휘장은 젖혀져 있었다. 아름다운 아마잔이 갈색 머리카락의 한 미녀 품에서 자고 있는 것이 보였다. 두 사람 모두 몹시 휴식이 필요했던 것이다.

포르모잔트는 비명을 질렀다. 그 비명은 온 집 안에 울려 퍼졌지만, 사촌 오빠와 그의 연인을 깨우지는 못했다. 공주는 이를라의 품에서 혼절했다. 이윽고 의식을 회복한 그녀는 분노 섞인 슬픔을 가슴에 담고 재빨리 그 비극의 침실에서 나왔다. 이를라는 아름다운 아마잔과 그토록 달콤한 시간을 보내고 있는 젊은 여자가 누구인지 호텔 직원에게 물어보았다. 그녀는 타고난 지혜와 아주 우아하게 노래하는 재능을 갖춘 매우 사랑스러운 여인이라는 대답이 돌아왔다.

"아아, 이게 무슨 일인가요! 아아, 전지전능하신 아후라 마즈다여!" 아름다운 바빌론의 공주가 울부짖었다. "전 대체 누구에게, 누구 때문에 배신당한 건가요! 저 때문에 그토록 많은 공주들을 거절했던 분이 갈리아의 여자 희극 배우 때문에 이런 식으로 저를 버리다니요! 이런 모욕을 견디며 살 수는 없습니다."

"공주님." 이를라가 말했다. "세상에 그렇지 않은 남자는 없답니다. 아무리 아름다운 공주와 사랑에 빠졌다 해도, 아주 사소한 계기로 술집 하녀와 부정을 저지르기도 하지요."

"이제 다 끝났어. 난 평생 저 사람을 만나지 않겠어. 자, 어서 떠나자. 유니콘들을 수레에 매어줘."

불사조는 아마잔이 깨어나기를 기다렸다가 이야기를 한번 들어보자고 간청했다.

"저 사람한테는 그만한 가치도 없어요." 공주가 말했다. "그랬다가는 난 더욱 상처 입고 말 거예요. 분명 저 사람은 내가 자기를 책망할 수 있도록 날 부추겨 달라고 내가 당신한테 부탁했다고 생각할 테고, 그런 다음 이번에는 내가 자기와 화해하기를 바란다고 생각할 테니까요. 당신이 진심으로 날 사랑한다면, 저 사람이 내게 준 모욕에 다시 모욕을 덧입히는 제안은 하지 말았으면 좋겠군요."

불사조에게 바빌론 왕의 딸은 생명의 은인이었으므로 그녀의 말을 거역할 수가 없었다. 공주는 일행을 데리고 다시 길을 떠났다.

"공주님, 어디로 가시게요?" 이를라가 물었다.

"글쎄." 공주가 대답했다. "제일 먼저 나오는 길로 가지 뭐. 아마잔에게서 도망칠 수만 있다면 그걸로 충분해."

사랑의 정열을 갖고 있지 않은 불사조는 포르모잔트보다 신중했다.

불사조는 길을 가면서 공주를 거듭 위로하고 다음과 같이 따뜻하게 타일 렀다. 남이 저지른 죄 때문에 자신을 벌하는 것은 괴로운 일이다, 아마잔은 이 제껏 공주에 대한 명백하고 굳은 절개를 수없이 증명해 왔으니 딱 한 번 자제 심을 잃은 정도는 용서해 줘도 되지 않느냐, 그는 정의로운 사람이지만 아후 라 마즈다의 은총이 부족했다, 이번 일을 계기로 오히려 앞으로는 더욱 사랑 과 미덕을 가지고 흔들림 없는 길을 걸을 것이다, 죗값을 치르려고 지금까지 보다 더욱 인격을 수양할 것이고 공주는 지금보다 훨씬 행복해질 것이다, 똑 같은 부정을 용서하고 그러길 잘했다고 생각하는 고귀한 공주가 수없이 있었 다……. 불사조는 공주에게 그런 실례를 몇 가지 들려주었다. 이 새는 말주변 이 매우 좋아서, 이윽고 포르모잔트의 마음도 점점 평정을 되찾았다. 그녀는 이렇듯 성급하게 출발하지 말걸 그랬다고 후회했다. 유니콘들의 발이 너무 빠 른 것같이 느껴졌다. 이제 와서 되돌아갈 수도 없는 노릇이었다. 용서하고 싶 은 심정과 분노를 드러내고 싶은 심정, 사랑과 허영 사이에서 갈등하면서 공 주는 유니콘들의 발길에 몸을 맡긴 채 신탁의 예언대로 세상을 떠돌아다녔다.

잠에서 깬 아마잔은 포르모잔트와 불사조가 왔다가 벌써 떠났다는 이야기 를 들었다. 공주가 절망하고 분노했으며, 절대로 그를 용서하지 않겠다고 맹세 했다는 이야기도 들었다.

"이제 공주의 뒤를 쫓아가서 그 앞에 무릎 꿇고 자살하는 길밖에 없구나!" 그는 절규했다.

그의 한가한 신사 숙녀 친구들이 그 소문을 듣고 달려왔다. 모두 입을 모 아, 자기들과 함께 지내는 편이 훨씬 낫다, 예술과 평온하고 고상한 쾌락에 취 해 보내는 달콤한 삶에 필적할 것은 아무것도 없다, 아주 유쾌하게 마음을 빼 앗고 매료하는 이 안락함을 얼마나 수많은 외국인과 왕이 고국과 왕좌보다 좋 아하는지 아느냐, 더구나 당신 마차는 부서져서 지금 수리공이 당신을 위해 최 신 유행 마차를 만들고 있다, 마을에서 제일가는 양복장이가 지금 유행하는 옷을 열두 벌이나 벌써 재단하고 있다, 이 도시에서 가장 재기 발랄하고 사랑 스러운 귀부인들의 저택에서는 매일같이 연극이 공연되고 있으며, 그녀들은 그를 위해 돌아가며 축하연을 열기로 되어 있다고 말하며 그를 설득했다. 그러는 동안 그의 연인은 화장대 앞에서 코코아를 마시고, 웃고, 노래하고, 아름다운 아마잔에게 교태를 부렸다. 그제야 아마잔은 그녀가 새끼 거위만큼도 양식을 갖추고 있지 않다는 사실을 깨달았다.

관대함과 용기, 성실함, 친절함, 솔직함이 이 고귀한 왕자의 성격을 형성하는 요소였으므로, 그는 이미 친구들에게는 자신이 겪은 불행한 여행 이야기를 들려주었었다. 따라서 친구들은 아마잔이 공주의 사촌 오빠라는 사실을 알았고, 공주가 이집트 왕에게 재앙의 입맞춤을 했다는 사실도 알았다.

"친척지간에 일어난 그 정도 시시한 부주의는 서로 용서하는 게 옳아요." 친구들이 그에게 말했다. "그러지 않으면 끝없이 싸움만 하다가 인생을 보내고 말 테니까요."

포르모잔트의 뒤를 쫓겠다는 그의 마음은 요지부동이었다. 그러나 아직 마차가 준비되지 않았으므로, 그는 한량들에게 둘러싸여 축하연과 유흥을 즐기면서 사흘이나 하릴없이 보내야 했다. 이윽고 친구들에게 작별을 고하며 그들과 포옹하고, 훌륭하게 세공된 자기 나라의 다이아몬드 몇 알을 그들에게 선물한 뒤에, 언제까지나 경박하고 변덕스럽게 살라고 부탁했다. 그렇기에 그들은 한층 사랑스럽고 한층 행복했기 때문이다.

아마잔이 말했다. "게르만인은 유럽의 노인이에요. 앨비언의 주민은 장년이고, 갈리아의 주민은 어린아이죠. 그리고 나는 아이들과 노는 게 좋습니다."

11

아마잔의 안내인들이 공주가 지나간 길을 알아내기란 어렵지 않았다. 길가 여기저기서 사람들이 그녀가 데리고 있는 커다란 새 이야기밖에 하지 않았기 때문이다. 얼마나 감탄했는지 주민들은 아직 흥분 상태에서 깨어나지 못하는 모습이었다. 그 뒤 달마티아 사람들과 안코나 행진에 참가한 사람들이 하늘을 나는 집을 봤을 때[93]도 그들만큼 놀라지는 않았다. 루아르강, 도르도뉴강, 가론강, 지롱드강 연안에는 아직 환호성이 울려 퍼지고 있었다.

아마잔이 피레네산맥 기슭에 도착하자, 그 나라 행정관과 드루이드 수도사

---

93) 천사들이 성모의 집 산타 카사를 나사렛에서 아드리아해 연안의 달마티아와 이탈리아 중부의 안코나주 로레토로 날랐다는 신앙을 암시한다.

가 그에게 바스크 지방의 탬버린 춤[94]을 억지로 추게 했다. 그러나 피레네산맥을 넘자마자 명랑한 쾌활함은 눈을 씻고도 찾아볼 수가 없었다. 가끔 노랫소리가 들리기도 했지만, 모두 슬픈 곡조였다. 주민들은 묵주알을 굴리면서 허리에 단도를 차고서 무겁게 걸어 다녔다. 이 나라 사람들은 상을 당한 사람처럼 검은 옷을 입고 다녔다. 아마잔의 종복들이 길 가던 사람을 붙잡고 묻자, 대답 대신 몸짓만 돌아왔다. 촌스러운 호텔로 들어갔다. 주인이 호텔에는 아무것도 없으며, 당장 필요한 걸 사려면 몇 마일 떨어진 곳까지 사람을 보내야 한다고 짧게 알려주었다.

침묵을 지키기로 맹세한 수도승 같은 주민들에게 아름다운 바빌론 공주가 지나가는 것을 보지 못했느냐고 묻자, 그들은 지금까지와는 달리 열띤 어조로 대답했다.

"아, 보긴 봤지만 그렇게 미인은 아니던걸. 미인이라면 자고로 햇볕에 얼굴이 까맣게 타야지. 그 사람은 눈처럼 하얀 젖가슴을 다 드러내 놓고 있었는데, 그런 가슴은 보기만 해도 불쾌해. 이 지방에서는 보기 드문 가슴이지."

아마잔은 베티스강[95]이 흐르는 지방으로 계속 나아갔다. 티루스인들이 그 지방을 발견한 지 아직 1만 2000년도 지나지 않았다. 같은 시기에 티루스인은 광대한 아틀란티스섬을 발견했지만, 그 섬은 수 세기 후에 바다 밑으로 가라앉아 버렸다. 티루스인은 바이티카 지방을 개척했다. 그 지방 토착민들이 자기들은 손가락 하나 꿈쩍하지 않고 이웃의 갈리아인이 밭을 갈아야 한다고 주장하며 그곳을 아무렇게나 방치했기 때문이다. 티루스인은 팔레스타인 사람[96]도 데리고 왔다. 그때 이미 팔레스타인 사람은 조금이라도 돈벌이가 된다면 어디든지 달려가는 습관이 있었다. 이 팔레스타인인은 원금의 5할을 담보로 잡고 돈을 빌려주어 그 나라의 거의 모든 부를 손안에 넣었다. 그래서 바이티카 사람들은 팔레스타인인을 마법사라고 믿었다. 마법을 부린 죄로 고발당한 사람들은 모두 조사관, 즉 '사람을 불태우는 수도사'라고 불리는 드루이드 수도사들에 의해 인정사정없이 화형당했다. 이 제사장들은 고발된 죄인에게 먼저 가

---

94) 스페인 바스크 지방의 춤.
95) 스페인 남부 세비야를 흐르는 과달키비르강.
96) 유대인을 가리킨다.

장복을 입히고 재산을 몰수했다. 그리고 죄인들이 '신에 대한 사랑' 때문에 불에 타는 동안 팔레스타인인들의 기도[97]를 경건하게 외는 것이었다.

바빌론의 공주는 뒷날 세비야라고 불리게 된 도시에서 내렸다. 그녀는 베티스강에서 배를 타고 티루스를 경유해 바빌론으로 돌아가서 아버지 벨루스 왕과 재회한 뒤, 되도록 부정한 연인은 잊고 살 심산이었다. 그것이 안 된다면 연인에게 구혼해 버릴 작정이었다. 그녀는 궁정 일을 관장하는 팔레스타인 사람 둘을 방으로 불렀다. 두 사람은 공주에게 배 세 척을 빌려주기로 했다. 불사조는 두 사람과 함께 필요한 절차를 밟고 가격을 흥정했다.

호텔 여주인은 신앙심이 아주 깊었다. 역시 신앙심 깊은 남편은 드루이드의 조사관, 즉 사람을 불태우는 수도사의 말단이었다. 다시 말해 밀정이었다. 그는 자기 호텔에서 여자 마법사 한 명과 팔레스타인인 두 명이 커다란 황금 새로 변신한 마법사와 무슨 계약을 맺고 있다고 낱낱이 보고했다. 조사관들은 그 여성이 어마어마한 수의 다이아몬드를 갖고 있다는 말을 듣자마자 그녀를 마녀라고 단정했다. 그들은 넓은 마구간에서 자고 있는 병사 200명과 유니콘들을 가두려고 밤을 기다렸다. 조사관들은 겁쟁이였기 때문이다.

그들은 모든 문을 굳게 걸어 잠그고 공주와 이를라를 붙잡았다. 그러나 불사조는 붙잡을 수 없었다. 불사조가 훌쩍 날아가 버렸기 때문이다. 불사조는 갈리아와 세비야를 잇는 도로에서 아마잔을 만날 수 있으리라고 예상했다.

바이티카 지방의 경계에서 불사조는 아마잔을 만났다. 새는 공주가 어떤 재앙을 만났는지 알렸다. 아마잔은 할 말을 잃었다. 극심한 분노에 머리가 멍했기 때문이다. 그는 금을 상감한 갑옷과 12피에 길이의 창 하나와 투창 두 개로 무장했다. 나무든 바위든 드루이드 수도사든 단칼에 베어버릴 수 있는 번개 명검도 챙겼다. 아름다운 머리에는 왜가리와 타조의 깃털로 장식한 황금 투구를 썼다. 마곡[98]의 낡은 투구로, 아마잔이 스키타이로 떠날 때 누나 알데가 선

---

97) 이단심문소 재판관의 원뜻은 조사관이다. '사람을 불태우는 수도사(anthropokaies)'는 '식인종(anthropophages)'이라는 단어로 볼테르가 만든 단어. '가장복'은 종교재판에서 화형당하는 이단자가 입었던 노란 죄수복을 암시한다. '팔레스타인인들의 기도'란 그리스도교도의 성서가 되기 이전에 유대인의 성전이었던 구약성서 〈시편〉을 가리킨다.

98) 야벳의 둘째 아들. 즉, 노아의 자손(〈창세기〉 10 : 2). 헤브리인에게 마곡은 북국의 야만족, 곧 이스라엘을 가리킨다.

물한 것이었다. 그를 수행하는 몇 안 되는 종자도 그와 마찬가지로 저마다 유니콘에 탔다.

아마잔은 친구인 불사조를 포옹하고 슬픈 어조로 단지 이렇게 말했다.

"다 내 잘못이야. 한량들의 마을에서 여자와 하룻밤을 보내지 않았더라면, 아름다운 바빌론의 공주도 이런 꼴을 당하지 않았을 거야. 자, 사람을 불태우는 수도사들이 있는 곳으로 어서 가자!"

그는 세비야에 번개같이 도착했다. 강가리드인 200명과 그들의 유니콘이 음식도 없이 갇혀 있는 호텔은 문마다 경관 1500명이 삼엄하게 지키고 있었다. 바빌론의 공주와 몸종 이를라와 부유한 두 팔레스타인 사람을 산제물로 바칠 의식은 이미 준비가 끝나 있었다.

사람을 불태우는 수도사가 말단 수도사들에게 둘러싸인 채 이미 신성한 재판관석에 앉아 있었다. 구름 떼처럼 몰려든 세비야 주민들이 허리띠에 묵주를 찬 채 두 손을 모으고 있었다. 누구도 입을 열지 않았다. 그때, 아름다운 공주와 이를라와 두 팔레스타인인이 손을 뒤로 묶인 채 가장복을 입고 끌려 들어왔다.

불사조는 감옥이 된 호텔 천창으로 들어왔다. 문은 이미 안쪽에서 강가리드인들이 부수고 있었다. 무적의 아마잔은 바깥쪽에서 문을 차례로 부수고 들어왔다. 종자들은 유니콘에 올라앉은 채 단단히 무장하고 밖으로 나왔다. 아마잔은 그들의 선두에 섰다. 그는 경관과 말단 수도사와 사람 불태우는 수도사들을 간단히 거꾸러뜨렸다. 유니콘들은 한 번에 수십 명을 찔렀다. 아마잔의 명검 번개는 그의 앞을 가로막는 모든 것을 두 동강 내버렸다. 검은 망토에 더러운 흰 옷깃에 주름 잡힌 옷을 입은 구경꾼들은 신에 대한 사랑으로 축복받은 묵주를 손에 쥔 채 혼비백산해서 흩어졌다.

아마잔은 재판관석에 앉은 조사관장을 한 손으로 붙잡고, 40보 떨어진 곳에 준비된 장작더미에 내던졌다. 말단 조사관들도 차례차례 내던졌다. 그런 다음 포르모잔트 앞에 무릎 꿇었다.

"아아, 사랑스러운 분!" 공주가 말했다. "당신이 여자와 부정을 저지르지만 않았더라면, 난 당신을 얼마나 사랑했을까요?"

아마잔은 공주와 화해했다. 가신인 강가리드인들이 사람 불태우는 수도사들의 시체를 장작더미 위에 쌓고 불을 붙였다. 불기둥이 하늘 높이 치솟았을 때, 아마잔의 눈에 저 멀리서 이쪽으로 달려오는 군대 같은 것이 보였다. 맨 앞에서 왕관을 쓴 늙은 군주[99]가 밧줄에 묶인 암노새 여덟 마리가 끄는 전차를 타고 오고 있었다. 다른 전차 100대도 뒤따라왔다. 그 뒤에는 검은 망토에 흰 옷깃에 주름 잡힌 옷을 입은 엄숙한 요인들이 훌륭한 말을 타고 따라왔다. 머리에 기름을 바른 엄청난 수의 보병이 묵묵히 그 뒤를 따르고 있었다.

아마잔은 주위에 있는 강가리드인들을 정렬시킨 뒤 창을 들고 전진했다. 왕은 그를 보자마자 왕관을 벗고 전차에서 내리더니 아마잔의 등자에 입 맞추며 이렇게 말했다.

"신께 쓰임받는 분이여, 당신은 인류의 원수를 갚아주신 분이자, 우리나라의 해방자요, 나의 비호자입니다. 당신이 지상에서 일소하신 저 역겨운 괴물들은 일곱 개 산의 장로라는 이름으로 우리를 지배해 왔습니다. 나는 저 범죄와 같은 권세를 견딜 수밖에 없었지요. 내가 저들의 증오스러운 잔학 행위를 억제하려고 했다면, 그것만으로 우리나라 백성들은 나를 버렸을 게 분명합니다. 오늘부터 나는 안심하고 통치에 전념할 수 있습니다. 이게 다 당신 덕분입니다."

이어서 왕은 공손하게 포르모잔트의 손에 입 맞추고, 노새 여덟 마리가 끄는 사륜차에 아마잔과 이를라와 불사조와 함께 오르라고 거듭 청했다. 궁정 은행가였던 두 팔레스타인 사람은 두려움과 감사함에 거듭 땅바닥에 납작 엎드려 있다가 겨우 일어났다. 유니콘 부대는 파이티카 지방의 왕을 따라 궁전으로 향했다.

근엄한 백성의 왕이 위엄을 유지하기 위해서는 노새가 느릿느릿 걸어야 했다. 덕분에 아마잔과 포르모잔트는 자신들이 겪은 갖가지 모험을 왕에게 충분히 들려줄 수 있었다. 왕은 불사조와 대화를 나누다가 크게 감동하여 몇 번이나 새에게 입을 맞추었다. 왕은 동물들을 잡아먹고 동물들의 말을 알아들을 수 없게 된 서양인들이 얼마나 무지하고 폭력적이며 야만스러운지를 깨달았다. 그리고 강가리드인만이 인간의 본성과 존엄을 잃지 않고 산다는 사실을

---

99) F. 들로프르에 따르면, 스페인의 계몽전제군주 카를로스 3세를 가리킨다. 그는 특히 스페인 법률의 근대화에 힘썼으며, 대신 아란다의 조언에 따라 1767년에 예수회 수도사를 추방했다.

깨달았다. 그러나 특히 왕이 깨달은 것은, 인간 중에서도 가장 야만스러운 종자가 사람을 불태우는 조사관들이며, 마침내 아마잔이 세상에서 그들을 제거했다는 사실이었다. 왕은 아마잔에게 거듭 감사를 표했다. 아름다운 포르모잔트는 그가 부정을 저지른 사건 따위는 진작 잊었다. 그 마음은 자신의 목숨을 구해준 영웅의 용기로 가득 차 있었다. 이집트 왕에게 했던 입맞춤에 죄가 없다는 사실과 불사조가 부활한 사실을 알게 된 아마잔은 커다란 기쁨과 함께 더없이 격렬한 사랑에 도취되었다.

궁전에서 오찬회가 열렸지만, 나온 요리는 매우 맛이 없었다. 바이티카의 요리사는 유럽에서 가장 솜씨가 형편없었다. 아마잔은 갈리아에서 요리사를 데려오라고 권했다. 식사 내내 궁정 악사들이, 수 세기 후에 경쾌한 민요 〈스페인 폴리아〉라고 불리게 된 유명한 곡을 연주했다. 식사가 끝나자, 앞으로의 계획이 화제에 올랐다.

왕은 잘생긴 아마잔과 어여쁜 포르모잔트와 아름다운 불사조에게 앞으로 계획이 어떠냐고 물어보았다.

아마잔이 말했다. "전 소중한 포르모잔트 공주가 강가리드인의 나라에서 함께 살고 싶다고 하지 않는다면, 제가 추정상속인으로 되어 있는 바빌론으로 돌아가, 사촌 누이인 공주와의 결혼을 숙부 벨루스 왕에게 허락받을 생각입니다."

공주가 말했다. "물론 전 절대로 사촌 오빠와 헤어지고 싶지 않아요. 하지만 아버지 곁으로 돌아가는 게 옳다고 생각해요. 아버진 제게 바스라로 순례를 떠나는 것까지만 허락하셨는데, 저는 온 세상을 돌아다녔으니까요."

불사조가 말했다. "전 이 따뜻하고 관대한 두 연인을 어디까지라도 따라가겠습니다."

"다들 일리가 있소." 바이티카의 왕이 말했다. "하지만 바빌론으로 돌아가기란 당신들이 생각하는 것만큼 쉽지 않아요. 난 티루스 사람들의 배와 내 예금을 관리하는 팔레스타인 은행가들을 통해 날마다 그 지방 일대의 사정을 알수 있죠. 팔레스타인 은행가들은 지상의 모든 나라 국민과 연락을 취하고 있으니까요. 그에 따르면, 유프라테스강과 나일강 기슭에는 어마어마하게 무장한 사람들로 넘쳐난다고 하오. 스키타이 왕이 아내의 상속권 반환을 요구하며

30만 기병을 지휘하고 있소. 이집트 왕과 인도 왕도 우롱당한 데 대한 앙갚음으로 저마다 30만 군대를 이끌고 티그리스강과 유프라테스강 인근을 휘젓고 있다고 하오. 이집트 왕이 나라를 비운 사이 그의 적인 에티오피아 왕이 30만 대군을 이끌고 이집트를 쑥대밭으로 만들고 있소. 그런데 바빌론 왕에게는 적에 맞설 군대가 60만 보병밖에 없소.

솔직히 동양이 태내에서 토해내는 어마어마한 수의 군대와 그 군대의 화려함에 대해서는 나도 들은 바가 있소. 또 군복과 식량을 지급하기에도 벅찬 우리나라의 2만에서 3만 병사들 부대와 동양의 군대를 비교하면, 동양이 서양보다 훨씬 오래전에 만들어졌다고 믿고 싶어진다오. 우리는 엊그제 혼돈에서 벗어나고 어제 야만에서 탈출한 상태라고나 할까요."

"전하." 아마잔이 말했다. "먼저 인생의 활동 무대에 뛰어든 사람보다 나중에 온 자가 이기는 일도 있습니다. 우리나라에서는 인간의 조상이 살던 땅은 인도라고 생각합니다. 하지만 저는 그렇게 확신하지 않습니다."

바이티카의 왕이 불사조에게 말했다. "새인 당신은 어떻게 생각하오?"

"전하." 불사조가 대답했다. "저는 아직 어려서 먼 옛날의 일은 모릅니다. 2만 7000년밖에 살지 않았거든요. 하지만 그 다섯 배는 더 산 아버지가 동양의 나라들은 다른 나라에 비해 늘 인구가 많고 풍요로웠다는 이야기를, 할아버지께 들은 적이 있다고 합니다. 그 할아버지는 그 조상에게서 모든 동물은 갠지스강 유역에서 발생했다고 들으셨고요. 전 그 의견을 믿을 정도로 어리석지 않습니다. 앨비언의 여우나 알프스산맥의 마르모트, 갈리아 늑대의 원산지가 우리나라라고는 생각되지 않으니까요. 마찬가지로 전하 나라의 전나무나 떡갈나무가 인도의 종려나무나 야자나무에서 파생됐으리라고는 생각하지 않습니다."

"그럼 대체 우리는 어디서 온 걸까요?" 왕이 물었다.

"그건 모르죠." 불사조가 말했다. "단지 전 아름다운 바빌론의 공주와 친구 아마잔이 어디로 갈 건지만 알고 싶을 따름입니다."

"유니콘 200마리를 이끌고 저마다 30만이나 되는 적의 대군을 과연 돌파할 수 있을지 의문이군요." 왕이 대꾸했다.

"못할 것도 없습니다." 아마잔이 말했다.

바이티카 지방의 왕은 "못할 것도 없습니다"라는 말이 숭고하게 느껴졌으나, 구름 떼처럼 많은 적의 대군을 상대하기에 숭고함만으로는 부족하다고 생각했다.

"에티오피아 왕을 만나러 가보는 건 어떻소? 그 흑인 군주와는 신하인 팔레스타인 사람을 통해 교류가 있으니 내가 에티오피아 왕에게 편지를 보내주겠소. 그는 이집트 왕의 적이오. 그러니 당신과 동맹을 맺어서 병력이 강화되는 뜻밖의 기회를 기뻐할 거요. 난 매우 절도 있고 용감한 군사 2000명을 이끌고 가담할 수 있소. 피레네산맥 기슭에 사는, 아니 숫제 펄펄 날아다니는, 바스크인가 바스콘인가 하는 종족[100]의 땅에서 같은 수의 병사를 고용할지 말지는 당신이 알아서 판단하시오. 당신 전사 한 사람에게 다이아몬드 몇 알을 주고, 유니콘을 타고 날 따라오라고 하시오. 저택, 아니 아버지의 초가집을 나와 당신을 따르지 않을 바스콘인은 아무도 없을 거요. 그들은 지칠 줄을 모르고, 용감하며, 쾌활하기 그지없소. 당신도 매우 만족할 거요. 그들이 도착할 때까지 당신을 위해 축하연을 열고 배를 준비하겠소. 나를 위해 당신이 해준 일에는 아무리 감사해도 지나치지 않소."

아마잔은 다시 만난 기쁨과, 새로 싹튼 사랑에 필적하는 다시 싹튼 사랑의 모든 매력을 공주와 이야기하면서 절실히 그 행복을 곱씹었다.

이윽고 바스콘인으로 구성된 긍지 높고 씩씩한 군대가 탬버린 춤을 추면서 찾아왔다. 바이티카 사람들로 이루어진 자부심 강하고 성실한 부대도 태세를 갖추었다. 햇볕에 탄 늙은 왕은 두 연인을 다정하게 껴안고, 두 사람의 배에 무기, 침대, 체스, 검은 옷, 옷깃 장식, 양파, 양고기, 닭고기, 밀가루, 마늘을 한가득 실어주었다. 그리고 두 사람을 위해 무탈한 항해와 변함없는 사랑과 승리를 기원해 주었다.

선대가 해안에 닿았다. 결코 이야기를 지어내는 법이 없었던 근엄하디 근엄한 고대 작가들의 증언이나, 소년들을 위해 쓴 스승들의 글에 따르면, 그 시대부터 수 세기 후까지 피그말리온의 여동생이자 시카이오스의 아내였던 페니키아의 공주 디도가 소가죽 한 장을 길쭉한 끈으로 만들어 장려한 카르타고

---

100) 곡예 같은 댄스로 유명한 바스크인을 가리킨다.

도시를 건설하러 왔던 바로 그 해안이었다. 그러나 완전한 그리스 이름인 피그말리온이라든가 디도라든가 시카이오스와 같은 이름을 가진 사람은 그 무렵 한 명도 없었다. 요컨대, 당시 티루스에 왕은 존재하지 않았다.

장려한 카르타고는 아직 항구가 아니었다. 거기에는 물고기를 말리는 소수의 누미디아인이 있을 뿐이었다. 아마잔의 선대는 뒷날 키레네와 케르소네소스반도의 도시가 건설된 비옥한 해안지대, 즉, 비제르트와 크고 작은 시르트만안을 따라 나아갔다.

이윽고 거룩하고 커다란 나일강의 첫 번째 하구 근처에 도착했다. 그 기름진 땅의 끝인 카노포스 항구는 당시 이미 모든 상업국의 배를 받아들이고 있었다. 그러나 과연 신 카노포스가 그 항구를 만들었는지 주민들이 신을 만들어 낸 건지, 카노포스 별이 마을에 그 이름을 붙여준 건지 마을이 별에 그 이름을 붙여준 건지는 도저히 알 수 없었다. 아는 것은 그 마을과 별이 아주 오랜 옛날부터 있었다는 사실뿐이었다. 어떤 성질의 것이든, 그것만이 사물의 기원에 대해 알아낼 수 있는 모든 사실이다.

이집트 전역을 쑥대밭으로 만든 에티오피아 왕은 바로 그 항구에서 무적의 아마잔과 사랑스러운 포르모잔트가 배에서 내리는 것을 보았다. 왕은 한 사람은 전쟁의 신이고 한 사람은 미의 여신인 줄로 착각했다. 아마잔은 바이티카에서 가지고 온 추천의 편지를 왕에게 내밀었다. 먼저 에티오피아 왕은 영웅시대에 불가결한 예법에 따라 멋진 축하연을 베풀었다. 그런 다음, 광활하고 자긍심 높고 향락적인 바빌론을 포위 공격하는 이집트 왕의 30만 대군과 인도 황제의 30만 대군과 스키타이의 위대한 군주의 30만 대군을 칠 계획을 의논했다.

아마잔이 이끌고 온 바이티카 병사 2000명은, 자기들 왕이 바빌론을 구하러 가라고 명령한 것으로 충분하니 이 원정에 에티오피아 왕은 필요 없다고 말했다.

지금껏 수많은 원정을 다녀본 바스콘인들은 자신들만으로 이집트 군대와 인도 군대, 스키타이 군대를 무찔러 보이겠으며, 바이티카 군대가 후위에 붙는다는 조건이 아니면 함께 행진할 생각이 없다고 고집했다.

강가리드 병사 200명은 동맹군 병사들의 사기를 비웃으면서, 자신들은 유니콘 100마리만 있으면 지상 모든 왕을 몰아내 보이겠다며 물러서지 않았다. 아름다운 포르모잔트는 평소처럼 신중한 태도에 매력적인 말투를 덧붙여 강가리드 병사를 진정시켰다. 아마잔은 흑인 군주에게 자기가 지휘하는 강가리드 병사, 유니콘, 바이티카 병사, 바스콘 병사, 그리고 아름다운 새를 소개했다.

이윽고 모든 준비가 끝났다. 마침내 멤피스, 헬리오폴리스, 아르시노에, 페트라, 아르테미트, 솔라, 아파메이아를 거쳐 진군하여 세 왕을 공격한 그 기념할 만한 전투가 시작되려 하고 있었다. 그 전쟁을 목격한 사람들은 그 뒤에 일어난 어떤 전쟁도 수탉과 메추라기의 싸움에 불과하다고 생각할 정도였다.

아름다운 포르모잔트에게 홀딱 반한 에티오피아 왕이 기다란 속눈썹을 감고 평온한 잠에 빠진 공주를 덮친 경위는 모두가 아는 사실이다. 그 광경을 목격한 아마잔이 낮과 밤이 함께 자고 있는 장면을 본 것 같은 기분이었다는 이야기도 사람들의 기억에 남아 있다. 그런 모욕에 분개한 아마잔이 즉시 그의 명검 번개를 뽑아 무례한 흑인의 사악한 얼굴을 베어버리고, 이집트에서 에티오피아인을 모조리 추방했다는 사실을 모르는 이는 없다. 이런 놀라운 사실들이 이집트 역사책에 남아 있지 않은가? 아마잔이 바이티카 병사와 바스콘 병사와 유니콘을 이끌고 세 왕을 상대로 승리를 거둬줬다는 소문은 사람들 입에서 입으로 퍼져 나갔다. 그는 아름다운 포르모잔트를 그 아버지에게 돌려주었다. 또 이집트 왕이 노예로 삼았던 연인의 종자 모두를 해방했다. 스키타이의 위대한 군주는 아마잔의 신하임을 표명하고, 알데 공주와의 결혼을 허락받았다. 무적이면서도 관대한 아마잔은 바빌론 왕국의 후계자로서 인정받아, 100명의 속국 왕이 늘어선 앞을 불사조와 함께 의기양양하게 지나 입성했다. 결혼 축하연은 벨루스 왕이 앞서 연 축하연을 모든 면에서 능가했다. 식탁에는 신우 아피스의 고기가 꼬챙이에 꿰어져 나왔다. 이집트 왕과 인도 왕의 역할은 신랑과 신부에게 술을 따르는 것이었다. 바빌론의 위대한 시인 500명은 시를 지어 이 결혼을 축복했다.

오, 뮤즈여! 사람은 모험을 떠날 때 반드시 당신들의 가호를 빌지만, 저는 마지막에야 비로소 당신에게 간청합니다. 식전 기도를 하지 않고 식후 감사 기도를 한다는 이유로 절 비난하지 마십시오. 뮤즈여, 식후 기도밖에 올리지 않는다고 해도 당신들이 우리의 비호자가 아닌 것은 아닙니다. 제가 이 실화로써 사람들에게 가르쳐 준 진실을 위작자들이 뻔뻔스럽게 이야기로 꾸며내어 헛되이 하는 일이 없도록 굽어살피소서. 위작자들은 뻔뻔하게도 《캉디드》와 《랭제뉘》를 변조했습니다. 어느 전직 카푸친회 수도사는 순결한 처녀 잔의 순결한 사건을 카푸친회 수도사에 어울리는 시구로 왜곡해서 바타비아판으로 내버렸습니다.[101] 그런 작자들이, 활자나 종이나 잉크를 팔아 대가족을 먹여 살리기에도 버거운 인쇄업자에게 부디 손해를 끼치는 일이 없게 해주소서.

오, 뮤즈여. 마자랭 학교의 잡소리학 교수, 그 밉살맞은 코제의 입을 제발 다물게 해주소서. 그는 벨리사리우스와 황제 유스티니아누스의 도덕적 변론에 만족하지 않고, 이 두 위대한 인물에 대한 저속한 비방문을 썼습니다.[102]

학자 행세하는 라르셰[103]에게 재갈을 물려주소서. 이 남자는 고대 바빌로니아어를 한마디 해석하지 못하고 저처럼 유프라테스강이나 티그리스강을 여행한 적도 없는 주제에, 세계에서 가장 위대한 왕의 딸인 아름다운 포르모잔트와 알데 공주, 위엄에 찬 모든 궁녀가 바빌론 대성당에 가서 종교 원칙에 따라 금을 주고 아시아의 온갖 마부들과 잠자리를 같이했다고 무분별하게 주장해왔습니다. 학교에 둥지를 튼 이 방탕자, 당신들의 적이자 수치심의 적이기도 한 이 남자는 나일강 델타의 도시 멘데스에 사는 이집트 미인이 숫염소밖에 사랑하지 않았다며 비난하고, 그런 예를 핑계로 결국은 행운을 만나려는 시커먼 속에서 이집트 여행을 획책하고 있습니다.

---

101) F. 들로프르에 따르면, 볼테르가 본편을 집필했던 1768년 당시 《캉디드》의 속편을 사칭하는 위작이 세 종류 있었다. 모두 무명작가들이 네덜란드 서점에서 출판하려고 쓴 것들이었다. 실뱅 므낭에 따르면, 《랭제뉘》의 위작 속편은 1767년에 나온 오류투성이 로잔판을 가리킬 가능성이 크다. 서사시 《오를레앙의 처녀》(1755)의 위작은 전직 카푸친회 수도사 모베르 드 구베스트가 증보판으로 간행했다.

102) 유스티니아누스는 6세기 비잔틴제국의 황제. 벨리사리우스는 황제의 사령관 중 한 사람. 콜레주 드 마자랭의 웅변학 교수 코제는 볼테르의 제자 마르몽텔의 소설 《벨리사리우스》의 그리스도교 비판 성향을 공격하는 책(1767)을 발표했다.

103) 라르셰는 고대 그리스를 연구한 학자로, 《(볼테르의) 역사철학 보충》(1767)을 발표했다. F. 들로프르에 따르면, 볼테르는 같은 해 《내 숙부의 변호》 제2, 5, 7장에서 즉시 반론했다. 논점 중 하나는 바빌론의 여자들 사이에서 이루어졌던 신성한 매춘 관습에 대한 것이다. 라르셰는 고대 그리스의 역사가 헤로도토스를 따라 그 관습의 존재를 주장했고, 볼테르는 진실성을 고려해 그것을 부정했다. 라르셰는 고대 이집트에서 수간이 허용되었다고도 주장했다.

라르셰는 고대도 잘 모르고 현재도 잘 모릅니다. 그래서 어느 노파의 마음에 들기를 꿈꾸며, 견줄 자 없는 우리 니농이 80세에 아카데미 프랑세즈와 비문·문예 아카데미의 회원 제드앙 신부와 동침했다는 말을 암시하고 다닙니다. 그는 샤토뇌프 신부에 관해서는 들은 바가 없어서, 그를 제드앙 신부라고 완전히 착각하고 있는 겁니다. 그는 바빌론 여자들에 대해서도 니농에 관해서도 거의 모릅니다.[104]

뮤즈여, 하늘의 딸들이여, 당신들의 적 라르셰는 그보다 더한 짓도 했습니다. 바로 남색 예찬을 밥 먹듯 하는 것입니다. 그리고 급기야는 뻔뻔하게도, 우리나라 아이들은 예외 없이 이 끔찍한 짓거리에 빠지기 쉽다고 말하고 있습니다. 범죄자의 수를 늘리면 우리를 구원할 수 있다고 생각하는 걸까요?

현학과 남색을 혐오하는 고귀하고 정숙한 뮤즈여, 라르셰 대교수에게서 저를 부디 지켜주소서.

그리고 선생, 자칭 예수회 수도사로 프레롱[105]인가 하는 잘난 척쟁이 선생이여, 영감을 주는 파르나소스산을 비세트르 감옥이나 변두리 술집으로 착각하는 선생이여, 정통 희극 《스코틀랜드 아가씨》가 유럽 내 극장에서 상연되었을 때 정당한 평가를 듬뿍 해준 선생이여, 여신 베누스의 아들처럼 검을 쥐고 눈을 가린 채 하늘을 향해 돌진해도 결국 굴뚝 높이밖에 올라가지 못하는, 저 훌륭한 아이들 중 한 명과의 정사에서 태어난, 데폰텐 신부의 이름에 먹칠을 하지 않는 아들인 선생이여, 내가 언제나 변함없이 커다란 애정을 품어 온 내 친애하는 알리보롱 씨여, 저 《스코틀랜드 아가씨》가 상연되던 한 달 간 꼬박 나를 비웃어 주었던 알리보롱 씨여, 내 《바빌론의 공주》를 선생에게 추천하는

---

104) F. 들로프르에 따르면, 라르셰는 75세의 사라가 어떻게 이집트 왕을 유혹했는지에 관해 말해 주는 창세기의 기술을 정당화하기 위해, 이미 고령에 달했던 17세기의 귀부인 니농 드 랑클로가 제드앙 신부를 유혹했다고 예를 들었다. 볼테르는 유혹당한 인물이 실제로는 샤토뇌프 신부이며, 그 무렵 니농은 60세였다고 《내 숙부의 변호》 제8장에서 응수했다.

105) 알리보롱은 라퐁텐의 우화 이래 노새에 붙여진 별명. 프레롱(1718~76)은 〈문학연감〉을 편집하는 저널리스트로, 볼테르의 논적이기도 했다. 볼테르는 자작 희극 《스코틀랜드 아가씨》에서 프레롱을 풍자했다. 프레롱은 볼테르와 함께 명예훼손으로 바스티유에 투옥된 적은 있지만, 비세트르에 투옥된 적은 없다. 비세트르는 풍기문란자를 가두는 감옥이었다. 볼테르는 논적에게 비방을 서슴지 않았다. 앞서 나온 '말벌(frelon)'은 프레롱(Fréron)의 이름을 비튼 것.

바입니다. 이 책이 세상에 널리 읽히도록 마음껏 악평해 주시오.[106]

  절대로 빼놓을 수 없는 한 사람, 존경하는 선생, 성직자 통신의 집필자이자 경련파의 고명한 설교가,[107] 베슈랑 신부와 아브라함 쇼메 신부가 건립한 교회의 신부여. 경건하고도 웅변과 양식이 넘치는 스승의 신문지상에서 《바빌론의 공주》는 이단과 이신학과 무신론의 냄새를 피운다고 꼭 말하시오. 특히 리발리에인가 하는 신학자[108]를 부추겨 소르본 신학교가 《바빌론의 공주》를 규탄하도록 하시오. 그렇게 하면 존경하는 선생은 내가 이 빈약한 이야기를 설날 선물 대신 보낸 출판사를 크게 기쁘게 할 수 있을 것이오.

---

106) 당국은 1767년부터 2년 동안 프레롱이 볼테르에 관해 한마디도 언급하지 못하도록 규제했다. 그 때문에 프레롱은 〈문학연감〉에서 본편에 관해 평할 수가 없었다.
107) 앞의 각주 89) 참조.
108) 베슈랑 신부는 1731년 파리의 생메다르 교회 묘지 앞에서 처음으로 경련을 체험한 장세니스트. 쇼메 신부는 백과전서파의 논적으로, 《"백과전서"에 대한 정당한 편견》(1758)의 저자. 리발리에는 마르몽텔의 《벨리사리우스》 비판을 소개한 소르본의 신학자.

Éloge historique de la raison

이성에 바치는 역사적 찬사
어느 지방 아카데미에서 M…의 연설

회원 여러분.

에라스뮈스는 16세기에 《우신예찬》을 저술했습니다.[1] '이성'을 예찬해 보라는 것이 저에게 내리신 여러분의 명령입니다. 사실 이 '이성'이란 그 적보다 장장 200년, 아니 대개는 그보다 훨씬 뒤처져 있다가 이제야 겨우 빛을 보게 되었습니다. 더구나 아직도 이성의 편린이나마 들여다볼 시도조차 하지 않은 민족이 수없이 존재합니다.

드루이드 수도사[2] 시대에 우리나라에서 '이성'은 낯선 것이었습니다. 그래서 우리나라 말에는 그 호칭조차 없었습니다. 카이사르는 스위스에도, 오툉[3]에도, 또 당시는 어부들이 모여 사는 소군락에 불과했던 파리에도 그것을 들여올 수 없었습니다. 그리고 그 자신도 '이성'을 거의 몰랐습니다.

카이사르는 실로 많은 장점을 갖추고 있었기에 '이성'은 민중 속에 있을 곳을 발견하지 못했습니다. 이 상식을 벗어난 오만한 인물은 황폐한 우리 땅에서 나와 자기들 땅을 황폐하게 만들기 위해 떠났습니다. 그리고 그만한 역량이 없는 정도가 아니라 발끝에도 미치지 못하는 열광한 23명의 다른 명사들에게 단도로 스물세 번 찔려 죽었습니다.

시캄브레 클로비히, 즉 클로비스 1세[4]가 약 500년 후에 나타나 우리 민족의 일부를 말살하고, 남은 절반을 정복했습니다. 그의 군대에서도, 우리의 불

---

1) 《우신예찬》은 1511년에 초판이 간행되었다.
2) 고대 켈트족의 제사장으로, 교육과 재판에도 관여했다.
3) 프랑스 부르고뉴 지방, 디종의 남서부에 있는 도시. 12세기 로마네스크 양식의 성당이 있다.
4) 프랑크 왕국 메로빙거 왕조의 창시자(466~511).

행한 마을들에서도, 강자의 도리 이외에 '이성'이 화제에 오르는 일은 없었습니다.

우리는 오랫동안 그런 끔찍한, 그리고 품위를 떨어뜨리는 야만스러운 상태에 머물러 있었습니다. 십자군 대원정도 우리를 그런 상태에서 해방하지는 못했습니다. 그것은 지구상에 가장 만연한 광기인 동시에, 가장 잔인하고, 가장 어리석으며, 가장 불행을 부르는 광기였습니다. 오크어와 오일어를 말하는 수많은 민족을 말살한 신성한 내란의 끔찍한 광기가 먼 옛날의 십자군 원정으로 이어졌습니다. '이성'은 그 자리에 있지 않도록 조심했습니다. 그 무렵 로마에서는 '정치'가 세력을 휘둘렀습니다. '정치'는 '음험'과 '욕심'이라는 두 자매를 대신으로 삼았습니다. '무지'와 '광신'과 '격앙'이 명령을 받고 온 유럽을 휘저었습니다. 그들에게는 곳곳에서 '가난'이 붙어 다녔습니다. '이성'은 딸 '진리'와 함께 우물 안에 숨었습니다. 그 우물이 어디에 있는지는 아무도 모릅니다. 누군가가 그 우물을 발견한다면, 분명 우물 안으로 내려가서 딸과 어머니를 베어 죽이겠지요.

터키인이 콘스탄티노플을 점령하고 유럽의 끔찍한 불행을 격화시킨 뒤, 그리스인 두세 명이 도망치다가 피로와 굶주림과 공포 때문에 반죽음 상태가 되어 우물 속으로, 아니 동굴 속으로 떨어졌습니다.[5]

'이성'은 그들을 따뜻하게 맞이하고, 그들에게 고기를 골고루 먹였습니다(콘스탄티노플에서는 일찍이 맛본 적 없는 고기였습니다). 그들은 '이성'에게 몇 마디 말로 가르침을 받았습니다. '이성'은 말을 많이 하는 편이 아니었기 때문입니다. '이성'은 그 은신처를 누구에게도 비밀로 하라고 맹세시켰습니다. 그들은 그곳에서 나와 오랜 여행 끝에 신성로마제국의 황제 카를 5세와 프랑수아 1세의 궁정에 도착했습니다.

궁정에서 그들은 유랑극단처럼 대접받았습니다. 궁정 대신과 궁녀들이 만나는 자리에서 틈틈이 지루함을 달래주려 재주를 부리는 유랑극단 말이지요.

---

5) 라스카리스 형제를 가리킨다. 동생(1445경~1535)은 비잔틴의 학자. 메디치 가문 로렌초 1세의 의뢰로 그리스의 고문서를 사들이러 근동으로 떠났다. 형(1434~1501)은 비잔틴의 문법가. 밀라노, 로마, 나폴리, 메시나에서 그리스어를 가르쳤다. 그의 《에로테마타》는 그리스어 문법서 중 가장 오래된 것으로 알려져 있다.

대신들은 산적한 정무를 보다가 잠깐 짬을 내어 그들에게 시선을 던져주었습니다. 그들은 황제와 프랑스 왕에게 환영받기도 했습니다. 황제와 프랑스 왕은 애인을 찾아가는 도중에 그들을 흘끔 쳐다보았습니다. 그러나 그들이 더 많은 성과를 얻은 것은 몇몇 작은 도시를 방문했을 때였습니다. 그 도시들에서 이유는 모르지만 아직 학식의 빛을 조금이나마 갖춘 선량한 주민들을 만났던 것입니다.

그 희미한 빛도, 유럽을 황폐하게 만든 내란 기간에 전국에서 사라져 버렸습니다. 두세 점의 이성의 빛도, 광신이 몇 년 동안이나 불붙인 활활 타오르는 횃불과 화형용 장작더미에 둘러싸여서는 뜻대로 세계를 비출 수 없었습니다. '이성'과 그 딸은 더욱더 깊숙이 몸을 숨겼습니다.

그들의 최초 사도들의 제자는 서로가 서로를 죽였습니다. 단, 무분별하게도 비상식적인 방식으로, 게다가 시기가 나쁠 때 '이성'을 주장한 몇 명은 별개였습니다.[6] 그 때문에 그들은 소크라테스처럼 목숨을 잃었습니다. 하지만 누구 하나 그 사실을 깨닫지 못했습니다. 은밀히 교수형당하는 것만큼 불쾌한 일은 없습니다. 사람들은 오랫동안 생바르텔레미 학살과 아일랜드 학살, 헝가리 사형, 암살된 국왕들에 정신을 빼앗겼습니다. 그래서 세계 곳곳에 넘쳐나는 사소한 범죄나 보이지 않는 재난에 대해 생각할 시간도 자유도 없었습니다.

'이성'은 자신의 피난처로 도망 온 몇몇 망명자를 통해, 세계에서 무슨 일이 일어나는지를 알고 큰 슬픔에 잠겼습니다. 그렇게 따뜻한 마음의 소유자라고는 생각되지 않는데도 말이지요. '이성'보다 대담한 딸은, 온 세계를 돌아다니며 악습을 고치도록 노력하라고 권했습니다. '이성'과 그 딸은 대중 앞에 나서서 호소했습니다. 그러나 마주치는 사람이라고는 '이성'과 그 딸에게 반대하는 수많은 욕심쟁이 악당, 그 악당을 따르는 수많은 어리석은 자, 그리고 '이성'과 그 딸이든 대립하는 적이든 전혀 개의치 않고 오로지 자기 자신과 지금밖에 생각하지 않는 수많은 무관심한 자뿐이었습니다. '이성'과 그 딸은 얌전히 은

---

6) F. 들로프르는 에티엔 돌레를 예로 들고 있다. 돌레(1509~46)는 프랑스의 출판업자 겸 인문학자. 격렬한 연설 때문에 체포되었다가 리옹으로 도망쳐서 인쇄소를 차렸다. 무신론 사상과 불같은 성격 때문에 체포와 투옥을 반복하다가 마침내 신성모독, 모반, 금서판매 죄로 화형에 처해졌다.

신처로 돌아가 버렸습니다.

그러나 '이성'과 그 딸이 늘 갖고 다니며 뿌렸던 몇 개의 과일 씨앗은 지상에서 싹을 틔우고 무럭무럭 자라났습니다.

그리고 바로 얼마 전에 '이성'과 그 딸은 종교 재판이 두려워 변장하고 이름을 감춘 채 로마로 순례를 떠나기로 했습니다. 두 사람은 도착하자마자 교황 강가넬리, 클레멘스 14세[7]의 요리사를 찾아갔습니다. 두 사람은 그가 로마에서 가장 한가한 요리사라는 사실을 알았던 겁니다. 이 요리사는 회원들의 고해신부에 이어 누구보다도 시간이 남아도는 사람이라 해도 틀리지 않습니다.

이 호인은 두 순례자에게 교황이 먹는 소박한 점심을 대접한 뒤 이들을 교황의 방으로 안내해 주었습니다. 두 사람은 교황이 마르쿠스 아우렐리우스의 《명상록》을 읽고 있다는 것을 알았습니다. 교황은 두 사람의 변장을 알아보고는 예의를 벗어던지고 진심으로 두 사람을 포옹했습니다.

그가 '이성'과 그 딸에게 말했습니다. "여러분이 지상으로 내려오실 줄 알더라면 마중을 나가는 건데 그랬습니다."

인사가 끝나자 중요한 문제가 화제에 올랐습니다. 이튿날 날이 밝자마자 강가넬리는 인 체나 도미니 칙서, 즉 아주 오랫동안 모든 전제군주를 무시해 온, 인간의 광기 중 가장 커다란 기념비를 폐지했습니다. 그다음 날에는 가라스, 기냐르, 가넷, 부젠바움, 말라그리다, 폴리안, 파투이예, 노노트가 이끄는 예수회를 해체하기로 마음을 굳혔습니다. 그다음 날 그는 민중이 불만스러워하는 조세의 금액을 줄였습니다. 그는 농업과 모든 기예를 장려했습니다. 그는 입장상 적으로 간주되는 모든 사람에게도 사랑받았습니다. 당시 로마에는 한 민족밖에 없고, 세계에는 하나의 법밖에 없는 듯이 보였습니다.

두 순례자는 매우 놀라면서도 크게 만족하며 교황에게 작별 인사를 했습니다. 교황은 어린양 메달이나 성유물이 아니라, 여행을 계속하기에 쾌적한 마차

---

7) 교황 클레멘스 14세(재위 1769~74)는 부르봉 가문 제왕가의 예수회 압박에 못 이겨 1773년에 예수회의 해산을 꾀했다가 예수회에 독살당했다는 전설을 낳았다. F. 들로프르가 펴낸 1779년판 《신역사사전》에는 다음과 같이 적혀 있다. "그러나 사실상 목격자가 없어서 우리는 그것을 부정할 수도 긍정할 수도 없다. 어쨌든 그의 죽음으로 가톨릭교회는 현명하고 용감한, 개화한 문학의 친구를 잃었다." 또한 F. 들로프르는 강가넬리의 충복이자 주인과 같은 병으로 죽은 프랑수아 신부가 교황의 요리사가 아니었을까 추측하고 있다.

를 선물해 주었습니다. 그때까지 '이성'과 '진리'에게는 안락하게 지내는 습관이 없었습니다.

이탈리아를 구석구석 돌아본 두 사람은 파르마에서 토리노에 이르기까지 모든 군주와 국가가 마키아벨리즘은커녕 싸워서 자국 민족을 더욱 도덕적으로 고양하고 부유하고 행복하게 하려고 애쓰는 모습을 보고 무척 놀랐습니다.

'이성'이 '진리'에게 말했습니다. "애야, 오랜 옥중생활 끝에 드디어 우리의 치세가 시작될지도 모르겠구나. 우리를 보러 우물 속을 방문해 주었던 예언자들은 이런 식으로 지구의 표면을 바꾸려면 말도 행동도 정말로 강인했을 거야. 너도 알다시피 무슨 일에든지 시간이 걸리는 법이란다. 넌 나랑 같이 몇 세기 동안이나 광명의 궁전에서 추방되고, 그 궁전으로 돌아가기까지는 무지와 거짓의 어둠을 지나가야 했다. 지금까지 '자연'에게 일어난 일이 우리에게도 일어날 거야. 자연은 악의의 베일에 가려 수 세기나 완전히 왜곡되어 왔어. 그러다가 갈릴레이, 코페르니쿠스, 뉴턴과 같은 사람들이 찾아와 자연을 있는 그대로 보여주고, 사람들을 자연 애호가로 만들었지."

두 사람은 그런 이야기를 하면서 베네치아에 닿았습니다. 두 사람이 그곳에서 무엇보다 유심히 관찰한 것은 산마르코의 행정장관이었습니다. 그는 커다란 가위를 들고, 검은 발톱과 부리와 깃털이 산더미처럼 쌓인 탁자 앞에 앉아 있었습니다.

"아아, 나리!" '이성'이 외쳤습니다. "외람되오나, 그것은 제가 딸과 함께 우물로 도망쳤을 때 가지고 있던 가위 같은데요. 각하는 그것을 어디서 손에 넣으셨죠? 그리고 그걸로 뭘 하시려는 거죠?"

"부인." 행정장관이 대답했습니다. "옛날에는 이 가위가 당신들 것이었는지도 모릅니다. 하지만 꽤 오래전에 프라 파올로[8]라는 인물이 저에게 이걸 갖다 주었습니다. 우리는 보시다시피 이 탁자 위에 있는 것들을 자르는 데 이 가위를 씁니다. 정확히 말해, 종교재판소 대좌에 있는 나뭇잎 모양 돌기를 자르는 데

---

8) 파올로 사르피의 다른 이름인 프라 파올로(1552~1623)는 베네치아의 학자. '성모 마리아의 하인회' 수도사를 거쳐 훗날 총대리가 되었다. 석학으로 유명하며, 교황의 세속권과 예수회에 강하게 반발하여 파문의 대상이 되었다. 그가 쓴 《트리엔트 공회의사》는 거의 칼뱅파에 가깝다고 여겨진다.

말이지요.

이 검은 깃털은 공화국 만찬회 요리를 먹으러 오는 하르피아이들의 것입니다. 우리는 날마다 발톱과 부리 끝을 자릅니다. 이렇게 예방책을 만들어 놓지 않았더라면, 하르피아이들은 마침내 모든 것을 집어삼키고 말았을 겁니다. 분별 있는 고관과 원로원 의원, 주민들에게는 아무것도 남기지 않고요. 프랑스에도 들러 보시지요. 분명 파리의 스페인 대신 저택⁹⁾에서 당신들의 또 다른 가위를 발견하실 겁니다. 그 대신은 언젠가 인류에게 칭송받을 것입니다. 자기 나라에서 그 가위를 우리와 똑같은 용도로 쓰고 있으니까요."

두 여행자는 베네치아에서 오페라를 감상한 뒤 독일로 떠났습니다. 두 사람은 이 나라를 보고 매우 흡족했습니다. 카를 대제 시대에 이 나라는 늪지대로 분단된 광활한 숲에 지나지 않았습니다. 그런데 지금은 매우 번영하고, 안정된 마을을 수도 없이 갖고 있지 않겠습니까? 한때는 야만스럽고 가난했지만, 지금은 예외 없이 세련되고 느긋한 군주들이 사는 이 나라. 고대에는 성직자라고는 마녀뿐이고, 당시 그 마녀들이 거칠게 조각된 돌 위에서 인간을 산 제물로 바쳤던 이 나라. 그 뒤, 문제는 '내부'에 있는지 '함께'에 있는지 '바탕'에 있는지, 아니면 그 어느 것에도 있지 않은지¹⁰⁾를 정확히 알기 위해 많은 피가 희생되었던 이 나라. 마침내 함께 평화롭게 사는 데에 놀란 세 가지 적대적 종교를 품었던 이 나라.

"고맙기도 하지." '이성'이 말했습니다. "이 나라 사람들은 수많은 광기를 부린 끝에 드디어 내 품으로 돌아왔어."

두 사람은 여제¹¹⁾에게 안내되었습니다. 여제는 도리를 안다는 표현만으로는 부족한 사람이었습니다. 그녀는 선행을 실천하고 있었기 때문입니다. 여제에게 매우 만족한 두 순례자는 충격적인 몇 가지 관습 따위는 신경도 쓰지 않았습니다. 두 사람은 그녀의 아들인 황제에게 완전히 반해 버렸습니다.

---

9) 스페인의 계몽군주 카를로스 3세의 대신 아란다 백작을 가리킨다. 그는 국왕을 설득해 스페인에서 예수회 수도사를 추방했다. 그는 1775년부터 1778년까지 주불 스페인 대사였다.

10) 삼위일체를 둘러싼 신학 논쟁을 암시한다.

11) 오스트리아 여제 마리아 테레지아(1717~1780)를 가리킨다. 뒤에 나오는 '아들인 황제'는 이 여제의 장남 요제프 2세를 가리킨다.

스웨덴으로 가자 두 사람의 놀라움은 배가되었습니다.

"세상에, 이게 무슨 일이야!" 두 사람은 입을 모아 말했습니다. "그토록 어려웠던 대개혁을 이토록 신속하게 해내다니! 그토록 위험한 일을 이토록 조용하게 해내다니!¹²⁾ 저 위대한 날 이래, 선행을 베풀지 않고 허비한 날은 하루도 없었구나. 게다가 그 모든 일이 이성의 시대라고는 눈을 씻고 찾아봐도 없는 이 시대에 일어난 거야. 그런 위대한 일이 온 유럽을 감동시킬 때 은신처에서 나오게 되어 정말 다행이야."

두 사람은 서둘러 폴란드로 갔습니다.

"아아, 어머니. 아까하고는 딴판이에요!" '진리'가 외쳤습니다. "우물로 다시 돌아가고 싶어지네요. 인류 중에서 가장 유익한 부분을 못살게 굴고, 농민들을 그들이 경작에 쓰는 가축 이상으로 부려먹으니 이렇게 되는군요. 이 무질서한 혼돈 상태는 파멸 이외의 방법으로 위기를 극복할 수 없었던 거예요. 이는 이미 명확히 예언된 일이었어요. 전 덕망 높고 총명하며 인간적인 군주¹³⁾에게 동정이 가네요. 다른 국왕들은 행복해지기 시작하고, 어머니의 광명은 서서히 전해지고 있잖아요. 전 감히 그의 행복을 빌겠어요."¹⁴⁾

"더 바람직하고 더 눈부신 변화를 봐야 하지 않겠어요?" '진리'가 말을 이었습니다. "80년 전에는 그토록 야만스러웠지만 이제는 완전히 계몽되어 불굴이 된 저 광활한 북극으로 가봐요. 새로운 창조의 기적을 이룩한 곳을 자세히 관찰하도록 해요……."

그곳으로 달려간 두 사람은 자신들이 들은 이야기가 불충분했음을 알았습니다.

---

12) 볼테르는 프리드리히 2세의 누나 울리카가 스웨덴의 여왕에 즉위한 이래 이 나라 문제에 끊임없이 관심을 가졌다. 여기서는 귀족 정부를 일거에 쓰러뜨리고, 쇠퇴한 왕권을 회복한 계몽군주 구스타브 3세(재위 1771~92)의 쿠데타(1772)를 암시한다.

13) 포니아토프스키, 즉 폴란드의 마지막 왕 스타니스와프 2세(1732~98)를 가리킨다. 러시아의 예카테리나 2세의 비호 아래서 폴란드 왕이 되었으며, 첫 번째 폴란드 분할 후 국정 개선에 힘썼다. 볼테르가 장 칼라스의 명예 회복을 위해 온 힘을 기울일 때 아낌없이 자금을 원조해 주었다. 볼테르는 그를 계몽군주로 분류했다.

14) 1775년 초판에는 이 뒤에 이어지는 두 단락이 프리드리히 2세와 예카테리나 여제를 예찬하는 장문의 세 단락으로 되어 있다. 그러나 같은 해 말에 출판된 판에서는 여기에서 번역한 간결한 두 단락으로 수정되었다.

'이성'과 그 딸은 몇 년 만에 세상이 이토록 달라진 데에 감탄했습니다. 그리고 살아가는 방법을 배우려면 남극으로 가야 한다는 결론을 내렸습니다. 칠레나 남극 대륙도 언젠가 분명 문화와 고상한 취미의 중심지가 되리라고 생각했기 때문입니다.

두 사람이 영국에 도착했을 때, '진리'가 어머니에게 이렇게 말했습니다.

"이 나라 국민의 행복은 다른 나라 국민의 행복과는 다른 것 같아요. 이 나라 국민은 우리가 아는 어떤 민족보다 비상식적이고 광신적이고 잔인하고 불행했어요. 그것이 결국 유례없는 정치 형태를 만들어 냈지요. 군주제의 모든 장점과 공화제의 모든 장점을 두루 갖춘 정치 형태 말이에요. 이 나라 국민은 전쟁, 법률, 예술, 무역에 능해요. 단, 이 나라 국민이 세계 한쪽 끝에서 정복한 북아메리카와 다른 한쪽 끝에서 지배한 인도에도 아름다운 지방은 넘쳐나죠. 자신들의 지복에서 생겨난 이 두 개의 짐을 앞으로 어떻게 짊어지고 나갈지가 관건이에요."[15]

"그 무게는 만만치 않아." '이성'이 말했습니다. "하지만 이 나라 국민이 조금이라도 내 이야기에 귀를 기울인다면, 짐을 더 가볍게 할 방법을 발견할 거야."

마지막으로 두 사람은 프랑스에 들렀습니다. 이 나라에는 이미 몇 번인가 모습을 비친 적이 있지만, 그때마다 두 사람은 추방당했습니다.

"기억하세요?" '진리'가 어머니에게 말했습니다. "좋았던 루이 14세 시대에 우리가 얼마나 프랑스인의 나라에서 정착하고 싶어 했는지 말이에요. 하지만 예수회 수도사와 장세니스트의 어이없는 싸움 때문에 우리는 급히 도망가야 했죠. 민중의 끊임없는 불만도 우리를 도로 불러들이지는 못했어요. 이제는 신을 찬양하는 2000만 명의 환호성이 들리는군요. 저들은 이렇게 말하고 있어요. '이번 즉위는 기쁨의 대가를 치르지 않고 이루어진 만큼 더욱 경사스럽다.'[16] 이렇게 외친 사람도 있어요. '사치는 허영에 불과하다. 이중 기장(記帳), 무익한 지출, 과도한 이익은 앞으로 없어질 것이다.'—그들의 주장은 옳아요. '앞으로는 어떤 새로운 조세도 폐지될 것이다.'—그들은 또 틀렸죠. 저마다 전체

---

15) 영국이 1774년 이래 아메리카 신대륙에 식민지를 건설했다가 만나는 복잡한 문제들을 암시한 것이다.
16) 루이 16세는 즉위 때 징수하는 즉위세를 포기했다.

의 행복을 위해 세금을 내야 하니까요.

'모든 법은 통일성을 갖출 것이다.'—이보다 바람직한 일은 없지만, 이보다 어려운 일도 없죠. '빈곤을 맹세한 소수 유한계급의 막대한 부는 노동하는 빈곤자와 특히 불쌍한 관리들로 그 자리가 채워질 것이다. 동직조합이나 교회 구성원이 사망세에 근거한 농노를 소유하는 일은 이제 없을 것이다. 집행관을 겸하는 수도사가 거지가 된 고아들을 아버지의 집에서 쫓아내고, 고아들한테서 뺏은 횡령품으로 고대 정복자의 권리인 영주권을 가진 수도원을 부유하게 하는 일도 이제 사라질 것이다. 자신들을 무일푼으로 만든 수도원 입구로 우르르 몰려나와 헛되이 구걸하는 수많은 가족을 보는 일도 없어질 것이다.'[17] 진작 그렇게 됐다면 좋았겠지만요. 국왕이 하기에 그보다 적합한 일은 없어요. 사르데냐의 왕은 자기 영지에서 그 역겨운 악습을 뿌리 뽑았어요. 그 악습이 프랑스에서도 근절되면 좋을 텐데!

어머니, 모든 목소리가 이렇게 말하는 것이 들리지 않으세요? '국가에 유용한 10만 가족의 결혼이 정식 혼인 관계로 인정되지 않는 사태도 사라질 것이다.'[18] 아이들이 법에 의해 사생아로 선고되는 일도 없어질 것이다.' 어머니, 자연과 정의와 '이성'인 어머니. 모든 것은 그 커다란 목표에 대해 국가의 안녕과 모든 인간의 권리와 모순 없는 현명한 해결을 원하고 있어요.

'탈영할 마음이 들지 않을 정도로 병사라는 직업은 부끄럽지 않게 될 것이다.' 이건 불가능하진 않지만 까다로운 문제죠.

'사소한 잘못이 중대한 범죄인 것처럼 처벌되는 일은 없을 것이다. 무슨 일에든 균형이 필요하기 때문이다. 모호하여 잘못 해석되는 잔인한 법이 경솔하고 무분별한 젊은이들[19]을 친부모를 죽인 살해범 다루듯이 쇠몽둥이로 두드려 패고 불에 태워 죽이는 일은 없어질 것이다.' 이것은 중죄재판의 첫 번째 원칙이 되어야겠죠.

---

17) 볼테르는 몽즐라와 프랑슈콩테의 농노 해방에 오랫동안 관심을 가지고 정력적으로 운동에 가담했다.
18) 당시 신교도끼리의 결혼은 가톨릭교회의 주교가 주관하지 않는 한 무효로 간주되었다.
19) 두 젊은이 라 바르와 데타랑드가 1766년 칙령에 따라 신성모독죄로 사형 판결을 받은 사건을 가리킨다.

'일가 아버지의 재산이 몰수당하는 일은 없을 것이다. 아이들이 아버지의 잘못 때문에 굶어 죽는 일이 있어서는 안 되며, 국왕은 그런 비참한 재산 몰수를 할 필요가 털끝만큼도 없기 때문이다.'—정말 훌륭하죠. 이거야말로 군주의 아량에 걸맞아요.

'고문은 옛날에 길거리에 출몰했던 노상강도가 피해자들이 지닌 보물을 빼앗으려고 생각해 낸 것이다. 그리고 지금은 일부 나라에서 고집스러운 범인을 살리고, 심신이 미약한 무고한 사람을 죽이는 데 쓰인다. 그러나 앞으로는 더없이 반사회적인 범죄에 한해, 그리고 공범자를 자백시키기 위해서만 이용될 것이다. 하지만 그러한 범죄가 일어나는 일은 앞으로 없을 것이다.'—훌륭해요. 곳곳에서 들을 수 있는 맹세죠. '진리'인 저는 이런 모든 커다란 변화를 제 연대기에 기록해 둘 생각이에요.

제 주변의 모든 법정에서 이런 말이 드높게 외쳐지는 것이 들려요. '우리가 두 가지 권력을 힘겨루기로 내세우는 일은 결코 없을 것이다. 권력은 하나밖에 존재할 수 없기 때문이다. 그러니까 군주제에서는 국왕, 즉 법의 권력만이 존재하고, 공화제에서는 국민의 권력만이 존재한다. 신의 권력은 완전히 다른, 보다 상위의 성질을 띤다. 따라서 인간의 법에 세속적인 이해관계로 얽히게 해서는 안 된다. 무한은 유한에 낄 수 없다. 교황 그레고리우스 7세는 너무나도 유한할 때, 다시 말해 너무나도 편협한 황제 하인리히 4세와 전대미문의 전쟁을 벌일 때 사상 처음으로 무한에 도움을 청했다.[20] 그 전쟁은 유럽을 아주 오랫동안 피로 물들였다. 그러나 공통점이라고는 하나도 없는 두 개의 고귀한 신분은 마침내 분리되었다. 그리고 그것만이 평화롭게 살아가는 방법이다.'

법을 지키는 모든 대신이 말하는 이러한 연설은 아주 힘차게 들리죠. 중국, 인도, 페르시아, 콘스탄티노플, 모스크바, 런던. 이런 곳에서 두 개의 권력이 인정되지 않는다는 사실은 저도 알아요. 하지만 어머니, 어머니께 맡기겠어요. 전 어머니가 구술하시는 것 외에는 한마디도 쓰지 않겠어요."

'이성'이 딸에게 대답했습니다.

"얘야, 나도 너와 거의 같은 생각이란다. 그렇지만 그 밖에도 바라는 것이 잔

---

20) 교황 그레고리우스 7세가 성직서임권을 둘러싼 싸움에서 1077년에 신성로마제국 황제 하인리히 4세를 파문하고 '카노사의 굴욕'을 준 사건을 가리킨다.

뚝 있어. 그 모든 것이 시간과 숙려를 필요로 한단다. 난 슬픔에 잠겼을 때, 조금이라도 내가 바라던 평안을 얻으면 언제나 매우 기뻐졌지. 어제 나는 아주 행복했단다. 기억나니? 지상의 거의 모든 왕이 아주 사이좋게 지내고, 수수께끼 놀이를 하며 즐기고, 아름다운 시바의 여왕이 솔로몬 왕에게 단둘이서 글자 맞추기 놀이를 하자고 제안했던 시절을."

"네, 기억하고말고요, 어머니. 그 태평성대는 오래가지 않았죠."

"하지만 지금이 훨씬 좋단다. 당시 사람들은 하찮은 재주를 선보이는 일밖에 생각하지 않았어. 요 10년에서 12년 사이 유럽 사람들은 인생의 쓴맛을 완화해 주는 필요불가결한 예술과 덕행에 힘써왔어. 일반인들은 미리 충분히 상의해서 견실한 일들을 많이 생각해 냈지. 몇천 세기 동안 생각했던 것보다 훨씬 많은 것을 말이야. 넌 절대로 거짓말이란 걸 모르지? 그럼 말해보렴. 네가 프랑스에 살아야 한다면, 우리가 있는 지금 이 시대가 아니라 어느 시대를 고를 것인지, 어느 시대가 좋다고 생각하는지 말이야……"

"전 제가 있는 땅에 사는 사람들에게 꽤 냉정한 소리를 하고 싶어 한다는 평판이에요. 그리고 어머니도 아시다시피, 전 늘 그렇게 말할 수밖에 없었죠. 하지만 솔직히 지금 이 시대에 대해서는 칭찬밖에 할 말이 없네요. 과거밖에 칭찬하지 않는 문필가는 잔뜩 있지만요.

인간이 끔찍하고 치명적인 병에서 몸을 지키거나,[21] 바다에서 목숨을 잃을 사람들을 되살리거나,[22] 벼락을 통제하고 벼락에 도전하거나,[23] 지금까지 헛되게 바라던 서에서 동으로의 정점을 보충[24]하는 법을 배운 건 이 시대에 들어와서

---

21) 천연두를 가리킨다. 지금으로부터 200~300년 전 천연두는 유럽 전역에서 주요 사망 원인이었다. 사망자는 18세기 유럽에서 6000만 명이나 되었다고 한다. 파리에서는 해마다 1만 명에서 1만 5000명이 천연두에 걸렸으며, 그중 7분의 1이 죽었다. 볼테르는 《철학편지》 제11편에서 일찌감치 종두의 필요성을 주장했다. 그는 루이 15세가 천연두로 죽은 1774년에도 같은 주장을 펼쳤다.

22) 당시 정부는 물에 빠진 사람을 구조하는 운동에 힘썼다.

23) 피뢰침을 가리킨다. 볼테르는 다르장탈에게 보낸 1775년 3월 8일자 편지에서, 페르네에 피뢰침을 세웠다고 말했다.

24) 위도 계산 문제는 이전에 해결되었지만, 경도 문제는 17, 18세기 항해의 걸림돌이 되었다. 더욱 정확한 항해용 크로노미터의 제조와 달랑베르의 정확한 분점 계산에 따라 문제가 개선된 참이었다.

라는 사실을 전 후세에 알려야 해요. 도덕에서는 더 많은 일이 일어났지요. 덕행을 사형에 처한 법에 반대하여 사람들은 용기 있게 법에 정의를 요구했어요. 그리고 그 정의가 이따금 실현되기도 했죠.[25] 사람들은 마침내 관용의 말을 입에 담을 수 있게 되었어요."

"그렇다면 얘야, 이 좋은 시대를 즐기자꾸나. 이 시대가 오래간다면, 여기에 머물자. 그리고 느닷없이 천둥과 비바람이 몰아친다면, 우리 우물로 돌아가자꾸나."[26]

---

25) 1765년에 장 칼라스의 명예가 회복된 것을 가리킨다.
26) 이 마지막 한 문장에서 관용의 시대의 도래를 낙관하지만은 않는 볼테르의 투철한 현실감각을 엿볼 수 있다.

볼테르의 생애와 문학 사상

볼테르의 생애와 문학 사상

생애

볼테르는 《회상록》에서 프로이센의 기억을 서글픈 체험으로 말하고 있다. "나는 나 자신의 자유를 열렬히 사랑하면서도 운명의 장난으로 인해 이 국왕 밑에서 저 국왕 밑으로 떠도는 신세가 되었다."

볼테르의 본디 이름은 프랑수아 마리 아루에(François Marie Arouet)이다. 그는 1694년 11월 21일 파리의 유복한 공증인의 둘째아들로 태어나서, 프랑스혁명이 일어나기 11년 전인 1778년 5월 30일 파리에서 세상을 떠났다. 프랑스 계몽 사상 절정기와 겹치는 볼테르의 삶은 그야말로 그 시대를 행동으로 표현한 철학자이며 문학가의 생애라고 할 수 있다.

볼테르는 계몽주의 시대를 대표하는 인물이다. 오늘날까지 읽히는 그의 작품은 몇 안 되지만, 그는 18세기 유럽의 전제 정치와 종교적 맹신에 저항하고 진보의 이상을 고취한 인물로 아직도 세계적인 명성을 누리고 있다. 고전주의 말기에서 프랑스 혁명기 직전에 걸친 생애를 통하여, 그는 비판 능력과 재치 및 풍자 같은 프랑스 정서 특유의 자질을 구현한 작품과 활동으로 유럽 문명의 진로에 상당한 영향을 끼쳤다. 근대 자립적 지식인의 탄생 과정이기도 한 그의 생애 전반기는 길었다고 볼 수 있다. 이 시기는 《캉디드》가 발표된 1759년 까지 이어졌다.

볼테르가 궁정생활 속에서 행복을 찾아내려고 애쓰다가 몇 번이나 실패한 끝에 겨우 궁정과 결별하기로 결심하기까지는 오랜 시간이 걸렸기 때문이다. 늘 절도를 지키면서 자기 의지를 억누르고 군주의 비위를 맞추어야 하는 궁정인 생활은 볼테르같이 정열적인 사람에게는 매우 참아내기 어려웠다. 그는 어릴 때부터 성질 급하고 반항적이며 타협할 줄 몰랐다. 그러나 궁정생활에도 의

▲볼테르의 어머니 아루에 부인
니콜라 라르질리에르 작.

◀볼테르의 생가
생탕드레 자르 거리에 위치한다.

미는 있었다. 볼테르가 궁정생활의 허무함을 깨닫고 자립의 길로 나아가기까지의 기나긴 세월들은 그의 풍요로운 철학소설의 세계를 길러주는 귀중한 양식이 되었다.

볼테르는 전형적인 중산층 출신으로, 아버지는 한때 공증인으로 일하다가 나중에 파리 시청의 재무관이 된 인물이며, 어머니에 대해서는 거의 알려진 바가 없다. 일곱 살 때 어머니를 여읜 그는 아버지의 가부장적 권위에 반항심을 느낀 반면 그의 대부였던 샤토뇌프 신부에게 애착을 느꼈다. 샤토뇌프 신부는 이 소년을 당시 살롱의 여왕이라 불렸던 고급 창녀 니농 드 랑클로에게 소개해 주었을 뿐만 아니라, 자유사상가들의 모임에도 자주 데리고 다녔다. 이런 환경이 그의 사상 형성에 큰 영향을 주었음은 말할 것도 없다.

열 살에 그는 예수회가 운영하는 루이 르 그랑 학교에 입학했다. 당시 이 학교에는 귀족과 상류 중산층 자제들이 많이 다녔는데, 동창생으로는 나중에 외무장관이 된 다르장송 후작과 염문으로 유명한 리슐리외 공작이 있었다. 이 학교에 다니는 동안 그는 고전문학과 연극 및 사교생활에 대한 취향을 가지게 되었다. 그러나 신부 교사들의 종교적 훈육에 대해서는 냉소적이었다. 그는 루이 14세의 슬픈 말년을 목격했고, 1709년의 패전이 가져온 고통과 종교적 박해의 공포를 평생 잊지 못했다. 하지만 그는 여전히 군주를 존경했으며, 계몽된 왕은 진보에 없어서는 안 될 주역이라는 확신을 버리지 않았다.

천재 청년 아루에는 반항을 통해 인생의 첫걸음을 내디뎠다. 1711년 루이 르 그랑 학교를 졸업한 뒤, 법률가가 되기를 바라는 아버지의 뜻을 거역하고 문학에만 전념했다. 이를 보다 못한 아버지의 강요 때문에 그는 네

볼테르(1694~1778) 니콜라 라르질리에르 작. 청년 아루에는 네덜란드에서 뜨거운 사랑을 한 적이 있었지만, 그다음부터는 훨씬 편안하고 이성적인 사랑을 많이 경험했다―빌라르 부인, 샤틀레 부인, 조카딸 드니 부인, 그리고 일흔여덟 살 늘그막에 사랑했던 소쉬르 부인.

덜란드 주재 프랑스 대사의 서기관이 되어 헤이그로 갔다. 그러나 박복한 아가씨와 사랑에 빠지는 바람에 대사의 비위를 건드려, 1714년 파리로 송환되었다.

이듬해 루이 14세가 죽고 오를레앙 공의 섭정이 시작되었다. 이 무렵 볼테르는 자유사상가들의 사교적 중심이었던 '탕플(Temple)'에 드나들면서 재치로 명성을 날렸다. 그는 자유사상에 심취한 나머지, 스물세 살 때 일찌감치 필화(筆禍) 사건을 일으켰다. 그 무렵은 사회 전반에 자유와 방종이 만연했는데, 볼테르는 섭정 오를레앙 공의 추문을 통렬하게 풍자한 시를 쓴 죄목으로 바스티유 감옥에 투옥되었다.

그러나 11개월 옥살이도 헛되지는 않았다. 그 기간 동안 그의 숨어 있던 문학 재능이 나타나기 시작했다. 감옥에서 희곡 《오이디푸스》를 완성한 볼테르

바스티유 감옥에 갇힌 볼테르 젊고 열정적인 이 작가는 몇 번이나 이 유명한 감옥에 갇혔다. 판화.

는 1718년 겨울에 이 희곡을 상연하여, 위대한 고전주의 극작가 장 라신의 후계자로 박수갈채를 받았다. 이때부터 볼테르라는 이름을 쓰게 되었는데, 이 필명이 어디서 유래했는지는 아직도 확실지 않다. 일설에 따르면 아버지를 싫어했던 그가 집안이름 아루에 2세(Arouet l[e] j[eune])의 철자 순서를 바꾸어 '볼테르 씨(M. de Voltaire)'라는 필명을 만들었다고 하나 이것도 확실한 것은 아니다. 어쨌든 그가 가장 원했던 것은 로마 시인 베르길리우스 같은 대시인이 되는 것이었다. 이러한 소망은 서사시 《앙리아드 *La Henriade*》(1723)를 집필하는 것으로 나타났는데, 종교전쟁을 종식시킴으로써 프랑스인들의 사랑을 한몸에 받은 앙리 4세를 주인공으로 한 이 작품은 베르길리우스의 《아이네이스 *Aeneid*》를 현학적으로 모방한 것이 흠이지만, 당시에는 작품이 구현하는 종교적 관용에 힘입어 상당한 호평을 받았다. 이런 문학적 성공 덕분에 그는 섭정으로부터 연금을 받게 되었고, 젊은 왕비 마리 앙투아네트의 호의를 얻었다.

볼테르는 이성의 유효성을 믿었다는 점에서 당시의 다른 사상가들(문인과 과학자)과 궤도를 같이한 '필로조프(Philosophe : 계몽 철학자를 가리키는 18세기 용어)'였다. 그는 살롱에서 공격적인 이신론(理神論)을 공언하여 가톨릭 신자들을 격분시켰다. 이를 계기로 그는 사상 자유를 용인하는 영국에 관심을 갖게 되었고, 그래서 프랑스에 망명해 있던 토리당의 지도자 볼링브룩 자작을 찾아갔다. 볼테르는 정치가이자 철학자인 볼링브룩을 존경하여 그를 키케로에 비유하기까지 했다. 볼링브룩의 충고에 따라 그는 존 로크의 철학 서적을 읽기 위해 영어를 배웠다.

급격한 환경의 변화는 실은 롤러코스터 같은 볼테르 인생의 서막에 지나지

바스티유 감옥 풍경 이 정치범 수용소에 갇힌 유명한 인물로는 '철가면', 사드 후작을 꼽을 수 있다. 사드 후작이 수기에 기록한 무시무시한 고문 이야기를 보고 분노한 민중이 1789년 대혁명 때 바스티유를 습격했다는 설이 있다.

않았다. 볼테르는 이대로 무사히 사교계의 총아가 될 것 같았지만, 그때 그가 평민 신분임을 똑똑히 보여주는 사건이 일어났다. 프랑스 명문 귀족 출신인 슈발리에 드 로앙과 말다툼을 벌였다가 로앙의 부하들한테 구타를 당한 것이었다. 분노한 볼테르는 결투를 신청하려 했으나, 이미 로앙이 한발 먼저 궁정을 상대로 손을 써놨다. 1726년 4월, 볼테르는 또다시 바스티유 감옥에 갇히는 신세가 되고 말았다. 그러나 5월이 되자 외국 망명을 조건으로 석방되었다.

이 사건은 전제정치와 불평등에 대해 그가 겪은 첫 경험으로, 그의 지적 발전에 상당한 영향을 주었다. 그는 1726년 5월에 칼레를 거쳐 런던으로 떠났는데, 이때부터 망명과 저항으로 점철된 그의 인생이 시작되었다.

3년 가까이 계속된 망명 생활 동안 그는 영어 공부를 계속하는 한편, 알렉산더 포프, 조너선 스위프트, 윌리엄 콩그리브 등의 문필가와 철학자인 조지 버클리, 그리고 신학자인 새뮤얼 클라크를 만났다. 그는 궁정에 들어가 캐롤라인 왕비에게 《앙리아드》를 바치기도 했다. 그는 영국 정치제도의 자유주의를 존중했지만, 격렬한 당파 싸움에는 충격을 받았다. 그는 종교 및 철학 문제를 두려움 없이 토론하는 영국인의 대담성을 부러워했고, 특히 퀘이커 교도에게 흥미를 가졌다. 영국인들, 특히 아이작 뉴턴과 존 로크가 과학 사상의 선두에 설 수 있었던 것은 그들이 인간적인 자유를 누리고 있기 때문이라고 볼테르는 확신했다. 그가 생각하기에, 상인과 선원의 나라인 영국이 루이 14세를 이긴 것은 경제적인 우월 덕분이었다. 그는 문학에서도 프랑스가 영국에 배울 것이 있다는 결론에 도달했다. 특히 셰익스피어 연극은 그를 압도했고, 바로 '조잡하고 천박한' 연출에 충격을 받았지만, 등장인물들의 활력과 줄거리의 극적인 힘은 그에게 깊은 인상을 주었다.

1728년 말에 영국을 떠나 이듬해 초에 프랑스로 돌아온 그는, 프랑스인들에게 영국을 본보기로 제시하기로 결심했다. 그의 사회적 지위는 더욱 확고해졌으며, 신중한 투기를 통해 경제적 자립을 보장해 주는 막대한 재산을 쌓아갔다. 그는 셰익스피어를 모방하여 프랑스에 비극을 되살리려 시도했다. 런던에서 쓰기 시작한 《브루투스 Brutus》는 1730년에 상연되었지만 성공을 거두지 못했다. 《카이사르의 죽음 La Mort de César》(1735)은 학교에서만 공연되었고, 《햄릿 Hamlet》과 마찬가지로 유령이 등장하는 《에리필레 Eriphyle》(1732)는 관객의 야유를 받았다. 그러나 이슬람 국가의 군주인 오로스마네가 모호한 편지에 속아, 독실한 그리스도교도인 그의 포로 자이르를 살해하는 내용을 담은 《자이르 Zaïre》는 이국적인 주제로 대중을 사로잡았다.

한편 볼테르는 새로운 문학 장르인 역사에도 관심을 기울였다. 런던에 체류하는 동안 그는 스웨덴 국왕 카를 12세의 친구였던 파브리스와 친교를 맺었는데, 이 위대한 군인의 유별난 성격에 흥미를 느낀 그는 《카를 12세의 역사 L'Histoire de Charles XII》(1731)라는 전기를 썼다. 이 책은 실증자료를 이용한 세부묘사로 사실을 생생하게 재현해 마치 소설처럼 읽힌다. 이 책을 쓰는 동안 그의 철학적 개념은 차츰 부각되기 시작했다. 즉 스웨덴 왕의 위업은 황폐를 가져온 반면, 그의 경쟁자 표트르 대제는 러시아제국을 문명국으로 바꾸어 놓은 사실에서 드러나듯이, 위대한 인물은 전쟁을 도발하는 사람이 아니라 문명을 발전시키는 사람인데, 이것은 영국의 본보기와도 일치하는 결론이었다. 볼테르의 이러한 생각은 오랜 성찰을 통해 《철학편지 Lettres philosophiques》(1734)라는 간결한 작품으로 결실을 맺게 되었다. 이 허구적인 편지들은 주로 종교적 관용이 갖는 효과를 논증하고 있다. 이 편지들은 존 로크의 현명한 경험주의 심리학과 르네 데카르트의 불확실한 억측을 대비한다. 철학자라는 이름에 어울리는 뉴턴 같은 사람은 알맹이 없는 선험적 추론을 경멸하며, 사실을 관찰하고 그 사실을 바탕으로 결론을 내린다. 볼테르는 영국의 정치제도와 상업, 문학 그리고 프랑스에 거의 알려지지 않은 셰익스피어를 소개한 뒤, 프랑스의 수학자이자 철학자인 파스칼을 공격한다. 삶의 목적은 참회를 통해 천국에 도달하는 것이 아니라 과학과 예술을 발전시켜 모든 인간에게 행복을 보장해 주는 것이라고 볼테르는 결론짓는다. 작지만 뛰어난 이 책은 사상사의 이정표로서 18세기 철학을 집약하고 있을 뿐 아니라 근대 정신의 기본 방향을 보여준다.

1734년 4월, 영국 체재의 성과인《철학편지》프랑스어판이 영국과 프랑스에서 출판되었다. 기존 종교와 정치를 노골적으로 비난한 이 책은 곧 위험한 서적으로 낙인찍혀 궁정과 종교계의 빈축을 샀다. 왕태자의 선생님이기도 한 부아이에 주교는 플뢰리 추기경의 보호를 등에 업고 볼테르를 집요하게 공격했다. 결국 1734년 5월에 체포영장이 발부되었다. 볼테르는 작년부터 사귀기 시작한 샤틀레 후작부인의 영지인 샹파뉴 지방 시레성(城)으로 피신했다. 그리하여 이 젊고 지적인 여인과의 관계가 시작되었다. 그가 이 은신처를 벗어난 것은 1736년 12월에 네덜란드로 잠시 여행했을 때뿐으로, 이 여행은 일종의 망명이었다. 쾌락주의를 대담하게 설파한 그의 짧은 시《세속인 Le Mondain》이 유포되자, 그는 몇 주일 동안 프랑스를 떠나 있는 것이 상책이라는 판단을 내렸던 것이다.

정신적 반려 샤틀레 부인

볼테르는 1734년부터 43년까지 10년 동안 시레성에 머물렀다. 이 시절에 그는 애인 샤틀레 부인과 함께 평온하고 유익한 시간을 보낼 수 있었다. 두 사람의 생활은 사치스러운 동시에 학구적이었다. 볼테르는 국가적 비극을 다룬 희곡《아델라이드 뒤 게클랭 Adélaïde du Guesclin》(1734)에 이어 1736년에는《알지르 Alzire》를 무대에 올렸다. 스페인에 정복될 당시의 페루 리마를 무대로 한《알지르》는 잔인한 폭력보다 인도주의적 문명이 도덕적으로 더 우월하다는

볼테르의 애인이었던 샤틀레 후작부인(1706~1749)
총명하고 매우 활동적인 여성이었다. 나티에 작품.

것을 보여주어 큰 성공을 거두었다. 이 비극은 고귀한 미개인을 인습적으로 묘사한 것이었지만, 거의 한 세기 동안 코메디 프랑세즈의 공연 목록에 포함되었다.

샤틀레 부인은《자연학 교과서》(1740)를 발표했으며, 뉴턴의《자연철학의 수학적 원리》번역서를 출판(1756)하기도 했다. 샤틀레 부인은 과학과 형이상학에 열렬한 관심을 가졌고, 이런 점에서 볼테르의 작품에 영향을 미쳤다. 성에는 물리학 실험실이 마련되어 있었고, 그들은 과학 아카데미에 논문을 제출하기 위해 불의 성질을 연구했다. 샤틀레 부인이 뉴턴의 저서와 베르나르 드 망드빌의《꿀벌들의 우화 *The Fable of the Bees*》를 번역하기 위해 영어를 배우는 동안, 볼테르는《뉴턴 철학의 원리 *Eléments de la philosophie de Newton*》(1738)라는 책에서 프랑스에 거의 알려져 있지 않았던 영국 과학의 새로운 발견을 널리 소개했다. 동시에 역사 연구도 계속해《루이 14세 시대 *Le Siècle de Louis XIV*》의 집필에 착수했고, 국왕과 전쟁, 문명과 풍속의 보편적 역사를 다룬 저서《풍속시론》(1756) 집필을 위한 자료를 모았으며 성경 해석에도 뛰어들었다. 볼테르는 시레성에 머물면서, 자신의 천재성을 과시한 측면 가운데 하나인 백과사전적 교양을 얻을 수 있었다.

볼테르는 1739년 5월에 샤틀레 부인과 함께 브뤼셀로 갔고, 그 뒤 브뤼셀과 시레 및 파리를 끊임없이 오갔다. 이 무렵 볼테르는 나중에 프리드리히 2세가 된 프로이센 왕세자와 서신을 교환했다. 오스트리아 왕위계승 전쟁이 일어나자, 볼테르는 프리드리히 2세를 프랑스 편으로 끌어들이는 사명을 띠고 베를린으로 가 1742년부터 1년 남짓 머물렀다. 게다가 그는 나중에 전쟁장관과 외무장관이 된 친구 다르장송 형제를 루이 15세의 새 정부인 퐁파두르 부인에게 소개해 주었기 때문에, 다시 베르사유 궁정의 총애를 받게 되었다.

1743년, 재상 플뢰리가 세상을 떠나고 옛 친구 다르장송 형제가 내각에 들어가면서, 볼테르가 궁정에 복귀할 기회가 왔다. 1745년 3월에 그는 왕실 사료 편찬관이 되었고, 이듬해 4월에는 꿈에 그리던 아카데미 프랑세즈에 들어갔다. 또 영광스럽게도 궁정에서 국왕을 모시게 되었다. 이때 철학자 볼테르는 궁정인으로

샤틀레 부인의 저택인 시레성 완성 예상도(1742년 완성 예정) 이 성을 수리하는 비용은 전부 볼테르가 부담했다.

서 절정에 이르렀다. 그는 퐁트노이의 승리(1745)를 찬양하는 시를 쓴 뒤, 사료 편찬관이자 왕의 시종으로 임명되었고 아카데미 회원이 되었다. 신화에 나오는 그리스 여왕을 다룬 그의 비극 《메로페 *Mérope*》는 첫 상연(1743)에서 대중의 박수갈채를 받았다. 그러나 이슬람교의 창시자를 사기꾼으로 묘사한 《마호메트 *Mahomet*》는 1742년의 첫 상연이 성공한 뒤, 상연금지 처분을 받았다. 그는 샤틀레 부인과 관계를 계속하면서도, 과부가 된 조카딸 드니 부인과 불륜관계를 맺었다. 하지만 그는 궁정생활이 자신의 기질과 사상에 맞지 않는다는 사실을 이미 인식하고 있었다. '국왕의 어릿광대 노릇을 하는 게 부끄럽다'고도 생각했다. 게다가 국왕은 변덕이 심했으며, 궁정의 가톨릭 파벌은 여전히 그에게 적대적이었다. 옛 친구 다르장송 후작이 실각하자 궁정에서 볼테르의 지위도 흔들리기 시작한다. 그러다가 1747년 10월 어느 날 밤, 부주의한 말 한마디를 하는 바람에 볼테르는 하루아침에 국왕의 총애를 잃고 만다.

루이 15세는 가을이 오면 몇 주일 동안 퐁텐블로 별궁에서 사냥을 즐기는 습관이 있었다. 그날 밤 샤틀레 부인은 왕비와 함께 도박을 하다가 큰돈을 잃

었다. 그 자리에 있었던 볼테르는 도박에 열중하는 샤틀레 부인을 제지하려고 한마디 했다. "상대가 사기꾼들이라는 걸 모르시겠습니까?" 그는 영어로 말했지만, 그 자리에 있던 모든 사람은 그가 무심코 내뱉은 이 위험한 말의 의미를 곧 알아차렸다. 다음 날 저녁 두 사람은 서둘러 궁을 떠났다. 샤틀레 부인은 파리로, 볼테르는 파리 교외 '소(Sceaux)'에 있는 멘 공작부인의 궁정으로 도망쳤다. 그날 이후 볼테르는 루이 15세의 총애를 되찾지 못했다.

볼테르는 이 사건 때문에 멘 공작부인이 피해를 입을까 봐 걱정했다. 그래서 소 궁정을 떠나 1748년 샤틀레 부인과 함께 로렌 지방 도시 뤼네빌로 갔다. 그곳에는 루이 15세의 장인인 폴란드 왕 스타니스와프의 궁정이 있었다. 병들고 지친 볼테르는 마침내 그의 신랄한 재기에 들어맞는 '콩트(단편소설)'라는 문학 형식을 찾아낸다. 《미크로메가스 *Micromégas*》(1752)는 거대한 우주에 비하여 인간이 얼마나 하찮은 존재인가를 이야기한다. 《세상 돌아가는 대로 *Le Monde comme il va*》(1748)과 《멤논, 또는 인간의 지혜 *Memnon, ou La sagesse humaine*》(1749)는 고트프리트 빌헬름 라이프니츠와 알렉산더 포프의 철학적 낙관주의를 반박하고 있다. 《자디그 또는 운명 *Zadig, ou La Destinée*》(1747)은 일종의 비유적 자서전으로, 바빌로니아의 현인 자디그는 박해를 받고, 늘 불운에 쫓겨다니다가 결국에는 인간을 보살피는 신의 자상한 섭리를 의심하게 된다.

그런데 이곳에서 예상치 못한 사태가 일어났다. 샤틀레 부인이 젊은 시인 생랑베르와 사랑에 빠졌는데, 이듬해 9월 시인의 아이를 낳은 뒤 산후 조리를 잘못해서 갑자기 세상을 떠나버린 것이다. 16년 동안이나 사귀었던 애인을 졸지에 잃어버린 볼테르는 크게 상심했다. 절망에 빠진 볼테르는 샤틀레 부인과 함께 살았던 파리의 집으로 돌아갔으나, 한밤중에 일어난 그는 샤틀레 부인의 이름을 부르며 어둠 속을 헤매곤 했다.

연극 몇 편이 실패하자, 그의 패배감은 더욱 깊어졌다. 그는 당시 유행하던 '감상적 희극'을 시도했다. 그는 방탕한 아들을 주제로 한 《방탕아 *L'Enfant prodigue*》(1736)에 이어, 윌리엄 위철리의 풍자극 《정직한 상인 *The Plain-Dealer*》을 《정숙한 여자 *La Prude*》로 각색했고, 새뮤얼 리처드슨의 소설 《파멜라 *Pamela*》를 각색한 《나닌 *Nanine*》(1749)을 발표했지만, 모두 성공을 거두지 못

했다. 《세미라미스 Sémiramis》(1748)에
서는 유령을 등장시키고 호화로운
무대 장치를 고안했지만, 이것도 대
중을 사로잡지는 못했다. 그의 적들
은 그를 당시 프랑스에서 가장 유명
한 비극작가인 크레비용과 비교했다.
볼테르는 《오레스트 Oreste》와 《세미
라미스》에서 크레비용과 같은 주제
를 다루었지만, 파리 관중은 크레비
용의 연극을 더 좋아했다. 분노와 절
망을 이기지 못한 그는 프리드리히
2세의 초대를 받아들여 1750년 6월
28일에 베를린으로 떠났다. 그가 떠
날 무렵, 프랑스에서는 새로운 문학
세대가 등장하고 있었다. 드니 디드
로와 돌바크 남작을 비롯한 이들은

볼테르와 프리드리히 2세 상수시 궁전 작업실
에서. 프로이센에 머물 때 볼테르는 《루이 14세
시대》(1751)와 공상과학소설 같은 단편 《미크로
메가스》(1752) 등을 저술했다.

철저한 유물론을 제창하면서 볼테르의 이신론은 한물간 것으로 간주하는가
하면, 장 자크 루소 같은 사람들은 그리스도교 시를 재발견했다. 모두가 이성
의 계몽보다는 감성과 열정의 매력을 더 좋아하는 것이었다. 해가 갈수록 볼
테르는 점점 더 고립되었다.

포츠담 근교 상수시 궁전에서는 왕태자 시절부터 철학자 볼테르의 제자임
을 자처하던 프리드리히 2세가 스승을 환대해 주었다. 두 사람은 서로에게 깊
은 우정을 느꼈다. 시종으로 임명된 볼테르는 2만 프랑의 연금과 십자훈장을
받았다. 그는 프랑스 궁정에서 잃어버린 행복을 프로이센 궁정에서 되찾은 것
같았다. 그러나 두 사람의 행복한 시간은 그리 오래가지 않았다. 계몽군주로
이름난 프리드리히 2세도 자국에서는 전제군주에 지나지 않았다. 사실 그는
볼테르 같은 철학자는 별로 중시하지도 않았다. "오렌지는 즙을 다 짜 먹었으
면 버려야지" 하고 거침없이 공언할 정도였다.

프리드리히 대왕은 직접 베를린 아카데미를 설립했는데, 당시 학장은 모페르튀이였다. 그와 학문적 문제로 논전을 시작한 볼테르는 《아카키아 박사의 독설 _Diatribe du docteur Akakia_》(1752)이라는 책자에서 모페르튀이를 조롱한 나머지 프리드리히 대왕의 노여움을 사고 말았다. 볼테르는 시종 자리에서 물러나 귀국하기로 결심했다. 그러나 1753년 6월 귀국하는 길에 들른 프랑크푸르트에서 그는 자기를 맞이하러 온 조카딸 드니 부인과 함께 프리드리히의 수하들에게 붙잡혔다. 그들은 12일 동안 감금된 채 지독한 공포와 굴욕을 맛보았다. 그 뒤 간신히 풀려난 일행은 프랑스로 갔지만, 루이 15세는 그가 파리에 사는 것을 허락지 않았다.

궁정을 떠나 자유로운 낙원으로

프로이센을 떠난 볼테르가 '프랑크푸르트 굴욕'을 되씹으면서 리옹을 지나 제네바에 도착한 것은 1754년 12월이었다. 그는 스위스에 정착하기로 마음먹었다. 그래서 이듬해 첫무렵 로잔 지방에서 땅을 빌리고, 또 제네바에서도 토지를 구입한 뒤 그곳을 '낙원 저택(Les Délices)'이라고 불렀다. 그곳에서의 생활은 옛날부터 그가 바라던 '한 손에는 쟁기를 들고, 다른 손에는 책을 들고 사는' 정원에 대한 꿈을 실현시켜 줄 것 같았다. 그 무렵 볼테르는 궁정생활과 결별하기로 결심을 굳혔던 것 같다. 1755년 3월 25일, 작센 고타 공작부인에게 보낸 편지에서 볼테르는 그가 언젠가 다시 프로이센 궁전이나 베르사유 궁전으로 돌아갈 것이라는 소문을 듣고 괴로운 듯이 이렇게 말했다.

"나 자신이 주인인 아담한 집과 기분 좋은 정원과 자유로운 나라를 버리고 국왕의 궁전으로 가는 일은 없을 것입니다. 설령 그가 유토피아의 왕이라 해도."

볼테르는 만년에도 후회하는 감정을 솔직히 털어놓았다.

"신부님, 1744년과 45년에 제가 궁정인이었다고 당신에게 말한 사람들은 모두 슬픈 진실을 말한 것입니다. 저는 궁정인이었습니다. 1746년에 궁정인으로 살기를 그만두고, 47년에는 궁정인이었던 것을 후회하게 되었습니다. 평생에 걸쳐 제가 헛되이 낭비했던 모든 시간 중에서도 바로 그 시절이 가장 후회되는 시간입니다"(1776년 2월 7일, 베르네 신부에게 보낸 편지).

볼테르는 자신이 프랑스 궁정인이었다는 사실만 말하고 있는데, 아마 그때 느꼈던 후회가 '프랑크푸르트 굴욕' 이후 모든 궁정생활과 인연을 끊는 데 결정적인 영향을 주었을 것이다.

그러던 중 제네바에 자리한 낙원 저택은 '에피쿠로스의 정원이 있는 철학자 궁전'이라고 본인이 아무리 자랑해 봤자 결국은 파리 및 베르사유에서 멀리 떨어져 있는 지방 저택에 지나지 않았다. 그곳은 분명히 평화롭기는 해도 볼테르 같은 인물이 활동하기에는 부적합한 미온적 은둔처였다.

그런데 1755년 11월 1일 일어난 리스본 대지진이 낙원 저택에서 잠자던 볼테르의 영혼을 깨워 주었다. 이 엄청난 참사는 온 유럽에 충격을 주었다. 볼테르는 11월 24일 그 심각한 재해를 알게 되었다. 희생자가 3만여 명으로 추정되는 이 포르투갈 수도

말다툼하는 루소(왼쪽)와 볼테르 두 사람이 1755년에 조프랭 부인의 살롱에서 만났다는 설도 있으나 확실한 증거는 없다. 어쨌든 두 사람은 점점 더 심하게 대립했다. 루소는 볼테르를 가리켜 '못된 어릿광대'라 했고, 볼테르는 루소를 '미치광이'로 취급했다. 작자 불명인 이 그림은 이러한 두 사람의 소문에서 비롯된 것이리라.

의 대지진은 볼테르의 마음을 흔들었다. 그는 인간의 괴로움을 묵과하지 못하는 성격이었다. 흥분한 그는 12음절 운율로 된 《리스본의 재앙에 관한 시》를 며칠 만에 다 써서 12월 4일 스위스 인쇄업자에게 원고를 보냈다. 이 장편시는 철학적·신학적 논문이 아니라 하느님을 향한 절망적인 물음이었다. 이 세상이 가장 선하게 잘 만들어진 세상이라면, 왜 아무런 죄도 없는 사람들이 희생되거나 악이 존재하는 것인가? 이 물음은 희생자에 대한 동정에서 하느님의 질서에 대한 반항으로 변해 간다.

그러나 사랑하는 아이들에게 아낌없이 선을 베푸시고
동시에 그 아이들에게 악을 듬뿍 선사하신
선의 그 자체이신 하느님의 존재를 어찌 상상할 수 있단 말인가.

또한 볼테르의 장편시는 양심을 외면한 채 '악'을 변호하는 온갖 이론, 특히 낙천주의에 대해서 강하게 항의한다.

언젠가 반드시 만물이 선해지리라, 그것이 우리의 희망
현재 만물이 선하다는 것은 환상에 지나지 않는다.

볼테르는 7년전쟁이 시작된 1756년 이전에는 시인 포프의 시 《인간론》을 통해서 라이프니츠의 낙천주의를 이해하고 있었던 듯하다. 낙천주의(Optimism)가 그때는 아직 낯설기만 한 신조어였으므로 볼테르의 비서도 구술필기를 할 때 이 단어의 철자를 몰랐다고 한다. 그때 이 단어에는 '만사를 희망적으로 생각하는 낙천적인 심리 경향'이란 의미는 없었다. 그것은 하느님이 이 세상을 창조하신 것은 맞지만 그렇게 창조된 세계는 하느님의 간섭을 받지 않고 자연법칙에 의해 움직인다고 생각하는 17, 18세기 계몽사상의 특징적 이신론(理神論) 관점에서, 이 세상에 존재하는 악은 하느님의 선한 성격과 모순되지 않는다고 주장하는 변신론(辯神論)이었다. 그런데 리스본 대지진이 일어나자 무고한 사상자가 수없이 많이 나왔다. 이 비보를 들은 볼테르는 장편시를 써서, 시레 시절부터 받아들이긴 했지만 점점 회의를 느끼기 시작했던 낙천주의를 드디어 공공연히 비판하게 되었다.

장 자크 루소는 1756년 8월 18일 볼테르에게 보낸 편지에서 이 장편시를 반박하고 신의 섭리를 옹호했다. 루소의 편지는 이른바 신앙인의 확신에 관한 것이었다. 볼테르는 이 토론에 응하지 않고 그저 편지 주셔서 감사하다는 답장을 썼다.

1756년 5월 17일, 프랑스에 대한 영국의 선전포고로 7년전쟁이 시작되었다. 오스트리아는 프랑스와 동맹을 맺었고 러시아도 프랑스를 위해 지원군을 보냈지만, 프로이센은 영국과 손을 잡았다. 전쟁 상황은 프로이센군에 불리하게

아이들에게 우화를 들려주는 볼테르 장 위베르, 18세기 후반.

돌아갔다. 프로이센 국토는 피로 물든 전쟁터로 변했다. 수많은 독일 공국(公國) 친구들과 편지를 주고받고 있었던 볼테르는 매우 신중하게 정보를 수집하면서 사태 추이를 지켜보는 가운데 전쟁과 낙천주의에 대한 분노를 드러냈다.

"모든 것이 선합니다, 모든 것이 참으로 유례없이 선합니다. 그리하여 20∼30만 명의 두발짐승이 하루 5수(프랑스의 옛 화폐단위)를 받고 서로 죽고 죽이는 것입니다. (중략) 온갖 세계 중에서 가장 선한 세계라니, 그야말로 웃기는 얘기입니다"(1756년 9월 17일, 루이 프랑수아 아르망에게 보낸 편지).

궁정인의 행복과 결별한 볼테르는 리스본 대지진과 7년전쟁을 계기로 '자연적인 악과 도덕적인 악'에 희생되는 인간의 불행을 비통한 눈초리로 응시하게 되었다. 여기서 계몽시대를 대표하는 지식인의 극적인 인생 전환 장면을 목격할 수 있다. 또 우리는 행복의 역설이라고도 할 만한, 염세주의에 사로잡혀 상처 입은 한 문학자의 한결같은 자신과의 싸움과 자립 쟁취 과정도 발견할 수 있다.

볼테르는 20년 동안 준비해 온 역사 연구서 《루이 14세 시대》(1751)와 1740년에 착수한 《풍속시론》을 마침내 제네바에서 끝냈다. 《루이 14세 시대》에서 그는 '위대한 시대'의 예술과 과학 및 사회생활을 검토함으로써 프랑스의 역사를 쓰고자 했지만, 군사적·정치적 사건이 큰 부분을 차지하고 있다. 관습과 도덕에 대한 연구서인 《풍속시론》은 로마제국이 멸망한 뒤 세계사의 흐름을 추적한 책으로서, 동양과 극동 지방의 나라에도 중요한 지위를 부여했다. 제네바에서 그는 처음에는 종교적 관용의 옹호자로 환영받았지만, 곧 주위 사람들에게 불쾌감을 주기 시작했다. 제네바공화국은 그가 집에서 연극을 공연하는 것마저도 금지했다. 그의 경쾌한 지성에 끌린 칼뱅교 목사들, 여자들, 젊은이들은 그의 주위에 몰려들었지만, 스위스의 중요한 지식인들은 곧 그에게 적대감을 품게 되었다. 1757년 11월에 디드로의 《백과전서 Encyclopédie》 제7권이 간행되자 폭풍이 몰아닥쳤다. 장 달랑베르가 제네바로 볼테르를 찾아온 뒤에 쓴 《백과전서》의 항목이 제네바 사람들의 비위를 건드린 것이다.

볼테르는 제네바에서도 더 이상 신변 안전을 보장받지 못하게 되었으며, 이런 논쟁에서 벗어나기를 원했다. 1758년에 볼테르는 그의 가장 유명한 작품이 된 《캉디드 Candide》를 썼다. 라이프니츠의 철학적 낙관주의를 신봉하는 팡글로스의 젊은 제자 캉디드는 온갖 불운을 겪으면서, 이것이 '가장 좋은 세계'라는 믿음을 더 이상 가질 수 없게 되었다. 친구들과 함께 프로폰티스 해안으로 은퇴한 그는 행복의 비결이 '자신의 정원을 가꾸는 것', 즉 극단적인 이상주의와 막연한 형이상학을 배제한 실제적인 철학에 있음을 발견했다. 볼테르 자신의 정원은 스위스 국경 가까이의 페르네와 투르네가 되었다. 이 영토는 그가 1758년 말에 사들인 영지였다. 그는 자신의 말대로 앞발은 로잔과 제네바에 걸치고 뒷발은 페르네와 투르네에 걸침으로써, 스위스와 문제가 생기면 프랑스로 가고, 프랑스와 문제가 생기면 스위스로 가는 식으로 자신의 안전을 도모했던 것이다.

페르네 마을 1758년 볼테르는 스위스 국경 근처에 있는 페르네의 땅을 구입해 이곳에 정착했다. 78년 초에 파리를 방문할 때까지 그는 이곳에 계속 머물렀다. 뒷날 볼테르가 "지금 내가 있는 곳이 바로 낙원"이라고 말했듯이 그곳은 온갖 권력의 손길에서 벗어난 참된 '궁정'이 존재하는 장소였다. 마을 사람들은 애정을 담아 볼테르를 '페르네 장로'라고 불렀다. 왼쪽 건물은 페르네 성당이다.

영원히 가치를 잃지 않을 철학과 문학

페르네에서 볼테르는 생애의 가장 활동적인 시기를 맞았다. 그는 당시의 귀족들이 관심을 갖고 있던 농업개혁 문제에 참여하면서 근대적인 영지를 개발했다. 그는 제네바의 정치에도 참여하여 노동자 편을 들었고, 노동자들을 돕기 위해 자신의 영지에 양말 및 시계 공장을 세웠다. 그는 쥐라 지방의 농노 해방을 부르짖었지만 성공하지 못했다. 그래도 쥐라주(州)와 제네바를 잇는 도로에 설치되어 있던 관세 장벽을 폐지하는 데는 성공했다. 이 도로는 쥐라주에서 생산하는 물건을 밖으로 실어낼 때 당연히 거쳐야 하는 통로였다. 이런 활동으로 그는 대단한 인기를 얻게 되었다.

그의 명성은 이제 세계적인 것이었다. 그는 제임스 보스웰, 조반니 카사노바, 에드워드 기번 같은 문필가나 철학자들과 교제했고, 필로조프들, 그의 작품에 출연한 남녀 배우들, 그리고 리슐리외 공작, 슈아죌 공작, 루이 15세의 총애를 받는 뒤 바리 부인 같은 궁정 고관 및 러시아 황제 예카테리나 2세와 방대한 양의 서신을 교환했다. 그는 중요한 문제에 대해서는 거의 빠짐없이 발언했다. 그의 정치사상은 기본적으로 자유주의였지만, 진보적인 왕들의 권위도 존중했다. 그는 화석 문제에 대하여 프랑스의 유명한 박물학자인 뷔퐁 백작과 논쟁을 벌였고, 자연발생설에 반대하는 이탈리아의 과학자 라차로 스팔란차니 신부의 견해를 지지했다. 그는 정치경제학을 공부하는 한편, 17세기 철학자인 베네딕트 데 스피노자와 니콜라 말브랑슈의 사상을 받아들임으로써 형이상학에 대한 관심을 되살렸다.

그러나 이 무렵 그의 주요 관심사는 '교회', 특히 교회의 불관용에 대한 반대였다. 그는 인류의 미래를 위해서는 종교란 단순한 유신론에 그치고, 국가의 세속 권력을 강화해야 한다고 주장했다. 1770년경에 프랑스와 오스트리아 및 스페인 궁정이 교황과 갈등을 일으키자, 그는 이 목표가 달성되기 시작했다고 믿었다. 하지만 이것은 종교 단체의 유대와 전통적 신앙에 대한 사람들의 충성심을 잘못 판단한 섣부른 생각이었다. 유명한 평론가 엘리 프레롱이 그를 공격하자, 볼테르는 감상적 희극 《스코틀랜드 아가씨 L'Écossaise》(1760)에서 엘리 프레롱을 두 스코틀랜드 가문의 말다툼에 개입하는 비열한 언론인으로 묘사하여 조롱하고, 《시민의 감상 Sentiment des Citoyens》(1764)에서는 자식들을 버린 루소를 공격했다. 그는 이런 글들을 익명이나 온갖 가명으로 발표했다. 그는 또한 개인 백과사전인 《철학사전 Dictionnaire philosophique》(1764)을 만들었고, 동양의 환상과 《자노와 콜랭 Jeannot et Colin》의 사실주의를 대비한 철학적 이야기 《백과 흑 Le Blanc et le noir》, 유럽 철학들을 개관한 《바빌론의 공주 La Princesse de Babylone》와 성경 이야기 《하얀 황소 Le Taureau blanc》(1774) 등을 썼다.

볼테르는 그가 선택한 주제(종교적 관용의 확립, 물질적 번영, 고문과 쓸모없는 처형의 폐지, 인권 존중)로 끊임없이 되돌아왔다. 그가 이 무렵에 일어난 몇몇 사건에 개입한 것은 이런 원칙에 따른 행동이었다. 그중에서도 가장 유명한 것은 '칼라스 사건'이었다. 툴루즈의 상인인 신교도 장 칼라스는 로마 가톨릭으로 개종하려는 아들을 죽였다는 혐의로 고발당해 결백을 주장했지만, 결국 능지처참형을 받았다(1762. 3. 10). 이에 분개한 볼테르가 이 사건에 개입한 덕분에, 불행한 칼라스는 명예를 회복하고 가족은 피해보상을 받았다. 그러나

칼라스 사건과 볼테르 페르네에 정착하기로 결심한 볼테르는 마을 발전을 위해 노력하는 한편, 편지를 이용해서 종교적 무자비함의 희생자를 지키려는 운동을 벌였다. 그중에서도 '칼라스 사건'이 특히 유명하다. 볼테르는 툴루즈 상인 장 칼라스의 무고함을 주장했다.

종교 행렬을 모욕하고 십자가를 훼손했다는 이유로 참수된(1766. 7. 1) 스무 살의 청년 슈발리에 드 라 바르의 사건에서는 볼테르도 성공을 거두지 못했다. 여론은 그런 야만적인 행위에 냉담했기 때문이다. 볼테르는 이 사건에서는 재심판결조차 얻어내지 못했지만, 다른 오심들은 무효로 만들 수 있었다.

이런 방법으로 그는 철학 운동의 주도권을 되찾았다. 한편 문학은 그가 싫어하는 낭만주의 쪽으로 발전해 가고 있었다. 그는 폭력과 이국적인 장면을 좋아하는 대중에게 양보해서라도 비극을 구하려고 애썼다. 예를 들면 《중국 고아 *L'Orphelin de la Chine*》(1755)에서 주인공 칭기즈 칸 역을 맡은 배우 르캥은 몽골 의상을 입고 나와서 물의를 일으켰다. 볼테르가 당대의 가장 위대한 비극 배우라고 평가한 르캥은 《탕크레드 *Tancrède*》에도 주역으로 출연했는데, 화

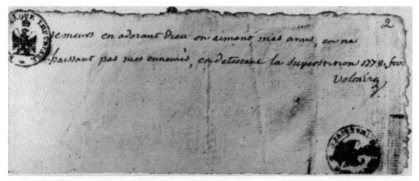

신앙고백 볼테르가 죽기 직전에 비서 바니에게 남긴 말.
"나는 하느님을 숭배하고 벗을 사랑하며 적을 미워하지 않고 미신을 혐오하면서 이 세상을 떠난다."

려한 무대에서 공연된 이 작품은 볼테르의 마지막 성공작이었다. 그 뒤에 쓴 비극들은 관중의 야유를 받고 공연이 중단되거나 아예 무대에 올리지도 못했다. 그는 셰익스피어의 영향력이 점점 커지는 것에 놀랐다. 그는 17세기 프랑스의 고전주의 극작가인 피에르 코르네유의 작품집을 출판하면서, 셰익스피어의 《율리우스 카이사르Julius Caesar》를 뒤에 덧붙였다. 코르네유와 셰익스피어를 이처럼 대결시키면, 프랑스 극작가의 우월함이 입증되리라고 확신했기 때문이다. 그는 항상 셰익스피어의 천재성을 어느 정도 인정했으나, 그 비고전적 요소에 대해서는 부정적인 입장이었다. 마지막으로 쓴 몇 편의 희곡에서 엄격한 고전주의로 돌아왔지만, 이것도 낭만주의로 가는 시대적 흐름을 막지는 못했다.

1778년 2월 10일, 그는 《이렌Irène》의 리허설을 참관하기 위해 28년 만에 파리로 돌아왔다. 그가 파리에 도착한 이튿날, 300명이 넘는 사람들이 그를 찾아왔다. 3월 30일에는 아카데미에 출석하여 기립 박수를 받았고, 열광하는 관중들과 함께 《이렌》을 관람했는데 이런 흥분이 그의 건강을 해쳤다. 5월 18일 그는 요독증에 걸려 며칠 동안 심한 고통을 당하다가 5월 30일에 숨을 거두었다. 죽음은 평화로웠던 것 같다. 조카이기도 한 미뇨 신부가 유해를 셀리에르 수도원으로 옮겼고, 그는 이 수도원 묘지에 그리스도교식으로 묻혔다. 그의 유해는 프랑스 혁명기인 1791년 7월에 팡테옹으로 이장되었다.

▲팡테옹에 있는 볼테르 무덤(석관)

◀볼테르 흉상 조각가 장 앙투안 우동은 볼테르가 파리에 돌아온 직후 본인을 만날 기회가 있었지만, 볼테르가 모델을 선 것은 죽기 얼마 전이었다고 한다. 이 흉상은 1781년 전람회에 출품됐다. 현재는 코메디 프랑세즈에 전시되어 있다. 1778년 작품.

볼테르라는 이름은 항상 강렬한 반응을 불러일으켰다. 말년에 그는 루소 추종자들에게 공격을 받았고, 1800년 이후에는 프랑스 혁명의 책임자로 간주되었다. 그러나 왕정복고 시대와 제2제국 시대에 교회 반동주의자들의 지나친 처사는 중산층과 노동계층에게 볼테르의 기억을 불러일으켰다. 19세기 말에도 보수적 비평가들은 여전히 볼테르에게 적대적이었지만, 귀스타브 랑송은 그의 생애와 작품에 대한 과학적 연구를 촉발했다. 그의 방대한 저술들이 모두 후세 사람들에게 기억되리라고는 볼테르 자신도 기대하지 않았다. 그의 서사시와 서정시는 사실상 죽어버렸고, 희곡도 마찬가지이다. 그러나 그의 '콩트'는 끊임없이 재발행되고 있으며, 그의 편지는 프랑스 문학의 가장 위대한 기념비로 간주되고 있다. 그는 인류에게 값진 교훈을 남겼고, 이 교훈은 지금도 그 가치를 잃지 않았다. 그는 사람들에게 명확히 생각하는 법을 가르쳤을 뿐 아니라 그의 정신은 엄격한 동시에 너그러웠다. "볼테르는 관료와 기술자 및 생산자들의 세계에서 꼭 필요한 철학자"라고 랑송은 말했다.

《캉디드, 또는 낙천주의》

'순진한', '순박한'이란 뜻의 이름을 가진 주인공 캉디드가 등장하는 이 소설은 작가 볼테르의 대표작으로 알려져 있으며, 유럽에서는 대단한 문제작이자 훌륭한 작품으로 평가받아 최근에도 많이 연구되고 있다. 세상을 낙천주의로 볼 것인가 아니면 비관주의로 볼 것인가, 질문을 화두로 놓고 있는 작품이다. 이는 《캉디드》가 그 시대에 논란의 대상이 되고 있던 철학사상을 염두에 두고 쓴 소설이라는 것을 뜻한다.

작품은 주인공 캉디드를 내세워서 우선 낙천주의로 출발하고 있다. 그렇다면 작가가 낙천주의, 즉 당대에 논쟁을 불러일으키고 있던 철학적 논쟁 중에서 라이프니츠의 손을 들어준 것이라고 볼 수 있을까? 아니면 오히려 라이프니츠의 틀에 박힌 듯한 낙천주의를 공격한 것일까? 반대로 니체나 쇼펜하우어와 같은 비관주의 또는 염세주의의 편에 가담하려는 것일까? 아니면 그 중간쯤에 위치하는 제3의 철학을 택할 것인가? 아마도 그 대답은 이 책의 마지막 페이지를 덮는 시점에서야 알게 될 것이다.

매우 유순하고 고지식하고 순박한 소년 캉디드, 그는 이름이 뜻하는 것처럼 순진하기 이를 데 없다. 흔히 말하는, 세상을 몰라도 너무 모르는 사람이다. 그런 그의 여정을 추적하는 것 자체가 흥미를 유발하며, 때로는 어처구니없는 어리석음에 실소를 자아내게도 한다. 그러면서 그는 어렸을 적에 배운 낙천주의를 유지한다.

캉디드는 베스트팔렌의 툰더 텐 트롱크 남작의 성에서 자라게 된다. 그는 남작의 아들 및 그의 누이동생 퀴네공드 양과 함께 팡글로스 선생으로부터 교육을 받게 되는데, 이 선생은 '세상은 최선으로 되어 있다(Tout est pour le mieux)'는 것, 즉 '세상과 인생의 의의 및 가치에 대해 악이나 반가치의 존재를 인정하면서도 궁극적으로는 현실의 세계와 인생을 최선의 것으로 보는 주의'를 증명해 보이곤 한다. 이 소설은 '비록 지금의 현실에서 대하는 세계는 괴롭고 암울한 일들로만 가득 차 있다고 해도, 미래에는 분명 즐겁고 희망이 넘치는 세상이 다가올 것'이라고 믿는 낙천주의 신봉자 캉디드의 삶의 여정을 바탕으로 하고 있다.

그러나 우리의 캉디드가 남작으로부터 퀴네공드 양을 사랑한다는 의심을 받고 성에서 쫓겨나 불가리아 군대에 들어가는 일, 아메리카에서 겪는 일 등 그가 만나는 일들은 최선의 상태로 되어 있는 것이 아니라 최악으로 되어 있다는 인상을 받기에 충분하다. 그가 가는 곳은 엘도라도를 제외하고는 어디나 낙천적인 모습들보다는 추한 모습이며, 악한 모습들로 가득 차 있다. 군인도, 거룩해야 할 종교계 사제들의 모습도 추악할 뿐이다. 어디에나 정의가 존재하는 것이 아니라 불의와 사기, 평화가 아니라 싸움이나 전쟁만이 즐비하다. 뿐만 아니라 그가 가는 곳 어디나, 자연적으로 발생하는 지진 같은 불행의 요소만 등장한다. 또 그가 만나는 사람들도 그에게 좋은 인상을 주기는커녕 그의 일을 방해하고, 사기를 치고, 속이고 핍박을 가하며, 그가 어깨를 기대어 쉴 수 있는 것이 아니라 그에게 의지하려고만 한다.

그뿐인가? 착하디착하고 순진하기 이를 데 없는 우리의 주인공 캉디드도 본의 아니게 사람을 잔인하게 죽이고, 원숭이를 죽이기도 한다. 어디에 가나 속고 사기당하고, 고소당하며 도무지 되는 일이라곤 없다. 그야말로 그에게 일어나는 일들을 보면 이 세상은 저주받은 세상이며 최악으로 구성된 비관적인 세상임에 틀림없다. 그러므로 이제 그에게는 그토록 존경하는 팡글로스 선생이 가르쳐 준 낙천주의 철학을 버리는 일만이 남아 있다.

이제 그 일을 부추기기 위한 존재로 마르틴이 비관주의 또는 염세주의를 들고 나타나는 것은 당연한 귀결일까? 그러면 이제 우리의 주인공 '캉디드'는 '세계 및 인생을 추악하고 괴로운 것으로 보며, 진보나 개선이 불가능하다고 보는 철학'의 편에 서야 하는 것일까?

우리의 순진한 주인공은 낙천주의를 증명해 보이기 위하여 여러 사람을 만나지만 모두가 비관일 뿐이다. 심지어 그의 주변 인물들이나, 잊혔던 인물들이 다시 나타나지만 그들 역시, 그들의 경험담 역시, 온갖 추악한 일들뿐이다. 결국 선과 악으로 대별되는 마음의 싸움에서 악의 편을 들어주는 것이 신의 섭리라면 이제는 이 세상을 비관주의로 보는 것이 타당하다.

하지만 거기서 그는 팡글로스를 다시 만난다. 팡글로스의 모습은 변했으나 여전히 낙천적이다. 그래서 낙천주의는 유지되지만 이후에도 당하는 일마다 비관적인 상황들뿐이다. 그렇다면 이 소설은 낙천주의를 비판하고 비관주의를 옹호하는 것일까? 그러나 이 소설은 어떤 철학의 편인지를 드러내지 않고, 독자에게 그 판단을 넘기며 끝을 맺고 있다.

젊은 캉디드는 툰더 텐 트롱크의 남작으로 태어났다는 첫 번째 행복을 경험한다. 두 번째는 퀴네공드 양으로 인한 행복이다. 세 번째는 날마다 그녀를 본다는 것이다. 네 번째 행복은 처음에는 팡글로스 선생의 강의를 듣는 것이었지만, 풍상을 겪고 난 뒤에 캉디드는 순진함에서 벗어나게 되었고, 결국 이 세상에서 얻는 네 번째 행복은 일을 하는 것이라는 결론을 내린다.

이 작품에서 사랑의 정염은 거의 모든 인물들, 즉 캉디드, 팡글로스와 그의 주변 인물들, 지로플레 수도사, 남작의 아들, 퀴네공드와 그녀의 다양한 연인들, 파케트, 노파, 원숭이들이 치근거리던 오레용 부족의 두 딸 등에게서 나타난다. 이들의 사랑의 모습은 크게 두 가지로 나타난다. 이를테면 성적 충동, 종종 폭력적인 충동, 강간, 매춘이라는 하나의 모습과, 위대한 이상주의적인 소설에 적합한 감상적인 사랑의 모습이 그것이다. 그 이상적인 사랑의 주인공이 바로 순진한 캉디드이다.

팡글로스, 지로플레 수도사, 파케트, 리스본의 신부, 퀴네공드의 여러 연인들과 노파의 연인들, 남작의 아들은 욕망적인 사랑을 하는 인물들 편에 선다. 퀴네공드와 노파는 낭만적인 사랑에서 창부로서 겪는 존재의 혹독한 현실로 넘어간다. 반면 캉디드는 퀴네공드의 일그러진 사랑에 관해 모든 것을 알게 되었음에도 시종일관 이상적인 사랑을 추구한 유일한 인물이다. 항상 낙천주의를 간직하고 있는 캉디드는 늙고 추하게 변한 퀴네공드를 사랑하는 마음에 전혀 변화가 없다. 그가 추구하는 사랑은 외적인 조건이 아니라 그야말로 섭리이다.

이 소설을 읽어가다 보면 우리는 일찌감치 이 소설의 철학적인 면보다는 애정소설적인 측면에 가담하게도 된다. 이 소설이 철학적인 요소를 끝까지 밀고 가면서도 그 위에 사랑이라는 그림을 그려 넣어서 흥미를 유지하기 때문이다. 다소 불만스러운 것은 이 작품에 등장하는 여인들의 사랑이 너무 기구하고 비참하다는 데 있다. 어떻게 보면 여성 비하적인 측면도 있어서 불쾌하게 만들기도 한다. 이 작품에 등장하는 여인들은 하나같이 불행하다.

여성인 파케트, 퀴네공드, 노파의 운명은 일치되어 여성 조건의 암울한 그림을 그리게 된다. 사회에서와 마찬가지로 소설에서도 여성들은 남성들보다 덜 중요하게 다루어진다. 여성들은 그 등장인물의 수도 적거니와 어떠한 형이상학적 계기에도 합류하지 못한다. 남성들을 위해 몸을 제공하는 역할과 남성들을 섬기기 위한 존재로만 등장한다. 요리를 하고 세탁을 하는 첩, 창녀, 하인 등은 남성의 욕구와 필요의 대상으로만 존재할 뿐이다. 여성들은 이 사람 저 사람을 거쳐야만 하는, 돌고 도는 탐욕의 대상들인 것이다.

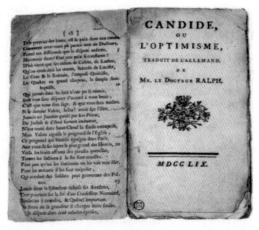

캉디드는 바로 그러한 남성들의 부정적인 면을 완화해 주는 존재이다. 그의 천진함은 자신의 선생 팡글로스와 자신의 연인 퀴네공드를 믿는 것이다. 캉디드는 마르틴의 절대적인 염세주의에 동조하지도 않고, 여성들의 단호한 거부에도 동조하지 않는다. 퀴네공드와 결혼하겠다는 이상이 천진함에서 비롯된다고 할지라도, 사실상 그는 그녀와 결혼한다는 것이다. 결혼을 한다는 것은 작은 농가를 이루는 것이며, 이 작은 농가는 노동, 경제적인 협력, 비생산적인 형이상학의 거부에 의해 쇄신되는 사회의 상징이다.

《캉디드》 초판본(1759) 부제는 '낙천주의'. 이 훌륭한 철학적 콩트는 볼테르 작품이 아니라, '랄프 박사'가 쓴 독일어 원문을 번역한 작품으로서 출판되었다. 출판되자마자 발매금지 처분을 받았지만 날개 돋친 듯이 팔려나가 대성공을 거두었다.

우리는 이 소설에서 철학적인 면과 애정적인 면 외에 작가 볼테르가 염두에 두었던 다른 의도를 발견한다.

우선 종교적인 면인데, 당대의 종교에 대한 비판이다. 당시의 종교인들이 정치 군사적 권력을 휘두르며, 현실 참여를 하는 경우가 많았으므로 그는 종교에 대한 반감이 컸다. 그가 생각하는 참다운 적은 복음서의 도덕이다. 그 무렵 종교는 더할 수 없는 타락을 보여주었다. 성직자들이 행정권이나 재판권까지도 갖고 있는 경우가 있었으므로 이러한 상황들은 오히려 종교를 더 타락하고, 그 불의를 부추기는 요인들로 작용하기도 했다. 여기에 등장하는 종교인들 역시 예외가 아니어서, 사기행각이나 매춘 등을 아무런 죄의식 없이 받아들이는 모습에서 당대 종교의 부패상을 간접적으로나마 엿볼 수 있다.

다음으로, 과학에 대한 작가 자신의 애정이다. 과학은 종교와 싸우고 복지를 증대해 주는 데 매우 유효한 수단이다. 그러나 볼테르는 과학 그 자체를 위해서 사랑하지는 않는다. 이 소설에서도 알 수 있듯이 무엇보다도 그가 갈망하는 것은 확실하고 직접적인 결과이다. 18세기의 유명한 논제인 놀레 신부의 '우언법'을 본문에 차용한 '충족이유', 즉 '어떤 원인 또는 어떠한 결정적인 이유 없이는 어떠한 일도 결코 일어나지 않는다'는 라이프니츠의 원리를 수용한 것, 또는 팡글로스의 실험물리학 수업, 낙천주의를 증명해 내려 애썼던 우리의 주인공 캉디드의 행동이나 말은 볼테르의 과학에 대한 열성을 잘 보여주는 일례들이라 할 것이다.

이 소설에는 볼테르의 역사관이 드러나 있다. 그는 이 작품에서 역사적 사실들을 많이 인용하고 있다. 그는 이 역사라는 증명된 사실을 작품 속으로 끌어들여서 당시 정치의 부패와 종교의 타락을 역설적으로 비판하고 있다. 볼테르는 정치의 부패, 종교의 타락을 직접적으로 비판하는 것이 아니라 역사적인 사실을 끌어들여 빗대어서 비판하고 있다. 당대 종교 지도자나 정치 지도자들은 시민에게 복종을 강요했고 존경받고 싶어 했지만, 실상은 위선자들이었다. 역사적 관점은 그의 모든 철학을 지배하고 있다.

이제 앞서 제기한 문제들의 대답을 찾아야 할 차례이다. 요컨대 비관주의 또는 낙천주의 가운데 주인공 볼테르, 아니 캉디드가 어느 쪽을 선택하느냐 하는 것이다. 이야기가 진행되면서 그가 낙천적으로 볼 수 있는 장소는 엘도라도뿐이다. 그는 아리따운 퀴네공드를 잃고, 그녀의 오빠를 자신의 손으로 죽이게 되는 불행, 최악의 세상과 대면한다. 그토록 온갖 악의 사건을 겪은 뒤 황금의 나라 엘도라도에 들어가는데, 이곳만이 최선으로 되어 있는 이 세상의 유일한 나라, 지상에 있는 유토피아이다.

그렇게 애타게 찾던 '최선의 것', 베네치아에서 찾은 퀴네공드 양은 이미 정신적 유토피아와는 먼 존재가 되어 있다. 흉한 몰골의 노예이다. 그럼에도 그는 순진하다는 이유 하나만으로 그녀를 선택한다. 갤리선의 죄수들 속에서, 자기한테 찔려 죽은 줄로만 알고 있었던 퀴네공드 양의 오빠와, 교수형을 받았다가 되살아난 여전히 낙천적인 팡글로스를 만나고 겪는 일들도 모두 불운의 연속이다.

그러나 《캉디드》는 명확한 해답을 주지 않고 마무리된다. 결국 볼테르가 말하고 싶은 것은 검증 없는 낙천주의를 비판하는 것이지 비관주의의 옹호는 아니다. 작은 농토를 경작하면서는 "아무 생각하지 말고 일합시다. 일을 하는 것만이 삶을 견딜 만하게 만드는 유일한 방법입니다"라는 말이 주는 메시지는, 최선의 세상과 미래에 대한 아직 남아 있는 꿈이라고 할 수 있다.

《캉디드》-주인공 탄생과 정원의 교훈

《캉디드》는 단순히 낙천주의를 풍자한 작품으로 간주될 때가 많다. 그러나 세계문학 명작인 이 철학소설은 그보다 넓고 깊은 의미를 지닌 작품이다.

《캉디드》 집필 시기는 원고와 작자의 편지를 비교 검토하고 그 시대 사람의 증언을 살펴봄으로써 비교적 정확히 추정할 수 있다. 볼테르는 이 철학소설을 1758년 1월(겨울)에 집필하기 시작해서 7월(여름)에 이어 쓰다가 10월(가을)에 완성했다. 볼테르는 아마도 이 작품을 오랫동안 구상했을 것이다.

르네 포모는 1756년과 57년에 작자가 쓴 편지에서 '최선의 세계' '농원의 행복' '리스본 재해' '빙(Byng) 제독 처형' '전쟁터 공포' 같은 표현이 끊임없이 등장한다는 점을 지적한다. 또한 반 덴 회벨은 정확한 풍모나 이름은 아직 정해지지 않았어도 철학과 사랑과 권세를 나타내는 주요 인물 세 사람, 즉 팡글로스와 퀴네공드와 남작 아들의 윤곽이 1755년부터 57년에 걸쳐 어렴풋이나마 형성되었을 것이라고 추측한다. 《캉디드》에서는 1755년부터 몇 년에 걸친 볼테르의 모든 경험이 '조옮김'을 통해 우회적으로 표현되어 있다.

하지만 작자가 몇 년에 걸쳐 작품을 구상했다 해도 이때는 아직 중요한 요소가 빠져 있었다. 바로 주인공 캉디드이다. 게다가 볼테르가 갑자기 이 소설을 집필하기 시작한 것은 그의 감성이 깊은 상처를 받았기 때문이다. 볼테르는 1757년 말부터 58년 초에 걸쳐서 반 덴 회벨의 이른바 '지옥 같은 겨울'을 경험했던 것이다.

7년전쟁은 대체로 프로이센군에 불리하게 진행되었다. 잇따른 패퇴로 인해 프리드리히 2세는 자살을 각오하고 죽음에 관한 서간시(書簡詩)까지 썼다. 볼테르는 언젠가 전승국 프랑스의 사자가 되어 패자 프리드리히를 위로하고 두 나라의 화친을 중개하여 '프랑크푸르트 굴욕'의 한을 풀 날이 오기를 꿈꾸었다. 그런데 1757년 11월 로스바흐 전투의 승리를 계기로 프로이센군이 일시적으로 우세해지면서 그의 복수 계획은 물거품이 되고 말았다.

또한 그 시기에 볼테르는 전란의 장기화에 대응해서 자산 분할 보존 및 투자를 시도했지만 결과는 좋지 않았다. 그는 자신의 자유를 지켜주는 재산을 잃을지도 모른다는 공포감에 사로잡혔다.

더구나 그때 그는 프로이센 시절에 포츠담 궁전에서 다시 만나 친하게 지내던 베팅크 백작부인이 스위스로 이주한다는 소문을 듣고 크게 기뻐하면서 제네바에 오라는 편지를 보냈는데, 백작부인은 베네치아로 가버렸다.

엎친 데 덮친 격으로 《백과전서》 제7권이 1757년 11월에 간행되자, 달랑베르가 집필한 항목인 '제네바'에 대해 제네바 목사회와 루소가 맹렬히 반발하면서 비판했다. 볼테르는 달랑베르를 뒤에서 조종한 우두머리로 간주되었다. 볼테르는 몹시 분노했지만 그저 제네바의 낙원 저택에 틀어박혀 두려움에 떨면서 계속 침묵을 지켰다.

1758년 초, 볼테르의 모든 희망이 무너져 내리고 있었다. 그는 온갖 좌절을 한꺼번에 경험했다. 이때 그는 환상에 사로잡혀 있었던 자기 자신이 우스꽝스러울 정도로 몹시 순진했다는 사실을 깨달았을 것이다. 반 덴 회벨은 '순진함·순수함'을 뜻하는 형용사에서 이름을 따온 주인공 캉디드가 바로 이 시기에 탄생했을 거라고 추측한다. '지옥 같은 겨울'에 볼테르가 경험했던 좌절과 패배는, 순수한 젊은이가 온갖 힘든 시련을 겪고 마침내 환상에서 깨어나 현실의 악을 직시하는 자립적인 인간으로 성장한다는 신화적 이야기로 승화되기에 이른다. 이야기 첫머리에서 '세상은 최선으로 되어 있다'는 팡글로스 박사의 가르침을 곧이곧대로 믿으면서 '자기 스스로는 아무것도 판단하지 못하도록 교육받은' 젊은이가 마지막 장에서는 스승의 말을 가로막으면서 '정원의 교훈'을 이야기한다. 바로 이것이 주인공의 성장을 암시한다.

이 철학소설을 집필 시기에 따라 나눠 보면 세 가지 화풍(畵風)으로 구성된 작품구조가 눈에 띈다. 첫 번째는 겨울 《캉디드》이다. 주인공이 '엉덩이를 호되게 걷어차여' 성관에서 쫓겨난 순간, 영원한 봄인 줄 알았던 낙원이 순식간에 끝없이 눈 내리는 겨울 세계로 바뀐다. 그것은 인간이 추위와 배고픔에 시달리는 겨울이요, 피를 흘리는 겨울이다. 주인공 일행은 두려움에 떨면서 열심히 서쪽으로 도망친다. '불안으로 인한 경련'을 겪는 가운데 그들은 환상의 껍질을 하나하나 벗어던지면서 무지몽매한 상태에서 깨어나게 된다.

이야기 전반과 후반을 이어주는 것은 하루하루가 기적과도 같은 이상향 엘도라도에 관한 일화이다. 캉디드 일행은 그런 완벽한 행복을 거부하고, 그곳에서 발견한 어렴풋한 이상을 단서 삼아 진로를 동쪽으로 바꾼다. 퀴네공드를 찾기 위해 유럽으로 가는 것이다. 붉은 양 떼에 실렸던 보물들은 덧없는 환상처럼 어느새 사라져 버린다. 그러나 호주머니 속에 남은 다이아몬드는 마치 어렴풋한 이상을 상징하는 것처럼, 노예가 된 스승·주인·애인의 몸값과 농지 구입 비용을 대준다. 이 온갖 사람들이 변경지대 프로폰티스의 농지에 모여 살게 되었을 때, '권태롭고 무기력한 상태'가 그들을 덮친다. 이러한 여름 《캉디드》는 고뇌와 위기에서 어느 정도 벗어난 볼테르가 제네바 호숫가에서 평온하고 안일하게 살아가던 1758년 여름에 대응된다.

마지막은 가을 《캉디드》이다. 주인공 일행은 그들의 생활방식을 적극적으로 탐구하기 시작한다. 이는 1758년 가을, 페르네 영지를 자신의 안주지로서 구입하려던 볼테르의 행동에 대응한다.

이번에는 관점을 바꿔 《캉디드》 작품구조를 살펴보자. 그러면 이것이 엘도라도 일화를 중심으로 둘로 나뉘어져 있는 대칭구조를 이룸을 알 수 있다. 주인공 일행이 끔찍한 고통을 겪는 이야기 전반에서는 전쟁터의 살육, 태풍, 지진, 매독, 이단자 화형, 해적 활보 등 '자연적인 악과 도덕적인 악'에 관한 사건들이 연달아 일어난다. 이러한 '악(재난)'의 구체적이고 강렬한 이미지는 '세상은 최선으로 되어 있다'는 철학 사상을 철저히 부정한다. 그런데 주인공 일행이 위험에서 어느 정도 벗어난 것 같은 이야기 후반에서는, 앞서 낙천주의의 허위와 환상을 가차 없이 폭로했던 '악'에 관한 사실 자체가 오히려 규탄의 대상이 되어 엄하게 비판된다. 스타로뱅스키는 볼테르의 이런 기법을 '2연발총'에 비유했다.

《캉디드》는 숫자 3과 묘하게 인연이 깊은 작품이다. 이미 살펴봤듯이 이 작품은 세 가지 집필 시기에 대응되는 구조로 되어 있다. 게다가 작품 속에는 트롱크 남작의 성관, 엘도라도, 프로폰티스 농원이라는 세 가지 낙원이 묘사되어 있다. 불가리아 병사에게 짓밟혀 흔적도 없이 파괴되는 남작의 낙원은 '성문 하나와 창문 몇 개가 있는' 빈약한 성관이다. 이것은 낙원으로 착각된 환상일 뿐이다. 반면에 인간이 도달할 수 없는 엘도라도는 지나치게 완벽한 나머지 현실성이 없다는 점에서 역시 환상의 낙원에 지나지 않는다. 하지만 프로폰티스 농원은 환상이 아니라 실제로 존재한다. 낙원이라고 하기에는 너무나 작고 보잘것없는 정원같이 보이지만. 이 프로폰티스 농원은 더없이 염세적인 《스카르멘타도의 여행 이야기》의 주인공이 발견한 '간신히 참아낼 수 있는' 피난처나, 볼테르가 1754년에 찾아낸 제네바 호숫가의 은둔처 같은 미온적 정원의 연장선상에 놓여 있는 것일까?

이에 대한 해답을 찾아내려면 마지막 장 '뜰의 교훈'을 비롯한 세 개의 연속된 일화를 주목할 필요가 있다. 결말 부분에서 연달아 나오는 세 일화—'터키에서 제일가는 수도승과 나눈 대화' '늙은 농부와의 만남' '뜰의 교훈'은 동질적 요소와 이질적 요소가 교묘하게 교대로 배분되면서 진행돼 나간다.

첫 번째 일화에서 수도승은 "쓸데없는 일에 끼어드는 게 아냐"라고 말한다. 캉디드가 이 세상에 끔찍하리만큼 널리 퍼져 있는 악에 대해 이야기해도 수도승은 그저 침묵하라고 한다. 그리고 세상에 악이 존재하든 선이 존재하든, 외계에서 일어나는 일에 전혀 관심을 보이지 않는 늙은 터키인 농부의 생활방식은 분명히 수도승의 권고와 통하는 면이 있다. 그러나 늙은 농부는 스스로 일군 밭의 수확물을 팔아서 먹고산다는 점에서 수도승과 뚜렷이 구별된다. "노동은 우리에게서 세 가지 커다란 불행……을 멀리 쫓아내 준다"고 농부는 말한다. 이 말을 들은 캉디드는 깊은 생각에 잠긴다. 그리고 그는 두 번이나 스승의 말을 가로막으면서 "우리는 우리의 뜰을 가꾸어야 한다"고 주장한다. 이 점에서 '뜰의 교훈'은 늙은 농부의 세계와 상통되는 부분이 있다. 그런데 마지막 장의 흐름을 보면, '뜰의 교훈' 일화에는 '늙은 농부' 일화와 구별되는 이질적인 것이 포함되어 있음을 알 수 있다. 그것은 바로 이 세상에 널리 퍼져 있는 '악'을 바라보는 시선이다.

물론 세 번째 낙원인 프로폰티스 뜰은 상당히 보잘것없어 보인다. 이 뜰은 실제로 존재하긴 하지만, 모든 꿈이 사라지고 이상이 배제되어 버린 뜰에 불과한 것 같기도 하다. 그러나 작은 공동체의 온갖 사람들은 뜰을 가꾼다는 '칭찬할 만한 계획에 참가'하여, '저마다 자신의 재능을 발휘하기 시작'한다. '변변찮은 토지는 많은 수확을 가져다주게' 된다. 여기서 '변변찮은 토지'와 '많은 수확'을 하나로 묶은 대조법은 이 뜰이 지금은 보잘것없지만 밝은 미래를 지니고 있음을 암시한다. 그것은 그저 간신히 참아낼 수 있는 《스카르멘타도의 여행 이야기》의 염세적인 뜰도 아니고, 낙원 저택의 미온적인 뜰도 아니다. 마지막 장의 이 부분은 집필 시기로 보면 가을 《캉디드》에 속한다. 1758년 가을, 볼테르는 염세주의에서 벗어나 독립불기의 길을 걷기 시작했다.

볼테르는 1758년 9월 9일 백작령 투르네 구입을 신청하고, 10월 7일에는 영주령 페르네를 구입하기로 결심한다. 실제로 매매계약이 이루어진 날은 투르네가 1758년 12월 11일, 페르네는 1759년 2월 9일이다. 볼테르는 영지를 구입하기에 앞서 페르네를 방문했다. 그때 볼테르가 마을의 참상을 직접 보고 얼마나 심한 충격을 받았는지는 그의 편지에 잘 드러나 있다. 그의 편지에 따르면 그 영지에서 소교구 주임사제는 7년 동안 한 번도 결혼식 주례를 맡은 적이 없으며, 아이는 한 명도 태어나지 않았다. 토지는 버려져서 몹시 황폐해졌다. 주민들은 검은 빵을 먹으면서 근근이 살아가고 있었는데 그 적은 수입마저 세무 관리에게 빼앗기는 처지였다. "절반은 지독한 가난 때문에 죽어가고, 나머지 절반은 감옥에서 썩어 갑니다." '무익한 동물'로 변해 버린 이 불행한 사람들을 '쓸모 있는 인간'으로 바꿔야 할 것 같았다. "이토록 커다란 불행을 목격하니 제 가슴이 찢어질 것 같습니다"(1758년 11월 18일 르 보에게 보낸 편지).

이 강렬한 체험이 영향을 준 것일까? 10월에 완성된 초고는 12월에 중대한 수정과 가필 과정을 거쳤다. 르네 포모의 말에 따르면, 제19장 수리남 흑인 노예에 관한 비참한 일화는 이 시기에 가필된 것이다. 또 마지막 장의 '수도승' 일화도 수정되었다. 초고에서는 "그렇다면 어떻게 해야 합니까"라는 주인공 캉디드의 질문에 수도승은 "땅을 일구고, 마시고, 먹고, 침묵하라"고 대답했다. 수도승의 이 신탁 같은 발언은 《자디그》에 나오는 천사의 말처럼 작품 전체의 결론에 해당한다고 할 수 있다. 그러나 이제 질문하는 사람은 주인공이 아닌 팡글로스로 바뀌고, 수도승의 대답은 "침묵하라"는 한 마디로 바뀌었다. 그리하여 일화의 우의(寓意) 자체가 변했다. 악의 존재를 눈앞에 두고 대답하길 거부하는 수도승은 자신의 완전한 무력함을 드러내고 있기 때문이다.

그 밖에도 중요한 수정 작업이 있었다. 르네 포모는 볼테르가 가장 고심해서 썼던 제22장 '파리 광경'의 파로리냐크 후작부인 일화를 자세히 언급한 바 있다. 그에 따르면 볼테르는 12월에 제22장을 다시 썼는데, 그래도 만족하지 못하고 1761년에 대폭으로 삭제·수정·가필해서 결정판을 내놓았다. 볼테르는 그해 발표된 루소의 《신엘로이즈》에서 창녀의 유혹에 넘어간 주인공 생프뢰의 요설과 감상(感傷)(제2부 스물여섯 번째 편지)을 보고 화가 났던 모양이다. 그래서 자신의 작품에서 고급 창녀 이야기를 가필하여, 대도시에 존재하는 악에 대해 날카로운 메스를 가했던 것이다.

이처럼 주인공 일행이 적극적으로 그들의 생활방식을 찾기 시작하는 마지막 장이 쓰인 1758년 10월부터 그해 12월 수정 및 가필 과정을 거쳐 1761년에 대규모로 수정·삭제·가필이 이루어지기까지의 과정은, 《캉디드》라는 작품의 무게가 '자연적인 악과 도덕적인 악' 하고 대치하는 쪽으로 한층 강하게 실리는 일련의 과정 자체를 보여준다. 프로폰티스의 농원은 이 세상의 악과 대치하기 위해서 우리가 가지고 있는 변변찮지만 단단한 토대를 상징하는 것이라고도 할 수 있다.

1761년 《캉디드》 증보판이 간행된 지 1년 뒤, 가톨릭교도인 아들을 죽인 죄를 뒤집어쓰고 처형된 툴루즈 신교도 장 칼라스의 무고함을 밝히기 위해 볼테르는 종교상의 광신 및 무자비함과 맞서 싸우기 시작했다. 이 싸움은 뒷날 '페르네 장로'가 가난한 마을에서 산업을 일으키고 '미신과 광신'에 대항해서 벌이게 된 온갖 싸움의 전초전이 되었다. 볼테르의 철학소설은 이 세상에서 '자연적인 악과 도덕적인 악'이 사라지지 않는 한 변함없이 존재 의의를 지니면서 독자들의 마음을 사로잡을 것이다.

서술적 구조

1. 여행과 역사

가장 두드러지는 것은 분명 여행이다. 캉디드는 유럽에서 아메리카로, 아메리카에서 유럽으로, 결국은 콘스탄티노플까지 이르게 된다. 그러므로 여행담은 아시아를 빠뜨리고 있지만 노파와 퀴네공드는 아프리카에도 발을 딛는다. 그러한 관점에서 서술은 우선 국가들의 다양성에 근거한 세계의 불행을 그린

지도를 보여주고 있다.

하지만 캉디드는 역사와 자신과의 불행한 교차점이다. 캉디드, 퀴네공드, 노파, 팡글로스, 그리고 마르틴의 여정은 세계를 통해 볼테르가 《캉디드》를 집필하던 해인 1758년, 《풍속시론》에서 서술했던 것처럼 1000년에 관한 인간사의 표상이기도 하다.

《캉디드》가 추상적인 공간과 많지 않은 시간 속에 주입한 이야기들인 《자디그》, 《미크로메가스》와 구별되는 것은 이야기 속에 역사적인 사실들을 끼워 넣고 있다는 점이다. 모험, 인물, 나라, 풍습들. 역사적인 고찰(화폐에 관한 어휘의 영역), 역사적 연대에 대한 풍자 등의 풍부함은 희극적인 허구로서의 시론 전환을 의미한다. 《캉디드》는 역사에 대한 철학으로 쓰였고 구성되었다.

소설가에게 있어서 샤를마뉴 대제 이후로 보편적인 역사의 엄청난 무게, 즉 사실들의 혼란스러운 축적, 각 나라마다의 고유한 풍습들의 다양함을 이야기로 정리하고 있다는 것은 주목할 일이다. 이 역사철학은 인간의 본성과 정염의 일치, 풍습들의 다양성, 도덕의 항구성을 요구한다. 역사에서와 마찬가지로 소설은 범죄와 혼란, 실수와 편견, 불행과 어리석음을 축적한다. 말미에 캉디드가 유럽과 그리스도교 국가가 아닌 콘스탄티노플에 정착하게 되는 것은 우연한 일이 아니다.

2. 첨가와 교체

여행에 기초를 둔 구조를 넘어서 우리는 풍자적인 또는 열거법의 논쟁적인 논리를 발견하게 된다. 낙천주의의 형이상학을 파괴하는 사실들의 첨가에 의해 이야기는 진전된다. 이 관점에서 이야기는 끝없이 연장될 수 있을 것이다. 계속해서 살인, 도둑질, 배신을 추가할 수 있다. 이 서술적인 방법은 두 가지 중요한 특징을 보여준다.

• 이 방법은 낙천주의에 대한 반론을 되풀이하면서 같은 도식을 꾸준히 반복한다.
• 이 방법은 현실의 효과를 파괴하는 경향이 있다. 각각의 에피소드는 계속해서 철학적인 증명을 위한 배려를 지향하고 있음을 확인하게 된다.

3. 모방과 패러디

하지만 균형이 같은 무대에 모든 무게를 축적하게 되는 첨가의 구조에 있어서 이야기는 전례와 같은 중요한 교체의 구조를 덧붙인다. 행복하거나 불행한 사건들은 서로 얽혀 있다. 보다 정확하게 '원인과 결과'는 계속해서 모순을 보여준다. 가장 끔찍한 불행으로부터 예견되지 않았던 선행이 생겨나는데, 이 선행은 새로운 재난을 일으키는 것으로 추정된다. 서술의 이 두 가지 방법은 《캉디드》에서 기본적인 반복의 법칙에 따르는 것이다.

이 교체는 낙천주의 이론을 반박하는 것이 아닐까? 낙천주의는 유쾌하지 않은 사건들의 실제를 부정하기 위한 것은 아니다. 그 사건들을 상대화하며, '원인과 결과'의 관계 속에 있는 모든 불행은 선행을 이용하고 있기 때문에 표면상으로는 반박하는 것이 아니다. 《캉디드》의 구조는 그러한 연쇄를 부정하지 않는다.

그것은 오히려 그것들을 강조하고 있는 것 같다. 그렇다면 반론은 어디에서 표출되고 있는 걸까?

• 움직임은 결연하게 번갈아 온다. 선은 악을 낳고, 악은 선을 낳는다. 가장 위대한 선을 향한 점진적인 행진이 아니라 변동이 있는 것이다. 의무, 운명, 요컨대 신에 대한 사고를 버리는 것이 중요한 것이 아니다. 인물들은 물결 위에 병마개처럼 흔들린다. 불행의 첨가는 직접적으로 섭리주의를 반박하고. 불행의 교체는 섭리주의를 모방하면서 웃음거리로 만든다.

• 낙천적인 신에 대한 풍자는 모험들의 연관 자체에 의해 강화된다. 팡글로스가 자신의 낙천주의를 확인하게 되는 곳에서, 볼테르는 부조리에 이르기까지 원인에서 결과에 이르는 관계를 넘어섬으로써 섭리적인 원인의 부재, 우연을 보여준다. 이야기는 섭리의 논리를 이용하여 그 논리를 더욱더 불신하는 것이다. 그 악들은 현실인 것처럼 보이고, 행복은 가장 순수한 소설적인 자유의지의 결과인 것처럼 보인다. 그래서 볼테르는 자신의 철학적인 비판을 위하여 모험소설과 감성소설의 전통적인 방식을 다시 이용할 수 있는 것이다. 데카르트, 라이프니츠의 위대한 형이상학적인 체계들이 그에게 있어서는 가치가 있다. 낙천주의는 삶의 진실인 대신에 삶의 가상적인 이야기이기 때문에 낙천

주의자들은 이야기들의 생명을 단죄하는 것이다. 상상의 풍부함은 상상력과 이성의 혼동을 드러낸다.

4. 세 단계와 하나의 결론

여행의 첨가와 교체가 있고 난 뒤에 여기에서 이야기의 3단계, 즉 필수적인 세 개의 동선을 구분함으로써 다른 관점으로 《캉디드》의 구조를 고려할 수 있다.

[그가 떠날 때의 세계]

첫 부분에서 이야기는 팡글로스와 반하여 많은 불행을 축적한다. 자연적인 천재지변과 인간적인 불행은 소용돌이치며 세차게 닥쳐와서, 어떠한 철학적 체계로도 지울 수 없는 확고부동한 악의 실체를 의심하는 우리를 설득한다.

[그 세상을 꿈꿀 때의 세계]

아메리카는 유토피아의 대륙으로 소설의 중심에서 드러난다.

예수회파의 정치 신부
오레용족의 자연적 유토피아
엘도라도의 철학적 유토피아

예수회파의 유토피아는 지나치게 정치적 성향을 드러낸다. 명확한 전제정치는 실제로 노예 민족에 대한 성직자계급의 이기적이며 전제적인 지배를 숨기고 있다.

원시 유토피아는 오레용족의 초보적이며 원시적인 자연주의 속에서 붕괴되어 버린다. 계몽주의의 유토피아는 존재를 제외하고는 모든 장점을 갖고 있다.

[다시 찾았을 때의 세계]

세 번째 부분은 이론의 여지없이 가장 복잡한 것으로 나타난다. 한편 앞선 방식들이 사실상 다시 제기된다. 즉 분명하고 단순한 상징적인 의미, 도식적인 그림, 빨라지는 리듬 등이다. 엘도라도에서 떠난 뒤에 이야기는 느슨해진다. 캉디드는 돈을 갖게 되었으며 퀴네공드를 기다리면서도 세상을 바라보고 사람들의 소리를 듣기 시작한다. 처음으로 연극, 문학, 즉 지적인 활동은 근본적인 일시적 충동에서 벗어난 캉디드가 마치 정신적 삶을 향해 마음을 열기라도 하는 것처럼 서술에서의 문을 열게 된다. 새로운 주제가 나타난다. 이제는 모든 것이 잘될 뿐만 아니라 사람들, 행복한 한 사람이 존재하는지도 생각하게 된다. 마음이 아프도록 만드는 드러나지 않은 슬픔이 엘도라도 이전의 커다란 재난들만큼이나 잔인하다는 것을 밝혀 준다는 생각이 암암리에 나타난다.

외적인 불행(지진, 전쟁, 난파……)에 내적인 악(시샘, 불안감, 기다림, 실망 등)이 연이어 온다. 마르틴은 완전히 승리한다. 하지만 이야기의 네 번째, 마지막 단계인 결론은 그가 전적으로 옳다고 인정하지는 않는다. 결론은 낙천주의와 비관주의를 거부하기 때문이다.

캉디드의 논평들

"볼테르와 우리는 어떤 공통점을 갖고 있을까? 현대적 관점에서 그의 철학은 시대에 뒤떨어져 있다. 본질의 불변과 역사의 난맥을 생각할 수는 있지만 볼테르의 방식은 다르다. 그러나 볼테르가 우리와 다른 점은 그가 작가라는 사실일 것이다. 그가 이성의 논쟁에 향연의 모습을 부여했다는 것이 중요하다."

—롤랑 바르트(Roland Barthes), 《행복한 작가들의 최후》 중에서

"캉디드에게 일어나는 일을 통해 우리는 하나의 사건에서 다른 사건으로 넘어가면서 이야기의 모든 흐름을 이끌어 가는 힘의 이동이 작용되고 있음을 보게 된다. 권력은 멸시되고 다른 모습으로 다시 확인되며, 그리고 또다시 무시당하게 된다. 아주 추상적인 형식 속에서 이야기의 지배적인 역동성은 그렇다 할지라도(각각의 분석이 캉디드의 문체만을 파악하려는 것이 아니라 또한 쟁점을 파악하려는 것이라 할지라도) 모든 분석은 필연적으로 권력의 개념에 맡겨진다."

—장 스타로뱅스키(Jean Starobinski), 《캉디드와 권력의 문제》 중에서

"단순한 구조의 실험은 왜 희극적인 소설들이 일반적으로 짧은지를 이해하

게 해준다. 그 현상의 이유는 간단하다. 즉, 희극은 교화됨에 따라서 낭만적인 요소를 파괴한다. 그것은 역동적인 기대 또는 인물들의 심리상태에 의존할 수도 없다. 감정은 웃음거리를 지향하고 생각은 변질되며 풍자적이 된다."

—장 사례(Jean Sareil), 《희극적인 글쓰기》 '희극적인 파괴' 중에서

"새롭게 문제가 제기된다. 《캉디드》의 철학은 부조리의 철학일까? 결코 그렇지 않다. 운명론자 자크 또는 피가로도 아닌 캉디드는 비극적으로 다른 세계에 던져진 주인공이 아니다. 특이한 점은 실존이 그들의 숙명이라는 점이다."

—르네 포모(René Pomeau), 《볼테르의 종교》 '부조리한 부재' 중에서

"캉디드가 계속해서 서술하고 있는 것은 우리의 저급한 세계에서의 언어가 흘러가는 모험이다. 어떻게 신성한 언어에서 저급한 인간의 언어로 흘러가는가? 어떻게 그 언어가 타락하게 되는가? 결국 어떻게 그 언어가 모든 의미를 잃을 수 있을까? 이것은 상징적인 추락의 세 가지 단계인 것이다."

—미셸 지로(Michel Gilot), 《캉디드에서 언어의 기능》 '언어의 박탈' 중에서

그 밖의 대표 작품들

인생 자체의 극적인 변화에 비하면 별로 두드러지는 사실은 아닐지 몰라도, 볼테르가 문학활동에서 일종의 딜레마에 빠졌던 것은 분명한 사실이다. 지난 세기 고전주의의 계승자임을 자인하던 그는 비극·희극·서정시 같은 '위대한 장르'를 신봉했다. 그러나 이를테면 궁정생활의 허무함과 그로부터의 벗어남, 행복 추구와 좌절, 인간의 불행 등등 그 자신이 실생활에서 체험한 주제는 '위대한 장르'보다도 오히려 현실적인 진실미 있는 소설이나 철학소설에 더 잘 어울렸다.

볼테르 후기 소설 《하얀 황소》(1774) 제7장과 제9장에서는 그가 소설(콩트)이라는 문학 장르의 힘을 발견했다는 것이 등장인물의 입을 통해 이야기되고 있다. '위대한 장르'를 신봉하는 그의 마음은 평생 변함이 없었지만, 다른 한편으

로 볼테르는 아무런 구속 없이 표현의 자유를 보장하는 소설이 그 자신의 기질에 부합된다는 점을 차츰 깨닫게 되었다. 볼테르에게 소설이란, 르네 포모의 표현을 빌리면 이른바 루소의 《고백록》과 비슷하다고 할 수 있다.

볼테르는 만일 그렇게 열심히 글을 쓰지 않았더라면 누군가를 죽였을지도 모른다는 소리를 들을 정도로 격정적인 사람이었다. 그런데 이 예민하고 위대한 잔말쟁이는 루소와는 달리 자신의 내면을 노골적으로 '고백'하려 하지는 않았다. 특별히 중대하고 심각한 사태나 자신의 내면이 문제시될 때마다 볼테르는 쑥스러움을 감추려는 듯이 능청스럽게 말을 얼버무려 버린다. 은폐, 얼버무림, 패러디, 조롱, 캐리커처는 마치 연막처럼 그의 내면을 가린다. 그러나 이 연막 속에서 그때그때 볼테르의 진정한 모습이 드러난다. 다시 말해 그의 내면은 '조옮김'같이 우회적인 방법을 통해 나타난다.

고백이나 감상(感傷) 따위를 싫어하는 이 외향적 인물에게 소설이란, 적절히 위장된 내면 고백에 딱 알맞은 표현수단이었다. 반 덴 회벨의 설명에 의하면 소설은 작품 집필 당시 볼테르 본인의 마음 상태가 청년의 모습을 빌려 신화적으로 끊임없이 재창조되는 공간이라고 할 수 있다. 이 책에 수록된 이야기 주인공은 모두 다 청년이다. 그것은 언제나 싱싱한 작가 정신을 표현하는 것인 동시에, 청년으로 분하여 자기 자신의 문제, 의문, 회의, 고뇌를 드러내는 볼테르 특유의 '조옮김'과 '신격화'를 나타내는 것이다.

《미크로메가스》

1752년 비합법적으로 출판된 《미크로메가스》의 초고로 여겨지는 《갱강 남작의 여행》은 시레 시절인 1739년에 쓰인 것으로 추정된다. 이 초고는 분실되어 버렸지만, 볼테르가 "진지하게 일하다가 기분 전환 삼아 읽을 만한 철학적 졸작"이라고 겸손하게 말하면서 프로이센 왕태자—2년 뒤 프리드리히 2세가 된 인물—에게 《갱강 남작》 초고를 보냈다는 사실은 두 사람의 편지에 분명히 밝혀져 있다. 이 맨 처음 초고에서도 주인공은 천체 여행자로서 지구인과 대면하여 대화하는 철학자였던 듯하다. 《갱강 남작》이 《미크로메가스》로 바뀐 것은 작자의 프로이센 체류 시절 첫무렵에 해당하는 1750년 끝무렵 또는 51년 첫무렵으로 추정된다. 두 원고의 공통점과 차이점은 확실치 않다. 《갱강 남작》

은 볼테르가 진지한 글인 《뉴턴 철학의 원리》를 집필하고 나서 기분 전환 삼아서 쓴, 시라노 드 베르주라크나 스위프트의 소설 같은 '철학적 이야기'였다.

이 이야기는 크게 두 부분으로 나뉜다. 전반은 두 천체 여행자가 우주에 관해 대화하는 내용이고, 후반은 그들과 인간들이 나누는 대화이다. 이 이야기를 하나로 통합하는 주제는 주인공의 이름에서도 나타나듯이 바로 '만물의 상대성'이다. 모든 것은 작은 것에 비하면 크고, 큰 것에 비하면 작다. 무지와 뛰어난 지혜의 관계도 마찬가지이다. 절대적인 것은 존재하지 않는다. 섣부른 추측으로 판단을 그르치는 토성인을 보고서 주인공은 로크의 경험론에 따른 시행착오와 추론을 통해 만물의 상대성을 확인한다. 이 초기 철학소설에는 매우 부수적인 형태로나마 일찍부터 라이프니츠 학파가 등장한다. 백지 책은 '운명의 책'을 나타내는데, 이야기의 결말 부분은 인간의 지혜로는 운명 즉 하느님의 섭리를 헤아릴 수 없음을 암시하는 것처럼 보인다.

우주인 미크로메가스가 음모에 휘말려 궁정에서 쫓겨나게 된 사정은 《철학 편지》를 발표했다가 수난을 당한 볼테르 자신의 사정과도 비슷하다. 이런 사정에 정통한 교양 있는 프랑스인 서술자가 작가 자신이라는 사실을 우리는 쉽게 알 수 있다.

《세상 돌아가는 대로》

1738년 끝무렵 데폰텐은 볼테르를 비방하는 《볼테로마니》('볼테르식 자아도취 증상'을 뜻하는 신조어)를 출판하여 겨우 2주일 만에 2000부를 팔았다. 이에 대해 변명하고 반론하기 위해서 볼테르는 그를 말리는 샤틀레 부인을 설득하여 둘이 함께 브뤼셀을 지나 파리로 갔다. 1739년 여름에 그가 쓴 편지에는 오랜만에 방문한 파리에 대한 흥미와 불안, 엄격하고도 관대한 시선이 복합적으로 드러나 있다. 파리에서의 볼테르는 페르세폴리스에서의 바부크만큼이나 낯선 이국인이자 방문객이며 재판관이었다. 바부크는 뒷날 여러 편의 소설에서 주인공으로 등장하는 순진무구한 청년의 원형이다.

《세상 돌아가는 대로》의 제목은 수도원의 상투어에서 따온 것이다. 1748년 초판 제목은 《바부크 또는 세상 돌아가는 대로》였는데 1764년판에서 지금과 같은 제목과 부제로 바뀌었다. 볼테르는 시레 시절인 1739년에 《세상 돌아가는 대로》를 집필하기 시작해서 1746~47년에 이어 썼다.

그 시대 독자들이 보기에 이 동양 이야기에 등장하는 페르세폴리스가 파리이고, 페르시아가 프랑스라는 사실은 대번에 알 수 있을 만큼 분명했다. 매관매직 제도, 배우의 낮은 지위, 타락한 성직자, 경박한 문학자, 조세징수 방식의 폐해 등은 확실히 그 시대 프랑스의 문제점이었다. 여기서 볼테르가 악습과 폐해를 단죄하면서도 "모든 것은 좋지는 않을망정 그럭저럭 괜찮다"는 식으로 결론을 맺은 것은, 1740년대 중반에는 궁정인이었던 볼테르 본인의 온화한 낙천주의와 현실적인 지혜를 나타내는 듯하다. 가치가 높은 것과 낮은 것이 복잡하게 뒤엉켜 있는 조그만 조각상은 '선과 악의 균형'을 나타내는 것이리라.

《자디그 또는 운명》

《자디그 또는 운명》에서는 '행복'이란 주제가 직접적으로 다뤄지고 있다. 많은 사람이 지적했듯이 이 소설에서는 작자의 자전적 요소가 강하게 드러난다. 특히 주인공이 왕의 총애를 얻었다가 눈 밖에 나는 장면에서는 궁정인 볼테르의 괴로운 경험이 '조옮김' 형태로 표현돼 있는 듯하다. 물론 왕의 궁전은 베르사유 궁전을 모방한 것이다.

볼테르가 멘 공작부인의 궁정에서 집필하여 낭독한 《자디그》는 처음엔 《멤논》이란 제목으로 1747년 7월 익명으로 출판됐으나 거의 화제가 되지 않았다. 그래서 작자는 표제를 《자디그》로 바꾼 다음 여기저기 수정하고 '만찬회' '밀회' '어부' 세 장을 고쳐 썼다. 이 작품은 이듬해 9월 다시 출판되어 성공을 거뒀다.

1745년부터 46년에 걸쳐 볼테르의 마음에는 염세주의의 그림자가 드리웠다. 그가 시레에서 샤틀레 후작부인과 함께 맛보았던 행복하고 조용한 생활, 사랑과 훌륭한 지혜에 대한 꿈을 침해하는 존재가 있었던 것이다. 그것은 바로 예측할 수 없는 변덕스런 실제생활이었다. 1746년에 쉰 살이 넘은 그는 병마에 시달렸다. 그 전부터 샤틀레 부인과의 연애에 권태를 느끼고 있었던 볼테르는 1744년 무렵부터 자신의 조카인 드니 부인에게 접근하기 시작했다. 드니 부인은 별로 정숙하지도 않고 낭비벽도 있지만 매혹적인 과부였다. 《자디그》 앞부분에 등장하는 지체 높은 여인 세미르와 평민 처녀 아조라에게서 샤틀레 후작부인과 드니 부인의 모습을 찾아볼 수도 있다.

이 소설에서는 앞뒤 이야기를 이어주는 한 구절이나 주인공의 독백이 장마다 처음과 마지막에 자주 삽입되어 있다. 이를테면 제3장 마지막에서 자디그는 이렇게 중얼거린다. "이 세상에서 행복해지기란 얼마나 어려운 일인지!" 주인공이 사랑하는 왕비와 헤어져 궁전을 떠나는 제8장은 "대체 인간의 일생이란 무엇인가?"로 시작되는 꽤 긴 독백으로 끝난다. 자디그의 독백이나 비통한 외침은 곧 행복에 대한 물음이다. 제18장에서는 천사를 향해 이 물음이 던져진다. "선을 낳지 않는 악은 없다"고 이야기하는 천사에게 자디그는 이의를 제기한다. 그러나 천사는 주인공이 두 번이나 이의를 제기했는데도 대답하지 않고 하늘 위로 날아가 버린다.

자디그는 수많은 시련을 겪은 끝에 왕비와 결혼하여 왕위에 오른다. 이야기는 행복하게 끝이 난다. 그렇다면 천사가 주인공의 질문에 대답하지 않고 그냥 가버리는 장면이 아이러니하다고 생각할 수도 없다. 천사는 이 소설이 집필되던 1745년부터 47년에 걸쳐 볼테르가 샤틀레 부인에게서 전수받은 라이프니츠 낙천주의의 대변자이다. 그리고 《자디그》의 주제는 부제인 '운명', 다시 말해 하느님의 섭리인 셈이다. 하느님의 섭리는 인간 지혜로는 헤아릴 수 없지만, 자디그의 경우를 보면 알 수 있듯이 인간 운명의 실에 분명한 형태로 제시된다는 것이다.

《세상 돌아가는 대로》에서는 가치가 높은 것과 낮은 것이 복잡하게 뒤섞여 있는 조각상이 인간의 조건을 상징했지만, 이 작품에서는 산적이 말하는 '다이아몬드가 된 모래 한 알'이 그것을 상징한다. 볼테르는 시레 시절보다도 더 깊게 낙천주의를 받아들인 셈이다. 그러나 주위에서 자꾸만 불행한 일이 일어나는 바람에 그는 점점 낙천주의에 대해 회의를 품게 된다.

《멤논》

'인간의 지혜'라는 부제가 딸린 《멤논》(1749)은 1748년 끝무렵 또는 1749년 첫무렵에 쓰인 작품으로 추정된다. 어느 날 아침 멤논은 완벽한 현자가 되기로 결심한다. 그것은 곧 완벽한 행복을 손에 넣는 것이었다. 그는 속세 여인들과 인연을 끊고 폭음·폭식·도박·말싸움을 하지 않으려고 주의하면서, 고용살이를 하는 대신 자립적인 생활을 하기로 마음먹는다. 그러나 그날 당장 그는 아름다운 여인에게 홀려 돈을 뜯기고 술에 취해 도박까지 했으며, 싸움을 벌였다가 그만 한쪽 눈이 멀어버린다. 이 이야기에서는 순진하게 별생각 없이 저지른 최초의 실수와, 그로 인해 나타나는 중대하고도 심각한 결과 사이의 엄청난 낙차가 강조되어 있다.

이는 시레 시절 이상적인 생활과 1748년 현재의 실생활 사이에 존재하는 낙차를 반영한 것이다. 왕비가 도박하는 자리에서 부주의한 발언을 하는 바람에 도피생활을 하게 된 볼테르는 망명의 악몽과 병마에 시달렸다. 게다가 신작 희곡인 《세미라미스》의 평판도 좋지 않았다. 설상가상으로 뤼네빌에서 그는 우연히 샤틀레 부인과 젊은 시인의 만남을 목격한다. 그것은 그의 인생에서 가장 괴로운 순간이었으리라. 반 덴 회벨의 표현을 빌리자면, 멤논이 애꾸눈이 되는 것은 이 주인공의 '운명을 뒤덮는 암흑 부분을 상징한' 것이다. 이야기 마지막에서 '발도 머리도 꼬리도 없는' 천사와 멤논이 나눈 대화는 천사와 자디그가 나눈 대화와는 영 딴판이다. '하늘의 정령' 즉 '우주에서 온 동물'이 모든 것은 선하다고 이야기하자, 멤논은 실명된 한쪽 눈이 회복되지 않는 한 그 말을 믿을 수 없다면서 냉소적인 반응을 보인다.

《스카르멘타도의 여행 이야기》

《스카르멘타도의 여행 이야기》(1756, 이하 스카르멘타도)는 1753년에서 54년으로 넘어가는 겨울에 쓰인 것으로 추정된다. 이 소설은 드물게도 일인칭 시점으로 되어 있다. 이 이야기에는 신탁을 전하는 천사나 정령은 등장하지 않으며, 백지 책이나 판독할 수 없는 '운명의 책'도 존재하지 않는다. 그 대신 해적 두목이 이야기 마지막에 등장한다. 이 작품에서는 환상과 현실 사이의 균형을 찾아볼 수 없다. 왜냐하면 환상도 이상도 존재하지 않기 때문이다. 이야기 첫머리에 환상이 없듯이 끝에도 환멸이 없다. 이 작품은 세계 각지에 존재하는 끔찍하고 무서운 사실을 마치 법정 조서처럼 죽 늘어놓은 것이라고 할 수 있다(어째서인지 프로이센은 여기에 포함되지 않았지만). 주인공의 성격은 분명하지 않다. 그에게는 야심도 자기주장도 없다. 이 작품의 일인칭 시점을 보면, 마치 작자가 특유의 사려 깊은 '조옮김'을 잊어버린 것처럼 보이기도 한다.

주인공이 내린 결론은 인간이 간신히 참아낼 수 있는 한계선에서 타협을 본다는 것이다.

1749년 9월에 볼테르는 16년이나 사귀었던 애인 샤틀레 후작부인과 사별했다. 그는 그 비통한 심정을 편지에 담았다.

"저는 애인을 잃은 것이 아닙니다. 제 인생의 반려를 잃어버린 겁니다"(1749년 9월 23일 다르장송 후작에게 보낸 편지).

그 뒤 프리드리히 2세와 사이가 틀어지는 바람에 프로이센을 떠나 '프랑크푸르트 굴욕'을 맛본 뒤, 1753년 여름 볼테르는 여행길에 알자스에 들러서 《스카르멘타도》를 쓰기 시작했다. 이곳에서 그는 조카딸 드니 부인과 베르사유 및 파리의 친구들을 통해 파리로 돌아올 가능성을 타진해 보았다. 간접적으로 알게 된 국왕의 대답은 부정적이었다. 게다가 그해 끝무렵 볼테르의 《풍속시론》 원형이 불법적으로 출판되었다. 이 책에는 볼테르 본인도 모르는 과격한 반군주제(反君主制) 내용이 섞여 있었다. 그리하여 그가 파리로 되돌아올 가능성은 완전히 사라져 버렸다.

《스카르멘타도》는 극도로 심해진 볼테르의 염세주의를 보여주는 소설이다. 1754년 3월 3일 뒤팽 후작부인에게 보낸 편지에서 그는 자살할 것 같은 분위기까지 풍겼다. 결국 이 작품은 소설을 쓸 때 그의 심리상태가 어땠는지 암시하고 있는 셈이다. 그리고 이 다섯 편의 창작 과정은 볼테르의 소설이 변해 가는 모습을 보여준다. 애초에 볼테르는 파리 교외의 '소' 궁정에서 가볍게 즐기려고 소설을 썼었다. 그런데 나중에는 위기에 직면했을 때 돌연 자기를 해방하고자 하는 충동적인 작자의 내면적 욕구가 소설을 낳게 되었다.

1994년은 볼테르 탄생 300주년이었다. 이때 볼테르 연구가 대대적으로 새롭게 이루어졌다. 19세기 후반에 간행된 데스누아르스테르의 《볼테르와 18세기 사회》 이래의 대저작 《시대 속 볼테르》 4권이 르네 포모와 협력자들에 의해 완성되었으며, 두 권의 《볼테르 사전》이 잇따라 출판되었다. 또한 볼테르 연구 연보 《볼테르 수첩》도 간행되기 시작했다.

이 책에 수록된 철학소설 여섯 편의 원서는 다음과 같다.

① *Micromégas. Œuvres de Mr. de Voltaire. Nouvelle édition revue, corrigée et considérablement augmentée par l'auteur, enrichie de figures en taille-douce.* Tome Dixième, à Dresde, 1754.

② *Le Monde comme il va, vision de Babouc, écrite par lui-même. Zadig ou la Destinée, histoire orientale. L'Histoire des voyages de Scarmentado. Collection complète des œuvres de M. de Voltaire.* Première édition. Tome cinquième, Genève, Cramer, 1756.

③ *Memnon, ou la Sagesse humaine. T. IV de la Collection complète*, Genève, Cramer, 1756.

④ *Candide, ou l'optimisme, traduit de l'allemand de Mr. le Docteur Ralph, avec les additions qu'on a trouvées dans la poche du Docteur, lorsqu'il mourut à Minden, l'an de grâce* 1759. Tome cinquième de la Collection complète des Œuvres de Mr. de V..., 1761.

또한 번역 및 주석 작업에서는 다음과 같은 교정본을 참고했다.

Ⓐ *Candide, ou l'optimisme*, édition d'André Magnant, Bordas, 1978.

Ⓑ *Romans et contes*, éd. F. Deloffre et J. Van Den Heuvel, Bibl. de la Péiade, Paris, Gallimard, 1979.

Ⓒ *Candide*, édition critique de René Pomeau, Œuvres complètes de Voltaire, Oxford, 1980.

Ⓓ *Contes en Vers et en Prose*, 2 vol., édition de Sylvain Menant, Classiques Garnier, 1992.

원서 ①은 미국 로스앤젤레스 UCLA ACCESS SERVICES, ②에 포함된 세 편은 영국 왕립 애버딘 대학도서관, ③은 미국 잭슨빌 대학도서관, ④는 프랑스 국립도서관에 소장되어 있다.

이 책에 실린 삽화 세 장은 1778년 전집판에 포함된 모네의 동판 삽화이다. 표지그림도 같은 판 《캉디드》 제16장 '두 처녀, 두 원숭이' 삽화에서 따온 것이다.

《코시 상타》

루이 14세와 몽테스팡 부인 사이에서 태어난 멘 공은 콩데 대공의 손녀딸인 아내를 위해 1700년 파리 교외의 '소'에 광대한 땅과 성관을 구입했다. 멘 공작부인의 화려한 소 궁전에서 열리는 문예 살롱에는 퐁트넬, 몽테스키외, 마르몽텔 등 내로라할 문학자가 모였다. 볼테르는 1713년부터 1718년, 1745년부터 1750년 등 두 차례 걸쳐 빈번히 이 소 궁전을 방문하거나 머물렀다. 문예 살롱의 단골손님들은 다양한 문학 놀이를 즐겼다. 지각이나 결석 등 태만이 인정되면 그 벌로 시나 콩트를 지어야 했다.

J. 엘구아르크는 《코시 상타》의 집필 시기를 1714년부터 1716년 사이로 추정한다. 켈(Kehl)판의 주석에는 다음과 같은 기록이 있다. "멘 공작부인은 다양한 장르의 운문과 산문의 제목을 제비뽑기로 정하는 놀이를 생각해 냈다. 제비를 뽑은 사람은 누구나 거기에 적힌 이름대로 작품을 지어야 했다. 몽트방 부인은 짧은 소설을 뽑았는데, 볼테르에게 대필을 부탁했다." 부인은 1716년 가을에 외아들을 잃었으므로, 이 철학 콩트는 그 이전, 즉 소의 궁전에서 1714년 7월 31일부터 이듬해 5월 15일까지 성대한 야회가 자주 열렸을 때 집필되었을 것으로 추정된다. 이 철학 콩트는 작자 사후 켈판에 처음 수록되었다. 코시 상타는 '성녀가 되다'라는 이탈리아어인데, 왜 이탈리아어가 채택되었는지는 알 수 없다.

《접속곡》

본편의 구상은 볼테르가 베를린 체재 중(1750~53)에 경험한 그리스도교와 그 기원을 둘러싼 진지한 비판적 대화로 거슬러 올라간다고 보인다. 집필 과정은 플레야드판의 교정자 중 한 사람인 F. 들로프르와 그 협력자 J. 엘구아르크가 상세하게 더듬었다. 거기에 따르면, 1761년 여름부터 62년 여름에 걸쳐 작품의 골격이 완성되었으며, 1762년 1월에 '관용'을 주제로 하는 제5장, 6장과 '악습'을 주제로 하는 제13, 14, 15장이 추가되었으며, 몇 번인가 원고를 다듬는 과정에서 '관용'과 '악습'을 모두 담은 제4장이 추가되었다. 1765년 초 출판을 눈앞에 두고 작품을 전체적으로 다듬은 결과, 1765년에 《새로운 철학적, 역사적, 비판적 잡록》(1765~76) 제3권에 수록되어 크라메르사에서 간행되었다. 1771년에 볼테르가 직접 철학 콩트로 분류한 이래, 이 작품은 '철학소설 콩트집'으로 분류된다.

1818년, 출판자 미제는 본편의 제6장과 제7장 사이에 한 장을 추가한다. 그

《바빌론의 공주》에 실린 판화.

추가 원고는 볼테르가 늦어도 1762년 6월에 구술하여 비서 바니에에게 쓰게 한 것인데, 1764년에 볼테르 자신이 삭제했다. 그 때문에 현행 각판에서는 보통 보충으로 처리된다. 본서에서는 보충 〈루소와의 대화〉라는 제목을 붙여 마지막에 덧붙였다.

《바빌론의 공주》

《볼테르 전집》 제66권(1999)의 본편 교정자 J. 엘구아르트에 따르면, 《바빌론의 공주》는 1767년 4월부터 8월에 걸쳐 집필되었는데, 작가는 한동안 초고를 공개하지 않았다. 그리고 본편 마지막에서 말하듯이 '새해 선물'로 '서점주인' 가브리엘 그라세에게 초고를 넘긴다. 초판은 작가명을 기재하지 않은 채 1768년 3월에 간행되었다. 이 철학 콩트는 비극 《스키타이인》의 상연이 처절하게 실패한 직후에 집필되어 성공을 거두었다. 그 때문에 작가의 비극 작품은 이른바 '철학 콩트의 서곡'과 같은 존재가 되었다.

《이성에 바치는 역사적 찬사》

18세기 프랑스에서 '역사적 찬사 연설'은 '전기 형식에 의한 찬사'의 새로운 표현 형식이었다고 한다. 볼테르는 이미 《샤틀레 부인에게 바치는 역사적 찬사》(1752)를 발표했다. 이 콩트는 《비극, 카스티야 왕 돈 페드로》라는 표제의 책에 수록되어 1775년 초에 발표되었다.

볼테르 연보

1694년   11월 21일 파리의 유복하고 교양 있는 공증인의 둘째아들로
            태어나다. 본디 이름은 프랑수아 마리 아루에(François-Marie
            Arouet). 태어날 때 열 살 된 형과, 뒷날 미뇨 부인이 되는 아홉
            살 된 누나가 있었다. 유년 시절 대부 샤토뇌프 신부를 따라 자
            유사상가들의 모임에 자주 나가 정신적으로 큰 영향을 받다.
1704~11년(10~17세) 예수회 학교 루이 르 그랑에서 우등생으로 공부하며 명
            문 귀족 자제들과 교제하다. 다르장탈과 시드빌(뒷날 루앙 고등
            법원 판사), 피요 드 라 마르슈(뒷날 부르고뉴 고등법원장), 다르
            장송 형제(뒷날 루이 15세 내각 장관들) 등과 사귀다.
1710~12년(16~18세) 라이프니츠 《변신론 *Essais de théodicée*》과 벨의 《역사비평
            사전 *Dictonnaire historique et critique*》에 의해 일어났던 악과 신의
            섭리, 그리고 하느님과 인간의 자유에 관한 논쟁(1697, 논문 《마
            니교 *Manichéisme*》)에 참여하며 상류 사교계의 문학 살롱에 드나
            들다.
1713~14년(19~20세) 네덜란드 주재 프랑스 대사의 서기관으로 헤이그에 부임
            하다. 그러나 지나친 애정행각으로 대사의 비위를 건드려 해임
            되다. 한편 위트레흐트 조약으로 유럽에서의 프랑스 패권이 막
            을 내린다. 그의 아버지는 그를 생도맹그로 보내겠다고 위협하다
            (1713). 오드(Ode, 서정단시)를 쓰고(1713), 이어서 풍자시를 발표
            하여 화제를 일으키다(1714).
1715~16년(21~22세) 루이 14세의 죽음으로 필립 오를레앙의 섭정이 시작되다.
            오를레앙은 파리 고등법원과 대귀족들에게 기대어 자유정치를
            시작하다. 볼테르는 오를레앙의 추문을 통렬하게 풍자한 시를

써서 쉴리 쉬르 루아르(Sully-sur-Loire)로 추방되다(1716. 5~10).

1717~18년(23~24세)　위 사건으로 바스티유 감옥에 11개월간 갇히다(1717. 5~1718. 4). 감옥에서 쓴 비극 《오이디푸스 *OEdipe*》(1718. 11)가 대성공을 거둬 명성이 높아지다. '볼테르'라는 또 하나의 이름을 갖다.

1719~24년(25~30세)　상속받은 유산을 적절히 투자하여 많은 재산을 모으다. 대중적 시인으로서 상류사회에 널리 이름을 알려지게 되다. 1723년 앙리 4세를 주인공으로 종교적 관용을 구현한 장편 서사시 《앙리아드 *La Henriade*》를 발표하여 큰 호평을 받다.

1725년(31세)　궁정에서 일을 하다. 퐁텐블로에서 황태자(뒷날 루이 15세)의 결혼을 축하하는 극작품 세 편을 발표하다. 4월 프랑스 명문귀족 슈발리에 드 로앙과 말다툼이 벌어져, 로앙의 부하들에게 폭행당하다. 로앙에게 결투를 신청하려 했으나 로앙의 술수로 바스티유 감옥에 갇히다. 5월에 외국 망명 조건으로 풀려나다.

1726년(32세)　5월 칼레를 거쳐 런던으로 떠나다. 이후 1728년 11월까지 영국에 머물며 영어를 배우고, 알렉산더 포프, 조너선 스위프트 등의 문인들과 교류하다. 《앙리아드》를 캐롤라인 왕비에게 헌정하다. 셰익스피어 연극에 큰 감명을 받으며, 과학을 중시하는 영국 문화의 우수성을 느끼다. 시인으로서 영국에 갔으나, 철학자로서 프랑스로 돌아오다.

1729년(35세)　증권과 상거래로 부를 축적하면서 작가로서의 입지를 확보해 나가다. 결코 예술 애호가나 출판업자들에게 의지하지 않다.

1730년(36세)　12월, 셰익스피어를 모방한 비극 《브루투스 *Brutus*》를 상연하여 극작가로서 이름을 알리다. 《르쿠브뢰르 양의 죽음에 관한 오드 *Ode sur la mort de Mlle Lecouvreur*》 발표.

1731년(37세)　《카를 12세의 역사 *L'Histoire de Charles XII*》 출판. 아베 프레보의 《마농 레스코 *Manon Lescaut*》 출간.

1732년(38세)　《에리필레 *Eriphyle*》, 《자이르 *Zaïre*》 상연.

1733년(39세)　샤틀레 후작부인(1706~49)과 감상적이고 지적인 연애를 시작하다(16년간 이어짐).

1734년(40세) 4월, 영국의 정치제도를 이상화하고 프랑스의 구제도를 비판한 《철학편지 *Lettres philosophiques*》출판. 이 책으로 기존 종교와 정치를 노골적으로 비난한 탓에 체포령이 내려지다. 로렌 지방 샤틀레 부인의 시레성으로 피신하여 몸을 숨기다. 두 사람은 10년간 자연과학과 오락에 전념하며 애정생활을 하다.

1735년(41세) 8월, 비극 《카이사르의 죽음 *La Mort de César*》상연.

1736년(42세) 프리드리히 2세와 서신 교환 시작. 프리드리히 왕자는 볼테르에게서 학문과 시문학을 배우다. 프리드리히는 1740년 프로이센의 왕위에 오르다. 볼테르는 철학시 《세속인 *Le Mondain*》으로, 쾌적한 생활과 노동 의욕을 증진하는 사치는 국가에 필요한 것이라고 하면서 물질문명의 진보를 찬양하다. 쾌락주의를 대담하게 설파한 탓에 종교계의 심기를 건드려 신변이 위험해지자, 여행을 가장하여 네덜란드로 도피하다.

1737년(43세) 《뉴턴 철학의 원리 *Eléments de la philosophie de Newton*》출판.

1738년(44세) 《인간에 대한 대화 *Discours en vers sur l'homme*》출판.

1740년(46세) 9월 11일, 클레브 근처에서 프리드리히와 처음으로 만나다. 11월 베를린 여행. 프리드리히, 슐레지엔 지방 침공하다.

1742년(48세) 비극 《마호메트 *Mahomet*》가 대성공을 거두나, 이슬람교 창시자를 사기꾼으로 묘사한 탓에 곧 상연금지 처분되다. 오스트리아 계승 전쟁에서 프리드리히 2세를 프랑스 쪽으로 끌어들이는 외교임무를 띠고 프리드리히를 만나러 엑스 라 샤펠로 가다(9. 2~7).

1743년(49세) 1727~43년 재상이었던 플뢰리 추기경이 세상을 떠나자, 루이 15세는 직접 통치하기로 마음먹다. 볼테르의 동창생인 다르장송 형제들이 내각에 입각. 볼테르는 베를린에서 비밀 임무를 완수하다. 신화에 나오는 그리스 여왕을 다룬 비극 《메로페 *Mérope*》가 대중의 박수갈채를 받다.

1745년(51세) 시 《퐁트노이의 시 *Poëme de Fontenoy*》를 쓰다.

1746년(52세)	아카데미 프랑세즈의 회원으로 선출되다. 궁내관 칭호를 얻다. 디드로 《철학적 단상 *Pensées philosophiques*》 출판.
1747년(53세)	10월, 샤틀레 부인의 카드놀이 상대였던 왕비를 사기꾼 취급하는 실언을 하는 바람에 루이 15세의 진노를 사다. 샤틀레 부인은 파리로, 볼테르는 파리 교외 '소'에 있는 멘 공작부인의 궁정으로 달아나다. 그날 이후 루이 15세의 총애를 되찾지 못하다. 콩트 《자디그 *Zadig*》 발표.
1748년(54세)	멘 공작부인에게 화가 미칠 것을 우려해, 2월에 샤틀레 부인과 함께 로렌 지방 도시 뤼네빌로 몸을 피하다. 그곳에서 루이 15세의 장인인 폴란드 왕 스타니스와프의 궁에 머물다. 비극 《세미라미스 *Sémiranis*》의 첫 공연(8. 29).
1749년(55세)	콩트 《멤논, 동양적 이야기 *Memnon, histoire orientale*》 발표. 9월, 젊은 시인 생랑베르와 사랑에 빠진 샤틀레 부인이 그의 아이를 낳다가 세상을 떠나다. 볼테르는 절망하나, 랑베르와의 교류는 계속하다.
1750년(56세)	샤틀레 부인도 죽고 궁정 복귀의 희망도 끊어지자, 프리드리히 2세의 시종직을 받아들여 6월 베를린으로 떠나다.
1751년(57세)	《루이 14세 시대 *Le Siécle de Louis XIV*》 출판. 《백과전서 *Encyclopédie*》 제1권 출간.
1752년(58세)	소설 《미크로메가스 *Micromégas*》 발표. 베를린 아카데미 원장 모페르튀이와 학문적 문제로 다툰 뒤 프리드리히와도 사이가 나빠지다. 《백과전서》의 판매금지령이 내리다.
1753년(59세)	3월, 프로이센을 떠나다. 6월, 고타의 공작 집에 묵다. 6월, 프랑크푸르트에서 프리드리히 왕의 주재관에 의해서 억류되다. 파리 입성이 금지되어 8월부터 알자스를 떠돌아다니다.
1755년(61세)	3월부터 제네바에 환영받으며 정착하다. 구입한 땅에 집을 짓고 '낙원 저택(Les Délices)'이라 부르다. 11월 1일 리스본 대지진 소식을 듣고는 《리스본의 재앙에 관한 시 *Poème sur le désastre de Lisbonne*》, 《모든 것은 잘되어간다 *Tout est bien*》(1756) 발표하다.

1756년(62세) 7년전쟁(1756~63) 시작(5. 18). 파라과이 예수회 신부들에 대항해 스페인 당국이 원정에 나서다. 미노르카 해전에서 프랑스에 패한 빙 제독을 편들며 볼테르는 영국에 개입했으나, 빙 제독은 1757년 처형당하다. 《풍속시론 *Essais sur les moeurs et l'esprit des nations*》 발표.

1757년(63세) 로스바흐에서 프랑스군 패하다. 《백과전서》의 '제네바' 항목이 말썽을 일으키다. 다미앵의 루이 15세 암살 미수 사건을 핑계로 파리 궁정은 철학자들에 대한 박해를 시작하다.

1758년(64세) 《캉디드 *Candide*》 구상. 지적인 왕국을 실행할 페르네의 땅을 구입하다.

1759년(65세) 1~2월 《캉디드》 출판. 반체제의 걸작이 엄청난 성공을 거두자, 제네바와 파리로 경찰의 탄압이 몰려들다. 《백과전서》의 두 번째 판매 금지당하다.

1760년(66세) 코르네유의 조카 손녀를 양녀로 맞아들이다. 볼테르는 그녀를 키우고, 《코르네유 작품 해설 *Commentaire sur Corneille*》의 출판 비용으로 지참금을 주어 결혼시키다. 비극 《탕크레드 *Tancrède*》의 파리 공연(9. 3). 페르네에 정착하다.

1761년(67세) 1월 《캉디드》의 증보판 출간.

1762년(68세) 툴루즈에서 목매 자살한 가톨릭교도인 아들을 살해했다는 죄로 신교도 장 칼라스가 처형당한 일이 발생하다. 볼테르는 희생자의 무죄를 알아내고는, 범행의 확실한 증거와 소송의 비밀 절차 폐지를 법원에 요구하여 처형된 칼라스의 명예회복을 위해 3년간을 투쟁한 끝에 승소하다. '비열한 것을 박살내라 *Écrasez l'infâme*'라는 그의 슬로건이 나타나다.

1763년(69세) 7년전쟁 끝나다. 패배한 프랑스는 캐나다와 인도를 잃다. 《관용론 *Trait sur la tolérance*》 발표.

1764년(70세) 《철학사전 *Dictionnaire philosophique portatif*》 출판.

1765년(71세) 칼라스의 명예회복.

1766년(72세) 《무식한 철학자 *Le Philosophe ignorant*》 출판. 스무 살 청년 슈발

리에 라 바르가 종교행렬을 모욕하고 십자가를 훼손한 죄로 오른쪽 손목이 잘리고는 참수당하다. 그의 시신은 그의 집에서 발견된 볼테르의 《철학사전》 한 부와 함께 불태워지다. 볼테르는 광신에 대한 공격의 소리를 높이면서 쉬지 않고 사건의 재심을 요구하다.

1767년(73세) 《랭제뉘 *L'Ingénu*》 발표.

1768년(74세) 소설 《40에퀴의 남자 *L'Homme aux quarante écus*》와 《바빌론의 공주 *La Princesse de Babylone*》 출판.

1770년(76세) 《백과전서에 관한 질문 *Les Questions sur l'Encyclopédie*》(9권) 출판 시작하다.

1772년(78세) 주인공 테우크로스 왕이 사제와 귀족들에 대항해 무력으로 악법을 폐지하고 광신을 무너뜨리는 비극 《미노스 법 *Les Lois de Minos*》을 쓰다.

1774년(80세) 콩트 《하얀 황소 *Le Taureau blanc*》 출판. 5월 10일, 루이 15세 죽다. 루이 16세가 즉위하고 튀르고(Turgot) 내각이 출범하다. 볼테르는 출판물 캠페인을 통해 튀르고가 시작한 개혁을 지지하다.

1775년(81세) 크라메르(Cramer) 출판사가 볼테르 전집을 출판. 마지막 권이 볼테르 자신의 감수로 출판되다.

1776년(82세) 《해설 성경 *La Bible enfin expliquée*》 출판.

1778년(84세) 2월 10일, 프랑스를 떠난 지 28년 만에 파리로 금의환향하다. 볼테르의 귀국이 1750년부터 금지되어 있었는데, 이는 작가로서는 첫 번째 희생. 3월 30일 아카데미에 출석하여 기립박수를 받고, 열광하는 관중들과 함께 《이렌 *Irène*》을 관람하다. 대중의 환대에 흥분하여 건강을 해치다. 5월 18일 요독증으로 괴로워하다 5월 30일 세상을 떠나다. 셀리에르 수도원 묘지에 그리스도교식으로 묻히다.

1785~89년 보마르셰의 책임 아래 독일 켈(Kehl)에서 그의 전집(70권)이 독일어로 출판되다. 공권력은 《오를레앙의 처녀 *La Pucelle d'Orléans*》

(프리드리히 2세가 좋아한 작품, 잔다르크의 풍자시), 《캉디드》와 《전도서와 아가(雅歌) 개요*Précis de l'Ecclésiaste, Précis du Cantique des cantiques*》(솔로몬의 노래)를 번역하지 못하도록 했지만 보마르셰는 반대를 무릅쓰고 출판을 강행하다.

1791년 프랑스 혁명기인 7월 12일, 60만 민중의 축복 속에서 그의 유해가 팡테옹으로 이장되어 묻히다.

옮긴이 이혜윤

가톨릭대학교 불어불문학과 졸업. 이화여자대학교 일반대학원 불문과 석사과정 수료. 옮긴책 보부아르 《처녀시절 여자 한창때》, 스탕달 《파르마 수도원》, 카뮈 《이방인 페스트 시지프 신화》, 그림책 도로테 드 몽프리드 《이젠 나도 알아요》, 이자벨 주니오 《이젠 나도 느껴요》 등이 있다.

Voltaire
CANDIDE, OU L'OPTIMISME
MICROMÉGAS
ZADIG, OU LA DESTINÉE
캉디드/미크로메가스/자디그
볼테르/이혜윤 옮김
1판 1쇄 발행/2013. 1. 10
2판 1쇄 발행/2022. 2. 1
발행인 고윤주
발행처 동서문화사
창업 1956. 12. 12. 등록 16-3799
서울 중구 다산로 12길 6(신당동 4층)
☎ 546-0331~3 Fax. 545-0331
www.dongsuhbook.com
＊
이 책의 출판권은 동서문화사가 소유합니다.
의장권 제호권 편집권은 저작권법에 의해 보호를 받는 출판물이므로
무단전재와 무단복제를 금합니다.
사업자등록번호 211-87-75330
ISBN 978-89-497-1807-1 04080
ISBN 978-89-497-0382-4 (세트)